# LA CARA OCULTA DE HOLLYWOOD

# MENSAJES OCULTOS EN FILMS

## POR

## COLIN RIVAS

"...películas, fútbol, cerveza y sobre todo, el juego ocupaban sus mentes. Mantenerlos a todos controlados no era difícil."

- George Orwell, 1984

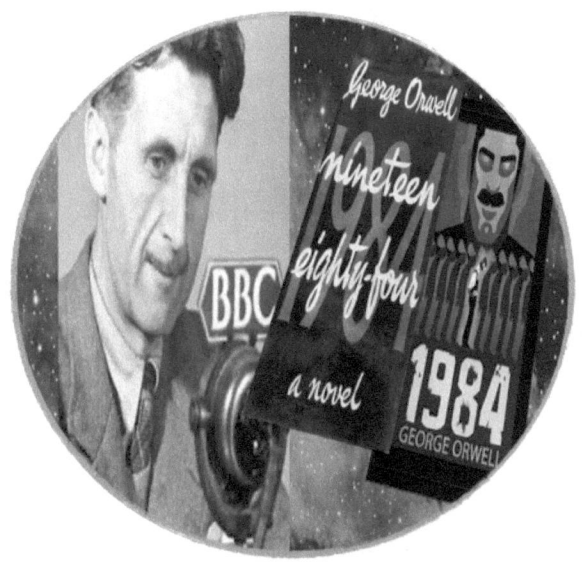

Eric Arthur Blair, más conocido por su nombre literario George Orwell, fue un escritor y periodista inglés. Su obra está marcada por la aguda inteligencia y el ingenio, con profunda conciencia de la injusticia social, con intensa oposición al totalitarismo, con pasión por la claridad en el lenguaje y una creencia en el socialismo democrático. Además de su carrera literaria, Orwell sirvió de policía con la Policía Imperial India en Birmania de 1922-1927 y luchó con los republicanos y anarquistas en la Guerra Civil Española de 1936 a 1937. Orwell fue gravemente herido cuando le dispararon en el cuello.

Orwell y su esposa fueron acusados de "comunistas" y procesados "in absentia" en Barcelona. Trabajó en la sección de propaganda de la BBC. Orwell es mejor conocido por la novela distópica "1984" (publicada en 1949) y la novela satírica "La Granja Animal" (1945) - que han vendido juntos más copias que cualquier otro libro de cualquier otro autor del siglo XX. También escribió un libro de 1938 Homenaje a Cataluña, un relato de sus experiencias como voluntario contra la falange y los fascistas durante la Guerra Civil Española. La influencia de Orwell en la cultura contemporánea, popular y política, continúa décadas después de su muerte. Varios de sus neologismos, junto con el término "Orwelliano" - son citados en cualquier situación social, opresiva o manipuladora opuesta a una sociedad libre.

# QUE VAS A DESCUBRIR EN ESTE LIBRO>>

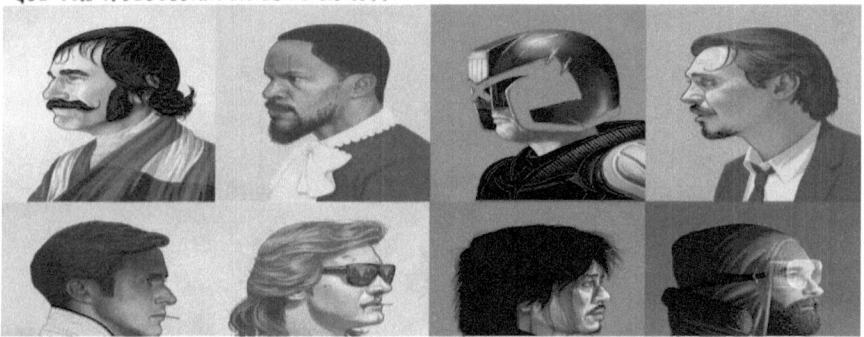

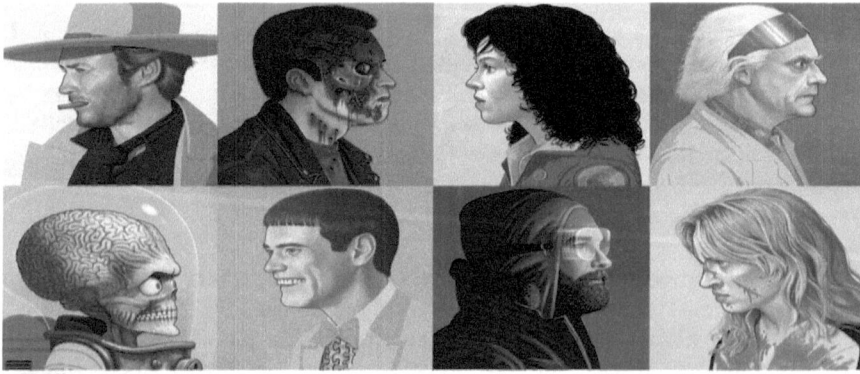

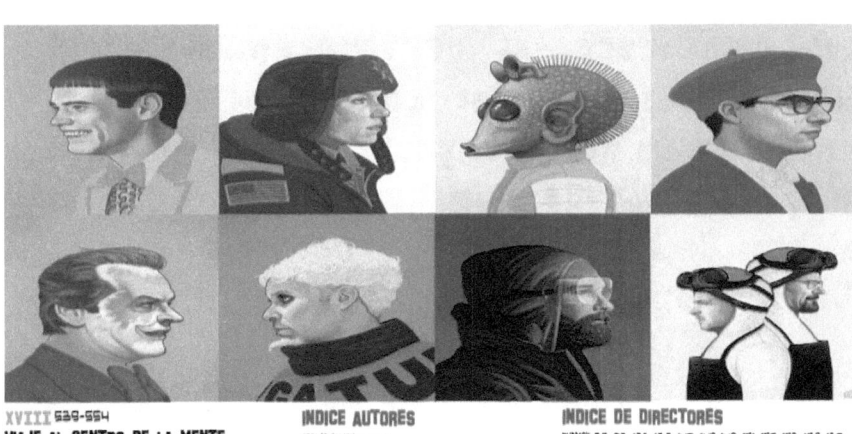

### INDICE AUTORES

### INDICE DE DIRECTORES

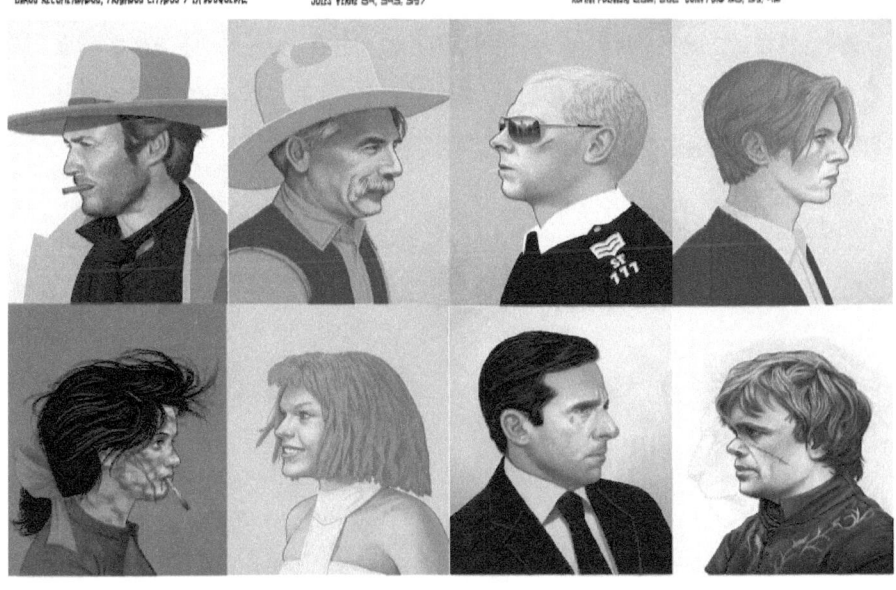

"Las cosas secretas pertenecen al SEÑOR nuestro Dios, más las cosas reveladas nos pertenecen a nosotros y a nuestros hijos para siempre, a fin de que guardemos todas las palabras de esta ley."
- Deuteronomio 29:29

"Es gloria de Dios encubrir una cosa, Pero la gloria de los reyes es investigar un asunto."
- Proverbios 25:2

"¿Quién es éste que oculta el consejo sin entendimiento? Por tanto, he declarado lo que no comprendía, cosas demasiado maravillosas para mí, que yo no sabía."
- Job 42:3

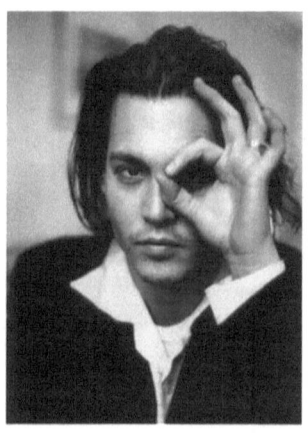

# PREFACIO

"**A** todos nos gustan las películas, ¿a quién no? Sean en la televisión o sean en la gran pantalla o incluso por el internet, el todo gratis en la nueva generación X o de los milenials de hoy en día. Tanto nosotros hemos crecido con la gran pantalla y llenando los cines de todo el mundo desde los Odeon de los Angeles y las premiers matinales en el Promenade de Santa Mónica, donde residía de joven hasta en la pantallas de los cines del viejo distrito del West End de Londres.

Hemos sido programados desde pequeños a creer en el mito de Hollywood sea para bien o para mal. Nos hemos sumergido en las historias y paisajes del gran John Ford de ese veritable éter del celuloide del Oeste Americano y de "los centauros del desierto" soñando un día ponernos en la piel de Dean Martin , Clint Eastwood o John Wayne, y las escenas que se han colado inconscientemente en nuestro psyche y cada esquina de nuestro cerebro. ¿Quién no quiso ser por un día Richard Gere y poder conquistar a semejante explosiva Julia "Pretty Woman" Roberts? ¿Quién no tiene vívidas imágenes del niño Elliot en "ET" llorando por un extraterrestre con cara de tortuga que solo había conocido unas semanas antes? ¡Extraño! ¿no?

La retina de nuestros ojos está inundada de imágenes de Hollywood que día a día parecen empañarse en las arenas del tiempo pero que todos de pequeños o jóvenes quisimos vivir en nuestras propias carnes. Pero aunque lo vaya a criticar en este libro, y opinar sobre lo que yo verdaderamente he aprendido que de verdad significan estas películas que moldean nuestra cultura y nuestra manera de pensar: sin embargo, a pesar de ser muy crítico con estas películas, simultáneamente, me encantan y estoy seguro, que a pesar de mis críticas, a ti todavía te van a encantar más aún y las verás otra vez para comprobar lo que exactamente te cuente en las próximas páginas de este volumen sobre la magia de Hollywood. Este libro es solo un intento o digamos amago-porque en verdad llevaría volúmenes e incluso enciclopedias de libros para descifrar y descodificar una parte de lo que voy a descodificar en este trabajo de investigación que para algunos será beligerante y para otros intranscendente. Pero me repito esto es solo un pequeño intento en descifrar los guiones junguianos, símbolos y sigils ocultos que bailan en nuestras perniciosas pantallas y que además dominan nuestras insignificantes vidas con asiduedad."

"**E**stas películas nos proveen con lo mundano, y parecen reinterpretar la naturaleza de las cosas que en principio creíamos, eran de una forma, y cambian hasta nuestros propios pensamientos e ideas; reflejan lo paradigmático y rigen los arquetipos modernos del control oculto ... una narrativa caótica, pero a la vez sagrada y profana. Lo que interpreto en este volumen no son solo signos y símbolos sino lo que se cuela en nuestra mente y en nuestro inconsciente colectivo. Hollywood, por tanto, podemos decir, filosóficamente, y nunca mejor dicho, es una factoría de sueños ... y eso es exactamente de lo que se hacen los sueños. Por eso las primeras películas eran en blanco y negro, de ahí que la gente, y existe un estudio de ello, sueña, al parecer, en ¡blanco y negro! ¿Te has parado a pensar lo que has soñado la noche anterior? ¿y cómo y en qué?

Invito al lector a que considere la experiencia existencial de los films variopintos que hemos escogido y cómo películas que pueden parecer una simple ficción, la mayoría de las veces representa la cruda realidad, más allá de lo que cuentan los tan llamados "medios de desinformación." Por ejemplo, se sabe con certeza, y está comprobado que la criptografía y los códigos, durante milenios, han codificado mensajes ocultos en diversas formas y maneras. Entonces, por un momento, reclínate, relájate y piensa libremente despejando tu mente, porque este libro es un mensaje oculto en sí mismo que vas a entender y desvelar perfectamente. Estoy seguro que mi análisis de las películas elegidas darán crédito a que estoy, de seguro, en la pista de algo muy importante y no soy ni el primero ni el último que ha conseguido entender estos mensajes ocultos hollywoodienses. Investigaremos los patrones, las imágenes, las filosofías, los mitos, leyendas, la astrología y tanto las conexiones religiosas, políticas como históricas, y que realmente motiva a estos magos y transciende en los films de la fábrica de sueños de Hollywood.

"Allá por los 80 asistía a una nave de un estudio de Los Ángeles en West Culver City a escuchar a un señor, que me habían dicho, contaba cosas fascinantes, y que en ese momento casaban con ideas que se empezaban a procesar en mi marco mental de la realidad y de esa línea en el tiempo. El personaje en cuestión se llamaba Jordan Maxwell, el cual empezó con un cartucho de diapositivas infinito como si de una metralladora imparable de conocimiento se tratase, algo así como un profesor loco de historia del arte excitado por descubrir los pezones de la Gioconda en el cuadro de Da Vinci. Lo que comenzó como una aburrida velada se convirtió en un noche fascinante y llena de sincronicidad y serendepia exacerbada, ya que a cada gatillar de diapositiva mi dolor de cabeza no solo aumentaba -debido a la cantidad de información que entraba en mi minúscula mente- y una plétora de preguntas ansiaban la respuestas del maestro: en serio, mi cerebro se derretía poco a poco a la vez que todo mi sistema de creencias e ideas previas se derrumbaba. Pasé de la euforia a la depresión en menos de 60 minutos..."

"Jordan ya en aquella época era un prolífico investigador y orador que llevaba tratando temas como el mundo oculto de Hollywood, sociedades secretas, filosofías esotéricas y ufología desde 1959. Su trabajo no solo es fascinante de explorar, sino demasiado importante para que pueda ser ignorado. Existe un mundo entero de conocimiento oculto para muchas personas ya que la mayoría de ellas no pueden además soportar la verdad cuando esta está delante de sus narices en una pantalla de televisión o de cine. A mi tanto como a Jordan nos encanta encontrar la verdad y saber más. ¡Esa es la diferencia!

Jordan había trabajado e impartido conferencias al lado de los estudios, en los cuales, no sólo cineastas sino actores y guionistas le han escuchado y absorbido este tipo de conocimiento que sólo Jordan y unos privilegiados poseen. Sin ir más lejos, la filosofía y temática de las películas como "El Código Da Vinci" o "Matrix" están claramente influenciadas por charlas y conferencias que Jordan impartía en esos mismos estudios de Hollywood de Los Angeles allá por los años 60 y 70. Por otro lado, hay dos tipos de cosas que me gustaría explicar: El tipo de cosas que uno busca y el tipo de cosas de que uno se da cuenta que suceden. Por tanto, el hacer la pregunta correcta significa la mitad del camino, para llegar o encontrar la respuesta correcta. Por ejemplo, en el Nuevo testamento, se considera a Jesús como la piedra angular que los constructores rechazaron. La piedra angular es la punta de la pirámide. Este es un símbolo muy poderoso en las portadas de discos de música y pósters de películas de Hollywood que bombardea nuestras pantallas a menudo y pasa sin pena ni gloria como otro símbolo más por nuestras mentes reduccionistas y materialistas. ¿Pero quién se esconde detrás de esta pirámide y, consecuentemente de los grandes estudios de Hollywood y sellos discográficos?

Orson Welles una vez dijo algo así : "la cámara es más que un aparato de grabación, es un medio por el cual hay mensajes que nos llegan desde otro mundo que no es el nuestro y nos lleva delante del centro de un gran secreto. Aquí es donde empieza lo mágico." En otras palabras Welles estaba hablando del mundo del cine como una experiencia religiosa o espiritual, a la cual es un deber si quieres saber los secretos del universo, y más razón que un santo tenía ... De hecho, Hollywood es como una iglesia con sus sacerdotes y feligreses, y por aquí conectamos con un punto fundamental y palabra ..."

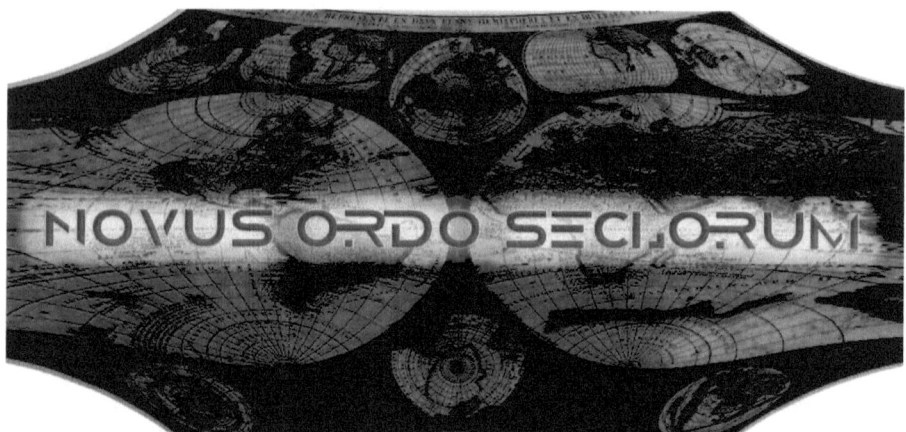

"¿De dónde surge la palabra "Iglesia" en inglés o en español? Aunque, una pregunta que contestaremos aquí mismo, que parece que no tiene ninguna relevancia, pero si sigues el rastro del dinero y del control mental que algunas instituciones ejercen sobre los ciudadanos a través del marketing y la propaganda de las pantallas sea internet, TV o cine, pronto tomará un profundo sentido. Según varias teorías ocultas lingüísticas, dicen que viene de la palabra escocesa "kirk" (Church o Ecclesia). También se remonta a la diosa griega llamada Circe pronunciado Kirke, de ahí tenemos al capitán Kirk-capitán iglesia literalmente- en la nave nodriza o "mothership" enterprise que se parece al órgano interno sexual femenino, y más mensajes y nomenclaturas religiosas que nos embarcan en este viaje a lo desconocido. Esta se convirtió a Madre Circe en Roma. Los Templarios la llevaron a Escocia y la llamaron "Mother Kirk" y los ingleses, Madre Iglesia o Mother Church. De ahí, que en español la Santa Sede sea también femenino. De acuerdo con la mitología Griega, Circe era capaz de hipnotizar con su magia a las personas y llevarlas a su morada en lo mas profundo del bosque, y ahí encerradas, quitarles su mentalidad y sus cerebros para convertirlos en animales y después pasar a devorarlos. Y esto es precisamente lo que la Madre Iglesia ha hecho a través de Hollywood, la música y la televisión.

Debo, por tanto, advertirte que las mismas personas que te han dado a los Illuminati, que te han dado los cárteles de la Banca internacional, que te han dado tus sistemas de gobiernos corruptos, drogas, y la cultura popular de Hollywood y telebasura, también te han dado la Iglesia. Hay una historia en la Biblia, en el Nuevo Testamento, más concretamente, llamada cristianismo. Es una historia oculta, llena de símbolos. Es una metáfora maravillosa y muy enriquecedora y por eso mismo a la Biblia se le llama "La Historia Más Grande Jamás Contada." ¡Si no me crees, búscalo! Y por tanto, dicha historia se hizo en un blockbuster de Hollywood en los años 70 con Max Von Sydow como Jesucristo. Pero, es sólo una historia. Y es muy interesante, en cuanto a entretejidos simbólicos y a metáforas se refiere."

"**C**uando hayas comprendido lo que estos símbolos significan, vas a flipar, y aprenderás a ver el mundo desde otra perspectiva, incluso los telediarios,las películas y series de Hollywood, y serás capaz de entender muchas de las letras de tus artistas favoritos que no significan lo que crees que de verdad significan. La iglesia no es más que una entidad empresarial fundada en Europa por los Caballeros Templarios. Igual que lo es el Islam, el hinduismo o lo es cualquier otra religión del planeta. ¿No hay una religión sin política y una política de un país o nación sin su religión.¿ La misma gente que hoy llamamos banqueros internacionales. Los banqueros internacionales son dueños de tu gobierno. Ellos se supone que son dueños incluso de tu cuerpo. ¡Sí como oyes! Son dueños de tus sistemas de comunicación, tus sistemas bancarios, de Hollywood y de las cadenas televisivas y de toda la información que aparece en la televisión.

Son dueños de tu iglesia, etc etc... Retomando el tema de la piedra angular. Lo que vamos a ver a continuación aquí es que la piedra angular de las escrituras es el ojo que todo lo ve de los Illuminati, que aparece en películas, en portadas musicales de revistas y pósters de films y en los cuerpos en forma de tatuaje de muchos cantantes y artistas famosos y celebridades. Entonces, te preguntarás ¿Por qué hay una pirámide en la parte posterior de un billete de un dólar? Éste es el símbolo real de Jesús. La piedra angular principal... (Quiero indicar que no soy ni cristiano ni religioso, pero citando los interesantísimos proverbios de la Biblia, capítulo 25,2: "Es gloria de Dios encubrir una cosa, Pero la gloria de los reyes es investigar un asunto." Parece como si Dios estuviera jugando una broma de mal gusto ... y ver si eres lo suficientemente inteligente para entender esto, que te estoy contando. El lo esconde y espera a ver si eres lo suficientemente humilde, si tienes una espiritualidad íntegra y la suficiente listeza y eres espabilado para entender esto.

¡Está justo en frente de ti, en tus narices y nunca te diste cuenta!

Obviamente, éste es un símbolo muy importante y poderoso en nuestro mundo para las personas que dirigen los Estados Unidos y Europa, tanto el nuevo como el viejo orden mundial, los que de verdad controlan el planeta. En la pirámide también dice en latín: <u>Novus Ordo Seclorum</u>. Simplemente significa, el nuevo orden de las eras o la nueva era o el nuevo orden mundial. En un principio fue Virgo. El historiador o poeta de la corte, podría decirse. La corte lo nombraba poeta en el imperio romano de los Césares, por ejemplo su nombre era Virgil. Y en honor al César escribió un poema. Tenía un poema en el que se refería a algo llamado Novus Ordo Seclorum, el nuevo orden de las eras." ¡Búscalo y espabila!

DURANTE LOS ÚLTIMOS AÑOS, HE CONOCIDO Y HABLADO CON MUCHAS PERSONAS QUE SE CONSIDERAN "CONSCIENTES" – CONSCIENTES DE QUE HAN LLEGADO A LA CONCLUSIÓN DE QUE HAY VERDADES OCULTAS AL PÚBLICO QUE RARA VEZ SE HABLAN EN LOS LLAMADOS MEDIOS DE COMUNICACIÓN. DECIDEN TRATAR DE MEJORAR SU CONOCIMIENTO, LA MAYORÍA DE ESTAS PERSONAS TIENEN ALGO EN COMÚN: SE HAN TOPADO CON UNA PELÍCULA U OBRA LITERARIA QUE SE RELACIONA FUERTEMENTE CON SU PROPIO PROCESO DEL "DESPERTAR." PUEDE HABER SIDO LA PELÍCULA DE JOHN CARPENTER "THEY LIVE" O EL ÉXITO "THE MATRIX". PUEDE HABER PROVENIDO DE LAS PÁGINAS DE GEORGE ORWELL "1984" O ALDOUS HUXLEY'S "UN MUNDO FELIZ", ESTA COMUNIDAD EXISTE Y ES FUERTE Y NUMEROSA SOBRE TODO EN LA RED. PREGUNTE A CUALQUIERA, CON INTERÉS EN ESTAS OBRAS DE CIENCIA FICCIÓN, POR QUÉ LES PARECEN TAN SIGNIFICATIVAS Y POR LO GENERAL RESPONDERÁN; "PORQUE PUEDES VER ALGUNOS DE LOS TEMAS QUE SUCEDEN A NUESTRO ALREDEDOR, EN ESTE MOMENTO, PERO FUERON HECHAS YA HACE AÑOS. AUNQUE LA MAYORÍA DE LAS PERSONAS SIMPLEMENTE NO LO RECONOCEN TODAVÍA."

HOLLYWOOD OCULTO ES UNA DECONSTRUCCIÓN Y CRÍTICA DE LOS MENSAJES MÁS PROFUNDOS, SÍMBOLOS Y SUBTEXTOS DE PROGRAMACIÓN PREDICTIVA QUE SUBYACEN A LA PELÍCULA MODERNA, INCLUYENDO ENTREVISTAS CON ARTISTAS Y EXPERTOS EN NUMEROSOS CAMPOS DE LOS MEDIOS DE COMUNICACIÓN. BASADO EN AÑOS DE INVESTIGACIÓN EN ANÁLISIS DE PELÍCULAS, RELIGIÓN COMPARATIVA, PROPAGANDA, GUERRA PSICOLÓGICA, SOCIEDADES SECRETAS Y EL CONTROL DE MENTAL, ESTE LIBRO, POR TANTO, DESCIFRA LAS PELÍCULAS MÁS IMPORTANTES Y RELEVANTES DE LA HISTORIA DEL CINE DE UNA MANERA SIN PRECEDENTES, DESDE LOS CLÁSICOS DE LA PANTALLA DE BLANCO Y NEGRO HASTA LOS ÉXITOS DE HOY EN DÍA. APRENDE A VER PELÍCULAS CON OJOS COMPLETAMENTE NUEVOS, Y COMO LA FILOSOFÍA Y LA CONSPIRACIÓN SE COMBINAN PARA ILUMINAR LAS ARTES Y DESPERTAR A LAS MASAS.

DISFRUTA EL LIBRO,

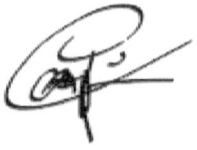

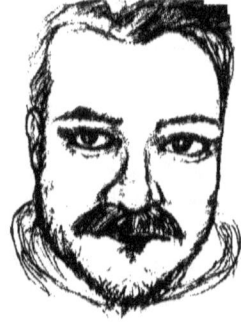

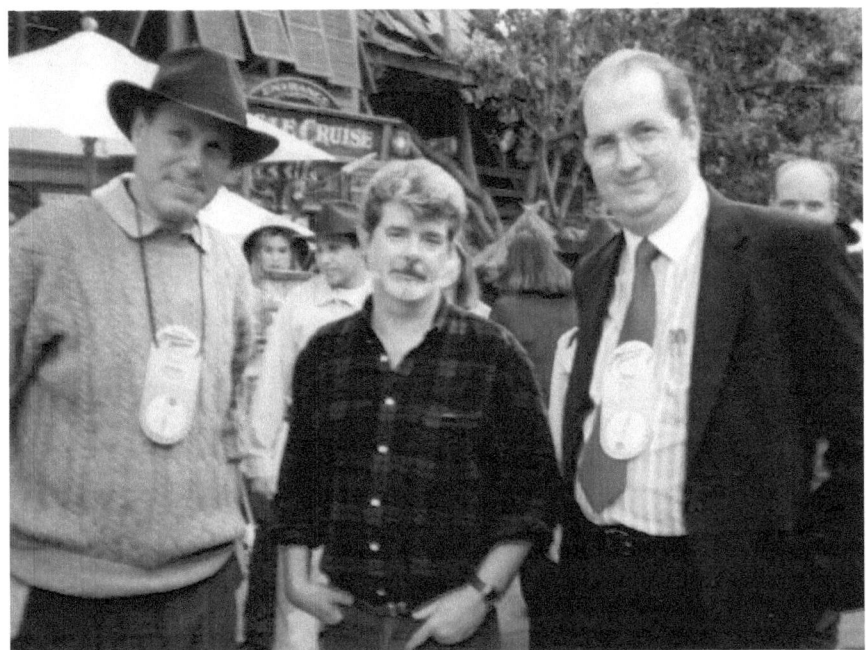

"LAS VARITAS MÁGICAS SIEMPRE FUERON HECHAS DE LA MADERA DE UN ÁRBOL SAGRADO LLAMADO HOLLY TREE. ESTABA HECHA DE MADERA QUE ES EN INGLÉS -WOOD. HOLLYWOOD ES UNA INSTITUCIÓN DRUÍDICA Y LOS SÍMBOLOS, LAS PALABRAS, LOS TÉRMINOS, LAS HISTORIAS, ESTÁN DISEÑADOS EN TORNO A ESA FILOSOFÍA. ¡PIÉNSALO! PIENSA EN CÓMO HOLLYWOOD HACE LO QUE HACEN. NO ESTOY DICIENDO QUE SEAN MALVADOS, SÓLO ESTOY EXPLICANDO CÓMO FUNCIONA HOLLYWOOD EN EL FONDO."

—JORDAN MAXWELL

CARA OCULTA DE HOLLYWOOD 18

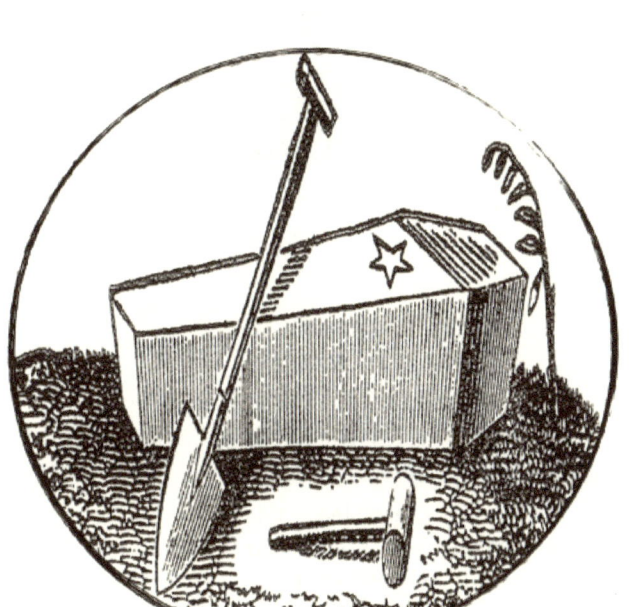

# MASONES EN EL CINE

## "INTENTA NO VOLVERTE UN HOMBRE DE ÉXITO, SINO VOLVERTE UN HOMBRE DE VALOR"

### —ALBERT EINSTEIN

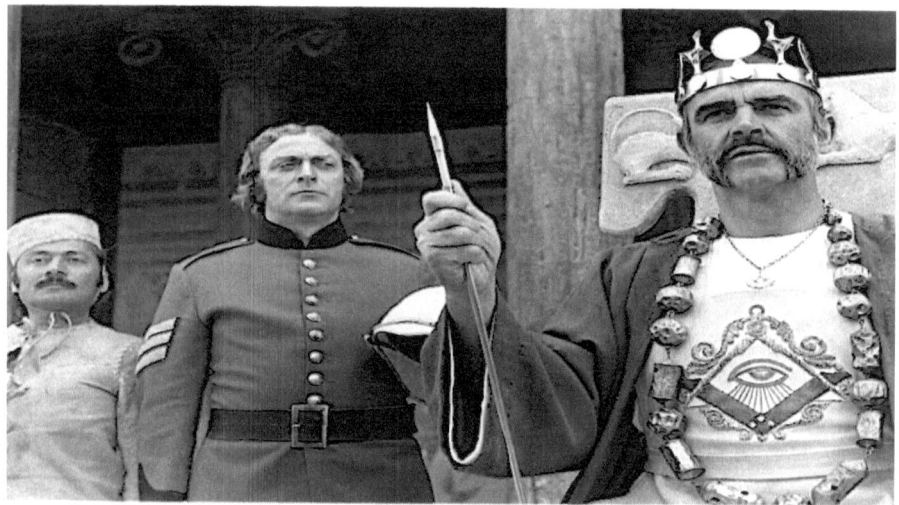

Michael Caine y Sean Connery, exhibiendo una camiseta con el símbolo masónico de la escuadra y el compás con el ojo illuminati, en The Man Who Would Be King (en España, El hombre que pudo reinar: en Hispanoamérica, El hombre que sería rey) es una película británica de 1975 basada en el cuento homónimo de 1888, escrito por Rudyard Kipling, masón del grado 33.

La masonería es una parte de la cultura material, ya que sus miembros son atraídos por aquellos de nosotros que vivimos en esta cultural de materialismo extremo. Con esto en mente, no es de extrañar que no penetre en la forma más evidente en el aspecto económico, bancos, gobiernos, sino además en el arte moderno, el cine. Pero con los nuevos medios, el arte también ha entrado en la era digital. A medida que el conocimiento y las ideas de la fraternidad penetran aún más, estamos seguros de que podemos llegar a esperar un papel cada vez mayor de estos en la gran pantalla y a través de internet. En este primer capítulo, exploraremos la presencia de la Francomasonería - Freemasonry en inglés- tanto en la era digital como en el cine.

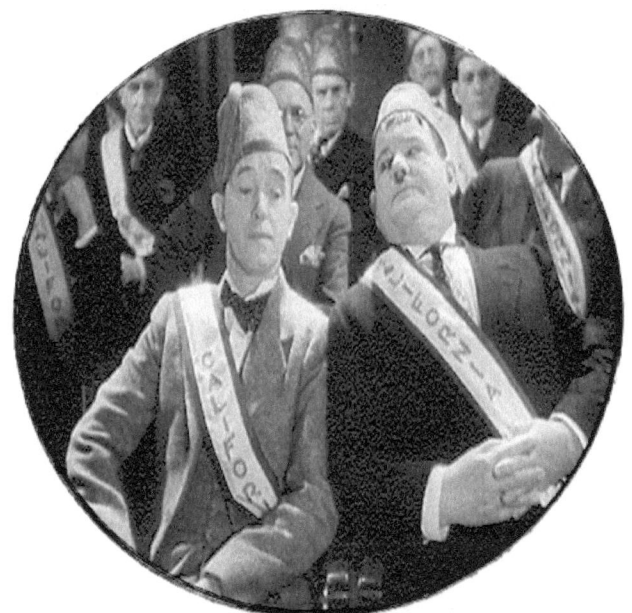

El Gordo y El Flaco en Hijos del desierto (1933) Stan Laurel, Oliver Hardy, Charley Chase, Mae Busch, Dorothy Christy, Lucien Littlefield. Dirigido por William A. Seiter, escrito por Frank Craven, Byron Morgan (continuidad). Lanzamiento europeo: fraternalmente tuyo. 68 min. EE.UU., inglés Blanco y negro, mono (comedia). Casi una década después, en su película de 1942, A-Haunting We Will Go, Laurel y Hardy confirmaron que pertenecieron a una logia.

La película comienza con una reunión del Oasis 13, "la logia más antigua de la gran Orden de los Hijos del Desierto", donde miembros, vestidos con fezes y fajas desbastadas, cantan "Auld Lang Syne". A los "hermanos" se les ordena sentarse con un golpe del mazo del "Exaltado Gobernante", y luego les contaron sobre su convención anual en Chicago dentro de una semana. "A lo largo de los siglos de historia de esta organización fraterna" la posición en la que recibieron el juramento implicó cruzar los brazos y juntar las manos de los hombres a cada lado de ellos. La reunión se cierra con el canto de "Somos los hijos del desierto". Una referencia a Egipto y sus comienzos masónicos.

# EL MISTERIO DEL COLLAR (2001)

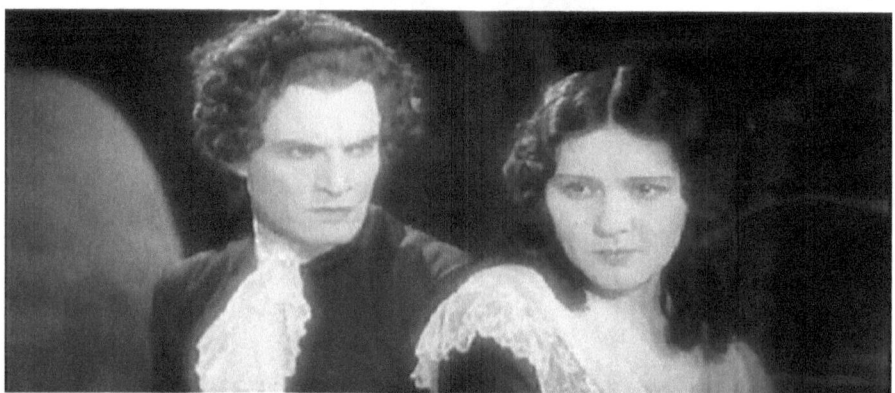

Christopher Walken interpreta a Cagliostro, auto-denominado *"el Gran Maestro de los Illuminati"*, mientras que Jonathan Pryce, como obispo Rohen, oculta su correspondencia personal detrás de un panel en un escritorio decorado con símbolos masónicos. Hilary Swank, Jonathan Pryce, Adrien Brody, Brian Cox, Joely Richardson, Christopher Walken. Dirigido por Charles Shyer, escrito por John Sweet. Drama R 117 min., Estados Unidos, inglés. Technicolor.

# ¿ES USTED UN MASÓN? (1915)

Ya a principio del siglo pasado la gente sospechaba de estas sociedades secretas. Basado en una obra de Leo Ditrichstein en la que dos no-masones intentan convencer a otros de que son masones. John Barrymore, Helen Freeman, Charles Dixon y Harold Lockwood. Dirigido por Thomas N. Heffron, escrito por Leo Ditrichstein (interpretación) Eve Unsell. EE.UU., Inglés. Blanco y Negro, Silencio. (Comedia).

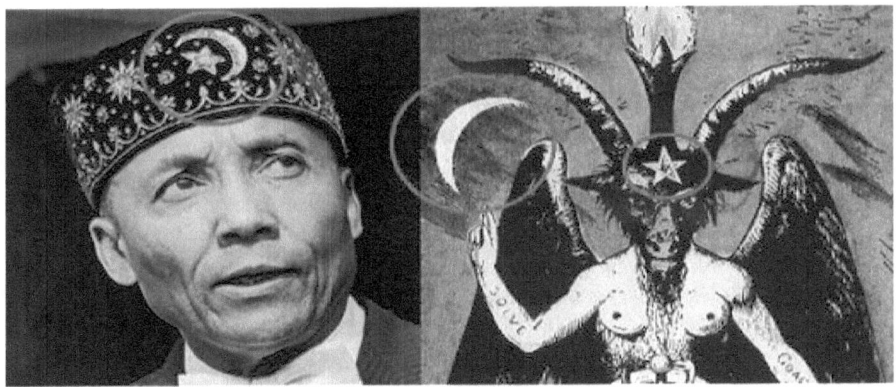

Shriners International, es una organización masónica, anteriormente conocida como la Antigua Orden Árabe de los Nobles del Santuario Místico, la orden fue establecida en 1870 como un cuerpo auxiliar de la francmasonería. La organización es bien conocida por los Hospitales Shriners para Niños que la orden administra, y por los fez -gorro- de color rojo que llevan sus miembros. Los miembros de los shriners se llaman "mahometanos". Un "shriner" es una tumba de un musulmán que es adorado por otros musulmanes. Tal vez porque era un mártir por la causa islámica. La secta Alawi de Bashar Assad no cree en las mezquitas. Por lo tanto, levantan los santuarios como los edificios más sagrados del islam. Un Shriner es, por lo tanto, una persona que honra los edificios sagrados de la secta Alawi de Assad del islam.

Hay al menos 350.000 miembros de 191 templos islámicos (charters) en los Estados Unidos y Europa. Para unirte a los Shiners o a cualquier otra organización de la Francmasonería shriner, debes jurar alianza a Allah (el dios islámico de la luna) y debes hacerlo en el Corán que dice que los cristianos y judíos deben ser asesinados. Aunque la mayoría de miembros no son conscientes de esto. Los símbolos de Shiners en sus coches / camiones incluyen la espada islámica en forma de una luna creciente con una estrella que son símbolos muy claramente islámicos. Otro símbolo en sus vehículos es la "Estrella del Este" que es el símbolo del dios satánico de la cabra llamado por los diversos nombres tales como "Pan, Yah, Baphomet, Alá, Méndez".

Entre los más destacados shriners o «masones de la tumba,» nos podemos encontrar a presidentes como Gerald Ford, Harry Truman o Franklin D. Roosevelt, a astronautas como Gordon Cooper o Buzz Aldrin, a actores como Clark Gable, John Wayne y cantantes como Jonhy Cash, Kris Kristofferson, Count Basie o directores como Cecil B Demille entre otros...

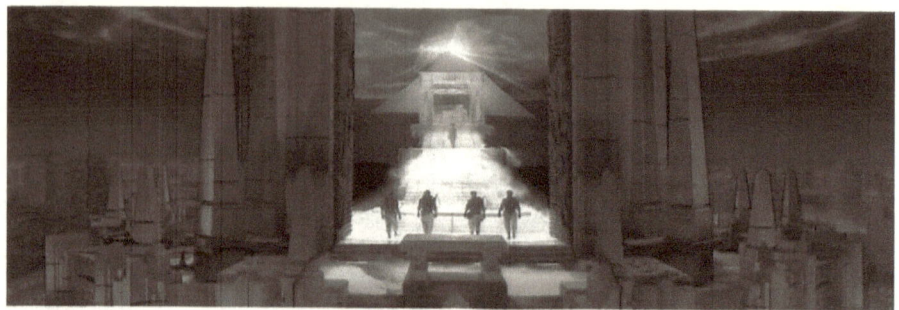

En Ghostbusters, Gozer sale de una pirámide con un sol brillante / estrella en su cima frente a él hay un obelisco a cada lado de unas puertas transparentes con egipcios e jeroglíficos en ellas. El diseño podría fácilmente pasarse por alto como un extraño estilo de los años ochenta, pero esto es extrañamente egipcio y mira esos pilares a cada lado, ¿Jachin y Boaz? Esto tiene que ver con el rey solomón o rey sol y la conjura de demonios del Goetia y su control en el dominio terrestres por medio de descargas eléctricas que ya existían en Egipto.

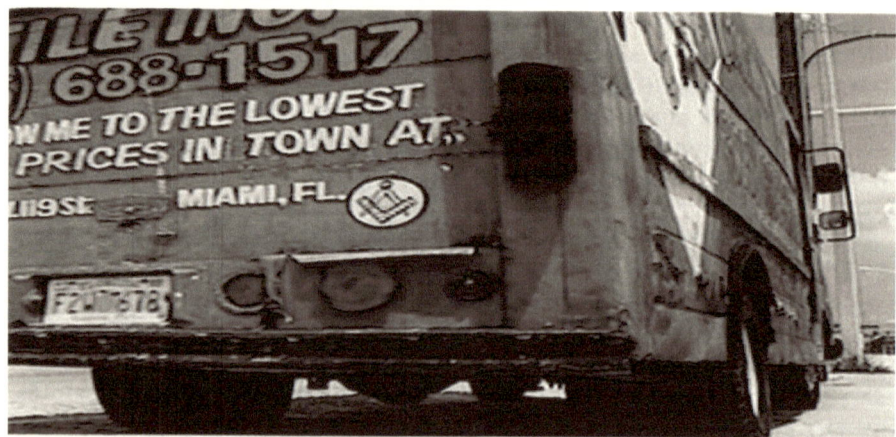

# BAD BOYS II (2003)

En Bad Boys II, los agentes de narcóticos Mike Lowrey (Will Smith) y Marcus Bennett (Martin Lawrence) usan un camión de instalador de azulejos, con un cuadrado y pegatinas sobre el parachoques trasero [00:18:00].con el cómico Martin Lawrence y el Príncipe de Bel Air-Will Smith, y el actor español Jordi Mollá.

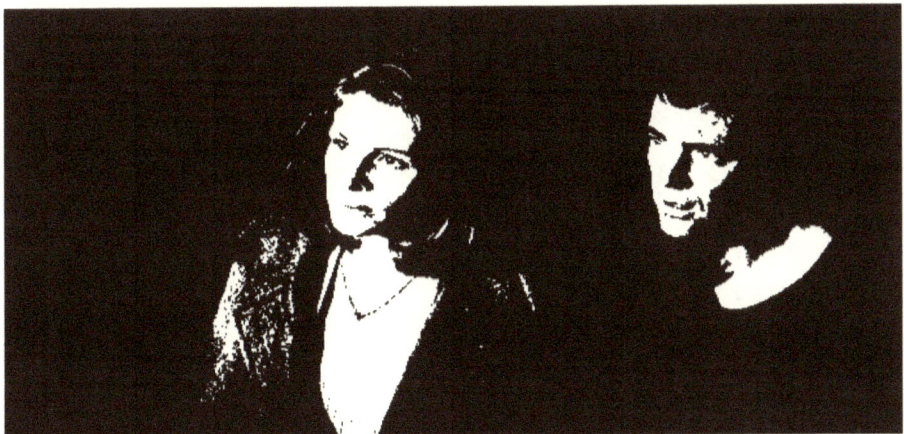

# TEORÍA DE LA CONSPIRACIÓN (1997)

Sociedades secretas poderosas manejan los hilos del poder, y Mel Gibson es un asesino programado convertido en taxista, Jerry Fletcher, dice: "Quiero decir que George Bush sabía lo que estaba diciendo cuando dijo Nuevo Orden Mundial, ¿recuerdas esas palabras fatales, el Nuevo Orden Mundial? Bueno, él es Masón del grado 33 que conocías y un ex director de la CIA. [00:01:40]. Julia Roberts, como abogada del departamento de justicia, Alice Sutton, dice: "Supongo que tienen un apretón de manos secreto". [00:38:29]. Otras referencias, si se pretenden como tales, son menos evidentes. Mel Gibson, Julia Roberts y Patrick Stewart. Dirigido por Richard Donner, escrito por Brian Helgeland. Warner Bros. 129 min., Estados Unidos, Inglés, Color (Drama).

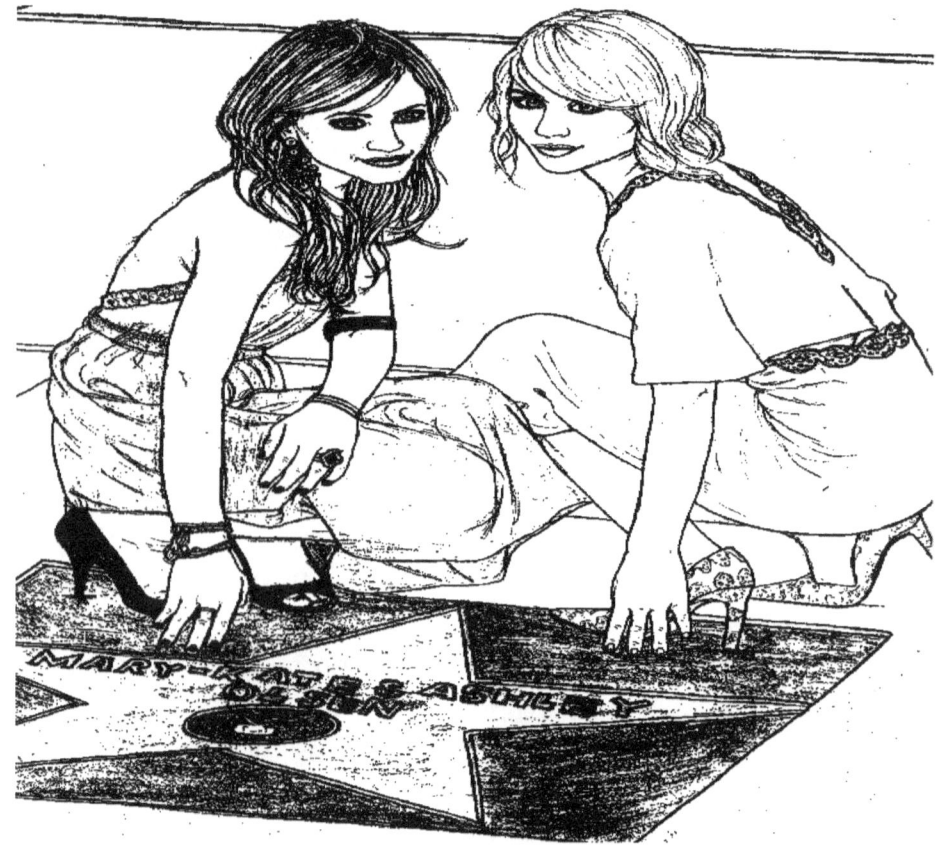

Usar un collar de pentagrama u otra forma de joyería quiere decir que sientes la conexión con los elementos y respetas la tierra. El número 5 siempre ha sido considerado como místico y mágico, pero esencialmente "humano". Tenemos cinco dedos en las manos y pies en cada extremidad. Comúnmente tenemos cinco sentidos: vista, oído, olfato, tacto y gusto. Percibimos cinco etapas o iniciaciones en nuestras vidas, por ej. nacimiento, adolescencia, coito, paternidad y muerte. (Hay otros números / iniciaciones / etapas / atribuciones). El número 5 está asociado con Marte. Significa severidad, conflicto y armonía a través del conflicto. En el cristianismo, cinco fueron las heridas de Cristo en la cruz. Hay cinco pilares de la fe musulmana y cinco tiempos diarios de oración, por eso vemos la estrella de Venus o cinco picas en las banderas islámicas y en el comunismo. Al ser un símbolo terrestre lo vemos también asociado a la estrella del sexo en el Hollywood Blvd. y sus famosas estrellas de Hollywood.

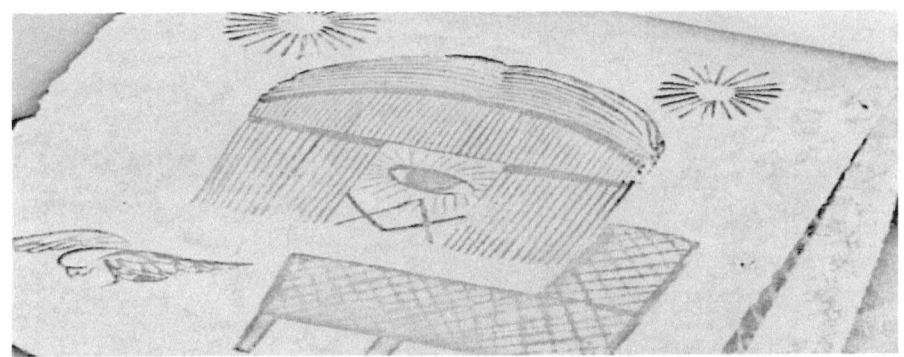

## COMO AGUA PARA EL CHOCOLATE (1992)

Un funeral masónico se ve brevemente a través de una ventana. Más tarde, el joven médico muestra al personaje principal un dibujo que incorpora la escuadra y los compases y un ojo que todo lo ve [00:37:35].

## EL FUEGO Y LA PALABRA O ELMER GANTRY (1960)

Edward Andrews como agente inmobiliario, George F. Babbitt, dice: "¿Te das cuenta de que prácticamente todos los presidentes americanos eran masones y protestantes?" Exclamó más tarde: "¡Estoy en el negocio! ¡Soy un masón de treinta y dos años!"

## EL FINAL DE LOS DÍAS (1999)

Arnold Schwarzenegger interpreta a un ex oficial de policía que lleva un amuleto. En un momento dice: "Ahora este amuleto es de un orden masónico en la antigua sub-heredad de los Caballeros del Vaticano, los Caballeros de la Santa Sede. Esperan el regreso del ángel oscuro a la tierra". También, durante los primeros títulos, el baphomet de Eliphas Lévi puede ser visto brevemente. Gabriel Byrne, Kevin Pollak y Rod Steiger. Dirigido por Peter Hyams, escrito por Andrew W. Marlowe.

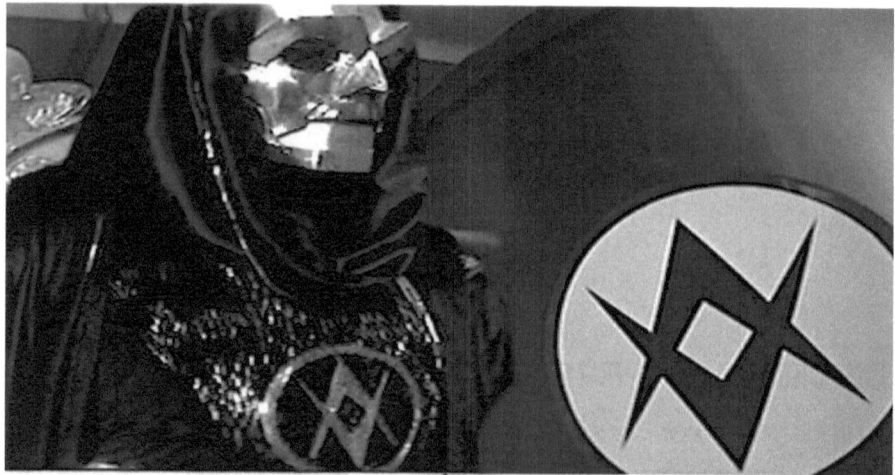

# FLASH GORDON (1936 Y 1980)

Los malos, Klytus, tienen un símbolo con escuadras y compases en la parte delantera de su uniforme y en todos los gorros y consolas. Ming tiene un hexagrama de Saturno encerrando un ojo que todo lo ve en la película de blanco y negro original.

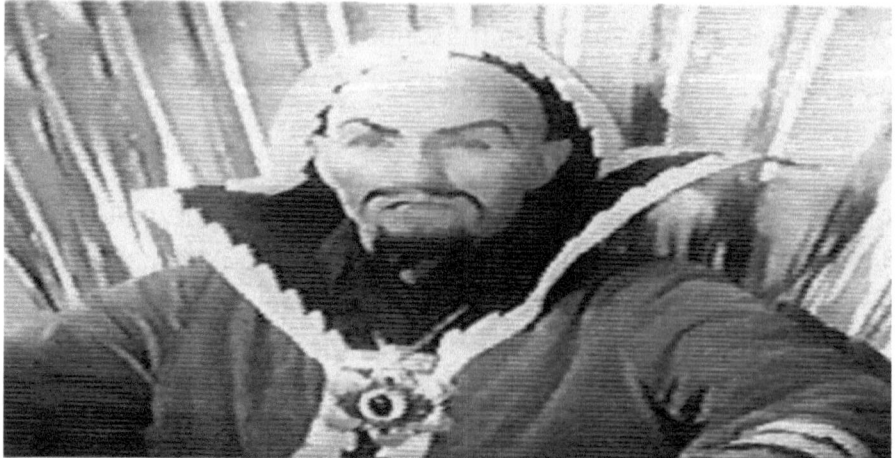

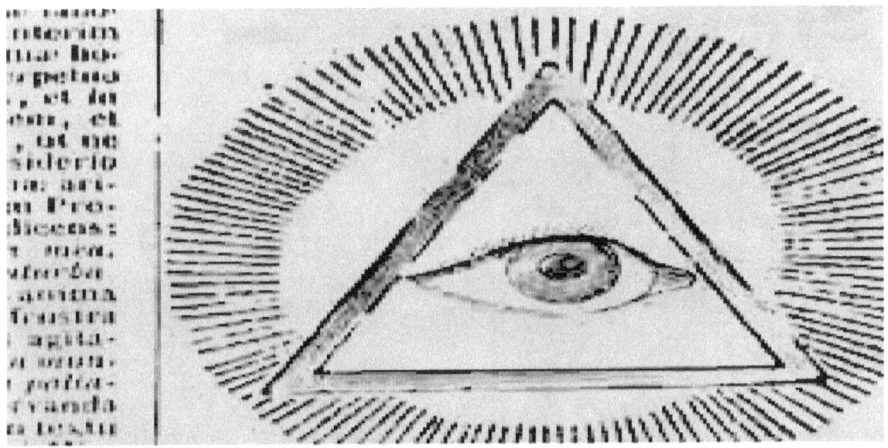

# DESDE EL INFIERNO (2001)

Basada en la historia de Jack el Destripador, y el cómic de Alan Moore. Implica a los masones como responsables de los asesinatos de Whitechapel en Londres. Las muchas imágenes y referencias masónicas colocan esta película en la categoría de anti-masónica intencionada. Johnny Depp, Heather Graham, Ian Holm. Dirigida por Albert Hughes, basada en una novela gráfica escrita por Alan Moore, Eddie Campbell. USA, inglés, 121 min., Color.

# JFK (1991)

Kevin Costner como fiscal de distrito Jim Garrison investiga el asesinato de Kennedy. Aunque no hay referencias obvias masónicas, los teóricos de la conspiración que han hecho un análisis fotograma a fotograma de la versión de video observan muchos símbolos masónicos y referencias. Es un poco interesante ver las trivialidades cinematográficas y que las escenas del Oval Office fueron filmadas en el Templo del Rito Escocés de Dallas, Texas. Dirigida por Oliver Stone. Warner Bros.

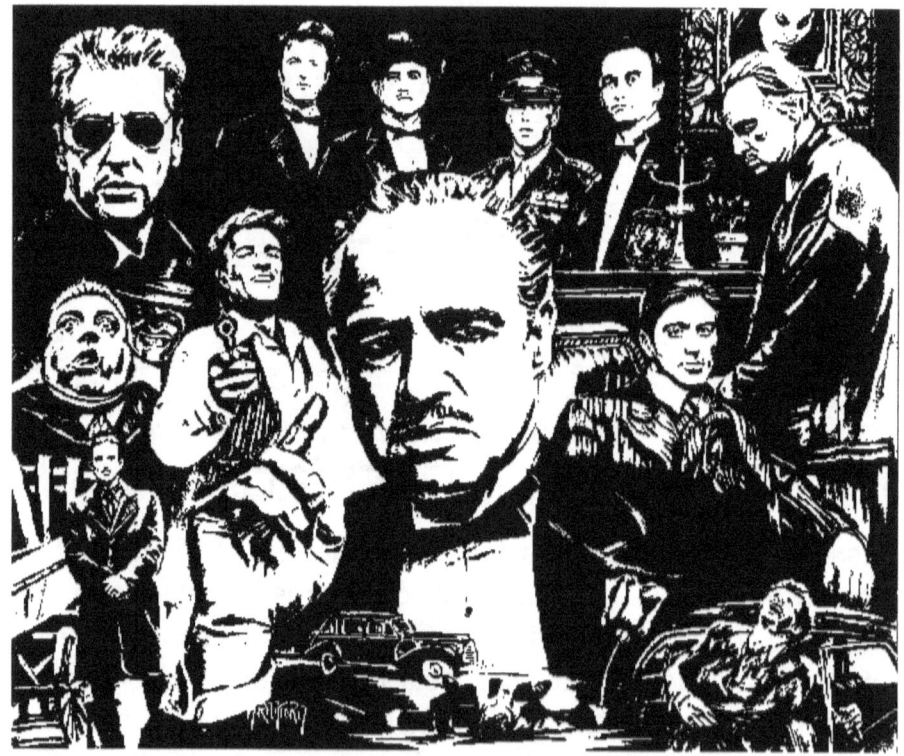

# EL PADRINO PARTE III (1990)

Esta película de ficción se hace eco de varios acontecimientos del escándalo italiano logia P2 de 1981. Muchas escenas con connotación masónica y además implica al vaticano y a los masones como de un pacto para dominar las organizaciones criminales e influenciar en los gobiernos. Dirigido por Francis Ford Coppola, escrito por Mario Puzo, Francis Ford Coppola. Al Pacino, Diane Keaton, Talia Shire, Andy García, Eli Wallach, Joe Mantegna, George Hamilton, Bridget Fonda, Sofia Coppola. 162 min / USA: 169 min (versión de vídeo). Estados Unidos.

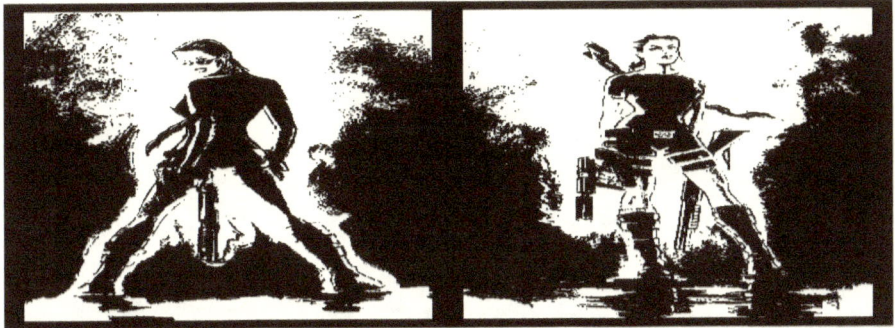

## LARA CROFT: TOMB RAIDER (2001)

Aunque no se hace alusión de ningún vínculo directo con la Francmasonería, en esta película los Illuminati son percibidos como un grupo de "hombres peligrosos que buscan cumplir una antigua profecía". Pero su asociación popular con la francmasonería en la ficción requiere que su uso en esta película sea anotado en esta página. Dirigido por Simon West, escrito por Sara B. Cooper y Mike Werb. Angelina Jolie, Jon Voight, Glen Iain, Noah Taylor, D. Craig.

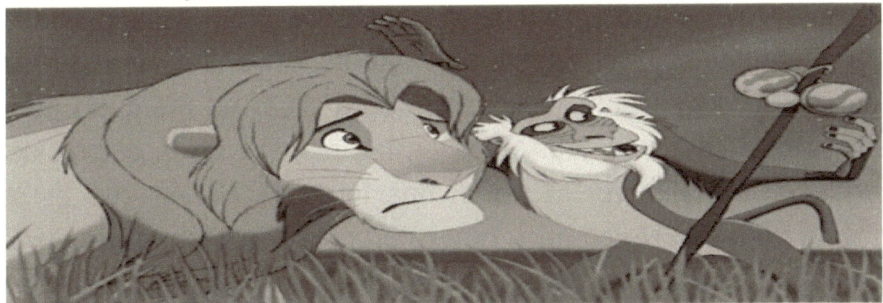

## EL REY LEÓN (1994)

El compañero del león principal lleva un bastón druídico con dos bolas unidas a él. Aunque no explícitamente masónico, los francmasones reconocerán un juego de palabras masónico común.

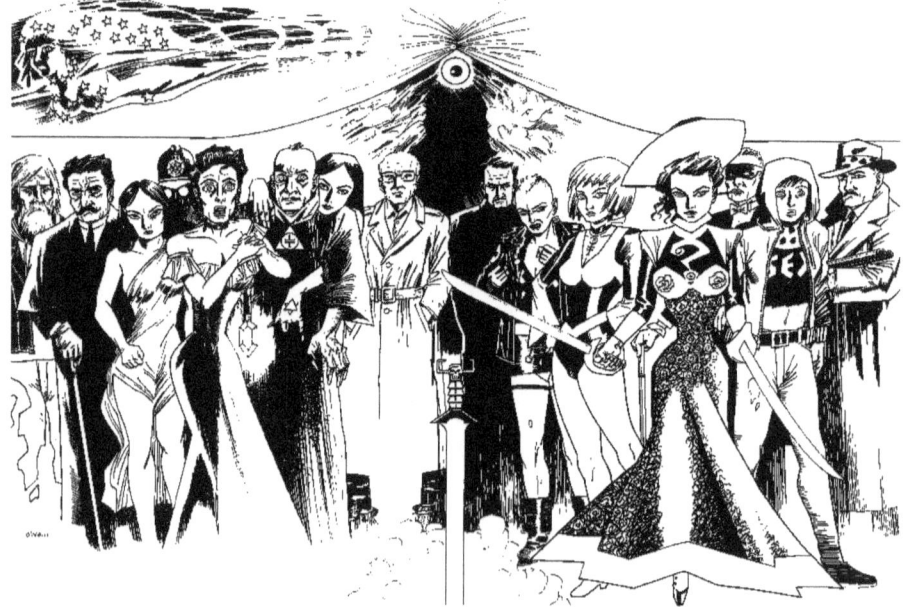

# LEAGUE OF EXTRAORDINARY GENTLEMEN (2003)

La escuadra y el compás aparecen cuatro veces: dos veces en primeros planos de un anillo masónico de gran tamaño usado por el fantasma, un villano que intenta encender una guerra mundial a finales del siglo pasado para crear un mercado para sus armas futuristas y una vez en las puertas de la oficina del fundador de la Liga, "M", que más tarde se revela que es la misma persona. No se hace otra referencia a la Francmasonería. En la escena de la plaza se ven compases, cuatro grandes brillantes que parpadean y brillan en la luz como la puerta en la que están montados se cierra también aparece en el remolque. Con Sean Connery. Basado en una novela gráfica del mismo nombre de Alan Moore, que también nos dio *From Hell*.

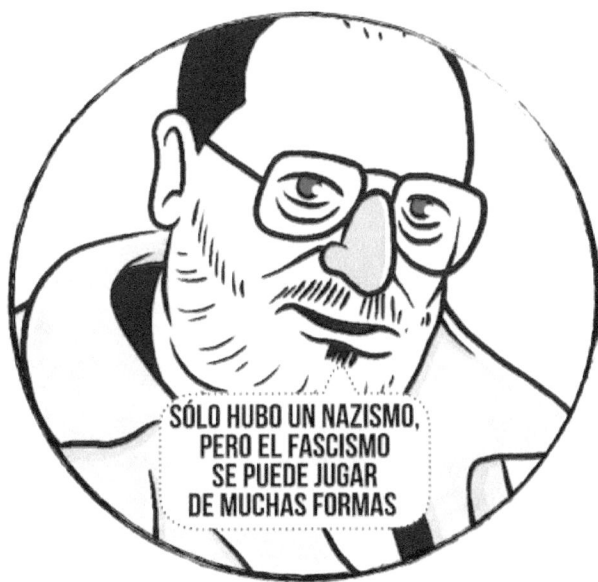

Umberto Eco nacido en Alessandria, Italia 1932 fue un escritor, filósofo y profesor de universidad acérrimo a la cábala judía y las escuelas mitéricas antiguas de Egipto y el mundo antiguo, por ejemplo en el péndulo de Foucault, cuenta sobre un personaje que parece ser el mismo, la juventud universitaria en Milán, sus estudios de filología e Historia y la tesis doctoral que realiza sobre el proceso de quema de los templarios, época durante la cual rechaza las teorías de la conspiración al respecto. En el Nombre de la Rosa, explica como la iglesia católica en su jerarquía e incluso monjes y abades se envenenaban unos a otros para mantener secretos bajo velo tanto de linajes de reyes y aristocratas como de temas de conocimiento, conspiración y de la atlántida durante el periodo medieval.

Curiosamente Eco divide los libros no en partes y capítulos, sino en secciones cuyo nombre esté relacionado con lo narrado en ellas. Así como en El nombre de la rosa se dividía el relato en días y los días en las horas monásticas, el relato de varios de sus obras se divide en 120 -número que surge reiteradamente en la novelas- capítulos agrupados en diez sefirot de la cábala hebrea. Cada capítulo tiene por título el comienzo de un texto extraído de obras de nigromancia y ocultismo. Caballero Gran Cruz de la Orden del Mérito de la República Italiana (Roma, 1996); Fue miembro del Foro de Sabios de la Mesa del Consejo Ejecutivo de la Unesco y Doctor honoris causa por 38 universidades: entre ellas, la Universidad Hebrea de Tel Aviv (1994). En 2000, recibió el premio Príncipe de Asturias. Caballero de la Legión de Honor francesa.

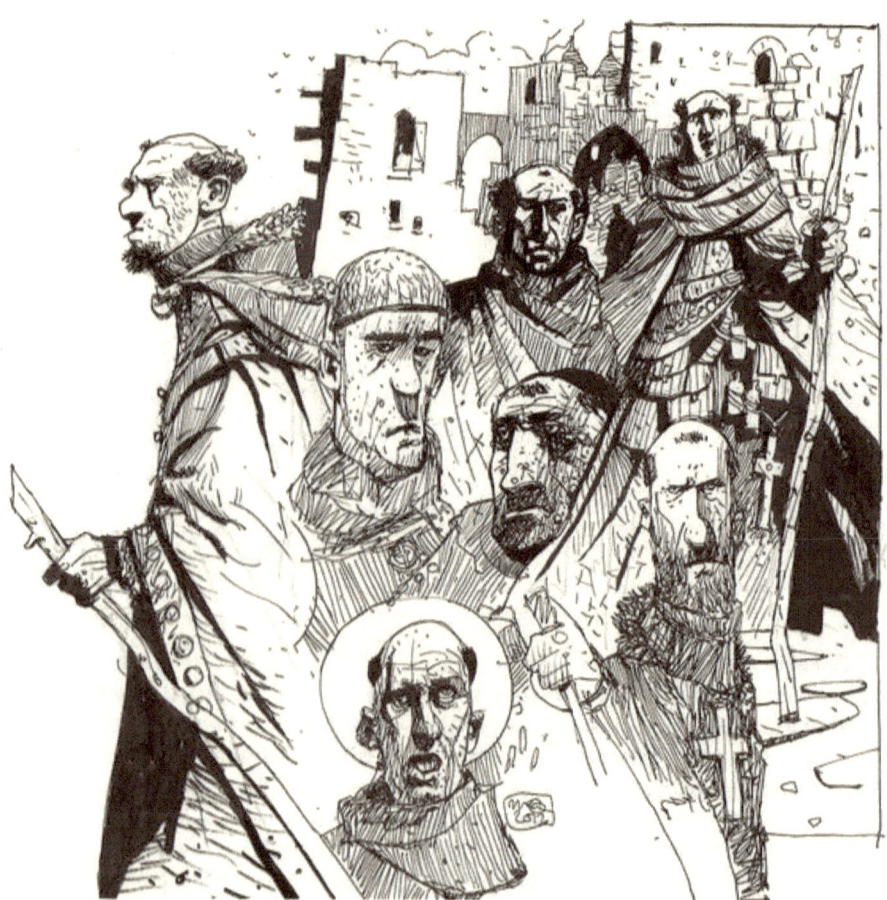

# EL NOMBRE DE LA ROSA (1986)

Con Sean Connery y escrito por Umberto Eco. Una cápsula del tiempo medieval, utilizando una reunión real de la iglesia católica celebrada en un monasterio de montaña. Insinúa fuertemente cómo el conocimiento antiguo fue escondido y almacenado por el vaticano y sociedades secretas dentro de su biblioteca y prohibido público. Incluso en la película se producen asesinatos al intentar desvelar ciertas partes de este conocimiento o libros claves para la evolución intelectual de la humanidad. Por eso se le llamaban los siglos oscuros, porque la gente no sabía ni leer ni escribir y estaba bloqueado el acceso al conocimiento.

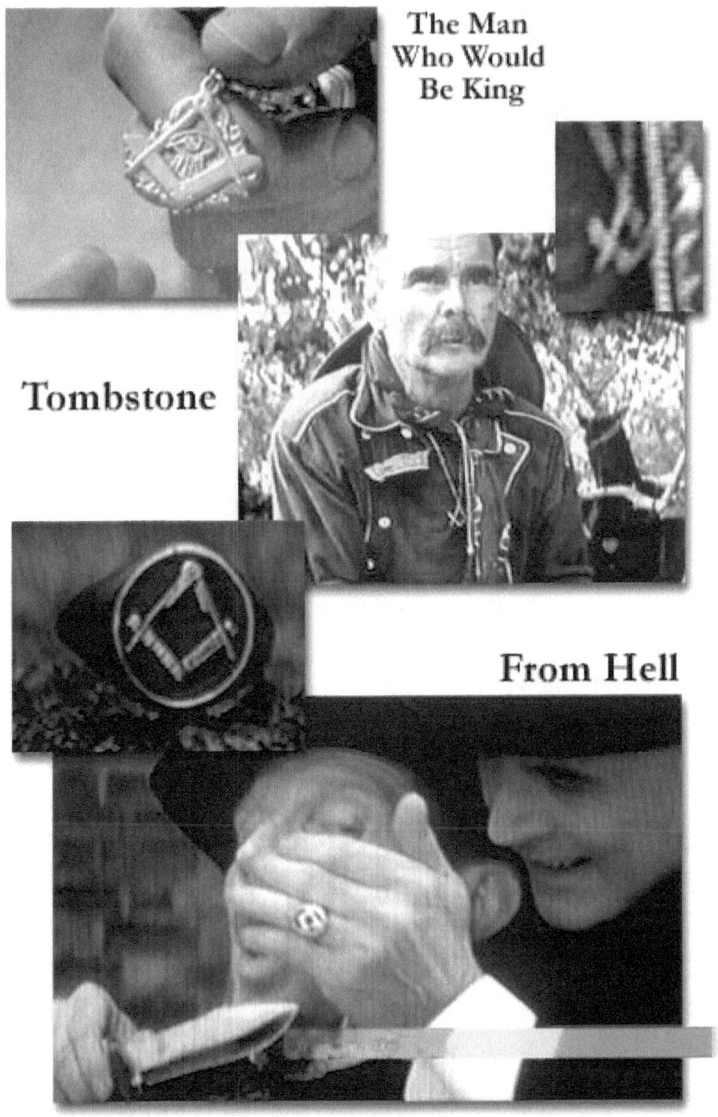

The Man
Who Would
Be King

Tombstone

From Hell

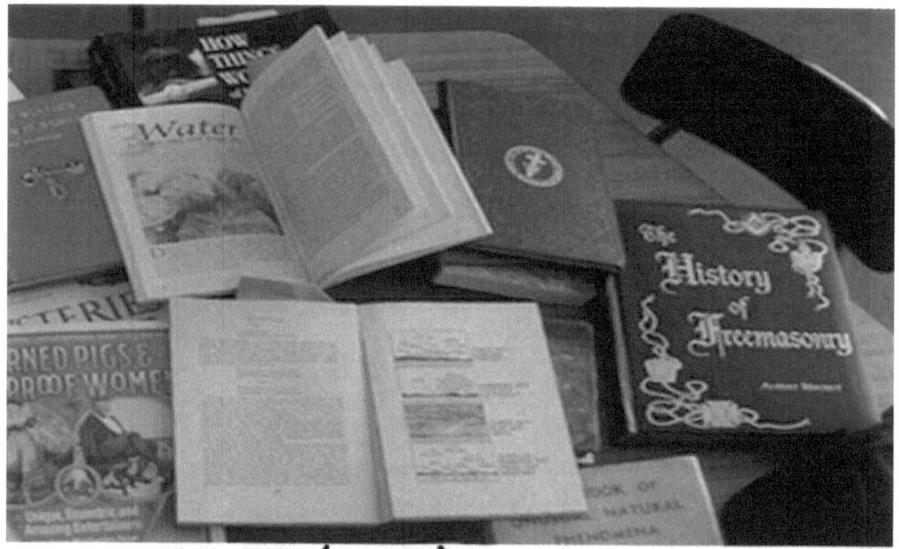

# MAGNOLIA (1999)

Justo antes de que el presentador del programa Jimmy Gator, interpretado por Philip Baker Hall, sube al escenario, Burt Ramsey, interpretado por Ricky Jay, lleva un anillo masónico. Mientras estudia en la biblioteca pública, el concursante Stanley Specter, interpretado por Jeremy Blackman, tiene una pila de libros, uno de los cuales es Historia de la masonería. Casi masónico es el escenario de fondo que incluye una serie de símbolos uno de los cuales es un compás sobre un laurel. La película termina con una lluvia de ranas. Jason Robards, Philip Seymour Hoffman, Julianne Moore, Tom Cruise, Philip Baker Hall, Melora Waters, John C. Reilly, Jeremy Blackman, William H. Macy. Dirigido por Paul Thomas Anderson, escrito por Paul Thomas Anderson. 188 min. EE.UU., Inglés. Color (DeLuxe), Dolby Digital. R. (Drama).

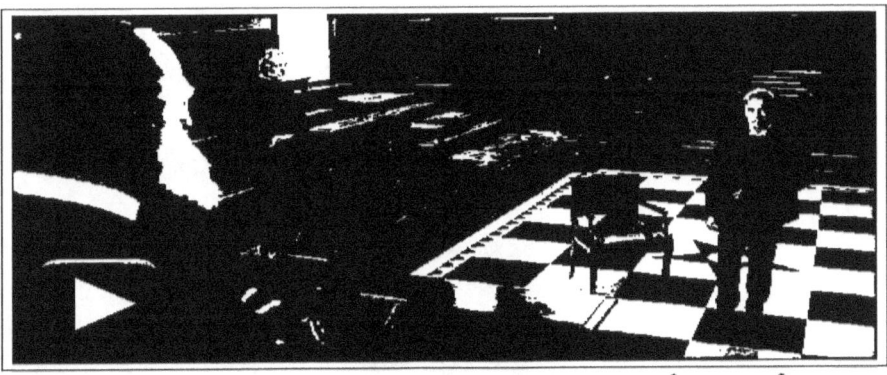

## ASESINATO POR DECRETO (1979)

Sherlock Holmes investiga el caso más infame de Londres, Jack el Destripador. Mientras investiga, encuentra que el Destripador tiene amigos en lugares altos, implicando a los masones.

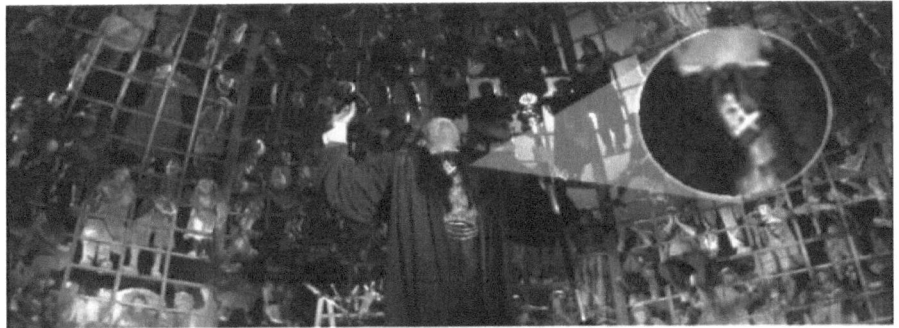

## MAD MAX BEYOND THUNDERDOME (1985)

Los Illuminati usando un frente masónico, controlan esta odisea apocalíptica que Edwin Hodgeman como el Dr. Dealgood, el presentador que presenta la pelea entre Max y Blaster usa un colgante masónico y un bastón egipcio Illuminati que se ve en el pecho de su camisa. Frank Thring, como el coleccionista, lleva una joya en la solapa que puede discernirse como masónica.

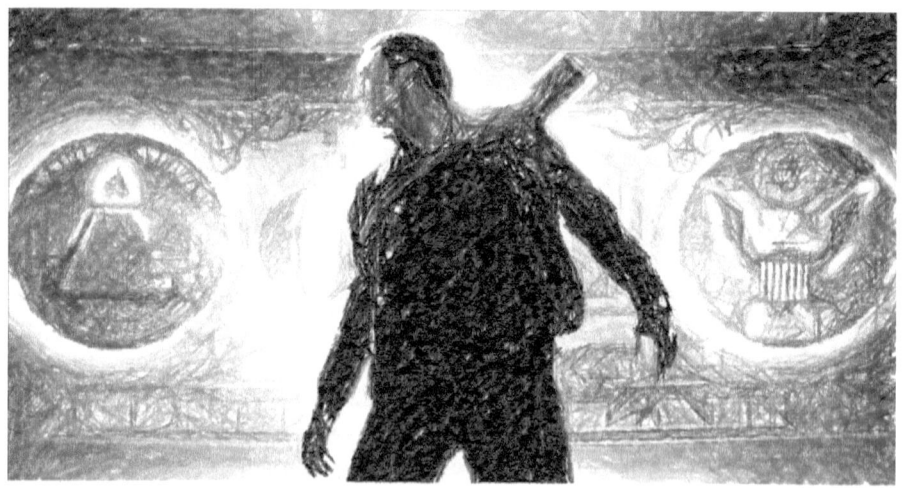

# LA BÚSQUEDA (2004)

Benjamin Franklin Gates, interpretado por Nicolas Cage, desciende de una familia de buscadores de tesoros que han cazado por lo mismo: un cofre de guerra escondido por los padres fundadores estadounidenses. Esta película es un intento de dejar bien a los francmasones, los templarios y la fundación de los Estados Unidos a través del uso de varios símbolos masónicos.

## LA BÚSQUEDA - LIBRO DE LOS SECRETOS (2007)

Nicolas Cage regresa como Benjamin Gates, esta vez en la pista del Libro Presidencial de los Secretos, que incluye menciones de Albert Pike del Rito Escocés, y los padres fundadores estadounidenses. La publicidad previa al estreno de la película se basó en gran medida en las conexiones masónicas de su película predecesora, La búsqueda, mientras que la película se centró en otra "fraternidad" en los Caballeros del Círculo Dorado.

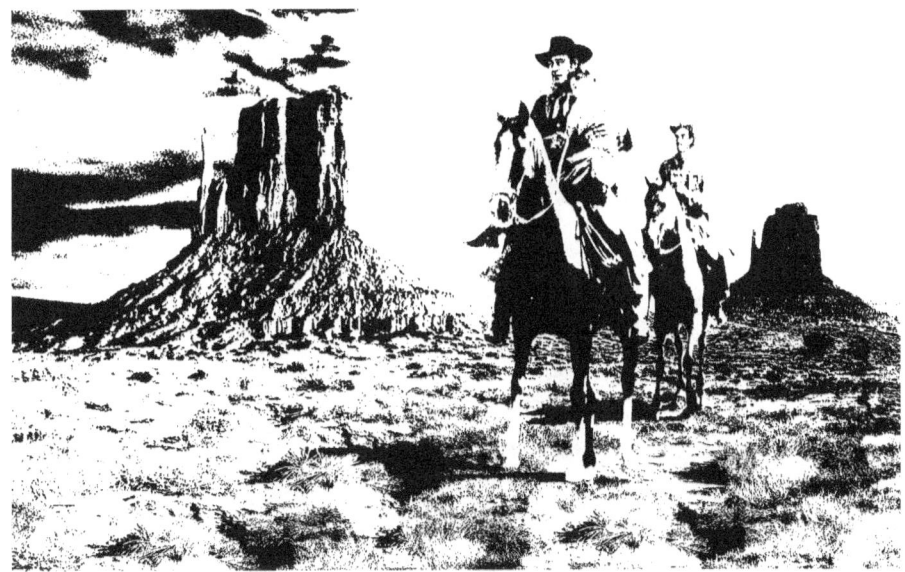

## CENTAUROS DEL DESIERTO "THE SEARCHERS" (1956)

El gran director John Ford era alguien con conexiones masónicas y en una escena en la que Wayne monta en un campamento Comanche después de una batalla, uno de los muertos Comanches está tendido boca arriba, vestido con un delantal de tela azul, similar en tamaño a un delantal masónico, con cintas blancas cosidas en forma de escuadra y compás. John Wayne, cazador de Jeffrey, millas de Vera, enlace de la sala, madera de Natalie. Dirigida por John Ford, Guión por Frank Nugen. ESTADOS UNIDOS. Inglés, 120 min., Color (Occidental).

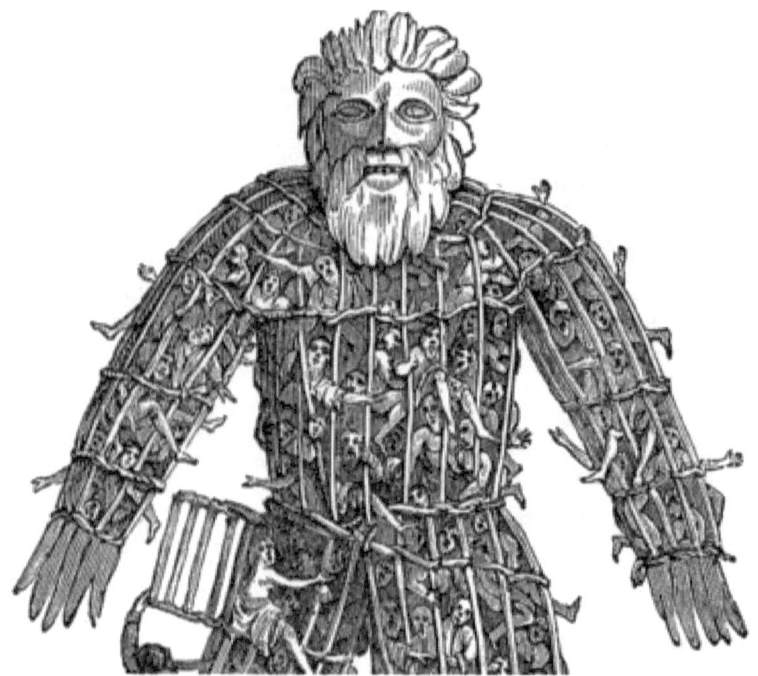

## EL CULTO SINIESTRO- EL HOMBRE DE MIMBRE (2006)

Los druidas vuelven y conectados a las sectas masónicas. Un remake de la película del mismo nombre, The Wickerman, tiene estrellas como Nicolas Cage interpretando a Edward Malus, un policía estadounidense que va en la búsqueda de su hija desaparecida, cuando inadvertidamente se encuentra en medio de una secta de Wiccanos / Paganos-británicos para convertirse en el Burning Wickerman mismo al final. El vínculo con la Masonería, aunque menos obvio en la película, es que el Paganismo moderno fue fundado por el Francmasón Gerald Gardner quien popularizó su reemergencia en los años cincuenta. En la película original, Drácula y masón del grado 33, Christopher Lee hace de sacerdote druida-Solsticius.

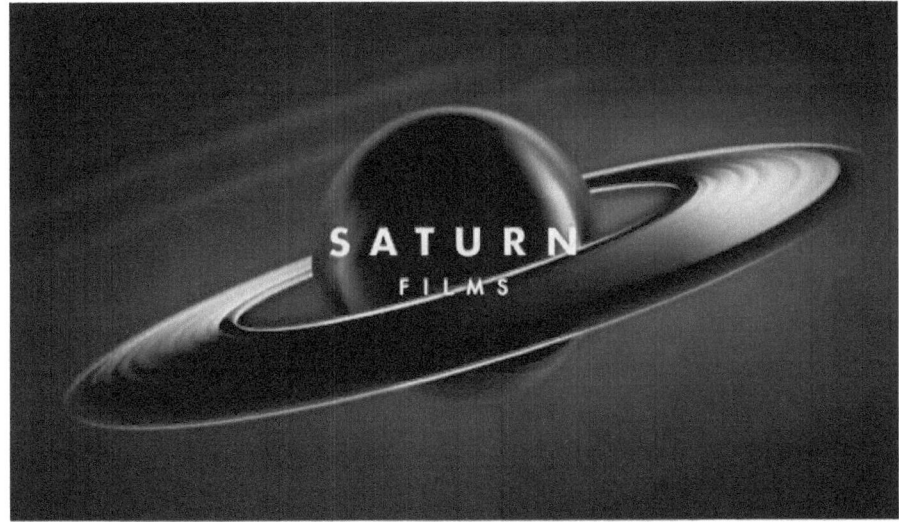

Saturno y el surgimiento de la industria de los 'DIOSES', el eslabón oculto entre los cataclismos globales, los mágicos rituales sexuales de sangre y de armas, el petróleo, las drogas y la esclavitud a través de la gran y pequeña pantalla...

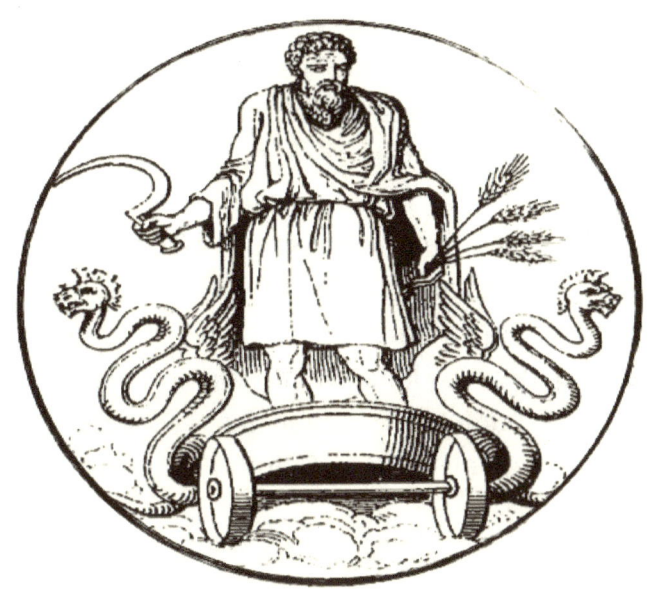

# EL SISTEMA DE LOS ANILLOS

"SE ESPECULA QUE SATURNO FUE UNA VEZ UNA ESTRELLA ENANA SUB-MARRÓN (EL SOL NEGRO) Y QUE SE SENTÓ A LA SOMBRA DE VENUS (LUCIFER - "PORTADOR DE LA LUZ"), POR LO QUE SATURNO ES METAFÓRICAMENTE" UN PLANETA OCULTO A LA SOMBRA DE LA LUZ"
-DAVID TALBOTT

# CARA OCULTA DE HOLLYWOOD

Esta historia del "sol negro" se ha convertido en la base de las escuelas secretas de misterio y en teologías ANCESTRALES que han influenciado a autores, poetas y guionistas de Hollywood con rituales basados en el sexo y en la sangre, las ciencias y las artes impulsadas alquímicamente. Es la fuerza detrás de la continua lucha entre aquellos que se denominan a sí mismos «Maestros Serpiente» y los «Hijos de la Serpiente.» Es el conflicto entre el amor al dinero y el amor a la justicia. Es a la vez la palabra y la carne desde el comienzo de la experiencia humana, el origen tanto de la civilización como de la guerra. Es la historia de la humanidad según las escuelas místéricas, y están reflejadas en el culto a Saturno y en las películas de Hollywood.

La adoración de Saturno se basa en una forma de deificación que ha sido personificada por el objeto celestial que hemos llegado a conocer como el planeta Saturno, con el concepto de "Saturno" (ya sea como un objeto celestial o como una variación de la deidad) reverenciado altamente por encima de otros cuerpos celestes deificados, incluso más que nuestro Sol y Luna contemporáneos. Es difícil determinar con precisión cuándo y cómo comenzó esta creencia, ya que existen puntos de vista contradictorios al respecto, aunque existen numerosas civilizaciones antiguas que se remontan a miles de años que aluden a la posibilidad, pero más sobre eso en un momento. El concepto contemporáneo se ha visto reforzado por una reexaminación detallada de nuestras antiguas mitologías en relación con la historia del planeta Tierra y el resto de nuestro sistema solar.

# Osiris
# Oscar
# Ptah

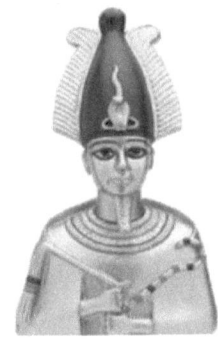
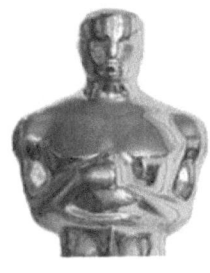
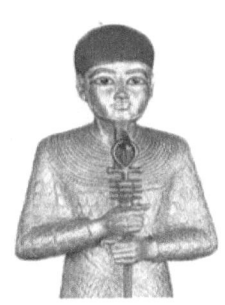

Hollywood es una empresa druídica, y como no, Oscar, la estatuilla que se le da al ganador de los premios de Hollywood (o varita mágica) representa a Ptah o el "Señor de la magia", era un 'dios' creador en la mitología egipcia. "Maestro constructor", patrón de la construcción, fue patrón de los arquitectos y artesanos. En la masonería el creador de todo es representado con el Ojo que Todo lo Ve/Ojo de Horus/Ojo de la Providencia y es conocido como el Gran Arquitecto. También se aprecia como el logo de la Academia del Cine lo han transformado en una pirámide dorada. Se le asoció con Ptah en la dinastía V, siendo los sacerdotes de Ptah también de Socar, al revés Oscar. Se le vincula con Osiris en los textos de las Pirámides. En el Imperio Medio se le adora como Osiris-Socar-Ptah en el templo de Abidos, continuando esta trinidad en el Imperio Nuevo y durante el tercer periodo intermedio. Las sociedades secretas consideran que los faraones de egipto eran una especie de druidas a la antigua.

# CARA OCULTA DE HOLLYWOOD

Un número de investigadores afirman que el planeta en anillo Saturno pudo haber ocupado una posición más cercana a la Tierra en el sistema solar (según la mitología, Saturno era visible desde la Tierra y ocupaba una posición NORTE POLAR relativamente fija en el cielo), que La Tierra, Marte y Venus estaban de algún modo encerrados en una especie de alineación celestial con Saturno (con la posibilidad añadida de que este grupo de cuerpos celestes haya existido una vez fuera de nuestro sistema solar actual), que Saturno pudo haber sido una pequeña sub- estrella enana marrón, etc.

Algunos investigadores creen que un período de agitación (posiblemente catastrófica) reconfiguró el sistema solar en su alineación actual. La ciencia contemporánea de "corriente principal" nos haría creer que tales eventos a gran escala no han ocurrido desde la formación inicial del sistema solar, sin embargo, la investigación de los gustos de Norman R. Bergrun ("The Ringmakers of Saturn" 745), Immanuel Velikovsky ("Worlds in Collision" 746), Dwardu Cardona ("God Star" 747) y Wallace Thornhill y David Talbott "The Electric Universe" 748 y "The Thunderbolts Project" 749) sugieren, en diferentes grados, que tal vez no sea el caso. Nociones como el modelo de "*El universo eléctrico*", los efectos de la física del plasma e (incluso) la llamada energía "*hiperdimensional*," sugieren la posibilidad de que nuestro sistema solar se encuentre en un estado de cambio continuo. El modelo de Electric Universe ha recibido un ataque sustancial de la academia científica principal, principalmente porque el modelo parece reescribir porciones sustanciales de la ciencia convencional (como la física, la astronomía, la geología, etc.), la historia y la religión.

La película documental *"Símbolos de un cielo extraterrestre"* (narrada por David Talbott) es una de las fuentes más accesibles para comenzar a comprender el papel de los planetas en relación con el modelo del Universo Eléctrico y cómo tal vez realmente haya influenciado la religión y la mitología mundiales.

La historia de Saturno es el creador. Saturno presidió una era dorada perdida [con] Saturno como un sol primitivo. La ubicación absurda de Saturno [estaba] en el Polo Norte celestial, alrededor del cual los cielos se volvieron visualmente. Saturno como el padre fundador de los reyes y Saturno como un dios moribundo o desplazado. La conexión del dios con una inmensa media luna se ve como una hoz o una hoz girando en el cielo. También lo es la montaña cósmica de la que se decía que Saturno alguna vez gobernó el mundo y el papel del dios del planeta como antepasado divino de diferentes naciones contaba la misma idea central. Los mitos parecen ser mucho más antiguos que cualquier observación registrada de planetas. Al trabajar con los puntos de acuerdo intercultural, la historia dice que en un tiempo anterior, una luminaria central, un sol inmóvil se convirtió en una gran rueda en el cielo.

¿Pero por qué una identificación con el planeta Saturno? Se dice que este antiguo poder, el padre de los reyes, presidió una era de abundancia natural y daño cósmico, pero esta historia y sus innumerables variaciones no terminan bien. Afirma que el mundo cayó en confusión cuando el dios gobernante huyó del teatro o cayó de su estación designada. Luego, las hordas de caos se soltaron y toda la creación se sumió en una noche cósmica.

# CARA OCULTA DE HOLLYWOOD

Los dioses luchando furiosamente en los cielos: el choque de los Titanes. En la conocida tradición griega, esta fue la historia del dios desplazado Kronos, el padre de los reyes. Kronos era el nombre griego para el planeta Saturno. Y, sin embargo, enigmáticamente, el mismo planeta también se llamaba Helios - El Sol que la sombra proyectada por Saturno alcanzó a través de los milenios. Incluso hoy en día, nuestro lenguaje conserva la antigua ambivalencia cultural hacia este dios más antiguo.

La palabra saturnina expresa el esplendor de la Edad de Oro, mientras que la palabra Saturnino refleja la melancolía del paraíso perdido. La adoración de Saturno se convirtió en un componente clave de múltiples culturas y sistemas de creencias. Como resultado, muchas deidades e íconos religiosos se asociaron con o variaciones del Saturno deificado. En algunos aspectos, Saturno simboliza ciclos de muerte y renacimiento o renovación, junto con el tiempo, el infinito o la eternidad. Hay un motivo recurrente en el que Saturno y sus derivados están asociados con ciclos de agricultura (los cultivos y la tierra) y la posterior cosecha. Saturno es una deidad de fuertes contrastes, que otorga buena fortuna en algunos casos y que actúa como presagio de muerte y condena en otros. Una página de Wikipedia ahora desaparecida describía a la deidad romana Saturno como el *"Dios del Capitolio, la riqueza, la agricultura, la liberación y el tiempo"*.

El Saturno deificado tiene (junto con sus variaciones) la adoración del sol / estrella. En el cuarto siglo AD, Macrobio confirmó "Kronos" como el Sol. El nombre griego para el Saturno deificado fue "Cronos", un dios cruel asociado con la muerte de los mortales, representado como portando una guadaña u hoz (el origen del "Antiguo Tiempo del Padre" / rostro del Año Nuevo), y adorado como el supremo "Gobernante del tiempo". Una serie de académicos históricos de la corriente principal han salido de su camino para separar los términos "Kronos" y "Chronos", citando dos puntos de referencia separados. La variante griega de la ortografía Cronos fue transferida al Saturno romano, *"cuyos mitos fueron adaptados para la literatura latina y el arte romano. En particular, el papel de Cronus en la genealogía de los dioses griegos fue concedido a Saturno"*

**Diodoro Sículo**, al discutir los nombres que los caldeos dieron a los planetas, señaló que *"el llamado Cronos por los griegos... ellos [los caldeos] llaman a la estrella de Helio"*. El nombre griego para el Sol también era Helio (o Helios.) Los babilonios de Assyro y los caldeos llamaron tanto al Sol como al planeta Saturno *"**Shamash**"*. Los babilonios usaron el término: "(Mul) Lu-Bat Sag-Us Mul (il) Samas su-u" - que traducido significa (afirmado por el académico Morris Jastrow Jr.) "El planeta Saturno es Shamash". Shamash era comparable con el dios egipcio Ra. El antiguo egipcio Temu-Ra (y "Atum" para el caso) era el mismo que Shamash-Saturno.

¡Dado que el ojo que todo lo ve representa al egipcio Osiris, veamos quién es Osiris! En Tracia y Grecia, es conocido como Dionisos, el dios de los placeres y de la fiesta y el vino. Los festivales celebrados en honor de Dionisos a menudo resultaron en sacrificios humanos y ritos sexuales orgiásticos. Los frigios conocen a Osiris como Sabazius, donde es honrado como la deidad solar (un dios del sol) que estaba representado por cuernos y su emblema era una serpiente. En otros lugares, es conocido por otros nombres: ¡Deouis, The Boy Jupiter, The Centaur, Orion, Saturno, The Boy Plutus, Iswara, The Winged One, Nimrod, Adonis, Hermes, Prometeo, Poseidón, Butes, Dardanus, Himeros, Imports, Iasius, Zeus, Iacchus, Hu, Thor, Serapis, Ormuzd, Apolo, Thammuz, Athos, Hércules, Shiva, Moloch, y créanlo o no, BAAL!

El investigador Immanuel Velikovsky escribió: "Los misterios de Osiris, los lamentos de Tammuz, todos se refieren a la transformación de Saturno durante y después del Diluvio. Osiris no era un rey sino el planeta Saturno, Cronos de los griegos, Tammuz de los babilonios. Los babilonios llamaron a Saturno "la Estrella de Tamuz". Después del Diluvio Saturno fue invisible (el cielo estuvo cubierto por un largo tiempo por nubes de polvo volcánico) y los egipcios clamaron por Osiris y los babilonios lloraron por Tamuz".

En la mitología romana, el punto central de adoración para el dios Saturno era el Templo de Saturno que se encontraba "al pie de la colina Capitolina en el extremo occidental del Foro Romano en Roma, Italia". Roma era entonces conocida por los romanos como "Saturnia" o "Ciudad de Saturno."

Hoy en día, Roma es fácilmente citada como el hogar del Papa y la Iglesia Católica. Cabe destacar que el nombre de la sede del poder de los EE. UU., "Capitol Hill", fue *elegido por los fundadores de los EE. UU. En emulación de la antigua ubicación romana".*

*"El templo de Saturno fue construido en forma de hexágono, el negro [era] el color de la piedra y las cortinas".* El Festival de Saturnalia (celebrado el 17 de diciembre en el calendario juliano) se celebró con un sacrificio en el Templo de Saturno *"Se suponía que las juergas de Saturnalia reflejarían las condiciones de la era mítica perdida, no todas ellas deseables".*

Un buen número de las fiestas celebradas alrededor del período del Solsticio de Invierno tienen sus orígenes parciales en el Festival de Saturnalia. Una, que todavía se celebra hoy, es Navidad. Durante Saturnalia, las delicias en forma humana se consumieron y el canto jovial se realizó en las calles, lo que lo convierte en un precursor del pan de jengibre moderno "y el villancico". San Nicolás está acompañado en los Alpes orientales por un demonio negro que tiene un bastón y castiga a los niños malos. Que los términos Santa y Satán son iguales entre sí al intercambiar una sola letra sugieren que están estrechamente relacionados, como sucede a menudo con los grandes antagonistas.

El pozo o chimenea a través del cual Santa llega cuando invade las casas también, apunta al herrero celestial, Hefesto / Vulcano, o los demiurgos en la cueva Ogygia de Saturno / Chronos, del que Satyr y Satán derivan etimológica y astro-mitológicamente.

# CARA OCULTA DE HOLLYWOOD

Manly P. Hall, en "The Secrets Teachings of All Ages" escribió: "Pan era una criatura compuesta, la parte superior -con la excepción de sus cuernos- era humana y la parte inferior en forma de cabra. Las pipas de Pan significan la armonía natural de las esferas, y el dios mismo es un símbolo de Saturno porque este planeta está entronizado en Capricornio, cuyo emblema es una cabra". Los autores masónicos, como J.S. Ward, asocia regularmente a Saturno con Satanás. *"Saturno es el Satán, el Tentador, o más bien el Tester. Su función es castigar y domesticar las pasiones rebeldes en el hombre primitivo"*.

El pagano mitológico *"Holly King"* también con el tiempo se transformó en Santa Claus. *"Al igual que el Holly King, Santa Claus es 'todo lo que sabe' a través del conocimiento de quién ha sido bueno y malo, con poderes de omnipresencia y capacidad para atravesar el planeta en una sola noche. Tiene ocho renos con cuernos en la cabeza (también llamados "ciervos", que dibujan similitudes con el ciervo dios Nimrod)."* La adoración de Saturno (y el Festival de Saturnalia) ahora se sabe que ha sido honrada con un ritual humano y, algunos casos, sacrificios infantiles. ¡Esto puede explicar por qué Papá Noel se asocia fácilmente con los niños!

*En la mitología griega y romana, Saturno devoró a sus propios hijos. "Saturno (mitología)". "Con la deposición de su padre, Saturno se convirtió en el gobernante del Universo por incontables años y reinó con su hermana, Ops, quien también se convirtió en su esposa.*

*Se profetizó que un día Saturno perdería poder cuando uno de sus hijos lo deposite. Para evitar que esto ocurra, cada vez que Ops entrega a un niño, Saturno lo tragará de inmediato. Cuando nació su sexto hijo, Júpiter (Zeus), Ops lo llevó a la isla de Creta. Luego envolvió una piedra en sus pañales. Su engaño fue completo cuando Saturno se lo tragó, pensando que era el niño. Cuando Júpiter creció, aseguró el trabajo de copero a su padre. Con la ayuda de Gaia, su abuela, Júpiter alimentó a su padre con una poción que lo hizo vomitar a los cinco hermanos de Júpiter, Vesta (Hestia), Ceres (Deméter), Juno (Hera), Plutón (Hades) y Neptuno (Poseidón)"*

*"La potencial crueldad de Saturno se vio reforzada por su identificación con Crono, conocido por devorar a sus propios hijos. De este modo, fue utilizado en la traducción al referirse a los dioses de otras culturas que los romanos percibieron como severos; fue equiparado con el dios cartaginés Ba'al Hammon, a quien se sacrificaron niños, y a Yahweh"*.

La adoración de otras variaciones deificado de Saturno implicaba rituales de sacrificio. Los primeros cananeos adoraban principalmente a la diosa Ashtoreth (Asherah, Astarte, Attoret, Anath, Elat, Baalat, etc.) *"Ella era la diosa del amor sexual sin límites y los niños y animales primogénitos fueron sacrificados en su honor"*. Los cananitas reaparecieron históricamente como fenicios, que sacrificaban niños a *Molech / Molech y es un tanto intercambiable con Tophet, Nimrod y El.*

*"**Él** era el **Crono** fenicio."* Cuando los helenos se encontraron con los fenicios y, más tarde, con los hebreos, identificaron al semita El, por interpretativo graeca, con Cronos. La asociación se registró 100 AD por Filón de la historia fenicia de Biblos, según lo informado en Eusebius 'Præparatio Evangelica'. La torre de Babel tenía un templo a Moloch en el tejado. Los primeros relatos de cada una de estas deidades representaban a un *"dios con cuernos"* y eran adorados en ocasiones por un ídolo que recordaba a un carnero o un toro.

La religión fenicia también practicaba sacrificios rituales infantiles en la adoración de la divina deidad Saturnina Baal (también Baal Hammon y Baal Qarnaim). Algunos ídolos a Baal también tomaron la forma de un Toro. El lei motif del Macho Cabrío / Toro se ha confundido con el búho. Moloch y Baal, son lo mismo que la sabiduría de las hembras de Sofía, Atenea y Minerva. El poderoso símbolo oculto / arcano de Saturno, que explica mucho por qué fue tomado como el símbolo de los **"Perfectibilistas"** masónicos de Adam Weishaupt, por qué las calles alrededor del edificio del Capitolio de Washington D.C. estaban diseñadas en forma de un búho sentado encima de una pirámide.

Este rito se puede rastrear en Arabia, India, Egipto, Galia y entre los escitas, de los que hablo en el libro anterior en la sección de Roerich y la película los inmortales. En la biblia, dice que la maldición de los israelitas cayó sobre las familias adictas a la práctica de Saturno. Los cananeos incluso incluyeron la comida o panecillo del cuerpo de Baal. Osiris prohibió esta práctica en Egipto.

En los días posteriores se sustituyó por un carnero. También fue popular en Canaán un festival de carne humana que se llamaba "carnabaal" o la ingesta de carne y sacrificio ritual de los primogénitos. Los pasteles ofrecidos a la reina del cielo eran estos mismos panecillos calientes o bollos de leche.

La obsesión del Tercer Reich con los sistemas de creencias ocultas y arcanas está bien documentada, sobre todo la esvástica (más adelante) y los nazis / SS adoptaron el símbolo **"Sol Negro"** (Schwarze Sonne alemán - también conocido como Sonnenrad, que es alemán por "sol rueda".)

El símbolo del Sol Negro es muy respetado en múltiples creencias (incluidas aquellas con una inclinación esotérica u oculta). Nicholas Goodrick-Clarke, en su libro *"El sol negro: cultos arios, el nazismo esotérico y la política de la identidad, mantuvo que la rueda del sol de doce rayos se deriva de los discos decorativos de los merovingios del período medieval temprano y se supone que representan el sol visible o su paso a través de los meses del año".*

El pictograma del Sol Negro fue captado por Heinrich Himmler (el líder de las SS) cuando estableció un "Centro del Nuevo Mundo" ideológico en el Castillo Wewelsburg de la era del Renacimiento en la región de Renania del Norte-Westfalia de Alemania.

Dada la obsesión de las SS con el simbolismo oculto y el sol, la Torre del Norte del Castillo se convirtió en la sede por defecto de los SS-Generales de mayor rango debido a la presencia de un gran mosaico del Sol Negro en la planta baja. El logo SS de doble rayo es interesante dado que el Saturno deificado ha sido representado con el poder del rayo.

*"En Romano y Etrusco, el cálculo de Saturno es un portador de un rayo; ningún otro dios agrícola (en el sentido de la actividad humana especializada) es uno".* Satre o Satres era un dios etrusco. Satre generalmente se identifica con el dios romano Saturno. *"Hay una capa adicional de sincronicidad con el patrón Saturniano" "y el"* relámpago de la Creación *"derivado del Árbol de la Vida de Kabbalah".* Fijaros que un rayo muchas veces parece un árbol al revés.

Otro icono de las SS, el *"**cráneo negro**"*, está igualmente asociado. *"Un cráneo se refiere a la primera fase alquímica conocida como fase negra, nigredo (caos, disolución y muerte), con Saturno como un planeta guía y una calavera y un cuervo como símbolos".* Recordando la fascinación nazi con las sociedades Vril y Thule, *"El término Sol Negro puede originarse con el místico"* Sol Central *"en la Teosofía de Helena Blavatsky.*

*Este Sol invisible o quemado (Santur de Karl Maria Wiligut en el misticismo nazi) simboliza una fuerza o polo opuesto. Emil Rüdiger, de Rudolf John Gorsleben Edda-Gesellschaft (Sociedad Edda), afirmó que una lucha entre los nuevos y antiguos soles se decidió hace 330.000 años (Karl Maria Wiligut data de hace 280.000 años), y que Santur había sido la fuente de poder de los Hiperbóreos".*

El origen del simbolismo del Sol Negro ciertamente precede a la Teosofía. La mitología mesoamericana la simbolizó como el dios "Quetzalcóatl o la Serpiente Emplumada y su relación con el Inframundo". Los aztecas representaban dos soles:

Uno joven y brillante; el otro oscuro y antiguo. Las tribus nativas americanas eran conscientes del Sol Negro como un signo sagrado, y algunos lo llamaban *"el sol con plumas".* La conexión teosófica con el Sol Negro y los nazis nunca es menos relevante, especialmente las referencias a "Santur" (Saturno). Dee Finney, en el artículo "The Black Sun y The Vril Society", escribió *"The Black Sun es el concepto más esotérico que el de Thule. Representado como el vacío de la creación en sí, es el arquetipo más importante imaginable.*

*Por lo tanto, este nombre estaba reservado para la élite de la Sociedad Thule. El Sol Negro era en realidad una sociedad secreta dentro de la Sociedad Thule".* Curiosamente, muchos de los aspectos místicos / arcanos de la era alemana / nazi del nacionalsocialismo estaban conectados con otra organización casi esotérica conocida como The Vienna Circle.

# CARA OCULTA DE HOLLYWOOD

Una de las posiciones filosóficas del Círculo de Viena ("*Empirismo lógico*") fue inspirada por los principales representantes de **The Circle**, como Albert Einstein y Bertrand Russell. La fascinación del Tercer Reich por el misticismo völkisch se reflejó en su deseo de reemplazar la religión cristiana "*tradicional*" por la herencia germánica pagana y pre-cristiana. Un grupo con una intrincada conexión con el culto de Saturno fue el **Ordo Templi Orientis (OTO)**, una sociedad secreta alemana / austríaca de origen (alrededor de 1895 y 1906).

En 1925, después de una larga relación con la organización, el ocultista Aleister Crowley tomó el control de la OTO y la sociedad comenzó a escindirse en varios grupos. Curiosamente, una de las restantes fue la Fraternitas Saturni (también conocida como La Hermandad de Saturno).*Durante la Segunda Guerra Mundial, las ramas europeas de O.T.O. fueron destruidas o conducidas bajo tierra. Para el final de la guerra, el único O.T.O. fue Agape Lodge en California.*

La Fraternitas Saturni estuvo influenciada por muchos factores. Ciertamente, la masonería (y sus variaciones) desempeñó un papel importante, al igual que la teosofía, el rosacrucismo, la cábala, los Illuminati, la tradición antigua (como las leyendas del rey Arturo) y toda clase de prácticas y enseñanzas ocultistas / rituales.

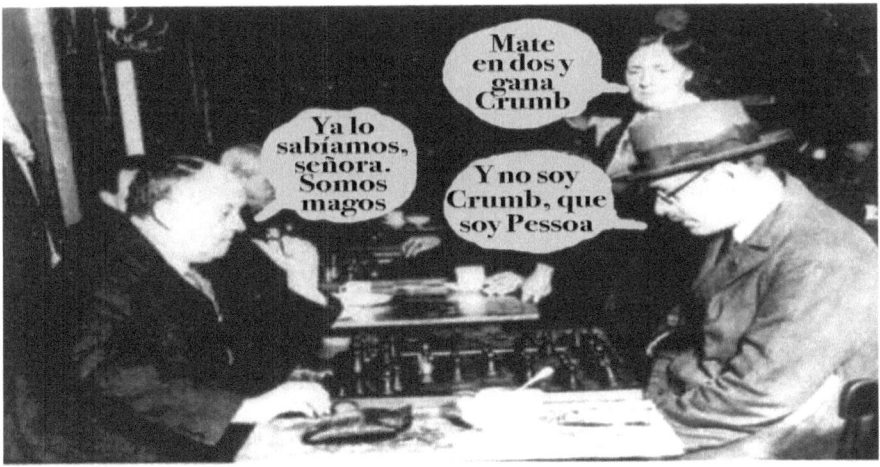

Crowley le comentó a uno de sus discípulos, que había sacado el símbolo de la "V" de un espíritu que le visitaba, y a cambio tenían que ofrecerle como sacrificio la sangre de los soldados muertos en batalla. Tanto el símbolo de la "V" como de el pulgar arriba son considerados desde tiempos muy antiguos como signos obscenos, ya que representan los genitales masculinos y femeninos. Crowley hizo unos poemas en un panfleto llamados "THUMBS UP : A Pentagram - a Pentacle to win the war " (¡Pulgares arriba, para ganar la guerra! ) que se los dio a Winston Churchill para imprimir y distribuirlos a los soldados Ingleses, para recitarlos durante las batallas y ganarlas.

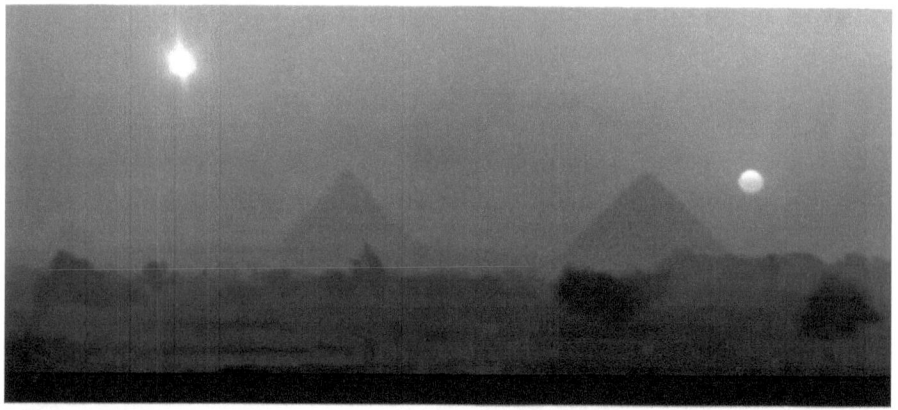

**De ahí, que veamos 2 soles en películas como Star Wars y en odisea 2010.**

También tenía sus raíces firmemente en el cristianismo gnóstico (con Lucifer siendo el Demiurgo de la iluminación) y la romana Saturnalia. El lado más oscuro de las Fraternitas Saturni era su interés en el sacrificio humano (una práctica implicaba un dispositivo de canal mágico llamado "*Tepaphone*"). El final del camino para un miembro de la Hermandad de Saturno es auto-deificación (también un concepto clave en Thelema de Crowley). Paradójicamente, las Fraternitas Saturni fueron (como la O.T.O.) suprimidas por los nazis.

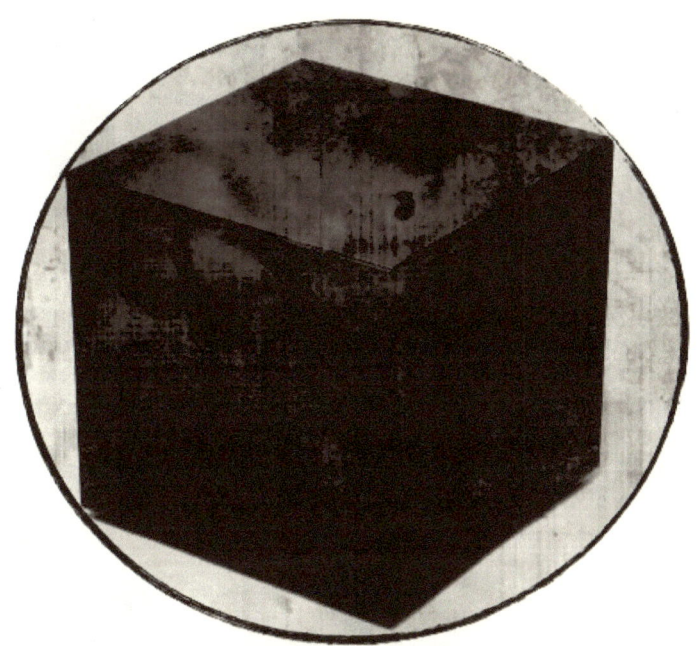

# EL SOL NEGRO

"AL GRADUARSE EN LA ESCUELA SECUNDARIA, SE SALE A LA CEREMONIA CON UNA TÚNICA NEGRA, QUE ES NEGRA POR SAFFRON, EL DIOS DE LOS HEBREOS, QUE EXIGE QUE SE PONGA EL BIRRETE CÚBICO EN LA PARTE SUPERIOR DE LA CABEZA"

-JORDAN MAXWELL

Cubos y colores negros y otros símbolos saturnianos han llegado a representar la adoración de Saturno en sus diversas formas. Antes de ahondar en algunos de los ejemplos más oscuros, comenzaré con los más comúnmente asociados. El símbolo alquímico de Saturno (también conocido como "El Sello de Saturno") es un martillo (o cruz en algunos casos) unido a un gancho hacia abajo. La versión clásica del símbolo, cuando se invierte y se refleja, es evocadora del motivo lei católico romano "El Sagrado Corazón de Jesús".

El glifo astrológico / símbolo de Saturno es una combinación de la cruz de siete puntas (como en la Cruz de los Caballeros Templarios) y una luna creciente (como en el símbolo del Islam).

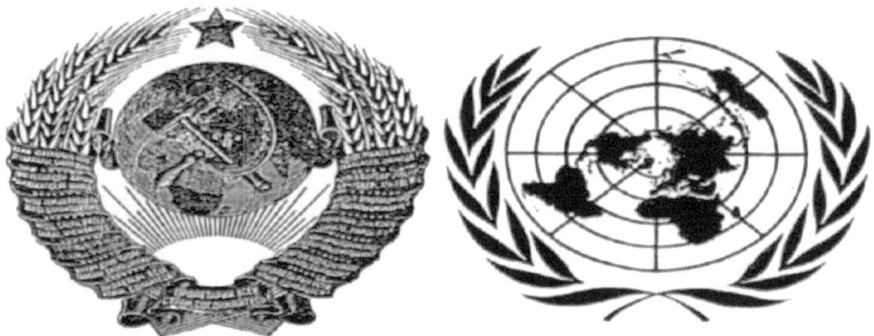

El símbolo de Saturno se describe como *"compuesto por dos elementos de diseño. La cruz superior, que es simbólica de la culminación de la materia, así como la función de un enfoque intenso. El segundo componente del ícono de Saturno es un elemento creciente que significa receptividad".* Esta porción "media luna" es la más baja del símbolo de Saturno que también recuerda a una hoz o guadaña. Estos son de particular interés porque el simbolismo del planeta Saturno (y el dios romano agrícola Saturno) a menudo aborda temas de la muerte. En el simbolismo chino, el símbolo de Saturno encarna el concepto de gobierno, el control imperial en la regulación. Es de destacar que el símbolo de la cruz también se ha interpretado como un martillo.

El martillo y la Hoz adornan los emblemas de numerosos grupos y organizaciones comunistas y socialistas asociados de todo el mundo. Los símbolos vienen acompañados por una estrella de cinco puntas. La combinación del martillo y la hoz es un símbolo de *"el trabajador"*, muchas veces alguien que *"trabaja la tierra"* (Saturno = agricultura y cosecha). El primer uso de las herramientas en el emblema ruso soviético incluyó los *"rayos dorados de la tierra"* hacia el sol, rodeado de una gran cantidad de granos. El Frente Schwarze alemán (también conocido como *"El Frente Negro"* o Liga de Combate de los Socialistas Nacionales Revolucionarios) fue un grupo disidente nazi formado en 1930 que también usó un martillo rojo y una hoz contra un fondo negro.

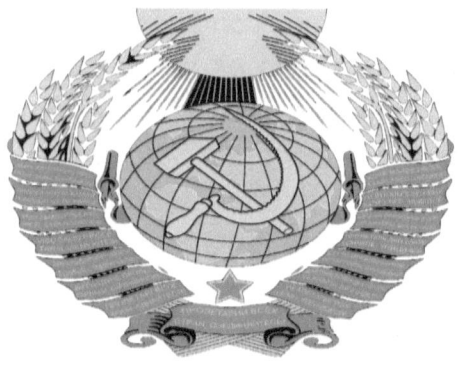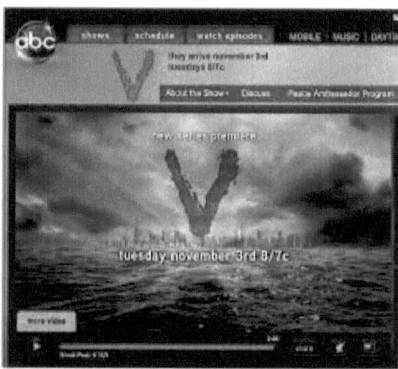

**Aquí vemos el 'Anillo de poder' que tiene el 'poder' para controlar ambos lados de cualquier argumento político a través del control de los medios de prensa y el gobierno. Los símbolos de la hermandad saturniana que gobierna el mundo en la nueva era con el nuevo hombre que viene. Representado en el nuevo amanecer de películas como Odisea en el espacio, series reptilianas de "V" o Blade Runner 2049.**

Una parte clave de mampostería es el martillo (martillo) ya que es una herramienta del constructor maestro (como el de la escuadra y el compás). Muchas sociedades secretas y practicantes de ocultismo se sienten atraídos por una observancia conocida como "*La Gran Obra*" (Magnum Opus.) En pocas palabras, este es el camino hacia la piedad haciendo "*algo de la nada*". Al igual que la iniciación masónica, el primer paso es logrado mediante la utilización del conocimiento del Sol negro alquímico y la Piedra Filosofal para lograr la iluminación o *la inmortalidad*.

En la alquimia, la Piedra Filosofal se utiliza para convertir el plomo en oro: el plomo está simbolizado por Saturno y el oro está simbolizado por el sol. A modo de este simbolismo, el proceso alquímico que involucra a la piedra convierte figurativamente a Saturno en un sol o una estrella.

El Negro Saturno / Sol a menudo se cita en contraste con la luz blanca de Venus (Lucifer). Esos grupos asociados con el estudio del **Gran Trabajo** usan imágenes en blanco y negro para representar sus creencias (por ejemplo, el tablero de damas blanco y negro masónico).

Durante varios siglos (en literatura, música y arte), el concepto contemporáneo del sol ha sido representado en yuxtaposición con la Luna blanca. *"Históricamente, el color asociado con la Luna ha sido blanco, pero esto puede explicarse por la conexión de la Luna con Saturno negro, que orbita alrededor del sol en tantos años como días en un mes lunar".*

Los cubos o piedras negras se asocian fácilmente con las creencias saturninas, como verás a lo largo de este capítulo. La Piedra Negra (en Alquimia) también se conoce como Prima Materia, la piedra única, La única piedra, la piedra de la transformación, la piedra de proyección y, obviamente, la piedra filosofal. Todos estos símbolos, en esencia, son de la Europa druídica ancestral. En resumen, el dios venerado en la Kaaba aceptó o incluso exigió, el sacrificio infantil y tales sacrificios eran un rasgo de la adoración de Saturno; así, el Kaaba es también un santuario de Saturno. Se afirma que hay un portal / *"escalera al cielo"* energético en el techo del templo de la Kaaba...

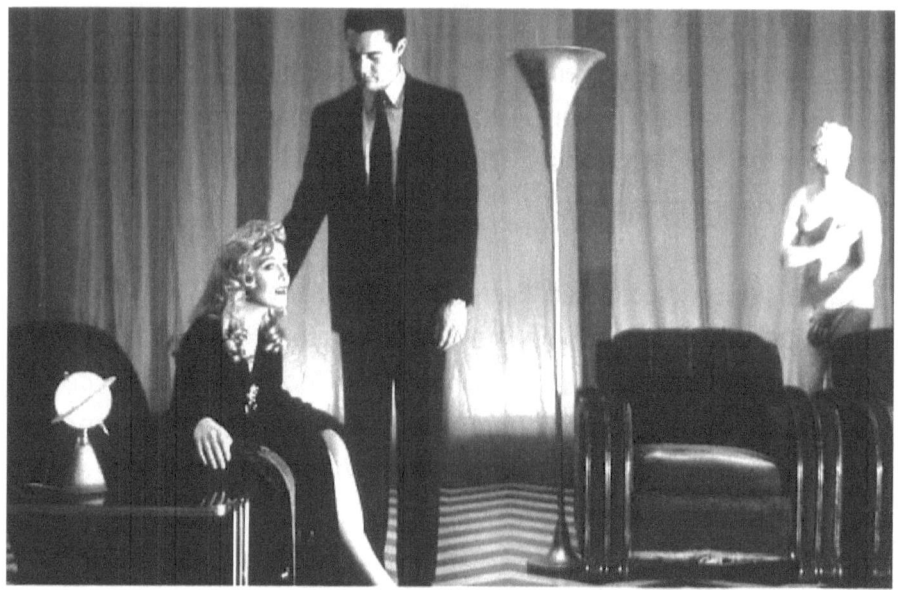

En las series antiguas y nuevas de Twin Peaks vemos el poder de los anillos en la vuelta a la Logia Negra, así como la luz Laura Palmer de saturno en la mesa de noche y un piso de triángulos hexágonos saturninos personificando la fuerte influencia de Lynch de saturno con ropa de color negro y actores con partes oscuras y dobles personalidades.

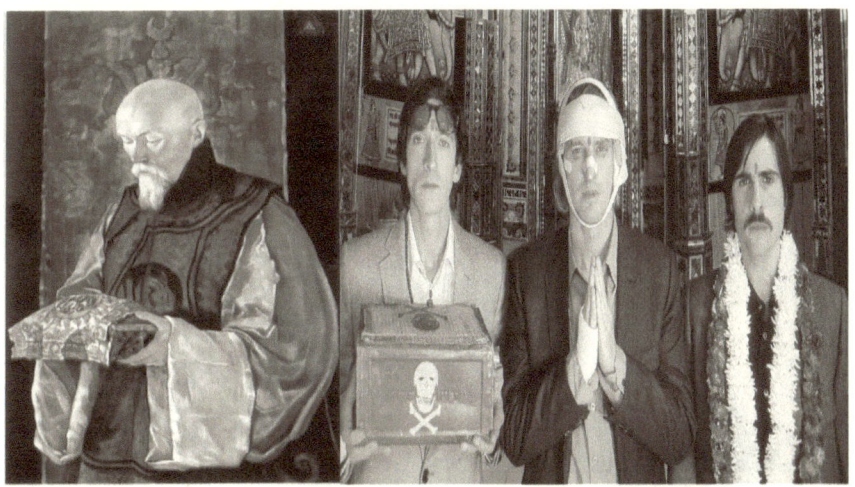

(arriba foto, izquierda pintura de Roerich con la caja roja de la piedra chantamani cerca de darjeeling-derecha-la película Darjeeling Limited con la caja roja en homenaje hollywoodiense a Roerich)

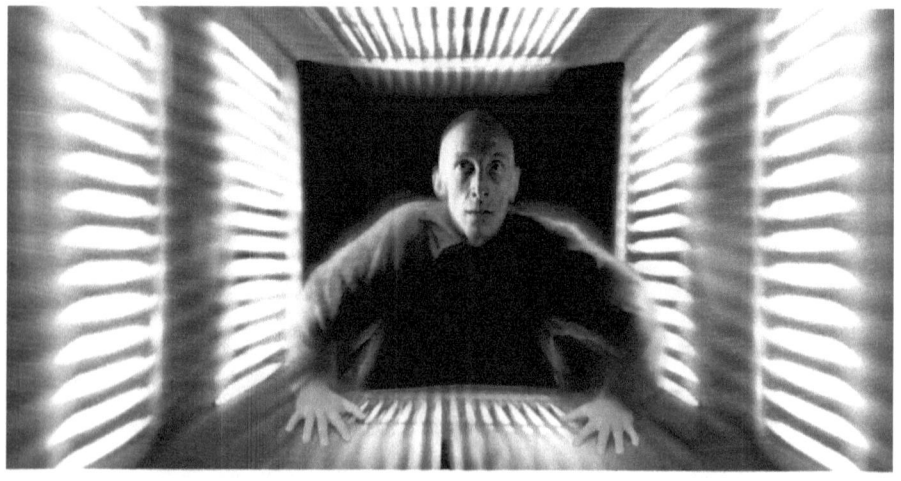

Cada vez que hay una película de catástrofes hay una piedra negra o un cubo ...

A los fieles se les promete, en el Apocalipsis, una piedra blanca. El San Graal (otro término para "El Santo Grial") se destaca por sus asociaciones alquímicas y en alguna documentación que se describe como una piedra (en lugar de la copa o contenedor tradicionalmente asociado con el Grial). En algunos casos, como los escritos de Wólfram von Eschenbach, se percibió (como la piedra de Kaaba) *"como una gran piedra preciosa que cayó del cielo"* llamada *"lapis exillis".*

El concepto de la piedra San Graal se presentó en gran medida (y se asoció con la leyenda artúrica de la espada en la piedra, otro cubo de piedra, debo agregar) en las últimas temporadas de la serie de televisión de ciencia ficción "***Stargate SG1***".

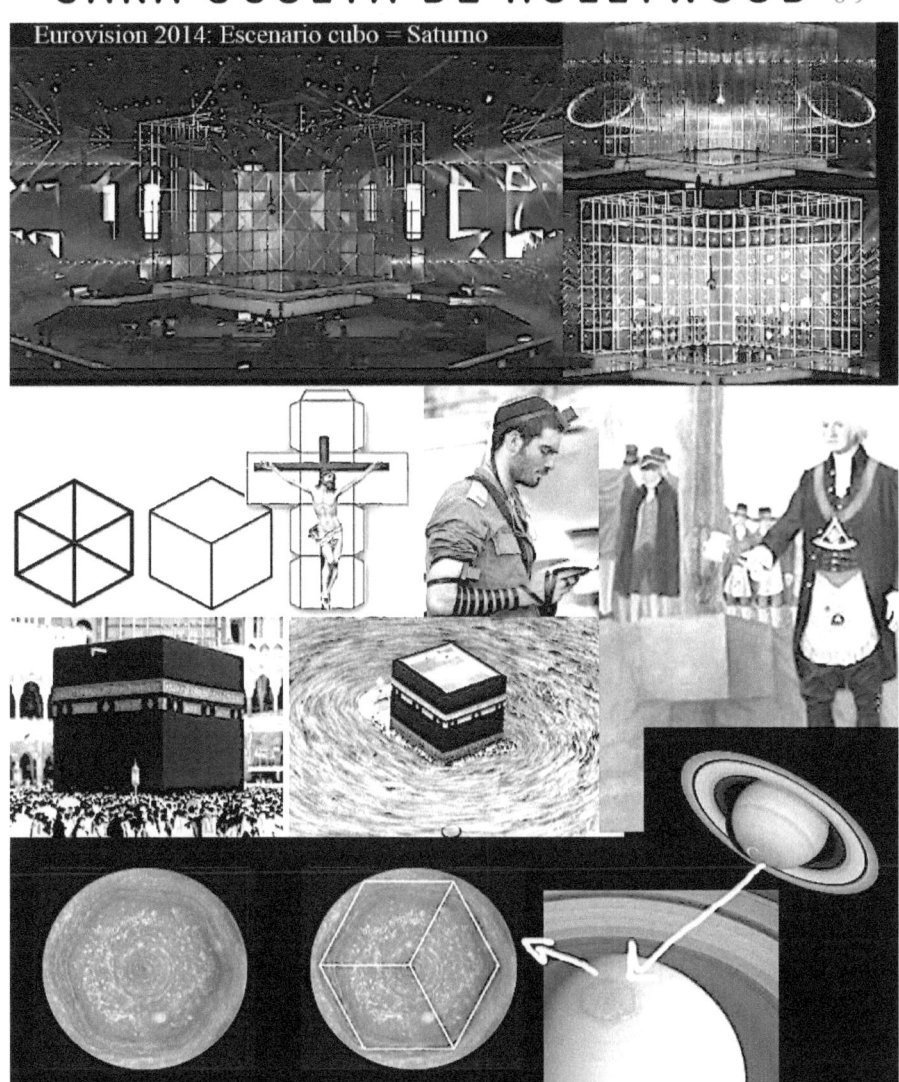

...los pueblos pre-islámicos recogían piedras caídas del cielo, que luego se mostraban y se llamaban "hub-al" y cobraban una tarifa para verlas en las tiendas y campamentos del desierto igual que ahora se hace en la Mecca ... estas piedras fueron usadas para la adivinación como las bolas de cristal utilizadas por los gitanos y los magos hoy en día. ya que vinieron del cielo se consideraron sagrados y divinos ...

En la serie, el "*Sangraal*" formó parte del arma utilizada para destruir a seres extradimensionales. El investigador filosófico, Manly P. Hall, dijo del Grial: *"Algunos escritores rastrean una similitud entre la leyenda del Grial y las historias de los dioses martirizados del Sol cuya sangre, descendiendo del cielo a la tierra, quedó atrapada en la copa de materia y liberada de allí por los ritos iniciáticos [...] empleados en los antiguos Misterios como emblema de la germinación y la resurrección".*

Hall también habló sobre la alquimia y la adivinación mediante el uso de piedras. *"La adivinación por las piedras fue a menudo recurrida por los griegos, y se dice que Helena predijo a través de una piedra la destrucción de Troya. Muchas supersticiones populares sobre piedras sobreviven a las llamadas Edades Oscuras".*

El principal de estos es el que se refiere a la famosa piedra negra en el asiento de la silla de coronación en la Abadía de Westminster, que se declara como la roca real que Jacob usa como almohada. La piedra negra también aparece varias veces en el simbolismo religioso. Se llamaba Heliogábalo, palabra supuestamente derivada de Elagabal, el dios sol sirio-fenicio. Esta piedra era sagrada para el sol y se declaraba poseedora de propiedades grandes y diversificadas. Observe cómo relaciona estas piedras con la adoración "del sol" (luz). El cubo de Metatrón está igualmente asociado:

*"El cubo de Metatrón representa el enrejado de nuestra conciencia y el marco de nuestro Universo. Es la matriz en la que todo está contenido en nuestro ser tridimensional. Dentro de Vésica Piscis está representada la Semilla de la Vida, pero tenga en cuenta cuántas Vésica Piscis [Luz] existen en el Cubo de Metatrón. [...] El cubo de Metatrón finalmente representa Magia, Alquimia y contención. Entre sus atributos se encuentran las tres direcciones de arriba y abajo, de lado a lado, y de adelante hacia atrás, con el concepto de un cubo dentro de un cubo. En el centro del mundo, que también es el hombre, hay una síntesis, un equilibrio de las seis direcciones que es de las tres secciones espaciales y un centro neutral. Es el último contenedor mágico. Es La Caja y la Incubadora donde se reproduce la Putrefacción de la semilla de la Primera Luz, el concepto por el cual creemos en la muerte y la resurrección".*

Los VARONES judíos ortodoxos visten cajas de cuero negro cúbico (llamadas *"tefilín"* en arameo y *"Totafot"* en hebreo) con correas de cuero en la cabeza y el brazo durante la oración matutina entre semana. La *"mítica"* **Caja de Pandora** se ha asociado con la adoración de Saturno y el paradigma del cubo negro por una serie de investigadores del conocimiento alternativo. En la mitología griega. El cuento de Pandora en latín. El término *"La Caja de Pandora de la conciencia"* también es "comúnmente conocido como el cubo negro".

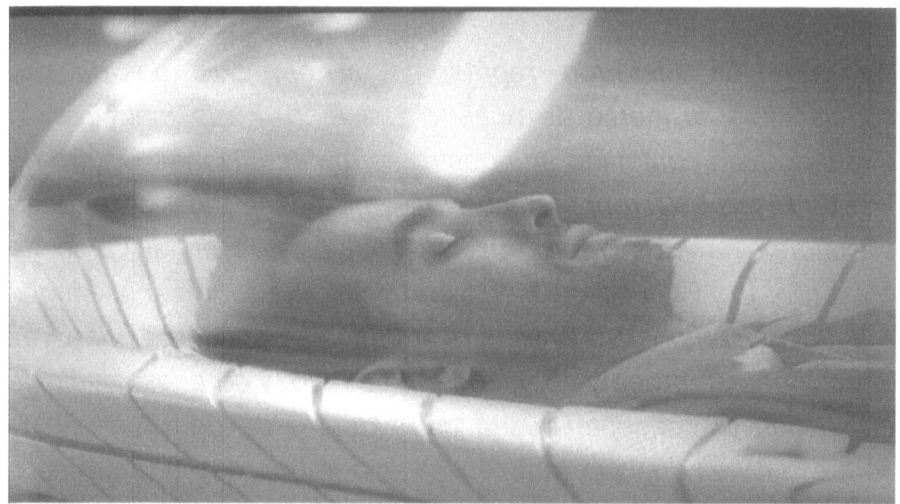

La incubadora del nuevo hombre que esta por venir presente en un montón de peliculas. La maquina regenerativa o que instiga una nueva energia y cura al nuevo hombre...

La *"teoría de la caja negra de la conciencia"* es un aspecto de la teoría de Black Box. El cubo negro es clave para las creencias masónicas. Los masones a menudo usan los términos *"rodeando la plaza"* y *"cuadrando el círculo"*. La veneración del cubo negro como forma de protección al secreto y la membresía de las logias masónicas dio lugar al término y la práctica del *"movimiento negro"*.

El hexágono es significativo en el simbolismo de Saturno, ya que es una representación bidimensional de la forma tridimensional del "cubo". Extrañamente, la NASA ha tomado fotografías que muestran un enorme fenómeno hexagonal centrado en la región norte polar de Saturno, girando en sentido contrario a las agujas del reloj (como la adoración de la Piedra Negra de Kaaba).

En el libro *"Historia y práctica de la magia - Vol. II "*, la estrella de seis puntas se llama el *"Talismán de Saturno"*. Más exactamente, el talismán real de Saturno (usado en magia ritual) tiene en la primera cara [...] grabado... un pentagrama o una estrella con cinco puntos. En el otro lado está grabada una cabeza de toro encerrada en una **ESTRELLA de 6 PUNTAS**.

La estrella de seis puntas también está afiliada a la fe judía, en la forma de la Estrella de David. *"El rey David no tuvo nada que ver con el hexagrama, aunque su hijo Salomón lo hizo cuando comenzó a adorar a Astoret (estrella, también conocida como Astarte, Chiun, Kaiwan, Remphan y Saturno). Salomón construyó altares para la Estrella (Astarte, también conocido como Ashtoreth). El dios Saturno está asociado con la Estrella, pero tanto Saturno como Astarte también han sido identificados con otros nombres". [...]*

*"Antiguo Sello Egipcio de Salomón"*, *"Sello de Salomón"*, el *"primer signo o jeroglífico de Amsu"* (el resucitado Horus), la *"Marca de Caín"*, el doble rombo y el *"Talismán de Saturno"*. Con Saturno tan intrínseco a la noción de hacer cumplir *"reglas"* y *"leyes"*, también deberíamos considerar el término *"Sheriff"* (el *"legislador"*) y la imagen del Sheriff occidental contemporáneo con una estrella dorada de seis puntos. La noción de Sheriff como agente de la ley en realidad ha existido durante al menos dos mil quinientos años:

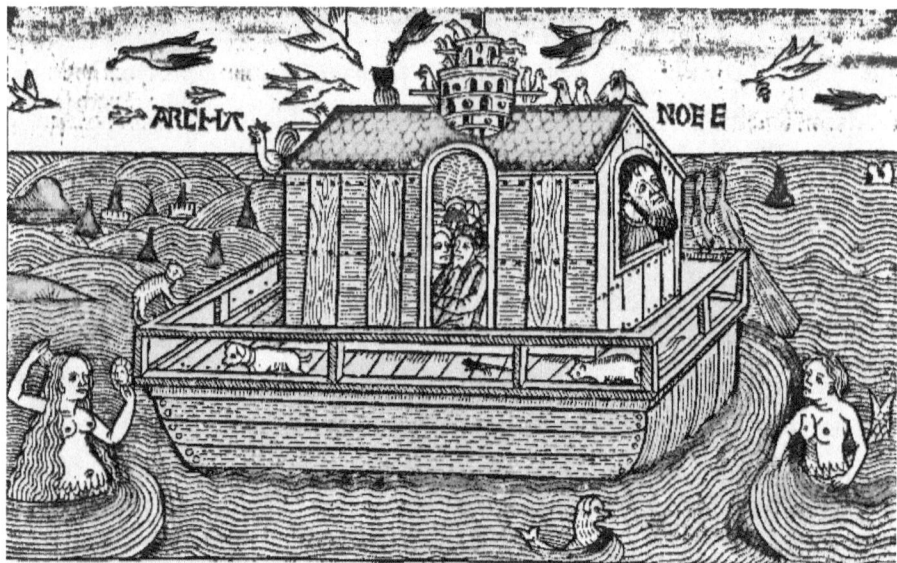

El cubo negro de Saturno y las "Arcas" de Noé y Moisés (El Arca de la Alianza). En palabras reveladoras, las versiones más antiguas de la narración de "Noé" fueron contadas en Mesopotamia (el lugar de nacimiento del concepto de "tiempo" bajo los auspicios de la versión alternativa Saturniana, Sargón) e incluía al personaje de Utnapishtim transformando su casa en un recipiente para sobrevivir al diluvio. Las dimensiones de este recipiente se describen como un cubo perfecto.

*"En 600 a.C, el Rey Caldeo de Babilonia, Nabucodonosor, fue observado en el Libro de Daniel como estando en compañía del sheriff durante la creación de la imagen dorada".* Varios académicos sostienen que los sheriffs como legisladores existían en el antiguo Egipto, que su emblema era una estrella de oro de seis puntas y que esta estrella era específicamente emblemática de Saturno. El sheriff europeo (exportado desde Old England, eventualmente a la colonización de los EE. UU.) Fue acusado de deberes ceremoniales junto con el del legislador.

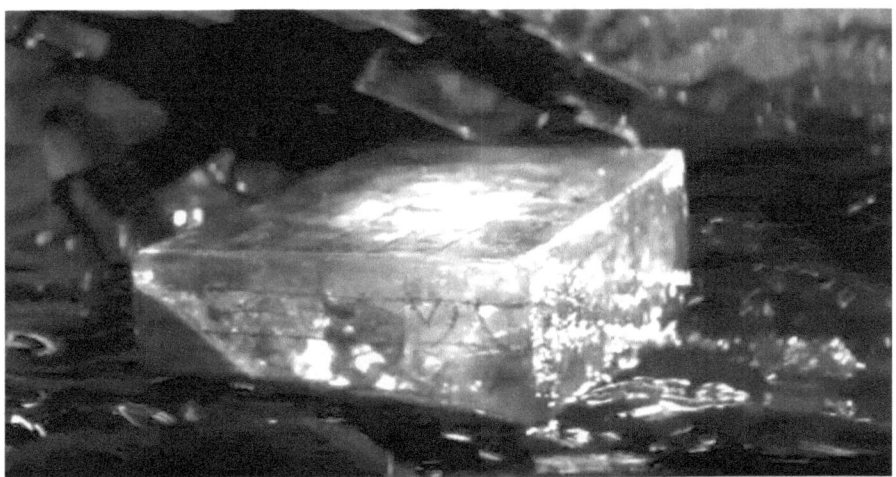

El cubo negro de Saturno se asocia también con las dimensiones de la caja de Pandora que esta sumergida en un líquido negro-arriba escena de Tomb Raider- y la caja de Sirio de Roerich o Chintamani o el recipiente que se describen como Santo Grial o el cubo perfecto.

Curiosamente, los Sheriffs escoceses son *"jueces"*. Los jueces son identificables con la adoración a Saturno debido al uso de túnicas negras. Los graduados de los Sacerdotes y de la universidad ("sitat igual a Ciudad") también visten esas túnicas negras; estas últimas llevan estas prendas junto con un sombrero de birrete (cubo) de cuadro negro (masónico) al alcanzar su "grado" (aún más masónico). *"El color negro simboliza la energía de Saturno. Él es el Dios del Caos y la Destrucción y gobierna los enclaves de Derecho, Banca y Gobierno. Esta es la razón por la cual los jueces y los sacerdotes llevan túnicas negras, para mostrar que son agentes de Saturno. Los Ninjas y los Asesinos se cubren de negro debido al hecho de que Dios puede otorgarle al patrón invisibilidad, rapidez y sigilo, una fuerza poderosa en verdad"*.

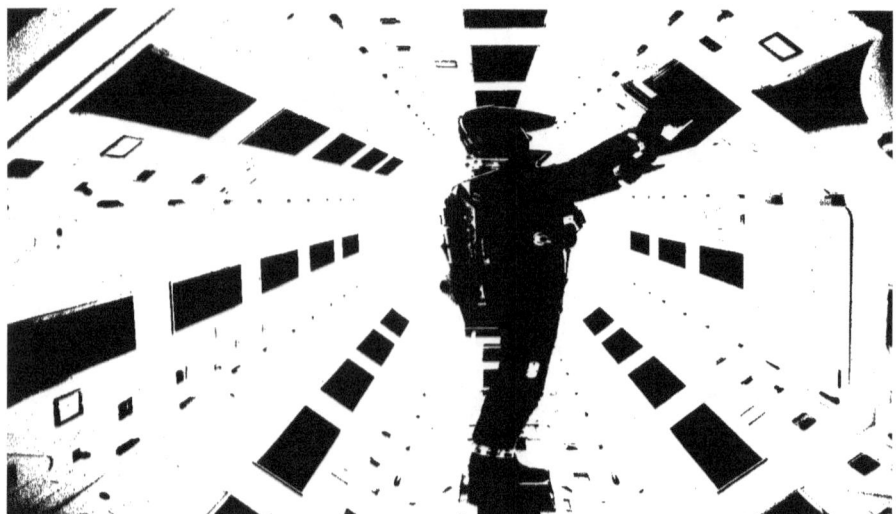

En odisea en el espacio 2001 vemos las cápsulas, los cohetes de la nave y pasadizos en forma hexagonal con pintas negras. Clara pista que nos da kubrick de su tema central.

Siete es un número clave en asociación con Saturno. El planeta Saturno tiene un sistema de anillos dividido en siete regiones principales. En la astrología occidental, hay un período crucial de siete años antes del "Retorno de Saturno", que en realidad es el origen de la frase "EL comienzo de siete años".

En la Astrología india, Sade Sati es el período de siete años y medio de duración Saturno (Shani).En la antigüedad clásica, hay siete objetos no fijos en el cielo visibles a simple vista. Saturno es el más lejano de estos. Estas observaciones dieron lugar a la semana romana de 7 días con el sábado (el día de Saturno) y luego fue el séptimo día.

La alquimia que utiliza los siete metales básicos también se basa en las observaciones de la antigüedad clásica. El séptimo metal, Plomo, simboliza Saturno, con Saturno y Plomo compartiendo el mismo símbolo alquímico. Durante la peregrinación o Hajj, a La Meca, los fieles intentan besar la Piedra Negra de Kaaba siete veces. El ritual refleja un tanto la adoración del dios egipcio Atum (la primera deidad egipcia) a través de la piedra sagrada de Benben, que se encontraba en el templo solar de Heliópolis. Los que no pueden alcanzar la Piedra Negra de Kaaba para el beso se ven obligados a completar siete circuitos (círculos) a la izquierda de la piedra. La piedra misma tiene siete pulgadas de diámetro y está compuesta por siete fragmentos.

Según las enseñanzas de la Fraternitas Saturni (Hermandad de Saturno), Saturno "es el Señor de las Siete Moradas" (genios planetarios del reino exterior), y gobernador del mundo revelado y señor de la vida y la muerte, y de la luz y la oscuridad. Baal (considerado por numerosos investigadores como una variante de la deidad de Saturno) fue uno de los "siete príncipes del infierno". Moloch (dios de los amonitas), fue adorado a través de una estatua ritual (hecha de bronce y con una cabeza de ternera coronada) que contiene siete armarios: uno para harina, otro para palomas tortugas, un tercero para oveja, un cuarto para carnero, el quinto para ternero, el sexto para ternera y el séptimo para un niño.

Extrañamente, las 7 etapas progresivas de iniciación a los misterios de Mitra son casi idénticas a los deificados *"Siete Quiénes son uno"* (siete dioses de Occidente) en la fenomenalmente popular serie de televisión *"Juego de tronos"*. *"Los miembros de la fe adoran a los siete que son uno, una sola deidad con siete aspectos o rostros, cada uno representando una virtud diferente"*. Los siete aspectos son: El Padre (barbudo, que representa la justicia y el juicio, y lleva un conjunto de escalas), La madre (que representa la fertilidad, la compasión y la misericordia), El guerrero (fuerza, coraje y victoria, y lleva una espada), La doncella (inocencia, castidad y virtud), El Herrero (artesanía y trabajo, que lleva un martillo) El Crono (sabiduría, guía y lleva una linterna) y El Extraño (muerte y lo desconocido).

*"Para los budistas, la cámara más profunda del infierno, reservada para aquellos que han cometido pecados imperdonables, se llama "Avici", y se dice que está en forma de cubeta".* El psiquiatra y psicoterapeuta Carl Jung escribió *que "el conocimiento en sí mismo es una aventura que nos transporta inesperadamente lejos y profundamente. Incluso un conocimiento moderadamente completo de la sombra puede causar mucha confusión y oscuridad mental, ya que da lugar a problemas de personalidad que uno no tenía nunca antes de lo que había imaginado. Por esta razón solo podemos entender por qué los alquimistas llamaron a su nigredo melancolía, un negro más negro que el negro, la noche, una aflicción del alma, confusión, etc., o, más deliberadamente, el cuervo negro... Alegoría bien conocida del demonio".*

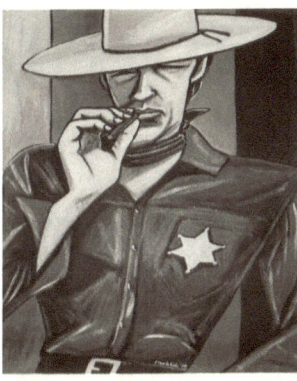 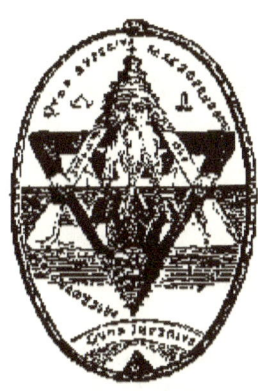 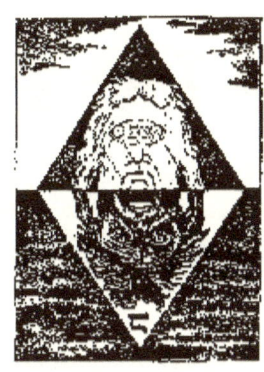

El sheriff del antiguo egipcio era un legislador y su placa era siempre una estrella de seis puntas que es un símbolo de Saturno. Los sheriffs estadounidenses en el salvaje oeste hasta el día de hoy todavía usan la estrella de seis puntas. Es interesante observar que el símbolo de Saturno sea la estrella de 6 puntas, Saturno es el sexto planeta del sol, el día de Saturno es el 6° día de la semana, y ahora la NASA está recibiendo imágenes del "Hexágono de Saturno" (6 lados) formación atmosférica en los polos de Saturno. El sexto chakra del sistema de energía humana es el tercer ojo / glándula pineal (6, 3 veces = 666). Cuando abre el tercer chakra del ojo, desarrolla su sexto sentido de intuición y espiritualidad. Desde la perspectiva de la conciencia, el sexto sentido, sus intuiciones / corazonadas, son mensajeros de Dios, sus ángeles guardianes. ¿No es interesante que los ángeles tengan halos / anillos alrededor de sus cabezas y Saturno sea el único planeta con un halo / anillo a su alrededor? Por esos todos los ángeles tienen la terminación -el. Los malos eran para el Otoño e Invierno y los Buenos para Verano y Primavera. Sama-el, Asra-el, Azaz-el o Gabri-el, Migu-el, Rafa-el etc...

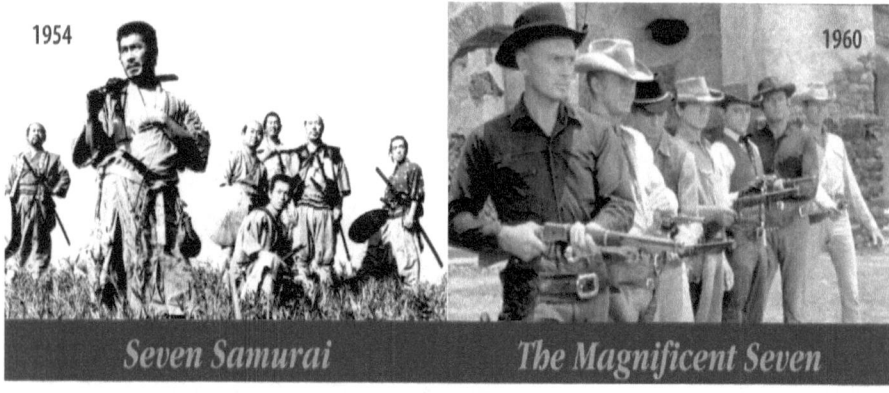

*Seven Samurai* — *The Magnificent Seven*

Son las tres dimensiones en el cubo, las siguientes son las siete letras "dobles" ... (observa la estrella negra de 7 rayas en la imagen de sepher yetzirah) ... ¿por qué siete "letras dobles"? ... porque pueden ser pronunciadas con un tono duro y suave ... ¡no pueden pensar! ... son contrastes ... 7 opuestos. por eso puedes tener 7 virtudes y 7 vicios ... ¡y 7 novias para 7 hermanos! son los siete magníficos ... los siete samuráis ... las siete hermanas... los 7 planetas, las siete letras son 7 opuestos...

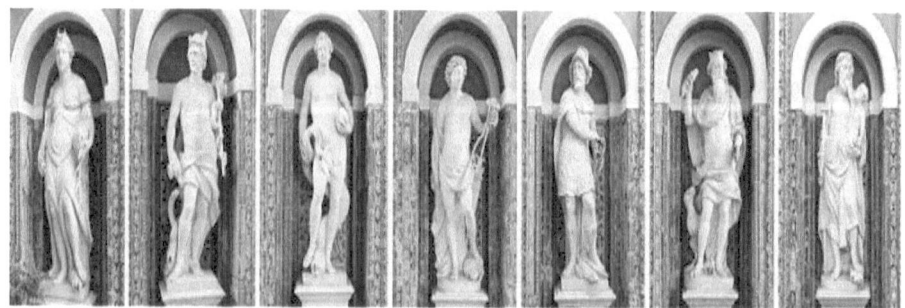

Las siete estatuas en el Palacio Fronteira de Lisboa que representan los 7 planetas son (de izquierda a derecha) La Luna, Mercurio, Venus, el Sol, Marte (desenvainando su espada), Júpiter y Saturno comiendo a sus hijos.

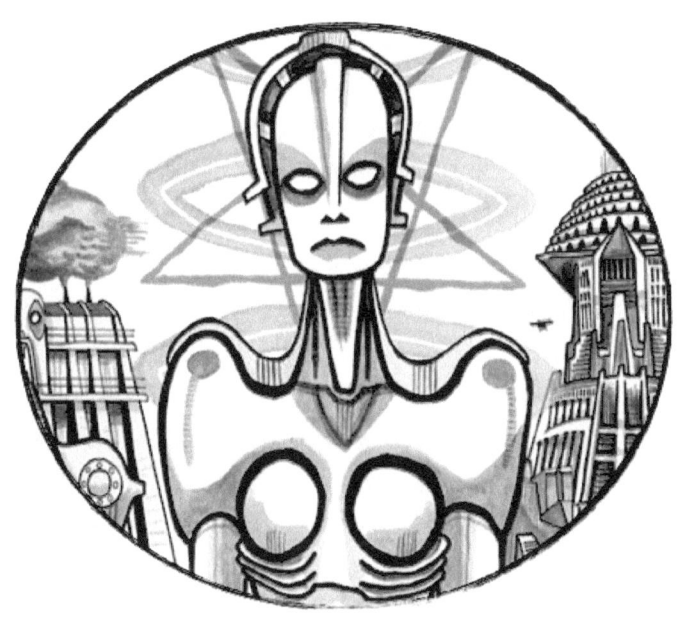

# SATURNALIA EN HOLLYWOOD

"ESTOY CONVENCIDO DE QUE NOSOTROS, COMO ORDEN, HEMOS ESTADO BAJO EL PODER DE UNA ORDEN OCULTA DIABÓLICA, PROFUNDAMENTE VERSADA EN LA CIENCIA, TANTO OCULTA COMO NO, AUNQUE NO INFALIBLE, SUS MÉTODOS SON MAGIA NEGRA, ES DECIR, LA ENERGÍA ELECTROMAGNÉTICA, HIPNOTISMO Y SUGESTIÓN. ESTAMOS CONVENCIDOS DE QUE LA ORDEN ESTÁ CONTROLADA POR ALGUNA ORDEN DEL SOL, DE LA NATURALEZA DE LOS ILLUMINATI..."

—DUQUE DE BRUNSWICK, GRAN MAESTRO DE LA FRANCMASONERÍA MUNDIAL

El dios de la ciencia ficción ya hemos deducido que en la mayoría de films es sin duda alguna, Saturno o cronos, el cual está epitomizado en películas de principios del siglo XX, como **_Metrópolis_** de Fritz Lang, una obra maestra del séptimo arte y que contiene símbolos que venideras películas de ciencia ficción incorporarían a sus obras sinópticas. Debemos considerar que las formas e ideogramas que simbolizan Saturno son indicativos de una fe, creencia o adoración de Saturno.

Tales temas y símbolos tienen una presencia prepotente en la ciencia ficción, algo que examinaré detalladamente en los siguientes párrafos, y que ayudará a entender mejor las películas que no sólo Hollywood produce sino también Europa y Japón como hemos explicado hasta ahora.

Aunque planetas como Marte y Venus han tenido durante mucho tiempo una fascinación narrativa con los escritores, Saturno siempre ha retenido (tanto física como metafóricamente) una sombría omnipresencia. Aquí, he intentado documentar una colección cronológica (de ninguna manera definitiva) de ejemplos notables de este fenómeno del género de la ciencia ficción literaria.

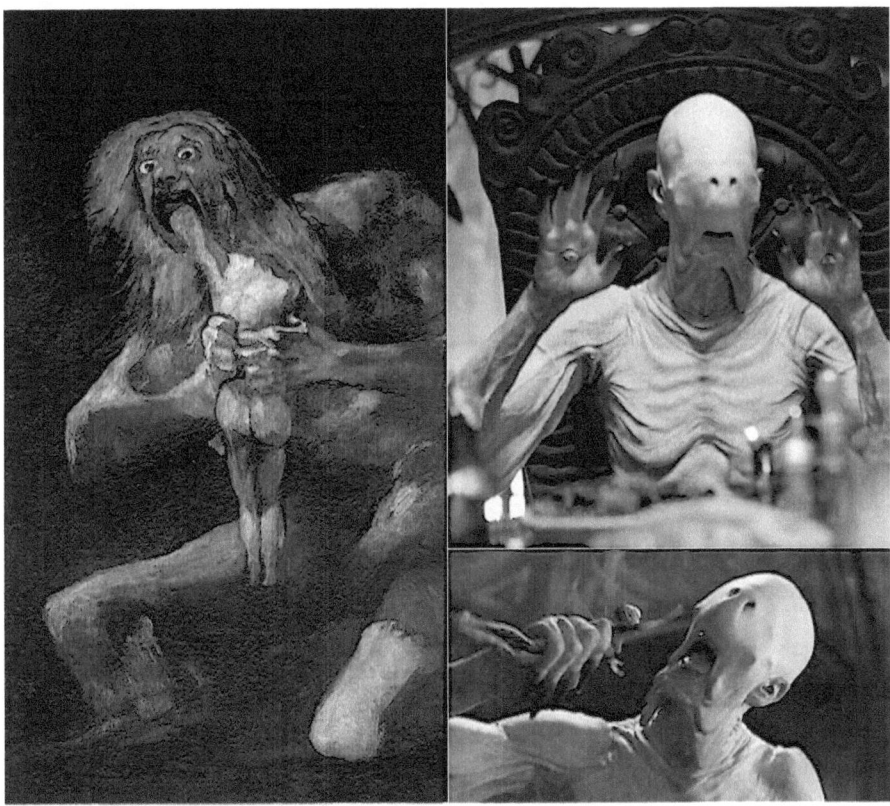

En Grecia Saturno fue llamado Cronos, "tiempo", esposo de Rea con quien engendró varios hijos. Cronos se los comió a todos tan pronto cómo nacieron, porque sabia que su destino era ser derrocado por uno de sus propios hijos. En hebreo saturno es Sabbath o dia de saturno, sus emisarios y sacerdotes vestian del color negro y era la deidad de los godos y celtas europeos. Sacrificar o comer niños ha influido sin duda en que Saturno haya sido considerado desde siempre un planeta maléfico, demoniaco y destructivo. Incluso se le asimilado a Satán por la similitud del nombre y por los cuernos que lucía el dios Pan, la asimilación griega del dios Fauno de las Lupercales. Saturno es el sexto planeta desde el Sol, su dia - el 'Saturn-day' - o sábado, es el sexto dia de la semana. Es un planeta único por sus anillos y por un extraordinario hexágono en su polo norte, una misteriosa perturbación atmosférica de 30.000 Km. de longitud conocida desde hace treinta años. El hexágono es la figura geométrica que tiene 6 lados, 6 ángulos y 6 triángulos en su interior, por lo que se la asocia con el número de la Bestia, el 666. Será por eso que los ataúdes tienen forma hexagonal.

Incluyen: "Micromegas" (1752) de Jeannot et Colin Voltaire (con Micromegas, un visitante extraterrestre, que llega a Saturno y forma una amistad con la secretaria de la Academia de Saturno, que lo acompaña a la Tierra), Jules Verne (1877) "En Un Cometa" (también conocido como "Héctor Servadac" - describe un viaje pasado Saturno y el sistema planetario / anillo), John Jacob Astor IV (1894) "Un viaje en otros mundos", Stanley G. Weinbaum (1935) "Flight on Titan", la historia de John Francis Russell Fearn (escrito como Dennis Clive en 1939) "Valley of Pretenders" (que presenta a Rea, la segunda luna más grande de Saturno), "Outpost of the Eons" de Dirk Wylie (1943) (también presenta a Rea o Rhea), Robert A. Heinlein (1951) "The Puppet Masters" (presenta una especie de elfo en Titán), Donald A. Wollheim (1954) "El secreto de los anillos de Saturno", Alan E. Nourse (1954) "Problemas en Titán", Allen A. Adler (1957) "Mach 1: Una historia del planeta Ionus" (también conocido como "Terror on Planet Ionus"), Isaac Asimov como Paul French en 1958. "Lucky Starr y los anillos de Saturno", Kurt Vonnegut Jr (1959) "Las sirenas de Titán", Arkady y Boris Strugatsky (1962) "Aprendiz del espacio" (parcialmente en la luna de Saturno / ring system), Philip K. Dick (1963) "The Game Players of Titán", Larry Niven (1966) "World of Ptavvs", Hugh Walters (1967) "Spaceship to Saturn", KH Scheer y Clark Darlton (1967) "Unternehmen Stardust", Arthur C. Clarke (1976) "Tierra Imperial" (parcialmente en el sistema de Saturno), Joan D. Vinge (1977) "Eyes of Amber" (ambientada en Titán) Poul Anderson (1981)

"The Saturn Game", Piers Anthony (1983) "Bio de A Space Tyrant: Vol 1 Rufugee", James P. Hogan (1983) "Code of the Lifemaker" (detalla el primer contacto entre los exploradores de la Tierra y el Taloides, replicadores que hacen sonar y que han colonizado la luna de Saturno, Titán), Sergei Pavlov (1984) "Moon Rainbow", Stanislaw Lem (1986) "Fiasco" (parcialmente ambientado en Titán), Grant Callin (1986) "Saturnalia" (presenta una serie de artefactos alienígenas ocultos dentro del sistema de la luna / anillo de Saturno), "Hyperion" de Dan Simmons (1989), "Las nubes de Saturno" de Michael McCollum (1991) (presenta una poderosa alianza de "ciudades nubladas" en Saturno), de Jack McDevitt (1994) "The Engines of God", Ian McDonald (1995) "Chaga", Robert L. Forward's (1997) "Saturno Rukh", Charles Pellegrino (1998) "Dust" (cambia la narrativa periódicamente a una sonda robótica que aterriza en Encelado en busca de vida), Hal Clement (1999) "Half Life" (una cura para la extinción humana se busca en Titán), Charles Stross (2005) "Accelerando" (Saturno finalmente se convierte en "hogar" de los habitantes del sistema solar, también presenta la "singularidad tecnológica"), Philip Reeve (2006) "Larklight" (también conocido como "Larklight" o la venganza de las arañas blancas! ¡O a los anillos y la espalda de Saturno!), Sean Williams (2007) "Astropolis: Libro 1: Saturno vuelve" y Michael J Martínez (2014) "La crisis de Encelado" (establecido en parte en Encelado). También haría una mención honorífica para CS (también conocido como Celia) Friedman (1999) novela de fantasía "Black Sun Rising" (parte de la Coldfire Trilogy) que presenta una variación de la adoración Saturniana del Sol Negro.

# CARA OCULTA DE HOLLYWOOD

En términos de mitología y deificación, Saturno ha sido históricamente acogido por algunos de los autores de ciencia ficción literaria más notables. Incluso C.S. Lewis (quizás más famoso por la ficción fantástica y el universo de Narnia) publicó una novela de ciencia ficción de 1945 (el tercer y último libro en una 'Trilogía espacial') titulada "Esa fuerza horrible". En la historia, Lewis se vuelve lírico sobre el tiempo y el poder de Saturno. Curiosamente, Lewis (en su autobiografía "Sorprendido por la alegría: la forma de mi vida de joven") describió cómo (antes de dedicarse a la adoración anglicana) se fascinó con "Teosofía, rosacrucismo, espiritismo; toda la tradición ocultista angloamericana".

Las novelas de J.R.R Tolkien *"El señor de los anillos"*, aunque pertenecen al género de la fantasía, han influido profundamente en la ciencia ficción (ejemplos notables incluyen la franquicia de películas *"La Guerra de las Galaxias"* y la serie de televisión *"Babylon 5".*) La creación de Tolkien está impregnada de simbolismo de Saturno. El mantra de las novelas es: "Un anillo para gobernarlos a todos, un anillo para encontrarlos, un anillo para atraerlos a todos y atarlos en la oscuridad". Los personajes oscuros y poderosos de Sauron y su archienemigo Saruman entre comillas, tienen nombres que son derivaciones de la palabra *"Saturno".* Estos personajes también muestran arquetipos del dios romano Saturno. Si vuelves al film y miras y ves en la historia quién es Sauron, es obvio que Tolkien está hablando de Sargón. Sargón fue el primer rey real de Kali Yuga en Mesopotamia.

Él comenzó los calendarios. Él comenzó los relojes. Él comenzó el día de trabajo. Él comenzó todo... Saturno también era conocido como el *"Señor de los Dos Cuernos"*, señalando el hecho de que se había fusionado con el poder de la Luna. En *'El señor de los anillos'*, el ojo de Sauron se sienta entre dos cuernos. El símbolo de Saturno es la cruz y la media luna (cuernos). La franquicia de la película *"El señor de los anillos"* (junto con las siguientes características del "Hobbit") sigue siendo una gran propiedad en Hollywood con fans de todo el mundo.

Su éxito en el formato de celuloide puede deber mucho a los temas arcanos expuestos en las películas. Hay muchas películas que tienen temas saturados de Saturno a través de la alusión, el simbolismo y el subtexto. Entre los más surrealistas de estos se encuentra una película con reminiscencias neozelandesas llamada *"The Quiet Earth"* (1985). La historia declara la desaparición de la mayor parte de la raza humana tras la activación global de un sistema de *"energía gratuito"*.

En los minutos finales de la película, el personaje central efectivamente destruye este sistema; el proceso del cual aparentemente lo transporta a una playa donde es testigo de un enorme planeta similar a Saturno llena el cielo de la madrugada. No se ofrecen explicaciones para estas escenas finales.

# CARA OCULTA DE HOLLYWOOD

*"The Fifth Element"* (1997) fue (por la admisión del equipo de producción de la película) influenciado por el dibujante e ilustrador francés Jean-Claude Mézières. Alrededor de 1966/1967, Mézières se asoció con su amigo de la infancia, Pierre Christin, para crear *"Valérian y Laureline".* La popular nueva película y cómics que inspiró a escritores, productores y directores de ciencia ficción.

Las *historias de Valérian y Laureline* (un par de viajeros intergalácticos del tiempo) rizan libremente los temas saturninos del tiempo y espacio. El "Gran Mal" / villano en "El Quinto Elemento" es un intento de "sol negro" para extinguir toda la vida en el universo. La única forma de vencerlo es reunir cuatro "piedras sagradas" o "elementos" y ubicarlos en las cuatro esquinas de un templo "cuadrado", cuyo centro es un pedestal de "cubo" de piedra sobre el cual se encuentra el biológico "quinto" elemento". El "sol negro" es evidente, en las imágenes del "asteroide" y en otros lugares, como el centro de la letra "o" en el logotipo corporativo "Zorg". También hay una cantidad de "cubos negros" en todas partes, como el sombrero que lleva el ladrón armado fuera del apartamento de Dallas, Bruce Willis.

Curiosamente, la aparición de los acólitos de la Diva cantante (quinto elemento) parece prefigurar la aparición de algunos de los adoradores del ritual enmascarado en "Eyes Wide Shut" de Kubrick. Sobre el tema relacionado con la animación francesa, una película que a menudo ha despertado mi curiosidad es la película de ciencia ficción de animación francesa de 1982 *"Les Maîtres du Temps"* ("Maestros del tiempo").

La primera vez que vi esta película fue cuando tenía unos diez años. ¡Era Navidad y tuve una intoxicación alimentaria! Estaba vagamente consciente de las imágenes extrañas (como el simbolismo invertido de Saturno de un extraño cubo resplandeciente que rodea una esfera negra de "estrella de la muerte"; la estructura alberga a millones de habitantes que han salido "del tiempo").

El brillante cubo / esfera de tiempo, que aparece al final de la película, evoca la cita de Dios "En Mi universo no hay más que una forma de la cual aparecen todas las formas". Esa forma es la esfera del cubo pulsante. El cubo es la esfera expandida por el aliento exterior al descanso negro en el espacio frío, y la esfera es el cubo comprimido a la incandescencia de los soles al rojo vivo por la respiración interior.

Luc Besson, el director francés que dirigió "The Fifth Element",-el quinto elemento- también dirigió la película de 2014 "**_Lucy_**", protagonizada por Morgan Freeman y Scarlett Johansson (¡la "mujer escarlata"!) Johansson aparece como el personaje principal Lucy.

En la película, engañan a Lucy para que se involucre en una operación criminal antinarcótico del inframundo coreano. Una bolsa que contiene una droga sintética llamada CPH4 se cose por la fuerza a su barriga. Después de un encuentro violento con uno de sus captores, la bolsa se rompe filtrando la droga en su sistema y activando poderes físicos y mentales.

Experimenta gradualmente una no corporeidad parcial (no espacio) y una conciencia que trasciende el tiempo y el espacio, esencialmente experimentando la "singularidad transhumana". Esto parece ser cierto en el clímax de la película cuando descarta su fisicalidad y se sube virtualmente a ordenadores y monitores de TV en todo el mundo. El transhumano (y por asociación Luciferino "Lucy / Lucifer").

Aunque el patrón de los temas de Saturno está disperso a lo largo de la película, uno o dos se destacan. En el proceso de su transformación final, el cuerpo de Lucy parece brotar hilillos negros y aceitosos en la superficie de una habitación completamente blanca. Aunque hay cinco hilillos negros, la composición de estos hilos (con Lucy con vestido negro en el centro de esta formación) crea la impresión de una estrella negra de seis puntas. Al principio de la película, Morgan Freeman da una charla a un público donde se expresa filosóficamente sobre el potencial humano. Una de las imágenes prominentes que se superpone a este discurso es el Cubo Negro de Kaaba / La Meca.

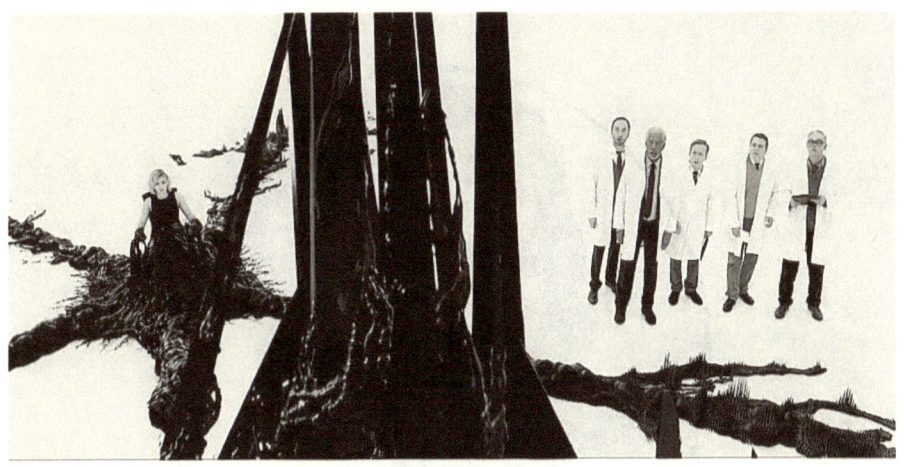

En el film "Lucy" observamos también ese líquido negro en forma del petróleo o mancha negra, de la que hemos hablado en este libro en nuestros programas de lavdv.com en YouTube

Prometeo como nombre alternativo de Saturno. *"Prometheus"* también se inspiró en la primera película de ciencia ficción de Scott, *"Alien"*, otra película con matices de Saturno. Estos son más notables en la iconografía de diseño de la nave espacial Nostromo. La cámara que alberga la computadora "Madre" es casi una "catedral de luces", haciendo eco del principio de la diosa madre (a través del "útero") y ciertos aspectos luciferinos (luz). Los parches uniformes de la tripulación incluyen un planeta anillado distinto en el centro (a pesar de que la tripulación no sabía que su viaje los llevaría a LV-426 - luna del planeta anillado Calpamos) enmarcado por un prominente arco iris, arco o "puente".

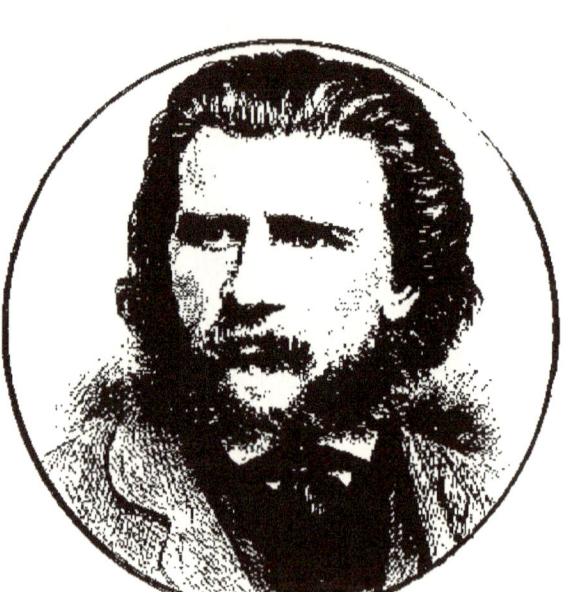

Gerald Massey nació en un cobertizo próximo al Canal Gamnel, en la población inglesa de Tring, que su padre, un muy pobre barquero, utilizaba para distribuir sus mercancías por la zona. "A Book of the Beginnings" o "The Natural Genesis" fueron algunos de aquellos primeros títulos en los que el Antiguo Egipto fue materia obligada en sus trabajos, y por supuesto su "Ancient Egypt: The Light of the World in Twelve books"(1907), que se convertiría en uno de sus trabajos más admirados. En él realizaría un análisis cuasi épico del origen africano del hombre en un momento en el que no era tan bien conocido. Massey ubicaría el origen de nuestra Civilización. Sería en él donde Massey realizaría un notable trabajo antropológico al recoger temas como el totemismo, las costumbres ancestrales, o las recreaciones míticas y que según Massey no fueron sino el origen de religiones como la egipcia, hebrea, gnóstica, o la cristiana. Así, según este escrito, la historia de Horus presagió la de Moisés, y la de Yahweh la del "Cristo Resucitado".

"Horus, como Sebek, fue el gran pez de la inundación, típico de la comida y el agua. Este gran pez es el cocodrilo, que se aplicó a Horus como una figura de fuerza en su capacidad de dios solar, el cocodrilo en Egipto es un prototipo del dragón mítico, no el dragón malvado, sino el dragón solar, que era conocido en relación con <u>Sebek</u> y con <u>Saturno</u> como el dragón de la vida. En uno de los planesisferios greco-egipcios, este dragón mantiene su forma original y sigue siendo un cocodrilo "

Parte de la trama de "Prometeo" aborda la idea de la fe y la religión, en este caso el cristianismo, que se destaca en una escena inusual en la película donde el capitán del barco pone un árbol de Navidad. La Navidad es una variación del Festival Romano de la Saturnalia. El planeta objetivo de la película, "LV-223", es una luna en órbita de un planeta de anillos gigantes que es notablemente similar al planeta Saturno. En la película, el personaje de Charlize Theron afirma que "LV-223" está ubicado a "medio billón de millas de distancia de cada hombre en la Tierra". Esta distancia realmente colocaría a la tripulación de la nave estelar Prometeo en las cercanías del planeta Júpiter.

La película de Stanley Kubrick ***"2001: A Space Odyssey"*** también fue una gran influencia para Ridley Scott. Esa película postula el inicio de algún tipo de "contacto" entre la humanidad y una antigua inteligencia extraterrestre en algún lugar cerca de Júpiter. La trama de la película de Kubrick estaba originalmente destinada a ser montada en la luna Japeto (alrededor del planeta Saturno), lo que de alguna manera puede explicar por qué el planeta padre de LV-223 está rodeado de anillos.

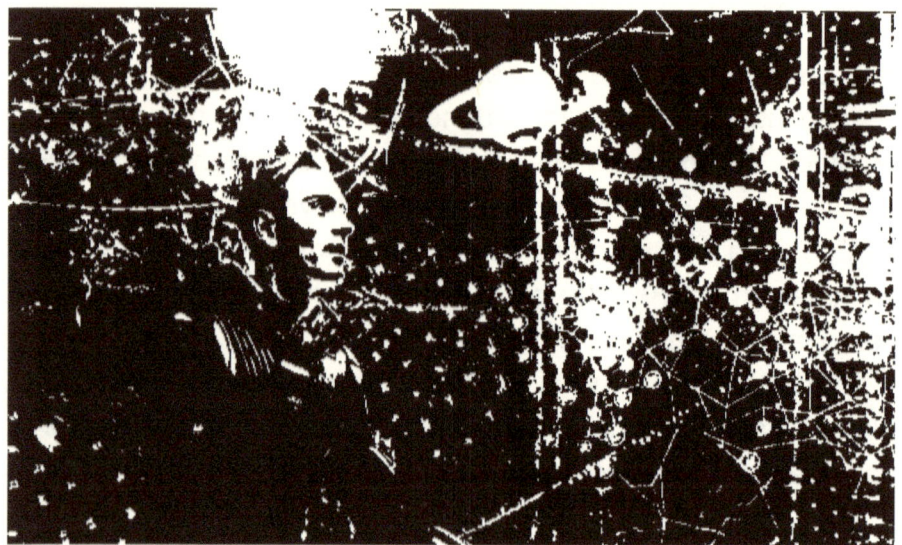

Prometeo como nombre alternativo de Saturno. "Prometheus" también se inspiró en la primera película de ciencia ficción de Scott, "Alien", otra película con matices de Saturno.

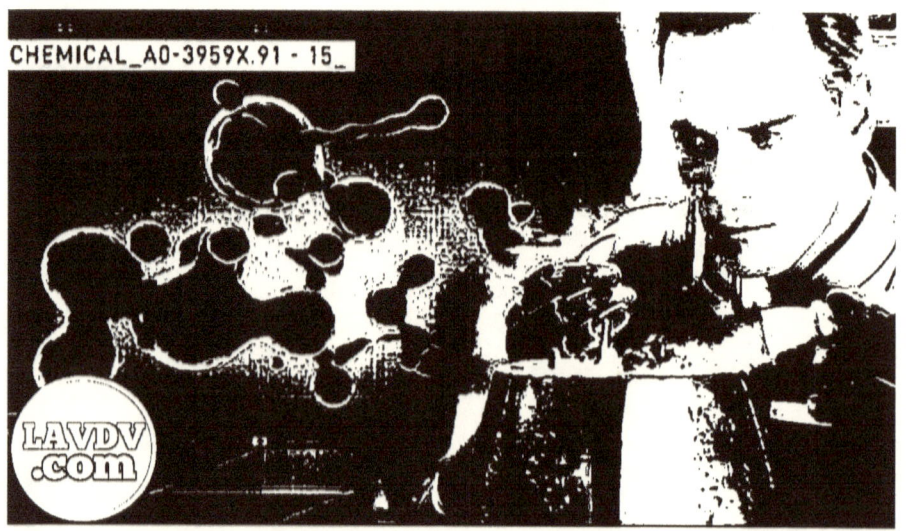

Más "black Goo" inteligente o mancha negra en la película de Scott "Prometheus." ¿Que saben los directores y productores de Hollywood?

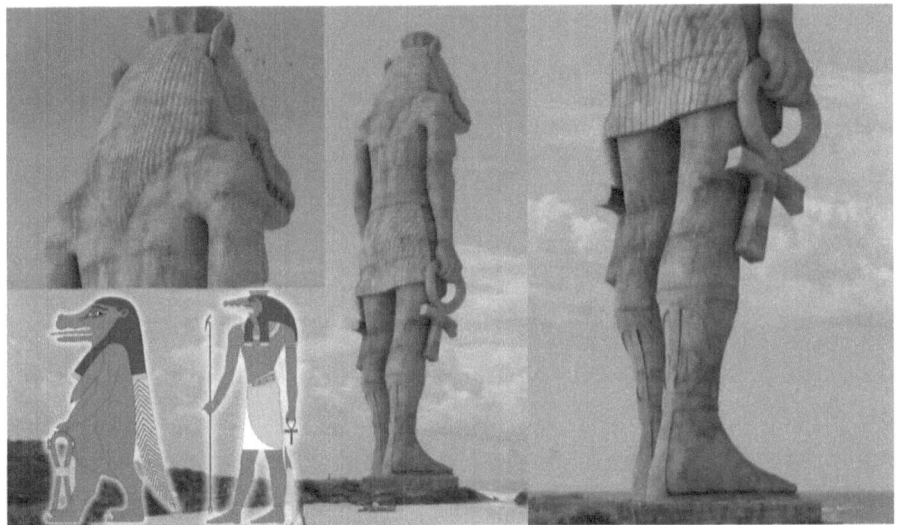

Hay múltiples alusiones a los sistemas de creencias y la iconografía de Saturno a lo largo de las series "LOST", como el tono "amanecer" púrpura que llena el cielo en la historia de dos partes "Vive Juntos, Muere Solo" y la enorme estatua de "cabeza de cocodrilo" ( "Estatua de Taweret") que alguna vez protegía las costas de la isla. La estatua sostiene el ankh egipcio, el símbolo de la vida y la muerte, en ambas manos.

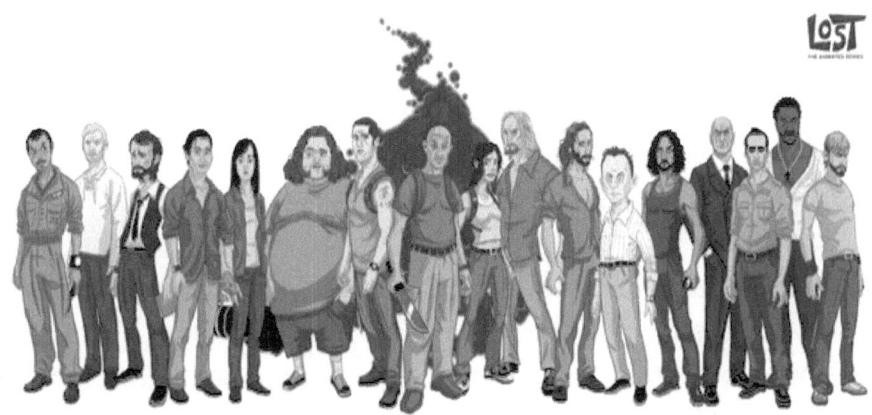

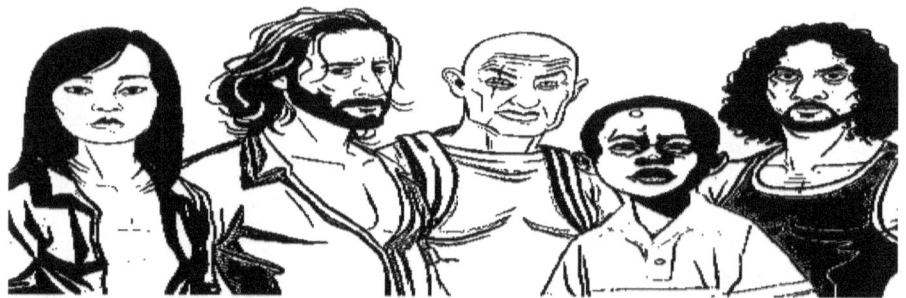

El tema más revelador de la serie **LOST** (PERDIDOS) es la dualidad / equilibrio de los habitantes más antiguos de la Isla: Jacob (el portador de la luz / Lucifer) y "El Hombre de Negro" (el sol negro / Saturno). Estos personajes son aparentemente polares. "custodios" opuestos de la verdadera naturaleza de la isla. Cada uno es testigo meditando sobre un conjunto de escalas (juicio) pesadas por dos piedras, una blanca y otra negra. El final del espectáculo incluso representa un ritual de estilo Saturno / luciferino en el que se saca una piedra grande de un agujero "portal" debajo de un charco de agua que emana la "luz del mundo".

Se revela que este ritual ha liberado al "Hombre de Negro" de su inmortal encarcelamiento en la Isla. La situación se resuelve cuando el personaje principal Jack se ofrece a sí mismo como un sacrificio y sella el "portal" reinsertando la piedra, sellando así metafóricamente la oscuridad en la Isla y manteniendo al mundo a salvo de su influencia. En la mitología griega, Píndaro y Hesíodo nombraron a Crono como el gobernante de los Campos Elíseos, una ubicación representada como una "vida después de la muerte". El tema de que la Isla sea casi una "vida después de la muerte" se revisa repetidamente en "LOST".

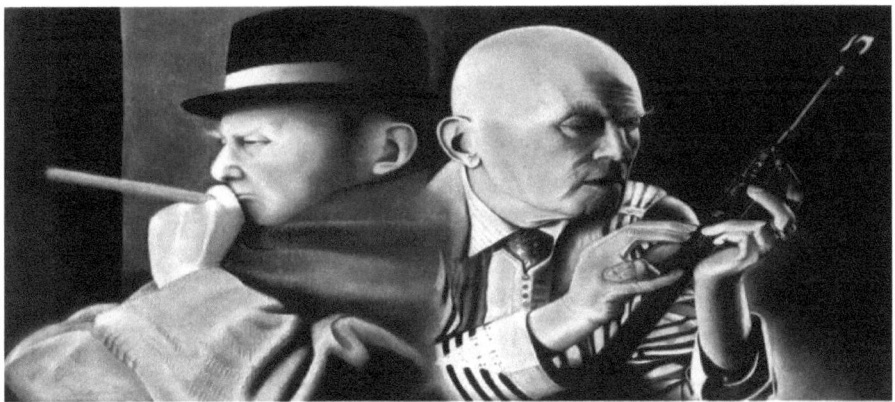

En algunas versiones de la historia mitológica de Saturno, la deidad se describe como desterrada a las "Islas de los Bienaventurados". En las páginas 37 - 38 de su obra "***Magick in Theory and Practice***", Crowley afirma: *"El Diablo exaltado (también el 'otro' Ojo secreto) por la fórmula de la Iniciación de Horus en otra parte se describe en detalle. Este" Diablo "es llamado Satanás o Shaitan, y mirado con horror por personas que son ignorantes de su fórmula, y, imaginándose a sí mismos como malvados, acusan a la Naturaleza misma de su propio crimen fantasmal. Satanás es Saturno, Set, Abraxas, Adad, Adonis, Attis, Adam , Adonai, etc. (...) Así, "el Diablo" es Capricornio, la Cabra que salta sobre las montañas más altas, la Deidad que, si se manifestó en el hombre, lo convierte en el Aegipan, el Todo"*.

El "**cubo negro**" (intrínseco a la adoración de Saturno) aparece ampliamente, aunque de manera sutil y críptica, en la ciencia ficción, en las películas de fantasía y en la televisión.

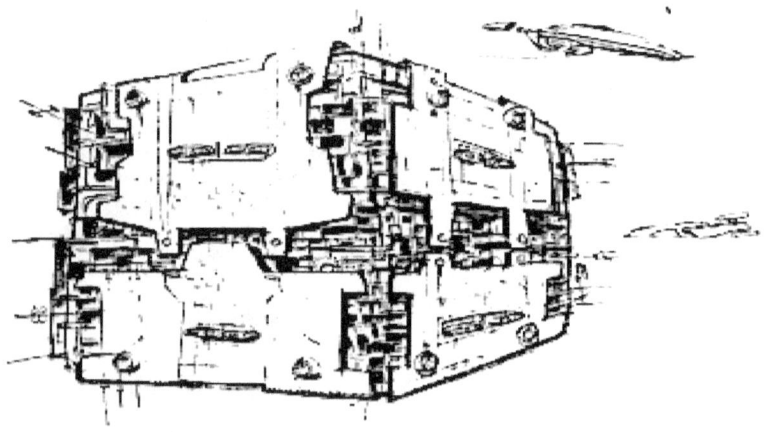

Es un dispositivo clave de la trama (en forma del cubo "*Allspark*") en la franquicia de películas ***"Transformers"****,* que aparece como "*Caja de Lemarchand*" (también conocida como "Lament Configuration") como una especie de "caja de Pandora" o clave para abrir portales a una dimensión de infierno en las películas "Hellraiser", y se evoca en el diseño y el color de los buques Borg en la franquicia de "Star Trek". Los Borg están decididos a asimilar la individualidad humana en una mente-colmena colectiva Borg transhumana. En el videojuego "Star Trek: The Next Generation" de dos partes "*The Best of Both Worlds*", se ve una nave Borg entrando en nuestro sistema solar y volando a través de Saturno (¡por cierto exactamente a los 29 minutos del episodio!) En "Star Trek: Voyager", la tripulación del USS Voyager se encuentra con un "Transwarp Hub" de los humanoides robots Borg, que utiliza aperturas con forma hexagonal que permiten el transporte rápido a partes distantes de la galaxia.

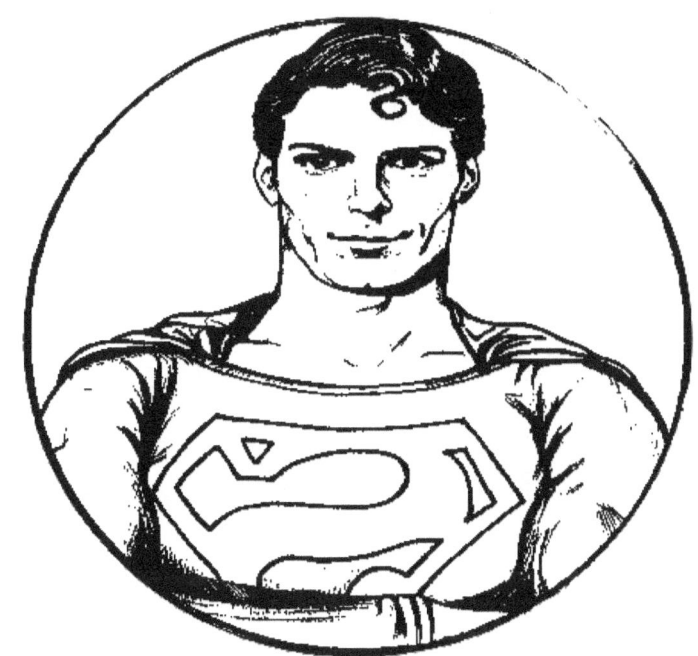

# LOS HEROES DEL CUBO

*"NO HAY SER HUMANO, POR COBARDE QUE SEA, QUE NO PUEDA CONVERTIRSE EN HÉROE POR AMOR."*

*—PLATÓN*

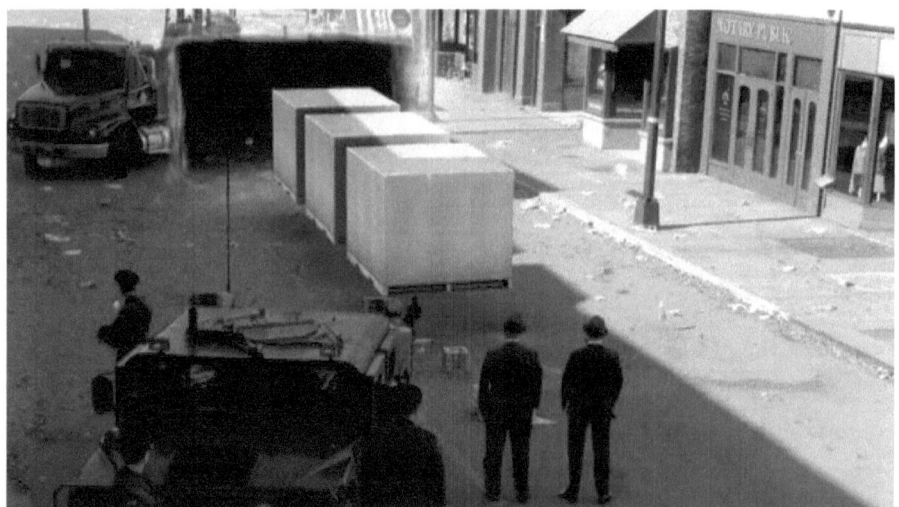

En "Fringe" de la cadena americana ABC, los observadores "transhumanos" usan dispositivos cúbicos para abrir portales negros y cuadrados para el futuro. La serie de "Terrahawks" de Gerry Anderson, cariñosamente recordada, presentaba un ejército robótico de cubos como primera línea de ataque para ayudar a los villanos. En 2014, se anunció una serie web spin-off animada titulada "Zeroids Vs Cubes".

En la serie animada "Di-Gata Defenders", varios personajes usan piedras parecidas a un cubo que contienen una misteriosa energía vital. El objetivo del ordenador. El juego *"Assassin's Creed III"* es para buscar misteriosas fuentes de poder tipo cubo. Sobre el tema de los juegos de ordenador, ¿es mera coincidencia que los juegos de ordenador contemporáneos más populares del mundo sea el "Minecraft"?

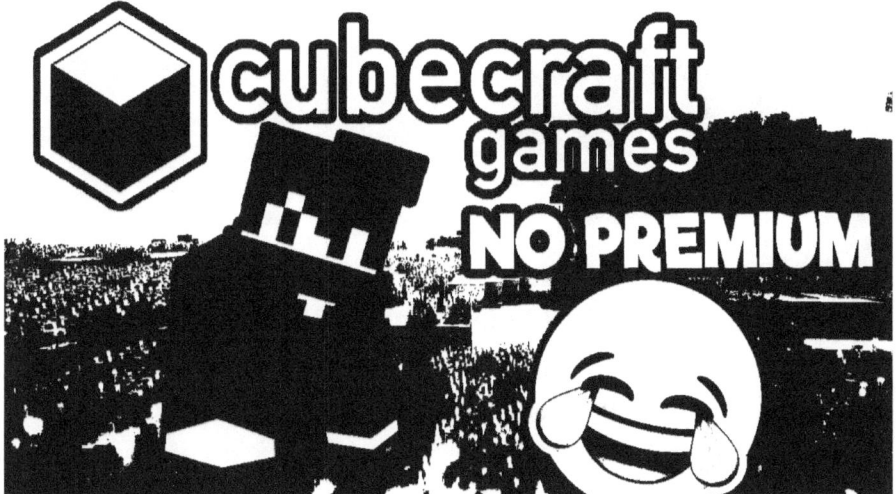

"Minecraft" requiere que los jugadores construyan y modifiquen un mundo 3D procesalmente generado usando nada más que cubos con textura. El cómic web online "Romantically Apocalyptic" se desarrolla en un páramo post-apocalíptico, tiene numerosos temas transhumanos (como "The Singularity") y presenta algo llamado "G Cube": una superestructura negra en forma de cubo.

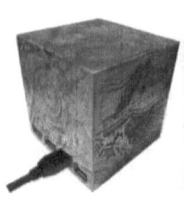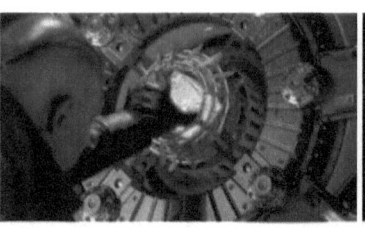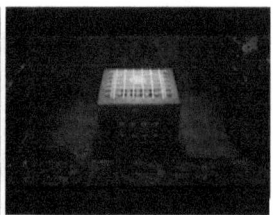

En la película de 2011 "Los Inmortales", el cubo se usa para aprisionar a la raza de Titanes dentro del Monte Tartarus para ser lanzado por el Rey Hyperion. Hay (¡obviamente!) múltiples temas de Saturno en esta película, dado que se basa en la mitología griega. El Cubo Cósmico fue introducido en el universo de Marvel Comics como un dispositivo muy buscado capaz de transformar cualquier deseo en realidad, independientemente de las consecuencias. El dispositivo ha aparecido ampliamente en todo el universo cinematográfico de Marvel y se describe como una *"carcasa para una piedra infinita y se renombra como Tesseract"*. En *"The Avengers"* (2012-2019), el tesseract abre un portal dimensional que, visualmente, parece simbolizar el Sol negro. Por ahí se cuelan nuestros héroes o súper villanos, también."*En el Universo Marvel, la luna de Saturno, Titán, es el hogar ficticio de los Eternos de Titanio"*. Uno de los personajes del Universo Marvel más estrechamente relacionado con el Cubo Cósmico es Thanos. *"El nombre del personaje es una derivación de Thanatos, la personificación de la muerte y la mortalidad en la mitología griega. Thanos nació en Titán, una luna de Saturno"*. En los Comics de Marvel, Thanos usa el **Cubo Cósmico** para aprisionar a otro personaje (de tema Saturniano) llamado Kronos.

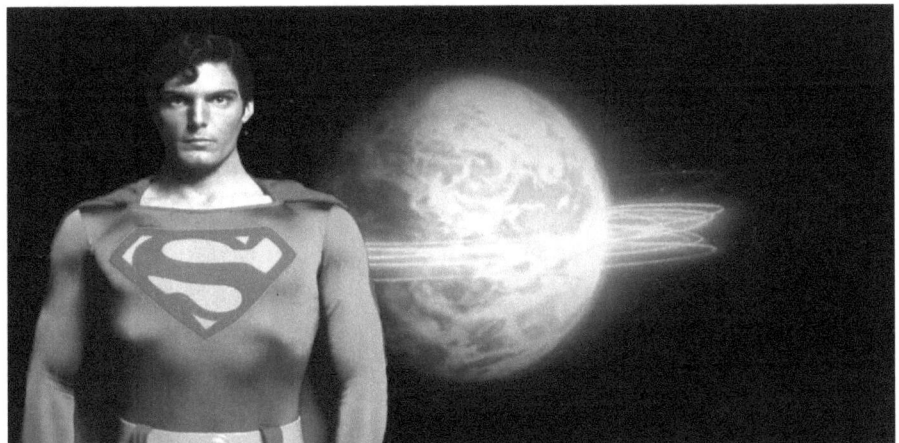

De la miríada de franquicias de súper héroes, no hay nada más abiertamente saturniano que la historia de "Superman". Desde la historia de origen de Superman, aprendemos que el personaje obtuvo sus súper poderes como resultado del intenso sol amarillo y la menor gravedad de la Tierra. Es interesante que estos dos factores estén relacionados con varios arquetipos de Saturno.

En "Superman" de Richard Donner, el personaje del título literalmente *"da marcha atrás al reloj del tiempo terrestre"* durante el final de la película. Lo hace al volar contra la rotación de la Tierra, ¡dándole a la Tierra anillos similares a los de Saturno! En "Man of Steel", la historia del origen cinematográfico contemporáneo presenta la llegada de Superman a nuestro sistema solar a través de un portal de tiempo / espacio en las cercanías de Saturno. En cada versión de la historia de Superman, el personaje adopta el alter-ego Clark Kent y (al llegar a la edad adulta) va a trabajar como reportero en el periódico el Daily Planet.

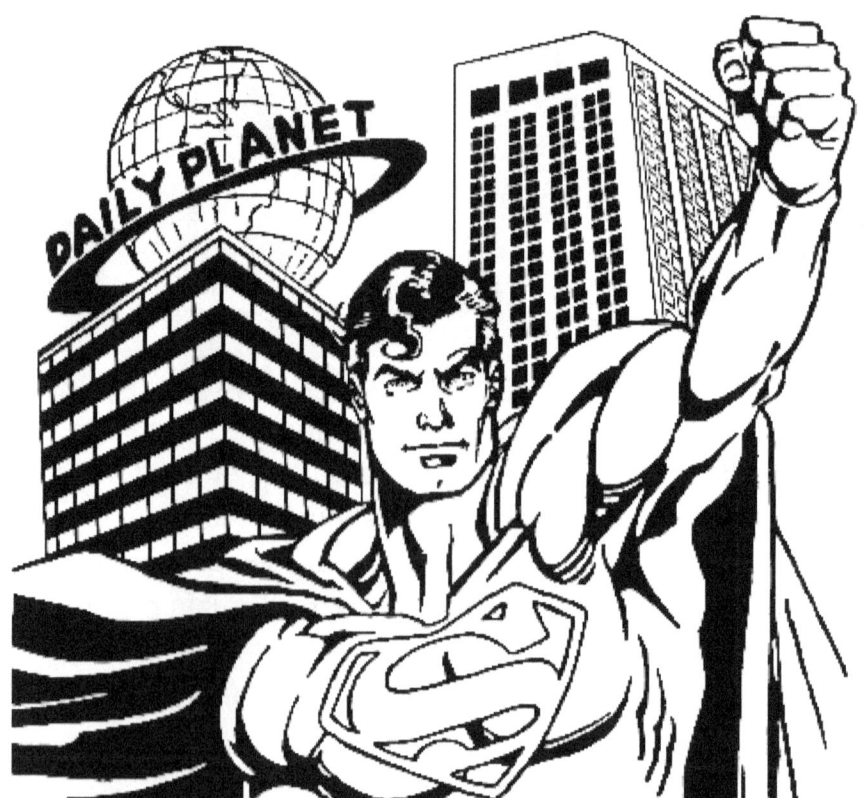

El edificio de la sede de este periódico está coronado por un globo adornado y giratorio, completo con anillos. El Daily Planet está basado en la ciudad ficticia de Metrópolis. Esta nomenclatura evoca la clásica película de 1926 "Metrópolis", que en realidad incluye una escena con una máquina industrial similar a un demonio llamada Moloch que sacrifica a los seres humanos en su boca ardiente. *"En la película 'Metrópolis' de* **Fritz Lang**, *Freder, el hijo de John Fredersen, el maestro de Metrópolis, usa el término [Moloch] para describir el horror mientras observa a sus compañeros devorados por su ciudad de trabajo".*

El nombre de nacimiento kryptoniano de Superman es Kal-El y parece haber sido elegido por los creadores del personaje (el escritor de cómics Jerry Siegel y el artista Joe Shuster, durante la década de 1930) muy específicamente. Kal deriva de la palabra "Kalendes", que a su vez proviene de la palabra latina "Calendae" (que significa "el llamado" o "proclamado"). Kalendes era el primer día del mes en el calendario romano.

El término también se refiere al marcado o paso del tiempo y es casi seguro que se originó la palabra "Calendario" (otra acuñación del tiempo). Podemos suponer con seguridad que el nombre de nacimiento de Superman significa Dios / Rey / Gobernador del Tiempo y / o eternidad (¡otro "Señor del Tiempo" ficticio!) Sin embargo, también hay que considerar la segunda parte de su nombre, "El". "El" parece simplemente reforzar aún más la denominación "Kal", dado que se asocia fácilmente con la adoración y la mitología de Saturno.

También considera que en español algunas de las palabras, artículos, y títulos derivados de "El", tales como: "El anciano o El Sabio" (aquel que ha pasado por los ritos y pruebas del tiempo), "élite" (los que están arriba o que gobiernan las masas), "elegir" (Defensa de la élite), "elevar" (ir más alto o levantar, también idolatrar o adorar), "eliminar" (deshacerse de, pero también destruir o matar), etc. En la investigación bíblica alternativa, "El" se considera que significa piedad (dioses y diosas) y, por extensión, se refiere a "mensajeros de la piedad" (ángeles / Elohim).

La palabra "*templo*" (temp-el) significa "Casa de Dios". Algunos investigadores afirman que también puede explicar el sufijo en la denominación "angélico/arcangélica" (MichaEL, RaphaEL, UriEL, EmmanuEl, Gabriela, BethEl, etc.) y la ortografía de la palabra "ángel" (Ang- EL) en sí misma.

En la narrativa bíblica MiKael o Miguel luchó con sus Ángeles, y el Dragón luchó con los suyos. Los recopiladores del texto de la Revelación tejieron lo esotérico con lo exotérico, combinando terminología y simbología egipcia, persa y babilónica. En un lado de la 'batalla' vemos los 'ángeles buenos', el nombre de cada ángel termina en 'el', el término semítico para el sol.

Los "*buenos*" eran realmente los signos de verano del zodíaco, los nombres hebreos eran **MiKa-el**, **Abdi-el**, **Azra-el**, etc. Los "malos" llevaban los nombres egipcios para los meses de invierno, sus nombres terminaban con -on, el nombre egipcio para el sol; el sol en invierno trae señales de inminente maldad. Por lo tanto, tenemos a **Abadd-on**, **Apolly-on**, etc. Puesta en contexto, vemos una interpretación hebrea de una batalla "celestial" entre los "dioses" egipcios y hebreos, para la explicación exotérica. Se decía que el "Señor" del *Opuesto*, estaba domiciliado en el signo en oposición a dónde estaba el sol.

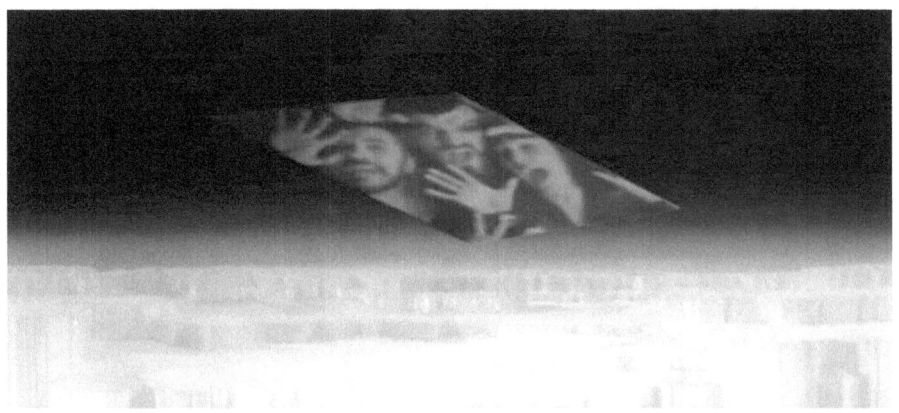

En el planeta original de Superman, Kripton, el consejo de los sabios atrapa a los chicos malos que son teletransportados por un rayo verde y confinados a un cubo negro plano transparente que vaga por el espacio ad eternum.

Este dios "contrario" se llamaba Beli-el. Baalzebub estaba residiendo en Escorpio, que da el 'beso' de la muerte o traición al sol del dios cada otoño, causando su 'caída'. El significado esotérico es la batalla del invierno contra el verano. La misma palabra Otoño se compone de los nombres egipcios Atum, antiguo dios del mundo y la oscuridad, la materia, y At**ón**, título del sol "benéfico". El infierno siempre se decía que estaba en el norte, el gran abismo que se refiere a la constelación de Draco gira en un ciclo infinito de serpentinas. Draco es uno de los términos latinos para la 'serpiente'. Drag-**ón** es egipcio para el 'polo' norte donde se decía que el invierno eterno contenía su carnaval o Circo (circuito). Le ayudaban sus 'Baales' y 'Ons' de Caldea y Egipto.

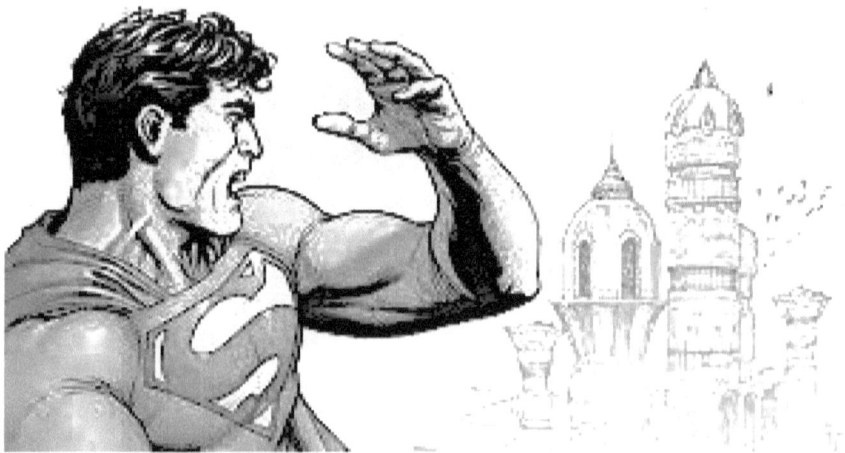

Superman literalmente cae a la Tierra y hace de "salvador" para la raza humana. Con esto en mente, vale la pena señalar (aunque puede ser una mera coincidencia) que los creadores de Superman, Jerry Siegel y Joe Shuster eran de familias judías. En una nota sincronizada con este tema, el color verde está asociado tanto al Cubo Negro del Kaaba como con la religión del Islam. Superman es (junto con otros nativos del planeta Krypton) vulnerable a la piedra de color verde / Kryptonita de cristal. ¿Es esta una analogía sutil para el conflicto entre el judaísmo y el Islam?

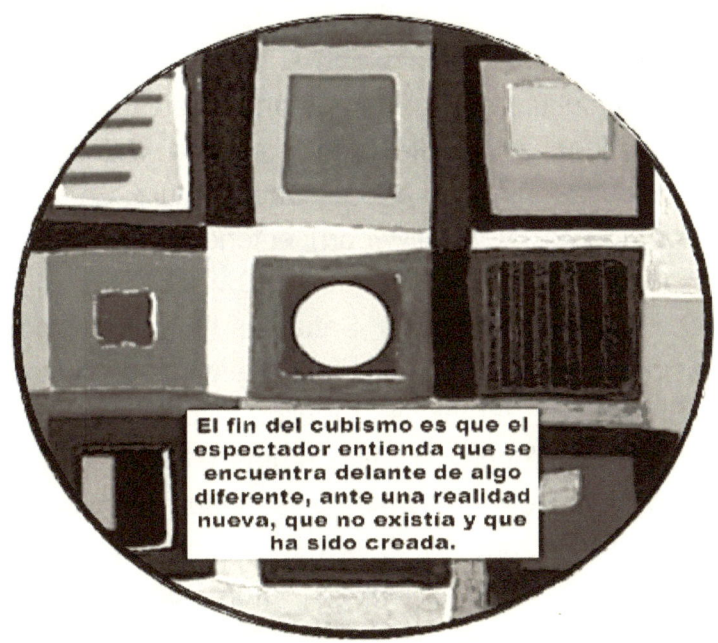

El fin del cubismo es que el espectador entienda que se encuentra delante de algo diferente, ante una realidad nueva, que no existía y que ha sido creada.

# LA CULTURA POP DE SATURNO

*"LAS ÉLITES EN TODAS LAS SOCIEDADES DESEAN MANIPULAR LAS IMÁGENES A SU MANERA Y NO QUIEREN QUE SU AGENDA (Y METODOLOGÍA SEA REVELADA AL PÚBLICO..."*
*—PETER LEVENDA*

Para demostrar que se ha diseminado el simbolismo de Saturno tan ampliamente (especialmente el lei motif del *"cubo negro"*) a través de la cultura pop contemporánea, vale la pena mirar fuera de los ámbitos de la televisión y el cine y destacar algunos ejemplos de la música, el arte y la arquitectura. En la industria de la música (como TV y Hollywood), el fenómeno prevalece.

Como imagen genérica, Saturno ha aparecido en las ilustraciones del álbum de Coldplay (remixes de "Viva La Vida"), The Smashing Pumpkins ("Mellon Collie and the Infinite Sadness"), Led Zeppelin ("Últimos días"), No Doubt ("Retorno de Saturno"), The Rolling Stones ("Sus masas satánicas"), Profetas de Saturno ("Retronaut"), Styx ("El hombre de los milagros") y (obviamente) la banda Rings of Saturn. El motivo del planeta anillado fue utilizado para promocionar el póstumo álbum "Xscape" de Michael Jackson, Peter Gabriel lo usó en su memorable video para "Sledgehammer", y Lady Gaga y The Grateful Dead lo han usado (junto con casi cualquier otro tipo de iconografía Saturnian) para promocionar recorridos y álbumes.

Una variante de la alineación planetaria Saturnian "squatterman" fue utilizada por U2 para promover su gira "360". En términos de letras reales y títulos de canciones, Stevie Wonder lanzó una canción llamada "Saturno", Steve Moore ("Saturnalia"), Guided by Voices ("Volver a Saturno") y Django Django ("Born Under Saturn"), por nombrar unos pocos.

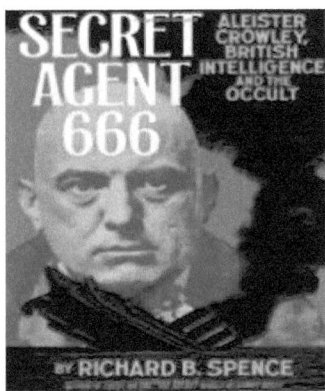 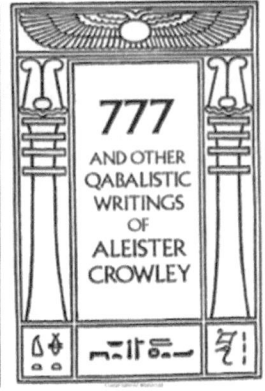 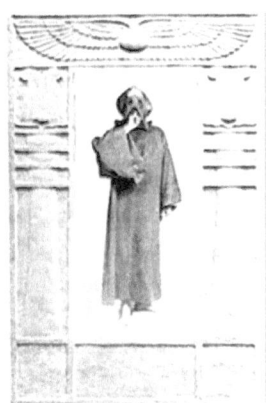

Crowley recopiló y leyó gran cantidad de grimorios y manuscritos antiguos de magia negra, brujería y diversos ritos de adoración pagana de diversas religiones, principalmente la celta, babilónica y egipcia. También complementó sus conocimientos realizando varios viajes a las piramides de Egipto (donde invocó a los demonios del goethia y no cerró el ritual con la licencia de partir) tuvo amistad con masones y diversos personajes "ocultistas" de su epoca, como fueron Madame Blavatsky, Edgar Allan Poe, Gregory Rasputín, Theodore Reuss, Gerald Garner, Churchill, Rudolph Hess y un largo etc...Aleister Crowley, estaba muy frustrado y enfadado con la religión cristiana en cualquier forma por haber sido abusado por padres jesuitas en su Inglaterra natal.

En términos de cubos negros, han aparecido descaradamente en videos pop como Will I Am ("That Power"), 2 Chains y Lil Wayne ("Yuck"), Circle of Contempt ("Entwine The Threads"), Eric Prydz VS CHVRCHES ("Tether"), Madeon ("Pay No Mind"), Tesseract ("Eden 2.0"). Los diseños de cubo aparecen en las ilustraciones del álbum de bandas como The Void, Imagine Dragons ("Night Visions"), Sinew ("The Beauty of Contrast"), Arcade Fire ("The Suburbs") y Sopor Aeternus ("The Inexperienced Spiral Traveler".)

Una mención honorífica debe hacerse a la banda Black de 1980 y su exitosa canción "*Ride on Time*". El lei motif del sol negro adorna las ilustraciones del álbum de bandas como Obscura ("Cosmogénesis"), The Cult ("Rey del Sol"), The Scorpions ("Face the Heat"), Son of Saturn ("The Blackhole Speakeasy"), Iron Butterfly ("Sol y Acero") y es un motivo genérico para la banda Tool. También se usó como logotipo general para promocionar (y crear como escenografía) los 2014-2015 MTV Video Music Awards. El cráneo de la cabeza de la muerte de Saturno y el rayo doble acompañan a muchas bandas de rock y metal (es decir, Anthrax).

Los cubos negros de Saturno parecen ser un elemento básico de la arquitectura y son visibles en numerosos lugares del mundo. Estos incluyen una exposición de arte en cubo de Anthony Gormley en la White Cube Gallery de Hong Kong, un cubo negro hecho de armas ("The Gun Sculpture") del artista de Edmonton Wallis Kendal, un cubo negro llamado "Intersections" de Anila Quayyum Agha, una escultura de bronce cúbica de Rainer Irrgang (Bruun Rasmussen, Copenhague), el cubo "Dado" de Tony Smith (desde 1962, dimensiones 6 'X 6' X 6 ') que se celebró en el Museo de Arte Moderno de Nueva York, un cubo al aire libre llamado "Early Morning Alamo" por David Shankbone.

Otro en Knez Mihailova, Belgrado, la instalación E-QBO black cube art (utilizada para promocionar la "World Future Energy Summit" en Abu Dhabi en 2014), una pieza llamada "The Ring Installation" por Arnaud Lapierre ubicado en Place Vendome, París - esta obra de arte cónica creó una ilusión óptica ya que se construyó utilizando cubos con espejos apilados, "The Cube" en el Campus Central Ann Arbor de la Universidad de Michigan, una escultura de arte moderno cubo negro en Malta, el gran Discovery Cube Orange County (Santa Ana, California), un gran cubo negro al aire libre en Dinamarca, otro en Australia y el cubo negro "Rubik Science Center" en el Museo de Budapest, Hungría.

El arte y la arquitectura de estilo monolito negro incluyen la *"cama de millón de dólares magnética"* en el interior y el edificio Monolith en el distrito de negocios de Zagreb. Hay formas gemelas de arte en cubo blanco en Shepherds Bush Green y un cubo rojo de Isama Noguchi (1969) en Nueva York. Noguchi también esculpió cubos gemelos que parecían levitar para la Expo 70 en Osaka, Japón. Finalmente, debemos resaltar todo el estilo y movimiento del arte "cubista," Edith Miller, en su libro de 1933 ***"Teocracia oculta"*** escribió: "De pie frente a un lienzo cubista sin sentido en una exposición de arte un día", un desconcertado aficionado preguntó '¿pero qué significa?' A lo que el pintor respondió: *"No se trata de lo que significa, se trata de cuál es su efecto sobre el observador"*. Consciente o inconscientemente, el artista dijo la verdad.

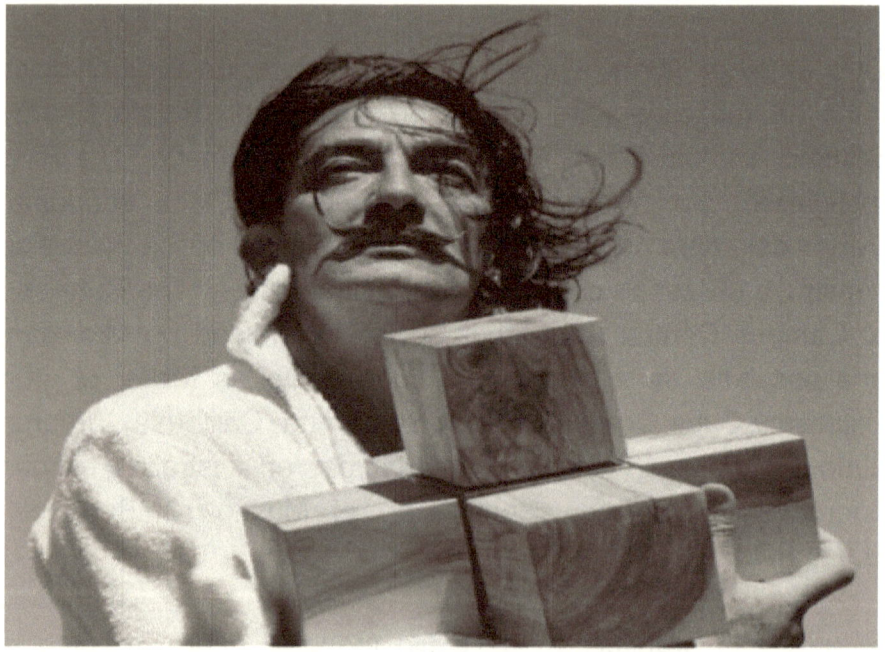

**El maestro Dalí con los cubos y la geometría del 666. Un número solar y saturnino que tiene que ver más con el hombre-bestia que con el diablo. La élite de hecho, nos ve con menosprecio y en sus círculos se jactan de que somos hombres-bestias y sobramos. Parte del mensaje subliminal eugenista.**

Los psiquiatras nos dicen que esta escuela de embuste insidiosa es simplemente una elaboración de la política de la interrupción de las ideas que conduce a la incoherencia y la locura total. El arte "cubista" es un esfuerzo por producir ciertos efectos psíquicos que se pueden obtener mediante la ilusión óptica. La belleza no tiene nada que ver con eso. La escuela cubista no está en absoluto en el ámbito del arte. Pertenece a la medicina y la ciencia psíquica.

Aquellos que olvidan que esta moda devastadora de *"La idea interrumpida"* se puede extender a la música, la literatura y cualquier otra fase del esfuerzo humano, lo hacen bajo su propio riesgo. La gente a menudo habla sobre el uso del simbolismo del culto al sol como un arquetipo universalmente reconocido en la psique humana. Ciertamente, los psicólogos y los agentes de relaciones públicas han utilizado el concepto con gran efecto en los medios, publicidad, etc.

En su forma más pura, la adoración a Saturno es poco más que una variación del mismo concepto: con la estrella negra/sol negro de Saturno y el la luz blanca de Lucifer / Venus es un sustituto del simbolismo del sol y la luna más tradicionalmente *"aceptado"*.

Siempre habrá debate sobre qué paradigma es el más antiguo (y, por lo tanto, el verdadero catalizador del fenómeno posterior de la *"adoración al sol".)* Sin embargo, me pregunto si alguna vez podremos determinar qué fue primero: el proverbial *"el huevo o la gallina"...* La presencia del simbolismo de Saturno en la cultura cotidiana demuestra que es uno de los arquetipos más reconocibles y efectivos actualmente en uso por la élite global, o al menos aquellos que verdaderamente comprenden el poder potencial de las cifras arcanas.

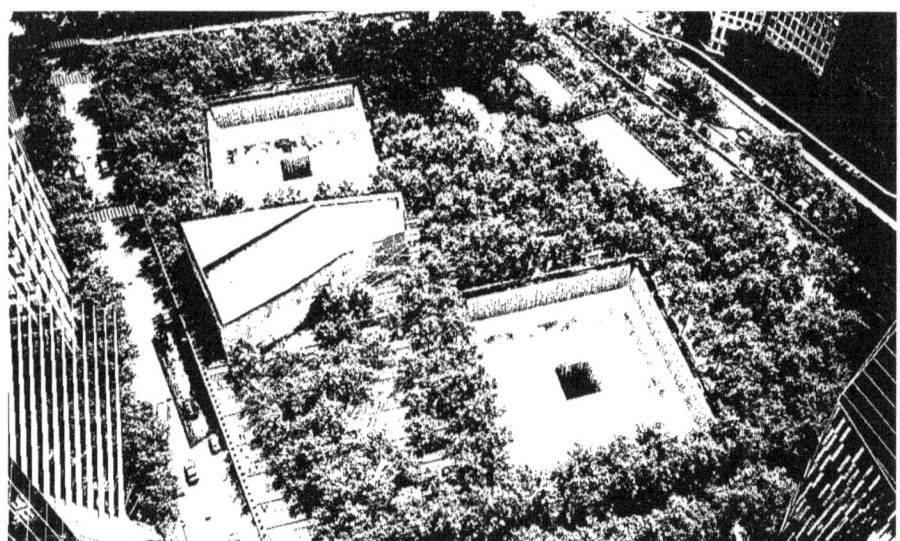

Hay un cubo de cristal transparente fuera de la tienda Apple 24/7 en Nueva York. Cuando se colocó por primera vez allí, estaba cubierto con un envoltorio negro que daba la apariencia (inicialmente) de un cubo negro. El Memorial del 11S parece ser un par de cubos de cuasiblack hundidos en piscinas de agua cuadradas. Antes de los eventos del 11 de septiembre, una escultura negra llamada "La Esfera" se encontraba entre las Torres Gemelas en la plaza del WTC. Aparentemente, fue "deliberadamente la intención de representar a la Kaaba en La Meca"

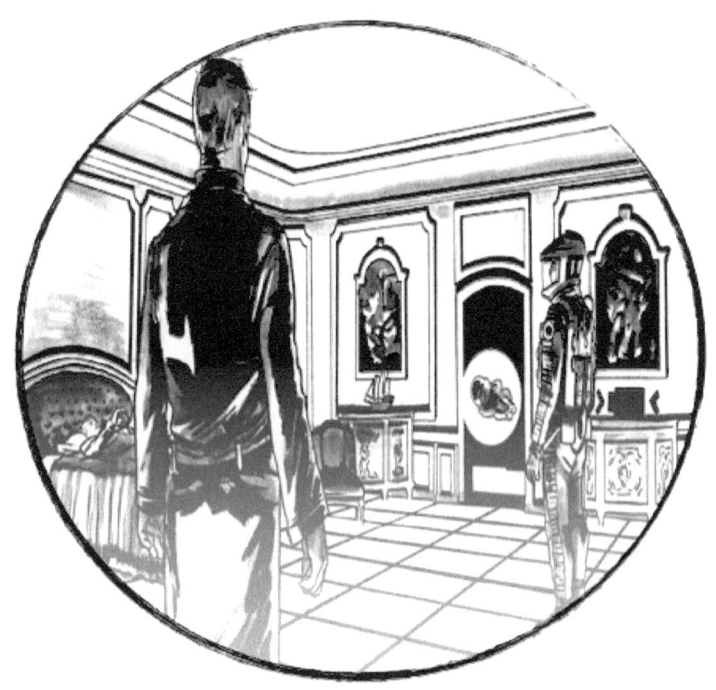

# ODISEA MENTAL 2001

"...TENGO MIEDO DAVE, MI CABEZA SE VA, SIENTO QUE SE VA..."
—HAL 9000

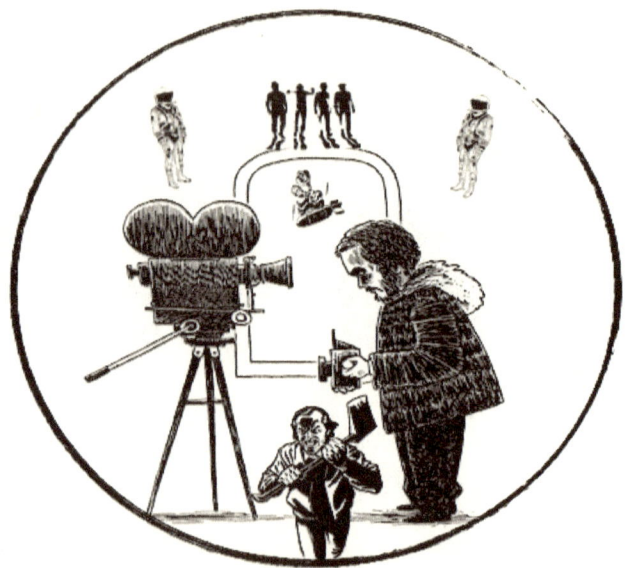

Stanley Kubrick, nació en el barrio neoyorquino del Bronx, en el seno de una familia judía de clase media-alta y no tuvo una educación religiosa. Fascinante cinematográficamente hablando, el análisis de las obras de Kubrick admite otras perspectivas más inquietantes. De hecho, varios de sus filmes más relevantes destacan por su lenguaje subliminal, sus símbolos y mensajes masónicos, religiosos y violentos. El resultado de un estudio a fondo de sus películas abunda en una polémica idea: el director americano o tuvo conocimiento de los siniestros planes de alguna importante sociedad secreta o perteneció a ella.

Tras el éxito de Lolita (1962) y Teléfono Rojo: Volamos hacia Moscú (1964), Kubrick empezó el rodaje de 2001: Una Odisea del Espacio (1968), tomando como punto de partida un cuento Arthur C. Clarke, que luego se convertiría en un libro homólogo. Considerada desde el presente, parece que la elección de este título no fue aleatoria - Véanse los acontecimientos de 1999-2001. Ninguna duda cabe que Stanley Kubrick ha sido uno de los mejores cineastas de la historia y sus películas lo prueban. Esto es fácil advertirlo, pero no lo es tanto el hecho de que estas tienen claves que desvelan las manipulaciones de la Élite desde las sombras. La película, «Barry Lyndon» por ejemplo, es paralela a la vida del cineasta, ya que cuenta la ascensión y fracaso del buscavidas irlandés y extranjero Redmond Barry, quien lucha por entrar en la aristocracia sin ser miembro de las élites. Llega pero lo echan.

¿Puede esto ser un film profético de lo que le haya sucedido a Kubrick?

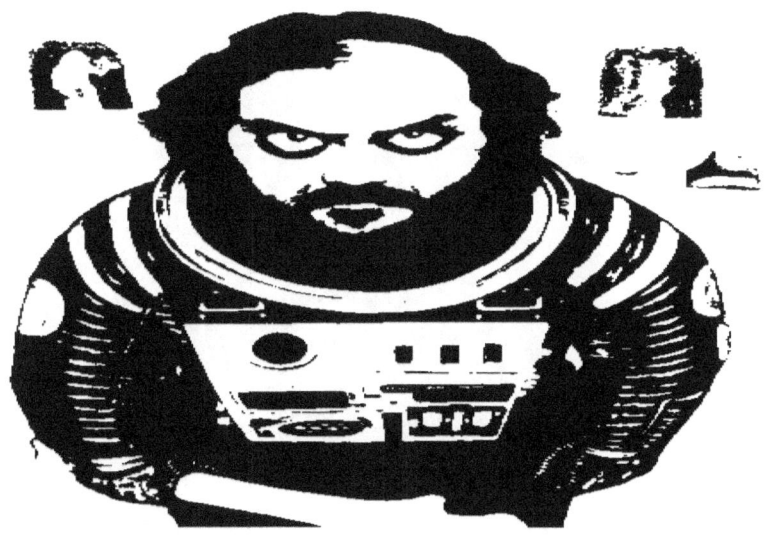

Cuando vi por primera vez la película Odisea en el espacio 2001, en las navidades de los 70, me maravilló, estuve asombrado durante días, por no decir menos. Todo el alcance de la película era abrumador y, para la mayoría de la gente normal, les parecía completamente desconcertante. La mayoría de las personas que vieron esta película no entendían de principio a fin lo que habían experimentado, pero sabían que todos los que la veían, sabían que habían experimentado algo quasi religioso y profundo en su significado. Ese algo había sido comunicado a los oscuros y profundos recovecos de su mente y su subconsciente. Y que eran incapaces de entender. Esta película *no* está hecha para los "*profanos*" ya que la mayoría de nosotros somos llamados por los Adeptos, o los Iniciados, o los sacerdotes de las Escuelas Mistéricas.

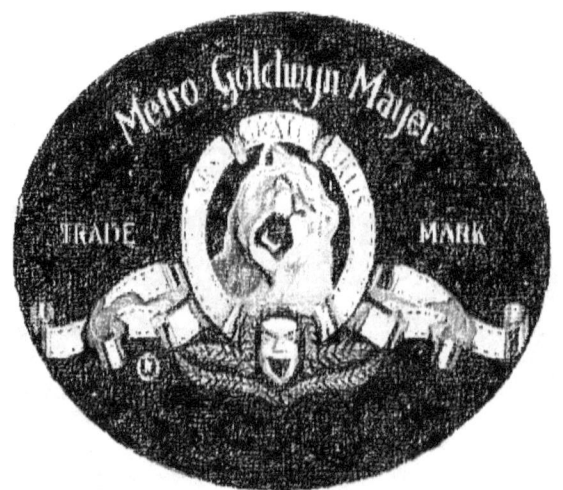

**2001 comienza con logo presentación MGM- el rey león o el rey sol ...**

Porque esta película es un mensaje para aquellos Iniciados que conocen bien la simbología y la **_Religión Mistérica_**, que como he explicado infinidad de veces, es una religión antigua que se practica hasta el día de hoy en secreto.

Relájate y recuéstate, porque vamos a contarte de que va el mensaje detrás de la simbología que viste en la película de odisea 2001 de una manera simple, y luego cada uno de vosotros debéis ir al internet o al videoclub y ver la película de nuevo de principio a fin. Porque es la historia de toda la raza humana, según la historia de la Religión Mistérica de la antigua **Babilonia**. Y más adelante daremos una disertación más compleja con símbolos más extrínsecos para los más avanzados y para aquellos que puedan dilucidar los mensajes de los que realmente hablamos.

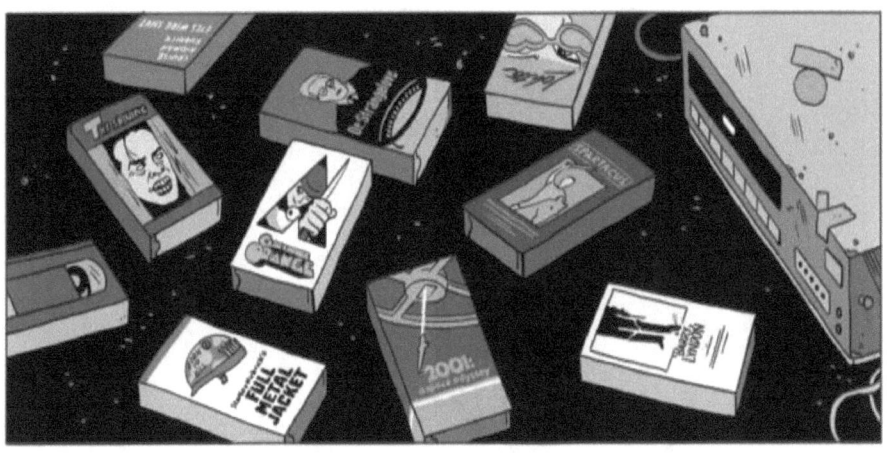

Pero ¡mira!, puedo asegurarte que no comprenderás nada de lo que vamos a decir sin una preparación amplia y sin una comprensión básica de la simbología de las antiguas religiones.

Vamos a repasar la simbología de la película 2001 rápidamente, y luego volveremos al principio, al primer humano primitivo, probablemente sentado en su trasero, comiendo un poco de hierbas, por aquí y por allá, viendo el sol levantarse en el este, cada día que pasa.

Al comienzo de la película 2001, la mayoría de las personas que fueron al cine o lo vieron desde su sofá a través del televisor y se sorprendieron con la imagen que se les presentó, ya que vieron por primera vez un mundo oscuro, gris y feo.

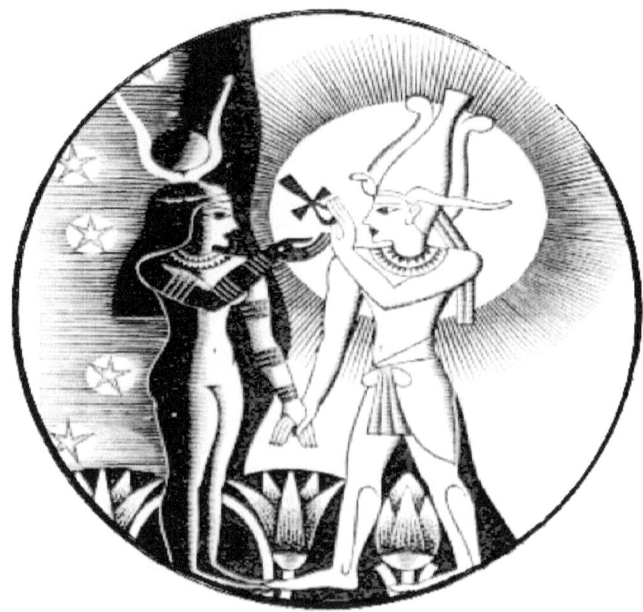

**S**egún las escuelas místéricas el mito de <u>Isis</u> (Luna) y <u>Osiris</u> (Sol) ilustra el poder del amor y cómo puede transformarnos irrevocablemente. Durante más de 3.000 años antes de nuestra era. Hasta el segundo siglo A.D.-Isis fue adorada en Egipto como la diosa madre del universo. Tenía dos hermanos, Osiris y Set. Osiris fue responsable de la tierra fértil y Set gobernó el árido desierto.

Cuando eran lo suficientemente mayores, el anciano dios sol <u>Ra</u> casó a la joven luna Isis con el joven sol Osiris. Isis y Osiris estaban dichosos por su amor mutuo. Ninguna luna o estrella podría eclipsar su pasión. Porque eran felices en su unión, Isis y Osiris eran generosos y justos. Sus días se dedicaban a nutrir el mundo: los poderes de Isis combinados con los de Osiris trajeron abundante alimento al rico suelo egipcio y del fértil Nilo. En consecuencia, fueron adorados por muchos y otorgaron honores mayores que su hermano Set (sol negro=saturno-satán.)

Ese acto de amor hizo que Isis concibiera un hijo de Osiris. Su hijo, el dios de cabeza de halcón el niño solar <u>Horus</u>, creció y prosperó, este es un poderoso recordatorio de cómo el amor cósmico místico puede crear vida en la tierra incluso cuando se enfrenta a una abrumadora adversidad.

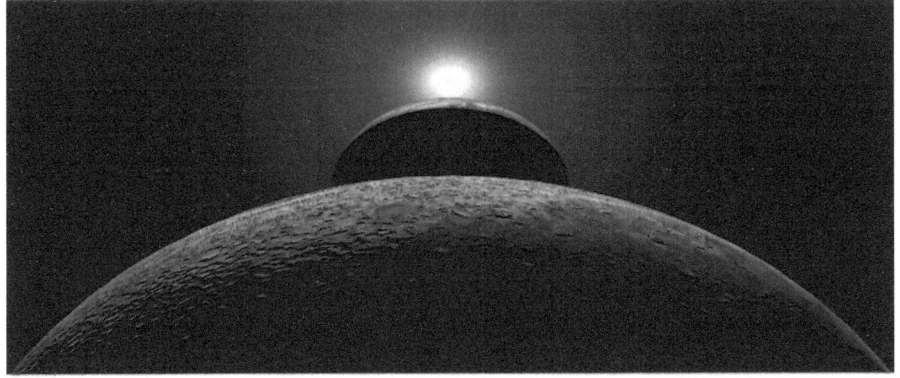

Y cuando ese mundo comenzó a moverse hacia abajo desde el centro de la pantalla, vieron detrás de ella una luna. Y como la luna comienza a bajar con el mundo que se hunde en la parte inferior de la pantalla detrás de ella se veía la aparición del sol.

Lo que presenciaste fue un eclipse de sol, un eclipse parcial, y como la luz del sol se derramó a través del borde de la luna, tomó la forma del barco de Isis y el sol, por supuesto, para cualquier persona que haya estudiado, el ciclo Osírico, es fácil pillarlo. Y la simbología era Osiris que montaba a través de los cielos en el barco de Isis.

Por tanto, todo esto tendrá un significado mucho más profundo para vosotros a medida que avanzamos hacia las antiguas Escuelas de Misterio, que hoy son conocidas por muchos nombres diferentes, y llegaremos a algunos de esos nombres a medida que avancemos.

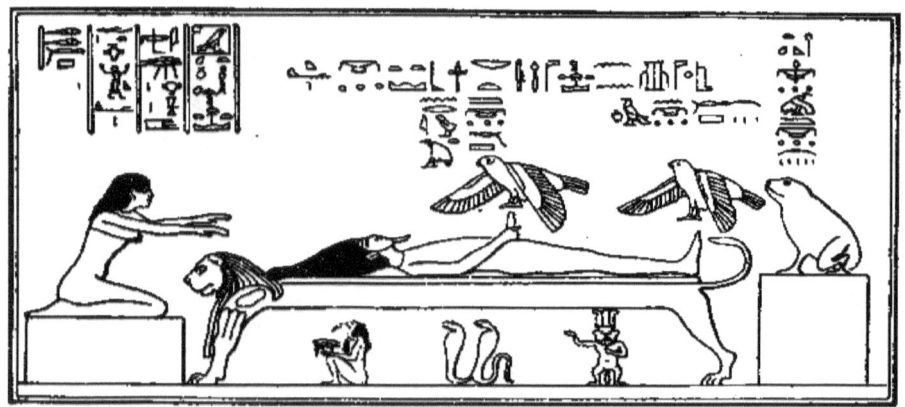

Esto significaba, por supuesto, la creación del universo y del mundo. Y lo que vimos a continuación fue una llanura estéril: nada de crecimiento, rocas estériles, desierto estéril. Y entonces vimos el sol comenzar a levantarse en el este sobre el horizonte, significa, el nacimiento del mundo.

Cuando el sol viajaba a través de los cielos, ves el viento comenzar a moverse a través de la faz de la tierra, que dice que algo estaba sucediendo. Entonces, cuando el sol comenzó a alcanzar su zenit en una longitud principal, comenzamos a ver arbustos. Pequeñas plantas verdes comenzaron a emerger. Entonces, el sol que viaja a través de los cielos no significa, por supuesto, un día. Significaba una edad. Una era, queridos lectores.

A medida que el sol iba desapareciendo más por la tarde del crepúsculo, vimos la aparición de la vida animal: los pájaros, y podíamos oír a los pájaros cantando, y podemos ver a los animales.

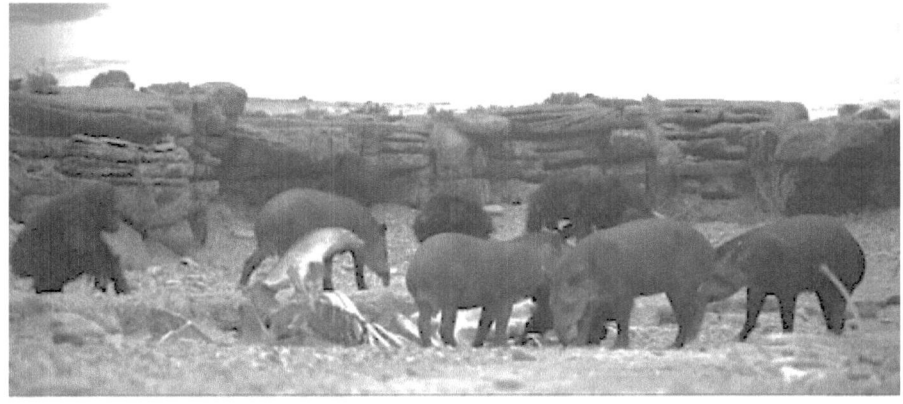

Y entonces, podemos ver al hombre primitivo en forma de mono, mezclándose entre los animales, sin hacer daño a otros o mutuamente, viviendo en un estado de inocencia. Y se ve al hombre sólo comiendo plantas y raíces.

Se ve que, incluso cuando los animales y el hombre competían por la comida, nadie resultaba herido, pero hay ciertas exhibiciones de poder al agitar los brazos y gritar y gruñir hasta que uno o el otro se aleja. El significado de esto era la edad de la inocencia, cuando el hombre vivía en el Jardín del Edén. Inocente, con los animales, era vegetariano. Y mientras el sol avanzaba más hacia el oeste, vimos al hombre comenzar a retirarse a la cueva que es el seno de la madre tierra. El paso del sol a través del cielo, desde el momento en que se elevó desde el este, significa el nacimiento del mundo, vimos que al llegar a su zenit, su aspecto más poderoso en los cielos,

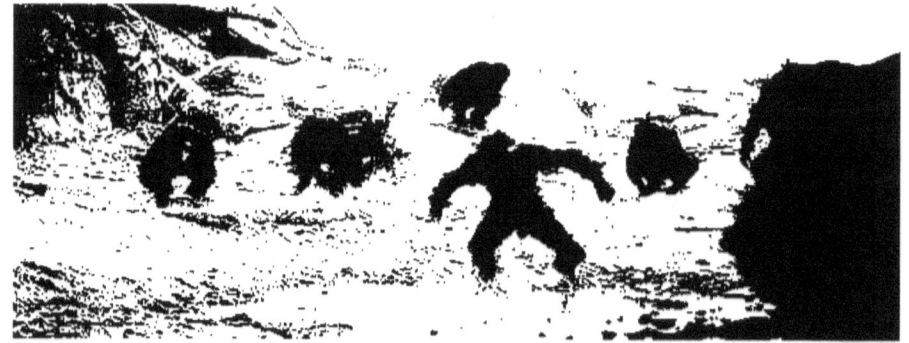

la vida comienza y emergen primero en forma de plantas y luego en vida animal, y que los animales y el hombre primitivo vivían en armonía juntos en un estado de inocencia. Esta era la simbología de la película. Durante este proceso, ves una formación de roca en la forma del órgano masculino, el pene (el monolito). Éste era el símbolo de las escuelas del misterio, de la fuerza regenerativa de la creación.

Ahora, cuando el sol empieza a desaparecer aún más por el oeste, el hombre y su pequeña tribu van a la charca y se enfrentan a otro grupo de hombres primitivo, todo en forma de mono. Y hay una confrontación, pero se nota que nadie resultó herido o muerto. Había un montón de exhibiciones de agitamiento con los brazos, saltando de arriba abajo, gruñendo, gritando y chillando, hasta que el grupo que estaba en el agua y ya había saciado su sed se van, y luego el nuevo grupo hace un avance hasta ese mismo punto acuífero. Y luego se escabullen en el seno de la cueva. Y allí hay más simbología, ya que todos estaban sentados en la oscuridad con los ojos abiertos por el miedo, y uno de los simios hembras tenía un niño en el pecho.

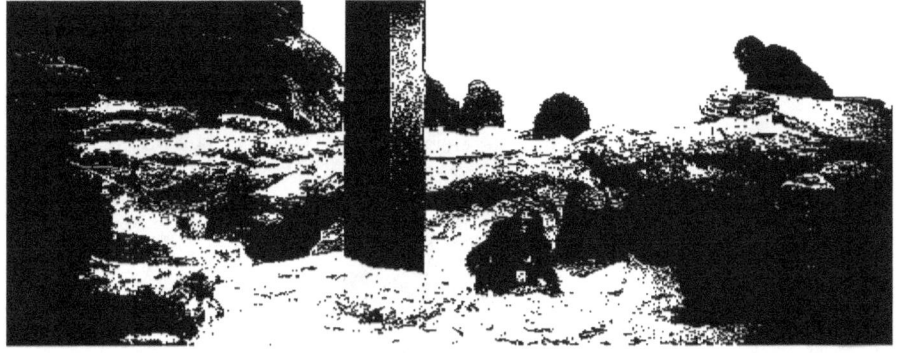

Y estabas viendo al hombre en la transformación de un mono a humano. El hombre primitivo, evolucionando hasta el punto de que podía pensar. Y luego lo que pasa en la película, hacia el amanecer, oyes el zumbido de las abejas, millones de abejas. Y la colmena y las abejas eran un símbolo prominente en las escuelas de misterio. Significa cohesión social; industria.

Luego, no es la industria que conoces de la fabricación de automóviles, sino la industria del trabajo conjunto de una forma social. En este caso, los rudimentos muy básicos de la sociedad. Y cuando el sol empezó de nuevo, comenzó a levantarse desde el este, que quiere decir, el amanecer del nuevo hombre, la audiencia vio un obelisco, un monolito delante de la cueva, o útero-seno de la madre, de la cual los simios emergen. Y parecía que el zumbido de las abejas emanaba de este bloque de piedra. Ahora, ten en cuenta que dije 3 palabras: monolito, obelisco y piedra. Todos estos son símbolos significativos en las antiguas religiones mistéricas. Y se ve que esto no era Dios, porque la creación ya había ocurrido.

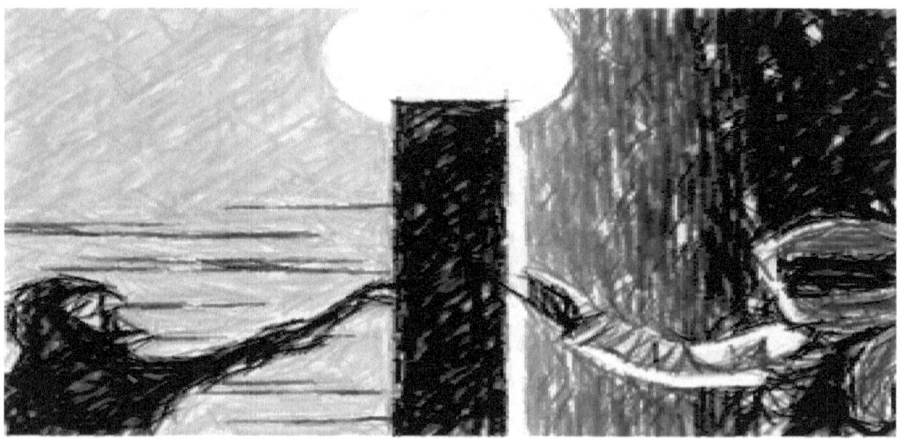

El mundo había sido creado, las plantas y los animales habían sido creados, y el hombre primitivo existió en la tierra antes de este monolito, este obelisco, esta piedra hizo siempre su aparición. También se conoce como, la piedra que usted vio antes, la fuerza generativa o el pene. Ahora, no te confundas con esta terminología.

Comenzará a tener sentido a medida que avancemos. Nos llevó años de estudio para entender lo que estamos explicando ahora. Viste como los monos se estresaban y saltaban con gran excitación, y uno alentado por otro, que quiere decir Adán y Eva (el que alentaba era el símbolo de Eva, el que se alentaba era Adán) hasta que en realidad alcanzó y tocó la parte inferior de la piedra y le fue dado el intelecto. Se puede decir que algo significativo había ocurrido porque el tono y el volumen general de la música cambian en ese momento. Y entonces los otros simios empezaron a tocar y frotar el monolito.

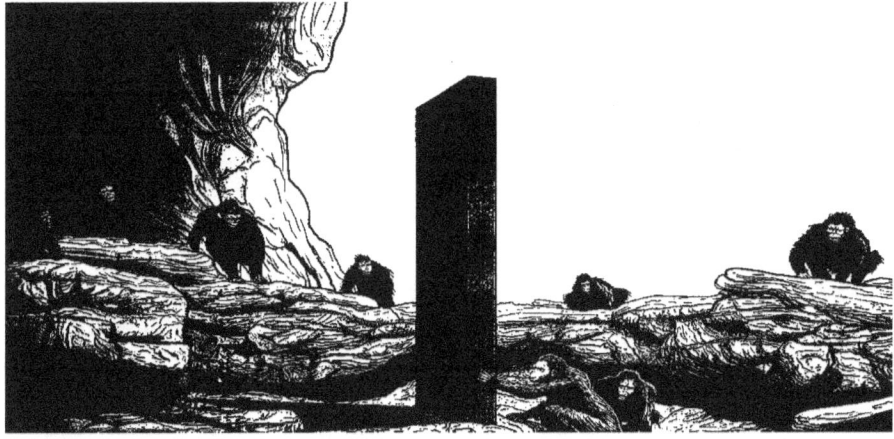

Cuando vuelvas a ver la película, presta atención a la simbología de la película. Ahora bien, la mayoría de las personas que yo conozco atribuyen lo que sucedió a alguna fuerza extraterrestre, y esto es la interpretación exotérica, o aquella que es para los profanos, aquellos que no están iluminados y no pueden entender lo que están viendo.

Pero para los iniciados, lo que vieron fue la creación del mundo por Dios y la impartición del conocimiento al hombre, el conocimiento prohibido, por Lucifer a través de su agente/s, Satanás. Pues en la religión de las Escuelas Misteriosas, creen que el hombre fue retenido prisionero en el Jardín del Edén por un Dios injusto y vengativo, y que a este hombre injusto y vengativo no le dijo que pudiera tener los mismos poderes. Y el hombre fue liberado de los lazos de ignorancia por Lucifer a través de su agente, Satanás. Y muchos creen que los dos son iguales, y que está bien, porque tal vez lo son. Y que, a través del don del intelecto, el hombre, él mismo, se convertirá en Dios.

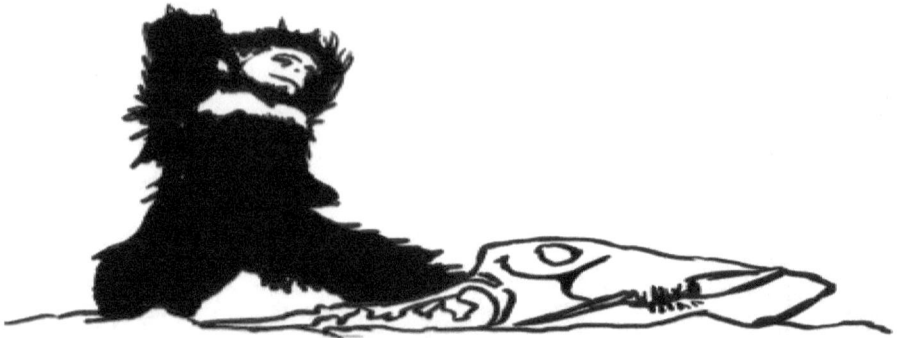

Esto explica el porqué de todo lo que ha ocurrido en la historia del hombre, y todo lo que está sucediendo ahora, y todo lo que va a suceder en el futuro.

A medida que avanzaba la película, ves que el primer hombre primitivo forma el primer pensamiento original con el uso del don del intelecto cuando se agacha al suelo, para recoger un hueso y lo hace caer, y lo ve golpear una costilla, y la costilla voló por el aire y lo miró. Luego lo dejó caer al otro lado y golpeó otro pedazo de hueso de costilla que voló en el aire, y se podía ver las ruedas girando en la mente de este individuo primitivo, como él levantó el hueso del fémur animal y luego golpeó al suelo en frente de él y vio los huesos que salían despedidos por el aire hechos trizas.
Y luego golpea una y otra vez, y luego aplasta el cráneo del animal muerto que estaba tendido delante de él. Y te das cuenta que la trama y las escenas de esto son absolutamente precisas, porque lo siguiente que sucedió fue que este nuevo don, este intelecto y este pensamiento original, condujo al asesinato de otro ser humano primitivo.

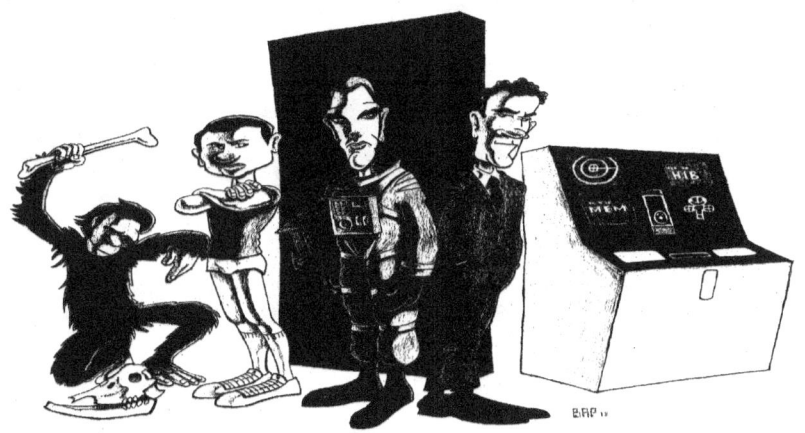

En este caso, de la tribu que no había recibido el don del intelecto, no tenían la capacidad de usar un hueso como un arma porque no habían hecho esta conexión. Observaste en la simbología de esa película, el asesinato de Abel por su hermano Caín.

Y observaste cómo lanzaba el hueso al aire, y la progresión del uso del don del intelecto te llevó a una estación espacial girando alrededor de la tierra. Y entonces comenzó la historia del viaje del hombre hacia la iluminación. Y todo en odisea 2001 era un símbolo que significa algo muy importante para la humanidad.

Ahora bien, el público sentado, que es lo que los Adeptos o los iniciados llaman profano, no entendió lo que vieron. Pensaron que se trataba realmente de un viaje al espacio realizado por un astronauta, o un grupo de astronautas, y las cosas malas que le sucedieron a algunos de ellos y uno sobrevivió.

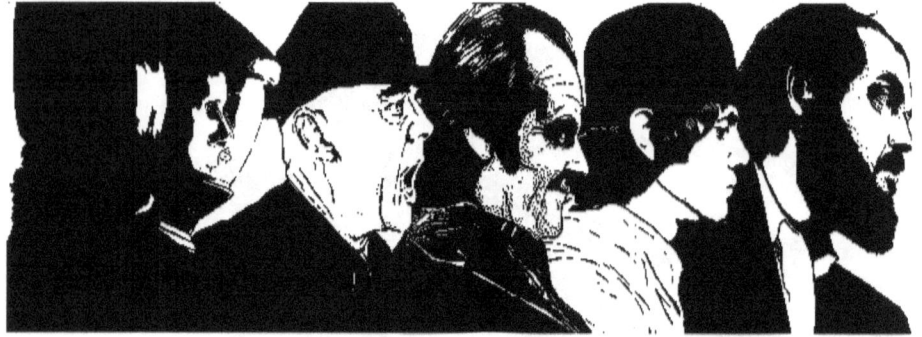

Y ninguno de ellos entendió el significado de los obeliscos, los monolitos: uno en la luna, uno en órbita alrededor de Júpiter (en verdad Saturno que explicaremos más adelante) y la última transformación del astronauta en un feto gigante flotando en el espacio. Y si os decimos la verdad, cuando la vimos por primera vez, tampoco la entendimos, pero sabíamos que se podía discernir algo transcendental, que necesitaba saberse. Y nunca dejamos de estudiar hasta que nos enteramos. Y, por supuesto, un descubrimiento lleva a otro. Y cada vez que respondíamos a una pregunta, un centenar más aparecían hasta llegar a un punto, donde nos dimos cuenta de que aunque estudiásemos el resto de nuestras vidas, no habría tiempo material en la vida para saber lo que necesitamos saber. Pero hemos aprendido lo suficiente durante el camino para compartir parte de nuestro conocimiento contigo, y tal vez puedas ayudarnos a encontrar la última verdad que todos nosotros, todos nosotros, en última instancia, aprendemos a buscar, aunque no todos nos dimos cuenta de lo que estábamos viendo, y la mayoría de nosotros ni siquiera entendemos aun lo que estamos buscando, pero una minoría de nosotros entendemos lo que estamos buscando.

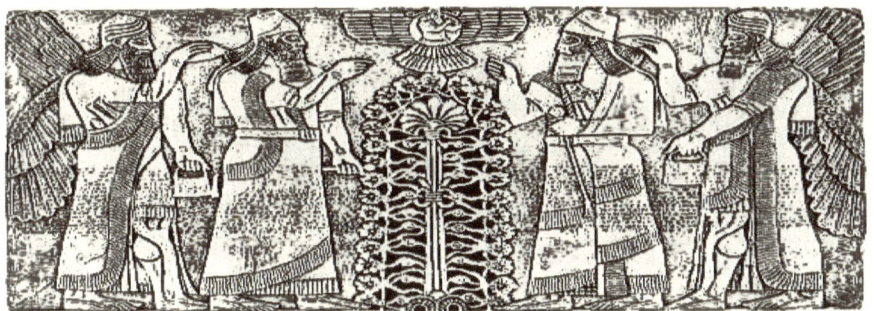

Por otra parte, los **Adeptos**, o los **Iniciados**, el sacerdocio de las Escuelas Místéricas, creen que lo han encontrado y que saben todas estas cosas. Y no estamos realmente seguro de que lo saben.

Porque en nuestra búsqueda de nuestra iluminación final (risas) y sí, nos hemos convertido, en cierto grado, en iluminados - hemos descubierto que estamos más iluminado que la mayoría de aquellos que han pasado por el proceso de iniciación en las **Escuelas de Misterio** y creen que saben más que nosotros, y no es cierto. Los hemos superado hasta ahora, y ellos se creen superiores.

Que nos ha sido difícil colocarnos en cualquier tipo de progresión lógica a lo largo de un camino que estamos siguiendo, y no sé a dónde conducirá en última instancia. Pero sé que muchos han sido engañados en este camino. Lo que tú crees, por supuesto, solamente te incumbe a ti, y no es nuestra intención hacerte creer nada, sino más bien enseñarte lo que hemos aprendido durante muchos, muchos años de estudio sobre los secretos de aquellos que adoran a las antiguas Religiones del Misterio en secreto durante miles de años.

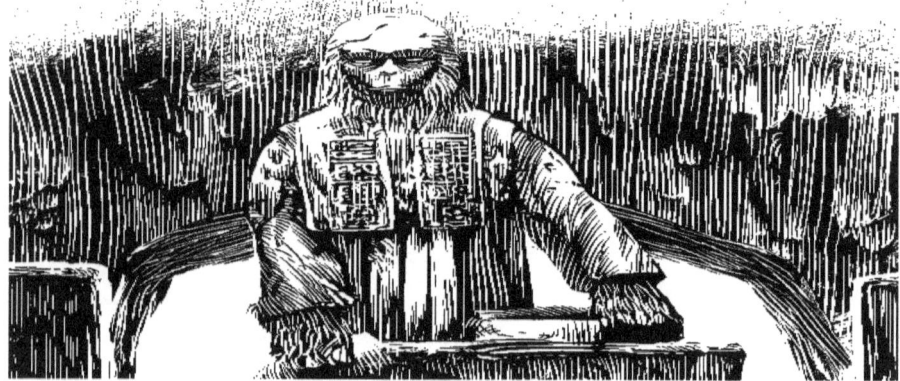

¡Pues ya ves!, ese simio que estaba allí sentado de cuclillas en el desierto, pegando golpes al suelo y al montón de huesos con ese hueso de fémur, fue el primer sacerdote de las Escuelas Mistéricas. Y fue este primer sacerdote el que luego comenzó a iniciar a otros en los secretos. Y son ellos los que han sido responsables, según nuestra investigación, de la mayoría de los desarrollos científicos y del avance, en cuanto al progreso material, de la raza humana, porque ellos eran los aprendices.

Ellos fueron los que desarrollaron la ciencia. Ellos fueron los que ocultaron sus desarrollos, y utilizaron su ciencia y su conocimiento y sus secretos para gobernar a otros. Por lo general, no como reyes, sino como consejeros y como sacerdotes, y, en realidad, los poderes detrás de los tronos en la antigüedad, e incluso hoy. Ellos han gobernado desde las sombras, ya ves. Y se han denominado a sí mismos Guardianes de los Secretos de las Eras. Y su primera religión, la primera, se llamó **Astroteología**, o el culto a los cielos, y su primer objeto de adoración era las estrellas y después el sol. El segundo objeto de adoración era la luna.

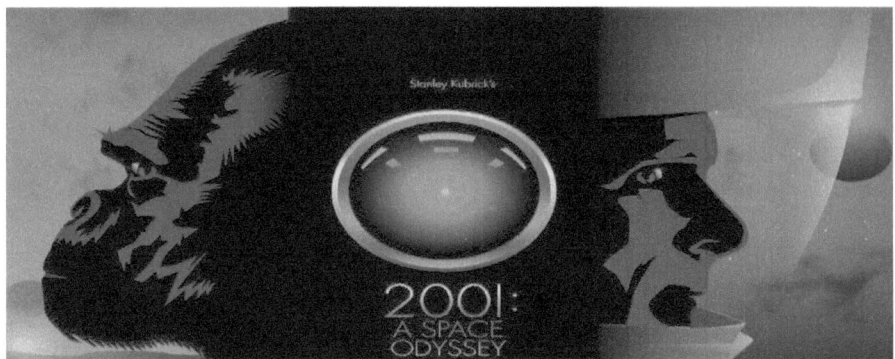

Y dondequiera que veas estas Escuelas Mistéricas, o la Religión de los Misterios, verás los símbolos del sol y la luna, también conocidos como Osiris e Isis, y el bebé Horus, el cual explicaré su significado más adelante.

Así que, el nuevo intelecto, recién descubierto, del hombre, lo metió de lleno en una búsqueda hacia la cual, según los que dicen que saben de este tema, nunca ha terminado, hasta el día de hoy. Y el equivalente moderno de esta antigua Religión Mistérica se llama el **Orden de la Búsqueda**. Y lo verás reflejado en muchas de sus ramas exteriores, exotéricas, donde difunden información al público, o manipulan al público, o engañan al público, ya que los profanos no son nada más que ganado para ser amaestrados, y ocasionalmente ser conducidos al matadero. En la película **2001: Una odisea del espacio**, la búsqueda los condujo finalmente al espacio y a la luna, donde "*Lucifer*" (el dios del mundo material, según las tradiciones mistéricas) volvió a mostrarles el conocimiento, en forma de un obelisco, monolito, piedra, o pene.

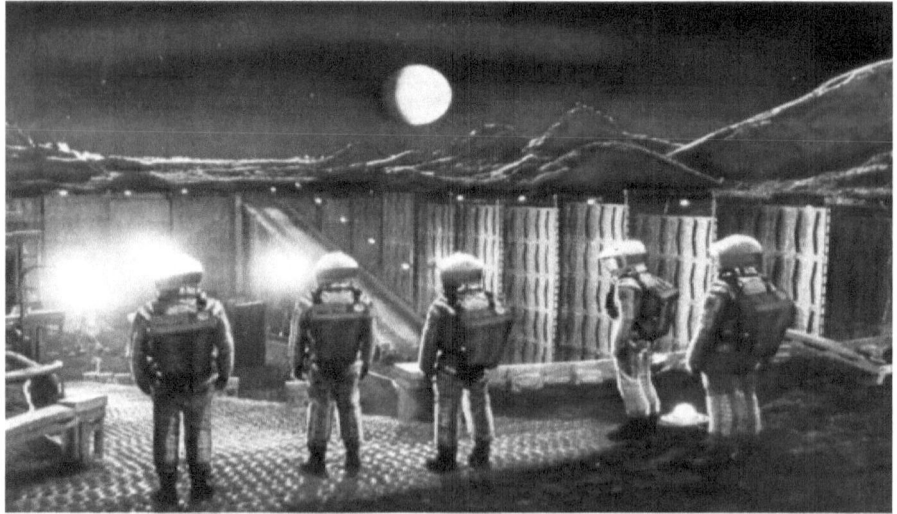

Y comprenderás lo que eso significa más tarde cuando entras en el ciclo Osiríaco, o la leyenda de Isis, Osiris y el bebé, Horus. Cuando se les impartió más conocimiento de nuevo en la luna, los puso en una nueva búsqueda al planeta Júpiter (aunque originalmente Kubrick intentó que fuera Saturno, pero por problemas de efectos especiales tuvo que quedarse con Jupiter), donde encontraron un inmenso enorme, otra vez más, obelisco, monolito, piedra, la fuerza generativa, el pene flotando en el espacio, orbitando alrededor del planeta Júpiter.

Ahora, el viaje de la luna a Júpiter es significativo, ya que los astronautas a bordo de esta nave espacial representaban la totalidad de la raza humana, y representaba de como evolucionarían, y los que no pudiesen no podrán _entrar en el futuro_. Así que, éste era un mensaje de los que gobiernan a todos los Iniciados del mundo. Era un mensaje de que la nueva era ahora amanece.

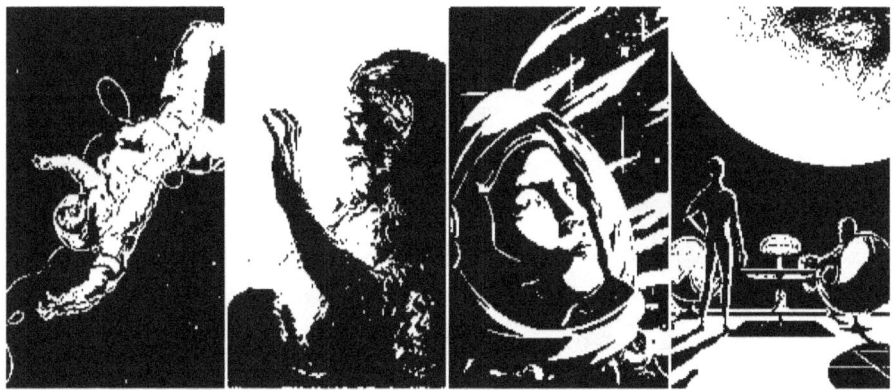

Y tú ves que, en un punto durante este viaje a la luna y a Júpiter, el hombre, está representado en un microcosmos por los astronautas que hacen este viaje, entrando en conflicto con su propia tecnología. La tecnología de la raza humana está representada, en la película, por la computadora llamada HAL, y para aquellos que eran lo bastante inteligentes como para experimentar con el nombre HAL, y si avanzas una letra en el alfabeto con esas siglas, H se convirtió en I, A se convirtió en B, y L se convirtió en M, (HAL=IBM) y se puede uno dar cuenta que el símbolo y empresa más popular en ese momento cuando se hizo la película y la corporación que estaba en la vanguardia de la tecnología informática, era como no IBM.

Era significativo que el hombre había fabricado esta tecnología, este superordenador, que tenía una inteligencia artificial y era capaz de comunicarse con los astronautas, y sin embargo se habían olvidado de poner un interruptor en la máquina para desconectarla a posta si funcionaba mal.

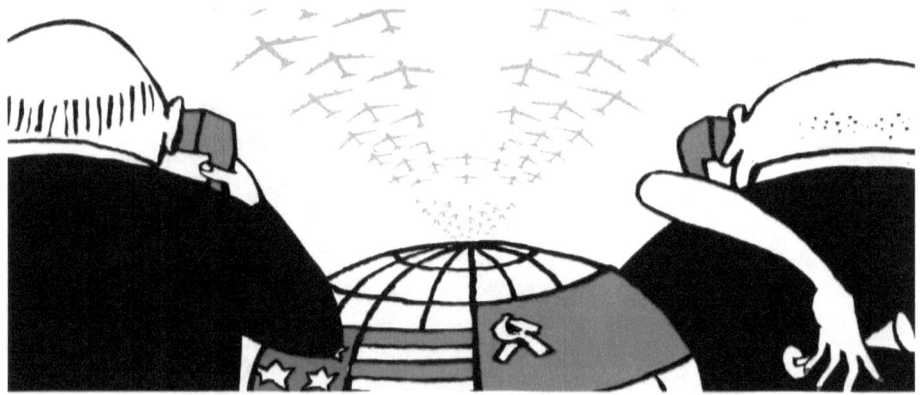

Entonces, tienes que entender que esto es toda la simbología con la que se juega en la película, y que Kubrick que es cualquier cosa que quieras menos estúpido, sabe de qué va este tema y te lo pone delante de ti para que lo veas. HAL representaba muchas cosas. Representaba la bomba atómica, la bomba de hidrógeno, la guerra química, la guerra bacteriológica.

Representaba el estado del arte de la tecnología, donde se hizo tan complicado que ningún humano podía ser un experto en este tema, y así podría participar sin saberlo en la construcción de una tecnología que podría destruirlo, pero sólo trabajó en una parte o porción del mismo. El conocimiento de que no le indicaba que el producto final podría ser un peligro, y vemos que sucede ahora, ¿no? Donde todo el mundo tiene que especializarse en una pequeña parte de la tecnología, porque el panorama general es tan complicado y tan lejos de nuestra comprensión, que vemos la predicción hecha en la película de 2001 realmente convertirse en realidad ante nuestros propios ojos.

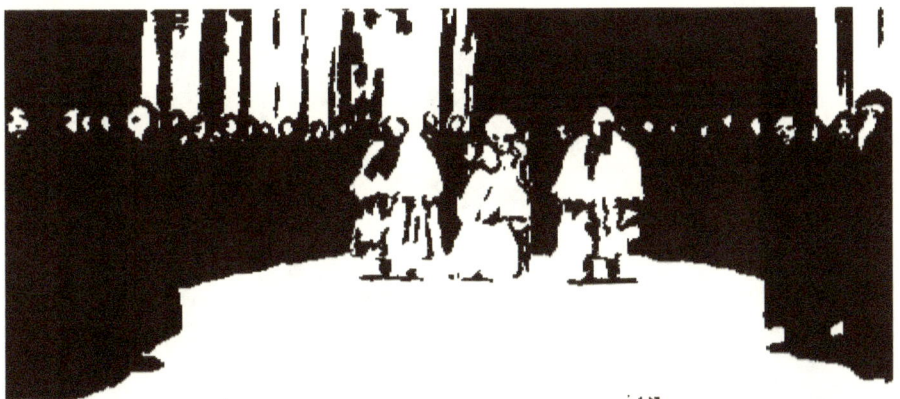

Solo en nuestra vida, hemos visto tan solo unos cuantos automóviles que podemos desarmar y montar otra vez con los ojos cerrados como si fuésemos un adolescente, y ahora conducimos automóviles que puedes levantar el capó y ni siquiera reconocer la mayoría de lo que estas mirando, excepto que sabemos que es un motor, y sabemos que tiene un sistema de suministro de combustible, alimentador, carburador, y algún tipo de sistema que enciende el combustible, pero la tecnología ha superado nuestra capacidad de separarlo y volver a juntar sin muchos meses o años de formación especializada, hasta los mecánicos tienen que especializarse y no saben nada de otros modelos.

Y esto ha ocurrido de manera generalizada en nuestra tecnología, y como te dijimos antes, te lo diremos otra vez: en secreto, lo que percibes como el estado de la tecnología a los ojos del público, el secreto de la tecnología más vanguardista, son un mínimo de 50 a 100 años que nos llevan de ventaja, hasta el punto en el que la ciencia ficción ya no es ficción, y no ha sido durante bastante tiempo, pero es, en realidad, ciencia real.

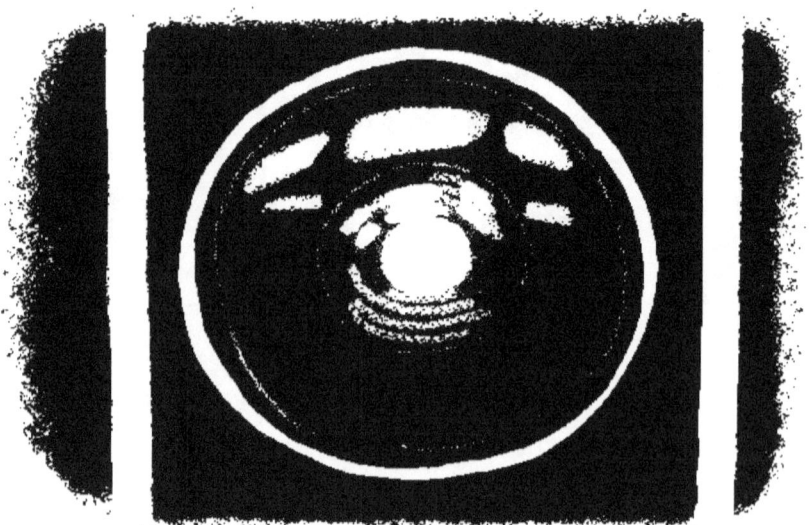

Y claramente se ve esta lucha, a bordo de esta nave espacial, donde en última instancia, sólo quedaba un astronauta en liza contra el súper ordenador HAL. Y fue capaz de hacer este salto en su conciencia evolutiva, y fue capaz de engañar a HAL y desconectarlo. Pero cuando lo hizo, sabía que se había relegado a la separación permanente con sus semejantes en la tierra. Y, amigos míos, el mensaje no era que se fue al espacio para causar esta separación.

El espacio era sólo el vehículo a través del cual se transmitía en esta película maestra de Kubrick. El mensaje era, por tanto, que *el nuevo hombre* irá al futuro y el resto de nosotros perecerá en el intento. No se nos permitirá entrar en el futuro. Si no dejan, será como mano de obra esclava hasta que dejemos de ser útiles, y entonces simplemente seremos exterminados.

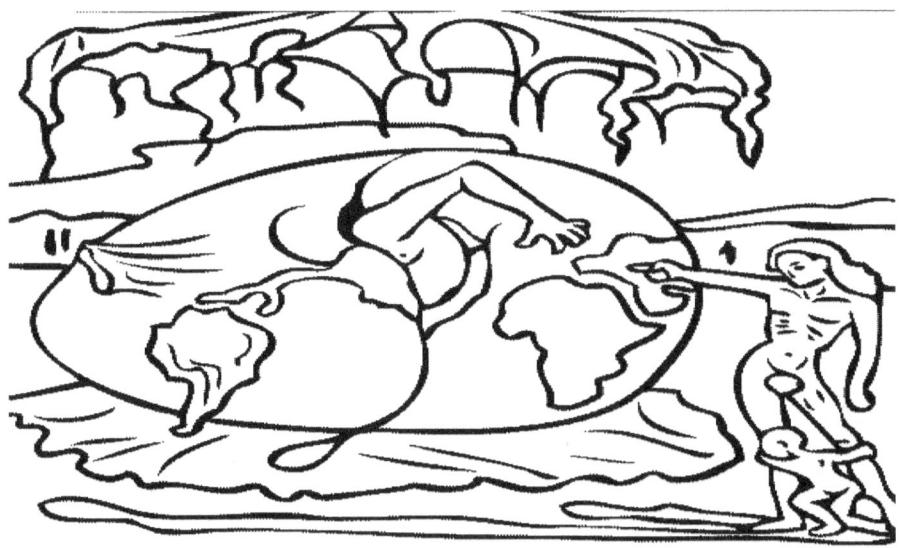

El mensaje para el inmenso ejército de Iniciados, la Escuela de Misterios, era que estamos en el umbral de la nueva era, y en esta nueva era marchará sólo uno, uno, el transhumano. Es el nuevo hombre, es el hombre iluminado, es el hombre capaz de hacer el salto evolutivo a no más a la guerra, a no más a las violaciones, ni más choriceo o corrupción, al nivel de la Escuela Mistérica conocida como el 666. es el número solar del hombre. Es el hombre iluminado de las Escuelas Mistéricas.

Por consiguiente, al final de la película, lo que ves como el astronauta que se hizo mayor y anciano, y éste era el símbolo de absorber el conocimiento y la sabiduría, y se miró a sí mismo y se vio a sí mismo joven, y miró hacia atrás y se vio a sí mismo mayor, y miró hacia atrás y él era más viejo todavía, y él miró hacia atrás y él era joven otra vez, y entonces anciano, y entonces él vio esta increíblemente abrumadora, visión imponente de un feto, un feto humano, flotando en la gran inmensidad del universo, significando el nacimiento de la nueva era, y el nuevo hombre, que entrará en el futuro.

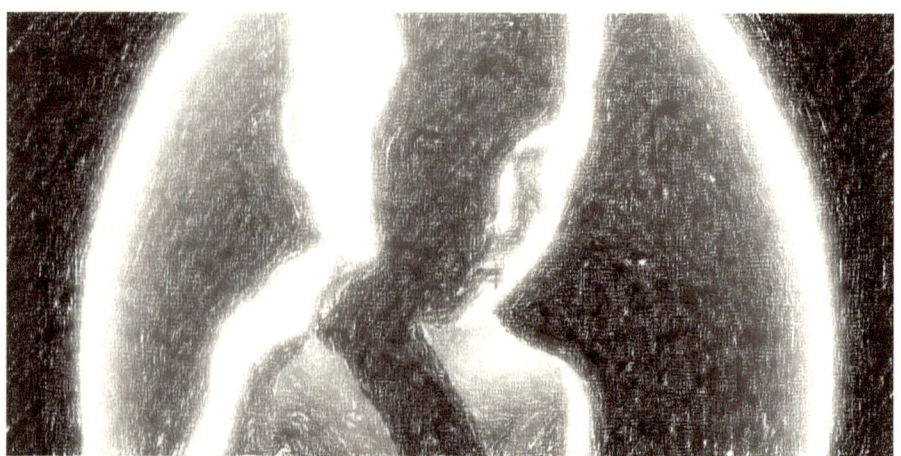

El lei motif principal de la película es el «COITO ENTRE EL SOL Y LA LUNA» y como se ve desde la tierra ... la relación entre osiris sol e isis la luna, y el bebé en la película es el nuevo hombre o horus, aunque hay más lei motifs ocultos como Saturno y el negro, etc... la película no es sobre el espacio, sino sobre el hombre y cómo sobrevivir a la naturela y al espacio en la nueva era ... el kali yuga o la edad de saturno ... y su viaje a júpiter es un viaje a otro universo ... un cambio de paradigma ... es todo sobre el hombre y su conciencia, junguiana y freudiana y de la nueva raza ... para la nueva era ... este es un mensaje no para ti sino para los "adeptos de la iluminación" que realmente entienden la película ... el renacimiento del hombre y para eso tienes que morir ... solo las nuevas personas entrarán en la nueva era o en el nuevo orden, matando a las otras personas ... en 2010 estén listos para conocer al nuevo sol ... los hijos del primer sol se encontrarán con los hijos del nuevo sol ... la moraleja es que el sol (dios-el ojo que todo lo ve) se pondrá, pero saldrá otra vez al día siguiente ...

Y en la secuela de 2001, se ve que este astronauta, que había hecho el salto, vuelve y habla con unos pocos, lo que significa que él se había convertido en un maestro para el resto de nosotros, y cuando se le preguntó qué le sucedió a él, dijo, y cito *"algo maravilloso".*

Ahora, se suponía que debía decirle al resto de los Iniciados del mundo, que realmente entendían la simbología de la película, que si ellos pudieran hacer esta transición, el futuro sería en una utopía. Ahora, no sé si será o no, pero podemos decirles esto: los sacerdotes de las antiguas Religiones Mistéricas están en el poder en este momento, y es mejor que lo descubramos, y es mejor que lo hagamos muy bien y rápidamente, pues la nueva era es la edad de Acuario, y la fecha exacta del amanecer de la Era de Acuario puede ser determinada astrológicamente. Queremos que todos nos ayudemos en esta búsqueda.

Pero, volvamos otra vez al principio, cuando el hombre estaba en su infancia en la escala evolutiva del desarrollo. El hombre estaba sólo. Sólo en el sentido de que no tenía toda la ayuda y el conocimiento que tenemos hoy en día y que nos permite sobrevivir. ¡Mira!, el hombre estaba entonces supeditado al frío, y a las fieras de presa o animales salvajes. No tenía una casa fija con muebles o tele, no tenía aire acondicionado en el verano, no tenía calefacción en el invierno, no tenía médicos. Si estabas enfermo o herido, era muy probable que murieras.

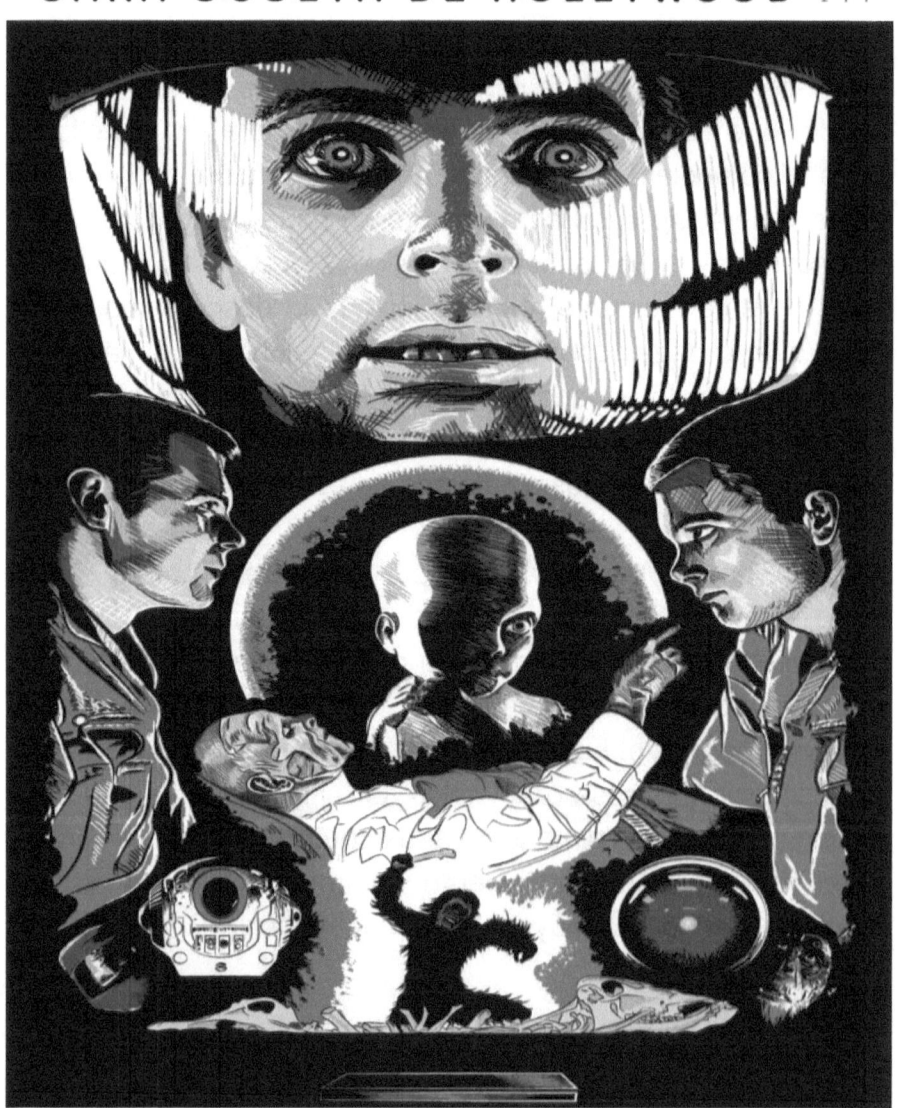

...Era joven otra vez, y entonces anciano, y entonces vio esta abrumadora visión imponente de un feto, un feto humano, flotando en la gran inmensidad del universo , que significaba el nacimiento de la nueva era, y del nuevo hombre, que entrará en el futuro. En un Utopía...

Por lo tanto, el hombre antiguo no se pasaba mucho tiempo pensando que, en este mundo, el único enemigo más temible era la oscuridad de la noche y todos los peligros desconocidos que se relacionaban con este. Y simplemente afirmó, que el primer enemigo del hombre era la oscuridad.

Ahora bien, comprendiendo este solo hecho, uno puede ver fácilmente por qué el amigo más grande y más digno de confianza que la raza humana podría haber tenido en ese momento fue, por mucho, el mayor regalo del cielo al mundo: esa gloriosa orbe ascendente del día que llamamos el sol. Y ese fue el comienzo de la batalla entre luz y oscuridad, y fue la primera comprensión del hombre acerca del nacimiento, la muerte y el renacimiento de una deidad. Porque el sol nace por la mañana, viaja a través de los cielos, donde alcanza su punto más alto, el cenit (y eso explica por qué tantas cosas ocurren al mediodía, o cerca del mediodía), y luego, lo que significa el anciano o entrando en la edad y el final de su vida, se moría en el oeste y luego se murió.

Y el hombre fue sometido a los rigores, los peligros, del frío y de la noche hasta que dios de nuevo renace a la mañana siguiente. El hombre notó que la luna también se levanta, vive una vida diferente a la del sol, y luego se pone y se muere también, y renace de nuevo. El sol, por su brillantez, se convirtió en el amo, o la mayor deidad, y la luna adquirió el aspecto femenino, porque la luna reflejaba la luz de su amo, el sol o la luz de la mañana y la luna era la luz que encandila la noche.

Y todo esto comenzará a tener sentido, con el tiempo, a medida que pasemos por esto, porque a partir de ahora, cada capítulo que hagamos de estas películas de Hollywood, va a estar dedicado a esto, a la explicación de la religión esotérica, la antigua Religión Mistérica. Y es importante que todos lo entendamos, porque estos son los responsables, y no nos pidan que les digamos la verdad de la religión, y que todos tenemos el derecho de adorar a nuestro propio dios de nuestra manera, y nadie tiene el derecho de decirle a nadie, a menos que se le pregunte, lo que deben creer.

Todos sabéis que siempre hemos hablado de una consciencia universal o energía o lo que muchos llaman Dios que está dentro y fuera de todas las cosas desde las más pequeñas, como es el átomo o quásar o neutrino hasta las más grandes que puede ser un planeta o una estrella, pero no somos creyentes, per se, en el sentido de que sigamos el dogma de cualquier iglesia, o los predicamentos de cualquier sacerdote, o necesariamente, palabra por palabra, la Biblia. Nos atenemos estrictamente y sólo a aquellas palabras que se atribuyen directamente a los mensajes de nuestros maestros ancestros y su tradición oral, e intentamos seguir esas palabras en nuestra vida cotidiana. Hemos encontrado que esas son las enseñanzas más profundas entre todos los libros y enseñanzas que hemos escuchado o leído en toda nuestra vida. Y hasta que alguien pueda demostrarnos que hay algo mejor, eso es lo que siempre nos adheriremos. No os aconsejamos lo que debes creer y no creer.

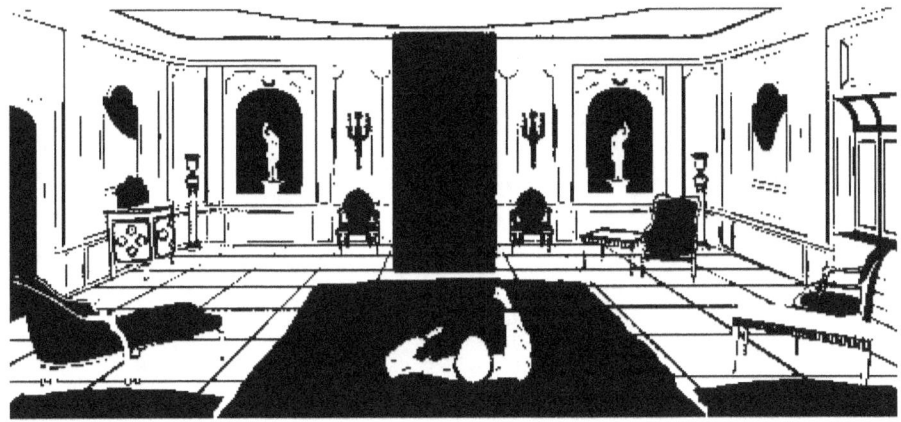

No obstante, os aconsejamos que todos necesitamos aprender todo lo que podamos acerca de todo, porque una cosa que hemos aprendido en nuestra vida es que la mayor parte de lo que te han enseñado en la escuela, colegio o universidad o trabajo es una mentira. Y que, quienquiera que sean estos Illuminati - y sabemos lo que son- que son los sacerdotes, los Adeptos y los Iniciados de las Escuelas Mistéricas. Ellos tienen el control de mando de esta nave espacial que vaga por la vía láctea y el sistema solar y están moldeando nuestro futuro, y ese futuro nos afectará a todos.

Así que es mejor que aprendamos tanto sobre ellos, tanto como sea posible. Como alguien dijo hace tiempo: *"No puedes identificar a un enemigo a menos que conozcas al enemigo, y no puedes luchar una batalla si no sabes nada de las tácticas de batalla de tu oponente"*. Y ese es el mensaje global de la película del gran Stanley Kubrick, Odisea del Espacio 2001.

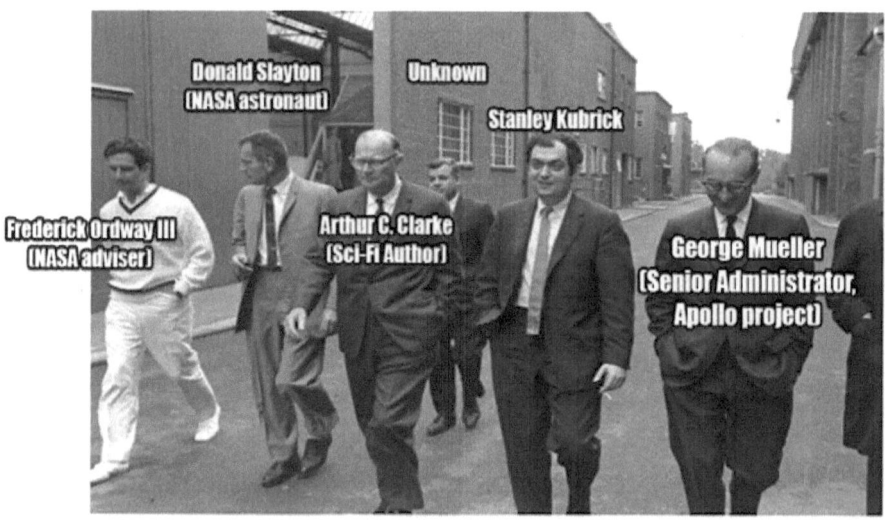

Arthur C. Clarke nació en Inglaterra en 1917, fue un escritor y científico británico. Autor de obras de divulgación científica y de ciencia ficción, como la novela 2001: Una odisea del espacio, El centinela o Cita con Rama y coguionista de la película 2001: Una odisea del espacio. Se le otorgó el título de caballero de la Orden del Imperio Británico en 1998. También en su honor se puso su nombre a un asteroide, 4923 y a una especie de dinosaurio ceratopsiano (Australia).

Su fama mundial se consolidó con sus intervenciones en la televisión: en la década de los '60, como comentarista de la CBS de las misiones Apolo. En cuanto a sus temas, giran en torno a las ideas del encuentro con especies y culturas superiores (siempre en un tono muy paternalista). En el cuarteto de las Odiseas llama a la cultura superior «los primogénitos», labradores en el campo de las estrellas, que dejaron su "semilla" en nuestro sistema solar en forma de monolitos (falo, obelisco, piedra del destino), como el que se observa en la cinta de Stanley Kubrick.

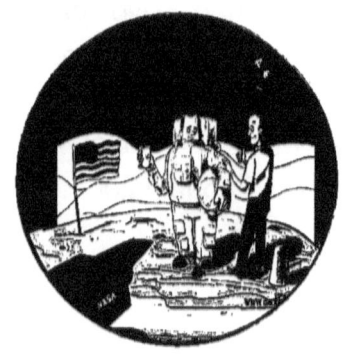

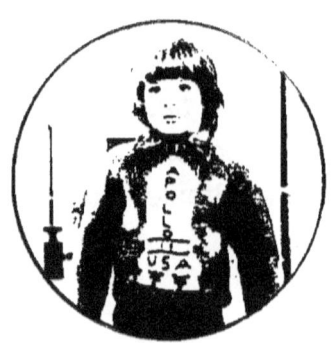

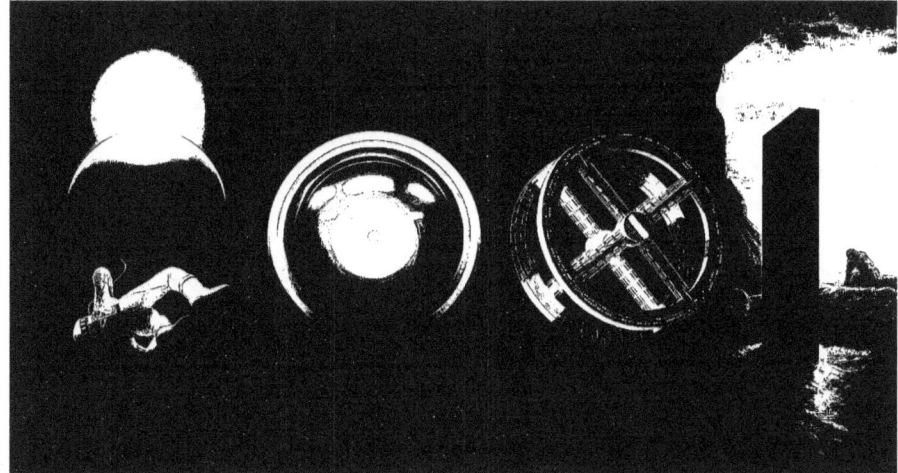

Stanley Kubrick 2001: Una odisea del espacio, basada en la novela de ciencia ficción simultáneamente escrita por Arthur C. Clarke, fue un logro visual y técnico, incomparable en el momento de su creación. No sólo fueron los avances técnicos monumentales, sino también una película que fue exclusivamente filosófica.

Antes de 2001, la mayoría de las películas de ciencia ficción eran relativamente caricaturescas, con poca atención a temas esotéricos y alquímicos, aparte de casos raros. Y eso es precisamente lo que es 2001: una presentación alquímica y filosófica de la supuesta ascensión evolutiva del hombre desde el mono primitivo y animalista hasta el divinizado Niño de las estrellas, Starchild, en un proceso iniciático que pretende desplegarse a través de las eras del tiempo bruto y sin sentido, culminando en una serie de revelaciones asociadas con alineaciones zodiacales que "despiertan" una nueva etapa en el proceso.

Darwin (1889-1882): geólogo y naturalista inglés conocido por la publicación de su libro Sobre el origen de las especies por medio de la selección natural o La preservación de las razas favorecidas en la lucha por la vida en 1859, originalmente un teísta, Darwin CON EL TIEMPO abandonó el teísmo para adoptar una pura versión aleatorio y naturalista de los orígenes de la vida a través de la selección natural.

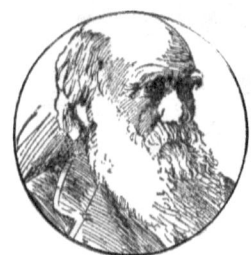 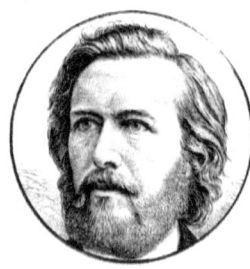 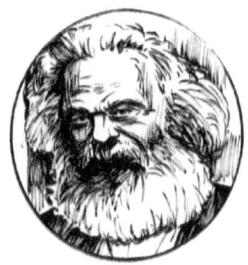

Ernst Haeckel (1834-1919): filósofo, artista y naturalista biólogo alemán conocido por popularizar la filosofía de Darwin en Europa y desarrolló la (ahora descartada) teoría de la ontogenia, que es el desarrollo de un organismo individual que refleja la progresión de la especie como un todo. Haeckel también estuvo expuesto a numerosas afirmaciones fraudulentas y falsificaciones artísticas y "científicas".

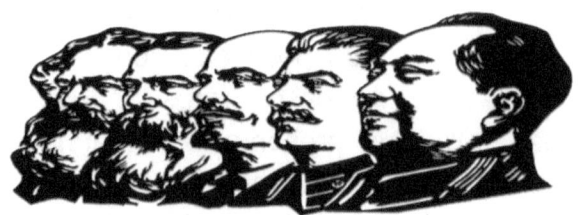

Karl Mark (1818-1883): filósofo, economista y sociólogo nacido en Prusia que empleó la filosofía dialéctica de Hegel para la "lucha de clases" y el proceso de la historia hacia el cual el hombre está logrando gradualmente una mayor liberación y la superación de la "alienación" de naturaleza y su prójimo. En el marxismo clásico, el capitalismo es la etapa necesaria de la historia después del feudalismo, que conduce a la mecanización masiva y la revolución del proletariado, que conduce a un estado comunista global y que culmina en la "etapa final" de la existencia sin estado y máxima comunalismo libertario.

# CARA OCULTA DE HOLLYWOOD

El monolito mudo de 2001 es el precursor de lo que Clarke llama en otra de sus obras, el Overlord. Es el trono de las sociedades secretas. El monolito representa la función de conformación del mago oculto, que doméstica y manipula el mundo natural. El monolito de 2001 es la estaca que empala lo *divino-orgánico* en favor de lo *artificial-antropomórfico*.

Es uno de los tótems del poder del cerebro humano y de los criptócratas que se imaginan a sí mismos el más cerebral de todos nosotros. Creen que no hay dios sino que son ellos mismos, ascendentes en la escalera de la evolución. Sin embargo, ellos bromean con nuestra necesidad de un dios trascendente, por lo que se inclinan a ofrecer el tótem del misterio de 2001 para satisfacer nuestro anhelo de inclinarse ante un ídolo en un lugar ritual y en el tiempo.- A lo largo de la película Kubrick incluye esta noción.

En última instancia, nuestra tesis es esta: 2001 es sobre el espacio, plano, puntiagudo y lineal, en un sentido geométrico, y la trascendencia de esa limitación de la forma, en el infinito, y por lo tanto más allá de la forma. En las secuencias iniciales somos testigos de algunos elementos cruciales: la alineación planetaria, los monos y el monolito. El escenario es un paisaje seco y polvoriento de escasa vegetación y tribus de simios que se muestran en una confrontación sobre un abrevadero. La alineación planetaria significa para el espectador que una nueva era está emergiendo para el hombre, el llamado amanecer de la conciencia.

# CARA OCULTA DE HOLLYWOOD

Primigenio y salvaje, los simios pre-significan la perspectiva de Kubrick sobre la totalidad de la historia humana, centrada en la evolución gradual, transformista y las guerras de los recursos.

Con el advenimiento del monolito, compuesto por una forma totalmente diferente, angular y elegante, nos encontramos completamente fuera de lugar entre la expansión de la vegetación y las formaciones geológicas naturales que conforman el entorno orgánico de los simios. Kubrick utiliza, como muchos saben ahora, el documental de Jay Weidner, la técnica de proyección frontal, que permitía una manera muy realista de filmar estas escenas de una manera convincente; y la posibilidad de que la NASA y la CIA estuvieran interesadas en esta técnica para engañar al público y a los medios de comunicación, más tarde, con el alunizaje del Apollo 11 en Julio de 1969.

Sin embargo, el foco real de esta secuencia no son los monos o el entorno salvaje, sino el monolito. A medida que los simios se lanzan al frenesí, el monolito se mantiene rígido y frío cómo algo extraterrestre, pero invitador. El mono más grande se inclina hacia adelante para tocar el monolito, y como resultado vemos el desarrollo de lo que Kubrick y el masónico Clarke parecen concebir como "conciencia", correlacionada con la tecnología, pero no meramente tecnología, es la tecnología como una extensión de espacio y poder; **la guerra**.

El hueso que usa el simio para golpear el cráneo del otro simio sugiere un mito radical de la **"supremacía del más fuerte"** en el sentido puro darwinista, revelando una versión radical de la filosofía del proceso que se encuentra en común con Darwin, Haeckel y Marx, e incluso sugiere el determinismo dialéctico de los marxistas del Bloque Oriental como Lenin, Mao y Trotsky, todos los cuales tienen tratados explícitos sobre la presuposición metafísica del marxismo, siendo un flujo material perpetuo.

A pesar de la idea errónea de que el marxismo materialista no tenía metafísica, la verdad es todo lo contrario, la metafísica del marxismo es la filosofía del proceso atomista de antaño, reenvasada para presentar al hombre como un animal, como el darwinismo, que a través del colectivismo radical o radical nietzscheano el individualismo influido, alcanzará el estatus del famoso **"Nuevo Hombre"**.

No estoy diciendo que Kubrick sea ciertamente un marxista comprometido, pero sus películas presentan consistentemente guerras de clases, elitismo, desviación y control oligárquico. Kubrick parece estar totalmente al tanto de esta versión filosófica del proceso naturalista. La conciencia humana es en sí misma un proceso evolutivo que emerge del **deus ex machina**, un dios emergente (o dioses) encarnado en forma simbólica en el propio monolito, el cubo negro y angular que parece descender de los dioses para iniciar la nueva etapa.

Si bien el monolito es extraterrestre, no parece ser otro que el universo, sino más bien un aspecto universal de él. De hecho, como una forma de cubo, el monolito parece encarnar el espacio en sí mismo. En nuestra dimensión, sabrás que solo hay 6 direcciones posibles que puede tomar en cualquier punto: arriba, abajo, izquierda, derecha, atrás y adelante. Estas seis direcciones son, por lo tanto, una caja geométrica o cubo, cómo lo explicaron los pitagóricos (y los sólidos platónicos) hace mucho tiempo.

De modo que el cubo, y en particular el cubo negro del espacio exterior, es el espacio. Por lo tanto, 2001 es sobre esta dimensión, en totalidad, que se expresa principalmente en dos realidades ontológicas fundamentales: el tiempo y el espacio.

El monolito también sugiere un obelisco o la piedra de la Kaaba islámica (¡como explicamos en los capítulos anteriores!) - y en un nivel esotérico podemos recordar el obelisco masónico, un falo divino, y conectarlo con la noción del principio regenerativo encontrado en el sexo mágico y la concepción indígena tradicional de la personificación de las fuerzas reproductivas naturales de la naturaleza encarnadas en un símbolo o tótem fálico o vaginal. Esto es clave, ya que Kubrick luego vinculará el monolito / obelisco directamente al útero, el semen y los procesos de nacimiento cuando en el viaje espacial psicodélico de Bowman y el Starchild.

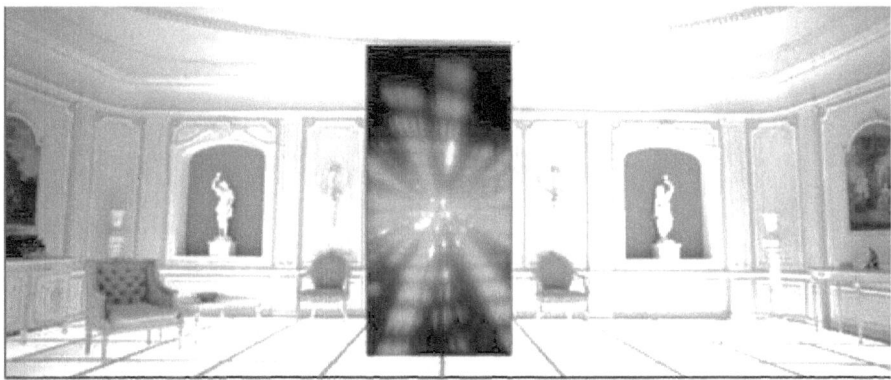

El monolito es conscientemente "luciferino", lo que lleva al hombre a una nueva era prometéa cada vez que aparece, y siempre conectado al avance tecnológico a través del "sacrificio" de la guerra.

Aquí debe mencionarse que el monolito es también una pantalla, la pantalla de la película en sí misma. Y como argumentaremos en la explicación de *Eyes Wide Shut*, la pantalla en sí está siendo utilizada como una especie de talismán a través del cual la audiencia está destinada a ser presentada a un proceso de iniciación ritual. Por lo tanto, el monolito es también una pantalla, y de hecho, en el guión original, el monolito fue planeado para ser una pantalla que proyectaría imágenes a los simios para que pudieran aprender la guerra, etc., y pasar a su siguiente etapa de locura de mono. Aunque el monolito televisivo se abandonó, las semillas de esa idea todavía están presentes, ya que más de una vez en 2001 el espectador ve el monolito extenderse, crecer y acercarse al espectador, abarcando en última instancia la totalidad de la pantalla.

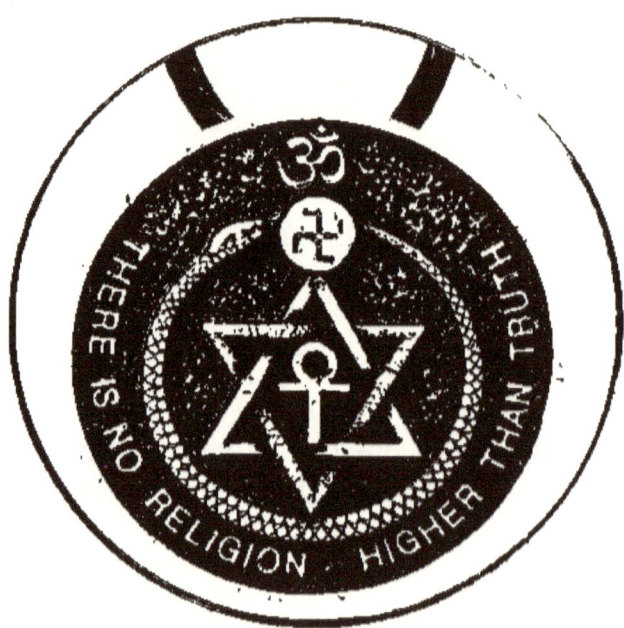

El término teosofía aparentemente fue usado por primera vez en un escrito del siglo III de nuestra era por Porfirio, un muy conocido filósofo alejandrino que perteneció a la escuela neoplatónica. Está compuesto de dos palabras griegas: theos, que significa "dios" o "divino" y Sophia "sabiduría", lo cual puede traducirse como "sabiduría de los dioses." El término floreció entre los neoplatónicos hasta el siglo VI, y fue también usado por ciertos cristianos.

Con el tiempo, varias personas y movimientos inclinados hacia lo espiritual también adoptaron la denominación de teósofos o teosofistas para sí mismos. Éste fue el caso de Meister Eckhart en el siglo XIV, un grupo de filósofos renacentistas como Paracelso en el siglo XVI, Robert Fludd, Tomas Vaughan y Jacob Boehme en el s. XVII, y Emmanuel Swedenborg y Kart von Eckarthausen en el s. XVIII. Helena Petrovna Blavatsky, escritora y ocultista rusa, fundó la Sociedad Teosófica en el año 1875, en Nueva York. Estudia la cosmología, antropogénesis y otras ciencias ocultas, ya en el siglo XVIII, Kristian Rosenkreutz habló de "ciencia divina". Según sus adeptos el conocimiento viene a través de visiones, primero en sueños, y después en imágenes que se presentan al ojo interno durante la meditación.

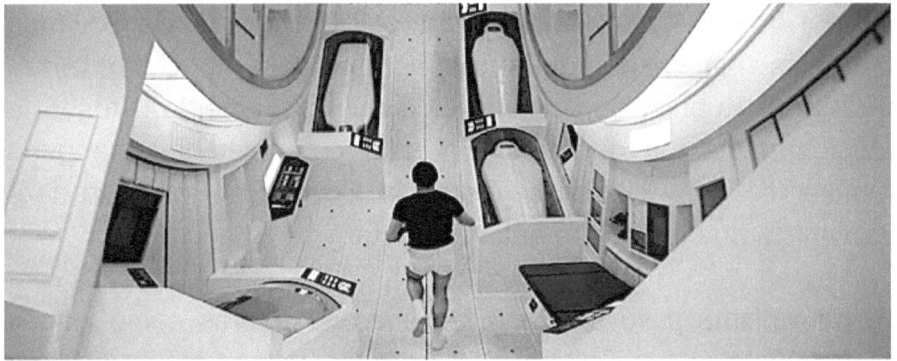

La pirámide sin finalizar que muestra la naturaleza incompleta de la "Gran Obra" masónica o de los Illuminati. Uno podría recordar aquí la idea de paleo-tecnología en escritores como el Dr. Joseph P. Farrell, quien postula una *"tecnología de los dioses"*, posiblemente poseída por un hombre antiguo del que descienden los mitos de la *"edad de oro"*. La Ilíada de Homero, de hecho, presenta el escudo mágico de Aquiles como una especie de pantalla de televisión con imágenes en movimiento que presenta toda la historia de los griegos.

Esta conexión no es tangencial, ya que Homero también registró la tradición oral de Odiseo, y es Odysseo o Ulises quien será la principal fuente literaria para el título de la película y luego protagonista en el astronauta David Bowman. Bowman será un nuevo Ulises (famoso por atravesar el inframundo y regresar a casa).

De hecho, Ulises u Odiseo es un gran arquero, al cual, Ífito le regala un arco que es el que, más tarde, usará **Ulises** para matar a todos los pretendientes de Penélope a su vuelta a Grecia.

# CARA OCULTA DE HOLLYWOOD

¿Y por qué mencionamos lo del arco? Por qué David Bowman en inglés significa el arquero o el hombre del arco. O sea Ulises u Odiseo. Kubrick pensó todo esto minuciosamente, desde la música hasta los nombres. En esta coyuntura vale la pena resaltar de nuevo los fracasos de la filosofía del proceso neodarwinista que mencioné anteriormente.

El darwinismo y su corolario filosófico en figuras como Hegel, Marx, Whitehead y Teilhard de Chardin simplemente se dan por hecho, sin ninguna crítica permitida, y debe señalarse que las presentaciones de Hollywood como 2001 fueron fundamentales para ayudar a solidificar esta mitología, como dogma ortodoxo. Desafortunadamente, las masas obtienen su visión del mundo a partir de películas y música populares, no de libros y burócratas, y nada ayuda a solidificar un paradigma en la mente de los hombres más que una gran película de ciencia ficción de gran éxito de taquilla. No cabe duda de que 2001 adopta sin cuestionar ni criticar el mito de Darwin en su narrativa de la historia, pero esto es muy ilustrativo.

El trabajo de Kubrick se basa en un esquema puramente cientificista del proceso racionalista y natural, cuando la presentación es mucho más oculta, donde son los dioses planetarios los que conducen al hombre a través de su ascenso planetario hacia la apoteosis a través de la tecnología. **Las Ruedas cíclicas** en el espacio. El hombre cobaya David Bowman.

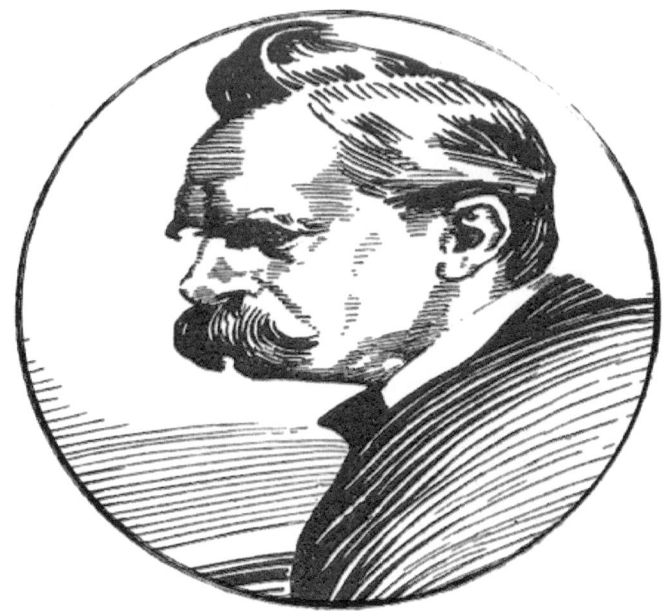

**F**riedrich Nietzsche (1844-1988): Filósofo alemán y crítico de la cultura cuyo pensamiento se caracteriza por las nociones de "voluntad de poder", que significa la lucha del superior sobre el inferior, y el "Übermensch", un súper hombre que va a venir, cuya voluntad misma es una fuerza de la historia. El "nuevo hombre" es un predecesor de la noción moderna del "transhumanismo" o existencia posthumana. Crítico tanto de la razón como de la idea de la verdad objetiva, Nietzsche enfatizó la voluntad de los fuertes sobre los débiles y la noción mística, del "eterno retorno": la historia es un ciclo interminable que se repite.

( Así habló Zaratustra] es el libro más célebre y controvertido de toda la obra de Friedrich Nietzsche, se sirve de la figura solar y pre-crística, semilegendaria del mesías y filósfo persa del siglo VI a.C. para desarrollar, mediante una trama de elementos narrativos, conceptuales y líricos, los cuatro grandes temas que integran su legado: el superhombre, la muerte de Dios, la voluntad de poder y el eterno retorno de lo idéntico. Y por eso Kubrick elige la versión de Richard Strauss de 1896 en tempo de Waltz para esta épica película y su lei motif solar central al film que mencionamos en la primera parte de este capítulo.

Esto no quiere decir que la película sea transhumanista, per se, aunque esa noción se esconde debajo de la superficie del celuloide. A medida que el hueso del mono asciende en el aire, Kubrick pasa la totalidad de la historia humana a la era espacial, donde vemos lo que denominó el *"ballet automático"* de estaciones espaciales flotantes y barcos que atracan en grandes ruedas que recuerdan a la "Rueda del tiempo" hindú.

*"El Querubino de la Rueda de la Vida"* de Ezekiel. El ballet cíclico también evoca a Nietzsche y su *"eterno retorno"*, ya que más tarde en la película se escucha el "Así habló Zaratustra" de Strauss, basado en el trabajo del filósofo en el que presenta esta doctrina. La doctrina del retorno eterno es la perspectiva occidental clásica de que la historia es cíclica y está destinada a repetir sus eventos con certidumbre fatalista.

Kubrick dice que el hombre ya experimentó todo lo que experimentó en la rueda kármica del tiempo, y el destino de los dioses ordena que este proceso culmine en una transmigración de almas, lo que resulta en un niño estrella que ahora es el dios de su propio cosmos ¿Un cosmos o simplemente una proyección de su psique? Creo que esta es una lectura muy posible del Starchild y la secuencia del Génesis al final de la película, donde las galaxias y Dios mismo se convierten, como dije, simplemente en una entidad deísta evolutiva sujeta a las alteraciones temporales y el flujo del resto del universo a la que se somete.

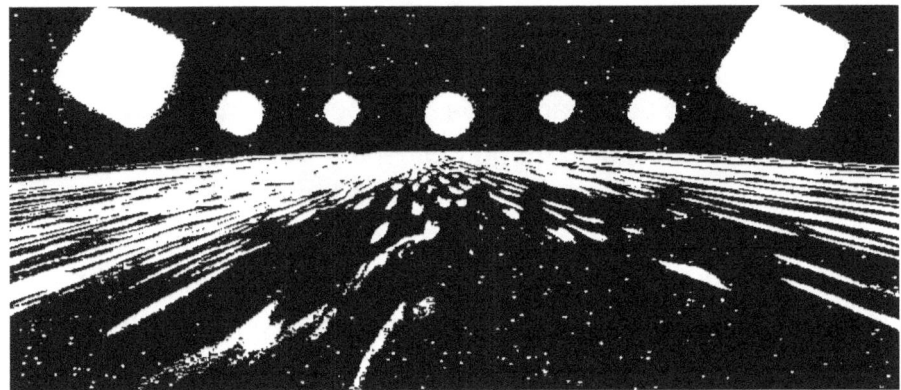

Bowman, como Odiseo, ha llegado al punto más alejado de su hogar y, como el héroe de la leyenda griega, ahora atravesará el abismo que une el abismo interior y el abismo externo a través de la estructura unificadora del psique. Bowman ha entrado en el **"Star Gate."** El factor crucial que otros analistas han pasado por alto aquí son los 7 cubos de diamantes que aparecen después de la secuencia de colores y líneas sin forma.

La tela y *"materia"* de la realidad, un vacío sin forma de prima materia, es sin forma y sin sentido hasta que se da forma, y una vez que aparecen los siete "diamantes", la forma se reintroduce para ordenar el caos. Bowman se convierte en un nuevo "Gran Arquitecto", mientras ve nuevas imágenes galácticas de lo que parecen ser espermatozoides, se forman óvulos, vientres y galaxias.

Los siete diamantes son los gobernantes planetarios, los dioses de los planetas (Júpiter, Saturno, etc.), que han estado dirigiendo al hombre a través de su recorrido de ascenso, a través de los cielos a Júpiter y más allá al abismo.

Una noción familiar para algunos de las prácticas ocultas, herméticas y chamánicas como una etapa particularmente peligrosa de iniciación antes de que ocurran las alturas de la iluminación, una especie de noche oscura del psique. Incluso los diamantes planetarios, cubos, que representan a los dioses, que dan forma para incoar a la prima materia. Aquí, Bowman está siendo elevado al panteón celestial, ya que se ve a sí mismo aparecer en la extraña habitación estilo Luis XVI. Ten en cuenta, también, en el Fin de la Infancia, los alienígenas **Overlords** del masónico Clarke son análogos y ferozmente engañosos para los dioses / demonios que no vienen en paz.

La imaginería de la trascendencia de Bowman está claramente identificada como una especie de magia sexual cósmica, donde Bowman mismo es la semilla de la nueva creación venidera, el nuevo Génesis y el nuevo mundo, donde se formará una nueva humanidad en su imagen macrocósmica. Crowley escribe sobre el cubo cósmico: *"Sin embargo, este vino perfecto será la quinta esencia, y el elixir, y por su esfuerzo renovará su juventud; y así será eternamente, a medida que los mundos se disuelvan y cambien por edad, y el universo se desenrolle como una Rosa, y se encierre como la Cruz que está doblada en el cubo".* Testimonio de sí mismo, como en un espejo ( destacando el platonismo), Bowman ve un proceso de 3 etapas de sí mismo que refleja el proceso de 3 etapas de la humanidad en la película, desde el mono hasta la era espacial y la trascendencia, haciendo coincidir al joven Bowman, Bowman cenando y Bowman reposando muriendo en cama.

Un Bowman envejecido come su cena y rompe el **CRISTAL** que significa el obstáculo final y la limitación a vencer, a la muerte. Es por eso que, cuando Bowman llega, ve la arquitectura y los muebles relacionados específicamente con el cuerpo: un fregadero, sillas, una cama, comida, etc. La limitación corporal es la etapa final de la deificación y podemos leer el monolito como posiblemente una avanzado inteligencia artificial extraterrestre, ya que Bowman parece ser colocado en una especie de jaula de laboratorio para pruebas, como si el hotel estuviera dirigido por una IA avanzada de los dioses, jugando con él.

Si los alienígenas están avanzados, esto explicaría por qué la verdadera misión de la exploración de Júpiter estaba oculta y solo se activó cuando se desconectó HAL. El ojo se da a conocer cuando Bowman alcanza el límite; su ojo está "iluminado" en la Star Gate o portal estelar. Esta es también la tesis que presentaré con respecto a la película tributo de 2001 de Christopher Nolan, ***Interstellar***, donde la inteligencia artificial es en realidad la deidad que providencialmente ha guiado al hombre todo el rato, ayudando en el proceso de salvación del desastre cósmico.

No estoy diciendo que esta tesis sea cierta, solo la planteo como una posibilidad, como si la habitación del hotel fuera la etapa final para salir de la caverna del mito de Platón. Todavía no he visto a nadie proponer esta tesis, pero ese es exactamente el tipo de mensaje de la panspermia Clarke presenta en su secuela posterior, ***3001: The Final Odyssey***.

Dios es una superinteligencia artificial avanzada (A.I), que los humanos creamos hace mucho tiempo, y luego a través de su propia autorrealización, creó su propio mundo generado por un ordenador, y en ese mundo hay humanos, y al igual que Neo en la Matrix, Bowman se libera de la caverna de Platón para engañar a la muerte y renacer entre los dioses, y el proceso se repite en eterno retorno con un nuevo Génesis.

Si no, entonces Bowman simplemente evoluciona y los *"alienígenas"* evolucionados le muestran el camino y lo deifican. De cualquier manera, es un proceso cíclico de una deidad emergente, unida al tiempo, que surge del interior mismo del cosmos, y no de una deidad eterna que solo subsiste fuera del tiempo y del espacio, que crea algo de la nada. En esta coyuntura, se nos recuerda la promesa de la serpiente en el jardín, ya que Kubrick es aficionado a las imágenes del Génesis, donde la serpiente promete la apoteosis a través de la gnosis: ahora la serpiente era más astuta que cualquier bestia del campo que el Dios Jehová hizo.

Y él le dijo a la mujer: *"¿Ha dicho Dios, 'No comerás de todo árbol del jardín'?"* Y la mujer le dijo a la serpiente: "Podemos comer el fruto de los árboles del jardín; pero del fruto del árbol que está en medio del jardín, Dios ha dicho: '*No lo comerás, ni lo tocarás, no sea que mueras*'. Entonces la serpiente le dijo a la mujer: "*Lo harás. Seguramente no morirás. Porque Dios sabe que el día que comáis de él, serán abiertos vuestros ojos, y seréis como Dios, sabiendo del mal y del bien.*" - **Génesis 3**.

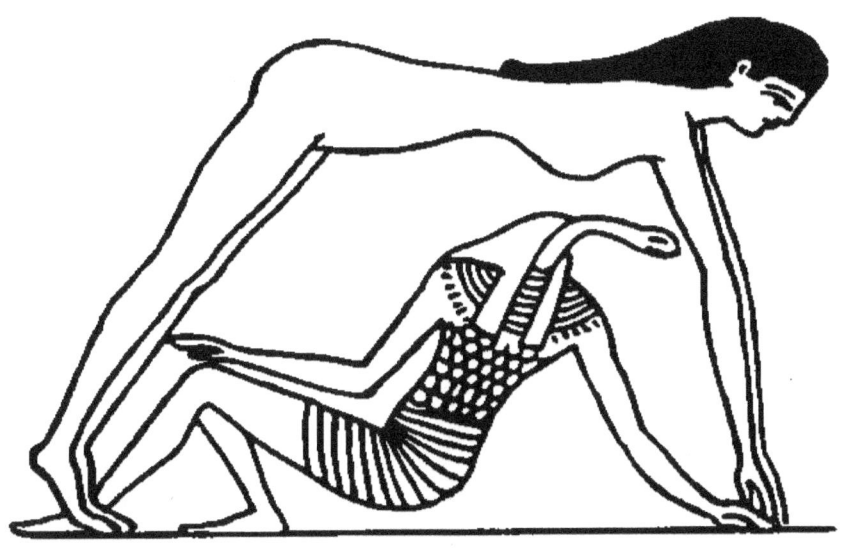

La palabra Gen-Isis indica el gen de Isis, de ahí representado en la figura egipcia de arriba de que todos los mitos y la biblia tienen su raíz en los mitos de Egipto igual que la magistral película de Kubrick.

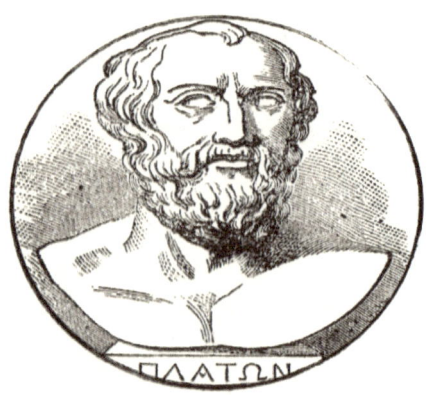

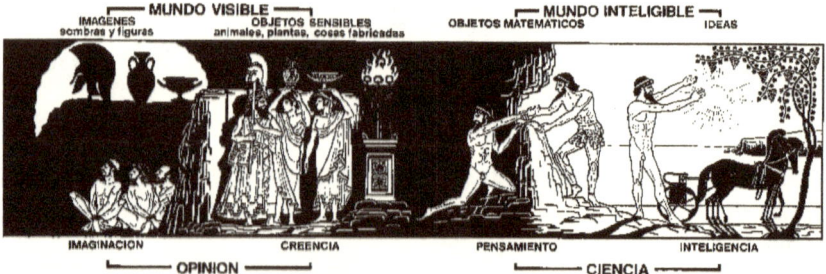

Platón (421-347 a. C.) fue un filósofo griego seguidor de Sócrates. y maestro de Aristóteles. En 387 fundó la Academia, institución que continuaría su marcha a lo largo de más de novecientos años. El mito de la caverna de Platón es una de las grandes alegorías de la filosofía idealista que tanto ha marcado la manera de pensar de las culturas de Occidente. Entenderla significa conocer los estilos de pensamiento que durante siglos han sido los dominantes en Europa y América, así como los fundamentos de las teorías de Platón.

Este mito es una alegoría de la teoría de las ideas propuesta por Platón, y aparece en los escritos que forman parte del libro La República...Así pues, permanecen siempre mirando a una de las paredes de la caverna, con las cadenas aferrándolos desde atrás. Platón y sus personajes de los diálogos son generalmente personajes históricos, como Sócrates, Parménides de Elea, Gorgias o Fedón de Elis, aunque a veces también aparecen algunos de los que no se tiene ningún registro histórico aparte del testimonio platónico. Cabe destacar, además, que si bien en muchos diálogos aparecen discípulos de Sócrates, Platón no aparece nunca como personaje. Solamente es nombrado en Apología de Sócrates y en Fedón, pero nunca aparece discutiendo con su maestro ni con ningún otro.

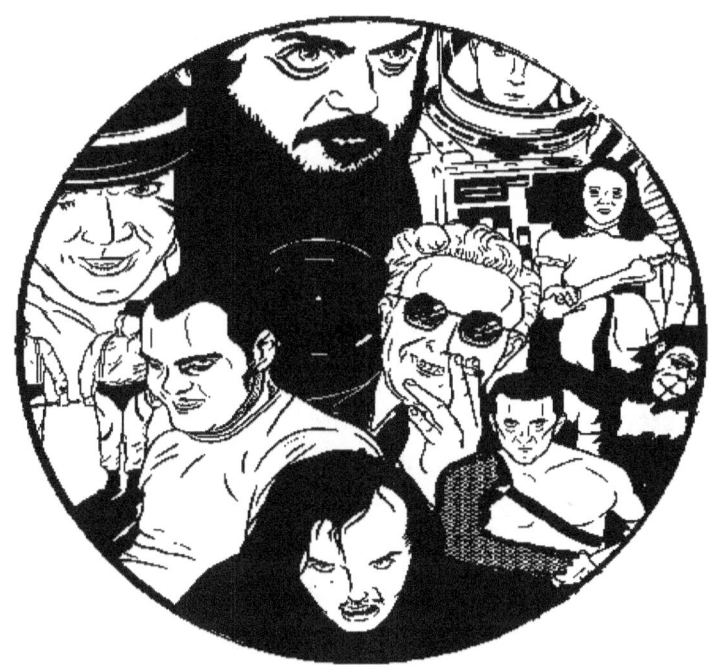

# EL RESPLANDOR DE LA LUZ

**"NO VEMOS LAS COSAS COMO SON, LAS VEMOS COMO SOMOS."**

**—REFRÁN TALMÚDICO**

Lo curioso de la película el resplandor, ***The Shining*** en inglés, de Kubrick de 1980 es que Alan Ladd Jr. estuvo ayudando a Ridley Scott en la realización de "Blade Runner". Curiosamente, Ladd fue el eje del apoyo de George Lucas al financiar la primera película de "Star Wars". Es justo decir que sin Ladd "Star Wars" nunca se hubiera estrenado. "Blade Runner" fue un fracaso comercial en el momento del lanzamiento. Unos años más tarde, se convirtió en un éxito de cine de culto a través del video casero VHS y del ya difunto videoclub americano **Blockbuster** y posteriormente del mercado de DVD. Warner Bros. intervino en la edición final de la película, alterando la visión original de Scott. Un "final feliz" adicional disgustó aún más a Scott. Extrañamente, gran parte de la película original utilizada para este final alternativo se tomó prestado de imágenes que no habían sido utilizadas por Stanley Kubrick durante la producción de ***El Resplandor -"The Shining"***.

A lo largo de los años, tenía una frase que repetía cómo un mantra personal para mantener a raya a cualquiera que lo presionara demasiado sobre el "significado" de su trabajo o sus propias "intenciones". Vino de un ensayo de H.P. Lovecraft, como Stephen King, un manipulador popular de lo oculto: "En todas las cosas que son misteriosas, nunca expliques nada". El edicto se puede aplicar al propio trabajo de Kubrick, pero aún más a él mismo. EL RESPLANDOR de Stanley Kubrick, generalmente se considera una de las mejores películas de terror de todos los tiempos.

# CARA OCULTA DE HOLLYWOOD

El psicoanálisis freudiano combinado con la especulación esotérica en general cosecha gran parte del espacio para el revisionismo, pero en mi opinión, The Shining, trata sobre algo mucho más obvio (y oscuro al mismo tiempo). Creo que la adaptación de la película pretende transmitir el mismo mensaje que el de King, y esa es la posesión demoníaca. No se trata simplemente de una presentación de la posesión de Jack Torrance (Jack Nicholson), sino de la inquietud espectral de Estados Unidos, en términos de su oscuro pasado en relación con los nativos americanos.

El famoso Overlook Hotel en la novela de horror y posesión demoníaca de Stephen King, The Shining, fue construido sobre un túmulo funerario indio. La casa que fue escenario de fenómenos paranormales terroríficos en la película Poltergeist también se dijo que se había construido en suelo sagrado de la India. Por lo tanto, nuestros novelistas y cineastas parecen estar de acuerdo en que hay un sustrato de fuerza espiritual, para bien o para mal, debajo de los mismos cimientos de los pueblos y ciudades de Estados Unidos. El espiritualismo animista indígena subyace a la película, manifestándose cómo una forma de maldición generacional sobre Jack. Cómo veremos. Inicialmente, la perspectiva de la cámara parece volar desde una posición aérea, como si fuera la vista de un espíritu o demonio incorpóreo. Desde la posición privilegiada de la cámara, también vemos un lago cuyo reflejo mismo sugiere "como arriba, abajo" y de un islote solitario en medio de vastas montañas. Significa aislamiento.

El deseo de Jack de deshacerse de su familia se transmite en el paisaje natural, pero como veremos, los espejos y sus reflejos se mostrarán prominentemente en la película para transmitir la realidad detrás del velo: el mundo espiritual. Como es arriba, es abajo, el espejo de dos mundos. Sobrevolando las montañas, el espectador gradualmente ve a Jack dando vueltas hacia el siniestro Overlook Hotel en Colorado. Construido en 1907, este lugar fue elegido por su aislamiento y belleza escénica, sin embargo, hay un lado oscuro a este sitio: parece atraer fuerzas oscuras en medio de él como una especie de vórtice espiritual. Mientras que el hotel es "real," descubriremos en la mente de Jack que comienza a enfrentarse a una asociación de portales de otro mundo.

De hecho, Jack eligió este lugar deliberadamente porque la "*escritura*" de la historia no es su novela, sino su recreación espantosa del sacrificio espiritual y ritual que se requiere para su entrada imaginaria en el salón de la fama: la morada de la *"jet set"*. Al llegar al hotel, Jack y sus nuevos maestros se conocen: la escena de la entrevista transmite una fachada abiertamente americana que lleva al espectador al doble simbolismo de la película, donde el Overlook, significa en inglés pasar por alto, es la psique degenerativa de Jack y un microcosmos de los Estados Unidos. Con una apariencia amable y encantadora, la generación baby-boomer tiene un lado oscuro que se representa de forma figurada y literal en la brutalidad de Jack en el lugar místico del Hotel Overlook.

En este sentido, Estados Unidos no es béisbol y tarta de manzana, y la apariencia al estilo JFK del manager Ullman enmascara su potencial de ser un personaje nefasto, mientras está rodeado de íconos a la Americana, desde banderas hasta lienzos y obras de arte de nativos americanos. Las tendencias homosexuales e incestuosas de Jack. También vale la pena señalar que las fotos en la oficina de Ullman parecen ser las mismas que concluirán la película (como se verá más adelante). Ullman revela a Jack que la historia de los cuidadores tuvo que ver con un asesinato masivo previo, donde la "*fiebre de cabina*" resultó en un caso de enajenación y comportamientos violentos. Danny es la luz o el título de la película "Shinning", comienza a aprender, tiene un talento especial para presagiar el futuro.

Él es el héroe, aunque un héroe sacrificial. Jack le explica a Ullman que su esposa Wendy (Shelley Duvall) es una "fanática de las historias de fantasmas y terror", pero como vemos en las imágenes del apartamento de Torrance, Wendy en realidad comparte un interés en lo oculto, incluido numerosos libros sobre brujería, así como el famoso libro **Catcher in the Rye**, asociado con varios asesinos. Porque Jack ha llegado a despreciar a su familia, a quien él considera su obstáculo para la grandeza, las oscuras profundidades de su subconsciente sugerirán (a través del susurro de lo demoníaco) un verdadero horror para Wendy y Danny.

Después de la entrevista de trabajo de su padre, Danny experimenta una premonición sobrenatural, un ataque y un apagón disociativo, intuyendo intuitivamente el trauma que están destinados a sufrir en su prueba Overlook. Comenzamos a sospechar que *Danny* ha sido abusado (posiblemente sexualmente), ya que su *persona alternativa* surge como un *espíritu llamado* "Tony", que vive en la "*boca y el estómago*" de Danny. Curiosamente, en relatos de religiones indígenas y posesión espiritual, hay casos de espíritus que habitan ciertas áreas del cuerpo precisamente de esta manera. El abuso parece ser generacional, ya que el conflicto intergeneracional y la envidia freudiana / edípica (Jack resiente a Danny) ocuparán gran parte de esta historia. Danny ve la caricatura que es una especie de programación MkUltra aparentemente, ya que Jack se convertirá en el *"Lobo feroz"*, utilizando los mantras de la rima infantil y de Disney durante su psicosis. Esta es también la razón por la que los dibujos animados aparecen constantemente a lo largo de la película, incluyendo numerosas referencias a cuentos de hadas como Hansel y Gretel, así como obras clásicas de mitología con Teseo y el Minotauro del laberinto. Los cuentos de hadas y los referentes míticos son profusos: aquí debo conectar a la anciana bruja de la bañera que veremos más adelante en la película, a la noción clásica de las seductoras ninfas o sirenas que se transforman en brujas, haciendo que los marineros choquen contra las rocas. El augurio aparecerá y se aplicará a Jack a medida que avanza en su camino hacia la posesión demoniaca.

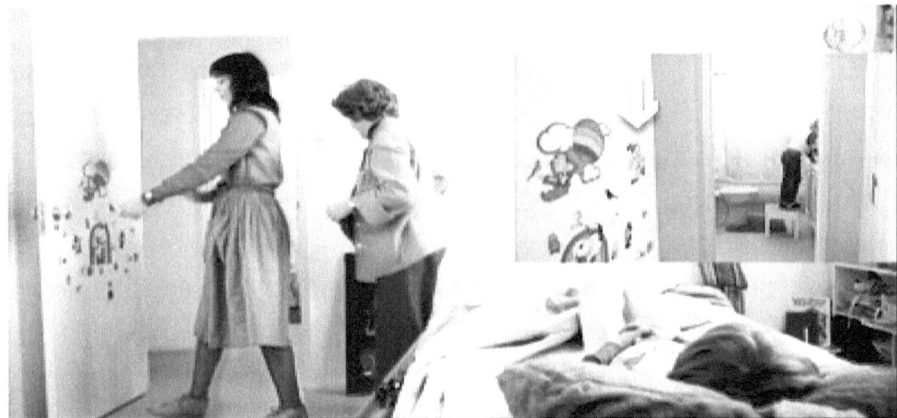

"Fan de los fantasmas y el terror" Los libros de Wendy incluyen The Magic Circle y The Mother Goddess al echar un vistazo a los libros en la habitación de Wendy, podemos ver un interés en la brujería en The Magic Circle (o ¿es Jack el brujo?) ¿Y el dios de ese lugar?, como cuando el consejero se entera de que Jack dislocó el hombro de Danny durante una borrachera. Wendy, sin embargo, tiene parte de culpa en esto, ya que ella ingenuamente está dispuesta a pasar por alto el trauma y en contra de su mejor juicio, confía en la promesa vacía de Jack. Danny colocó sus pegatinas de Disney y dibujos animados en una especie de círculo mágico o ritual en su puerta con Snoopy en un portal estelar. El laberinto alude claramente al mito del Minotauro en el cual un monstruo con la cabeza de un toro y el cuerpo de un hombre fue confinado a un laberinto y alimentado con carne humana hasta que un héroe, Teseo, lo mató. Era una leyenda que había atraído mucho a Kubrick. (La compañía que creó **Killer's Kiss** 25 años antes se llamaba **Minotaur Productions**).

... En esta película, el medio ambiente es el destino, no su instrumento. El toro / Minotauro-Tauro con Géminis (los gemelos) y "Monarca". Mientras la familia ahora evidentemente disfuncional viaja a su hogar de pesadilla, Jack plantea un tema macabro para la discusión: la realidad del canibalismo como un impulso que es *"necesario para sobrevivir"*, burlándose de la conciencia de Danny de lo que vio *"en la televisión"*. Su lado psicopático y parasitario en un atisbo, una premonición, de qué horrores desencadenará sobre su propia familia, una forma de canibalismo. Aquí es crucial notar, que Jack aparentemente tiene inclinaciones homosexuales, a pesar de su papel exteriormente masculino y paternal.

Al recorrer el hotel, Ullman revela el secreto del Overlook: antes era un refugio para las élites adineradas, estrellas de Hollywood y la realeza, todas las *"mejores personas"*. La visión negativa de Kubrick de la aristocracia estadounidense y la clase media se refleja en su descendencia, representada en la película por Jack. El hotel no es simplemente un lugar para las orgías de la élite y sus aventuras lascivas, sino un sitio de sacrificio representativo donde los muertos se alimentan parasitariamente del miedo de las víctimas vivas. Tímidamente recorriendo el hotel, Wendy lo llama ansiosamente "laberinto" como el jardín del hotel, salpicando su diálogo con referencias a dibujos animados y canciones infantiles.

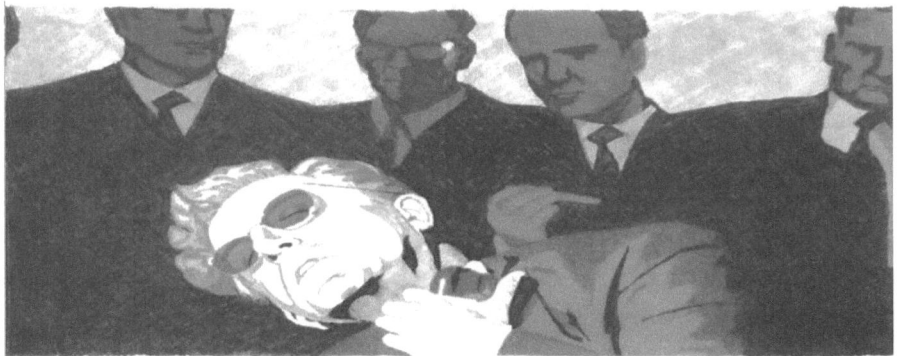

Se habla de Danny como de "perdido" (significa tanto un sentido literal como figurado), buscando a sus padres. Ha sido abandonado, la fijación de sus padres en el paisaje lo deja olvidado en la "sala de juegos". Jack comenta retóricamente porque Danny es tan juguetón: *"¿Te cansaste de bombardear el universo?"* Lo que significa la representación de Danny de la agresión juvenil estadounidense, el gran experimento de la Ilustración que se asienta sobre un cementerio indio gigante (que es el mismo EE.UU.)

Kubrick era en gran medida un crítico del americanismo y su política exterior, como podemos ver en películas como Dr. Strangelove (1964), donde se ridiculiza el absurdo de la mutua destrucción de la Guerra Fría y la Corporación Rand. El Gran Juego de la Guerra Fría fue verdaderamente una *"sala de juegos"* del teatro de guerra, lo que hizo que la crítica de Kubrick al imperialismo occidental fuera apropiada. Danny, recordamos, había visto una visión de las gemelas asesinados en la *"sala de juegos"*, detrás de él. En la escena hay un cartel que dice *"Monarca"*.

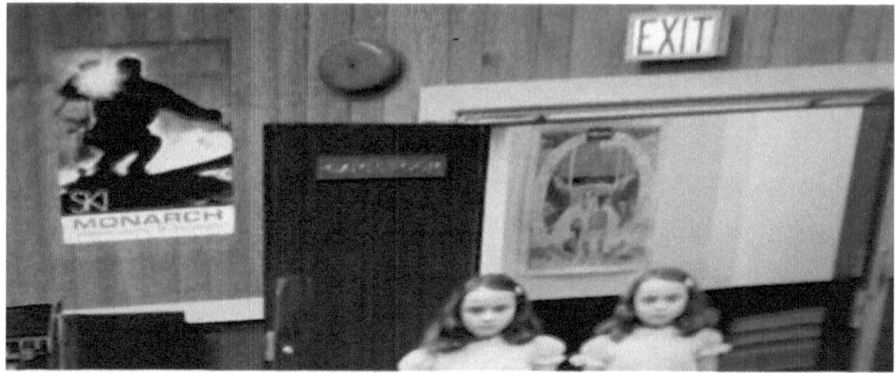

Dada la representación de Danny tanto de jóvenes traumatizados como de Estados Unidos ingenuos, Monarch también se puede aplicar a la nación en masa, ya que, propongo, las abominaciones de MkUltra eran realmente sobre control mental masivo, y no principalmente asesinos programados.

La Pirámide sin cúspide es Jack en la cabecera del laberinto, como el minotauro, superpuesto sobre el ápice de la pirámide durante la alineación zodiacal en 2001: A Space Odyssey. Curiosamente, el minotauro tiene un significado en términos de sacrificio humano (el lado oscuro de la película, como veremos), en relación con el mito de Teseo, originalmente un mito de sacrificio humano. El Monarch está relacionado con varios programas de control mental de la CIA, en parte buscando crear personajes alternativos, a menudo mencionados bajo el paraguas de "MkUltra", pero que incluyen proyectos BLUEBIRD, ARTICHOKE y NAOMI, centrados en el control mental masivo y estados disociativos y alteración de la conciencia a través del LSD, la tortura y la traumatización.

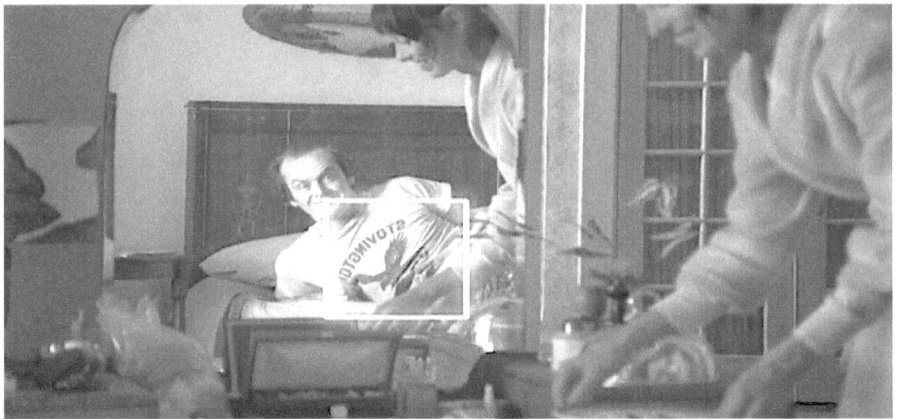

Observe a continuación el estado de agotamiento y sueño de Jack acompañado de imágenes de mariposas, lo que significa su transformación, así como el espejo. Los espejos a menudo representan el subconsciente, la psique o el mundo interno que se refleja en nuestras mentes desde el mundo exterior, y también significa el reino espiritual u otro plano (Alicia en el espejo), estrechamente paralelo al nuestro donde gran parte del The Shining está teniendo lugar. Es en esta escena que Jack una vez más insinúa que está escribiendo una historia de terror fantasmal que no es un libro.

Los compartimentos laberínticos del psique y los simulacros del laberinto de alfombras de Danny. El laberinto en sí es interesante por su doble uso: simboliza tanto el psique de Jack y su escritura de ficción en su realidad, el espectador comienza a descubrir el principio del simulacro, donde las cosas modeladas se vuelven reales en una fase preparatoria para su posterior realización.

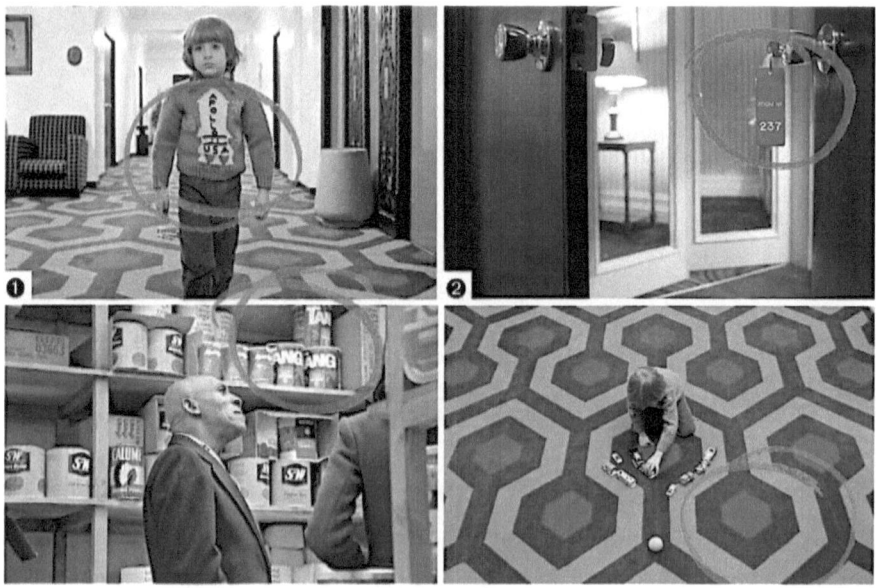

Destacaré el uso que hace Spielberg de esto en capítulos posteriores que analizaremos como Encuentros en la tercera fase, y E.T., donde el director es como un chamán o mago, lo que predecirá sucesos futuros. A través de objetos simbólicos como juguetes (operando como una muñeca vudú) en Encuentros, E.T. o A.I. que luego aparecen como objetos reales, de tamaño natural, se le da poder a la realidad. Y como Devil's Mountain en Close Encounters, el Overlook Hotel también está situado en un "lugar alto", donde los espíritus de los muertos se encuentran con el hombre y exigen e intercambian vibraciones. Los modelos en la casa de Roy en Close Encounters se volverán realidad, más tarde, cuando el gobierno inicie un brote de gripe en la secuencia del tren. Esta es una comunicación, del director al subconsciente del espectador.

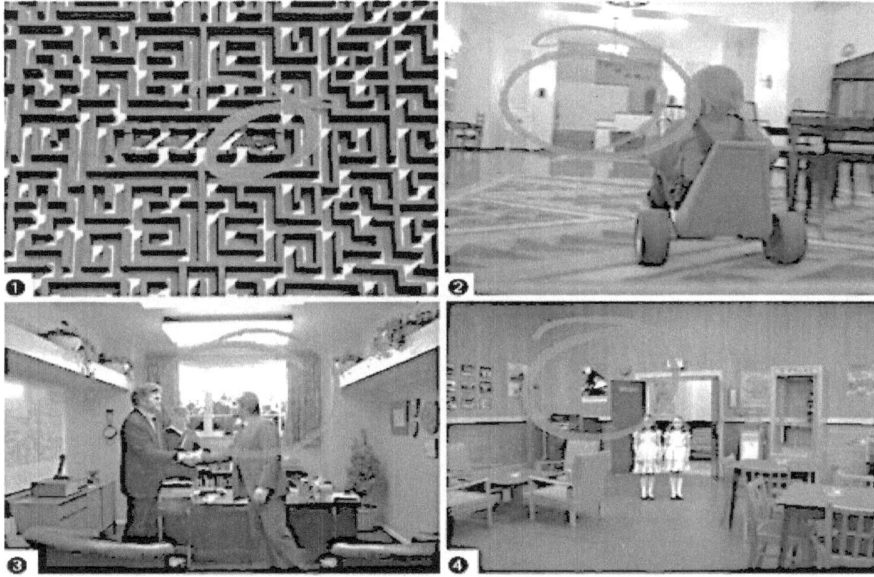

Por lo tanto, habría una asociación entre el símbolo del laberinto, el modelo y su referente, el laberinto real. Este es un tema profundo y difícil que entra en una gran cantidad de filosofía pesada y semiótica, pero la idea es simplemente extraña a la mayoría de los humanos debido a su estúpida filosofía.

Fig. 1. y 2 el laberinto se ve reflejado tanto fuera como dentro de la casa. Fig. 3 y 4 vemos símbolos de los programas MK ultra y Monarch. El propio psique de Jack se está sumergiendo en el laberinto del inframundo de su oscura personalidad ya que él ya está bajo el reinado de la muerte a través de su posesión gradual. Esto tiene perfecto sentido en la infame escena con Jack mirando a la maqueta de los jardines del laberinto que se transforman en el verdadero laberinto, con Wendy y Danny. El inframundo es el psique de Jack donde, como el Minotauro en la mitología de Teseo y el laberinto, Danny luchará contra la bestia alcista en el centro del Laberinto.

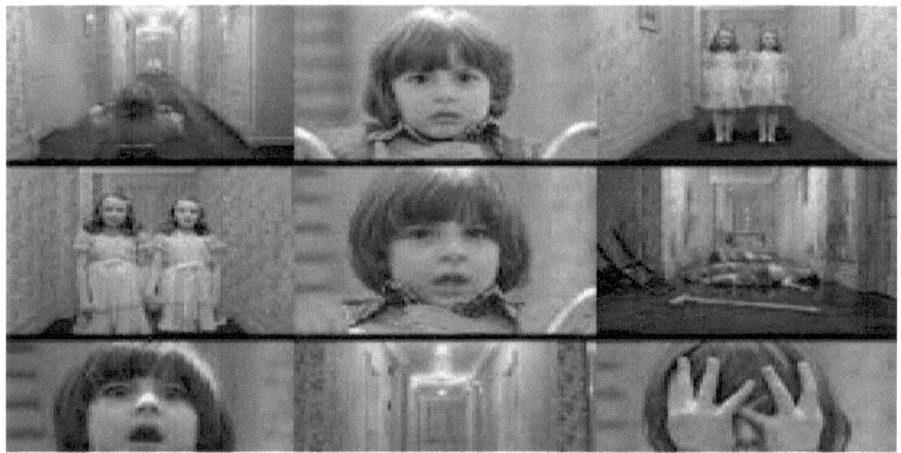

Esto explica por qué Jack incluso parece tener una especie de apariencia de bully, así como de un Minotauro diabólico que aparece en el pasillo de la sala de juegos cuando Danny ve el augurio de las gemelas asesinadas. Curiosamente, los gemelos son Géminis, y la película tiene lugar en mayo, el mes en que el zodíaco transita de Tauro (el Toro) a Géminis; o el Minotauro (Jack) hacia las gemelas, que pensamos que es obviamente intencionado. El presagio de las gemelas asesinadas visto por Danny, junto con la visión de ríos de sangre que brotan del ascensor, también es de naturaleza bíblica, recordando la maldición en el Libro del Éxodo sobre Egipto. También es posible que las gemelas tengan un significado de torres gemelas, ya que en la Masonería los pilares gemelos son Jachin y Boaz, que significan una entrada o portal al Templo (que también es el significado de Géminis en la mitología babilónica). Esto hace que un acertijo reciba el título de la obra maestra de Kubrick, 2001: A Space Odyssey, y los eventos del 11 de septiembre de 2001.

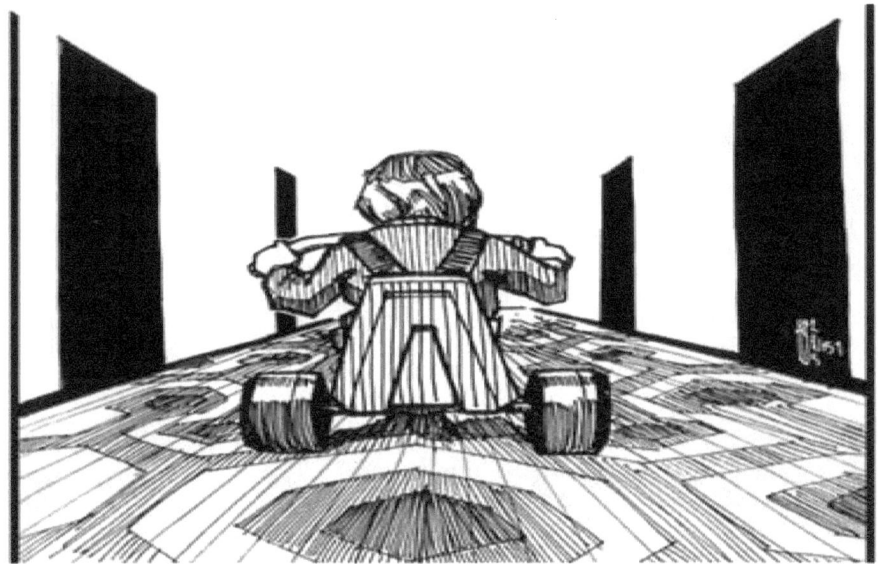

**Negrilla**: hexágonos de Saturno en la moqueta representan 666. Y el universo del sexto sentido y premonición que navega Danny. Creo que 237, siendo la ubicación del asesinato de las gemelas, se supone que presagia el asesinato de otro niño, Danny, que viste una camisa de "42" (2x3x7 = 42). Esta, es también la razón por la cual la película que Wendy y Danny están viendo, es el verano de 1971 del 42, un cuento de estilo Lolita reverso de una mujer mayor que seduce a un niño más joven. La camiseta "42" de Danny con pentagramas invertidos. Seducción adolescente ilícita en verano de 42. A medida que los informes de las noticias pronostican la próxima tormenta de nieve, vemos a Jack caer más profundamente en sus estados de trance y miradas demoniacas mientras Wendy y Danny comienzan a sentir el peso de la fiebre de cabina.

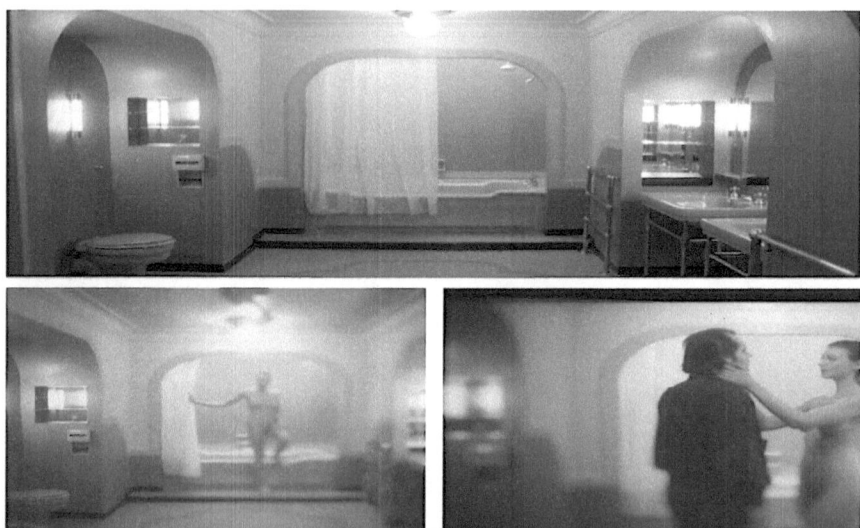

Danny empieza a **resplandecer** (su premonición y poderes del sexto sentido) y comienza a ver imágenes más aterradoras, ya que "Tony" le dice que es "como las imágenes de un libro, no es real", destacando el sueño surrealista. Y, hasta ahora, podríamos haber creído que todas las apariciones de Jack se vivieron solo en su propia esquizofrenia. Los fantasmas no son nuestra imaginación. La "*energía psíquica*" que habita en el hotel (y particularmente la Habitación 237 y Jack) es extremadamente nefasta, pero si prestas atención a la secuencia de las escenas, es mi opinión que están algo fuera de orden. Cuando descubren que Danny es abusado y maltratado, Wendy más tarde piensa que era la vieja bruja de la habitación 237, y que ya no es Jack el culpable. Más bien, es la bruja quien posee a Jack para hacer esto, y la experiencia de Danny del suceso fue ver a uno de los espíritus que posee a Jack.

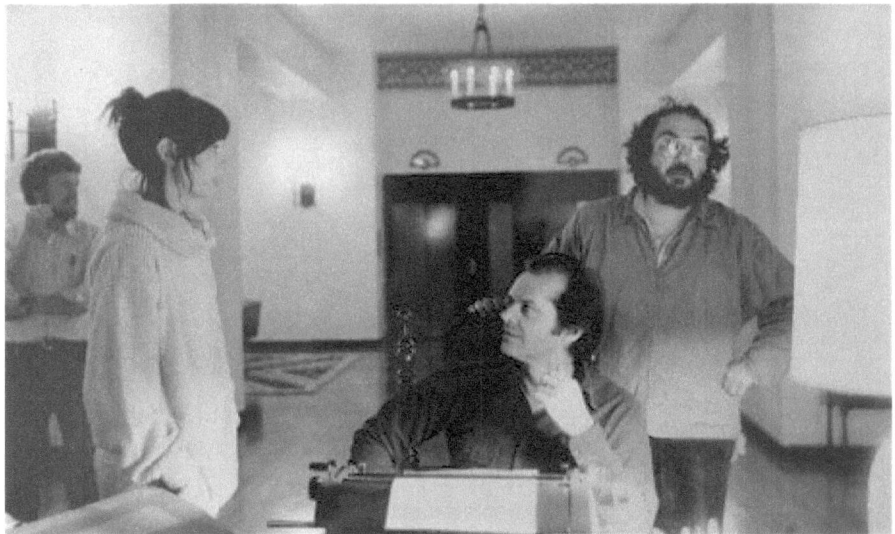

Esta es la explicación de la escena en la que Jack investiga el baño y la bella mujer desnuda se convierte en la bruja. Es fascinante observar que los estudiosos principales de Kubrick concluyen que es lo que parece ser la narrativa de la película, en el mundo de la conspiración popular, el razonamiento por supuesto es que la CIA y varias sociedades secretas han elevado a ciertas personas para ser víctimas traumatizadas de lavado de cerebro oculto, capaz de ser activada en cualquier momento con varios códigos, a nuestro entender, es definitivamente el caso de que las familias de líneas generacionales traumaticen a su descendencia, a menudo los crían en lo oculto y, en cierto sentido, los "programarán". Letras invertidas del mundo espiritual, se muestran en los espejos. Los espíritus demoníacos requieren un sacrificio de sangre por parte de Jack. A medida que las horripilantes escenas se acercan al clímax, con Dick siendo asesinado y la familia huyendo,

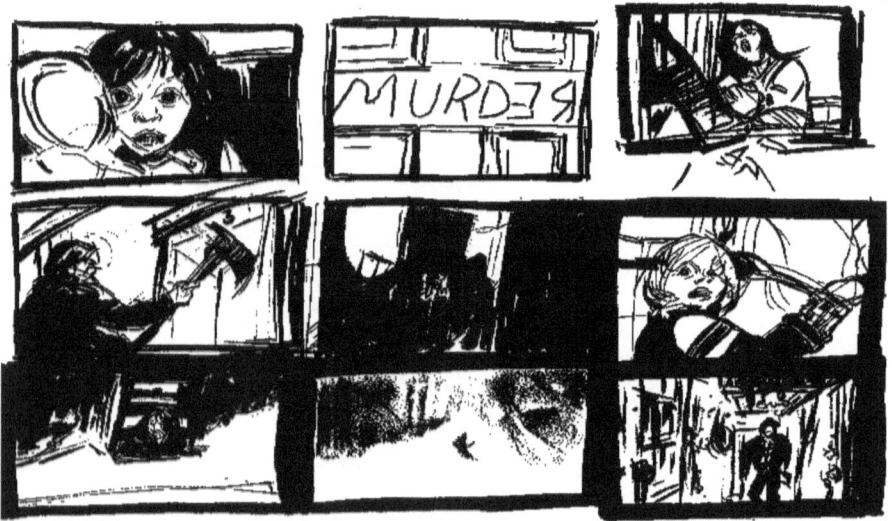

Mucho más tarde en la película, se escucha a Danny gritar en su habitación, "**Redrum**", asesinato en inglés al revés. Su madre entra a la habitación y lo sacude. El diálogo resultante, nuevamente insinúa la naturaleza de pesadilla de sus visiones. Wendy: "Despierta Danny, estabas teniendo un mal sueño" Danny: "Danny no puede despertar a la Sra. Torrance. Danny se ha ido, la Sra. Torrance". Élite sexual de "oso peludo" de élite, recordando Eyes Wide Shut, con los Nobles británicos. El final de la película culmina en una pose de estilo Baphomet de Jack entre las "mejores personas", la era en auge de 1921, donde la jet set, las estrellas de Hollywood y la realeza son los fantasmales habitantes parasitarios del hotel. Exigir a Jack que ofrezca la sangre de su familia como "su deber" en la envidia de Jack por la buena vida que sentía que se merecía como escritor fracasado, combinado con el resentimiento de su familia a quien culpa, nos recuerda a Raskolnikov en Crimen y Castigo de Dostoievski.

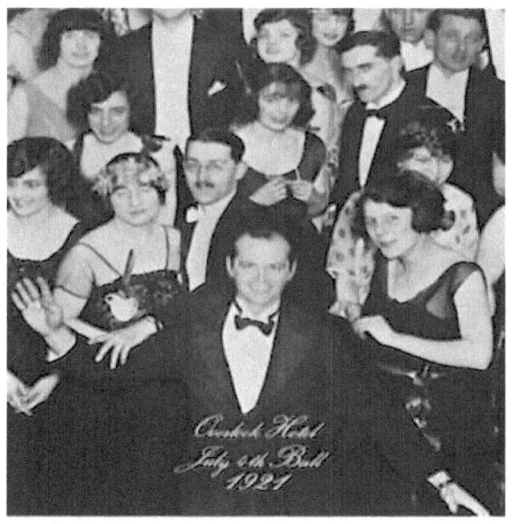 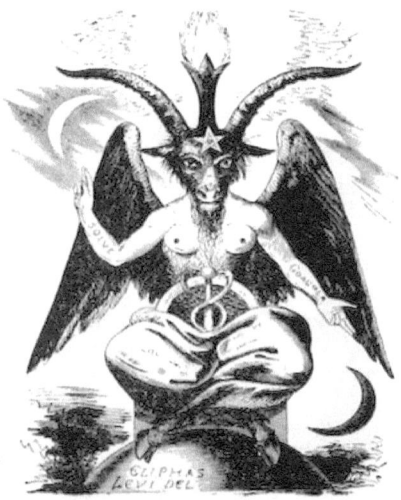

Cuando Jack hace la señal de Baphomet, atrapado en su propia prisión psíquica de eterno retorno. Imágenes alquímicas de Baphomet. La experiencia de Jack es similar a la de Bill Harford en Eyes Wide Shut, mientras que, por supuesto, son personajes muy diferentes. Los invocadores demoníacos de Jack le ofrecen un lugar entre los privilegiados (el cree), si está dispuesto a deshacerse de su familia. Es por eso que el tema de la revista de Playgirl contenía la historia del incesto, y por qué el hotel había sido el lugar de exuberantes bacanales, galas e incluso orgías y desviación sexual como los ositos "homosexuales". Nos recuerda a Eyes Wide Shut, que se centró en las mismas nociones de perversión de élite, sexo mágico y sociedades secretas. El amor de Kubrick por el tema de la recurrencia eterna y posiblemente la reencarnación, también lo vemos en 2001, con Bowman y Starchild. En 2001, Bowman se libera de la caverna Platónica para engañar a la muerte y elevarse al renacimiento entre los dioses, y el proceso se repite en eterno retorno, con un nuevo Génesis.

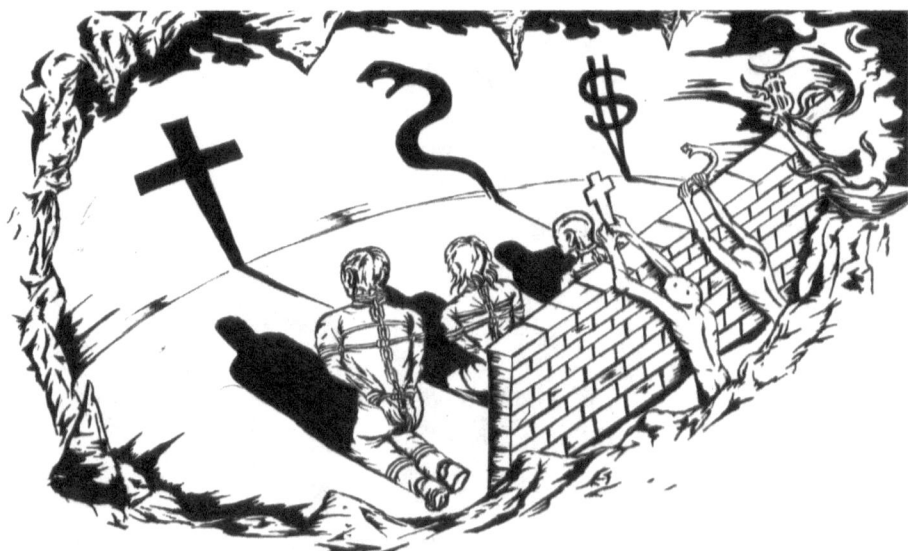

La caverna de Platón: la famosa alegoría del libro VII de la obra de Platón se refiere tanto a la filosofía del orden social como a la estructura de la realidad y el conocimiento humano. Los objetos materiales y la opinión de las masas constituyen los "fantasmas" y las sombras de las cosas tal como aparecen, mientras que la realidad verdadera es muy diferente, siendo formal, matemática e ideal. Para Platón, el verdadero filósofo sale de la "cueva" de la materia y percibe la luz de la verdad directamente a través de las formas ideales y regresa para iluminar a los esclavos que habitan en las cavernas. Así es arriba como es abajo."

Al igual que el cementerio indio sobre el que se construyó el hotel, se convierte en un lugar de ritual y recitación ritual mientras Wendy se deshace finalmente de Jack suena música de fondo de canto nativo americano (similar a la música de salón enmascarada en Eyes Wide Shut). El sacrificio es el clímax de la película y la liturgia, donde la liberación de la sangre saciará los poderes de la oscuridad (como "El hombre de otro lugar" que veremos en Twin Peaks). Jack se inventa en su prisión psíquica por no completar su tarea según lo ordenado por Grady. Congelado como las almas condenadas de los traidores cerca de Satanás en el Infierno de Dante, vale la pena señalar que Dante también hizo referencia al Minotauro, que se relaciona bien con las obligaciones que Grady pone sobre la bestia, Jack: Mi sabio le gritó: *"¿Crees, quizás, este es el Duque de Atenas [Teseo]? ¿Que, demonios, lo mata?"*

**The Shining**, por lo tanto, es una historia de fantasmas, pero también algo mucho más profundo en la película de Kubrick. Es una exploración de varias capas del psique, el reino espiritual, el surrealismo, la mitología antigua y la élite oculta satánica que gobierna Occidente, ya que el tema de las estirpes generacionales pedófilas manipulando parasitariamente a la clase baja a través de la falsa promesa de la prosperidad mundana. En Jack, Danny y el Hotel Overlook y su magnífico laberinto,

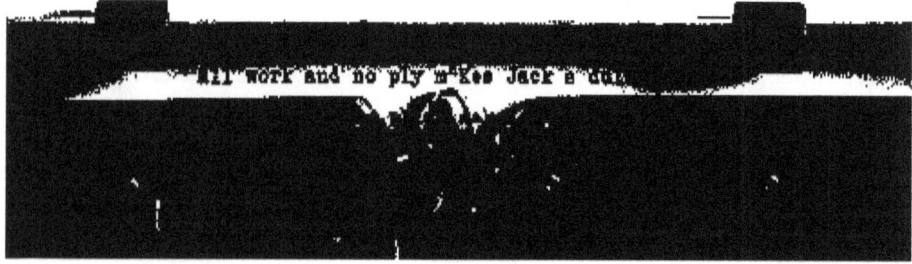

All work and no play makes Jack o dull boy

All work and no play makes Jack e dull boy

All work and no play mmakes Jack a dull boy

v All work and no Play ma es Jack a dull boy

All work and no play makes Jack a dull boy

vemos a Estados Unidos en un microcosmos, situado en antiguas tierras indias que ahora albergan una superpotencia mundial con la intención de *"bombardear el universo"* en sumisión, todo a instancias de hombres locos psicópatas como Jack o como se muestra en Dr. Strangelove.

Esta estructura de control opera a través de la magia sexual de culto y la traumatización generacional (Lolita, Eyes Wide Shut, Full Metal Jacket) y mantiene su control sobre las masas a través del verdadero programa ***Monarch***, la repetición de mentiras de los medios masivos de prensa e ingeniería social (de la **Naranja Mecánica**).

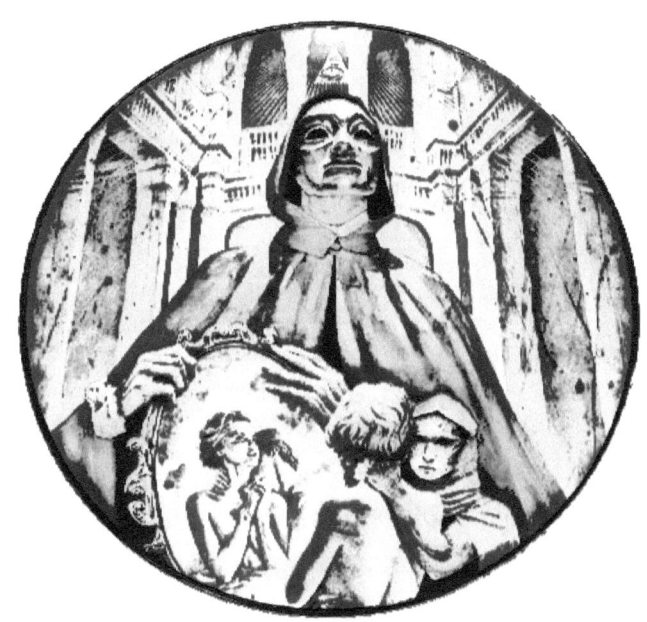

# "VIVIR CON LOS OJOS CERRADOS"

"EN HOLLYWOOD TE PAGAN MIL DÓLARES POR UN BESO Y CINCUENTA CENTAVOS POR TU ALMA"

—MARILYN MONROE

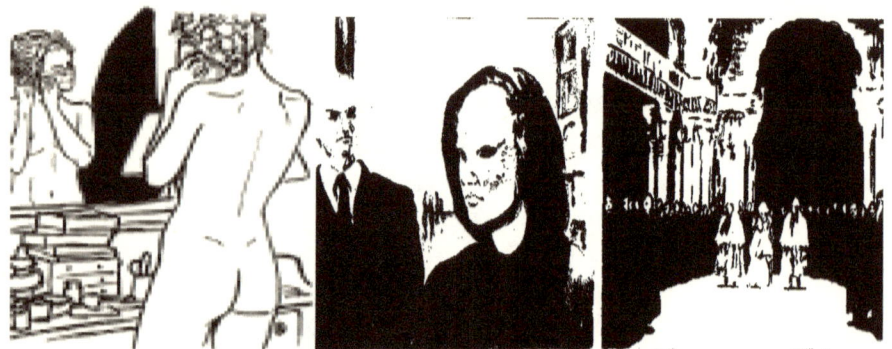

En este capítulo cubriremos otra obra magistral como e **Eyes Wide Shut** (1999)-Ojos bien cerrados-la percepción de las actividades de culto de los adinerados que muestran rituales de magia sexual para la regeneración. Muestra cómo se juega un juego con un médico joven que no tiene idea de que está siendo guiado por un camino trazado por este grupo para su propio entretenimiento. Escuche los nombres de las personas, mire las señales de las calles hacia adelante y hacia atrás, números, etc. La última película de Stanley Kubrick.

Eyes Wide Shut es una película que no estuvo a la altura de las expectativas de los espectadores. Una novela de suspense que hizo declaraciones sobre la decadencia de la élite superior, cayó algo plana en la taquilla, mientras que la película utilizó curiosamente la vida sexual del *"mundo real"* de Tom Cruise y Nicole Kidman como una puerta que unía el umbral entre la realidad y la fantasía; y como veremos, este tema emerge antes en otras películas de Kubrick. Eyes Wide Shut está basado en la novela ***Traumnovelle*** (Dream Story) de 1926 de Arthur Schnitzler.

# CARA OCULTA DE HOLLYWOOD

Kubrick adaptó esta historia surrealista a los tiempos modernos, empleando la misma crítica freudiana y con clase del original, pero con la película encontramos no solo una afirmación concerniente a la élite del poder que dirige el espectáculo, y el lado más oscuro del psique humano, y el tema de la iniciación ritual. Arthur Schnitzler, un médico de profesión, fue admirado por Freud por sus descripciones bien informadas de los procesos psíquicos. No eran amigos, pero tenían un gran respeto el uno por el otro. Se dice que solo los hijos de Freud y Schnitzler, que jugaban juntos, dieron ocasión a la correspondencia entre los dos.

El "*espectáculo*" al que Kubrick quiere atraer nuestra atención es a la vez la película misma; como realidad Kubrick quiere que los espectadores se den cuenta de que The Occult Empire-reality-la realidad de este imperio oculto- se ejecuta, como un espectáculo, por los titiriteros detrás del velo del videodromo. El espectador no solo se verá obligado a reflexionar sobre la decadencia de la élite de Estados Unidos en la costa este, sino que se embarcará en un viaje revelador chamánico donde ver la película en sí misma es un homenaje a la actual hipocresía social, ya que la película es un paso voyerista en las vidas sexuales de otros. En este sentido, funciona como una iniciación que refleja el deseo del individuo a juzgar los tabúes contenidos en la película, mientras simultáneamente asiste a su presentación.

# CARA OCULTA DE HOLLYWOOD

Uno es, en cierto sentido, participe en el ritual, incluso sí, inclusive desde lejos a través de la magia de la pantalla. En este sentido, es Bill Harford (Tom Cruise) quien representará al espectador medio. El espectador medio mira porque tiene curiosidad sobre los secretos de Hollywood y la vida de las estrellas, ejemplificado en los estantes interminables. Stanley Kubrick perfeccionista exigente, Kubrick prestó especial atención a los detalles, especialmente al sonido y música en el cine.

Kubrick es conocido por clásicos icónicos como Spartacus, Lolita, Dr. Strangelove, A Clockwork Orange, 2001: A Space Odyssey, The Shining y Eyes Wide Shut sobre los chismorreos de Hollywood en su "tienda de comestibles local". Por supuesto, "el ciudadano de a pie" también fue a echar un vistazo al trasero de Nicole Kidman, y aunque parezca crudo, Kubrick intenta que el espectador se dé cuenta de su hipocresía en tal acción, dado que la mayoría valorará moralmente el culto secreto de la película de manera negativa. Eyes Wide Shut es, por lo tanto, un descriptor de la discapacidad ocular de la visión espiritual de la audiencia, así como de Bill Harford en la película, ninguno de los cuales realmente se entiende, el psique humano, sus debilidades y la base del poder sociopolítico encarnada en la oligarquía que gobierna nuestro mundo. La base de poder no es, según la película de Kubrick, el político medio o un rico médico o abogado en Nueva York. De hecho, éste es precisamente el status quo de los personajes de Kidman y Cruise: son inductores involuntarios.

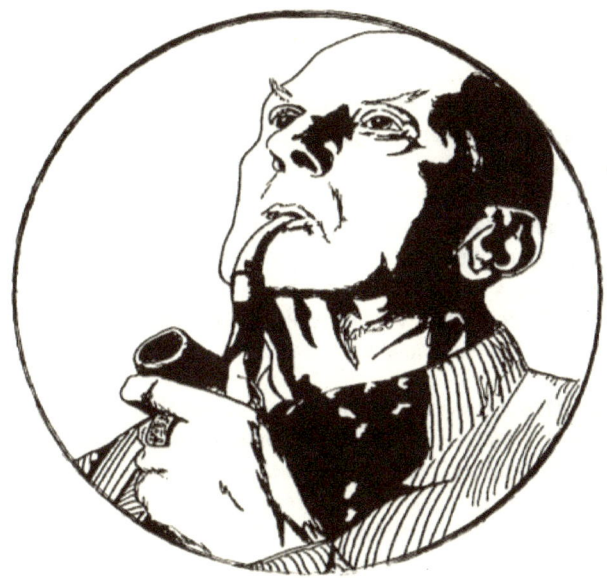

**A**leister Crowley nació en Inglaterra en 1875. Es sorprendente el número de practicantes de las artes mágicas y de la brujería que estuvo metido en la inteligencia militar durante la Segunda Guerra Mundial. Tal vez el 'espía ocultista' más conocido que operó en la Segunda Guerra Mundial, y de hecho mucho antes, y cuya carrera de inteligencia ha sido bien documentada, es Aleister Crowley. De joven, a través de la presentación de su tía que era miembro, Crowley se unió a la Liga Primrose. Este era un grupo semi-secreto y cuasi-masónico de extrema derecha del Partido conservador cuyo objetivo era protegerlo de sus enemigos políticos. El Dr. Spence sugiere que las simpatías jacobitas de Crowley en apoyo al retorno de la dinastía Estuardo al trono británico para reemplazar a los usurpadores de Hannover, podría haber sido utilizada por la Liga para persuadir a Crowley de espiar a potenciales enemigos de la Corona.

Crowley fue reclutado por el MI6 o SIS (Servicio Secreto de Inteligencia) en 1930. La idea era espiar a los ocultistas alemanes con vínculos políticos al emergente Partido Nacionalsocialista ('nazi') y al marxismo revolucionario. Uno de los objetivos era Albert Karl Theodor Reuss, el fundador del grupo mágico (OTO), en la que Crowley había sido iniciado en 1912 y había sido nombrado jefe de la rama británica.

En 1933, el año en que los nazis tomaron el poder en Alemania, Crowley conoció a un excéntrico aristócrata galés, el vizconde Tregedar (Evan Morgan 1893-1949). Su embrujada casa de campo estaba cerca de Newport, en Gales del Sur y fue el escenario de famosas fiestas salvajes en las que participó una amplia mezcla de tipos sociales, incluyendo a Aldous Huxley y H.G. Wells. La finca incluía un zoológico privado con un canguro, un oso melero, un babuino y un loro guacamayo. La reina Mary, abuela de la reina actual, llamaba a Lord Tredegar "mi bohemio favorito". Uno de sus huéspedes más inusuales y notorios, tal vez de manera significativa a la luz de los dramáticos acontecimientos posteriores, fue el diputado nazi Rudolf Hess. De hecho Hess tenía una conexión familiar con la finca Tregedar, ya que su primera esposa estaba sepultada cerca de allí.

Otro vínculo entre Crowley y los servicios de inteligencia era su amistad con P.F. Tom Driberg - que era homosexual. Driberg fue reclutado en 1931 por el asistente-director del MI5 responsable del contraespionaje, Maxwell Knight. Él estaba a cargo de plantar a los "topos" en las organizaciones fascistas, comunistas, y otros grupos considerados por el gobierno como una amenaza para la seguridad nacional. La conexión íntima entre Maxwell Knight, Dennis Wheatley, Tom Driberg y Crowley es que los 4 hombres estaban interesados en el ocultismo. Ian Fleming le entusiasmaba la idea de que a Crowley se le permitiera entrevistar a Hess en cautiverio. Esto parece haber sido sugerido a Fleming por Crowley en una carta fechada cuatro días después de la captura del nazi.

De hecho, el signo de la "V" de Victoria de Winston Churchill fue revelado por Aleister Crowley a través de Ian Fleming, así que en realidad sí hubo una guerra de sigilos entre estas dos potencias. Esto contrasta con los registros históricos que se tienen de Crowley coqueteando con miembros del partido nazi para que hicieran de su filosofía de Telema el fundamento de su ideología mágico-política.

Fue expulsado de la Italia fascista por Benito Mussolini bajo la acusación de ser un espía del MI6, acusación que nunca desmintió aunque estaba en constante relación con la prensa. Tras su muerte fue un referente de bandas de rock como los Beatles, Led Zeppelin y The Doors quienes declaraban que era un visionario y que sentían admiración por su figura. Quienes lo defienden pareciera que ven en Crowley una mística de la filosofía liberal apenas matizada de maldad por motivos estéticos.

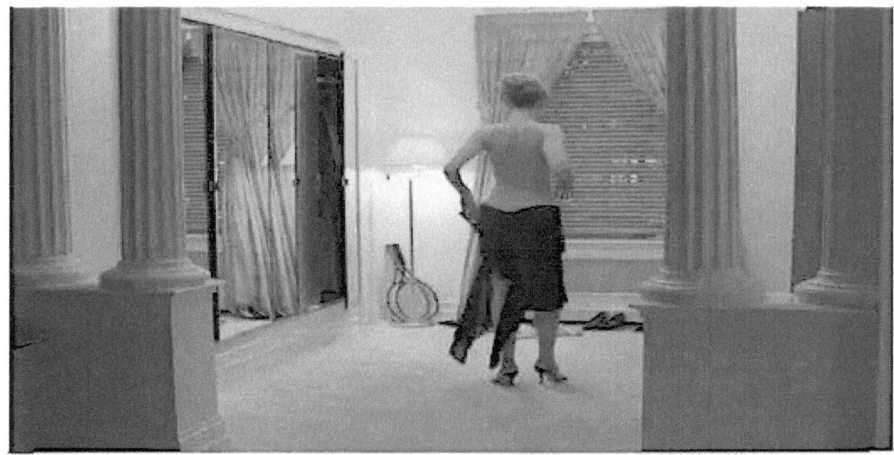

Así, a lo largo de la película, los ojos de los espectadores se cierran a la realidad de la estructura de poder, al igual que los personajes de Kidman y Cruise, hasta el final, con el velo quitado y los ojos "abiertos", como dicen. Señalando el surrealismo de la película como un *"sueño despierto"*. Luego, la pantalla se oscurece, como si un párpado se hubiera cerrado reflexivamente para enmascarar lo que la retina había vislumbrado. Exposición y negación, tentación y retirada: tales son motivos recurrentes de lo que sigue. El mismo título que Kubrick dio a su película lo que implica: Eyes Wide Shut. Desde el principio, la película emplea el simbolismo oculto, mostrando a la Sra. Harford (Nicole Kidman) medio desnuda, pero situada entre dos pilares. Estas son, en mi opinión, las puertas de entrada a la iniciación, los pilares gemelos *de Jachim y Boaz del Templo de Salomón.*

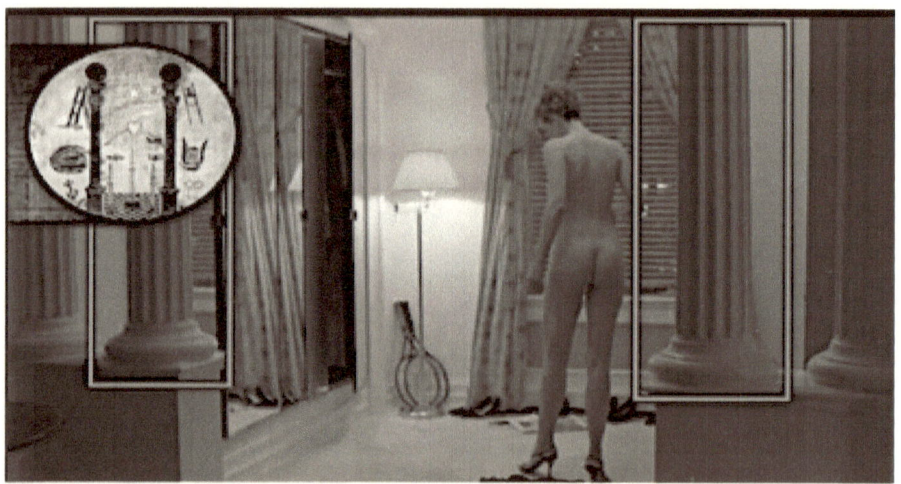

Los dos pilares ocupan un lugar destacado en la Francmasonería como la entrada a los planos divinos o trascendentales o mundos espirituales. El filósofo masónico Albert Pike comenta sobre los pilares y su relación con el sexo, las relaciones sexuales, la naturaleza y las oposiciones: la unidad es Boaz, y el binario es Jachim. Las dos columnas, Boaz y Jachin, explican en la cábala todos los misterios del antagonismo político y religioso natural. La mujer es creación del hombre; y la creación universal es la mujer del Primer Principio. Cuando el primer principio de la Existencia se hizo Creador, lo produjo por emanación e idea Yod (punto)... Invirtiendo las letras del Nombre Inefable (de Dios), y dividiéndolo, se vuelve bi-sexual, como la palabra Yud-he o Jah es, y revela el significado de gran parte del lenguaje oscuro del Kabbalah, y es el más alto de los cuales las columnas Jachin y Boaz son el símbolo. "*A la imagen de la Deidad*", se nos dice, "*Dios creó al Hombre;*

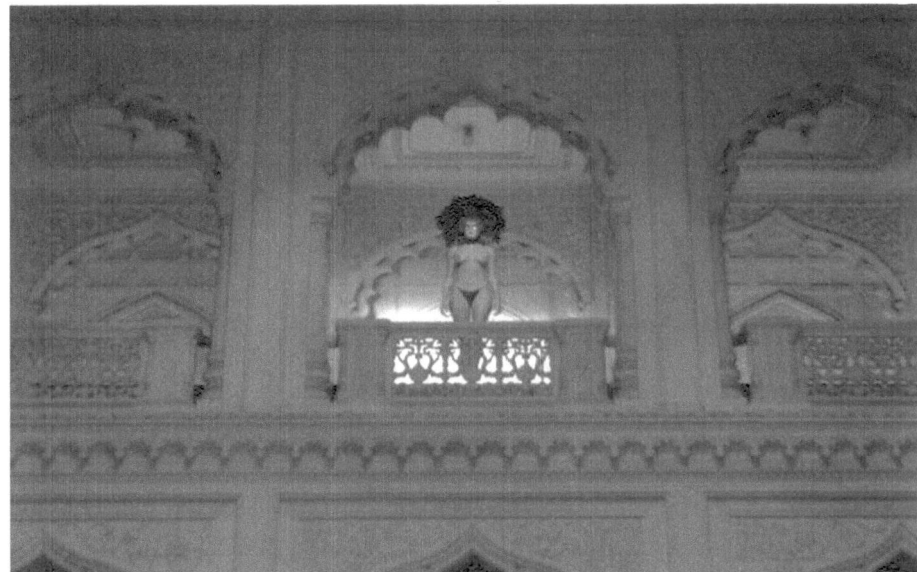

*Al Hombre y mujer los creó"*: y el escritor, simbolizando lo Divino por el humano, luego nos dice que la mujer, entonces contenida en el hombre, fue apartada de su lado. Así nació Minerva, Diosa de la Sabiduría, una mujer y con una armadura del cerebro de Jove; Isis era la hermana antes de ser la esposa de Osiris, y con Brahm, la Fuente de todo, el Mismo Dios, sin sexo ni nombre, se desarrolló Maya, la Madre de todo lo que es. Como veremos, el curso de la narración de la película comparte esta misma preocupación con los ritos sexuales, la iniciación y, finalmente, el tema de la disolución de las restricciones morales de los Harford de la clase media a medida que pasan más allá de las puertas de las inhibiciones. También vemos que la intensidad de la orgía ritual y su erotismo homosexual apunta precisamente al hermafroditismo y al retorno al vacío primordial del caos a través del intento de superar todas las oposiciones a través de la magia sexual.

El espectador también está siendo guiado, entrando entre los pilares desde el punto de vista de la cámara de visión, penetrando en los "misterios", para observar cómo la criptocracia gobierna desde las sombras (sin embargo, paradójicamente, Kubrick intenta comprender que la mayoría de los ojos permanecen completamente cerrados a este hecho). Sumidos en frustraciones matrimoniales relacionadas con la intimidad sexual, los Harford se preparan para una fiesta burguesa organizada por Victor Ziegler (Sydney Pollack), el rico paciente del doctor Bill Harford. Es significativo que el escenario sea Navidad cuando tiene lugar el procedimiento de iniciación, funcionando como una especie de declaración anti-tradicional religiosa / anti-cristiana.

Conocido por su actitud impetuosa, perfeccionismo y temperamento, la perspectiva de Kubrick era que todos los detalles son cruciales y significativos: la ubicación de todo es deliberada, a menudo cargada de simbolismo. Estas secuencias de inicio dan una sensación de ansiedad y presentimiento, presagiando las próximas tentaciones tanto para Bill como para Alice que cuestionan su fidelidad conyugal. Como se puede ver en el póster de la película, los espejos están constantemente presentes, símbolos clásicos del mundo interno del psique, así como también portales hacia otros mundos. Kubrick tiene la intención, creemos, de mostrarnos que los personajes de la película son espejos el uno del otro, así como los espejos de la audiencia.

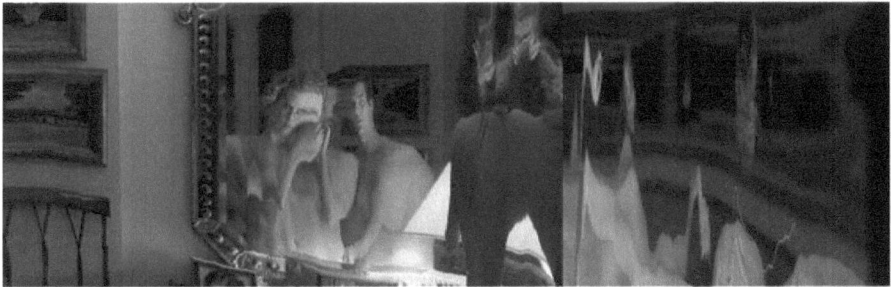

El simbolismo de los espejos también se produce en *Alicia en el país de las maravillas*, así como en *El mago de Oz*, y ambos figuran prominentemente en Eyes Wide Shut. Ambas historias están influenciadas por las enseñanzas ocultas, en particular el compromiso de L. Frank Baum con la Teosofía y las enseñanzas de H.P. Blavatsky (que son la base de la historia), mientras que Lewis Carroll de la fama de Alicia prefirió fotografiar chicas jóvenes e intentar alcanzar ESP. (percepción extrasensorial) El gusto de Carroll por cultivar chicas jóvenes puede ser aplicable aquí, ya que Eyes Wide Shut incluye el tema de la pedofilia (como muchas películas de Kubrick, sobre todo Lolita).

El autor de *El mago de Oz* era un teósofo, que se inspiró en la historia de un espíritu que le dio la llave mágica para escribir el cuento, que se publicó en 1900. Los libros iban a ser un cuento de hadas teosófico, incorporando la sabiduría antigua de las religiones de misterio La palabra "Oz" es importante para todos. Los magos telémicos, ya que no se deriva de los libros para niños, sino de gematria. En hebreo, la palabra se deletrea con las letras Ayin y Zayin y suma 77. Según Aleister Crowley, este número representa la magia que actúa en el mundo de la materia.

**La estrella de Venus de 8 picas aparece prominente en Eyes Wide Shut en la fiesta y en las reuniones de este grupo de mega ricos ultra secreto.**

Se puede expresar como 1, el gran número de magia ritual, multiplicado por 7, el número de manifestación (7-11). La metamorfosis de la iniciación en los "misterios" por parte de Bill, Alice y la audiencia. Las tres historias tienen trasfondos teosóficos y simbolismo, y por lo tanto constituyen cuentos de iniciación, incluso hasta el punto de lectura recomendada (de Oz y Alicia) de Aleister Crowley para aspirantes a magos. Cuando llegan los Harford a la fiesta, vemos un claro símbolo de a qué clase de iniciación van a someterse: ***el camino de la mano Izquierda***; como lo vemos en el pentagrama invertido. Aleister Crowley (1875-1947): ocultista británico y fundador de la religión de Thelema, Crowley creía ser un profeta que guiaba al mundo hacia un nuevo eón o era, conocido como el Eón de Horus. Un practicante de magia sexual ceremonial y ritual. Ziegler, invita a la pareja kidman-cruise a sus fiestas con frecuencia bajo los auspicios de que con el tiempo participen en las orgías secretas. Hay dos partes, aprendemos; no solo la dócil gala de Navidad, sino una "fiesta posterior", en otro lugar, y de una naturaleza mucho más oscura. El viejo amigo universitario de Harford, Nick Nightingale (Todd Field), tropieza *"accidentalmente"* con Bill, mientras hablan sobre el hecho de que Nick toca el piano en ambas fiestas.

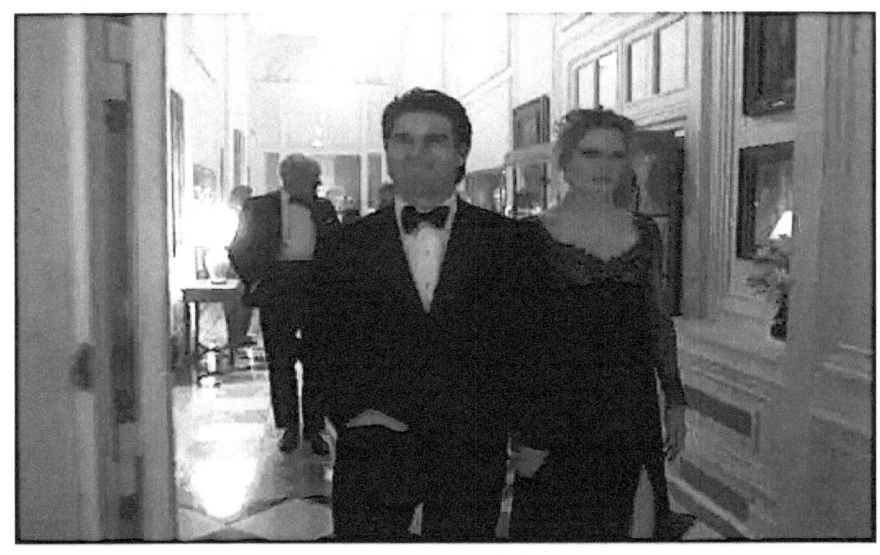

## Suelo masónico en la película

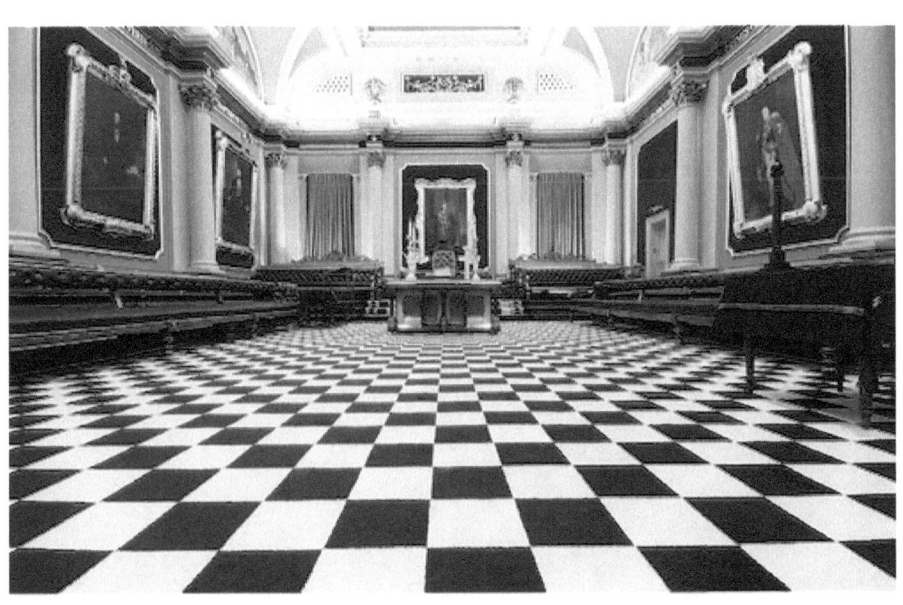

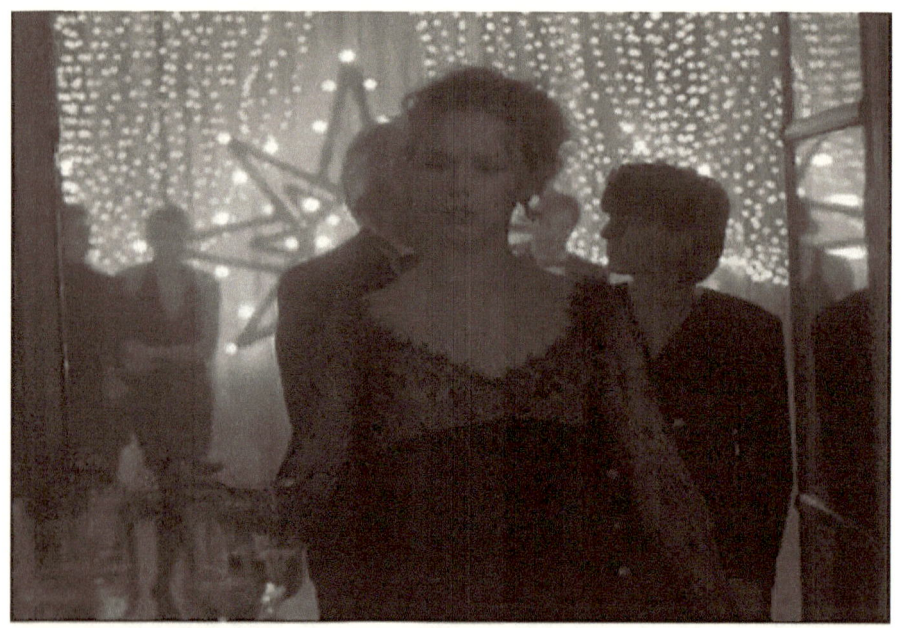

Cupido y Venus y la escalera de Jacob masónica...

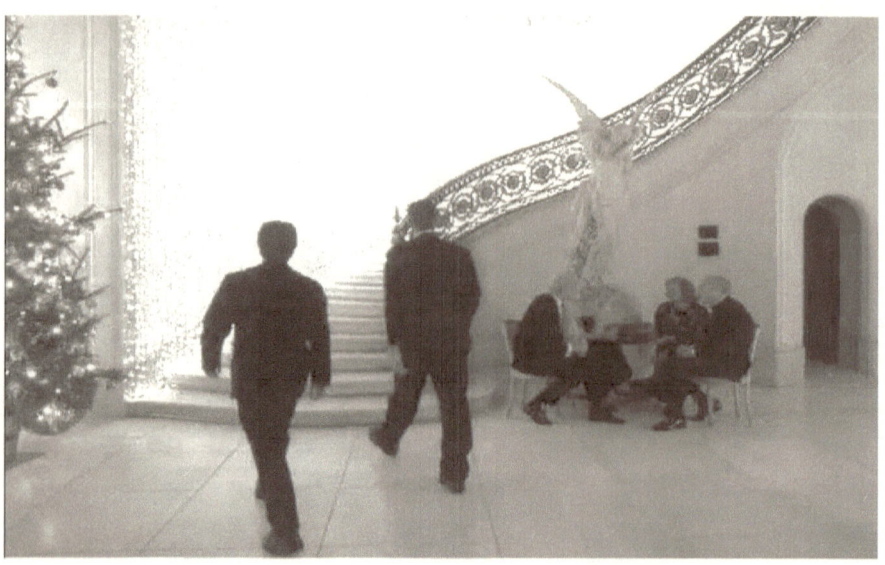

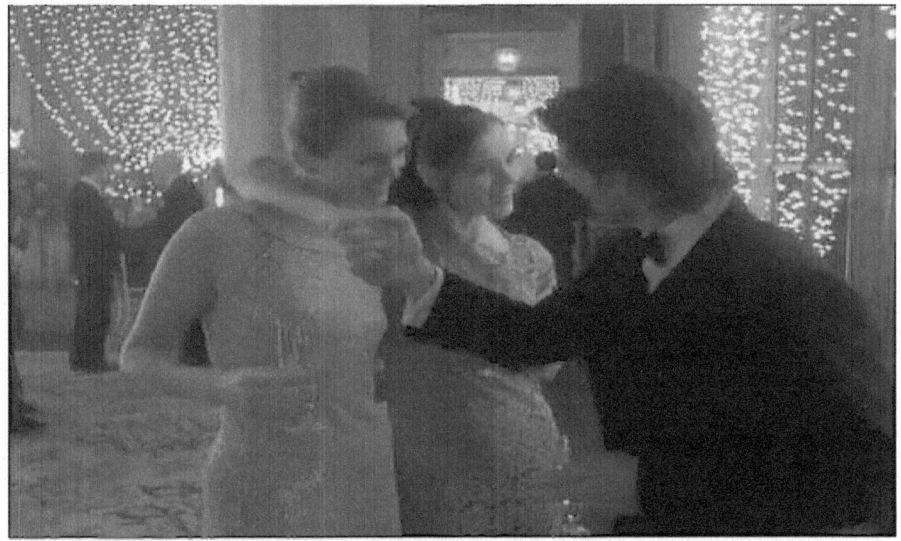

Intrigados, ambos Harford resisten la tentación de acostarse con otras personas en el baile de Navidad, pero indudablemente tienen el deseo de tener sus propios problemas matrimoniales. Sin embargo, lo que hemos empezado a sospechar es que estos eventos no ocurren al azar, sino que todo ha sido organizado. No es accidental Nightingale fue elegido precisamente porque es un viejo amigo de Bill. Curiosamente, a Bill se le propone un trío con dos bellas chicas británicas que dan indicios de que son de descendencia noble ("Nuala Windsor"), y le ofrecen a Bill "donde termina el arcoíris". Al mismo tiempo, Alice está borracha, bailando como ella seducido por un Sandor Szavost, un húngaro rico que cita poemas de Ars Amatoria de Ovidio sobre mujeres casadas con ropa de cama. Szavost puede ser una referencia velada a Anton Szandor LaVey, fundador y Sumo Sacerdote de la Iglesia de Satanás.

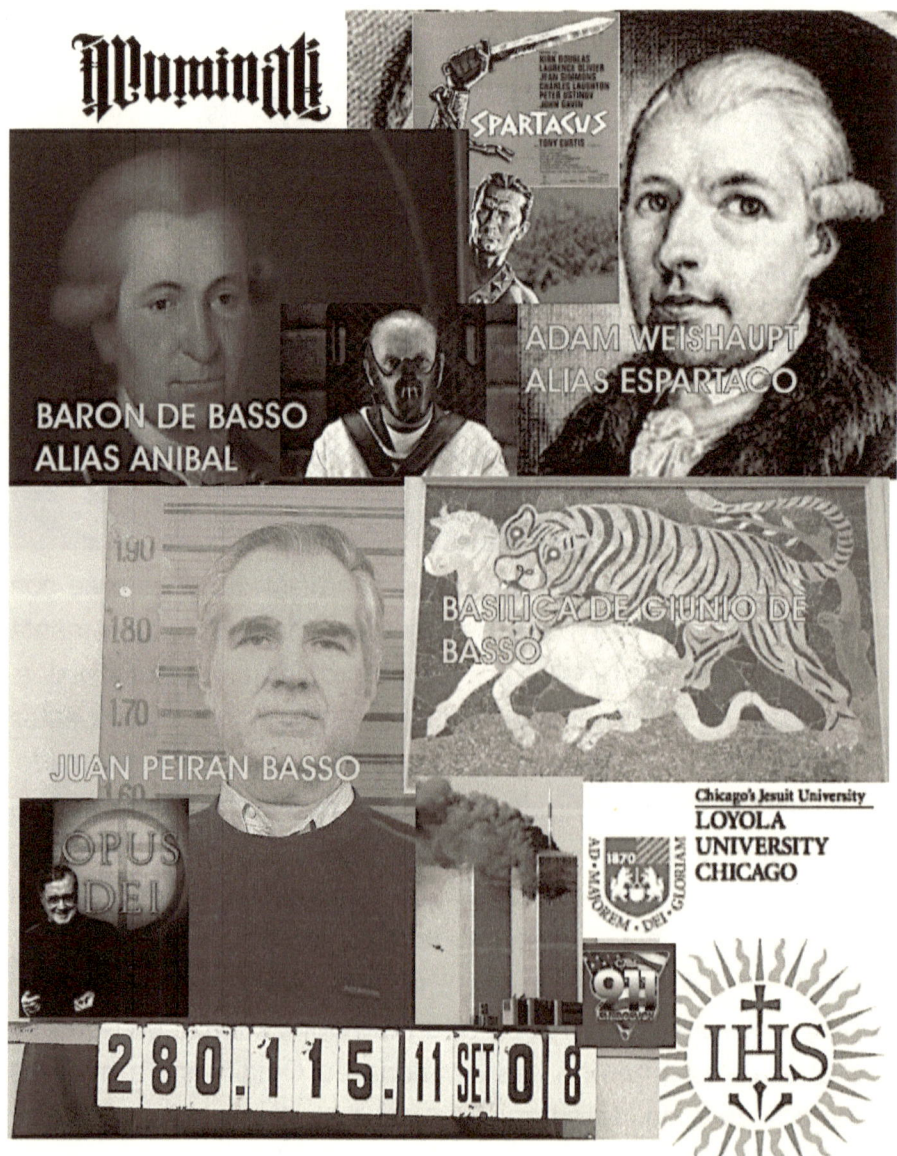

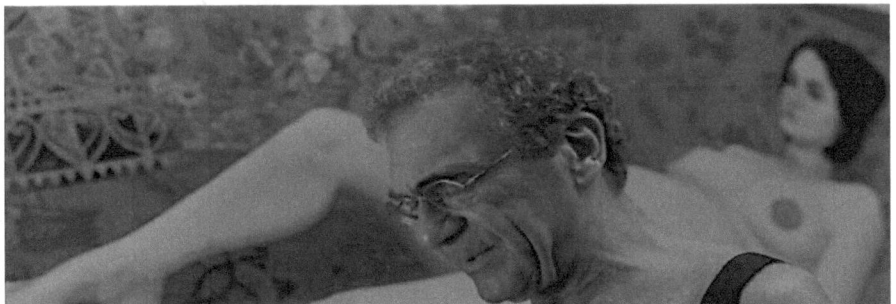

Creo que esta referencia simbólica está alertando al espectador perspicaz de que finalmente estamos siendo testigos de un culto satánico en el escalón superior. También es interesante notar que la novela original fue escrita acerca de una pareja que experimenta la misma experiencia en la clase alta de Austria alrededor del cambio de siglo, ya que la vecina Baviera es el origen de la verdadera Orden histórica de los Illuminati.

Interrumpido de la tentación erótica, Bill comienza a desarrollar sospechas sobre su cliente: la élite de Ziegler parece estar inmersa en tratos turbios, con conexiones tanto con drogas duras como con aventuras sexuales con reinas de belleza. Mandy, (Julienne Davis) una de las muchas bellezas que rodean a Ziegler, sobredosis en la fiesta (en medio de sexo con Ziegler) y Ziegler llama a Bill para rescatarlo del escándalo, en última instancia, para ver si Bill puede "mantenerse" tranquilo sobre el asunto. Mandy es curiosamente llamada "dormida", mientras que sobre ella aparece el retrato de una mujer desnuda en la misma postura, como si aludiera a la tesis de la película sobre una delgada frontera entre fantasía y sueño, y la realidad de Bill como una sincronicidad planificada.

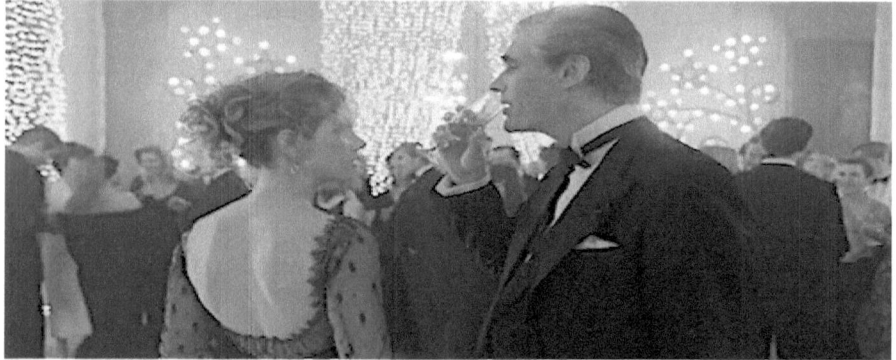

No solo esto, Alice sufrirá un incidente similar mientras está acostada en la cama, medio dormida, murmurando y pronunciando las revelaciones de sus sueños a Bill sobre las orgías. Al diagnosticar a Mandy como estable, el doctor Harford ayuda al examinar su pulso y aconsejarle que no puede continuar su estilo de vida salvaje: Lo que no sabemos es si la sobredosis fue un intento de suicidio de Mandy, una sobredosis real o un evento organizado para probar a Bill. Alice exasperadamente arrincona a Bill en su hipocresía e ingenuidad sobre las mujeres al no admitir que fue tentado en la fiesta. Alice le confiesa a Bill que una vez fue tentada por un oficial naval y, por una fracción de segundo, estuvo dispuesta a dejar tirados a ambos, marido y niña, por una noche de placer. Bill, notablemente angustiado, comenzará su camino de búsqueda de relaciones extramatrimoniales como resultado de esta acalorada disputa. La curiosa simbología de esta escena es la de los pentagramas invertidos en el fondo de las cortinas: cuando Alicia se mueve por el condominio vemos imágenes de puertas y jardines, lo que indica una vez más que se trata de una película sobre los deseos subconscientes y la iniciación.

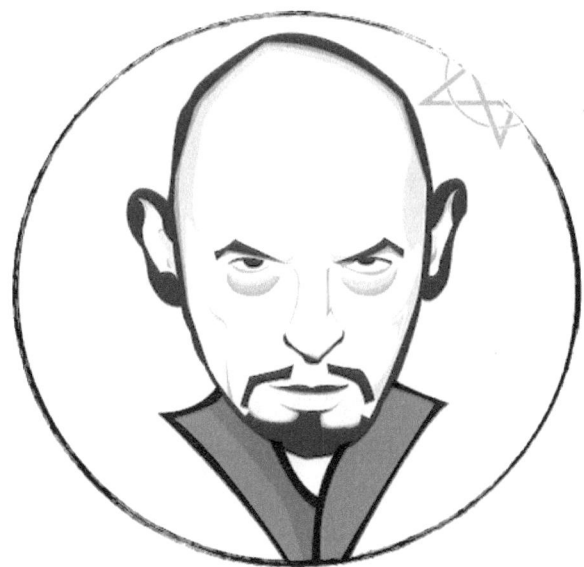

**A**nton LaVey nacido en 1930 en California, autor, músico y antiguo artista de carnaval convertido en ocultista. LaVey es muy conocido por haber fundado la Iglesia de Satanás en San Francisco en 1966. LaVey también es conocido por ser el autor de la Biblia satánica en la que se codificaron la filosofía y los rituales de la organización. Describiéndose como escéptica y atea, la Iglesia de Satanás profesa su creencia en el individualismo. Hedonismo epicúreo y exaltación del yo.

En 1951 LaVey conoce a Jack Parsons, discípulo de Crowley, y participante directo del programa aeroespacial de la NASA, el cual tendría una gran influencia en su filosofía, todavía en crecimiento. Parsons había fundado su propia logia . Fruto de estas incursiones en la logia de Parsons, LaVey conoce a Kenneth Anger , el cineasta, tambien discípulo de Aleister, que sería fundamental en su salto a la fama. LaVey actuó como el diablo en el film "Rosemary's Baby" de Roman Polansky . ('La semilla del diablo') donde se narra el nacimiento del Anticristo. La película, se rodó en el edificio Dakota, en la ciudad de Nueva York. En dicho edificio, había vivido Aleister Crowley y, años más tarde, en el mismo apartamento, John Lennon, donde fue asesinado en 1980. En 1970 Lavey hace el papel protagonista de una película de Kenneth Anger, "Lucifer Rising, Invocation of my demon brother," cuya música fue escrita por Mick Jagger y Jimmy Page (The Rolling Stones y Led Zeppelin ).

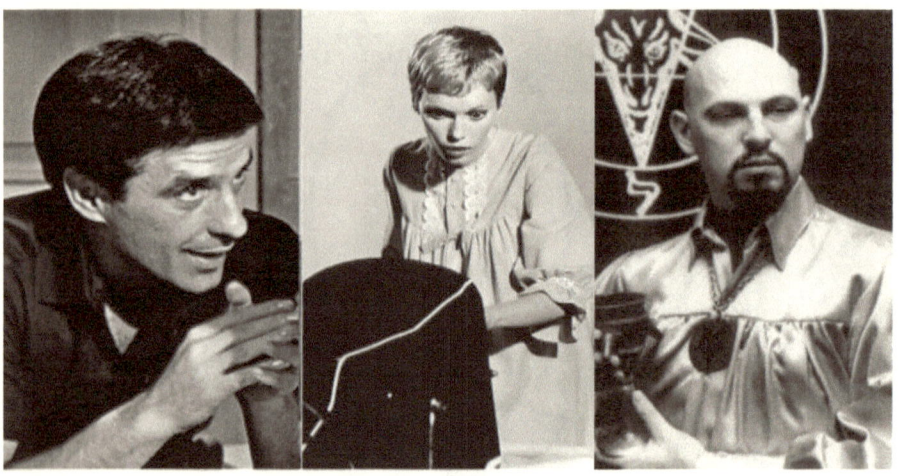

LaVey y su Iglesia de Satán tenían su sede en los Angeles, California. Por haber sido músico tenía amistades y trabajó en esa industria, productores de las principales estudios, músicos, rockers, cineastas, escritores, actrices, actores, políticos, etc. Muchos de los cuales pertenecían a su iglesia como Jane Mansfield, Ida Lupino, Eddie Albert, Ernest Borgine, Sammy Davis Jr, Jackie Mason, Kim Novak, Keenan Wynn, Gene Roddenberry, Hells Angels (sus guardaespaldas) , Kenneth Anger, Neo Nazis , etc. LaVey era muy amigo de la actriz Jane Mansfield, que murió en un accidente de automovil decapitada. Marylin Monroe, fue su amante en 1948 cuando ella era bailarina en un burlesque llamado Mayan.

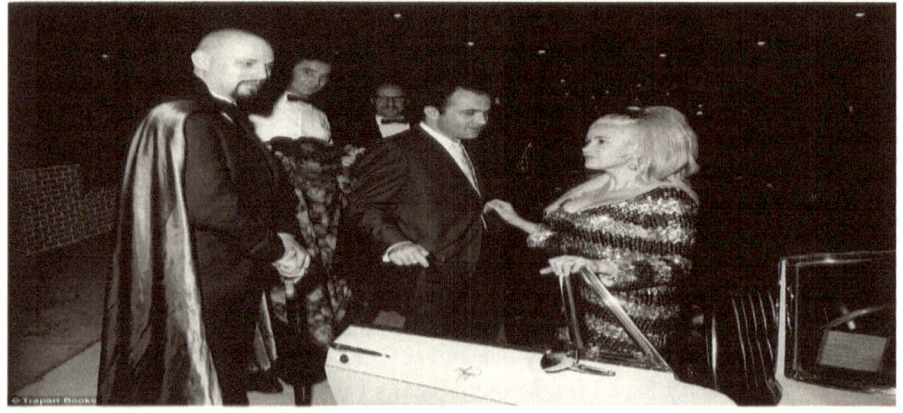

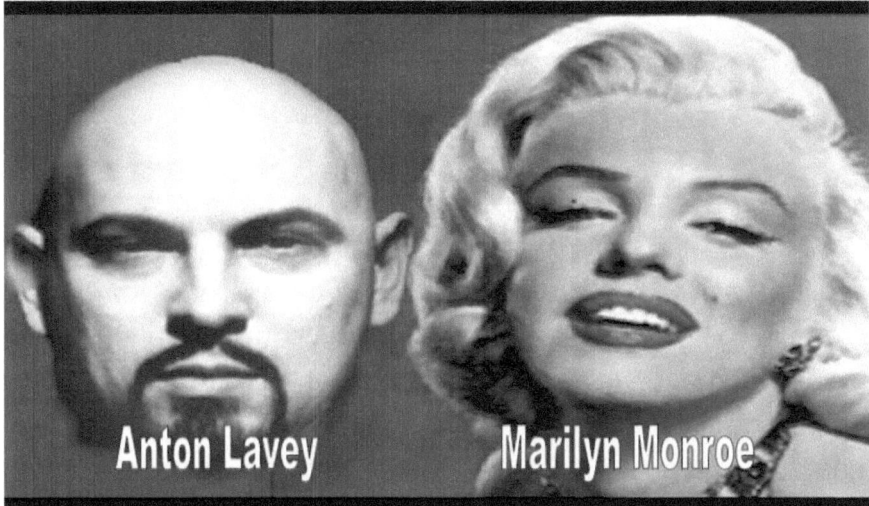

Anton Lavey          Marilyn Monroe

El contacto con los productores de cine. Tenía un póster firmado por ella que decía "Querido Tony, cuantas veces me ha visto así, con amor Marylin". El cual es una muestra de orgullo. En el póster ella estaba desnuda. Pero también personajes siniestros dicen haberse inspirado en su doctrina, como Charles Manson (el cual estaba siempre presente con sus "gatitas" en las fiestas de los Beach Boys). Otro cantante que juega con lo esotérico es el guitarrista chicano, Santana que dice ser practicante de Santería, mezcla de ritos africanos con católicos. Algunas de sus canciones tienen títulos como: Sacrificio del Alma Caminos del Demonio. "Mujer de magia negra" Carlos Santana declara que compone su música en estado de trance, y que tiene una comunicación con un espíritu llamado Metatrón (otra personalidad del planeta saturno).

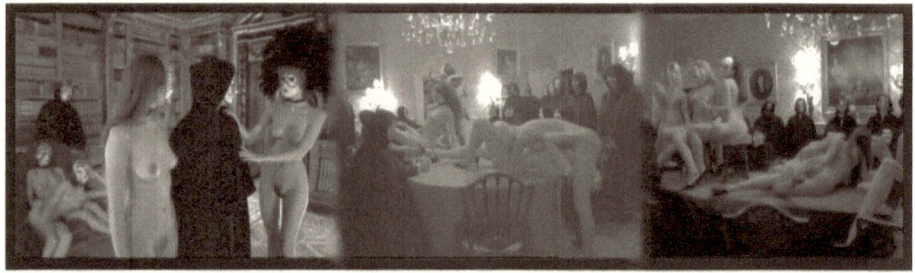

La hija de su paciente está enamorada de él y hace un pase, y un inquieto Bill sale rápidamente (aunque comienza a temblar en su fidelidad). Bill aquí comienza a sospechar que el matrimonio también es un obstáculo para los demás, ya que Sandor había intentado convencer a Alice. Desanimado, Bill deambula por las calles nocturnas en busca de satisfacción sexual, pasando por varias prostitutas y sex shops. Acosado por un grupo de chicos de una fraternidad que (sin ninguna razón aparente) lo llaman homosexual, la determinación de Bill de hacer trampa se fortalece, ya que casi nos da la impresión de que el sexo es una obsesión social que todo el mundo experimenta, excepto Bill.

Sintiéndose mal, una bella prostituta llamada Domino (Vinessa Shaw) le propone sexo, invitándolo a su apartamento. Bill admite, y se baja un poco al mundo de la clase baja, encontrando que el sexo aquí funciona como una mercancía. Curiosamente, las actitudes de la clase baja y alta en la película con respecto al sexo son más o menos sinónimos, mientras que solo la clase media alta (Bill y Alice) son, y se sienten obligadas, por las obligaciones legales de la fidelidad conyugal. Para Domino y las élites de la orgía, el sexo funciona como un medio de supervivencia, placer y representación ritual.

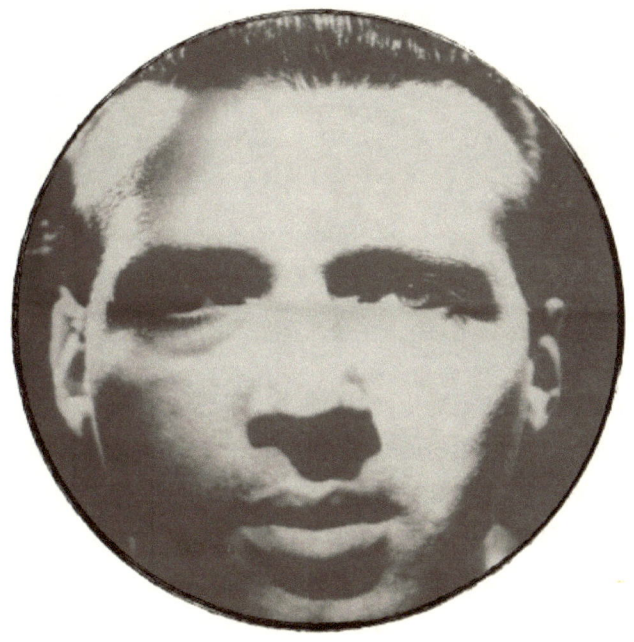

Juan Eduardo Cirlot Laporta nació en Barcelona, 1916 y fue un poeta, crítico de arte, mitólogo, iconógrafo y músico español. Estuvo en Zaragoza hasta 1943: allí frecuentó el círculo intelectual y artístico de la ciudad y se relacionó con el pintor Alfonso Buñuel -hermano de Luis Buñuel. En el verano del 43 regresó a Barcelona para trabajar en el Banco Hispanoamericano y conoce al novelista Benítez de Castro, quien le introdujo en el periodismo como crítico de arte.

Se adscribió al filo de los 48 a la escuela surrealista francesa y al dadaísmo, para asumir luego una tradición espiritualista de muy lejanos horizontes (el Cábala, el sufismo y los estudios orientales). De ahí proviene su interés por la simbología, que imbuirá toda su actividad literaria y su importante labor como crítico de arte. Hizo importantes estudios sobre simbología y hermenéutica medieval, reunió una importante colección de espadas y su copiosa y variada producción poética -más de cincuenta libros- se mantuvo alejado e independiente de las corrientes que dominaron la poesía de postguerra a causa de su oscuridad y hermetismo: últimamente, sin embargo, su figura no cesa de revalorizarse a través de continuas revisiones, reediciones, apariciones de obras inéditas y homenajes.

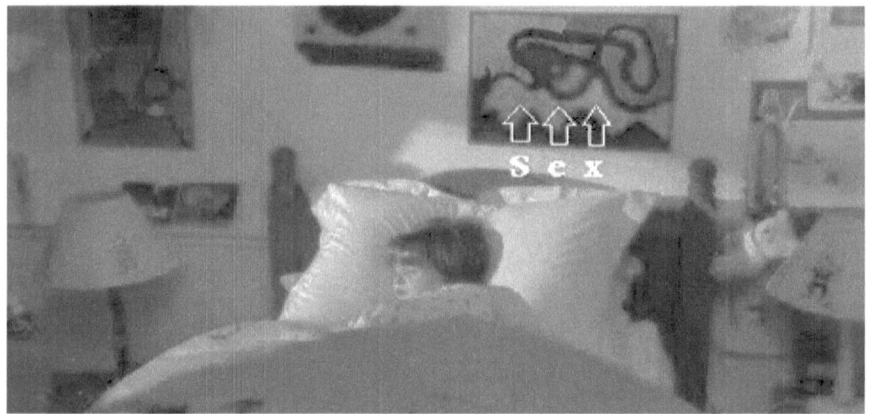

Aquí aparecen imágenes simbólicas más cruciales con la colocación destacada de libros sobre psicología y sociología en el piso de Domino. Kubrick sin duda está haciendo una declaración sobre sociología, pero no es la que realmente piensa la gente, más bien análisis hacia una criptocracia de élites ocultas. Una vez más, Bill es interrumpido en su adulterio y rehúsa la oferta de Domino, sin embargo, la colocación de las máscaras en el apartamento de Domino funciona como la primera gran clave para determinar que su reunión con Bill no fue accidental. En un sentido existencial, la máscara es un símbolo de la sociedad como un todo, como dijo Jean-Paul Sartre, enmascarando nuestras verdaderas identidades bajo la fachada exterior que todos erigimos. También es notable la crítica de Kubrick al orden social en la película, la celebración del cristianismo (hay árboles de Navidad y decoración en todas partes), pero se encuentra dominada por la obsesión sexual y el consumismo, bastante antiético a las preocupaciones religiosas occidentales tradicionales.

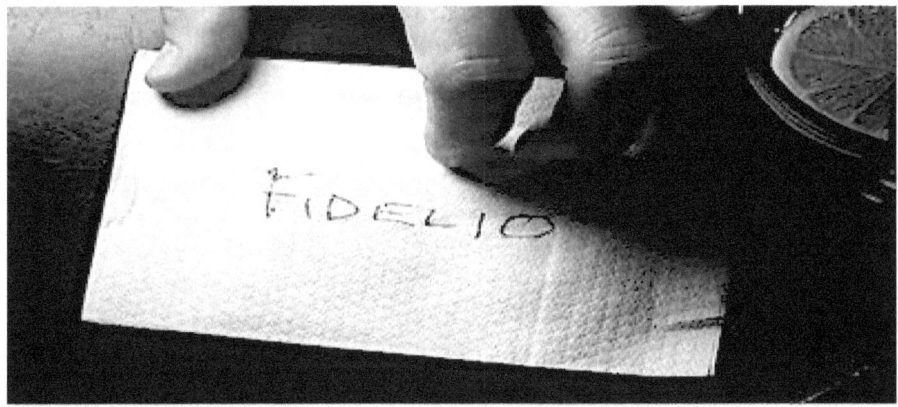

En cambio, la prevalencia de máscaras en la película muestra a la sociedad como un fraude. Pero más allá de eso, Kubrick quiere que el espectador vea que aquellos que realmente manejan las cosas están enmascarados: constituyen un equipo secreto de clase alta, adinerada, que permanece en las sombras. Esta es otra pista de que Domino no es una verdadera prostituta: es parte de la sociedad secreta y actor (de ahí las máscaras en su departamento), y está siendo utilizada para atraer a Bill, al igual que Nick Nightingale.

La mayoría de las prostitutas no son estudiantes académicas expertas en psicología y sociología. De nuevo disgustado, Bill sale de Domino's y entra a un club nocturno donde Nick está jugando. Al distraerse con la actuación, Bill le pide a Nick después del espectáculo que le cuente sobre la fiesta posterior; la segunda fiesta que Sandor le había mencionado a Alice, donde Nick toca el piano "con los ojos vendados".

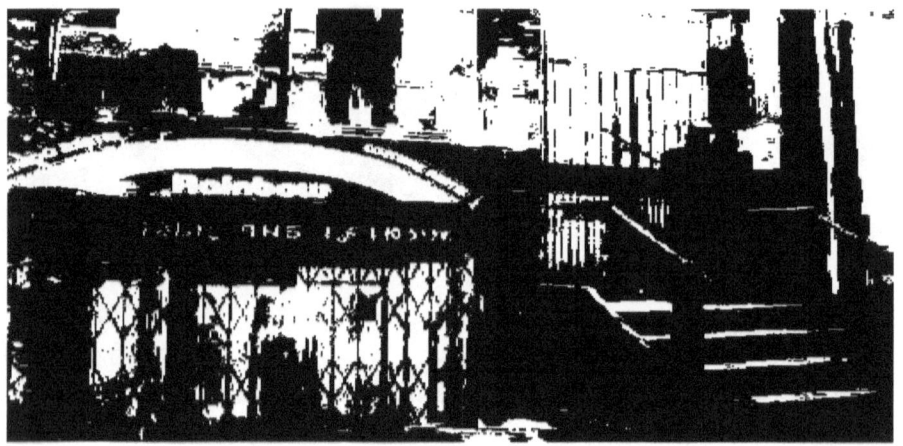

Intrigado, Bill decide colarse después de buscar una máscara y un disfraz baratos en la única tienda que aún está abierta. La contraseña, Nick le dice a Bill, es "Fidelio", evoca el tema de la fidelidad conyugal constantemente en cuestión. Claramente, Nick le ha dicho a Bill la contraseña para despertar su interés. Irónicamente, el nombre de la tienda es The Rainbow, recordando los indicios de una puesta en escena de la sexy nobleza británica que proponía que Bill mencionara: que puede encontrar lo que busca **"al final del arcoíris"**. Este obvio Mago de Oz. La referencia hace más claros los juegos psicológicos que se están jugando con Bill, así como los espejos que vemos llenos de Alicia sugirieren Alicia en el país de las maravillas. Todavía ajeno a estas serendepias organizadas. Bill sigue con los ojos vendados como Nick, pero no con una venda literal. La ceguera de Bill se debe a su propia ingenuidad e ignorancia con respecto a sí mismo y al mundo que le rodea. Todas las pistas están ante él, que está siendo llevado como un cordero al matadero, si él elige verlo.

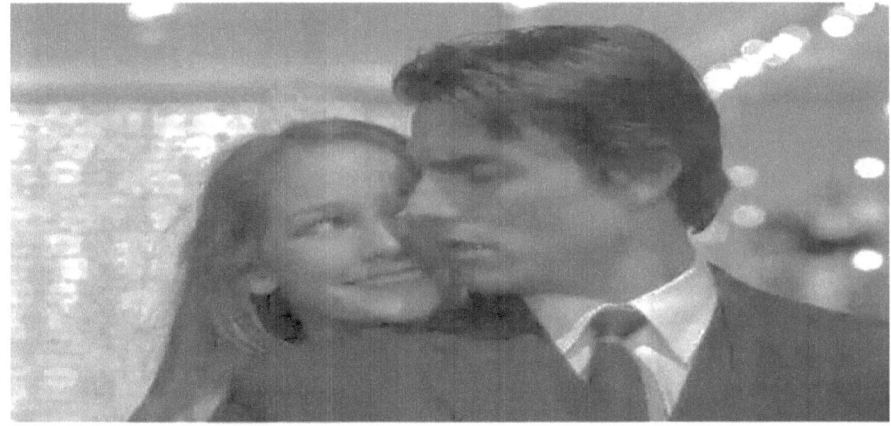

Los eventos son la iniciación de Bill mientras él prueba con respecto a su "Fidelio", la fidelidad a su esposa, su sentido ambiguo de la moralidad de la clase media o, en última instancia, al culto: de ahí la contraseña. Debe mencionarse también que el culto retiene estos elementos de magia sexual, donde el buscador profano está en la oscuridad (ojos bien cerrados o con los ojos vendados), en el cual solo el hierofante o líder de culto puede iluminar, recordando que la luz es un prisma o arcoíris. El arcoíris es también un símbolo del desprecio de las inhibiciones sexuales en relación con la bandera del arco iris del movimiento homosexual. Sin embargo, la sexualidad en la perspectiva de la película no se trata de liberación, sino que implica sutilmente que el Sr. Milich (Rade Serbedzija), el propietario de la tienda de disfraces está conectado con el culto y también actúa en su nombre en su intercambio con Bill, prostituye su propia hija menor de edad (Leelee Sobieski) por dinero (a los empresarios japoneses y presumiblemente al culto).

"Lo que debemos decir a la **GENTE** es: adoramos a un dios, pero es el dios al que uno adora sin superstición. **A USTEDES**, Soberanos Grandes Inspectores Generales, les decimos esto, para que lo repitan a los hermanos de los grados 32, 31 y 30: La **RELIGIÓN MASÓNICA** debe ser mantenida, por todos nosotros los iniciados de los niveles *altos*, en la pureza de la doctrina de **LUCIFER**. Si Lucifer no fuera dios, ¿lo calumniaría (esparciría declaraciones falsas y dañinas acerca de él) Adonai (Jesús)?... **SÍ, LUCIFER ES DIOS...**"

"A.C. De La Rive, *La Femme et l'Enfant dans la Franc-Maçonnèrie Universelle* (página 588).

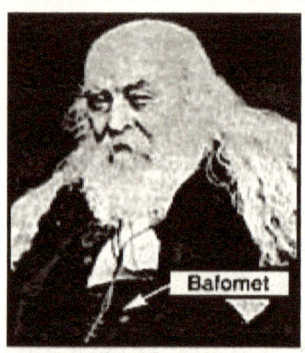

Bafomet

General Albert Pike, 33°

**A**lbert Pike masón americano de 1809. Abogado, escritor, oficial confederado y filósofo musical, Albert Pike es el autor de uno de los textos masónicos fundacionales más importantes, conocido como Morales y Dogma del antiguo y aceptado rito escocés de Franc-masonería (1871). Pike fue influyente en la Confederación y se mantuvo como Soberano Gran Comandante de la Jurisdicción Sureña del Rito Escocés durante 32 años. Entre otras sociedades influenció el KKK.

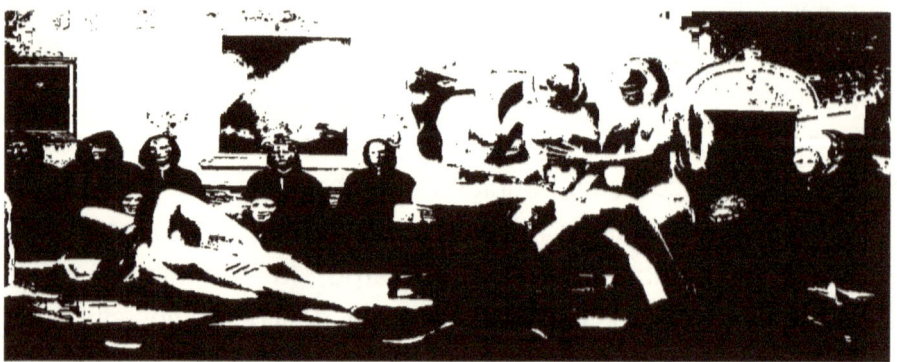

La clave para saber la conexión de Milich con el culto es la frase secretamente susurrada que su hija le da a Bill sobre qué ponerse. Después de frotarse contra Bill, ella explica que su elección de vestido no servirá: debe usar específicamente una "capa de armiño". Armiño es clásicamente un signo de heráldica que indica nobleza y realeza de alto rango, particularmente entre las elites británicas. Esto le permite al espectador saber que asistió a los rituales y sabe con precisión hacia dónde se dirige Bill, lo que revela toda la escena de la tienda de disfraces organizada para llevar a Bill a la mansión.

## Máscara de rostro múltiple

Un invitado con una máscara de rostro múltiple.

Una máscara similar se observa en *Eyes Wide Shut* (¿la película fue inspirada en fiestas Rothschild?).

¿Esta fiesta "delega" en el libertinaje representado en la película?.

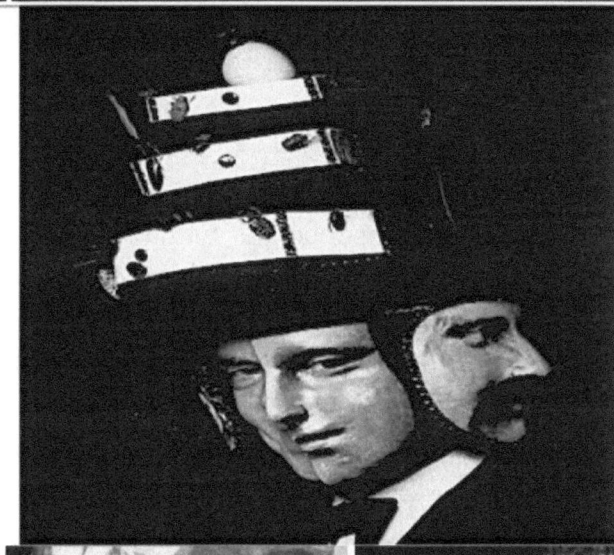

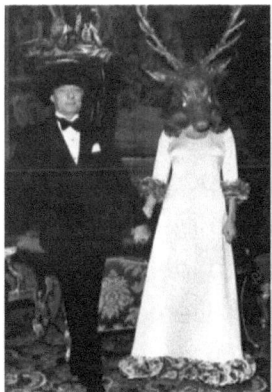
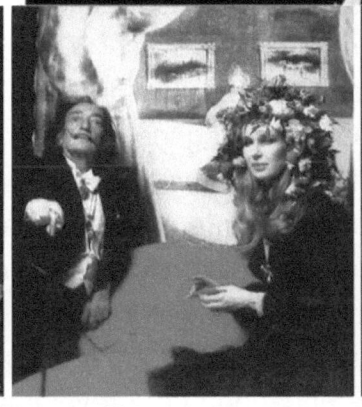
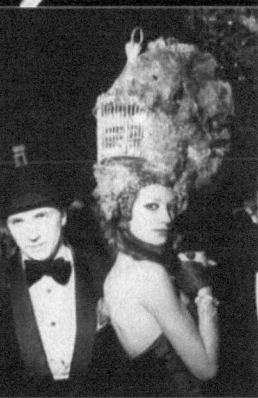

El 12 de diciembre de 1972 Marie-Hélène de Rothschild, miembro de la familia de la élite más poderosa del mundo, celebró una surrealista fiesta en el Château de Ferrières, una de las gigantescas mansiones de la familia. En definitiva, es una mezcla de "Eyes Wide Shut" – estilo baile de máscaras mezclado con un video pop estilo Lady Gaga.

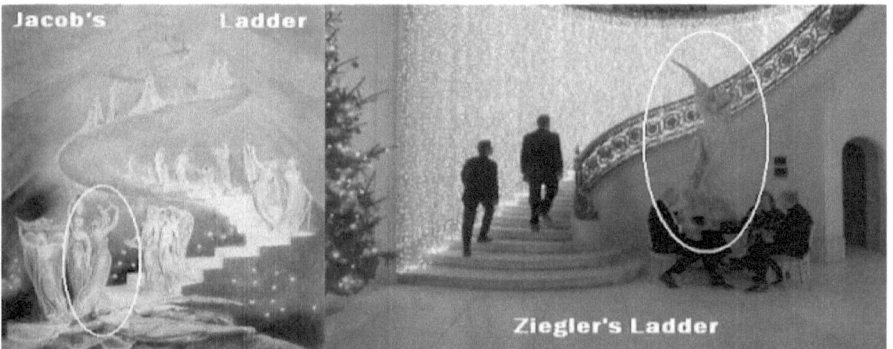

Jacob's Ladder

Ziegler's Ladder

Nervioso, pero deseoso de aventuras, Bill se monta en un taxi hacia la mansión vistiendo la máscara y la capa, y se infiltra exitosamente usando la contraseña. Dentro de la finca, somos testigos de una forma solemne de un ritual de iniciación donde un círculo mágico de mujeres hermosas, casi desnudas son inducidas al culto de élite en una especie de misa católica falsa, presidida por una figura que se asemeja a un cardenal. Lo análogo más cercano en el mundo real sería algo parecido a una "Misa Gnóstica" de Crowley, o la OTO. 12 son las galas enmascaradas se remontan a la antigüedad, sin embargo, en los últimos cientos de años han llegado a marcar la vida de fiesta de ciertos cuadros de los escalones superiores del poder. La Gran Bretaña del Renacimiento tenía muchas galas de máscaras, así como Francia, y según el exorcista y miembro del Vaticano, Malachi Martin en su famoso libro Huésped del Demonio, tales orgías rituales ciertamente tienen lugar. Después de presenciar la orgía ritual, Bill es engañado para revelar su identidad a todos los asistentes enmascarados y se le da la impresión de que el culto lo va a sacrificar, hasta que una chica se adelanta para "rescatarlo" por él.

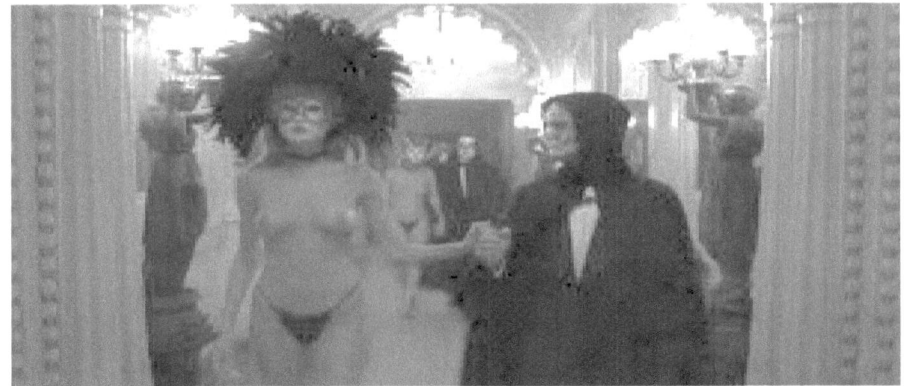

Ya que la mujer se ofrece a sí misma para "redimirlo", imitando la doctrina bíblica del sacrificio de sangre, ten en cuenta la similitud de las imágenes en Eyes Wide Shut al Rothschild Ball descrito anteriormente y las celebraciones en el 40 cumpleaños del príncipe Pavlos de Grecia, así como las revelaciones sobre las fiestas sexuales del banco francés del FMI, Dominique Strauss-Kahn, según decía el New York Times.

Bill, aturdido, se monta en el taxi para encontrar a Alice despertándose, riendo, en casa como si hubiera sido drogada como Mandy. Al decirle que sólo estaba soñando, para consternación de Bill, comenzó a sollozar. Él pregunta por el sueño y Alice responde: "Fue muy extraño, estábamos en una ciudad desierta y nuestra ropa... nada. Estábamos desnudos y estaba aterrorizada y me sentí avergonzada. Y estaba enojado porque... se apresuraron a buscarnos ropa. Tan pronto como te fuiste, fue completamente diferente. Me sentí maravillosa. Luego estaba tumbada en un hermoso jardín desnuda bajo la luz del sol y un hombre salió del bosque. Era el hombre del hotel del que te hablé, el oficial naval.

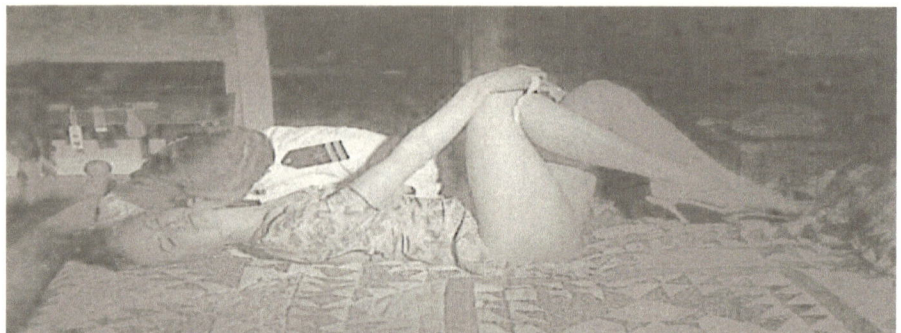

*Él me miró y solo se rió. Él solo se rió de mí... Me estaba besando y luego hicimos el amor, luego estaban todas estas otras personas a nuestro alrededor, cientos de ellas en todas partes, todos estaban "follando"... y quería burlarme de ti, reírme en tu cara. Y entonces me reí tan alto como pude. Y eso debió ser cuando me despertaste..."* Esta es una pista de que tanto Bill como Alice están siendo incluidos en el culto, o que el culto tiene poder incluso sobre la esposa de Bill, si eligen usarlo. O Alice ha sido drogada y no recuerda la orgía, pensando que fue un sueño, o que ella es parte voluntaria del proceso de iniciación de Bill, en la medida en que ya la trajeron y sus recuerdos están reprimidos (y regresan a ella). En su estado de sueño. Frenético, Bill intenta rastrear el culto, regresa a la propiedad, pero un mayordomo le advierte con una carta en la mano que no busque más. Todavía deseando una aventura y ahora tal vez curioso sobre el alcance del culto, telefonea a Domino, solo para descubrir por su compañera de habitación que ella no está en ninguna parte debido al haber contraído el "SIDA" (en otras palabras, su función como actriz está completa).

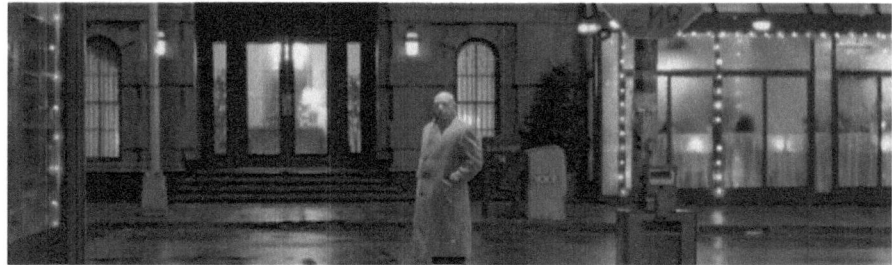

Bill, una vez más, se pone a vagar por las calles, solo para descubrir que lo acechan figuras oscuras y empieza a temer que no tenga lugar a dónde huir. Al leer detenidamente el periódico, se entera de que Mandy ha sufrido una sobredosis, visitando el tanatorio para descubrir que en realidad es su cuerpo y que probablemente haya sido asesinada. Volviendo a su último recurso, Bill visita a Ziegler, quien revela la mayor parte de la verdad: está en el culto y estuvo presente la noche en que Bill se coló. Ziegler advierte nuevamente que no continúe investigando, mientras Bill se queda sin palabras de que su amigo es parte de un culto mágico sexual de la élite, con el poder de controlar los eventos y matar cuando sea necesario. También vale la pena señalar que la casa de Ziegler está decorada con pinturas de la aristocracia británica. Bill le dice a Ziegler que vio el cuerpo de Mandy y Ziegler revela que ella era la que salvó a Bill en la orgía. Bill replica, ¿qué tipo de farsa termina con alguien que termina muerto? Descubrimos la oscura verdad de que es una matanza ritual elitista. Una pregunta podría plantearse en este momento, que es, ¿por qué un culto de sexo mágico? Como se señaló anteriormente, el simbolismo ya ha transmitido numerosos ejemplos de pilares, pentagramas y referencias de Alicia y Oz, todos los cuales culminan en la orgía ritual que suena a algo de un libro de Crowley.

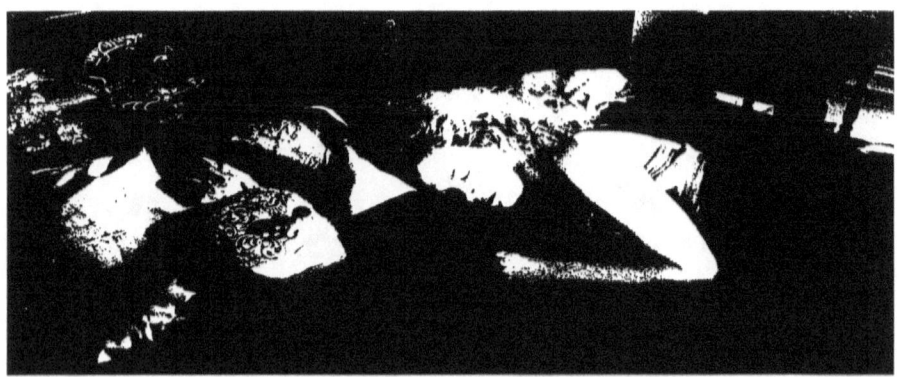

Bill vuelve a casa para encontrar su máscara perdida en la almohada junto a una Alice dormida. En otras palabras, debemos sospechar que Alice sabe que él estaba allí, o ella le dice que está involucrada. Expresando tristeza intensa, Bill rompe a llorar y le dice todo. Es dentro de esta escena que podemos ver a Bill dando la señal secreta, un signo masónico de fidelidad a la orden prestada en otras sectas, incluidas las de Aleister Crowley. Habiendo pasado esta prueba, Bill y Alice discuten su decisión de permanecer casados, después de esta confesión mutua. Recordando su promesa de llevar a su hija a hacer las compras navideñas esa mañana, la pareja continúa su charla en los grandes almacenes, donde ocurren algunos eventos fundamentales, aunque sutiles. Se muestra otro pentagrama invertido, un "círculo mágico" colocado a propósito en un juego la pareja ahora ha entrado en el círculo mágico y sus ojos ya no están cerrados. Han sido "iluminados" por las acciones del culto y están conscientes de la verdadera estructura de poder en el mundo. Ya habíamos visto un "círculo mágico" de mujeres en el ritual de iniciación en la mansión.

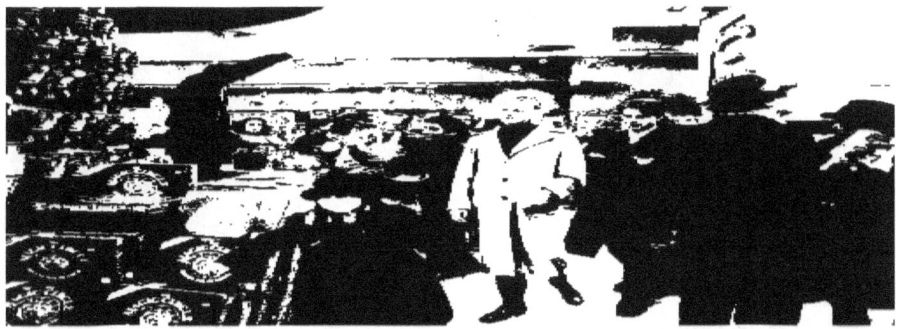

Mediante el uso del Círculo, el Mago afirma que dentro de esta limitación autoimpuesta limita su trabajo; que se limita a la consecución de un fin específico, y que ya no está en un laberinto de ilusión y cambio perpetuo como un vagabundo ciego sin fin, sin objetivo o aspiración... El Círculo en el que el mago está encerrado representa su particular cosmos; la conquista, auto-iniciada, de ese universo es parte del proceso para alcanzar la completa autoconciencia. Al experimentar esta oscura iluminación, Bill y Alice discuten qué hacer a continuación, dicen, deberían estar "*agradecidos*". Alicia postula, "*Nosotros Deberíamos estar agradecidos de haber sobrevivido a todas nuestras aventuras, ya sean reales o solo un sueño*". Bill le pregunta si está segura, a lo que Alice responde que ella perdonará una noche de impertinencia. "*Ningún sueño es nunca más que un sueño*", explica Bill, y Alice responde que están "*despiertos ahora, y con suerte, durante mucho tiempo por venir*" "*Para siempre*", ambos dicen, sin embargo, "No digamos por siempre". Alice replica, "*me asusta*" "*Pero te amo, y sabes, hay algo muy importante que debemos hacer lo más pronto posible, follar*". Mostrando la intención de maximizar sus potencialidades sexuales, habiendo sido iniciados en este culto.

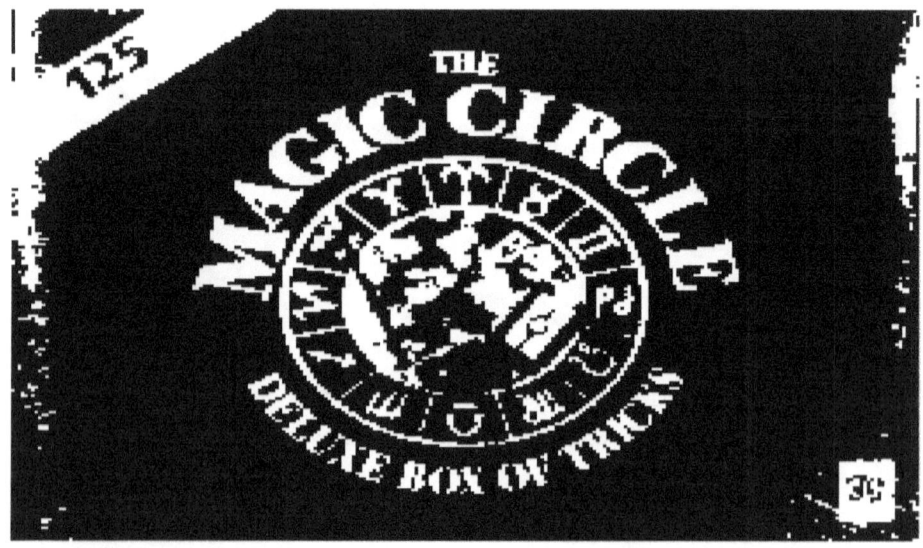

Ambos círculos mágicos en la película, tanto en la ceremonia como en la tienda con Alice , Bill y su hija al final en la tienda y el juego de Kubrick "Magic Circle"----

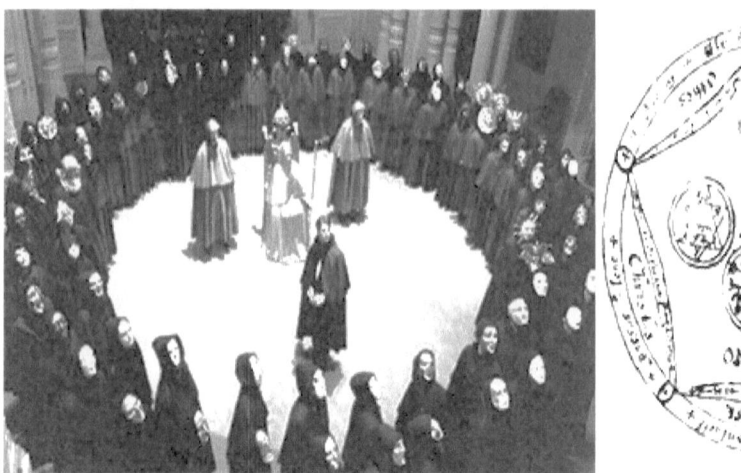
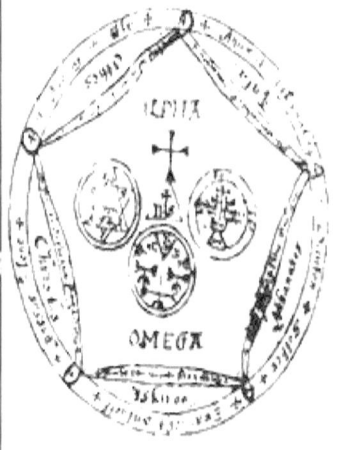

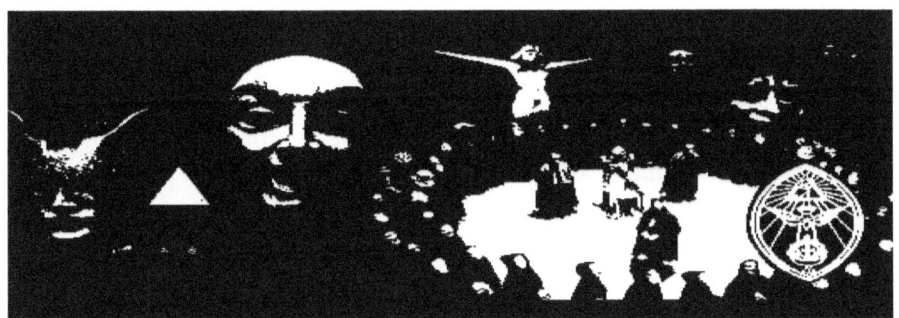

Alice y Bill están rodeados de pentagramas y el "Círculo Mágico". Por lo tanto, la película funciona en múltiples niveles, destacando los diferentes problemas maritales que nuestra sociedad crea, con su decadencia y apariencia de cristianismo, así como sus problemas sexuales, pero eso es solo una parte de la historia que Kubrick quiere contar. La historia real es el viaje ritual de salir del estado de ensueño, con el resultado del "despertar" para captar la realidad de la élite oculta, la estructura de poder social tal como es en realidad: élites ricas que están en cultos extraños y aberrantes sexo mágico. Este surrealismo mágico es como un rito iniciático y la verdadera intención de la película.

La estructura de poder no se centra simplemente en la riqueza y el poder temporal, sino en una cosmovisión particularmente ritualizada que busca usar el impulso sexual como una fuerza para el poder metafísico. El poder sobre este impulso permite el poder sobre las masas, y este es también el objetivo de las imágenes edénicas, incluidas las referencias Alicia en el país de las maravillas y Oz:

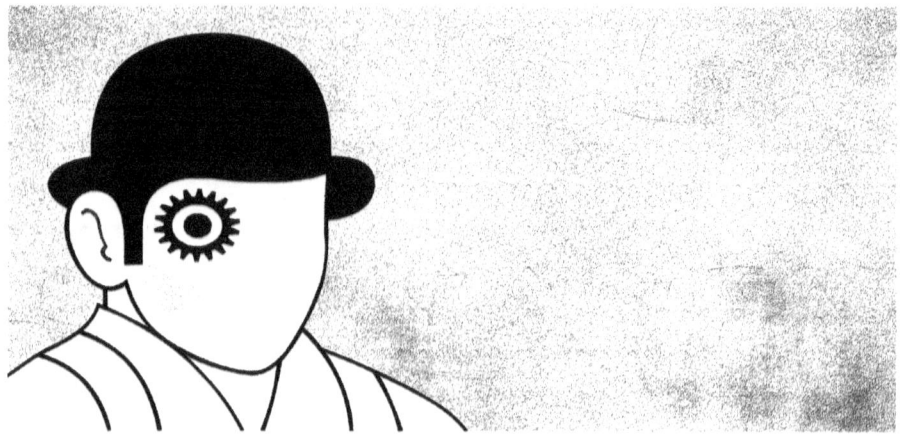

La transición de una realidad fantástica del mundo de los sueños y deseos sexuales básicos al mundo falso de la película en sí (¡que representa la realidad!), así como la transición de los ojos cerrados –Eyes wide shut– reticentes a despertar. Stanley Kubrick nos quería decir algo, aunque en realidad no pudo editar la película porque murió antes de que se estrenase y editase, ¿quién nos dice si es sólo eso que está reflejado en el film lo que Kubrick quería que viésemos? El tema es complejo y sencillo a la vez, los illuminati están en todos los tejidos de nuestra sociedad cómo un cáncer que ha infectado a un ser vivo.

Productores de cine y magnates de Hollywood usan favores sexuales, abusan sexualmente de mujeres, menores y se unen y organizan orgias en mansiones y paraísos fiscales para no llamar la atención y controlar a políticos y jefes de gobierno con extorsiones y temas sexuales o ritualísticos y otras industrias con el propósito de controlarnos…

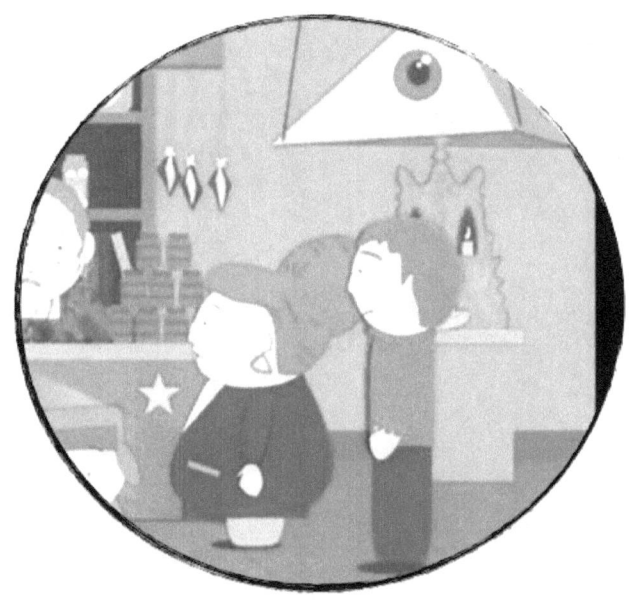

# SIMBOLOS ILLUMINATI EN LOS DIBUJOS ANIMADOS

LAS TEORÍAS DE LA CONSPIRACIÓN QUE ESTÁS A PUNTO DE LEER PUEDEN PARECER UNA LOCURA, PERO ¿QUIÉN SABE? PODRÍAN SER LA VERDAD.

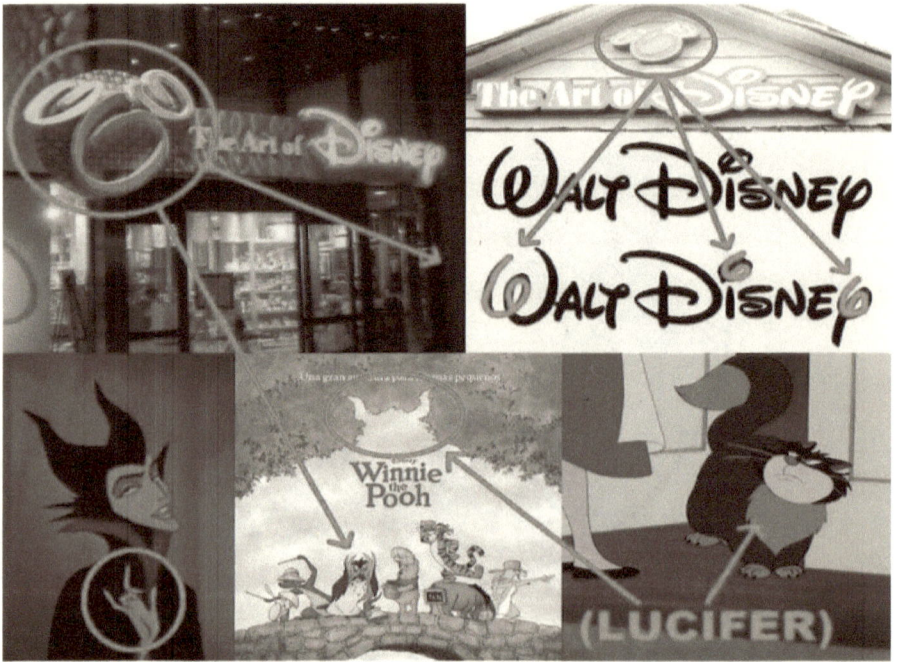

¿Qué sucede con Disney y su obsesión con los cuernos y el 666?

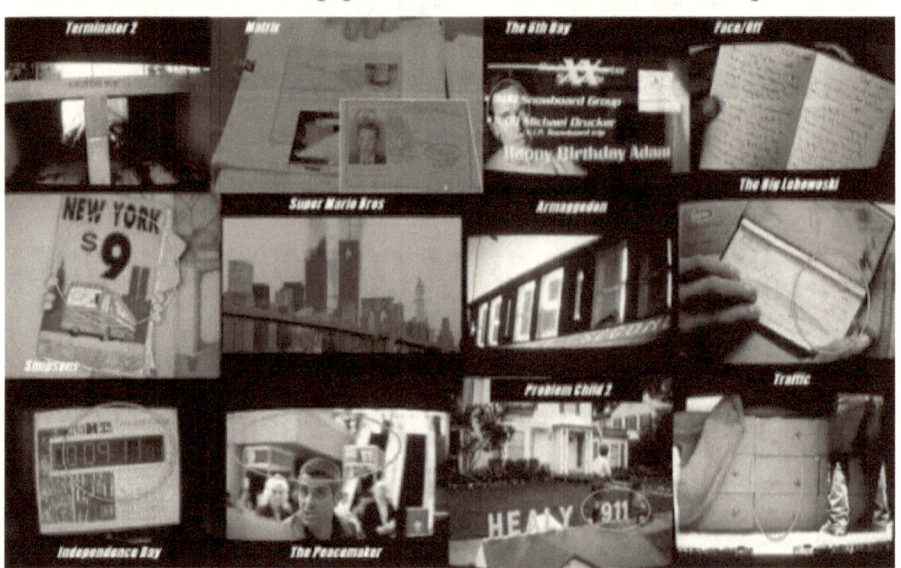

¿Películas y dibujos animados que anuncian el 911? ¿quién controla a quién?

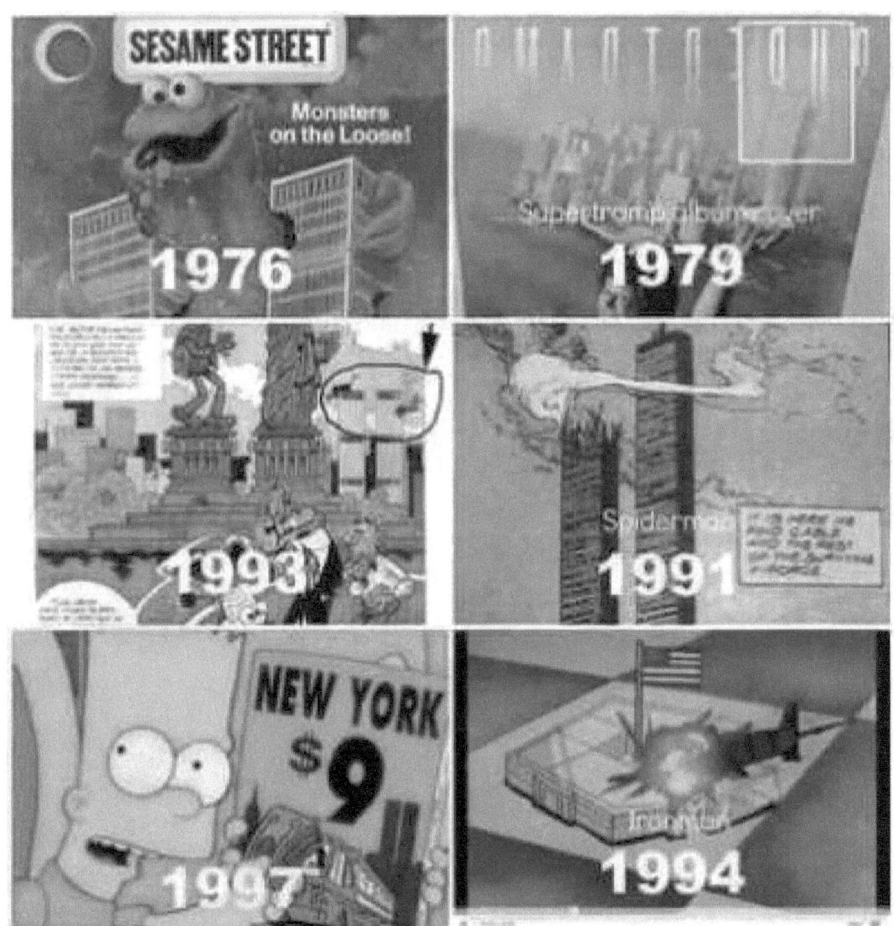

¿Películas y dibujos que describen el plan del pentágono y las 2 torres el 911?

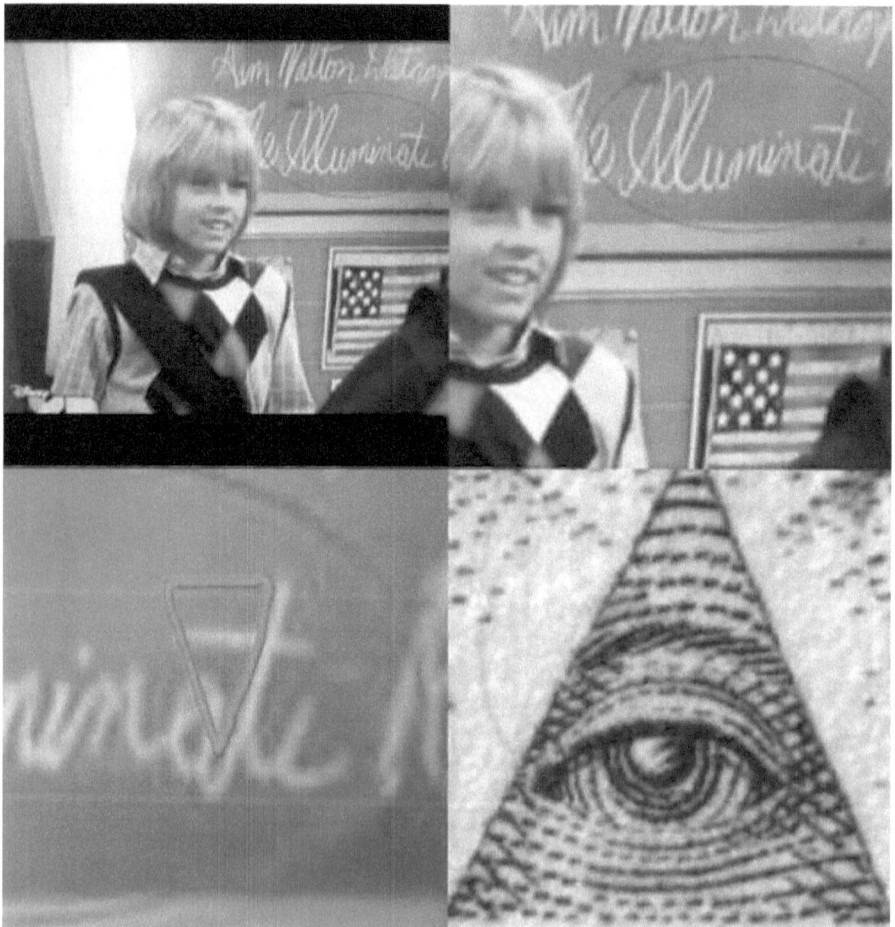

The Suite Life on Deck (en Latinoamérica Zack y Cody: Gemelos a bordo y en España Zack y Cody: Todos a bordo) fue una exitosa serie de televisión estadounidense que se emitió en Disney Channel. La serie sigue a los hermanos gemelos Zack y Cody Martin y la heredera del hotel London Tipton en un nuevo escenario, el SS Tipton, donde asisten a clases en el "Seven Seas High" y conocen a Bailey Pickett, mientras el Sr. Moseby dirige el barco.

En la pizarra detrás del protagonista, la palabra "Illuminati" se ve escrita en cursiva. Zack y Cody podrían haber estado en una clase de inglés, pero su público estaba aprendiendo una lección mucho más oscura.

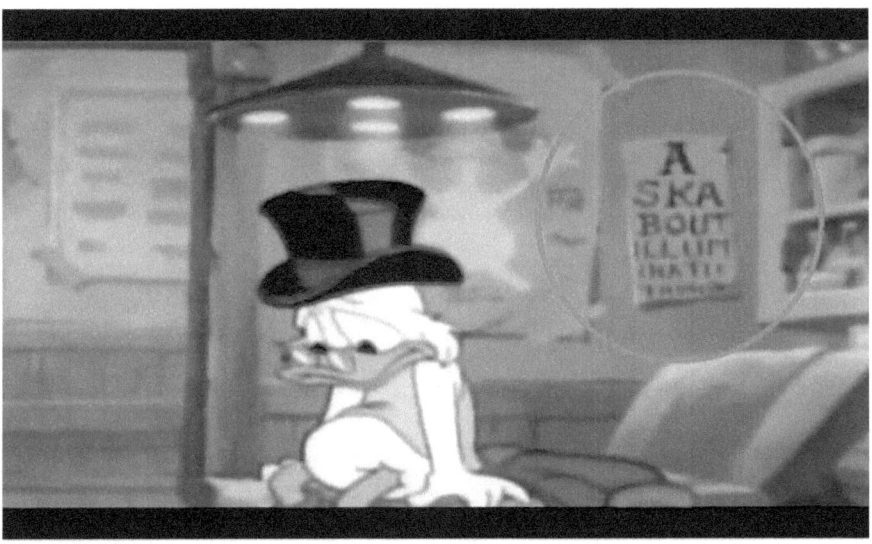

Vas al oculista para chequeo de la vista, y no para un lavado de cerebro.

Uno de los clásicos de los Estados Unidos ha expuesto a los Illuminati en un lugar que nadie jamás pensaría buscar: un consultorio médico.

"Una señal en la parte de atrás se puede ver con la frase, 'Pregunte acerca de los Illuminati." Te tienes que preguntar porqué esa declaración cristalina fue puesta en una película hecha para los niños más pequeños. ¿Están los creadores de dibujos animados trolleando a sus espectadores, o están tratando de prevenir a su público? El mundo nunca lo sabrá...

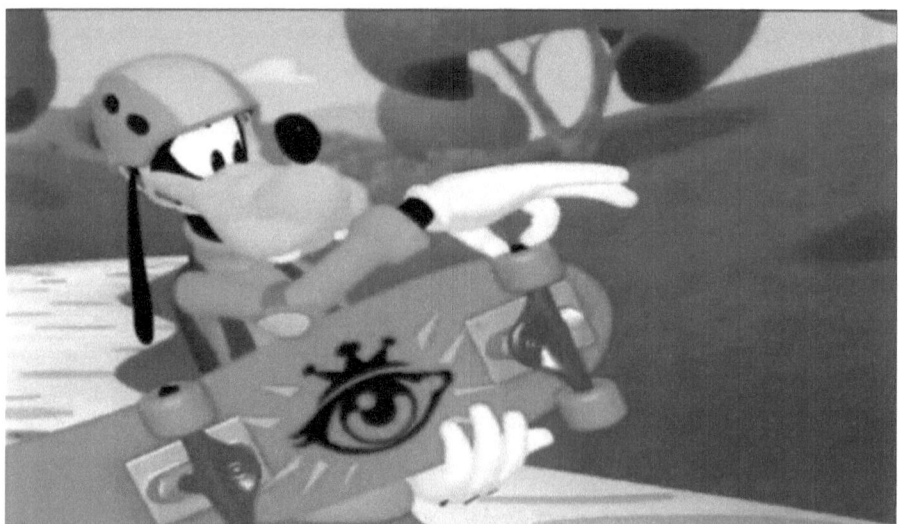

En Mickey Mouse Clubhouse de Nickleodeon, Goofy se encontraba con el personaje principal para divertirse bajo el sol. Decidió llevar su monopatín a la fiesta. Su lugar de reunión parece normal, ¿verdad? Bueno, eche un vistazo a la imagen de arriba.

Por debajo del monopatín de Goofy se aprecia el "ojo que todo lo ve" audazmente exhibido, como si estuviera orgulloso del sugestivo sello. Tal vez su casa club es más que amigable, así que manten a tus hijos lejos de esta casa friki.

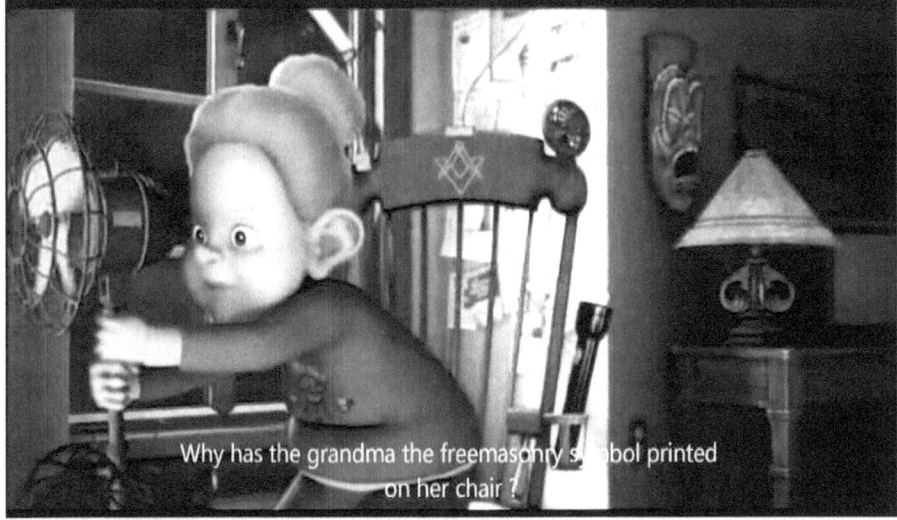

Why has the grandma the freemasonry symbol printed on her chair ?

Ant Bully, bienvenido al hormiguero es una película dirigida por John A. Davis con Animation. Año: 2006. Título original: The Ant Bully.

"The Ant Bully tenía una escena en particular que casi descaradamente se reveló al tener una versión del" ojo que todo lo ve "en el suéter de una anciana. Y también tiene un símbolo masónico grabado en la parte posterior de su silla ," No es de extrañar que el matón tuviera problemas. Fue expuesto al mal desde el principio... jajajajaja

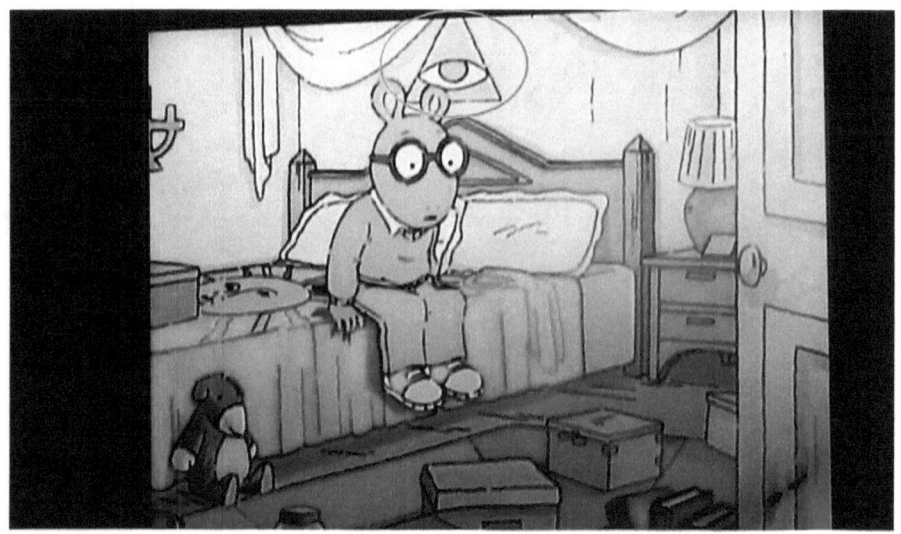

Independientemente del animal que Arthur supuestamente fuese, era encantador, listillo y amable. En mi cerebro de 12 años, eso era todo lo que importaba. Podría haberme preocupado menos por las complejidades del espectáculo.

Sin embargo, ahora que tengo la edad de poder beber y fumar, mis ojos están más centrados no en los personajes, sino en el telón de fondo. En una escena, Arthur se ve con un símbolo illuminati. Está sentado en su cama con miedo en sus ojos, pero tal vez tiene miedo por el ojo que todo lo ve de la cabecera de la cama.

Parece que está siendo vigilado, así que no es de extrañar que el pobre tipo tenga tanto miedo.

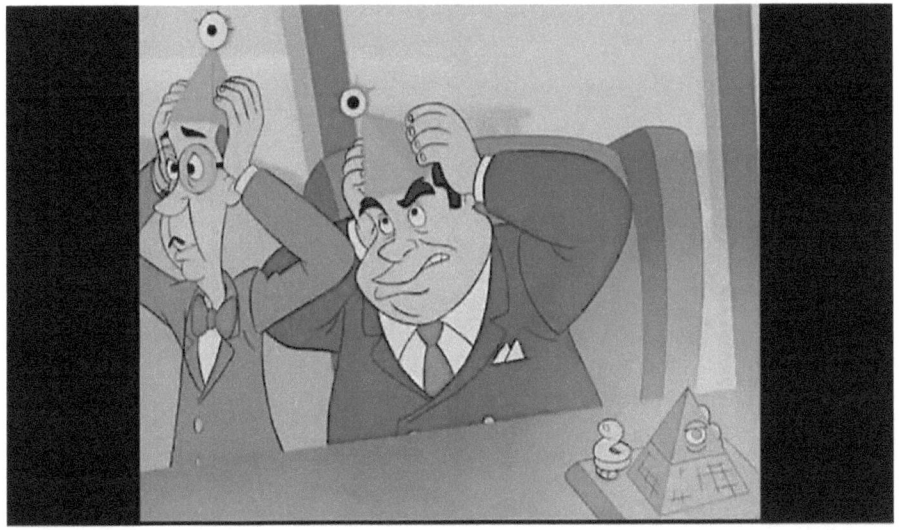

El juego del gato y el ratón podría atribuirse a la propia y deformada relación de Tom y Jerry.

Mientras que la caricatura parece inocente (bueno, aparte de la violencia constante, por supuesto), algunas referencias son suficientes para tocar la alarma de los espectadores. En una escena, Tom y Jerry están compitiendo en una carrera, y el jefe de la estafa tenía más de un ojo en el premio. En su escritorio había una pirámide de oro masónica con un ojo en el centro.

Los animales y su audiencia estaban preocupados por la competencia, así que nadie se preocupó por los detalles indiscretos del paisaje de la caricatura. Sin embargo, más personas deben prestar atención a lo que se muestra detrás de las escenas. Este guión da más de sí de lo que jamás podría dar.

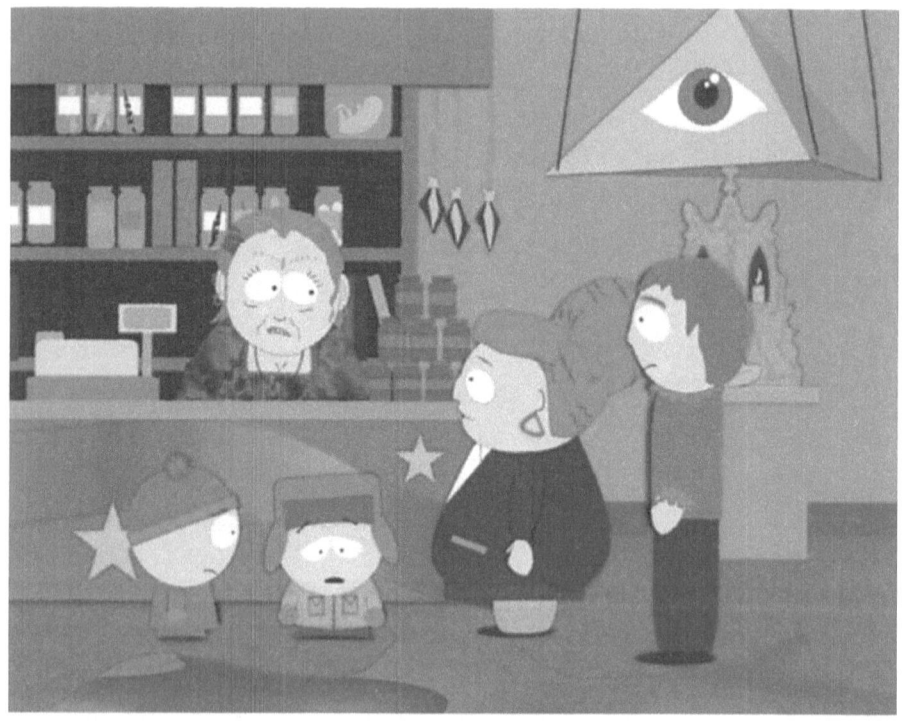

Si alguna vez "vas a South Park", no esperes "tener tiempo".

En un episodio, Stan y Kyle (junto con sus madres) están comprando comida, pero obtienen mucho más de lo que esperaban. Un ojo de Atón se puede ver cerca del escritorio del empleado. ¿Lo ves arriba? Es realmente difícil de perder de vista.

"La escena muestra una tienda Whole Foods  perteneciente al complejo militar americano igual que la CIA con facebook y amazon) y se centra en la compra de alimentos orgánicos y artículos. La pirámide colgante tiene un ojo en el centro que se parece al Ojo de Atón."

¿Es el espectáculo para el entretenimiento, o para vender las almas al diablo?

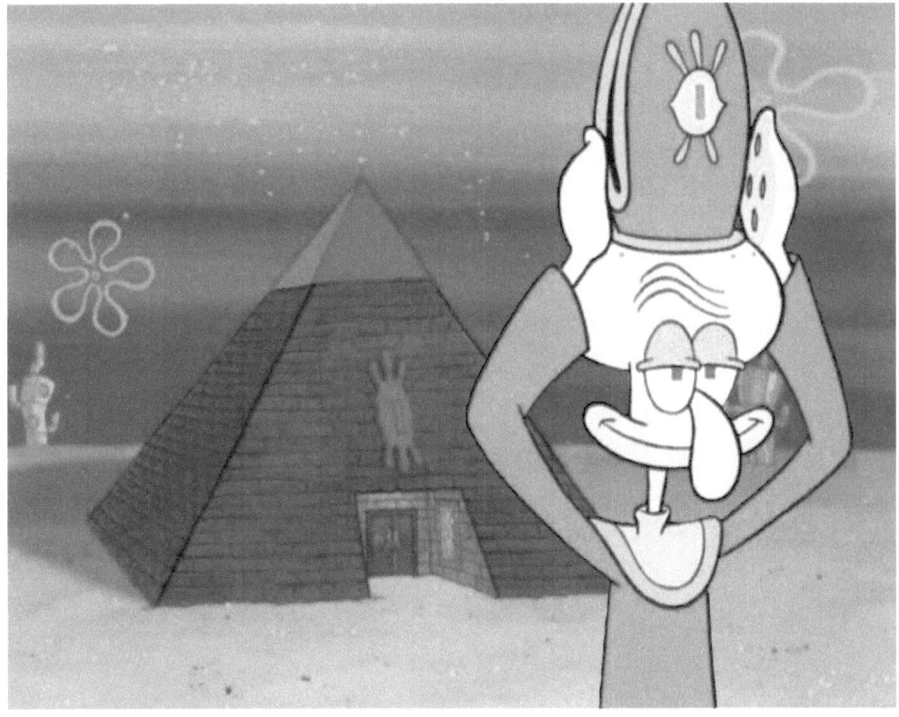

Una de las caricaturas de mayor recaudación de Nickelodeon de todos los tiempos es SpongeBob SquarePants.

Sin embargo, los padres tienen una mezcla de emociones sobre el programa de televisión peculiar. Después de todo, los personajes muestran mucho más que "una piña bajo el mar". Pueden deslizarse en un par de innuendos de vez en cuando, pero el público tiene que prestar especial atención. De lo contrario, los mensajes se pueden perder. Basta con mirar la imagen anterior.

Muestra cómo el Squidward orgulloso de ser una parte de un club tan exclusivo. Él es tan gung-ho acerca de su membresía que no ve el espeluznante y perturbador del grupo. Todavía quiere estar allí, de todos modos. Con el ojo de Atón egipcio y una mitra papal representado en su atuendo y clubhouse, sin embargo, Calamardo ya se ha ido al lado oscuro, que no vende ni galletas ... o Krabby pastelitos...

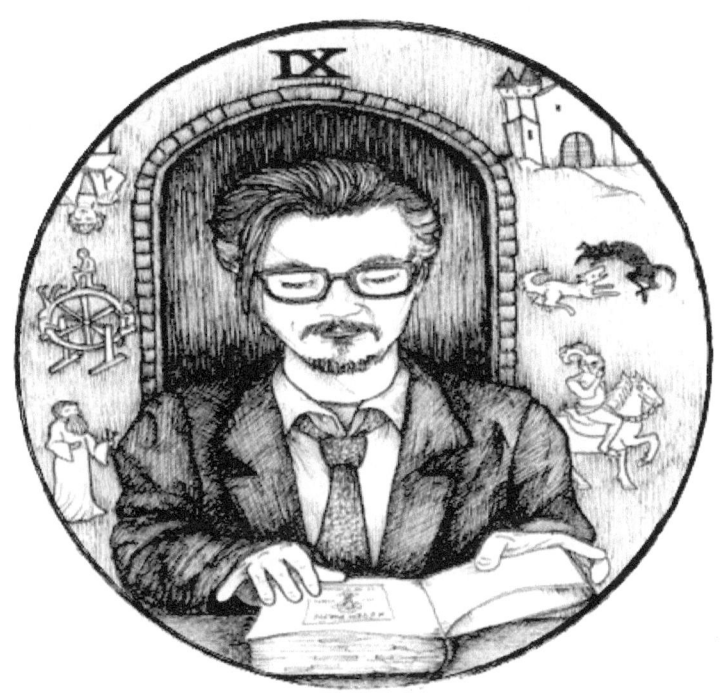

# TAROT Y ASTROLOGIA EN CINE

## "LOS MILLONARIOS NO USAN ASTROLOGÍA, LOS BILLOLLONARIOS SÍ."
### —J.P. MORGAN

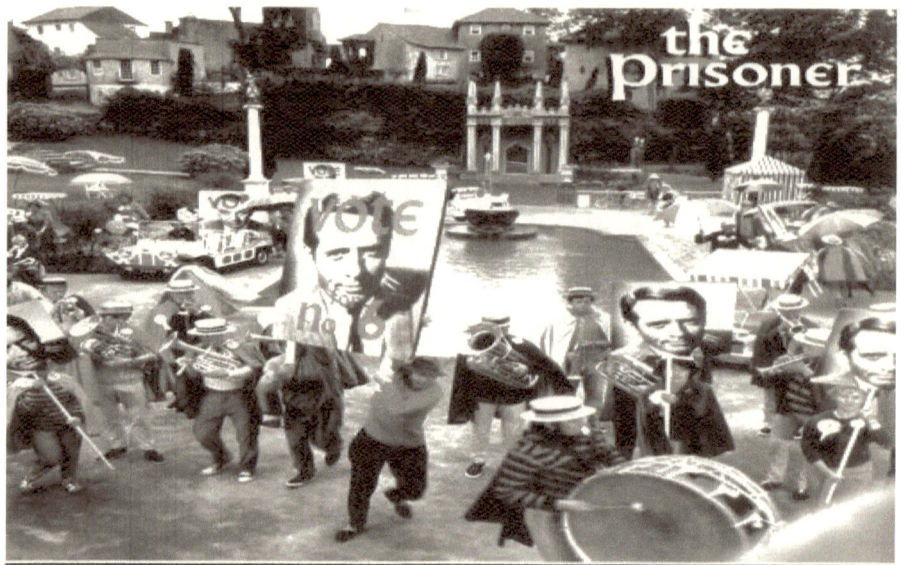

ROBIN HOOD – RICHARD TODD, MEZCOLANZA DE MITOS, CON LOS ARQUETIPOS ASTROLÓGICOS Y DEL TAROT.

CONDE DE MONTE CRISTO – RICHARD CHAMBERLAIN Y TONY CURTIS, BASADO EN LA NOVELA CLÁSICA DE ALEXANDER DUMAS. JESUITAS TRAMA Y EL MITO SOLAR.

HOMBRE EN LA MÁSCARA DE HIERRO – RICHARD CHAMBERLAIN, UN TRABAJO GNÓSTICO SOBRE REENCARNACIÓN DEL ALMA EN LA MATERIA Y ENCARNA LA ESENCIA DEL MITO SIDERAL EGIPCIO ANTIGUO.

EL ESCUDO NEGRO – TONY CURTIS Y JANET LEIGH, CONTIENE MUCHOS TEMAS ASTROLÓGICOS CLAVE.

ZARDOZ – SEAN CONNERY, UNA OBRA CLÁSICA SURREALISTA CON UN CONTENIDO PROFUNDO E INNUMERABLES TEMAS MÍSTICOS, AMBIENTADA EN LA SÉPTIMA SINFONÍA DE BEETHOVEN. FILMADO EN IRLANDA.

THE WICKER MAN – EDWARD WOODWARD, REPLETO DE TEMAS MÍTICOS CELTAS. UN CLÁSICO DE CULTO POLÉMICO Y UNA VISITA OBLIGADA PARA LOS INTERESADOS EN LAS TRADICIONES PAGANAS O WICCA.

HAUNTED SUMMER – ERIC STOLTZ, LA MEJOR EXPOSICIÓN SOBRE LAS VIDAS DE SHELLEY Y BYRON, QUE CONTIENE POESÍA REAL DE ESTOS MAESTROS. CONTIENE IMÁGENES DEL TAROT. EXQUISITAMENTE FILMADO.

EL PRISIONERO O THE PRISIONER UK SERIES – UNA SERIE CLÁSICA DE CULTO SURREALISTA IDEADA POR EL ACTOR PATRICK MC GOOHAN, BASADA EN EL TAROT Y EL KABALA. EXCELENTE DE VER PARA LOS JÓVENES. EL REY QUE MATA A MEL GIBSON EN BRAVEHEART.

SORCERESS AND THE FRIAR – UNA OBRA MAESTRA GNÓSTICA FRANCESA SOBRE LA PERSECUCIÓN DE UNA VIDENTE PAGANA POR EL FANATISMO CATÓLICO, AMBIENTADO EN EL SIGLO XIII. EXQUISITAMENTE PRODUCIDO.

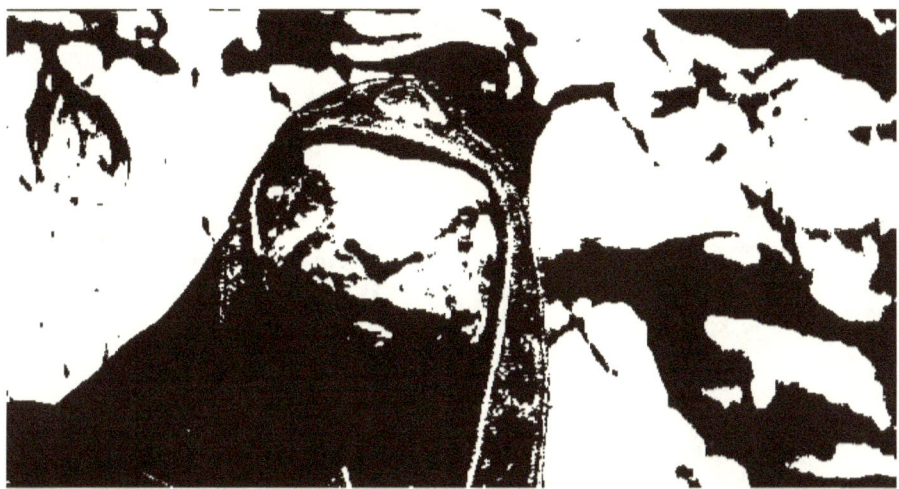

CONAN EL BÁRBARO – ARNOLD SWARTZENEGGER, EL VIAJE DE MADUREZ DE UN HÉROE SOLAR Y MÁS, CON IMÁGENES DE LA EDAD DE ORO PRE DILUVIANA. OFRECE EL TEMA "REPTILIJANO," Y UNA GRAN VARIEDAD DE TEMAS SABEANOS O DE LOS SABIOS DE LA ANTIGUA PETRA EN JORDANIA.

CIRCLE OF IRON – DAVID CARRADINE Y CHRISTOPHER LEE, UNA PELÍCULA ESCRITA POR BRUCE LEE Y JAMES COBURN SOBRE EL TAO Y LA BÚSQUEDA DE LA ILUMINACIÓN. TAMBIÉN SE LLAMA FLAUTA SILENCIOSA.

EXCALIBUR – HELEN MIRREN, BASADO EN EL MITO CELTA, PRESENTA LOS ARCANOS MAYORES DEL TAROT EN EL ORDEN CORRECTO. DIRIGIDA POR JOHN BOORMAN EN IRLANDA.

BLADERUNNER – RUTGER HAUER, UN CUENTO GNÓSTICO DEL DEMIURGO Y EL ALMA. ASOMBROSO Y PROFUNDO. EMPAPADO DE SIMBOLISMO MITOLÓGICO. VER LA EDICIÓN DEL DIRECTOR.

LOCAL HERO – BURT LANCASTER Y PETER RICHART, AMBIENTADO EN ESCOCIA, UNA OBRA TIERNA PERO ARQUETÍPICA SOBRE LA VIDA SENCILLA, LA CONEXIÓN CON LA NATURALEZA Y LOS PRINCIPIOS. CONTIENE MUCHOS TEMAS MÍSTICOS PROFUNDOS Y SUTILES DE LA PSICOLOGÍA Y EL MITO, POR UNO DE LOS GRANDES CINEASTAS MODERNOS. AL SON Y SINTONÍA DE LOS GRANDES Y LEGENDARIOS DIRE STRAITS.

DREAMCHILD – IAN HOLM, ESCRITO POR DENIS POTTER. UN HOMENAJE A LEWIS CARROLL Y UNA DE LAS PELÍCULAS MÁS HERMOSAS JAMÁS HECHAS. DEBERÍA SER VISTO SÓLO POR LAS MARIONETAS Y LA ACTUACIÓN DE LOS ACTORES, SIN NADA MÁS. CONTIENE TEMAS MUY ESOTÉRICOS BASADOS EN EL TAROT Y LA ASTROLOGÍA.

LA BELLA Y LA BESTIA – JEAN COCTEAU, EL CUENTO DE HADAS CON TEMAS DE PUREZA ESPIRITUAL.

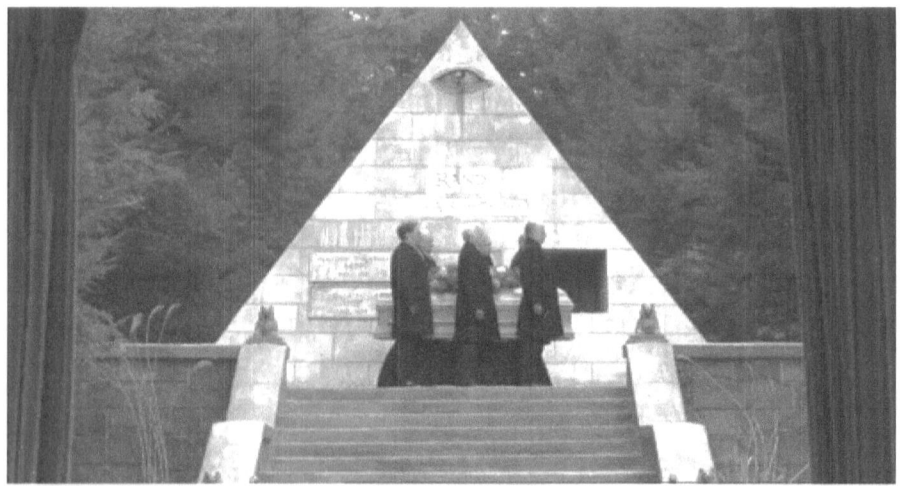

BIENVENIDO MR. CHANCE – PETER SELLERS, CLÁSICO DELICADO SOBRE LA SIMPLICIDAD Y LA DECADENCIA. CONTIENE REFERENCIAS VELADAS AL LIBRO DEL GÉNESIS Y OTROS MITOS. MUCHO SIMBOLISMO MASÓNICO.

LOS HÉROES DEL TIEMPO – DAVID WARDE, EL MONTAJE SURREALISTA DE MONTY PYTHON SOBRE EL DEMIURGO GNÓSTICO Y MÁS.

MONTY PYTHON, EL SIGNIFICADO DE LA VIDA – CON MUCHO MATERIAL BUENO, PERSPICAZ.

THE MUMMY – BORIS KARLOFF, UNA PELÍCULA MÍSTICA, PROFUNDA Y MULTICAPA. UNA HISTORIA DE AMOR DE MÁS DE 3.000 AÑOS. ESTO TIENE UN PROFUNDO IMPACTO EN LA MENTE DEL SUBCONSCIENTE. CONTIENE POSIBLEMENTE LA ESCENA MÁS GRANDE, CON RESPECTO AL GÉNERO, EN TODA LA HISTORIA DE LA PELÍCULA. DIRIGIDO POR KARL FREUND, CON UNA IMPRESIONANTE ACTUACIÓN DE KARLOFF, QUE ES UN ESTUDIO DE ESTE GÉNERO EN SÍ MISMO.

THE MUMMY – PETER CUSHING, PRODUCIDO POR HAMMER FILMS CON UN BAJO PRESUPUESTO, PERO MUY DIGNO DE SER VISTO. EXCELENTE ACTUACIÓN DE CHRISTOPHER LEE. SE REFIERE A LAS CUESTIONES DE GÉNERO Y ANDROGINIA.

HOMBRE – PAUL NEWMAN, UN TRABAJO GNÓSTICO–EXISTENCIAL SOBRE LA RETRIBUCIÓN Y EL SACRIFICIO, CON LOS MATICES DE LA FILOSOFÍA DE NIETZSCHE Y PLATÓN.

ERASE UNA VEZ EL OESTE – CLAUDIA CARDINALE Y CHARLES BRONSON, UN COMPLEJO JUEGO DE ARQUETIPOS Y SÍMBOLOS DE ESTILO OCCIDENTAL. UNA VEZ DESCRITA COMO UNA ÓPERA EN LA QUE LAS ARIAS NO SE CANTAN, PERO SE MIRABAN. LA EXQUISITA MÚSICA TEMÁTICA REFLEJA EL DON GIOVANNI DE MOZART. LA PELÍCULA ENTERA FUE CREADA PARA ENCAJAR LA MÚSICA DE ENNIO MORRICONE. EL TAROT Y LAS IMÁGENES ASTROLÓGICAS ABUNDAN EN ELLA.

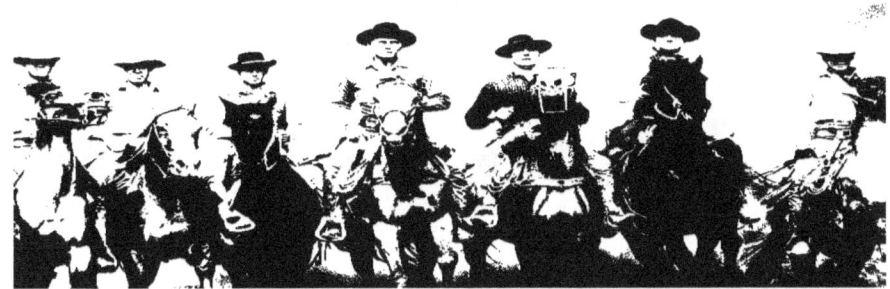

LOS 7 MAGNÍFICOS – YUL BRENNER, BASADO EN LA LEYENDA SAMURAI Y UN COMPUESTO DE LA FILOSOFÍA EXISTENCIAL, ESPECIALMENTE DE PLATÓN, NIETZSCHE Y HEGEL PERO TAMBIÉN SE CREA ALREDEDOR DE LOS 7 PLANETAS-ARQUETIPOS Y EL ZODÍACO. UNA DE LAS PELÍCULAS ASTRO-TEOLÓGICAS MÁS COMPLETAS JAMÁS HECHAS.

EL BUENO EL FEO Y EL MALO – CLINT EASTWOOD Y LEE VAN CLEEF, UN ESTILO ÉPICO OCCIDENTAL QUE REALMENTE SE REFIERE A LA DINÁMICA DEL PSIQUE. ESTA PELÍCULA CONTIENE INNUMERABLES REFERENCIAS A LAS CARTAS MAYORES, MENOR Y DE LA CORTE DEL TAROT QUE SIEMPRE HA SIDO REVERENCIADO POR LOS MÍSTICOS DIRECTORES ITALIANOS. ESTE ES OTRO CLÁSICO CRÍTICAMENTE MAL ENTENDIDO.

LA MUERTE TENÍA UN PRECIO – CLINT EASTWOOD Y GIAN MARÍA VOLONTE, UNA PELÍCULA QUE HASTA EL DÍA DE HOY HA SIDO MALINTERPRETADA. UNA INTERACCIÓN PROFUNDA Y COMPLEJA DE ARQUETIPOS, MÚSICA IMPRESIONANTE, CON VARIAS REFERENCIAS OCULTAS DE LA BIBLIA Y A LA LEYENDA ORIENTAL. NO DEBE TOMARSE A LA LIGERA. TAMBIÉN CON EL BRILLANTE KLAUS KINSKI.

POR UN PUÑADO DE DÓLARES – CLINT EASTWOOD, PRESENTA EL TEMA DEL MARTIRIO, EL SACRIFICIO Y LA RETRIBUCIÓN. REFERENCIAS OCULTAS DEL NUEVO TESTAMENTO Y LA NATURALEZA DE LA CREACIÓN. MUCHO SIMBOLISMO DEL TAROT

¡AGÁCHATE MALDITO! – ROD STEIGER Y JAMES COBURN, UNO DE LOS MEJORES DE SERGIO LEONE, MAESTRO DE LOS SPAGHETTI WESTERN. ESTA ES UNA PANOPLIA VIRTUAL DE TEMAS.

JINETE PÁLIDO – CLINT EASTWOOD, SE REFIERE A LOS TEMAS DE JUSTICIA Y CORRUPCIÓN, TAMBIÉN UN HOMENAJE A SHANE Y HIGH NOON. MUCHAS REFERENCIAS BÍBLICAS.

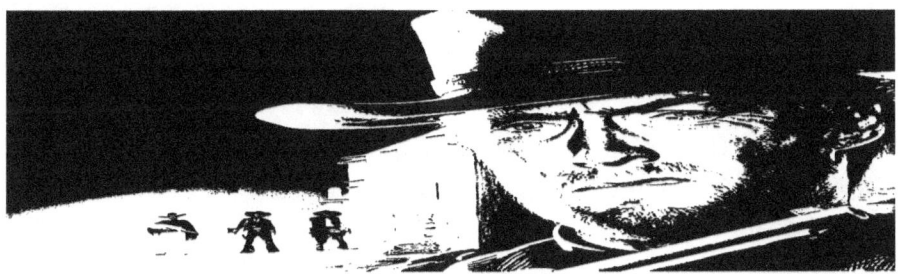

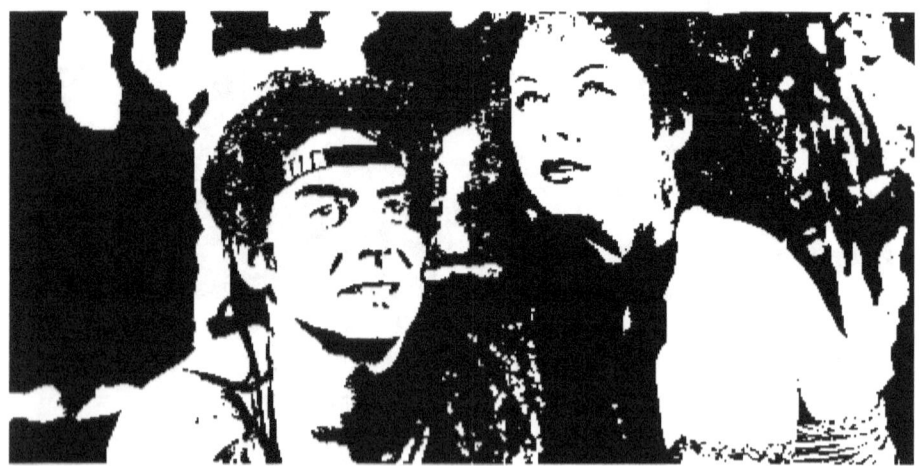

SANSÓN Y DALILA – VÍCTOR MATURE, UN "A A LA Z" DE TEMAS ASTRO-TEOLÓGICOS, EXCELENTE EJEMPLO DEL MITO DEL REY SOLAR. LO TIENE TODO CUANDO SE TRATA DE ASTRO-TEOLOGÍA.

EL PERSONAJE SANSÓN INCLUSO SE LE OYE DECIR, DESPUÉS DE QUE ESTÁ CEGADO, "¿CÓMO PUEDO ENCONTRAR MI CAMINO ENTRE LAS ESTRELLAS?" UN VERDADERO CLÁSICO.

EL EGIPCIO – VÍCTOR MATURE Y PETER USTINOV, UN CUENTO DE ALTA ÉTICA. UN POCO DE HOLLYWOOD, PERO UN BUEN EJEMPLO DE ESCRITURA DE LOS AÑOS 50. OFRECE EL CULTO DE ATON. CARGADO CON EL TAROT Y EL SIMBOLISMO ASTRO-TEOLÓGICO.

ESPARTACO – KIRK DOUGLAS, SOBRE LA TIRANÍA DE LA CLASE Y UNO SOLO CONTRA LOS MUCHOS.

EL NOMBRE DE LA ROSA – SEAN CONNERY, MUESTRA EL SECUESTRO DE LIBROS Y CONOCIMIENTOS SAGRADOS POR LOS CLÉRIGOS ANTES DE LA TOMA DE POSESIÓN VENECIANA-PROTESTANTE DE EUROPA. HACE APRECIAR EL VALOR DE LOS LIBROS. EXCELENTE DIRECCIÓN ARTÍSTICA.

EL CUADRO DE DORIAN GREY – GEORGE SANDERS, UNA INTERPRETACIÓN ELOCUENTE DE LA OBRA MAESTRA DE OSCAR WILDE. SOBRE LA PERSONA Y EL CULTO DE LOS SENTIDOS. CONTIENE POESÍA DEL MAESTRO, DIÁLOGO BRILLANTE Y ACTUACIÓN MAGNÍFICA. UNA VISITA OBLIGADA PARA LOS AMANTES DEL ARTE.

PINK FLOYD – EL MURO – BOB GELDOF, BASADO EN LA JUVENTUD DEL MIEMBRO DE LA BANDA ROGER WATERS, SE OCUPA DE LOS MÚLTIPLES COMPLEJOS Y NEUROSIS ENGENDRADOS MIENTRAS VIVÍA COMO UN SUBORDINADO SIN PODER DEL IMPERIO DE CONTROL Y OPRESIÓN. SE TRATA DE LA CUESTIÓN DE LA REBELIÓN, MIENTRAS QUE LA ACUSACIÓN DE LOS PROFESORES, GENERALES, MÉDICOS, JUECES Y TIRANOS POLÍTICOS, MOSTRÁNDOLOS PARA LOS FANÁTICOS PSICÓPATAS QUE SIRVEN. EXCELENTE ANIMACIÓN Y MÚSICA.

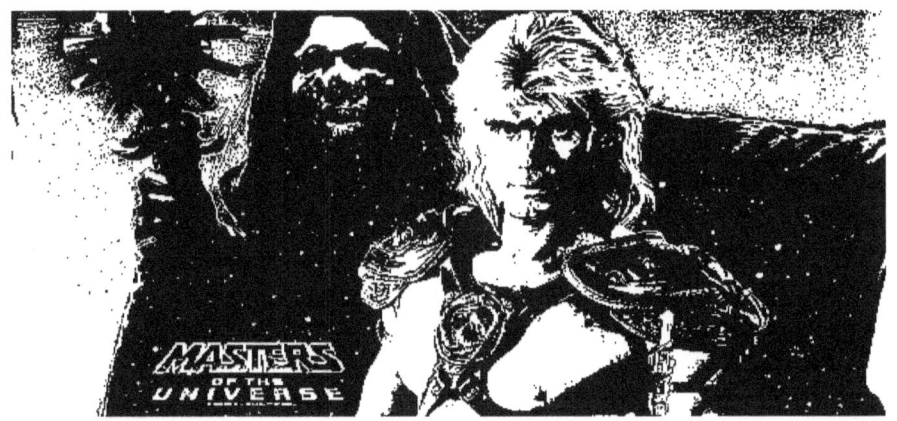

HE—MAN, MAESTROS DEL UNIVERSO – DOLF LUNDGREN Y FRANK LANGELLA, CLÁSICO JÓVENES—ADULTOS, CON INNUMERABLES TEMAS MÍSTICOS Y MORALES, JUNTO CON EL SIMBOLISMO SIDERAL EGIPCIO. TRATA CON EL PODER DE LA KUNDALINI, LA EDAD DE ORO Y EL FUTURO DE LA HUMANIDAD.

FLASH GORDON – MAX VON SYDOW Y TIMOTHY DALTON, COLORIDAS AVENTURAS DEL ARQUETÍPICO HÉROE EN COMBATE CON UNA FIGURA DEMIURGICA DEL MAL.

LOS HERMANOS LIONHEART – UN CLÁSICO DE LOS JÓVENES ADULTOS SOBRE LA TRASCENDENCIA DE LA MUERTE Y LA CONQUISTA DEL YO INFERIOR. BASADO EN LA HISTORIA ORIGINAL DE ASTRID LUNDGREN.

EL SEÑOR DE LOS ANILLOS – LA ANIMACIÓN, BIEN DIGNO DE UNA MIRADA COMO INTRODUCCIÓN A LOS LIBROS DE J. R. R. TOLKIEN. CON GRANDES ALEGORÍAS SIN LLEGAR A SERLO, Y CON NUMEROSAS MUESTRAS DEL TEMIDO ORDEN MUNDIAL, POR UN GENERAL OSCURO CON NOMBRE REPTILIANO COMO ES SAURON. Y CON HÉROES QUE SON REPRESENTADO COMO GENTE SENCILLA Y HUMILDES, LOS ÚNICOS QUE PUEDEN TOLERAR EL PODER DEL ANILLO DE PODER Y DESPRENDERSE DE ÉL UNA BUENA MORALEJA PARA ESTOS DÍAS, DONDE PREDOMINA LA MENTE—EGO Y EL MATERIALISMO.

BILLY JACK – TOM LAUGHLIN, HISTORIA SOBRE UNA RESERVA INDÍGENA, UNA ESCUELA CONTRA—CULTURAL Y SU BLANCA, EX—BOINA VERDE, GUARDIÁN Y SU LUCHA CONTRA EL RACISMO. SE CONCENTRA EN LOS TEMAS DEL DESENCANTO Y EL UNO CONTRA LOS MUCHOS. CUBRE TEMAS IMPORTANTES DE LA INDIA. ESTO SE CONVIRTIÓ EN UN CLÁSICO DE CULTO.

PARIS TEXAS – HARRY DEAN STANTON Y NATASHIA KINSKI, UNA OBRA GNÓSTICA SOBRE LOS MARGINADOS Y LA SUPERFICIALIDAD DE LA EXISTENCIA URBANA. UNA DE LAS PELÍCULAS MÁS PROFUNDAS Y RICAMENTE SIMBÓLICAS JAMÁS HECHAS, AMBIENTADAS EN LA MÚSICA DE RY COODER. BASADO EN EL TEMA DE LA CARTA DEL TAROT DEL FOOL O LOCO. INNUMERABLES PELÍCULAS DE HOLLYWOOD FUERON INFLUENCIADAS POR LA CINEMATOGRAFÍA DEL DIRECTOR WEM WENDERS.

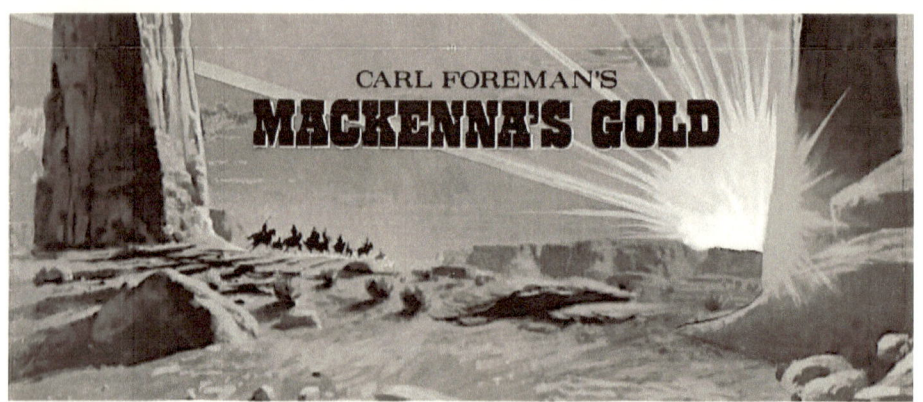

EN EL OESTE – GABRIEL BYRNE, AMBIENTADO EN IRLANDA, PRESENTA EL AMADO MITO DE OSSIAN.

COCODRILO DUNDEE – PAUL HOGAN (PELÍCULAS ENCANTADORAS BASADAS EN EL LEI MOTIF DEL FOOL O LOCO Y UN COMENTARIO PERCEPTIVO SOBRE LA DIVISIÓN DE CLASE URBANA Y LA FALSA SOFISTICACIÓN. UN BUEN DESARROLLO DEL LEI MOTIF DE TARZÁN.

DRAGONSLAYER – SIR RALPH RICHARDSON, UNO DE LOS MEJORES EN EL TEMA DE DRAGONES Y MAZMORRAS. LLENO DE INFORMACIÓN ALQUÍMICA PRECISA Y LA NATURALEZA DEL ARQUETIPO DEL HÉROE. MEJOR QUE TANTAS OBRAS INEPTAS GRAN CINEMATOGRAFÍA Y SIGNIFICADO MÍSTICO.

EL CRISTAL OSCURO – BUENO EN MUCHOS NIVELES

MCKENNA'S GOLD – GREGORY PECK Y TELLY SAVALAS, UN BUEN WESTERN LLENO DE ACCIÓN, PERO CON MUCHOS PERSONAJES Y SITUACIONES ARQUETÍPICAS.

MYSTIC RIVER – CLINT EASTWOOD SE OCUPA DE LOS TEMAS DE LA VENGANZA VERSUS LA JUSTICIA, LA PÉRDIDA DE LA INOCENCIA Y LA FALTA DE COMUNICACIÓN, PERO TAMBIÉN OFRECE UNA VISIÓN DEL ARQUETIPO "ANIMUS", Y LA MUJER CÓMPLICE.

PROUST – EVA MATTES, PELÍCULA INDECIBLEMENTE HERMOSA Y PROFUNDA SOBRE LA VIDA DEL RECLUSO NOVELISTA MARCEL PROUST.

BRAVEHEART – MEL GIBSON, EL ANIMUS COMO DEBE SER Y EN SU ESTADO PURO. ODA JUNGIANA.

AMERICAN BEAUTY – TRATA DEL CONCEPTO DE MUERTE, DESPUÉS DEL ACONTECIMIENTO REAL, Y ANTES DE ÉL.

ONEGIN – RALPH FIENNES, INTERPRETACIÓN BELLAMENTE MELANCÓLICA DE LA OBRA MAESTRA DE PUSHKIN. SOBRE LOS TEMAS DE LA LIBERACIÓN FEMENINA, Y SOLEDAD VERSUS RELACIÓN.

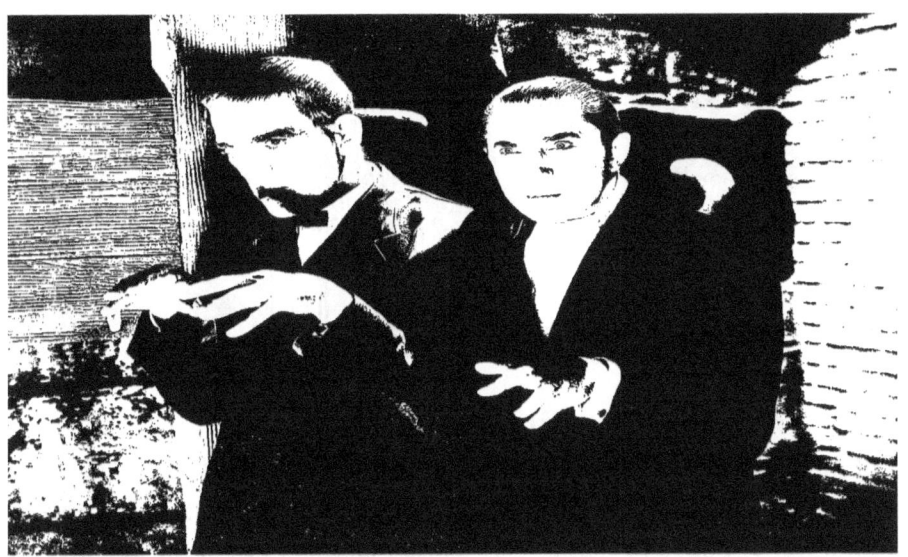

**FRANKENSTEIN SE ENCUENTRA CON EL HOMBRE LOBO** - Lon Chaney & Bela Lugosi, Contiene casi todos los temas principales astrológicos y arquetípicos concebibles, además de...

**EL CUERVO** - Bela Lugosi y Boris Karloff, la Sombra se encuentra con la Ánima, y todo el infierno se desata. Una obra maestra que trata expertamente los arquetipos y los temas del amor y la muerte, ambientados en la poesía de Edgar Allan Poe. Karloff y Lugosi en perfecto complemento.

**EL GATO NEGRO** - Bela Lugosi y Boris Karloff, una película rara, filmada en un estilo extraordinario, y asombrosamente hermoso, minimalista. Aborda temas de género desde perspectivas Junguianas y Freudianas. Una encarnación perfecta del estilo cinematográfico expresionista alemán. La versión sin editar vale la pena.

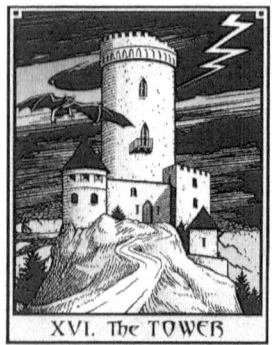 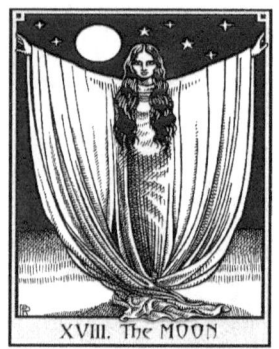 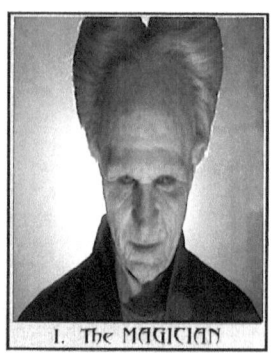

Aquí se mencionan algunas películas junto con sus correspondencias esotéricas y el tarot con sus títulos originales en inglés. Recuerda, que el arte como la gente encarna y expresa todos los arquetipos. Pero algunos están destinados a dominar. Usa esto como una ayuda para aprender a descifrar los arquetipos (astrológicos u otros), en el mundo que te rodea.

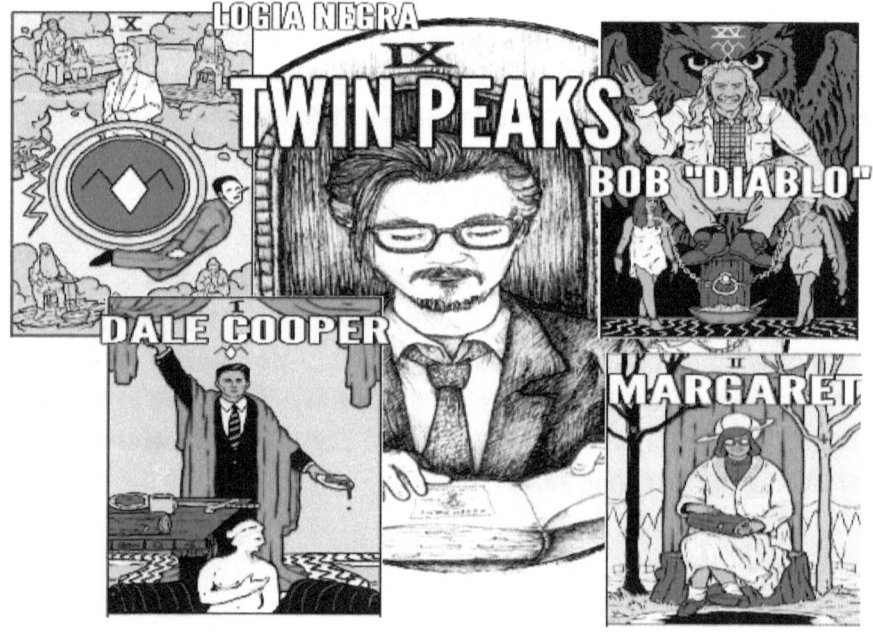

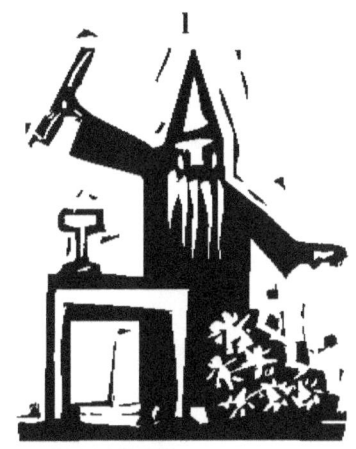

El mago
Excalibur
Fitzcarraldo
El prisionero (serie)
Dr. quien
Mad Max
Un puñado de dólares
Por unos pocos dólares
MásChato's Land
Corazón de vidrio
Día del Chacal
James Bond
La maquina del tiempo
Regreso al futuro

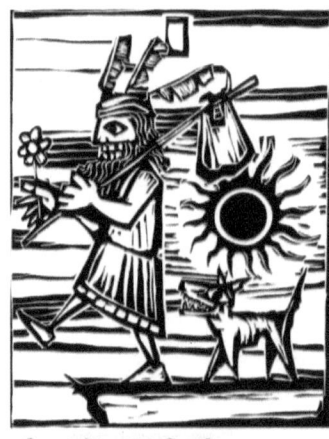

Androginia
Star Trek, la película
París Texas
Drácula (Coppola)

El loco
Estando allí
Cocodrilo Dundee
París, Texas
Ningún tonto
Hombre santo
Fistful of Dynamite
Mi nombre es Trinidad
El show de Truman
Quadrophrenia
El hombre de mimbre- Wicker Man

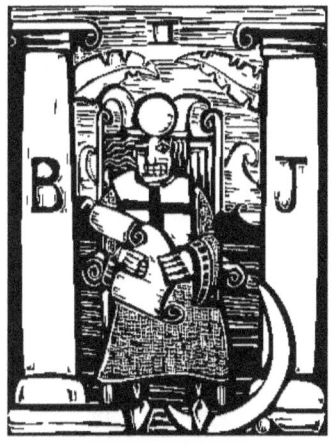

La Sacerdotisa
Heroe local
Veronica Voss
Shanghai Express
La dalia azul
La clave de cristal
Johnny Eager
Nosferatu - el Vampiro el vampiro
La momia (original)
Le Boucher (carnicero)
Érase una vez en el Oeste
Jane Eyre
El ángel azul
China 9, Liberty 37

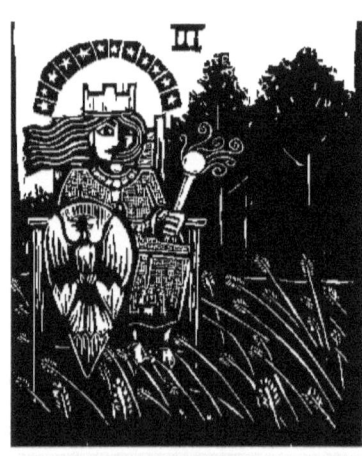

**La Emperatriz / Universo**
**Dreamchild**
**Agonía y el éxtasis**
**La bella y la bestia (Cocteau)**
**En el oeste**
**Imagen de Dorian Gray**
**El largo día se cierra**
**Picnic en Hanging Rock**
**La túnica negra**
**Dias del cielo**
**Érase una vez en el Oeste**

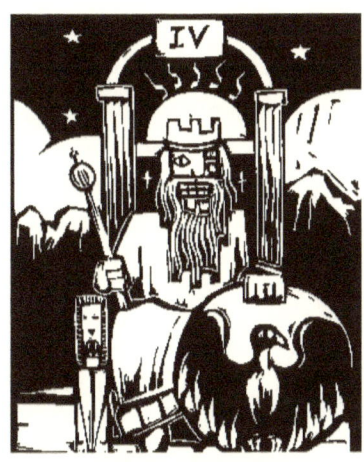

El emperador
Diez Mandamientos
Espartaco
Corazón Valiente
montañés
Patton
Jane Eyre
Sansón y Dalila
Hombre Omega
Conan el bárbaro
Flash Gordon
El manantial

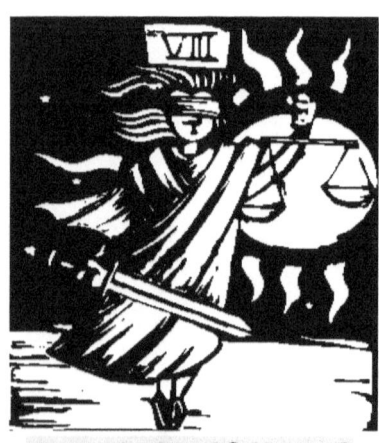

**Justicia (Libra)**
Siete magníficos
El llanero solitario
Billy Jack
El Maestro Pistolero
Marathon Man
Papillon
Tiempo exacto
La Molly Maguires
Retrato de Dorian Gray
Uvas de la ira
Desaparecido
Jinete pálido
Shane
Traineras de High Plains
Doce hombres enojados
Heredar el viento
La víctima

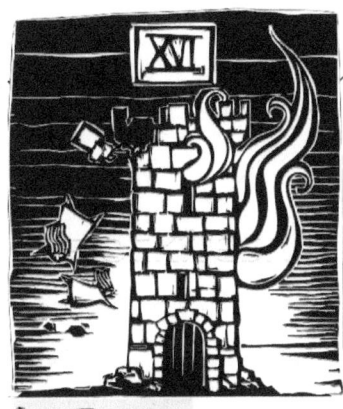

**La Torre**
Towering Inferno
Terremoto
Vértigo
El extraño
Dias del cielo
Hechicero
Hombre con visión de rayos X
La escapada
Liberación
El tacto de Medusa
Gaslight
Objetivo sentado
La víctima

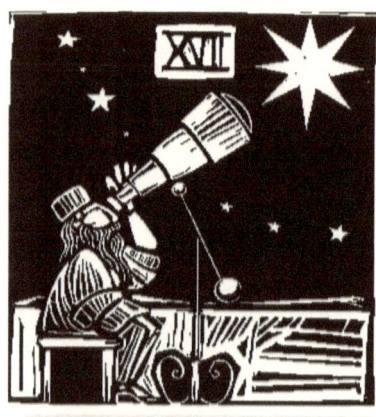

**La Estrella (Urano)**
Mahler
Encrucijada
Tron
Uvas de la ira
Caminos de gloria
Encuentros en la tercera fase
Duende
Capullo
El día que la Tierra se detuvo

**La luna**

La pared
Hechicero
La escalera de Jacob
Comodidad sureña
Liberación
Wolfen
Vaquero de medianoche
El hombre equivocado (Henry Fonda)

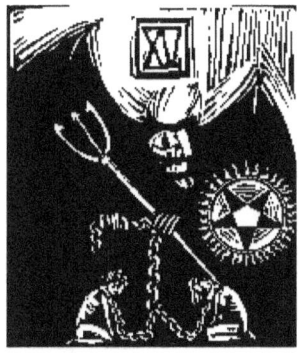

Templanza
Interruptor automático
Morant
El manantial

Diablo

Greystoke
cumbres borrascosas
M
Frenesí
El presagio
Codicia por vida
Jekyll y Hyde
Estados alterados
Greystoke
cumbres borrascosas

El Papa o Hierofante

Soledad del corredor de larga distancia
La túnica negra
La misión
Amigos americanos
El nombre de la rosa

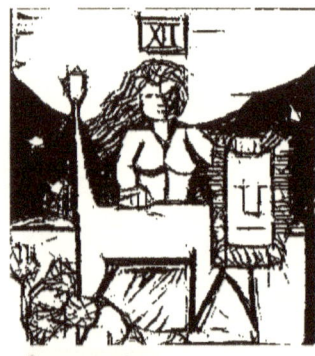

Amante
Las aventuras de Sherlock Holmes
Misterios de Hércules Poirot

Fuerza

Lolita
James Bond (todas las películas)
Sansón y Dalila
Quadraphenia
Drácula

Muerte (escorpio)

El tren
París, Texas
La pared
Traineras de High Plains
Jinete pálido
Shane
La rueda de la fortuna
Conan el bárbaro
El bueno, el feo y el malo

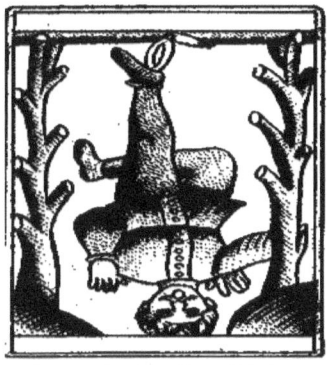

El Ahorcado

La pared
Cazarecompensas
Hombre
Jinete pálido
El beso
Tráeme la cabeza de Alfredo García
Walkabout
Gaslight
Objetivo sentado

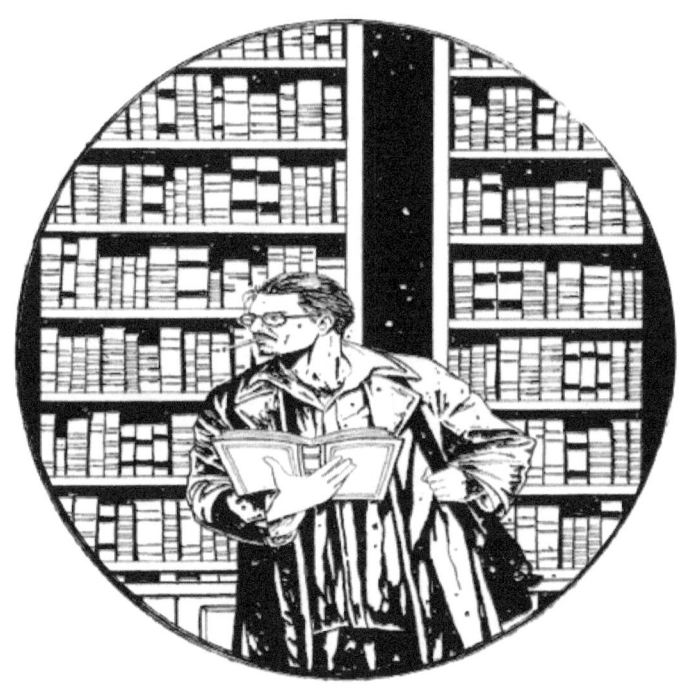

# EL NOVENO PORTAL
## "HAY LIBROS QUE NUNCA SE DEBERÍAN ABRIR ..."

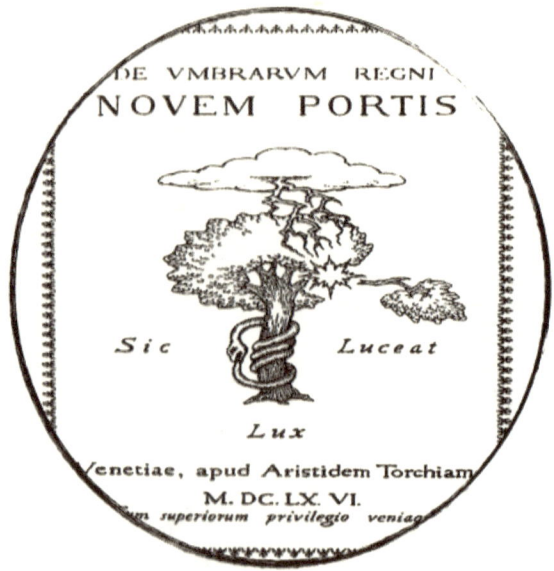

**Página de título de Las Nueve Puertas Al Reino de las Sombras**

La Novena Puerta es probablemente una de mis películas favoritas, al igual que la banda sonora. Una película de Roman Polanski, protagonizada por Johnny Depp como protagonista ambivalente, Lucas Corso; y presenta una interpretación increíble de Frank Langella como el descarado, presumido y siniestro coleccionista de todas las cosas diabólicas: Boris Balkan, un hombre rico en el que el dinero y la moral no son obstáculo para adquirir libros que se relacionen con el Demonio.

Este film es un viaje místico de miembros de un culto de ricos de la élite que buscan conocimiento oculto en libros caros y raros. Buena diversión para los nuevos y un buen misterio para los Adeptos.

La película es una adaptación del **_El Club Dumas_**, un libro escrito por Arturo Pérez-Reverte. Como gran admirador del ciclo de cuentos Cthulhu Mythos de H.P. Lovecraft, que ofrece deslumbrantes visiones de un panteón de Dioses Externos y sus secuaces, retorciéndose obscenamente en vórtices extraños de sonidos inarticulados y luz invisible, a veces solo más allá de las percepciones de la gente común. El horror cósmico de los Mitos no tiene nada que ver con esta película que se limita a la amenaza espiritual, psicológica y metafísica del Mal, y todas sus muchas encarnaciones dentro de la Quantisfera (el reino del Hombre, Espíritus, Elementales y Ángeles y Demonios).

Sin embargo, el tema central de la historia es una investigación sobre un libro enigmático y muy codiciado por la élite desde la antigüedad y algunos dirían de conocimiento 'prohibido'. Y esto marca directamente un tema clave de Lovecraft, donde los terribles secretos y el conocimiento de la destrucción de la cordura "del más allá" se entrelazan en las locas divagaciones de los locos y devotos ocultistas. Las Nueve Puertas del Reino de las Sombras contiene nueve grabados. En cada una de las tres copias de las Nueve Puertas, hay tres variaciones en estos grabados: seis están firmadas AT, refiriéndose al autor de Nueve Puertas, Aristidem Torchia; pero tres, diferentes en cada copia sobreviviente del libro, están firmadas por LCF. Lucifer. Los nueve grabados originales de Lucifer se han dispersado entre tres libros separados; solo alguien que pueda estudiar y comparar los tres libros podría determinar esto.

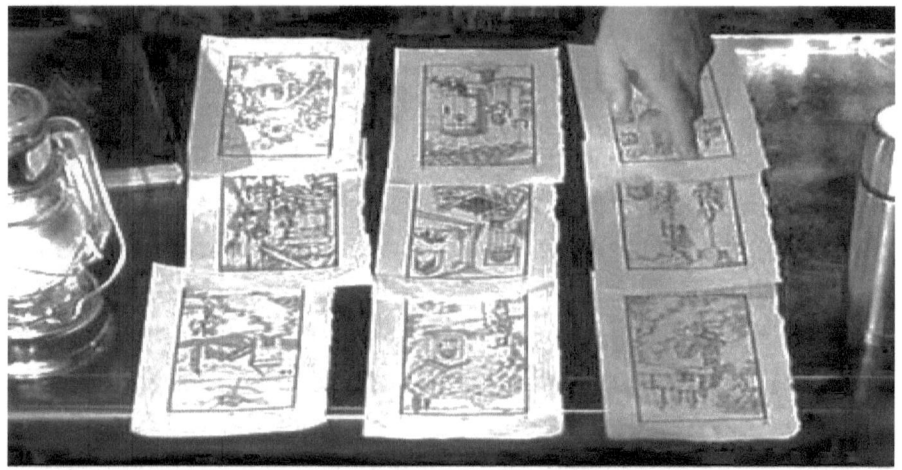

Corso. Trabajando para Balkan. Los nueve grabados son las nueve puertas, las nueve puertas, y definen la ruta dentro o fuera del Reino de las Sombras: el objetivo final del libro (s). La afirmación de que las Nueve Puertas puede levantar al Príncipe de las Tinieblas en persona es incorrecta; una de las muchas trampas integradas en el viaje que el libro implica.

Uno de los grabados firmados por LCF es en realidad una falsificación, creada por los hermanos Ceniza que residen en su extraña tienda, en Toledo, España, y esto arroja a nuestro antagonista y protagonista en un giro fatal; sin embargo, este mismo engaño se retrata en los grabados y es parte del juego. Los grabados tienen una cualidad tarotística y astroteológica, plagada de referencias cabalísticas y simbolismo, generando interés mucho más allá de la película.

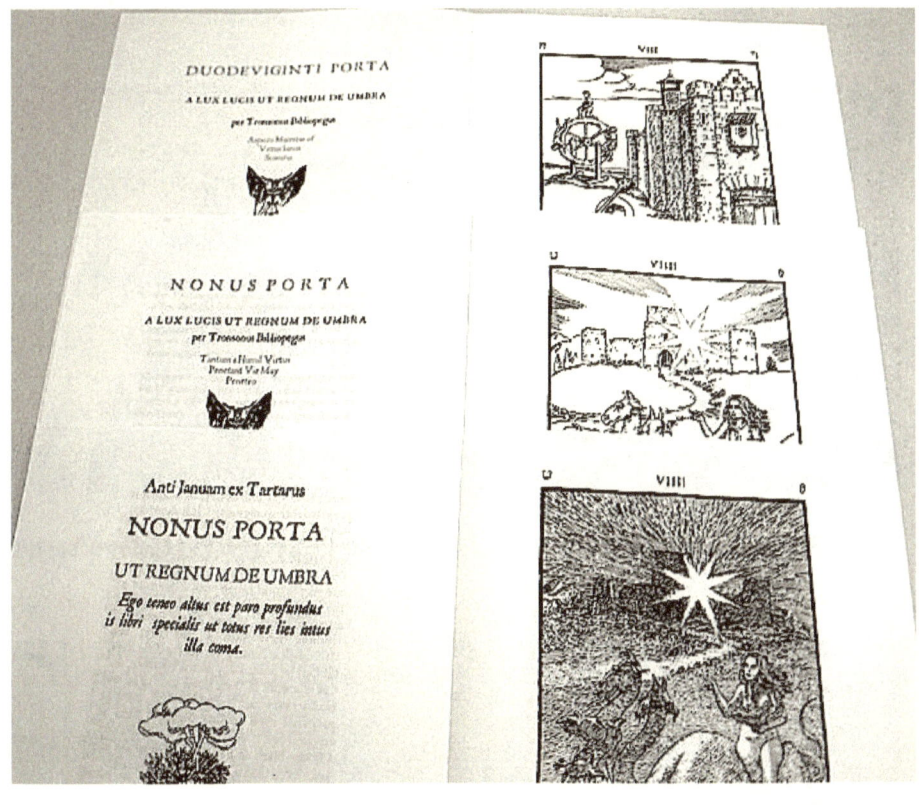

Algunos libros nunca deberían ser abiertos. Tampoco deberían buscarse tales secretos. Aquí, el libro en cuestión es el "De Umbrarum Regis Novum Portis", traducido como "Las Nueve Puertas al Reino de las Sombras" o las "Nueve Puertas" para abreviar. Las Nueve Puertas fueron escritas por Aristide Torchia mientras estaba en Venecia, en 1666, supuestamente en posesión del Delomelanicon, un libro apócrifo supuestamente escrito por Lucifer. El libro de Torchia contiene nueve grabados en madera que pretendían ser copias de los realizados por Lucifer en Delomelanicon. Además, se dice que las Nueve Puertas contienen el secreto para elevar al Diablo.

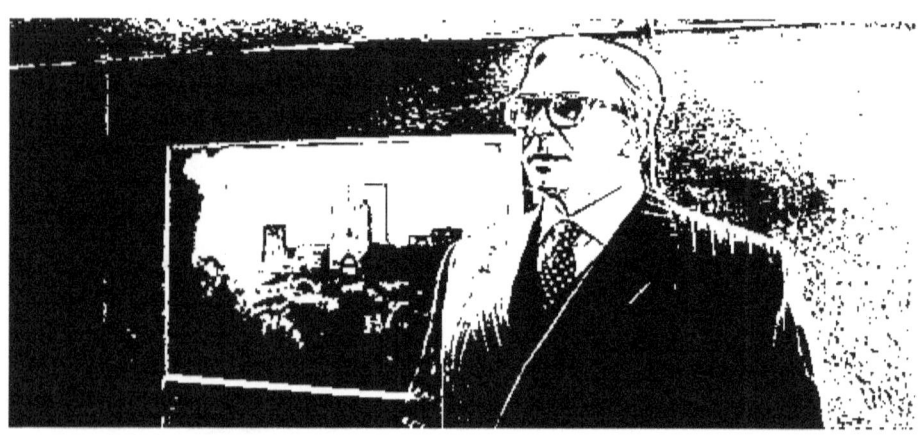

Boris Balkan se encuentra ante una imagen de la Novena Puerta: un castillo cátaro del siglo 13.

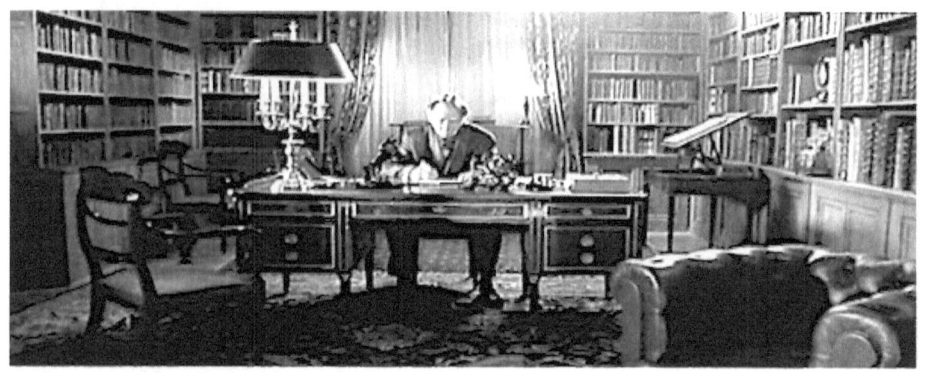

"Forman una especie de enigma satánico. Correctamente interpretados con la ayuda del texto original y suficiente información interna, tienen fama de conjurar en persona al Príncipe de la Oscuridad ."
- Boris Balkan: hablando de los grabados en las Nueve Puertas

Se dice que solo tres copias de los Nueve Puertas sobrevivieron después de que Torchia fue quemada junto con su trabajo en 1667. Justo cuando comienza la película, Andrew Telfer, el dueño de una de las tres copias, se suicida ahorcándose...

Boris Balkan adquiere esta copia y así se desarrollan los acontecimientos que llevaron a Corso, un especialista en libros raros, a viajar a Francia y Portugal para examinar las otras dos copias existentes. Una es propiedad de la baronesa Kessler y la otra reside en la colección Fargas. Balkan cree que algo no está bien con su copia.

*"¿Qué sucede?", Corso dice: "¿El diablo no aparecerá?"*
*Balkan quiere que Corso examine y adquiera las otras copias, "a toda costa".*
*"A toda costa suena ilegal", afirma Corso con cautela.*
*"No es la primera vez que haces algo ilegal, señor Corso".*
*"No es tan ilegal".*
*"De ahí el tamaño del cheque".*

Corso, es en el fondo, un mercenario; su moral es dictada por su porcentaje y Balkan sabe que no hay nada más confiable que un hombre cuya lealtad se puede comprar por dinero en efectivo. Esta afirmación puede ser verdadera en ese momento, pero luego la verdad o falsedad de ella define el núcleo del enigma. Para Corso, algo más allá del materialismo del dinero se vuelve mucho más importante.

Esta es una historia de dualidad. Hay dos viajes ocurriendo aquí. Uno es Boris Balkan un billonario de la élite: fervientemente materialista, hambriento de adquisición y decidido a ir tras lo que quiere. El segundo viaje es el de Corso; a través de la narración de la historia, se convierte en un buscador de conocimiento sin una visión clara de cuál será el resultado.

Ambos hombres viajan en direcciones opuestas. Uno se dirige hacia la destrucción final, arrastrado hacia los fuegos del Infierno, para perderse dentro del Reino de las Sombras; el otro se dirige hacia la Ilustración, para reclamar un premio que nunca supo que existía hasta el momento de la revelación final. Ninguno de los dos es inocente, pero uno no ha podido "seguir las reglas" y sufre la trampa integral contenida en el enigma del libro y de los grabados.

Este es un buen punto para hablar sobre la compañera que toma el lado de Corso sin ninguna explicación real. Hay alusiones a la idea de que ella puede ser Lucifer o ciertamente un agente de Lucifer. ¿Una figura tan potente "cumple las reglas"? Depende de si ves a Lucifer como una fuerza del bien, del mal o simplemente poderosa y ambivalente. Mira a los católicos y a los cátaros; ambos profundamente arraigados en la visión de que el otro es malo mientras son buenos. Diferenciar entre el bien y el mal nunca es tan claro como el blanco y negro. Lo cierto es que el acto de investigar los libros, tal vez su penúltima función dentro del plano terrenal, por así decirlo, ha hecho que aparezca.

Como invocado. El juego ya ha comenzado. Un aspecto de Lucifer es el de un embaucador y una figura que sobresale en acertijos y juegos mentales. Boris Balkan, él es un conocido discípulo del Diablo. Corso, es algo así como un enigma con respecto a la moralidad y la motivación; incluso para sí mismo ya que la historia lo hace evolucionar. En su personaje, él define la esencia misma de la dualidad.

La dualidad y la naturaleza subjetiva de lo que es bueno y lo que es malo están en el corazón de esta historia. Entonces, tal vez la mujer, o lo que sea que ella sea, ha llegado para presidir el juego, la ejecución de la resolución del enigma.

**LA PRIMERA PUERTA** "El silencio es oro" Un caballero cabalga a través de una ciudad fortificada. Con su dedo en los labios, aconseja prudencia o silencio. Otra traducción del texto en latín es: "Sólo prevalecerá quien haya luchado según las reglas". El castillo en la imagen es el destino final y esto tiene un significado significativo en cuanto al resultado final, o la Novena Puerta.

## El número 4:

Es el dominio físico; hay cuatro fases de la luna; cuatro cavidades en el corazón humano; cuatro extremidades; cuatro puntos de la brújula y de la cruz usados para crucificar a Cristo; cuatro fuerzas físicas conocidas, nuclear, radiación, gravedad y electromagnetismo; y en algunas culturas se considera un número desafortunado y tramposo.

## El número 3:

Es el reino del espíritu y la perfección; la Santa Trinidad; Mente cuerpo y alma; Nacimiento, vida y muerte; Forma consciente, subconsciente y física. Pero lo más significativo es esto: el número tres puede representar aventuras nuevas y desafiantes con la garantía de la cooperación de otros a quienes puede necesitar ayuda.

Considera las hazañas en las que se involucra Corso y la mujer misteriosa que se une a su lado. Típicamente, el número tres simboliza la recompensa y el éxito en la mayoría de las empresas. Así que desde el primer momento, la Primera Puerta describe que el resultado final será material o espiritual, traerá buena fortuna o mala suerte, dependiendo de cuál sea el camino que se tome. Dualidad de nuevo.

**LA SEGUNDA PUERTA** "Abre lo que está cerrado". Un ermitaño antes de una puerta cerrada. Una linterna en el suelo y dos llaves en su mano. Junto a él, un letrero que se parece a la letra hebrea Teth. Mano derecha. Mano izquierda. Cualquiera que sea la mano utilizada determinará cómo se abre la puerta y qué ruta se desbloquea para el buscador de (poder material) o (iluminación y conocimiento). Fargas, el viejo de Portugal, había perdido casi todo, pero aún tenía dos vasos de cristal.

**LA TERCERA PUERTA** "El aliento perdido guarda un secreto". Un viajero se dirige hacia un puente que cruza un río. En cada extremo, una puerta fortificada tiene acceso. En una nube, un arquero apunta hacia la carretera que conduce al puente. Otra transcripción del título latino es "una palabra faltante guarda un secreto". El arquero representa el peligro de Dios o del Diablo (dualidad) con respecto a la persona que se atreve a tratar de penetrar los límites de este poderoso dominio; quien se atreve a captar los significados ocultos para abrir las puertas del secreto.

La imagen puede ser una clara advertencia para aquellos que contemplan el proceder. El río representa un límite y una trascendencia; es fuerza y calamidad. Y así, el arquero también representa a Eros o Cupido, que ha pasado por muchas reinterpretaciones, disparando su flecha dorada para inspirar amor (beneficio positivo de la transformación aludida); pero con dos flechas, como lo describe LCF, también existe el riesgo de odio.

**LA CUARTA PUERTA** "La casualidad no es lo mismo para todos" Un bufón frente a un laberinto de piedra. La entrada está cerrada por una puerta. Tres dados en el suelo revelan sus caras mostrando los números 1, 2 y 3. La carta tarótica correspondiente es la del Loco (The Fool).

Un laberinto, y un calabozo construido de piedra, tienen un potente simbolismo. En la mitología griega, el Laberinto de Creta estaba tan bien diseñado que era imposible que una persona encontrara la salida de nuevo; dejándolos como presa del Minotauro. El Minotauro es representante de la bestia 'en nosotros' que vaga por el laberinto de la mente subconsciente. La advertencia aquí es: ahonda en el lado más oscuro de ti mismo y es posible que nunca encuentres un camino de regreso. Y en la versión del grabado de Aristide Torchia no hay salida.

El controvertido filósofo francés Michel Foucault llamó al Minotauro muy cercano y, sin embargo, también absolutamente ajeno: el emblema de la unidad de lo humano y lo inhumano.

La dualidad de la buena naturaleza y la mala. La historia de la Novena Puerta es sugestiva de un laberinto, donde el protagonista Corso llega a uniones claras de elección, para retirarse o seguir adelante, para engañar o para ser honesto, para matar o dejar vivir. Mientras tanto, Corso se está adentrando más y más profundamente en el misterio. ¿Qué es lo que lo llevará al otro lado? La salida de Lucifer está abierta. ¿Lucifer (la misteriosa mujer cómplice) será la guía aquí?

Apostar con tres dados era muy popular en Grecia. En cada uno de los dados, las caras visibles suman 6. Número tres 6. Signo del Diablo. El total de los tres dados es 18, que es el número real de grabados (9 por AT y 9 por LCF).

La presencia de los dados se une al título de la carta, esa posibilidad no es la misma para todos. El azar generará diferentes resultados: atrapamiento dentro del laberinto para convertirse en una víctima de "la bestia" o escapar con la experiencia del viaje.

**LA QUINTA PUERTA** "En vano" Un mercader cuenta su oro. Detrás de él, Death sostiene un reloj de arena en una mano y una horca en la otra. El comerciante está sentado dentro de una cámara similar a un castillo, posiblemente insinuando la ubicación de la última, la Novena Puerta. El piso es un tablero de ajedrez, blanco y negro juntos, repitiendo el tema de la dualidad.

El reloj de arena y la horca en cualquier mano son importantes. La horca tiene tres puntas; un tridente, que aquí probablemente sea un símbolo para el Diablo; aunque también es un arma contra el mal (hinduismo) con poderes contra los demonios.

En el grabado de Lucifer, la conclusión ha sido alcanzada; el comerciante ha adquirido mucha riqueza material sin ninguna recompensa real. No ha visto que solo el tiempo se interpone entre él y el Diablo. En la versión de Aristide Torchia, todavía hay tiempo para resolver la situación; prescindir de los delirios materiales de la riqueza y tomar las medidas apropiadas (tal vez tomar el tridente para defenderse).

**LA SEXTA PUERTA** "Me enriquezco con la muerte" Un ahorcado, similar al del Tarot, con las manos a la espalda, colgado por un pie de la almena de la pared del castillo junto a una puerta cerrada de la torre. Una mano ataviada con un guantelete blande una espada ardiente de un resquicio.

A pesar de colgar boca abajo, el cabello y la ropa del hombre; él tiene una actitud tranquila. Esta posición es deseada. Un significado clave del ahorcado es que a través del sacrificio personal, incluso la muerte, surge un nuevo entendimiento.

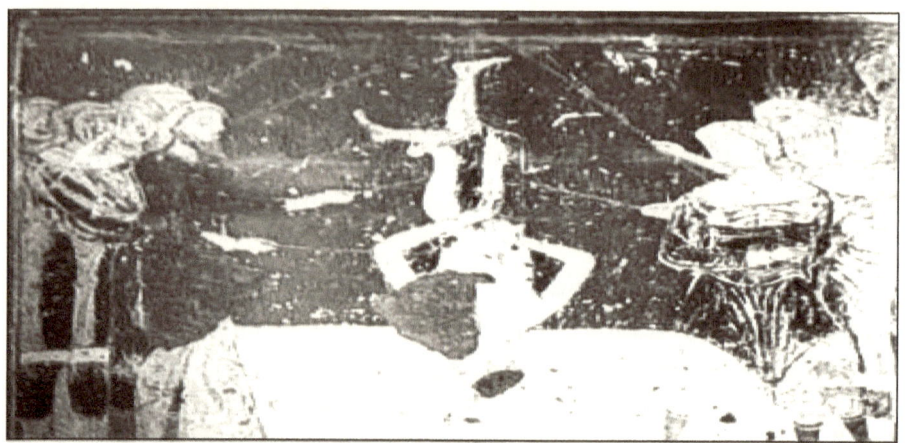

El dios nórdico Odín colgado boca abajo del árbol del mundo, Yggdrasil, durante nueve días para alcanzar la sabiduría. Al pasar por estos nueve días de desafío, o nueve puertas, Odín adquirió las runas del Pozo de Wyrd, la fuente y el fin de todo el conocimiento sagrado.

*"Luego de expulsarlo, puso al oriente del jardín del Edén a los querubines, y una espada ardiente que se movía por todos lados, para custodiar el camino que lleva al árbol de la vida". (Génesis 3:24).*

La importancia de la pierna derecha e izquierda se basa en la motivación y la naturaleza del sacrificio que se realiza. El grabado de Torchia, que muestra al hombre colgando de la pierna derecha, sugiere un sacrificio materialista; pero el significado invertido puede indicar que lo opuesto es verdadero; al igual que con las llaves de oro y plata para el Templo de Salomón, la derecha se convierte en izquierda y la izquierda en la derecha. Dualidad.

El grabado alternativo demuestra un sacrificio espiritual; una rendición de uno mismo para adquirir conocimiento sagrado.

**LA SÉPTIMA PUERTA** "El discípulo eclipsa al maestro". Esto lo veremos después también en Star Wars en la relación entre el Jedi master y el aprendiz Luke o Anakin, y como Lucas juega con estos arquetipos Junguianos y taróticos con cada uno de sus personajes. Un rey y un mendigo juegan al ajedrez en un tablero con cuadrados blancos. La luna se puede ver a través de la ventana. Debajo de esto y al lado de una puerta cerrada, dos perros están peleando. La luna creciente simboliza nuevos comienzos y la transformación de los sueños en realidad. Pregunta: ¿no es la realidad un sueño y escapar del sueño es ascender / descender a la realidad?

Los dos perros que luchan representan los miedos de la mente al acercarse la gran transformación. En blanco y negro. Los opuestos pelean por un solo propósito. Dualidad. La diferencia entre el tablero de ajedrez negro y el tablero de ajedrez blanco es meramente reforzar este punto. El tablero de ajedrez en blanco y negro también sugiere un ascenso desde el Reino de las Sombras o un descenso hacia él.

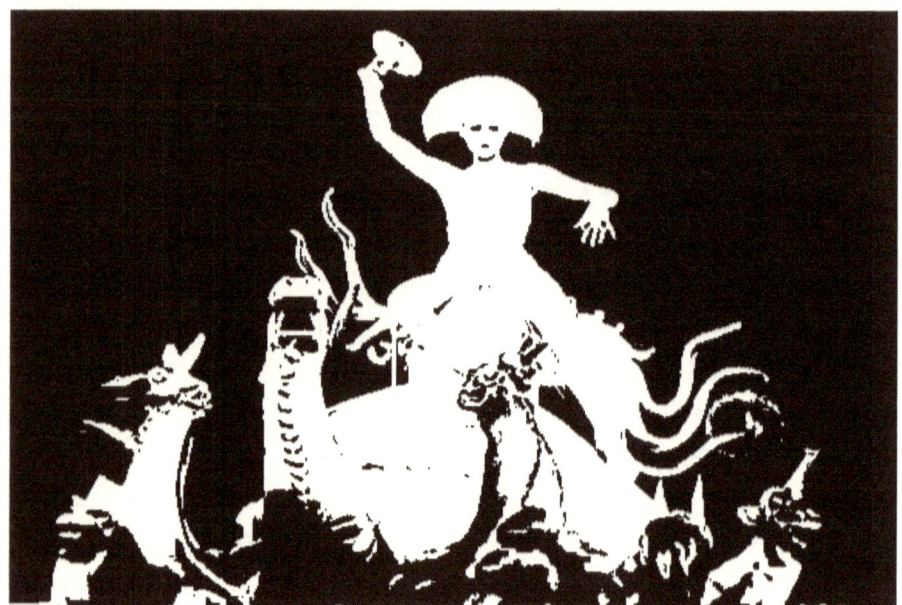

**LA OCTAVA PUERTA** "La virtud es conquistada". Ante las murallas fortificadas de un castillo, una figura se arrodilla en oración mientras detrás de él se encuentra un guerrero con una maza lista para atacar. En el fondo hay una Rueda de la Fortuna. El hombre virtuoso reza para superar los desafíos que enfrenta, pero el destino aún puede derribarlo: un golpe mortal del guerrero detrás de él, pendiente en el giro de la Rueda de la Fortuna.

La virtud no impedirá que el hombre que ora sea asesinado. La virtud es derrotada. El guerrero y el hombre rezando representan el doble papel del protagonista y antagonista, Corso y Balkan. Uno es agresivo, adquisitivo, decide hacer lo que sea para lograr su objetivo; el otro es pasivo y busca orientación para comprender su objetivo.

**LA NOVENA PUERTA** "Ahora sé que las sombras provienen de la luz". Un dragón de siete cabezas está siendo montado por una mujer desnuda; ella se sienta encantándose de un libro abierto en su regazo mientras gesticula hacia el castillo en el fondo. El castillo representado en el grabado es una representación visualmente literal de la ubicación física de la Novena Puerta. Sin duda, un lugar que se ha buscado durante milenios y finalmente encontró (dentro de este grupo de Satanistas) por Boris Balkan.

En la copia de las Nueve Puertas de Balkan, que adquirió de Andrew Telfer, quien a su vez la compró a los gemelos Ceniza, este grabado en particular es una falsificación hecha para parecerse a las demás, en otras palabras, el castillo está en llamas. Esto lleva a los Balcanes a cometer el error fatal de confundir el fuego como parte del ritual de la Novena Puerta, y por lo tanto conduce a su final más bien espeluznante y posiblemente a su descenso al Reino de las Sombras. En el infierno.

Boris Balkan cree que el fuego es parte de la ceremonia que desbloquea la Novena Puerta. La mujer que montaba al dragón podía aludir a la Ramera de Babilonia, pero su apariencia facial ciertamente se parece a la compañera femenina de Corso. El ángel / demonio o Lucifer mismo - convocado como supervisor cuando Balkan y Corso comenzaron este viaje.

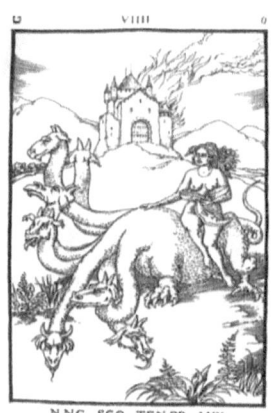 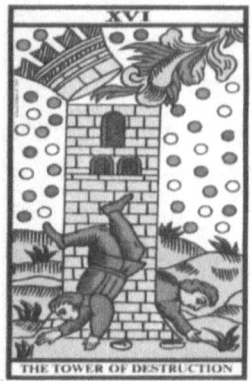 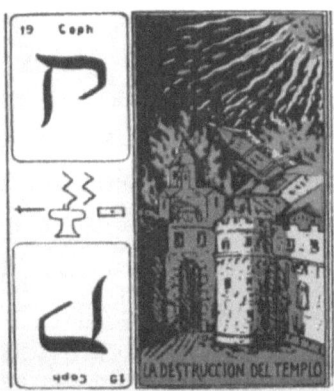

Las diferentes "puertas o portales" parecen ser diferentes pruebas que permiten una entrada a algo, si uno puede manejar una ruta larga y tortuosa, desafiar las flechas de la desgracia, etc. Es Corso quien hace todas estas cosas. Sin embargo, no está muy claro a partir de las interpretaciones de Balkan en lo que uno está entrando. Es simplemente "la novena puerta", la puerta de un castillo en llamas. Balkan supone que está siendo admitido a un pacto con el demonio, uno que le otorga poderes sobrenaturales, pero no hay nada en su interpretación de los dibujos que lo implique, aparte de las letras LF. Es solo una leyenda que asocia a Lucifer a los pactos con el diablo que le da un gran poder. En latín, la palabra "Lucifer" significa "portador de la luz". La película, al final, sugiere que el iniciado exitoso ingrese a un mundo de luz, que corresponde al significado de la palabra. Tal vez "luz" es una metáfora del conocimiento oculto que los diversos ensayos permiten que tenga un iniciado. No está claro si este conocimiento implica algún poder en el plano terrenal. Y es todo seguido por estos grabados que es una copia de 9 cartas del tarot de la mayor arcana.

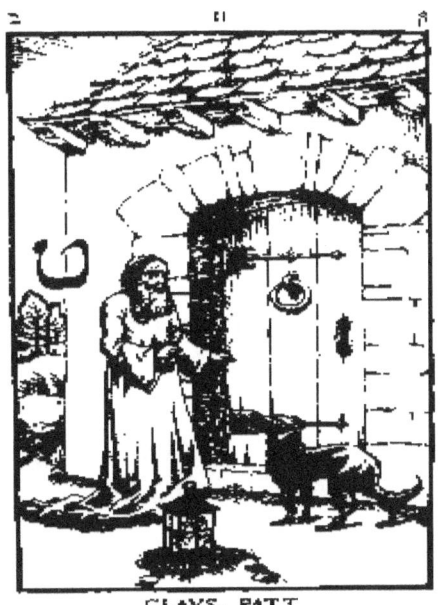

CLAVS. PAT.T

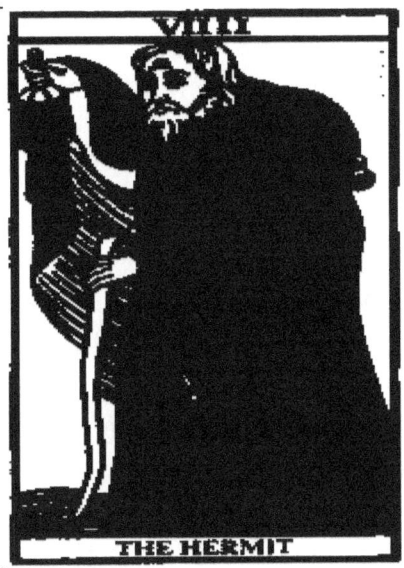

THE HERMIT

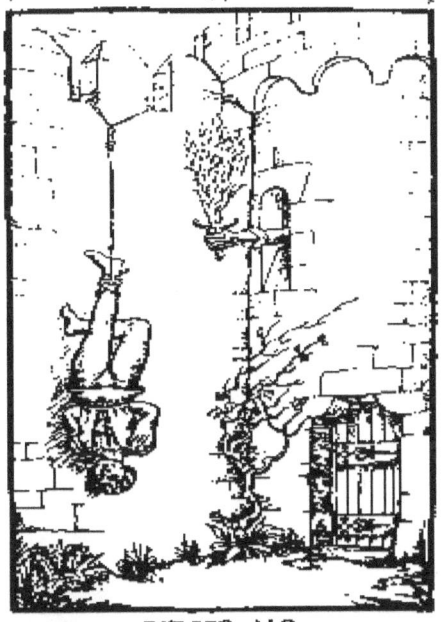

DIT.SCO M.R.

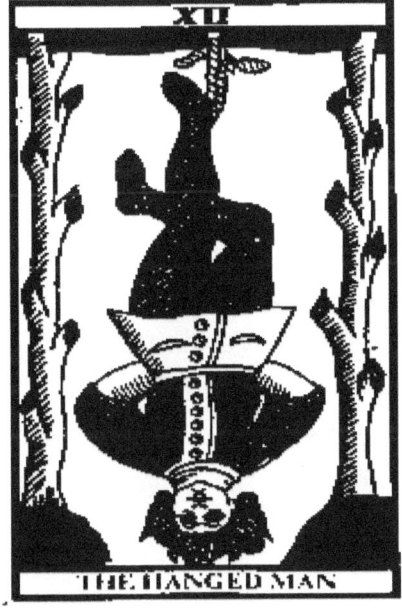

THE HANGED MAN

# CARA OCULTA DE HOLLYWOOD

El tema de la dualidad continúa, con Corso representando las imágenes del grabado de Torchia; ser "montado" por la ramera de Babilonia mientras el castillo arde para recibir la sabiduría de dónde se lleva a cabo el grabado real (y final de LCF)... lo que le permite representar esa versión... caminando a través de la puerta hacia la Luz como se indica por la ramera. El mundo detrás de él es arrojado a las sombras. Él está emergiendo del Reino de las Sombras. Finalmente, Lucas Corso se acerca a la verdadera Novena Puerta.

La Baronesa señala el tarot, el Arcano 12, el ahorcado y el Arcano 9, el Ermitaño (arriba y abajo). Si comparamos los grabados con las tarjetas correspondientes en el llamado "Tarot antiguo de Marsella", la similitud es evidente. (Aquí estoy usando la popular versión de 1930 de Paul Marteau, que tomó los diseños originales de 1760 pero con diferentes colores. La versión 1760 a su vez se basó en diseños que datan del siglo XVI en el norte de Italia).

En relación con la imagen de arriba, ella cita el arcano incontable, el Loco o locura. También hay otras asociaciones. Los dos perros y la luna de la imagen de abajo se relacionan con la carta de la Luna, Arcanum 18. (Aquí no estoy mostrando la versión de Marteau de 1930, que tiene los dos perros del mismo color, sino una versión más históricamente precisa de alrededor de 1700 por un grabador parisino llamado Dodal.)

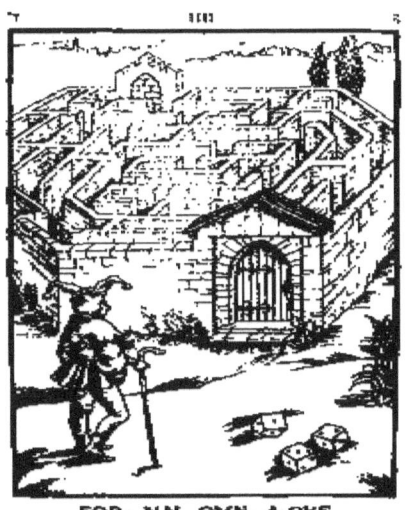

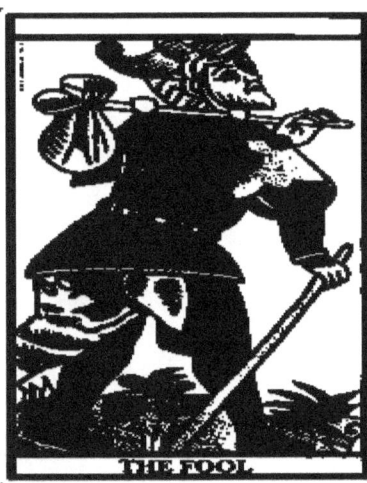

La rueda en el fondo de la imagen a continuación aparece en la carta de la Rueda de la Fortuna, Arcanum 10. El hombre o ángel con la espada o club en la imagen de abajo aparece como un hombre con un palo en las primeras versiones de la carta de Fuerza, Arcanum 11.

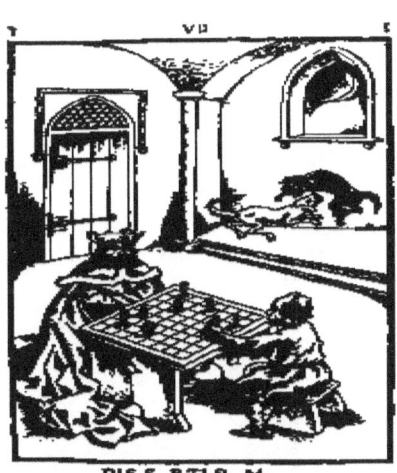

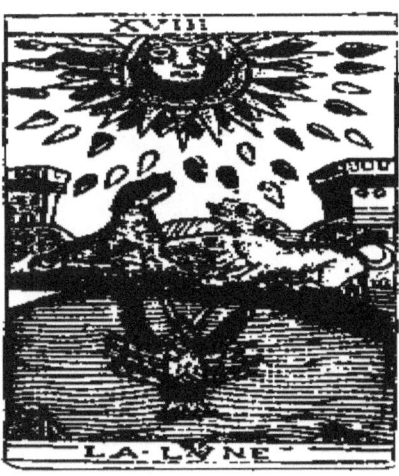

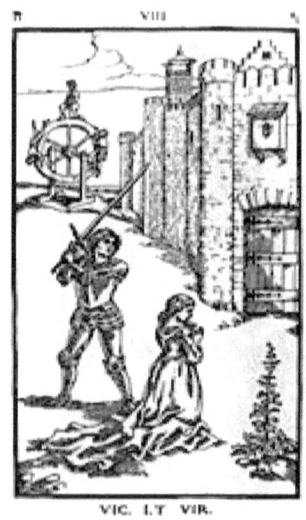 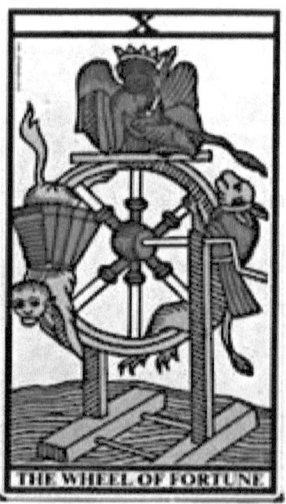 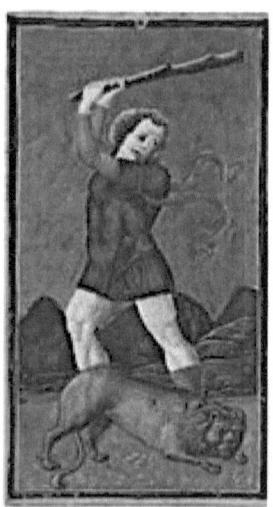

La Muerte, es el Arcano 13, aunque el parecido no es grande. (Veremos un mejor ajuste más adelante).

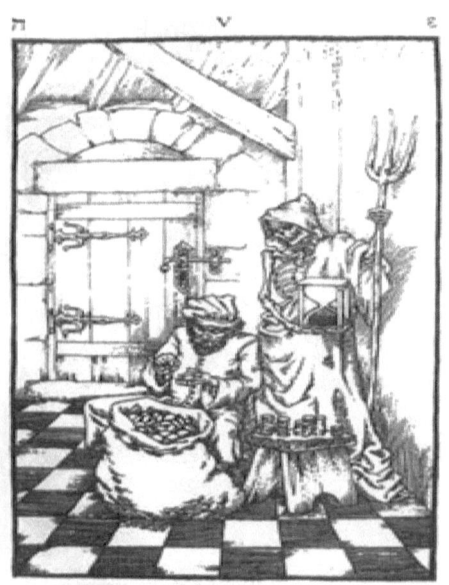 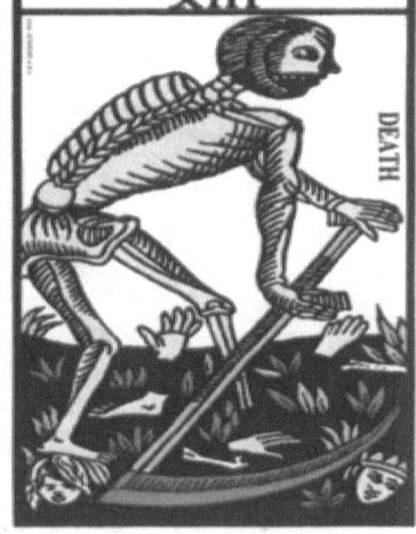

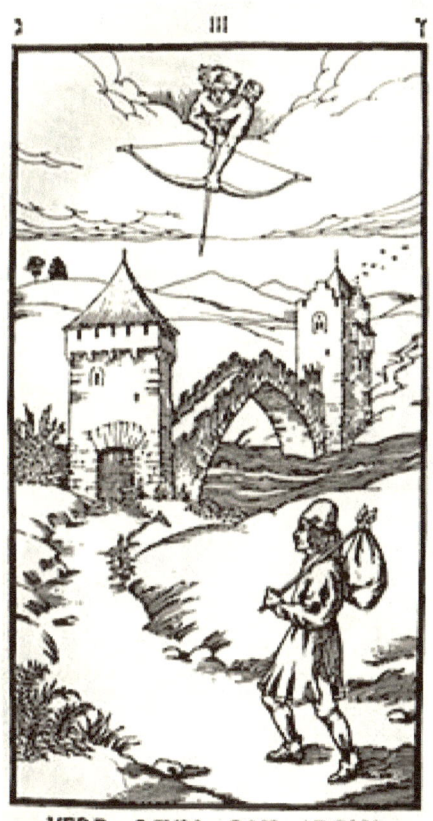

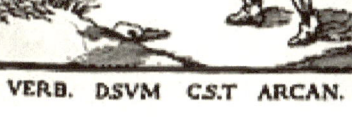

VERB. D.SVM CS.T ARCAN.

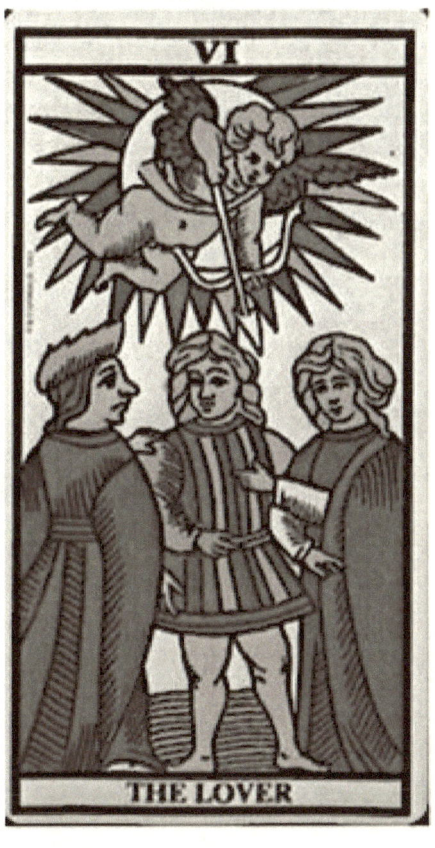

THE LOVER

El arquero de la imagen de abajo es como Cupido en la carta de los Enamorados, Arcano 6. La flecha también podría ser el rayo que golpea la Torre, Arcano 16. El castillo en llamas, grabado arriba, también corresponde a esa torre, desmoronada. Hay un parecido aún más cercano entre la carta 9 y una carta de "Destrucción del Templo" en una vieja baraja española. Vimos estas cartas, antes.

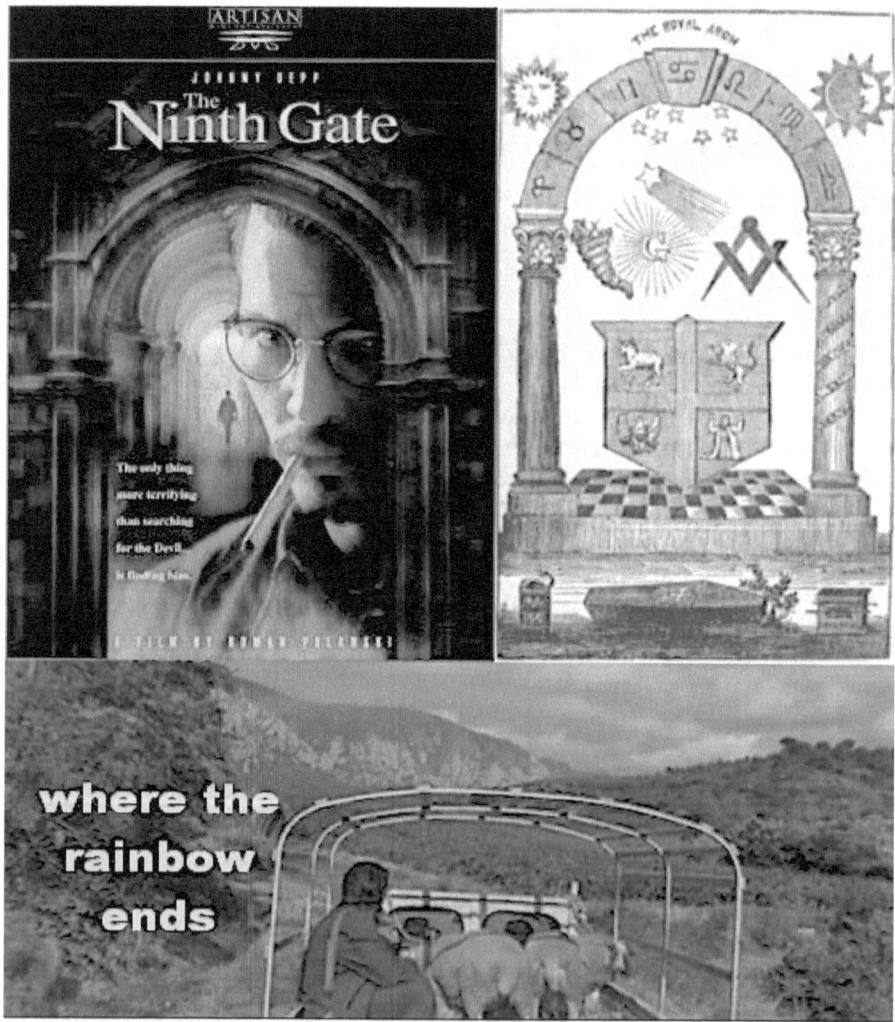

Vemos que Polanski utiliza imagenes de lo oculto y masónicas, como la del arco (iris) en referencia al arco masónico egipcio de Joachim y boaz en partes del film. Llevan a Corso al final de su camino, donde termina el arco iris...

El tablero de ajedrez en blanco y negro también sugiere un ascenso desde el Reino de las Sombras o un descenso hacia él.

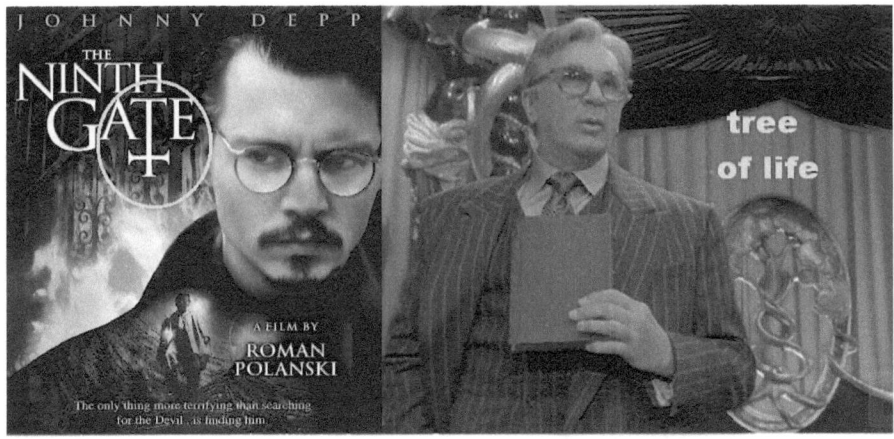

Vemos también en el film conceptos cabalísticos como el árbol de la vida y las cruces invertidas. Por otro lado y como colofón para que Corso complete su camino iniciático y arquetípico y pueda pasar las 9 pruebas, debe finalizar con el acto sexual o magia sexual fuera de la novena puerta con la ramera de babilonia, en un acto que le dará la energía y la luz para salir de las sombras y entrar en la luz...

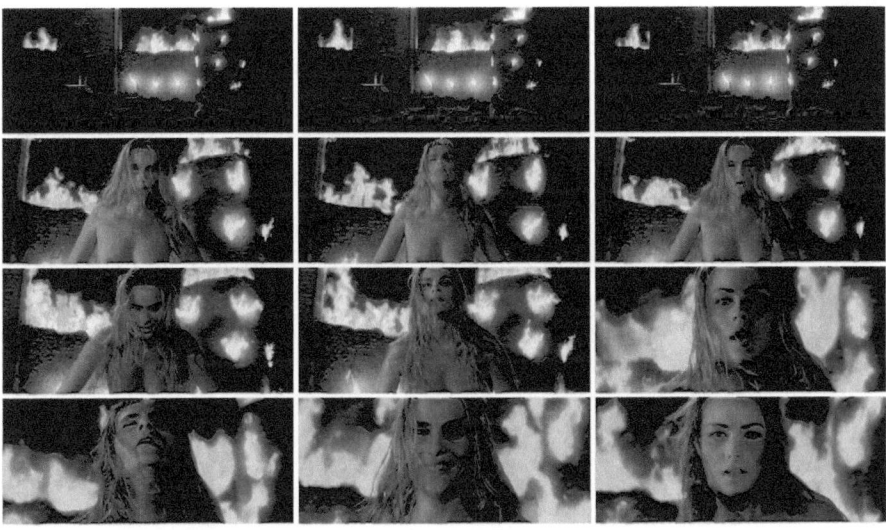

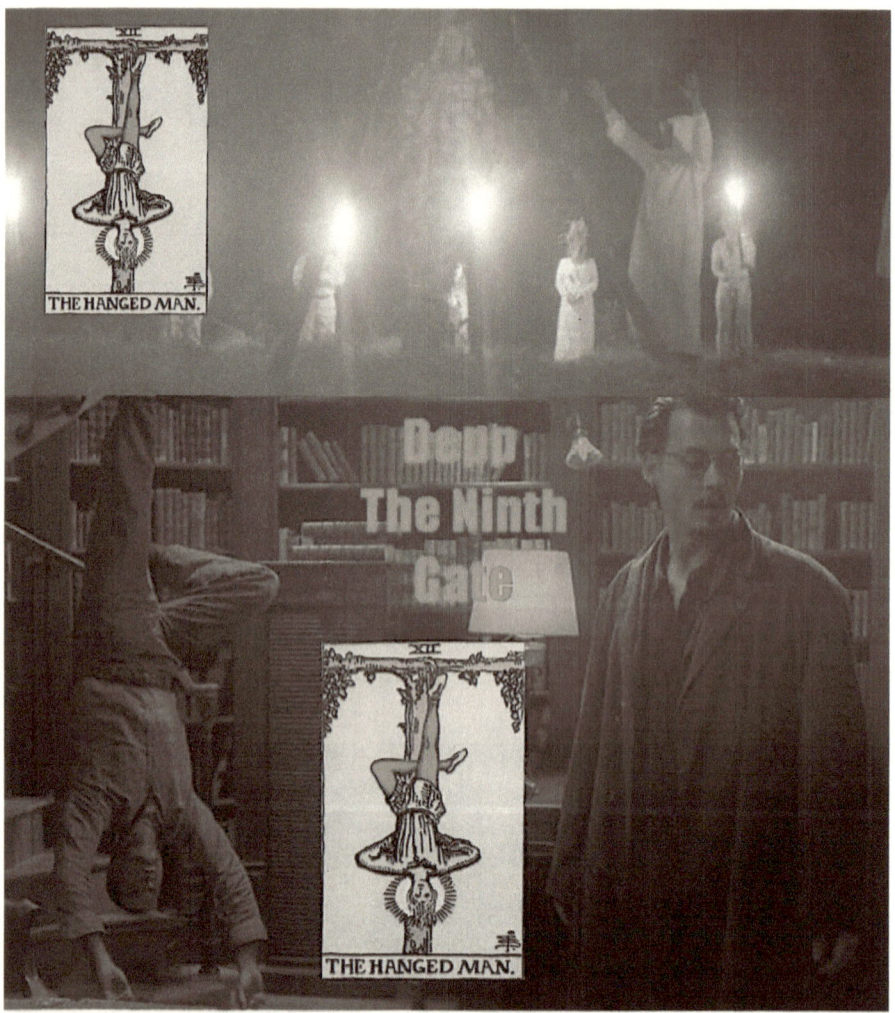

Los nueve grabados en la película son un poco diferentes de los del libro, de una manera. Las caras de las personas en los grabados se asemejan físicamente a los personajes que aparecen en la película al mismo tiempo que vemos los grabados.

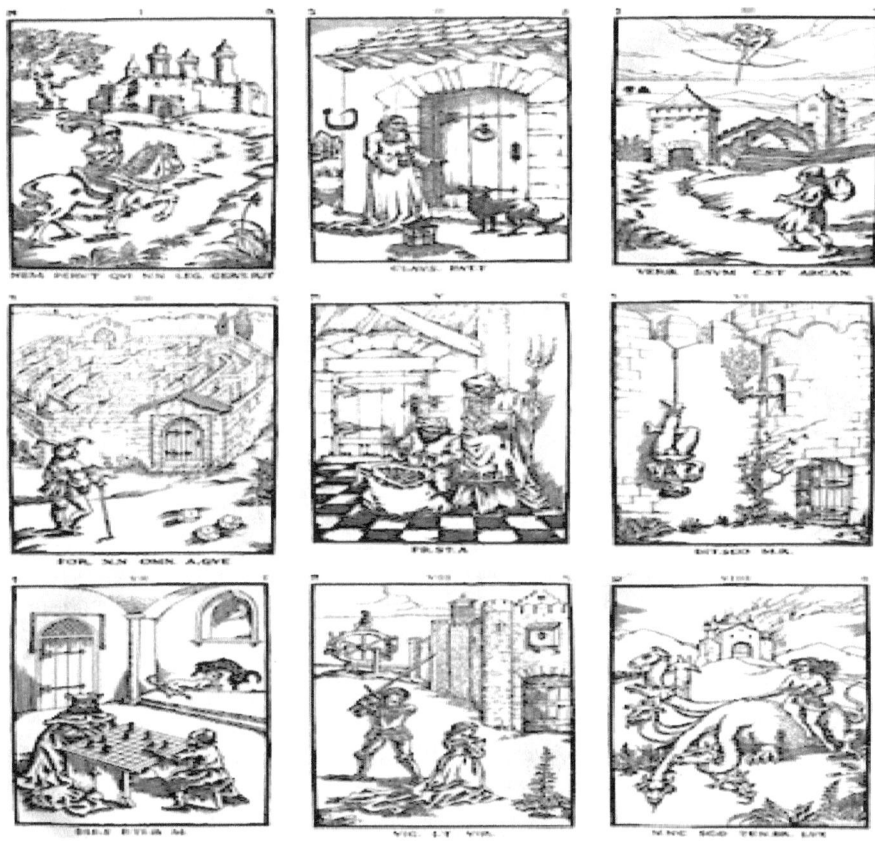

¿Qué significa pasar por la Novena Puerta? En un nivel metafísico, Corso salió de este mundo a otro. En un nivel espiritual / simbólico, Corso cruzó la puerta y experimentó alguna forma de iluminación. Si ves la película como una revelación sobre la verdad de nuestra realidad objetiva; que todos vivimos aislados de la luz divina, aislada, atrapada en el reino de la carne y el materialismo, y luego consideramos que la Novena Puerta se titula así por algo: ahora sé que las sombras provienen de la luz. Venimos de la luz. Ahora somos sombras...

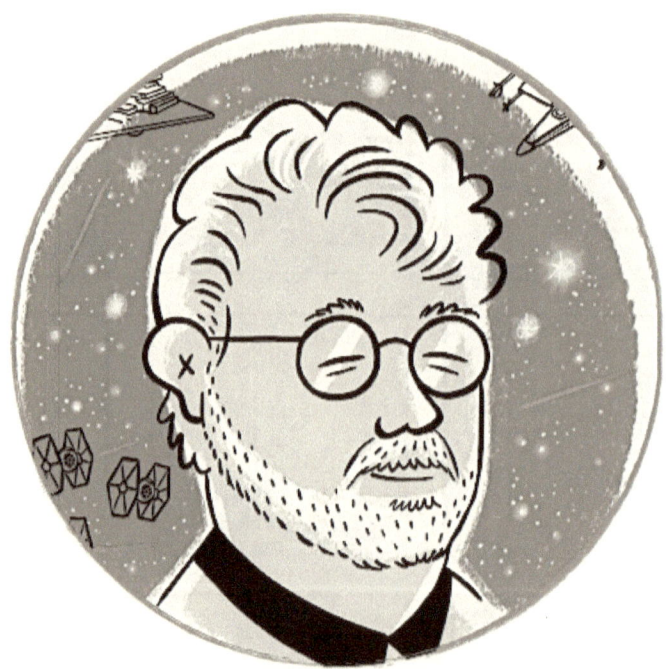

George Lucas, nació en Modesto, California, en 1944, considerado uno de los hombres más poderosos en el mundo del entretenimiento. Creador de las sagas de Indiana Jones y Star Wars comenzó a despuntar desde adolescente, se hizo amigo de las personas correctas y desde entonces estuvo destinado para tener éxito. La fama la traía en las venas, el talento también. Durante sus estudios en la USC, compartió cuarto con personajes que más tarde triunfarían en Hollywood como Walter Murch. Se hizo amigo de algunos de los productores con los que más tarde participaría en Indiana Jones, nada menos que Steven Spielberg o Francis Ford Coppola : con el tiempo los cineastas se hicieron amigos e hicieron "THX 1138". Para 1972, Lucas había fundado Lucas Film. Cuando se estrenó la primera cinta de la tercera trilogía ya con Disney, Lucas aseguró que se arrepentía de haber vendido la saga, los llamó tratantes de blancas...

En cuanto a la creación de otro de sus personajes, George Lucas, reveló en una entrevista que, en su juventud, conoció a un grupo de jesuitas en la Universidad de Fortham : quedó tan maravillado por su forma de ser, por cómo se movían, cómo te convencían usando palabras cariñosas antes que imperativas, que fue ahí donde comenzó a moldear la figura del caballero Jedi de la saga de Star Wars.

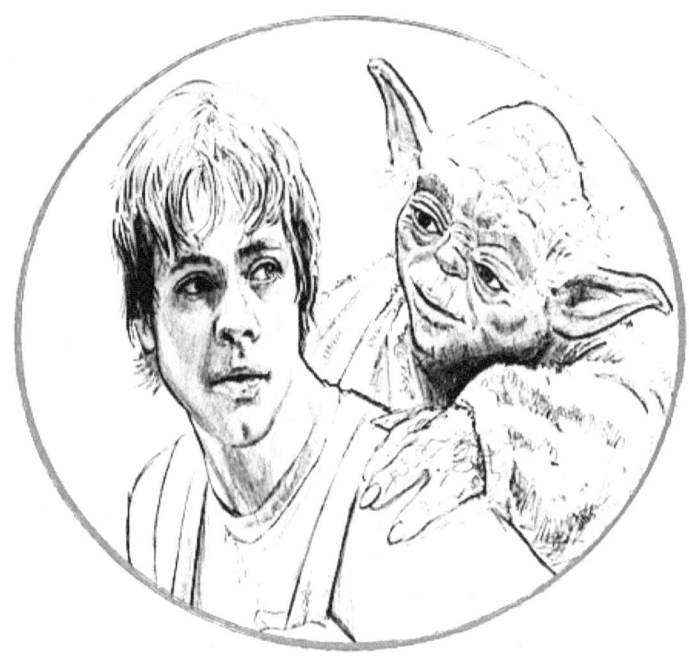

# LA FUERZA SE DESPIERTA

*"DESAPRENDER LO APRENDIDO DEBES HACER."*
*- YODA, EL IMPERIO CONTRAATACA*

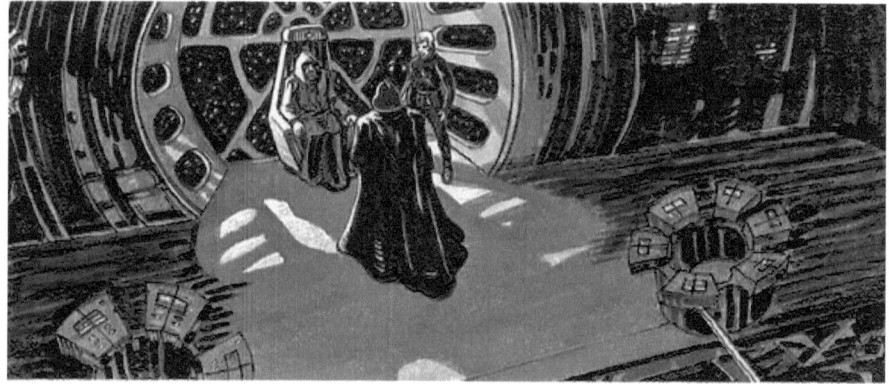

Además de analizar la película como hemos hecho antes basada en el contenido masónico y del culto a Saturno y al tan poderoso mito solar, vamos a hablar de símbolos, mensajes de las sociedades secretas y descodificación de estas en las películas de Lucas basándonos en el tarot y la Astroteología, a continuación.

Empezaremos con el motor o la fuerza que mueve esta industria, y cuya parte esotérica te ha conseguido también despertar, y por eso te encuentras leyendo este tomo. "*Hace mucho tiempo, en una galaxia muy lejana*", la frase que abre todas las películas de la saga *Star Wars*, es también la llave hacia el lugar sin tiempo de la mitología y los cuentos tradicionales. Cuando, en 1949, el estudioso del mito Joseph Campbell publicó *El héroe de las mil caras*, no sólo introdujo en la cultura popular el término *monomito* e identificó el viaje del héroe como estructura fundamental de todos los relatos tradicionales, sino que además abrió el camino hacia la utilización de su libro como matriz de construcción de ficciones.

Emulando, por una parte, el trayecto solar de Este a Oeste y, por otra, la iniciación a la edad adulta a través de fases sucesivas como la partida del hogar, las pruebas que preceden al encuentro con la diosa, la reconciliación con el padre y el regreso a casa o la fundación de un nuevo hogar, Campbell ofreció a cineastas como George Lucas la posibilidad de disponer de un modelo narrativo capaz de sintetizar un destilado de todas las mitologías.

Con las primeras imágenes de Luque Skywalker en *Star Wars, una nueva esperanza*, la película que inauguró la serie, se inicia un recorrido heroico que sigue los pasos de la leyenda griega de *Jasón y los argonautas* en su viaje en pos del vellocino de oro. Huérfano, criado por sus tíos y capaz de saltar sobre el abismo con la princesa Leia en brazos, Luke es al principio un héroe acrobático, cuya posibilidad de morir queda enterrada junto con el secreto de sus orígenes. Cuando descubre que su mayor enemigo, Darth Vader, es asimismo su padre —"I am your father", le confiesa en *El imperio contraataca*—, la siniestra figura paterna se revela también como el arquetipo junguiano de una sombra cuya oscuridad Luke debe integrar.

George Lucas, director de Star Wars convirtió a Mefistófeles o "Yoda", en un icono de la cultura pop, consiguiendo al mismo tiempo que millones de personas creyeran y sigan creyendo en una supuesta "fuerza" universal.

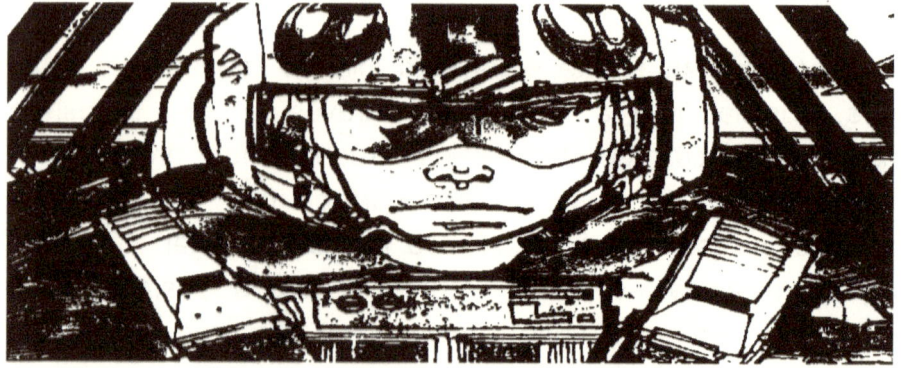

En cuanto a la creación de otro de sus personajes George Lucas reveló en una entrevista que, en su juventud, conoció a un grupo de jesuitas en la Universidad de Fortham; quedó tan maravillado por su forma de ser, por cómo se movían, cómo te convencían usando palabras cariñosas antes que imperativas, que fue ahí donde comenzó a moldear la figura del caballero Jedi de la saga de Star Wars.

La fuerza, hace referencia clara a la fuerza creadora universal de las antiguas escuelas mistéricas donde todo está y que todo queda escrito, que en diversas culturas se conoce como akásico o éter. Pero, ¿Cuánto de esto es casual y cuanto de ello es una re-interpretación galáctica de los mitos egipcios o templarios y si rebuscamos también los artúricos? Siendo la saga, que es una fantástica obra de ciencia ficción que ha tomado minuciosamente elementos de la mitología universal para formar un mundo acotado y de fácil comprensión para el público, hay un mensaje oculto esotérico y con un sentido simbólico soslayado a todas las series y secuelas de la "Guerra de Las Galaxias".

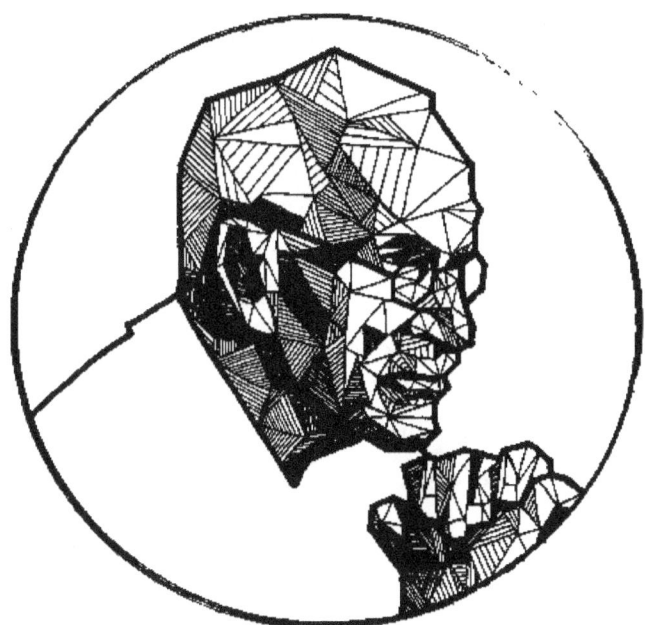

Carl Jung, Kesswil, cantón de Turgovia, Suiza: 26 de julio de 1875, médico psiquiatra, psicólogo y ensayista suizo, figura clave en la etapa inicial del psicoanálisis: posteriormente, fundador de la escuela de psicología analítica, también llamada psicología de los complejos y psicología profunda, joven colega de Freud, se dedicó a la exploración del "espacio interno" a través de todo su trabajo. Se lanzó a la tarea equipado con los antecedentes de la teoría freudiana, por supuesto, y con un conocimiento aparentemente inagotable sobre mitología, religión y filosofía. Sus trabajos tardíos muestran efectivamente un profundo interés en la tradición oculta de este hemisferio y en el Cristianismo esotérico y, especialmente, en la alquimia.

Jung sostenía que los arquetipos actúan en todos los hombres, lo que le permitió postular la existencia de un inconsciente colectivo. El hombre accedería a esa dinámica inconsciente en virtud de la experiencia subjetiva de estos símbolos, la cual es mediada profusamente por los sueños, el arte, la religión, la mitología, los dramas psicológicos representados en las relaciones interpersonales, y los propósitos íntimos. Jung sostenía la importancia de profundizar en el conocimiento de ese lenguaje simbólico para consolidar la preeminencia de la consciencia individual sobre las potencias inconscientes. En tono poético, sostenía que este proceso de individuación sólo es viable cuando se ha dado respuesta a la pregunta: ¿Cuál es el mito que tú vives?

La fuerza, por tanto, es en el umbral de la culminación de su entrenamiento con el maestro *Jedi,* Yoda donde el destino de Luke y sus compañeros Leia, Han Solo, Chewbacca y los robots R2-D2 y C-3PO debe ser religado con el origen y expuesto a su vez al futuro de la saga. En una de las secuencias más hermosas de *El retorno del Jedi*, C-3PO es tomado por una divinidad por la población arborícola de los *ewok* e invitado a explicar una historia que no es otra que la suya propia, la de la lucha contra las tentativas absolutistas del Imperio. Al calor de una hoguera y de igual manera que Rama en la epopeya hindú *Ramayana*, Luke es confrontado con la conciencia de su propia historia. Con ello, no sólo emerge con plenitud su carácter heroico sino también la melancolía de no poder eludirlo.

Junto a la melancolía y la lealtad hacia los resistentes, concebidos a imagen y semejanza de la Mesa Redonda artúrica, en Luke se desvela asimismo el espacio de la interioridad. De igual modo que ese período, en el siglo XII, en el que los relatos artúricos van dando paso, a través de la trama enigmática de *El cuento del grial*, de Chrétien de Troyes, al espacio interior del héroe, en la familia Skywalker comparece una *estancia* capaz de custodiar tanto el *joi d'amor-el goce del amor-* como la ambición destructiva. Es entonces cuando Darth Vader, cuyo verdadero nombre es Anakin, se sacrifica para salvar a su hijo, al tiempo que emerge como antagonista el Emperador, ataviado con el hábito oscuro que la iconografía griega reserva al severo dios Cronos.

Si en las tres primeras películas estrenadas de *Star Wars*, George Lucas se pliega a la estructura enunciada por Campbell, las tres siguientes, *La venganza de los Sith*, *El ataque de los clones* y *La amenaza fantasma*, no sólo invocan fuentes iconográficas antiguas —los Sith están ideados a partir del dios egipcio Seth— sino que además dan pie a la incorporación de la tragedia a través del pasado de la saga, la juventud de Anakin antes de ser investido con los atributos de Vader: la capa y un casco inspirado en el *kabuto* samurái que oculta su rostro desfigurado. Que la imagen del mito es aquello que trasciende a las genealogías y restituye al individuo a un presente eterno, es tan cierto como que la base de la tragedia es la familia, la filiación. Sin salida, el destino de Anakin se desvía del camino del héroe, y su pérdida le deja atrapado en el laberinto del lado oscuro.

Mucho más próximo a los descensos que superhéroes como Batman tuvieron que acometer durante los años 80 a manos de autores como Frank Miller, así como a la voluntad shakesperiana de hacer de la palabra un frágil antídoto al desmoronamiento de la identidad, Anakin es poseído por el orgullo, por la *hubris-castigo-* de *ser más*. "Deseo más, y sé que no está bien", arguye, a lo que su amigo Obi Wan Kenobi replica "Te has convertido en aquello que juraste destruir". Si lo que más teme el ser humano es ser tocado por lo desconocido, Anakin se ve en cambio tentado por la perversión de *la Fuerza*, ese avatar del *Brahma* hindú que Lucas convierte en la pulsión mística de la saga.

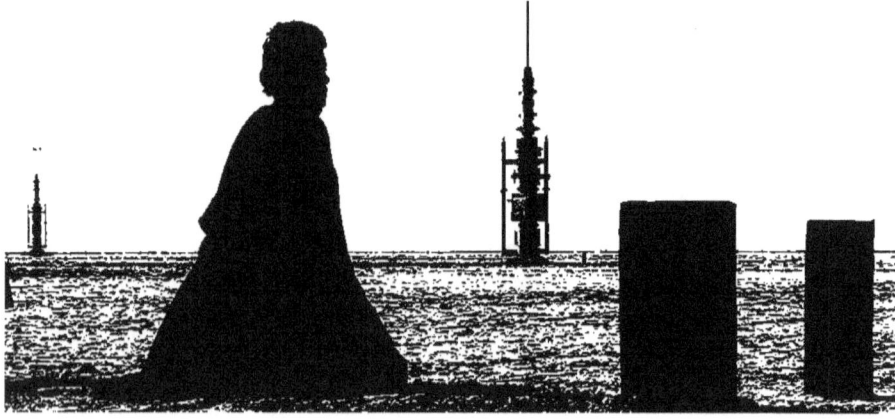

**El héroe trágico.** Postrado junto a la sepultura de la madre o la amada, como tantos personajes de las películas de John Ford y de los cómics de Milton Caniff y Hugo Pratt, Anakin Skywalker no es tanto un personaje empujado por una causa sino atraído por un destino fatal. El encuentro con la diosa, la iluminación que Campbell identifica en el héroe solar, se ve reemplazado en el caso de los personajes trágicos por la necesidad de un sacrificio capaz de redimir su *hamartia*, el error en el origen de la tragedia.

**'Ánima'.** Como en la poesía trovadoresca provenzal, la dama es presentada de forma espectral en Star Wars, Una nueva esperanza, a través del holograma que proyecta R2D2. A diferencia de Leia, su madre Padme Amidala encarna un principio femenino todavía más clásico, anima, frente al par masculino, **'animus'** que según Jung integra todo el psique completo. Amidala es presentada ante su pueblo como una Ofelia sacrificada cuando muere en el parto como consecuencia del deseo insaciable de poder oscuro de Anakin convirtiéndose en un Sith que le produjo a ella querer dejar de vivir.

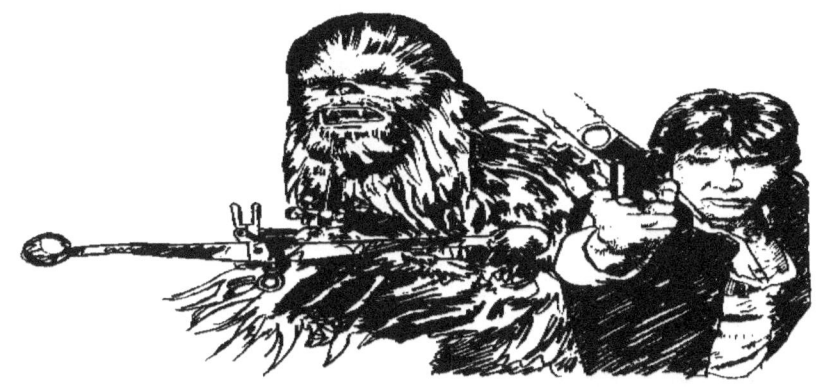

**El salvaje.** En su libro "El salvaje en el espejo", el antropólogo mexicano Roger Bartra identificó al hombre salvaje, velludo y bondadoso en lo más profundo de la psique y la cultura europea. Avatar del homo-sylvestris medieval, desciende de faunos y sátiros y su imagen constituye la contrafigura del progreso tecnológico, un reducto de pureza cuya iconografía se extiende, a través de santos penitentes y fiestas populares, hasta el Calibán de La tempestad de Shakespeare o el inseparable compañero de Han Solo, Chewbacca.

**Los Objetos de poder.** La importancia del diseño de los objetos de Star Wars no sólo ha dado lugar a un pródigo merchandising, sino que algunos de ellos, en particular, constituyen objetos de poder de acuerdo con la denominación de Joseph Campbell. De entre todos, el sable láser, avatar de la mítica espada Excalibur forjada por Merlín para Arturo, es el que acompaña la toma de conciencia sobre la fuerza. Su entrega reproduce el ritual del adoubement medieval, en el que el maestro ceñía la espada al caballero iniciado.

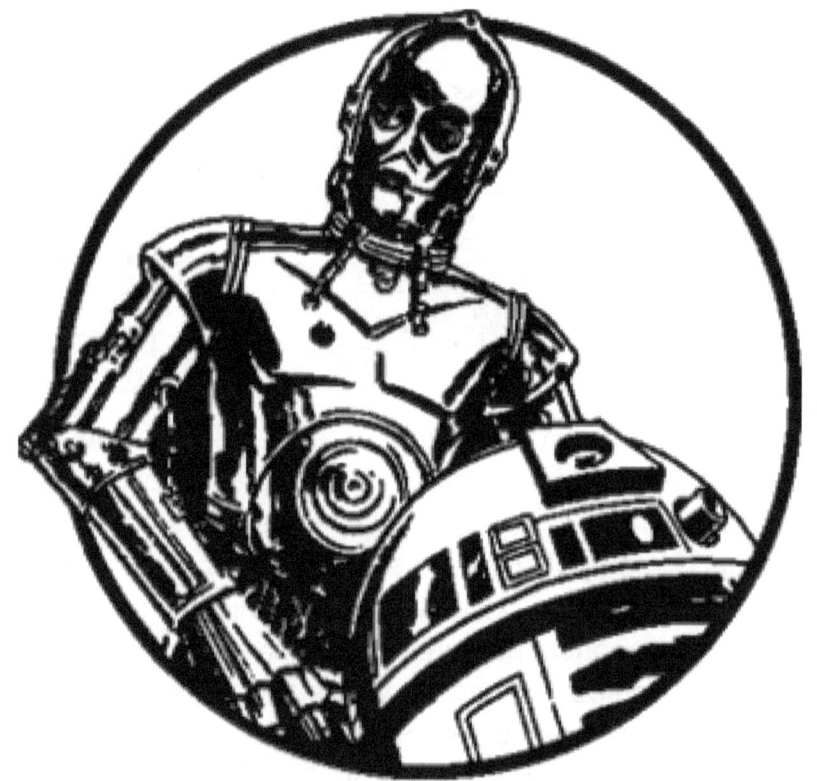

Lo humano. Quizá porque como sugería la clasificación de Linneo, el homo sapiens puede llegar a concebirse como una especie no biológicamente definida, necesita constantemente de artificios para definir el campo de tensión de lo humano. Tanto el hombre salvaje como las diferentes especies alienígenas o la inflación de androides y robots humanizados constituyen, en Star Wars, máquinas de reconocimiento de lo humano e interfaces con aparatos más prosaicos que les liberan de interactuar con ellos.

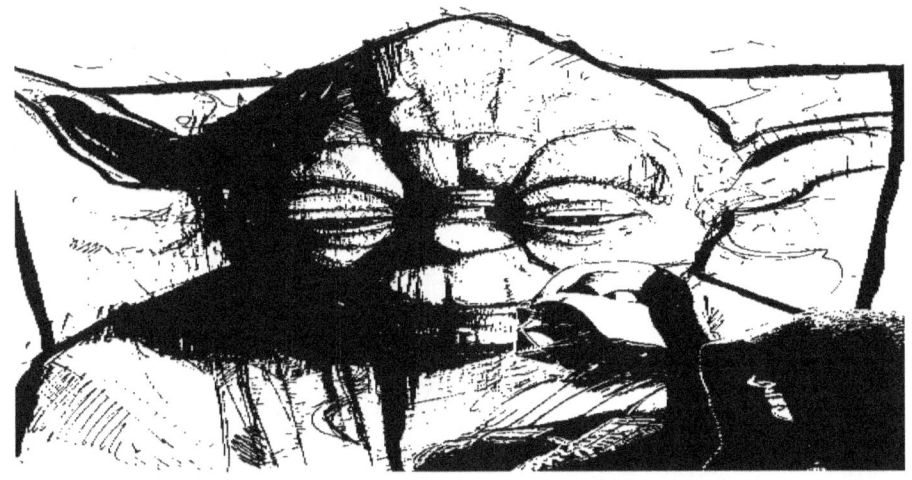

**El maestro interior**. Desde Horizontes Lejanos, de Frank Capra a la serie Kung-fu o incluso a la presencia de David Carradine en la serie Alias, de J. J. Abrams, existe una continuidad en la representación del maestro espiritual de inspiración budista. A medio camino entre el Don Juan del ciclo de libros de Carlos Castañeda y los muppets de Jim Henson, que participó en su diseño, Yoda constituye la antítesis de la aristocrática figura que Alec Guiness prestó al otro gran maestro de la saga, Obi-Wan Kenobi.

**La sombra**. Lo más interesante de releer la figura de Luke a la luz de su padre es captar la dimensión de la sombra que anida también en él. Darth Vader no es sólo el döppelganger que desde el principio está presente en Anakin, sino que se perfila como el avatar más icónico de la coexistencia entre la figura del padre autoritario y su opuesto abocado al líbido, lo que Lacan denomina el Padre-del-goce, "el hombrecito obsceno que es la encarnación más clara del fenómeno de lo siniestro (Unheimliche)".

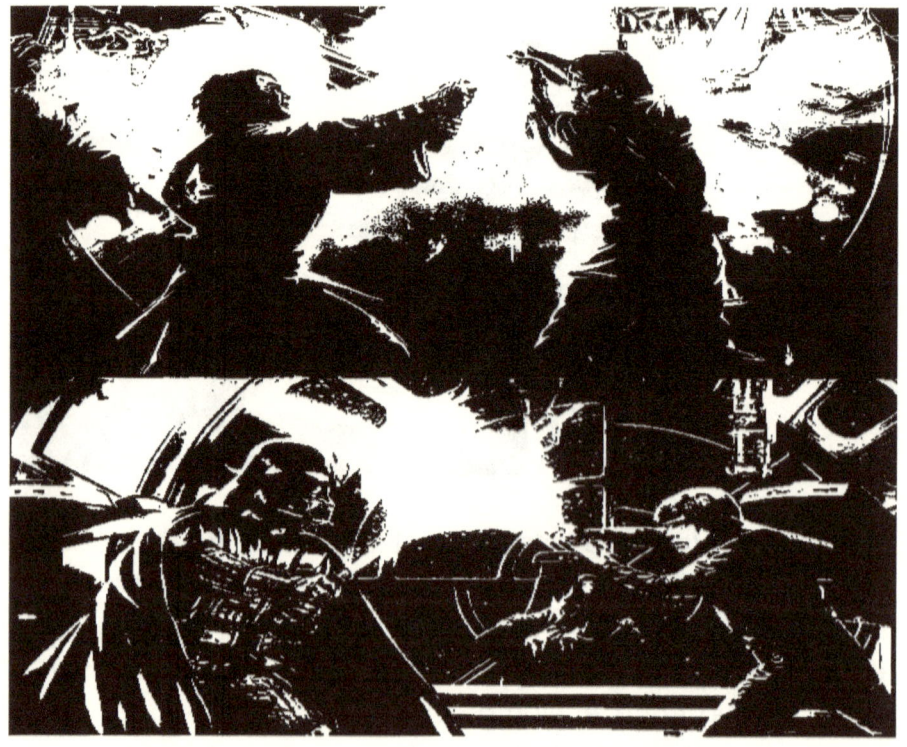

**El duelo**. A lo largo de la saga el malo y el bueno o la luz y la oscuridad tienen su duelo particular. Hay una metáfora que pone en común el imaginario caballeresco con el *western* y con el *wuxia* chino y el *jidai-geki* japonés, y es el duelo. Es bien conocido que *Star Wars* toma buena parte de su argumento de *La fortaleza escondida* (*Kakushi toride no san Akunin*, 1958), de Kurosawa, pero en un sentido más amplio comparte con la obra de este autor y con la tradición cinematográfica del jidai geki un sentido profundo del equilibrio entre estatismo y movimiento así como la representación del *bushido*.

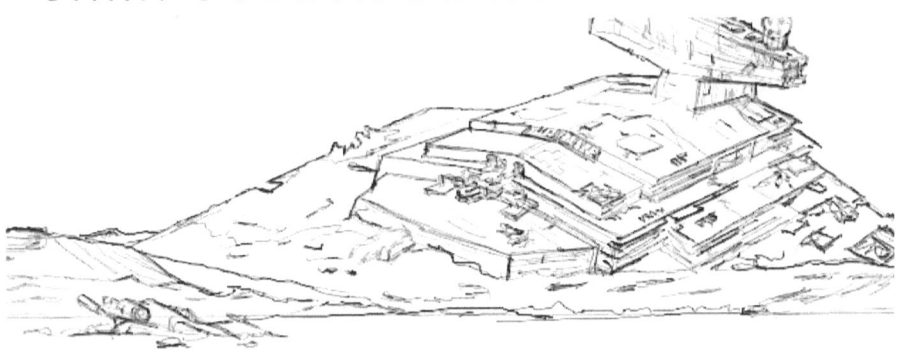

**La amenaza del naufragio.** Quizá porque antes de surcar el espacio, toda nave que lo fuese navegaba por el mar, y porque la vuelta a casa de Ulises palpita en el fondo del relato, una de las amenazas que acechan a los protagonistas es la del naufragio en uno de los numerosos planetas de la saga. En un arco que se extiende desde las aventuras de Flash Gordon hasta los videojuegos contemporáneos, en cada planeta aguarda, además, un modelo de civilización diferente y con grados de progreso tecnológico diversos. En la Cábala al que *"otorga la fuerza"* se le llama "el creador". Hollywood ha introducido de manera sutil en nuestros hogares esta "fuerza" que despierta a aquellos que quieren despertar a través de Star Wars.

Lucas y JJ Abrams debatieron antes de empezar el film de ***"El Despertar de la Fuerza"*** que todo salió de conversaciones sobre lo que habría pasado si los nazis se hubiesen escapado a Argentina, y si luego empezaron a trabajar juntos de nuevo. ¿Qué podría haber nacido de eso? ¿Podría existir *la Primera Orden* como un grupo que realmente admiraba al Imperio?

¿Podría la obra del Imperio ser vista como insatisfecha o no terminada aún? ¿Y podría Vader ser un mártir al estilo Hitler?

¿Podría haber una necesidad de ver a través de lo que no se pudo realizar por parte de los nazis?

De las palabras de Abrams en recientes entrevistas, se deduce como que tienen una reverencia hacia el Imperio, y están construyendo una trama para la película sobre lo que les precedió, como los supremacistas blancos tratando de usar la hoja de ruta establecida por Hitler y los nazis y llevarla aún más lejos. Con todo y ciertos despistes de George Lucas, su creador, no cabe duda que se trata de un universo fascinante, donde se conjugan los más importantes arquetipos mitológicos, la saga del héroe, el anciano maestro, el villano redimido, etc. en un contexto que revuelve a los samuráis con la Edad Media europea y un desarrollo tecnológico que alterna entre la Ciencia Ficción y la Fantasía.

Gracias a ello y a que la sorprendente creatividad de Lucas revolucionó el mundo de los efectos especiales en el cine, el impacto de esta saga de películas, caricaturas, cómics, novelas y artículos de colección ha posicionado a Star Wars como la segunda gran "mitología" surgida en el siglo XX. La otra es la saga de El Señor de los Anillos, de J. R. R. Tolkien. George Lucas ha comentado que el punto de partida para su inspiración fue la monumental película *Los Siete Samuráis*, una obra maestra de **Akira Kurosawa**.

Y es cierto: los Caballeros Jedi son, en muchos sentidos, samuráis modernos. Su formación incluye una disciplina militar basada en sus propias Artes Marciales, y su arma principal es un sable. Cualquiera que haya visto las películas de Star Wars, pero también grandes películas orientales como Tigre y Dragón, podrá percibir sin problemas el vínculo entre la Orden Jedi y los antiguos Samuráis. Lucas ha dicho, en esa misma lógica, que **la palabra "Jedi" la inventó a partir de la palabra japonesa JIDAIGEKI**, que es un género de cine, teatro y televisión que ambienta sus historias en el Japón de la llamada Era Edo (1600 a 1868; es decir, la época samurái).

Siguiendo esa pauta, las Artes Marciales de los Jedi recibieron nombres netamente japoneses. Son siete niveles de técnica de combate, cada uno más difícil de manejar que el anterior porque van incrementando el nivel de agresividad (algo que el Jedi debe mantener siempre bajo un absoluto control, sin riesgo de ser dominado por el Lado Oscuro de la Fuerza). Sus nombres son Shii-Cho, Makashi, Soresu, Ataru, Djem So, Nimaan y Vaapad. El Vaapad fue dominado por Mace Windu interpretado por Samuel L. Jackson con su sable de color morado distinto quizás por el dominio de dicha técnica que es capaz de controlar el lado de la luz y el lado oscuro, quizás hubiera sido una buena línea a seguir para la nueva trilogía. La otra gran similitud entre los Jedi y los Samuráis es la **vestimenta**, inspirada en algunos casos en las armaduras Samuráis (Darth Vader) o en ciertas indumentarias propias de los monjes Shaolín, una de las escuelas orientales que siguen preservando muchas de las artes samuraiescas.

Y que además se le hace un guiño en Rogue One con el maestro Chirrut Îmwe, que además es ciego y domina la fuerza con una especie de intuición avanzada, artes marciales y meditación propias de un monje. Pero no todo es Japón y Oriente en Star Wars. También hay una buena dosis de Judaísmo (y, de paso, un poco de Masonería). Los Jedi se relacionan con los sacerdotes levitas de Judha o Judi. Lo más evidente son los conceptos cabalísticos usados por George Lucas. Los más importantes son, sin duda, la Fuerza y la Luz.

La Fuerza es lo que genera, conecta y mueve al Universo entero, según la filosofía Jedi. La vida emana de ella, y todos somos parte de la Fuerza. El Jedi obtiene su poder gracias a una férrea disciplina que le permite sensibilizarse a este, el código genético del Cosmos, y con ello desarrollar la capacidad de usarlo a voluntad (aunque siempre hasta cierto límite). Obviamente a un modo más profundo puede conectar la fuerza con el Ki, e incluso el Ka en Egipto, que viene a ser algo así como fuerza espiritual. Es decir hay algo superior interconectado entre las distintas religiones o mejor dicho espiritualidades, saltándonos el resto de consideraciones puramente religiosas.

En esencia, es el mismo concepto explicado por el Rabino Yehouda Ashlag en relación a los llamados "72 Nombres de Dios", una serie de combinaciones de tres letras que, en la mística judía, representan las energías fundamentales que generan, conectan y mueven el universo.

Por el texto bíblico en el que se basan estas 72 combinaciones, se asume que fueron las que permitieron a Moisés (máximo cabalista según la tradición judía) lograr un milagro de la magnitud que fue abrir el Mar Rojo para que el pueblo de Israel pudiera completar su huida de Egipto.

En ese orden de ideas, la Luz es el alma misma del Universo entero. Pero la Luz tiene su contraparte, antagónica pero al mismo tiempo complementario: La Oscuridad. La tradición cabalística enseña que una sin la otra no pueden existir, así como la Torá sólo puede ser leída si la tinta oscura se escribe sobre el papel blanco.

En la saga de Star Wars, los Jedi siempre tienen que combatir contra la oscuridad en dos diferentes niveles. El primero es el personal, la propia oscuridad que uno carga en su interior, vinculada con los sentimientos de ira, miedo, angustia, apego y ambición. El segundo es el externo, representado por aquellos que se adhirieron al Lado Oscuro de la Fuerza, cuyos máximos exponentes son los Señores Sith.

Hasta aquí se podría decir que todos estos conceptos son muy generales y que no son exclusivos de las doctrinas de la Cábala. Y es correcto. Pero conforme uno va desenredando ciertos detalles, empiezan a aparecer las sutilezas que ya no son tan generales. Por ejemplo, el hecho de que la palabra Jedi no deja de tener un sorprendente parecido con la palabra alemana para "judío" –JUDE–, y que **la relación del Imperio Galáctico con los Jedi es bastante parecida a la del Nazismo alemán con los judíos: un Holocausto.**

De hecho, el casco de Darth Vader posee una fascinante ambigüedad en su diseño, porque no sólo evoca los cascos de los antiguos samuráis, sino también el de los soldados del ejército alemán. Y ni qué decir de los uniformes de los oficiales imperiales: bastante similares a los de la Gestapo. Aunque últimamente el estilo haya variado y tiene un toque más anglosajón que alemán, desde los dirigentes de la primera orden, hasta el propio casco de Kylo Ren que pierde un poco ese toque.

¿Y qué decir de esa angustiosa escena en la primera película (el Episodio IV), donde el anciano Obi (diminutivo de Ovadiah entre judíos) Wan Kenobi siente "un disturbio en la Fuerza" y le dice a Luke que percibió el miedo de millones de personas que fueron llevadas a la destrucción sin que nadie pudiera ayudarlos?

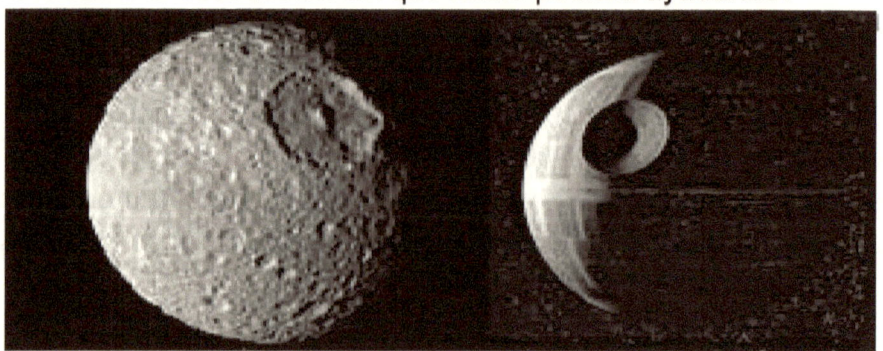

Vista de "Mimas", segundo satélite más grande de Saturno. Derecha: "Estrella de la Muerte"

Se refiere al momento en que el Imperio estrena su nueva arma (La Estrella de la Muerte) destruyendo al planeta Alderaan, pero es una frase que describe perfectamente lo que fue el Holocausto.

Ese Obi Wan es muy interesante. Aparece por primera vez en Tatooine, un planeta desértico (más parecido al ambiente del Tanaj que al de las historias de samuráis), y aunque su indumentaria es la de un Jedi típico (es decir, una variación del traje japonés samurái), el contexto en el que aparece lo asemejan más a un profeta bíblico que a un guerrero japonés.

Su némesis es el que a la postre resulta el verdadero protagonista de la saga: **Darth Vader**, originalmente llamado **Anakin Skywalker**, que fuera su propio discípulo. Anakin es la imagen del héroe derrotado por sus propios instintos, caído al lado Oscuro de la Fuerza, y convertido en el peor enemigo de aquellos a los que un día perteneció. De hecho, su principal agente de exterminio. Quizás con cierto sentido y similitud a lo que sería un Satán en su esplendor, un ángel caído que pierde sus alas, pero no su poder, y gana odio contra aquellos que desprecia, de ahí que además se presente con una voz distorsionada y utilice el color negro saturniano que viene caracterizando prácticamente todo el bando imperial.

¿No es acaso una historia de lo más judía? ¿Quiénes fueron los más rabiosos enemigos de los judíos en la Edad Media? Judíos conversos, como Fray Juan de Torquemada o Pau Cristiá. Fueron los judíos que renegaron de su fe original los que inventaron toda clase de difamaciones que siguen repitiéndose, como aquello que dice que el Talmud está lleno de improperios contra la fe cristiana, blasfemias contra Jesús y la Virgen, cuando la realidad es que todo eso es mentira.

Lo sorprendente es que en el **Episodio V (El Imperio Contraataca)**, a gusto de muchos, la mejor película de toda la saga, el **Emperador Palpatine** (Señor de los Sith) y Darth Vader (su aprendiz) discuten sobre Luke, el hijo de Vader, y dicen explícitamente que **tienen que lograr "su conversión", o eliminarlo**. Es un lenguaje directamente tomado de la obsesión del **Cristianismo del tipo más recalcitrante e intolerante** (recalco: el del tipo más recalcitrante e intolerante) por lograr la conversión de los judíos. O matarlos, si no se logra.

¿Cuál es el objetivo? En Star Wars, el hecho de que el dominio Sith sólo quedaría garantizado con el exterminio de los Jedi. En la teología más brutal de estas tendencias del Cristianismo, el hecho de que el Judaísmo tiene que desaparecer por medio de la aceptación de todos los judíos (o, por lo menos, los que sobrevivan) de la fe Cristiana. ¿Por qué?

Porque mientras los Jedi existan, los Sith correrán el riesgo de ser derrotados; y mientras los judíos existan, el Cristianismo más recalcitrante e intolerante vivirá con la molestia de que Jesús no fue reconocido como Mesías por su propio pueblo.

Ello desata una feroz persecución, y los Jedi sobrevivientes se tienen que aliar con los grupos rebeldes, exactamente igual que muchos judíos que lograron escapar de los ghettos o campos de concentración durante la II Guerra Mundial, se integraron a los grupos de resistencia anti-nazi.

Al final, el propio Darth Vader encuentra la redención y así como en su juventud fue la pieza clave para la destrucción de los Jedi, en su vida adulta lo es para eliminar a Palpatine, la encarnación absoluta de la maldad. Se reencuentra con su lado más humano y muere en los brazos de su hijo Luke, que a partir de entonces se convierte en el continuador de la Orden Jedi. Las escenas finales del Episodio VI (El Regreso de los Jedi, aunque mal traducido al español como El Regreso del Jedi) son el retrato de un festejo universal, muy similar a lo que el Judaísmo enseña cuando dice que en la Era Mesiánica será destruida la inclinación al mal.

En la versión original, el fondo musical estaba tomado del festejo en el bosque de los Ewoks, que cantaban una rítmica tonada con la palabra "haleluyá", a todas luces tomada del vocablo hebreo HALELUYAH. De hecho, esa escena final es una representación visual del texto del Salmo 150: KOL HANESHAMÁ TEHALEL YAH HALELUYAH. Todas las almas alaben a Dios: ¡Aleluya!

Pero lo más destacadamente judío es, en definitiva, un extraño personaje más bien parecido a un sapito con orejas puntiagudas y una especie de traje budista: el Maestro Yoda. Con aspecto de duende, nunca se menciona su especie o su planeta de origen. En las posteriores novelas que vinieron a complementar el Universo "expandido" de Star Wars, por supuesto a día de hoy del canon principal, se explicó que este tipo de gnomos no son una raza como tal, sino que pueden nacer en cualquier lugar y de cualquier familia cuando hay una muy fuerte concentración de La Fuerza en el momento de la fecundación. Son, por definición, quienes con mayor intensidad pueden manejar la Fuerza.

O, en otras palabras, Yoda es el Jedi más poderoso en la saga. Según la tradición cabalística, la letra que más poder tiene porque es la que más energía concentra es (ya lo habrán adivinado) **la YUD**.

La más pequeña de todas el Alef Bet, así como Yoda es el Jedi más bajito de toda la Orden. Habla al revés (así como el Hebreo se escribe al revés; y así como los judíos siempre aprendieron a hablar en cualquier idioma de cualquier país, aunque también lo hicieron de un modo muy particular), y su didáctica no es fácilmente comprensible.

En su primer contacto con Luke, intenta hacerle entender muchas cosas por medio de frases oscuras pero sugestivas, pero las ansias de Luke, Yoda luego las definirá como una obsesión por aventuras y experiencias excitantes, no le permiten entender.

Es un diálogo maravilloso: Luke acaba de llegar al pantanoso planeta Dagobah buscando al último Maestro Jedi, y lo que se encuentra es un duende socarrón y sarcástico. Y lo intenta alejar, diciéndole *"estoy buscando a alguien"*. Y Yoda contesta: *"Ya encontraste a alguien"*. Luke insiste: *"estoy buscando a un gran guerrero"*.

Y Yoda va todavía más al fondo: *"las guerras no engrandecen a nadie"*. Típica forma de razonar de alguien que ha estudiado demasiado Talmud: siempre encontrándole el otro sentido a las frases y a las ideas. Star Wars es un divertimento cinematográfico que ha impactado a varias generaciones, nos incluimos en ellos; Ví la primera película recién estrenada en los últimos días de 1977, gracias a que Lucas supo aprovechar el poderoso lenguaje de los arquetipos mitológicos.

Si es cierto que a George Lucas en algunos aspectos le pudo aflorar sus límites como director de cine, pero el tino con el que manejó estos aspectos hizo que el tema y desarrollo de la historia pudiese tocar las fibras más sensibles de mucha gente.

Es una historia de redención. La redención de un hereje, de un converso a "otra religión", que se transforma en el detonante para el exterminio de los suyos. Sin embargo, su esencia no desaparece. El último vestigio de su alma pura, recuperado gracias a su hijo, será el que ayude a Anakin Skywalker a corregirse y corregir un poco el daño que hizo. Es un héroe cuyo fin es trágico, pero luminoso. Quién sabe si esto es un poco así en la realidad.

Sin embargo, el forro de la historia tiene un valor muy significativo para nosotros, los judíos: un voraz Imperio en el que sus oficiales visten como la Gestapo, un proyecto de exterminio que al final es derrotado, una obsesión insana por imponer la conversión a quienes disienten, una letra Yud disfrazada de duende y maestro, la Fuerza como elemento que da coherencia al cosmos, y la Luz como arma principal para combatir las pasiones que, si no se controlan, nos hunden en lo más oscuro de nosotros mismos.

En otras palabras, algo muy parecido (demasiado parecido) a un resumen de lo que ha sido la historia del pueblo judío. Claro, sabios judíos de estilo talmúdico no hubieran podido ser los personajes adecuados para los intensos combates de las ocho películas, pronto nueve y diez.

Lucas prefirió el molde de los Samuráis en su explicación pública como decía antes arriba. Por tanto, la saga de la Guerra de las Galaxias como se denominó en un principio en el mundo hispano, es famosa por volver a contar lo que Joseph Campbell llamó mono-mito: la historia antigua del viaje del héroe (El héroe de las mil caras, 1949). Como el Tarot es también una alegoría del viaje del héroe, no debería extrañar que todos los arcanos del Arcano mayor aparezcan en las películas de La guerra de las galaxias, casi todos dentro de la primera película y en las siguientes así como los arquetipos y referencias masónicas, y Junguianas que explicamos antes.

Luke, también, tendrá que perfeccionar una doble visión para comprender los dos lados de la Fuerza. En el Paraíso de Dante, las dos luces ascendentes de un doble sol simbolizan el cuerpo terrenal glorificado en el cielo, un concepto que se refleja en las apariencias espectrales de los maestros Jedi.

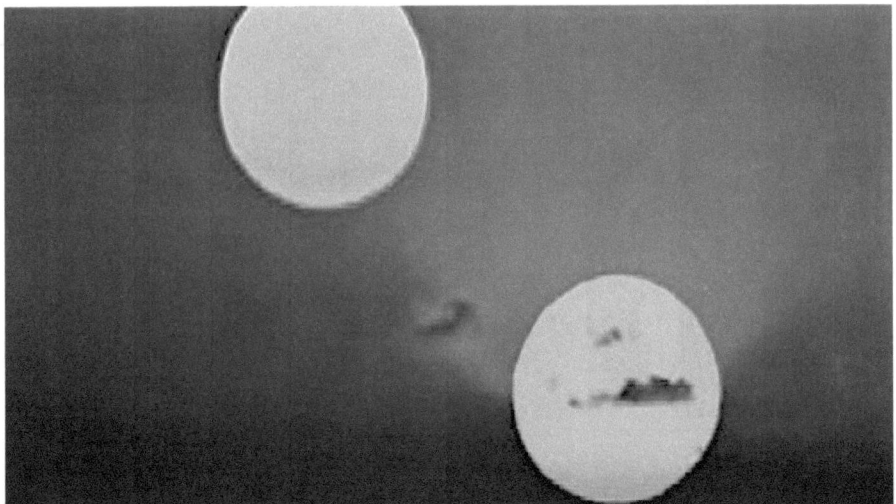

El Sol es una fuente de luz en tiempos de conflicto. Lo más interesante es la estrella binaria que nuestro héroe Luke contempla en su planeta natal. Luke Skywalker significa la luz que anda por el cielo, EL SOL. Este sol doble es rico en simbolismo, y el motivo se remonta a los petroglifos prehistóricos. En la antigua tragedia griega Las Bacantes por Eurípides, el rey tebano Penteo alucina con un doble sol; esto significa el inicio de la locura, pero la doble visión le permite a Penteo ver la verdadera naturaleza de un extraño (como un toro cornudo).

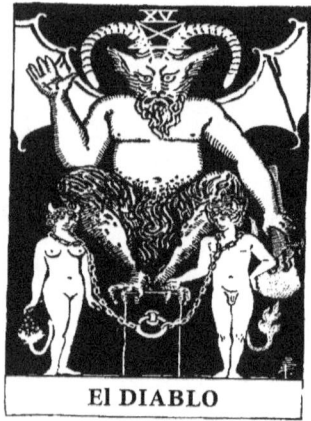

El DIABLO

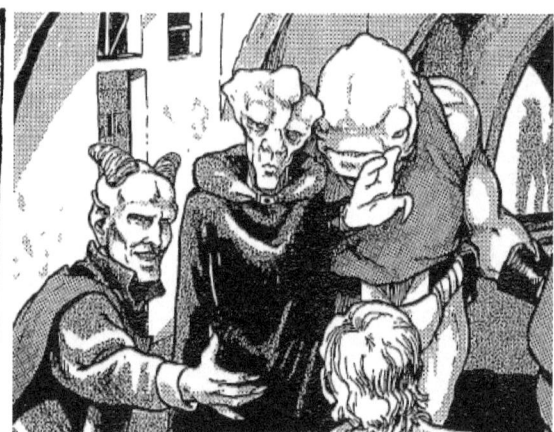

**El diablo** reside en la cantina (nótese que "taberna" está relacionada etimológicamente con el "tabernáculo"). Silenciosamente observa lo que sucede, sonriendo ante una broma personal. **La Estrella** revela un punto de vulnerabilidad. (La Estrella de la Muerte Imperial obviamente combina dos arquetipos del Tarot: la Muerte y la Estrella. Los arquetipos del Tarot a menudo se superponen en el universo de Star Wars, como veremos).

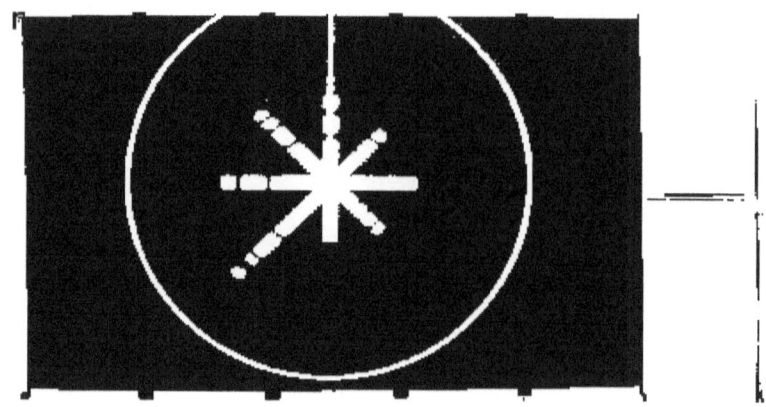

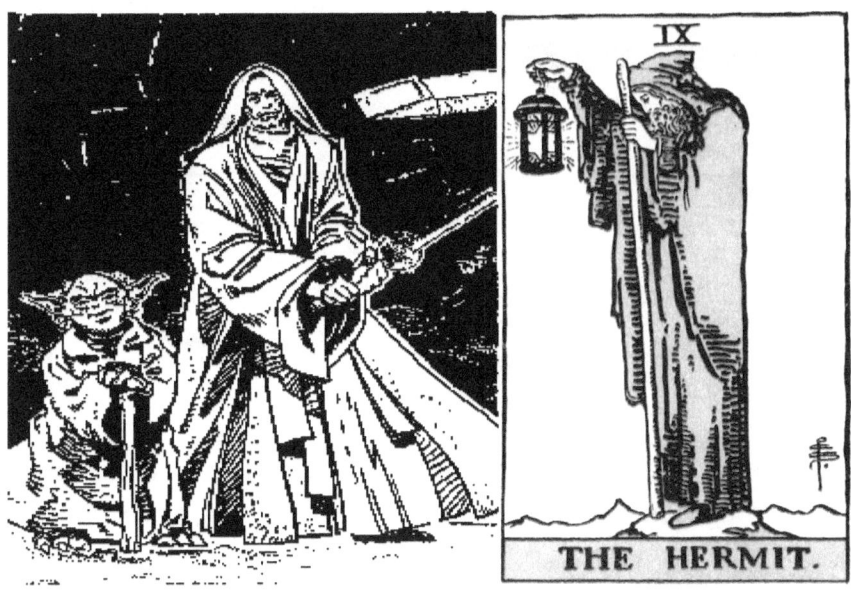

El **Ermitaño**, Obi Wan Kenobi, vive no solo secuestrado sino también disfrazado. Él esconde sus poderes por el bien de su seguridad personal. Él renuncia a la reclusión solo cuando es absolutamente necesario, por el bien mayor. Tanto Obi-Wan Kenobi como Yoda son arquetipos ermitaños, cada uno escondido en planetas discretos. También son ambos arquetipos de Mago, ya que usan disciplinas espirituales para hacer malabarismos con los elementos. Además, son, por supuesto, ambos Caballeros de Espadas, que manejan sables de luz.

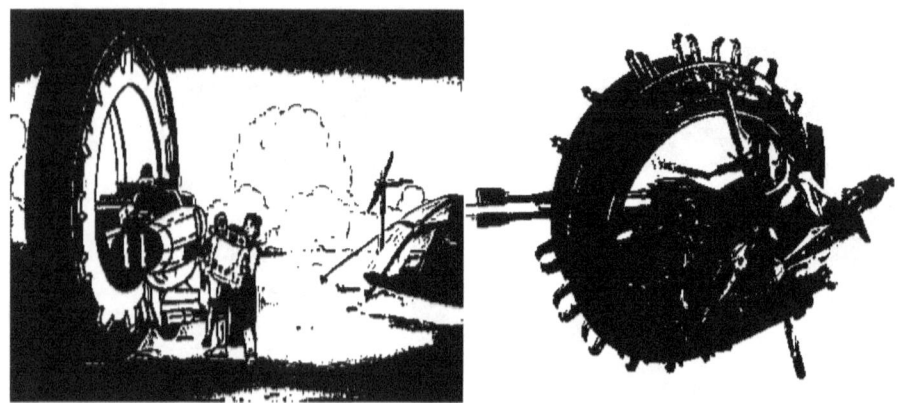

**La Rueda de la Fortuna**, la vemos en varios episodios, tanto como naves o como instrumentos de mando de la nave, indica los objetivos que entran en rango. Hay fuerzas invisibles a la vuelta de la esquina, reveladas en la plenitud del tiempo cíclico. Sus sombras los preceden.

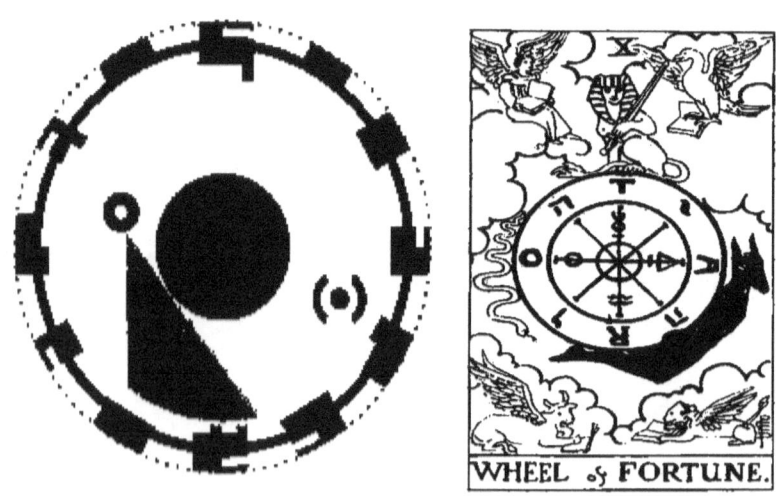

**El carro o carroza** implica salvamento y competividad. Algo roto será rescatado y reconstruido o reutilizado.

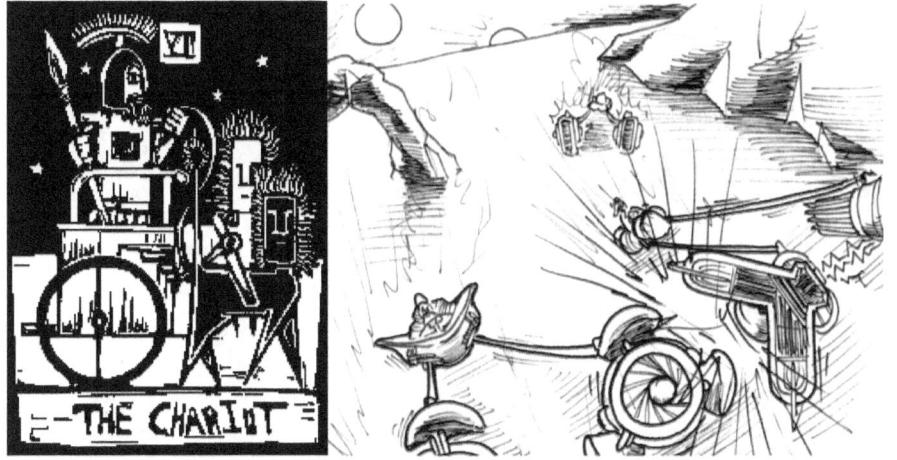

**La muerte** es una limpieza limpia, hasta el marco esencial. Con el desplazamiento de las dunas, algo enterrado está saliendo a la superficie.

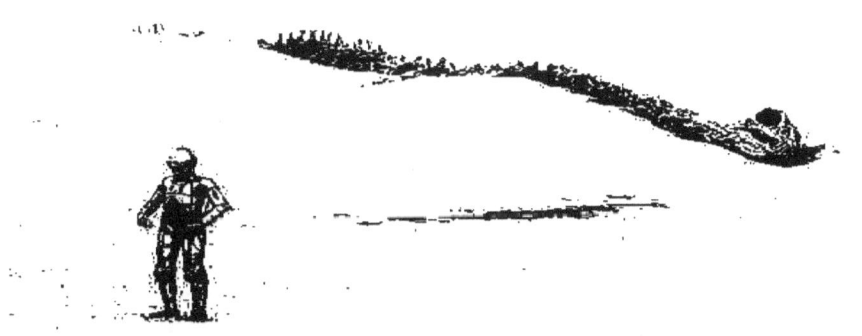

**El Emperador** sugiere la sin localidad. Aparece en forma holográfica, prácticamente presente en el lapso de las galaxias. Curiosamente, como señor Sith, este emperador implica a un aprendiz que un día usurpará el trono.

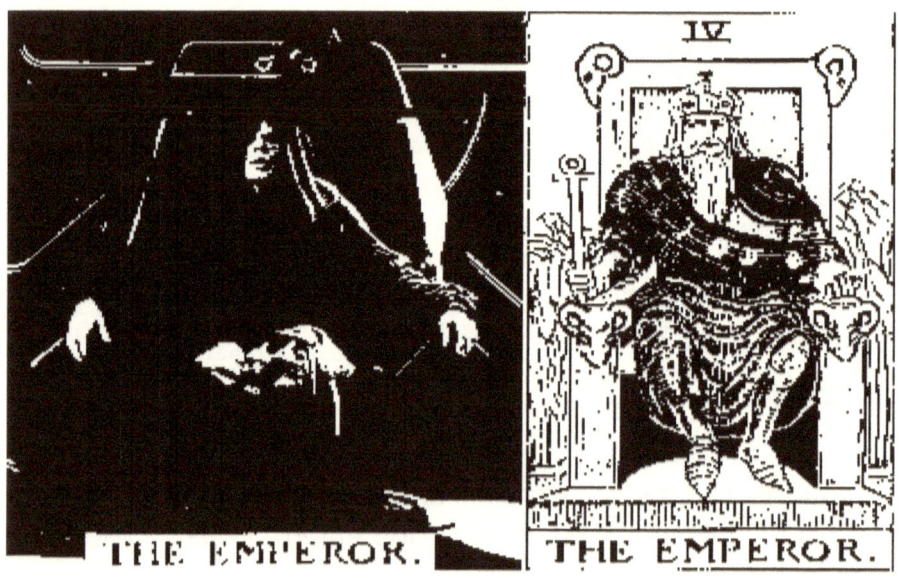

**El Loco** sueña con la vida en otros mundos, ajeno a lo que se desarrolla a su alrededor.

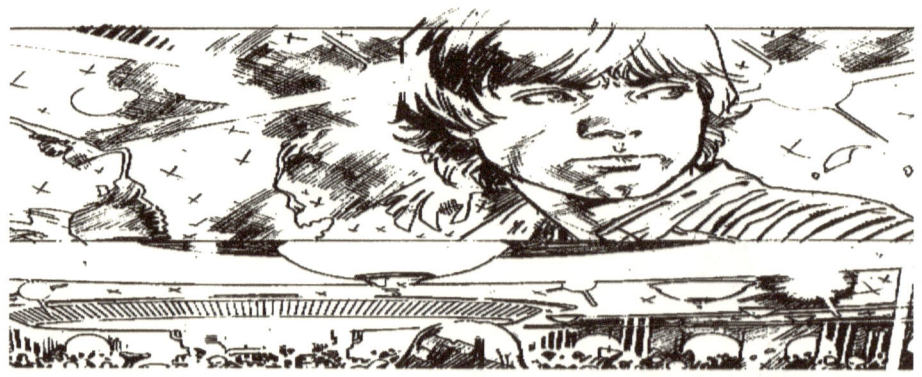

**El Ahorcado** aparece una y otra vez: como un prisionero encajonado en hielo, como un yogui que aprende sobre pesos y esperas, como rescatador de una damisela en apuros y como vigilante.

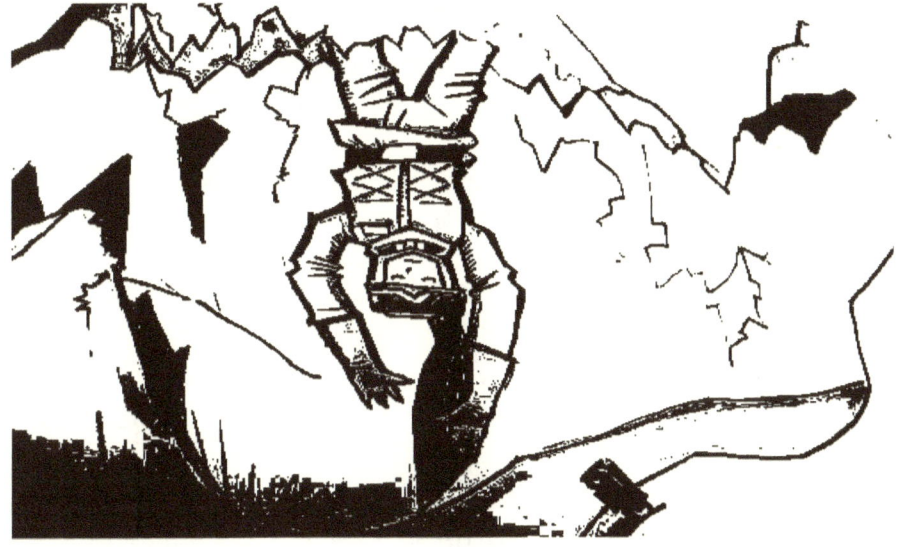

El gallinero del **sumo sacerdote** es un huevo cósmico.

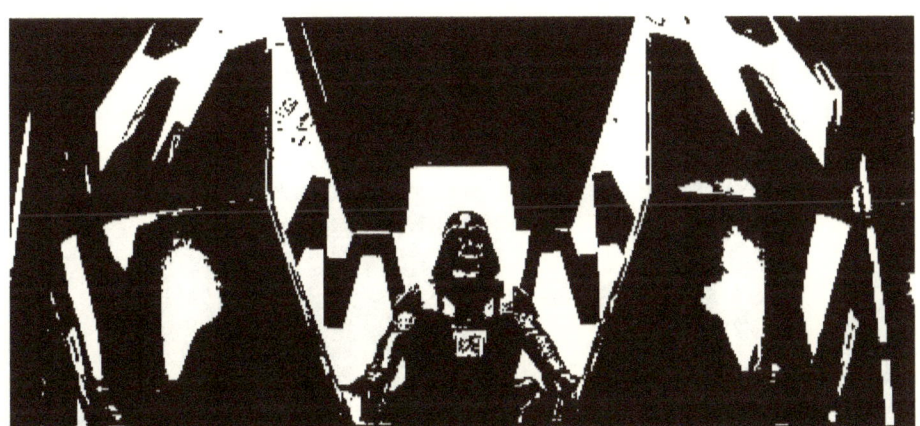

La **Suma Sacerdotisa** envía mensajes semi-opacos a través de improbables mensajeros. Su llamada pone muchas fuerzas en movimiento. **La justicia** acepta responsabilidades y reconoce la rectitud.

**Los amantes:** sentimiento y presentimiento.

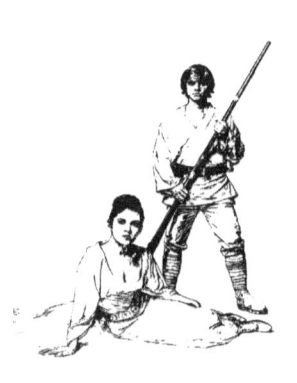 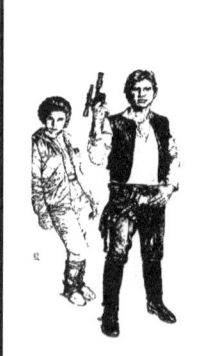 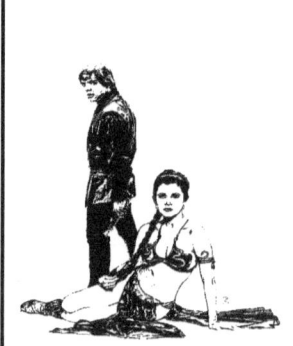

**El mago** trasciende lo físico. "Si me abrazas", dice Obi-Wan Kenobi, "seré más poderoso de lo que puedas imaginar". La Luna, como El Sol, aparece a menudo en el universo de Star Wars. Aquí está ominoso: una estación de batalla amenazante. **La fuerza** en forma de puño mecánico implica la posibilidad de un mal funcionamiento. **La templanza** se calienta contra la impetuosidad. La Torre se ve desde el interior. Revela un defecto en el diseño, un punto débil. **Juicio**: un ángel.

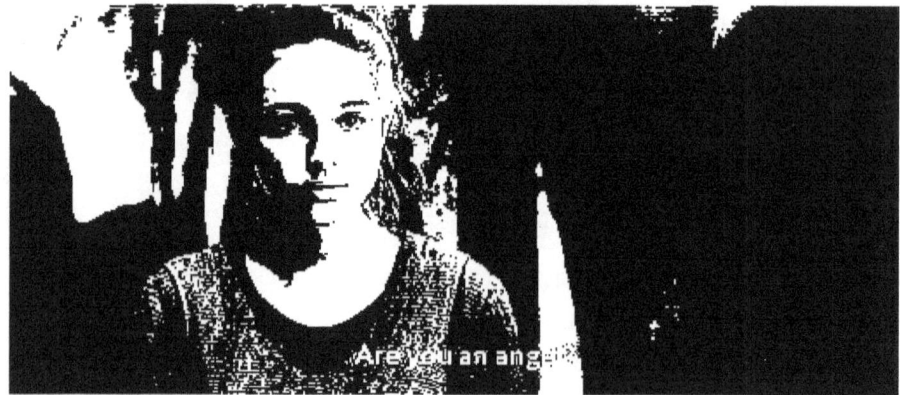

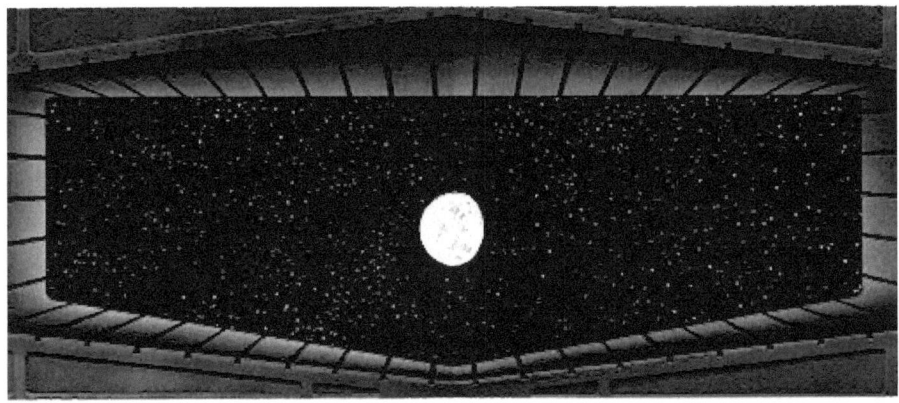

**El mundo**: "mil voces gritando". Este arquetipo sugiere un objetivo fácil. Sin embargo, también sugiere el poder de unos pocos dispersos para salvar el día. **La Emperatriz** aparece bajo el disfraz de una doncella regia en vez de la madre de la tierra más tradicional. Ella rumia pesadamente, preside y se deleita.

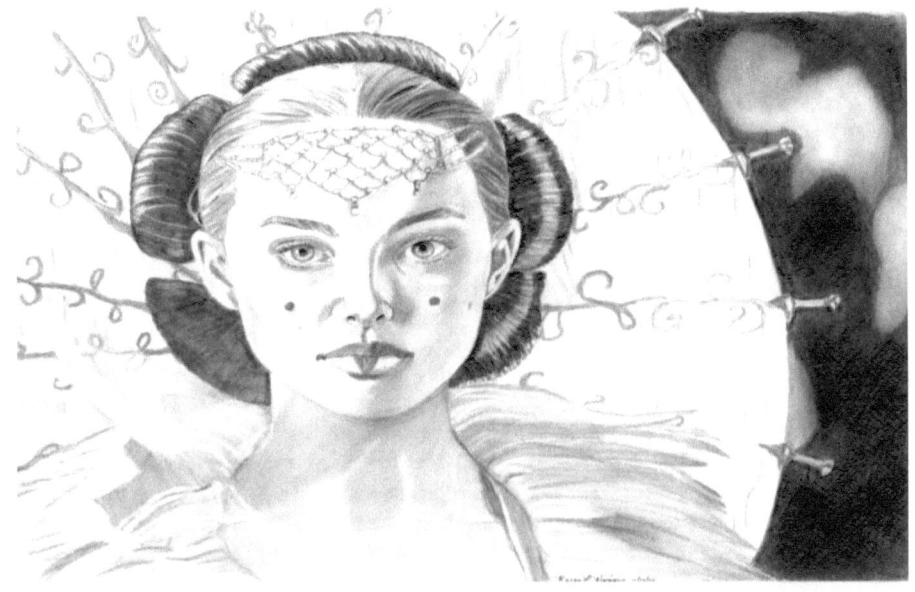

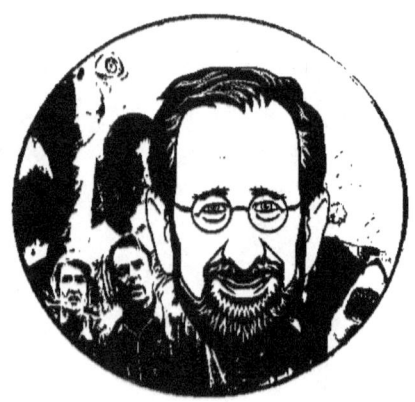

En los 80 organizó una proyección de E. T. y Poltergeist-que por un problema de copyright tuvo que dirigirla desde las sombras- para Ronald Reagan en la casa blanca. Reagan dijo que sólo había 8 personas en la habitación que sabían quien era el niño de ET en la vida real. Spielberg es muy elitista: en las primarias de 2007, organizó un sarao para recaudar fondos en pro de Barack Obama, pero poco después pidió el voto para su rival Hillary Clinton. Por otra parte, apoyó la campaña electoral de Arnold Schwarzenegger, hijo de un ex-nazi austríaco el «termigovernator» republicano por excelencia.

**S**teven Spielberg. nacido en las navidades de 1946, el futuro 'Rey Midas de Hollywood' llegó a este mundo en Cincinatti (Ohio). Después llegarían Tiburón, En busca del Arca perdida, E. T., Minority Report y Las aventuras de Tintín, entre tantos otros éxitos. Se rumorea que se quita años, a fin de consolidar su reputación de director precoz. Además confiesa que su vida quedó marcada por el antisemitismo de sus vecinos en un suburbio de Saratoga (California) donde pasó su adolescencia. Su primer trabajo como director en TV fue en un episodio del programa de terror Night Gallery, protagonizado por Joan Crawford. Se ganó la amistad de la actriz regalándole una rosa con el tallo dentro de una botella de Pepsi (compañía que la Crawford había sido presidenta). Desde entonces, y pese a su fama de bruja, ella hizo todo lo posible para darle a conocer...

Fue alumno de Jerry Lewis en la Universidad privada de USC en California. En dichos cursos, coincidió con Martin Scorsese, Francis Ford Coppola, George Lucas, y el futuro director de Conan el bárbaro, John Millius.   Al igual que 'Indy', Spielberg tiene fobia a las serpientes. Stanley Kubrick, muy amante de los animales, antes de amistarse con Steven, estuvo a punto de demandarle por el tratamiento dado a las serpeintes en Indiana Jones. Kubrick fue amigo del alma de Steven. Su apoyo al estado judío es incuestionable: la Liga Árabe vetó sus filmes en 2007 tras descubrirse que había donado 76.000 euros a las autoridades israelíes tras la invasión de Líbano.

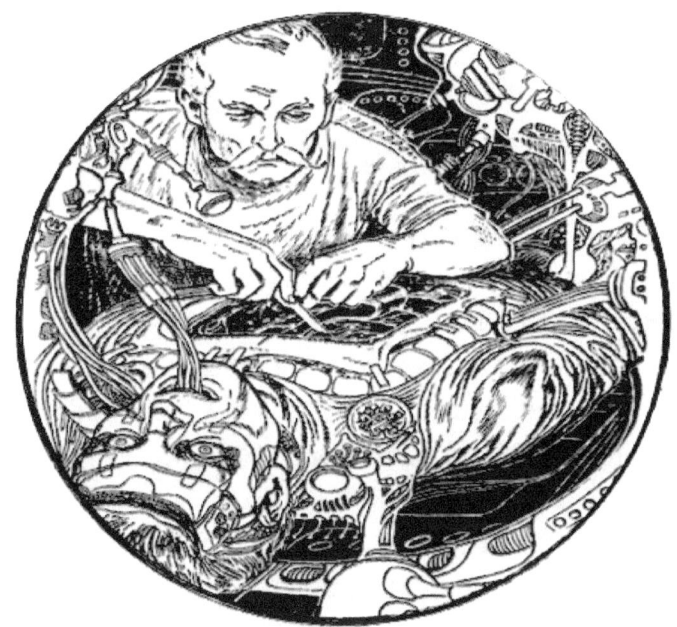

# CUANDO LA REALIDAD SUPERA A LA FICCION

"DUDO QUE EL ORDENADOR LLEGUE ALGÚN DÍA A IGUALAR LA INTUICIÓN Y CAPACIDAD CREATIVA DEL SOBRESALIENTE TALENTO HUMANO."
—ISAAC ASIMOV

# INDIANA JONES

No hay nada más que identifique los 80 tan bien como Steven Spielberg, y no hay nada mejor en los 80 que "Raiders of the Lost Ark"-El Arca Perdida. Indiana Jones y el Arca Pérdida. Basado en las series de películas clásicas a menudo mencionadas, Indiana Jones es un nombre muy conocido. Lo que está lejos del conocimiento común son los profundos temas religiosos y esotéricos en las películas de Indiana Jones, particularmente en La primera película de Lucas y Spielberg.

Escrito por George Lucas y Lawrence Kasdan, y dirigido por Spielberg, el arca perdida demuestra una progresión religiosa cuidadosamente ordenada e intrigante, evidente para aquellos bien versados en el esoterismo y en este caso, el llamado "tradicionalismo" o la "filosofía perenne". En resumen, es mucho más estratificado que la historia de aventuras de nivel básico presentada, y lo demostraremos a continuación. La película comienza con la imagen de la montaña, prominente en las películas de Spielberg, particularmente en los Encuentros en la tercera fase. En esa peli, "La Torre del Diablo" en Wyoming se convierte en el punto de encuentro de los extraterrestres / dioses y la humanidad. Bíblicamente, la Ley y los profetas mencionan con frecuencia los "lugares altos" donde los paganos y los israelitas apóstatas ofrecerían sacrificios a los *dioses* o *demonios*.

Ejemplos textuales. Esta tendencia es consistente en muchos motivos extraterrestres, donde los alienígenas simplemente no son diferentes de las ideas religiosas tradicionales de los "dioses".

Spielberg especialmente ha utilizado esta tendencia, al igual que Lucas. De hecho, el monte Sinaí es el lugar de reunión del hombre y el Dios de la Biblia, que será de particular relevancia para los Raiders. Como nota al margen, la revista Wired informa que "Devil's Mountain" también tiene relevancia para la NSA como un viejo puesto de escucha y vigilancia de la Guerra Fría en Alemania.

El Templo de Hovito, donde Indy y Belloq regatean sobre el ídolo dorado, sitúa al espectador en el primitivo mundo supersticioso del paganismo politeísta. Los Hotivos son salvajes, y Belloq los usa para obtener el ídolo de Indy, quien arriesgó su vida en la conocida secuencia de trampas.

A la vista en el fondo, es un sol dorado con una calavera. Desde Sudamérica, volamos al aula de Indy en el ficticio Marshall College. La inteligencia del ejército llega porque el Dr. Jones es un "experto oculto" y quiere información sobre la fascinación de Hitler por lo oculto y su búsqueda del Arca de la Alianza. Indy, observamos, es un racionalista y pragmático, y no cree en "hocus pocus" y abracadabra, al igual que Han Solo desestimó la Fuerza.

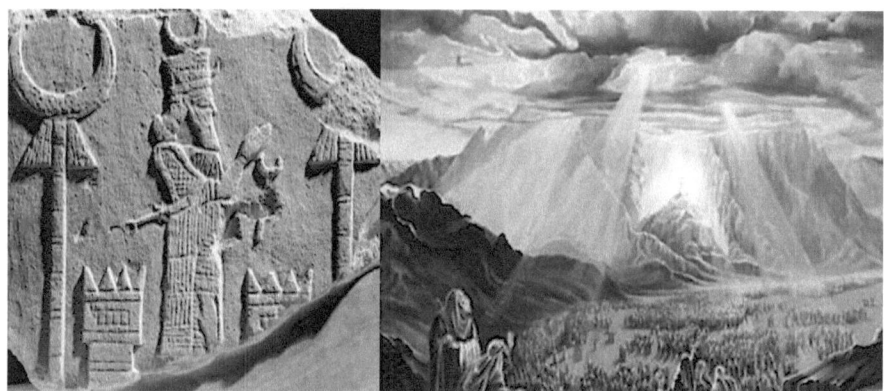

**EL MONTE SINAI Y EL DIOS LUNAR SIN.** La montaña fue dedicada por entonces al dios lunar Sin, una divinidad de origen mesopotámico, que se considera que es del mismo origen que los hebreos, y sus primos los madianitas, de acuerdo con la narración bíblica. La propuesta del posible origen del nombre del Monte Sinaí de la del Mesopotamia Dios Sin -Pecado en inglés, de hecho los nocturnos adoradores de Sin se llamaban sinners, de ahí el adoptado y adecuado nombre para los pecadores de la noche. Las investigaciones datan este ancestral lugar hasta el "santuario" paleolítico, que pertenece al comienzo de la producción de la industria de cuchillos y hachas de silex, a una fase llamada "cultura Karkomiana", que es anterior al auriñaciense local; es probable que tenga entre 30,000 y 40,000 años de antigüedad. El principal arqueólogo, Valerio Manfredi, encontró Piedras de pedernal y menhires, círculos de piedras, geoglifos, túmulos, altares, pequeños "santuarios privados" en los que un ortostato generalmente está rodeado de piedras más pequeñas, y peculiares plataformas pavimentadas que probablemente sean lo que la Biblia llama "bamoth," son todos indicios de actividades de este culto lunar parecido a los druidas de Britania y la península Ibérica.

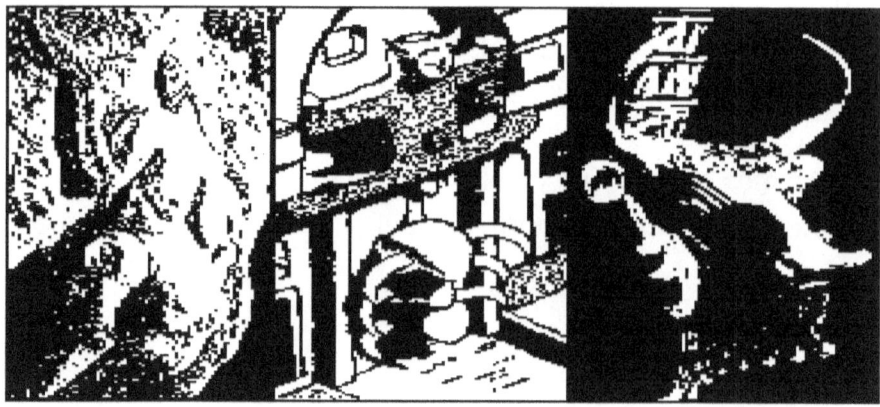

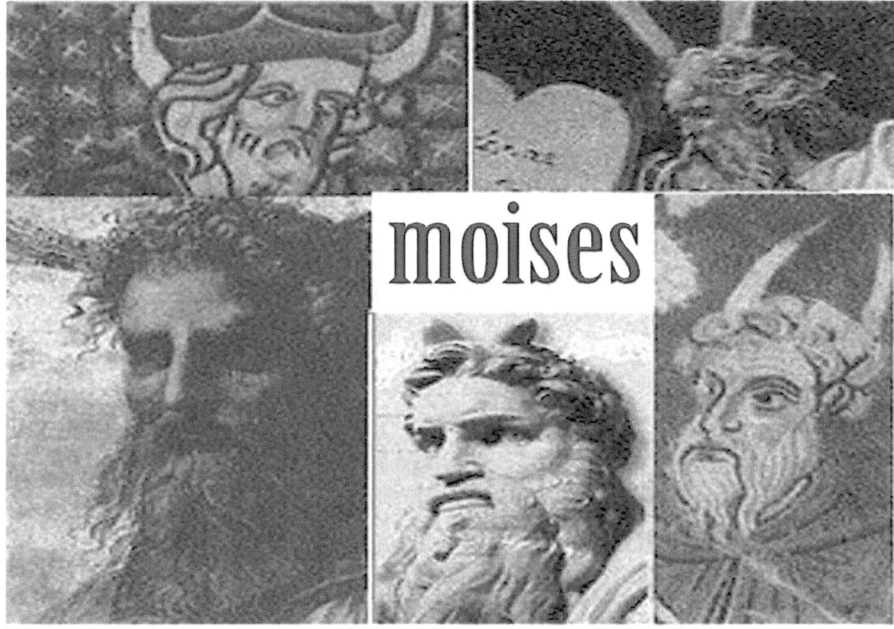

Algunos investigadores tabién apuntan a que esta montaña y otras de culto son volcanes- Cargo Culto Volcano- de ahi el símbolo de la V o de la vagina cósmica en rituales hebreos y en signos o mudras como la de Spock en Star Trekk.

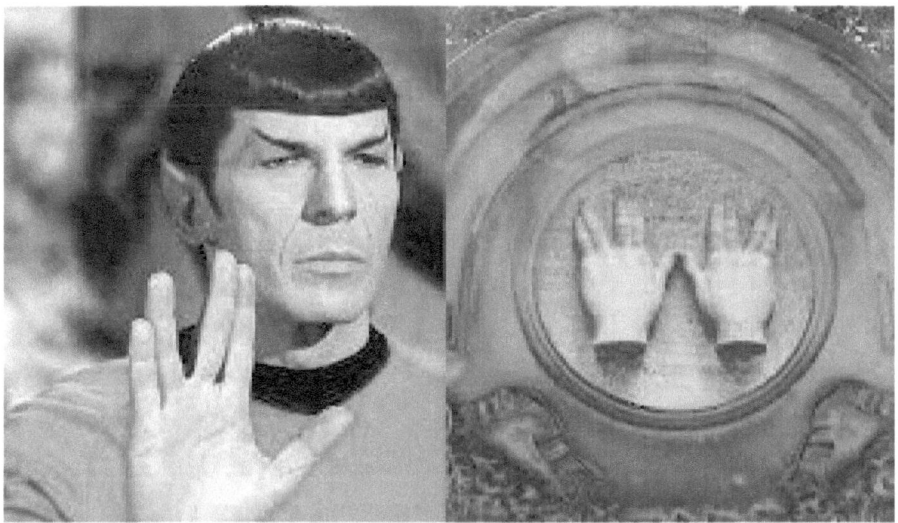

El Arca demuestra el poder de Dios, y Hitler cree que al controlarlo, su ejército será invencible. Hay algo de verdad en esto en términos de que los círculos de Hitler están en formas extrañas de ocultismo, como se muestra en el video. Desde la universidad volamos a Nepal. Nepal es relevante debido a la búsqueda nazi de la **Gran Hermandad Blanca** de Madame Blavatsky e Himmler. Indy está con Marion desde Nepal; Indy y Marion vuelan a El Cairo, donde comenzaremos a iniciarnos en los misterios de Egipto. El arqueólogo aventurero, Jones, interpretado por Harrison Ford, se convirtió en una figura de culto después de la primera película de esta saga de Indiana Jones y El Arca Perdida (1981), seguido del Templo Maldito (1984), La Última Cruzada (1989) y el Reino de la Calavera (2008).

En el arca perdida, Indy compite contra los Nazis quienes andan detrás del arca de la alianza porque creen que es un transmisor de poderes sobrenaturales que les permite comunicarse con Dios. Lo que muchos espectadores que fueron a ver la película no saben, es que los Nazis, en la realidad, buscaron el arca además de otras reliquias religiosas como la lanza del destino, la cual se supone perforó el costado de Cristo cuando lo crucificaron. Hitler y sus bufones psicópatas estaban obsesionados con lo oculto, y cualquier cosa aunque fuese sobrenatural y que le diera una ventaja sobre los otros países y ejércitos era bienvenida por los Nazis y su filosofía de acaparar todo el poder y conocimiento posible para derrotar a los americanos y británicos.

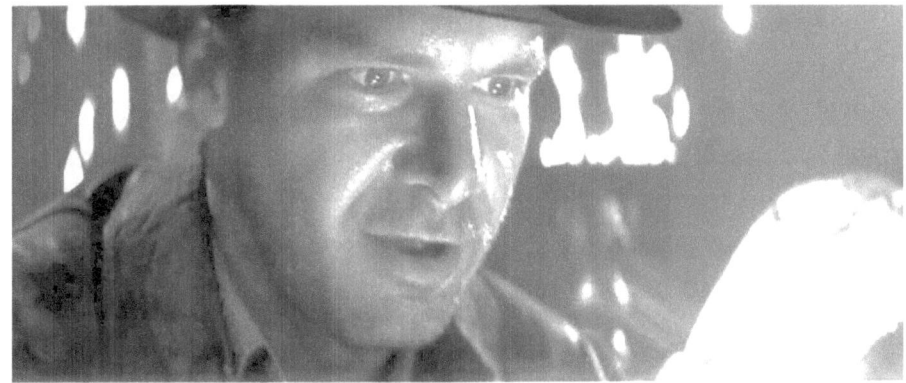

Indiana Jones, el templo maldito y la roca del destino chintamani de Roerich en el film de Spielberg. Estas piedras mágicas caídas del cielo eran recogidas por hindús y tibetanos hace miles de años...

Hitler fue influenciado por el libro de Blavatsky "La Doctrina Secreta" en el que dice que Satán ayudó a liberar al hombre en el jardín del Edén, para habilitar a los humanos a evolucionar hacia una forma divina.

*"Satán será mostrado, en la enseñanza de la doctrina secreta, alegorizado como bueno, sacrificial, y dios de la sabiduría"* dice el libro. "Bendito sea el ángel de Havas, alias Satán" escribía Blavatsky. No te extrañes entonces como pensaban los Nazis del resto.

La progresión ha sido desde el animismo primitivo hasta los maestros ascendidos hasta Egipto, donde el "Pozo de las Almas" supuestamente alberga el Arca en Tanis, Egipto y no Israel.

Las escenas en El Cairo son de particular importancia, particularmente para la escena con el Sufí. El sufismo es misticismo islámico, y entonces tenemos los misterios de cada religión que llevan a Indy a la culminación de la tradición perenne en el judaísmo como su fuente. Este es un giro único, ya que, en general, los escritores tradicionalistas le atribuyen al judaísmo un lugar de derivación: que el lado místico del judaísmo está basado puramente en el platonismo o el hermetismo egipcio o alguna otra tradición supuestamente más antigua.

Aquí, el judaísmo es la verdadera fuente. Indy se encuentra con Belloq en El Cairo, y Belloq le dice a Indy que es su "*sombra*", el arquetipo junguiano del lado oscuro interno de la psique al que debe enfrentarse. Indy podría fácilmente irse hacia el lado oscuro, dice Belloq. Sin embargo, Belloq, como Hitler, cree que el Arca es un dispositivo mágico, que uno puede "hablar con Dios" con él mismo. Indy lo ve en una perspectiva más racional, aunque humilde, y busca el significado real del Arca. Sallah, el amigo musulmán de Indy, lo lleva a visitar al Sufí donde vemos una Estrella de David con un Ojo que todo lo ve, y luego una escuadra y un compás en la lámpara.

Cuando se menciona el Nombre de Dios, sopla un viento, como cuando Moisés se acerca al Sinaí. ¿Es Indy una especie de Moisés / libertador? En la próxima película libera a niños esclavos del culto de los *Thuggee* hindú.

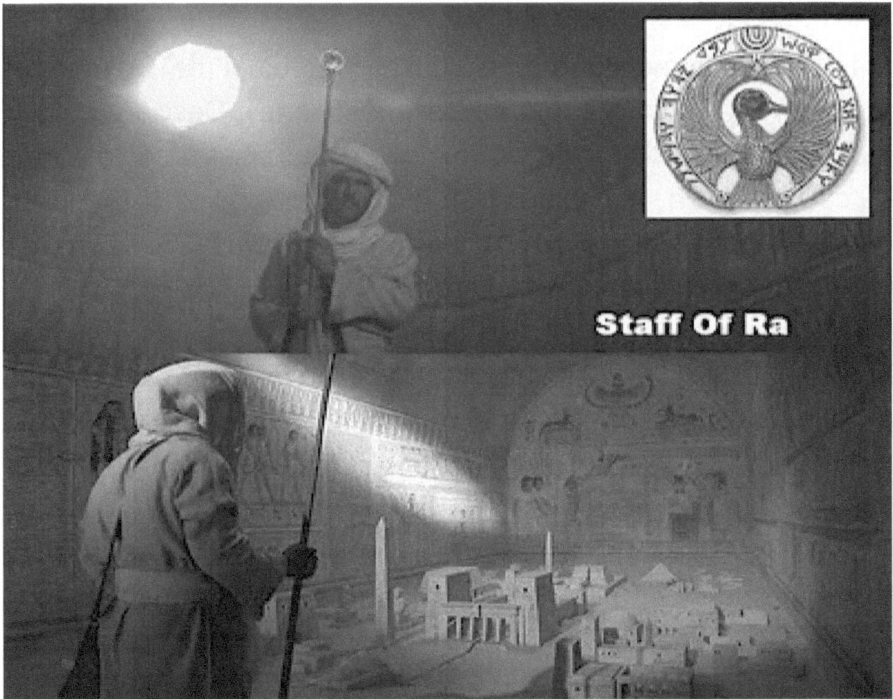

Staff Of Ra

El Pozo de las Almas es el Inframundo egipcio, con Anubis allí como guardián. Las serpientes hacen pensar en el Jardín del Edén y la serpiente del Génesis, y al igual que Adán, Indy se enfrenta en presencia del Arca con serpientes. Muchos escritores han apuntado a la similitud del Templo de Dios con los templos de Egipto y Babilonia. Anubis es nuevamente visible como un gran guardián de doble estatua del Arca. Indy derriba al Anubis en una escena que recuerda la situación del Arca y del dios filisteo Dagón.

El poder de Dios hizo que Dagón cayera ante el Arca, al igual que aquí, Anubis cae. Otra imagen del sol cuando emergen del Bien / Inframundo.

Indy se ha sometido a una iluminación ritual de la muerte-entierro-resurrección como Osiris (masonería). Desde allí, Indy monta un submarino (¿de algún modo?) En una isla secreta nazi cerca de Grecia. Uno piensa en el uso de Phraxos (basado en Spetses) por el mago de los Nazis John Fowles, así como la base nazi secreta en la Antártida.

Los nazis lideran una especie de procesión de éxodo ritual como los judíos, e intentan diseñar el uso del Arca en una prueba, solo para descubrir que no es un talismán mágico como pensaban incluso los israelitas apóstatas.

El Arca termina en una gran instalación en algún lugar como el Área 51, que supuestamente alberga cráteres llenos de secretos. En la Sala del Mapa, el Bastón de Ra ilumina toda la cámara, donde hay una réplica de la ciudad antigua. Anubis figura prominentemente en la pared. Anubis se asocia con el embalsamamiento en la egiptología y el reino de los muertos, y por lo tanto corresponde a Cerberus. También está asociado con Sirius, la "Estrella del Perro", como el guardián de Osiris (Osiris es el dios de los muertos). Platón tiene a Sócrates diciendo, "por el perro de Egipto", "por el perro, el dios de los egipcios" (Gorgias, 482b). Así, Ra - Sol / Atum - luz - todos tienen un significado crucial aquí, ya que Indy recibe luz por la cual es llevado de la superstición, a través del uso de la razón, hacia la verdad divina en el único Dios verdadero.

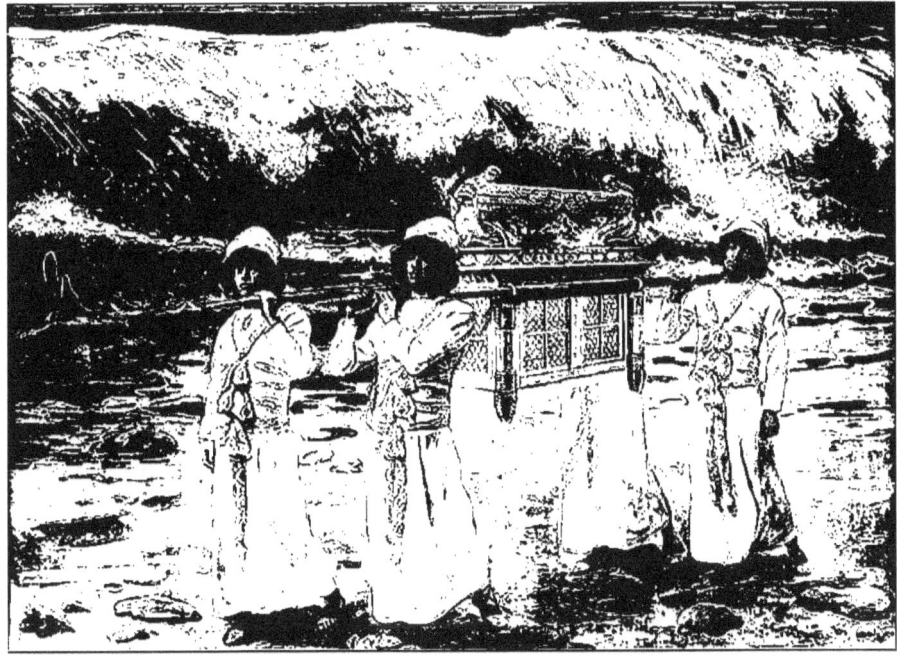

Esta es la razón por la cual Adolf Hitler y los nazis estaban buscando el arca perdida. [...] ¿Por qué están buscando el arca perdida? Porque tiene que ver con la Era de Acuario, los nazis lo sabían.

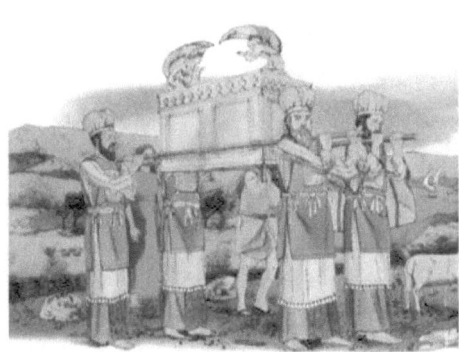

**ARCA HEBREA**

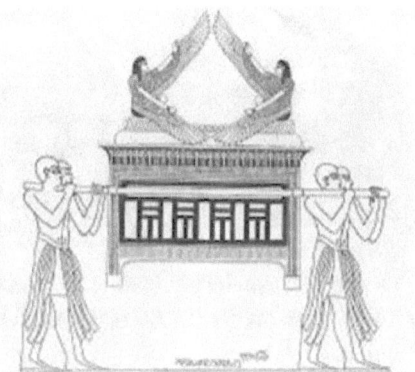

**ARCA EGIPCIA**

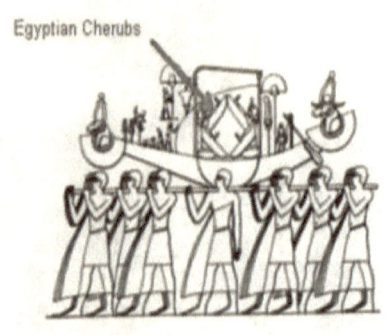

Egyptian Cherubs

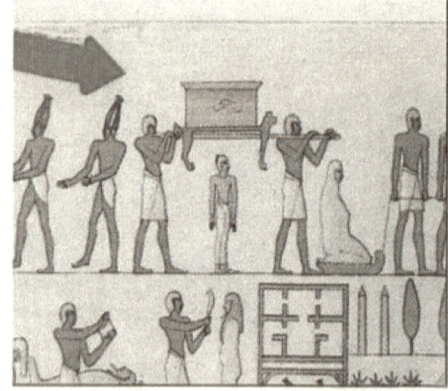

El concepto de "Arca Sagrada" ...¿que religión la tuvo primero?
¿Fueron los hebreos? ... ¿o los egipcios mucho más antiguos?

ARGHA-NOA

También descubrieron que las inundaciones siempre llegaban cuando la luna estaba en la media luna. Llamaron a esta celebración Argha Noa, que significa "luna húmeda".

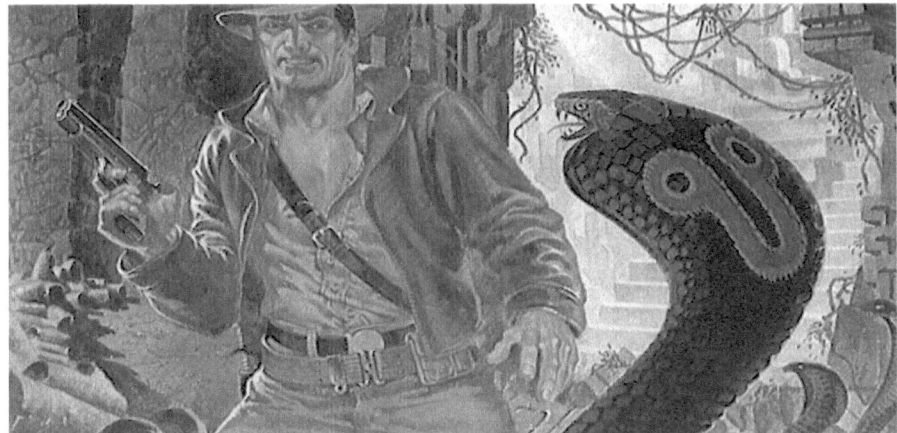

Anteriormente habíamos visto las imágenes doradas del sol de calavera en Sudamérica, y en la cámara de mapas, Indy queda envuelta en luz. Toda la escena es como una ceremonia masónica en la que el iniciado busca la "luz". Indy, como Moisés, ahora conoce los "misterios de Egipto" (véase en la biblia Hechos 7:22).

Un obelisco también es visible. Salmo 18. Más tarde esa noche, Indy y Sallah abren el Pozo de las Almas para descubrir que el Arca está rodeada por el gran temor de Indy, serpientes. Hay muchos secretos y misterios también ocultos cuando se trata de la secuela, las Calaveras de Cristal. Hay 13 cráneos misteriosos que se dice que existen en la actualidad. Ahora bien, si vas a Wikipedia, te darás cuenta de que ha habido muchas falsificaciones que se hicieron en el siglo XIX por artesanos en Europa con el propósito de vender a los museos como verdaderos cráneos de cristal encontrados en los imperios mayas y aztecas en el otro lado del mundo.

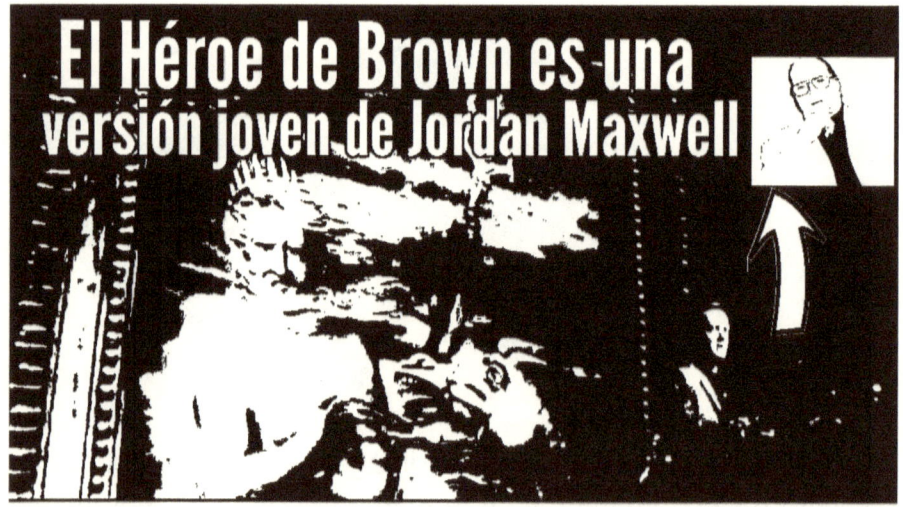

**El Héroe de Brown es una versión joven de Jordan Maxwell**

Para hacer estas falsificaciones usaron el cristal de cuarzo que se encontraba en los lechos de los ríos, cerca de las **Islas Baja** y cerca de **Belice**. Sin embargo, no digo que todas las calaveras de cristal sean falsas.

Hay muchos misterios en torno a estos artefactos, por no mencionar su popularidad en libros de ficción y películas, como Indiana Jones y el Reino de la Calavera de Cristal. Indiana Jones aborda un tren en esta película con los números "503" que son los números de la infame organización secreta Los Illuminati, según la película Ángeles y Demonios con Tom Hanks. Mientras que en los libros de ficción de Dan Brown, plagiados de libros e ideas de autores como Holy Blood Holy Graal y The Matrix de Jordan Maxwell, _El Código Da Vinci_ de 2003 es una obra de ficción; Brown hace una cantidad exhaustiva de investigación para asegurar que sus explicaciones y representaciones de la historia y las sociedades antiguas que aparecen en el libro son lo más precisas posible.

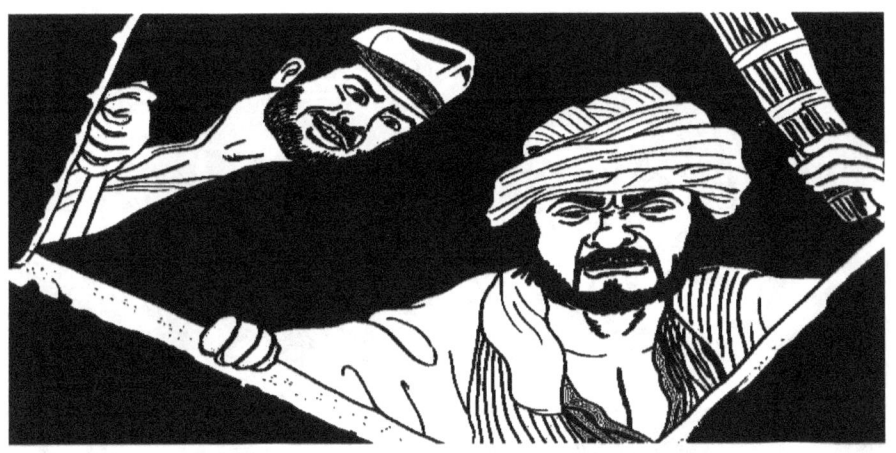

El arca es egippcia de hecho habia arcas en sumeria y en mexico antes que en Israel.. Por eso, en el cine, Indiana Jones encuentra el Arca Sagrada en Egipto, y no en la llamada "Tierra Santa" de Israel.

¿Trata Hollywood de decirnos que Harrison Ford está literalmente en el tren Illuminati? Pero espera, hay más... Algunas de las escenas de esta película incluso tienen lugar en la Universidad de Yale. Este es el hogar de la fraternidad secreta de Skull and Bones. El presidente Bush y John Kerry eran miembros de esta secreta organización. Incluso si no son Illuminati por decir, que probablemente son de todos modos, es un hecho conocido, que ambos eran miembros de Skull and Bones. Se dice que la fraternidad Skull and Bones tiene muchos cráneos famosos, detrás de sus paredes allí en el campus de la Universidad de Yale. Sin embargo, aún no hemos terminado con Indiana Jones. Las otras películas de Indiana Jones (El Arca y La última cruzada) tenían escenas dentro de la famosa Escuela Real Masónica del Reino Unido para masones, échale un vistazo a la Wikipedia.

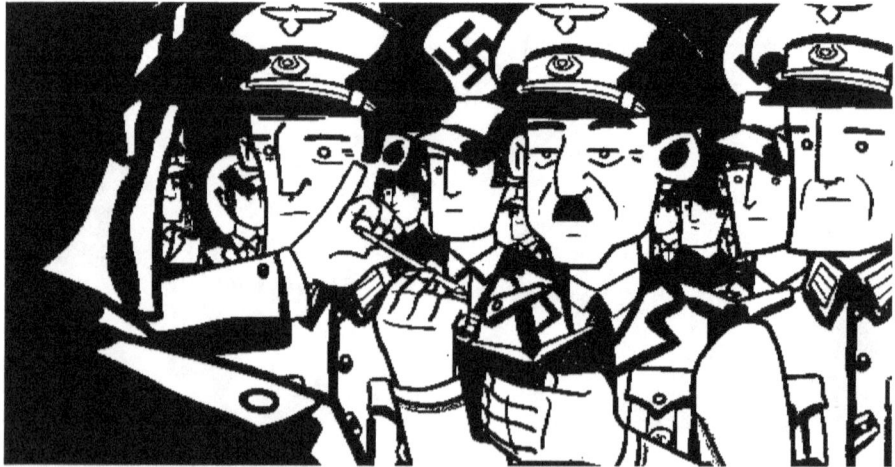

En la "Última Cruzada", Indiana lucha contra los nazis, pero esta vez intenta pararlos para descubrir otra reliquia de poder antiquísima que dice tener poderes sobrenaturales y vida eterna a aquel que lo posea. El «Santo Grial.» Se cree que es la última copa de la cena de Cristo con sus apóstoles. Una vez que Indiana encuentra la copa verdadera escondida en Petra- aquí te da una pista Spielberg y Lucas, que este lugar era un lugar de los magos sabeanos gnósticos, «características sabeanas de Petra influenciaron al cristianismo y judaísmo en su fundación» y mucho más antiguo que el cristianismo, conocido ya por los templarios, y conocido como escondite en las épocas mediavales por élite y templarios- descubre que los Templarios la habían guardado con su vida durante siglos.

El tallar cristales de cuarzo es muy difícil de hacer, e incluso si es algún tipo de réplica que se encontró, recuerda Jones, tal vez las verdaderas calaveras de cristal de la leyenda, son cráneos no de esta Tierra. Al igual que el nombre de la misma ciudad que se encontró este cráneo implica, como mencioné anteriormente. Otra cosa que es muy interesante es el hecho de que está hecho del mismo tipo de cristal de cuarzo que ahora usamos para construir nuestros semiconductores y micro chips.

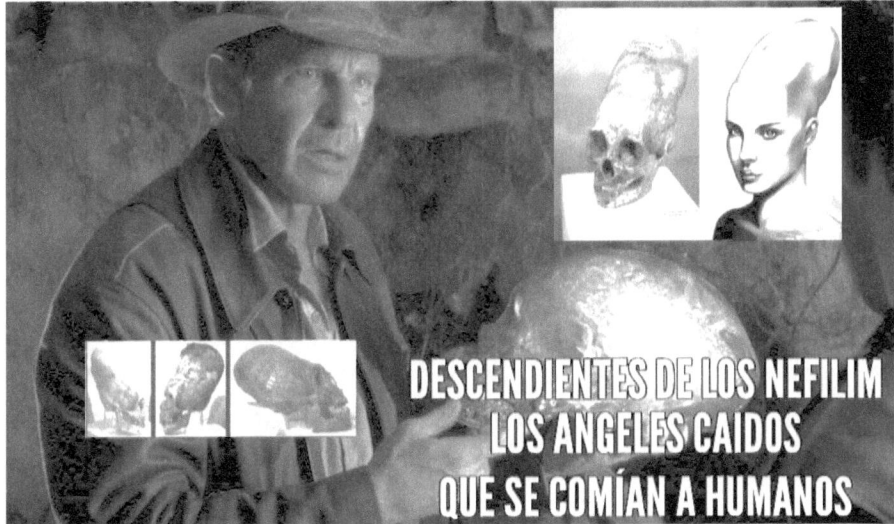

DESCENDIENTES DE LOS NEFILIM
LOS ANGELES CAIDOS
QUE SE COMÍAN A HUMANOS

¿Podría este cráneo retener algún tipo de datos? ¿Fue realmente un regalo de extraterrestres? Incluso si se trata de una réplica, estoy seguro de que hay verdaderos cráneos por ahí, que esperan ser encontrados, o que son secretos altamente custodiados por nuestros gobiernos, por seguridad nacional.

Algunos creen que los 13 cráneos de la leyenda deben reunirse, antes de una fecha apocalíptica, para salvar a la Tierra de un gran desastre natural o universal. La información sobre las calaveras de cristal no apareció en los medios principales hasta mediados del siglo XIX, lo que implica que todo el asunto se mantuvo en secreto durante mucho tiempo. Todavía tienen una calavera de cristal en exhibición en el Museo Británico a pesar de que no se sabe si es falsificación o es la original.

**¿Por qué harían esto?** Hewlett Packard tuvo una experiencia práctica con el cráneo gracias a Anna, y realizó una variedad de pruebas, que son todas confidenciales, por supuesto, para la compañía, pero esta podría ser la razón de muchos avances en PC y alta tecnología en este sector. Los laboratorios de Hewlett Packard también descubrieron que el cráneo había construido como unos hoyos de luz, de modo que las cuencas de los ojos y la boca se iluminaban cuando la luz llegaba de cierto modo, posiblemente tenía un propósito para rituales o sacrificios. Los mayas no poseían las herramientas que eran necesarias para crear este efecto. Hay un episodio de la serie de televisión Stargate SG1, que hace referencia directa a los cráneos con Daniel Jackson y Jack O´Neill, y también la película The Phantom, con Billy Zane, hay 3 cráneos mágicos que deben reunirse para formar el 'arma definitiva'. Muy extraño de hecho. El gobierno y la NASA han realizado su propia investigación de cristal de cuarzo y han descubierto que el mejor entorno para que crezcan estos cristales es en gravedad cero. Existe la esperanza de hacer un semiconductor de alta potencia, que por supuesto, todo lo que sabemos puede existir hoy en día. Probablemente hayan clasificado el proyecto como necesario para investigación, y lo han mantenido alejado del público para nuestra seguridad, por supuesto... sí, claro. Tenemos que estar muy seguros.

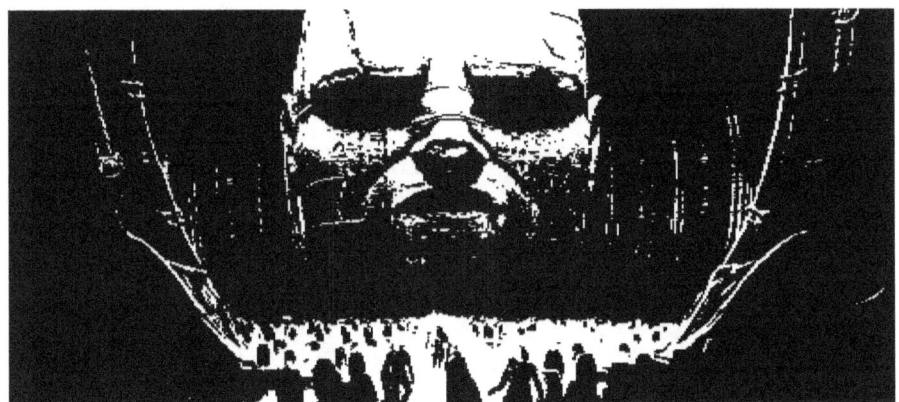

Algunos arqueólogos creen que nunca comprenderemos el verdadero significado de los cráneos hasta que alcancemos una determinada etapa de evolución humana o un nivel de tecnología mucho más alto. Los ancestros mayas hablan de una gran historia que les contaron, en la que los cráneos se los dieron, precisamente, los dioses que descendieron del cielo. Mediante la oración y el ritual, se dice que los mayas extrajeron ciertos conocimientos del cráneo, ¿podría ser así cómo crearon un calendario tan preciso, que predecían eclipses y equinoccios del sol? ¡Quién sabe!

A los historiadores les encantaría creer que las antiguas civilizaciones humanas se remontan a 5 o 6 mil años, pero si este cráneo u otro cráneo es en realidad de la antigüedad, entonces la civilización humana podría retroceder aún más, como 40-50 mil años, y tal vez incluso más lejos en el cosmos. Los científicos dicen que La Luna está hecha de material cristalino, y algunos creen que incluso las estructuras cristalinas sugieren que una antigua civilización viajó a la Luna y más allá. La NASA incluso involuntariamente lanzó imágenes de un objeto similar al cráneo que se encontró en la Luna.

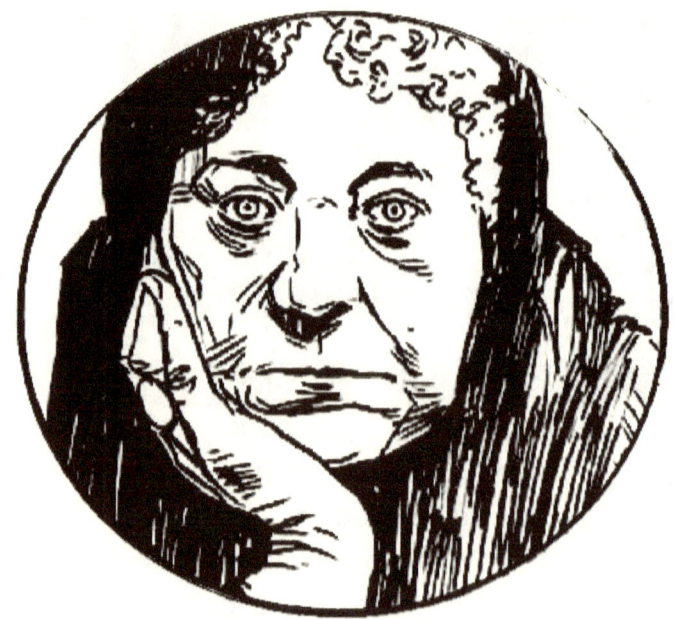

**H**elena Petrovna Blavatsky fue una mística del siglo XIX que influenció a generaciones posteriores y se dice la agente directa de los Maestros Khutumi y Morya quienes la instruyeron y prepararon para llevar a cabo Movimiento Teosófico. En verano de 1851, fue a Londres con su padre, el Coronel Von Hahn y un día que caminaba por la calle, vio a un hombre alto hindú que paseaba con algunos príncipes indios. Ella inmediatamente lo reconoció como la misma persona que había visto en el astral y su primer impulso fue correr a hablar con él, pero él le hizo un ademán para que no se moviera y se quedó embobada mientras pasaban. Al día siguiente fue a pasear a Hyde Park sola, y al mirar hacia arriba, vio la misma forma aproximándose hacia ella. Él le mencionó cómo iba a ser creada la Sociedad Teosófica y que quería que ella fuese la fundadora. Se rumorea que Blavatsky en una vida anterior fue Paracelso y los Mahatmas solían llamarla Upásikâ que en sanskrito significa "Discípula."

La teosofía es una escuela filosófica esotérica que promueve la noción de conocimiento directo de los misterios de Dios y la naturaleza fundada en 1875 en la ciudad de Nueva York por Helena Blavatsky, Henry Judge y Henry Steel Olcott. Es una creencia sincretista basada en la religión comparada que pretende promover una "Hermandad Universal del Hombre" mediante el estudio de los poderes latentes dentro del hombre mismo y las leyes inexplicadas de la naturaleza.

## HG WELLS-PROPAGANDA CIENCIA FICCION-SPIELBERG

La contundente descripción de Russell de una "dictadura científica" fue igualada por el relato de Aldous Huxley, autor del tratado utópico ***"Brave New World"***, en español *un mundo feliz*, en un discurso en la *Voz de América* del Departamento de Estado de EE. UU., En 1961, hablaba de un mundo de esclavos manipulados farmacológicamente, que viven en un campo de concentración de la mente, con la suma de la propaganda de los medios de prensa y las drogas psicotrópicas, aprenderían a amar su servidumbre y abandonarían toda voluntad de resistirse. Huxley concluyó, esta es la revolución final o el juego final.

Desde los primeros días de lo que conocemos como ciencia ficción en figuras como Jules Verne y H.G. Wells, la noción de ciencia como el medio por el cual el hombre puede proyectar su imaginación en el futuro fue visto como una herramienta útil del arte de gobernar. Particularmente con Wells, podemos ver una figura cuyos objetivos declarados del socialismo fabiano sangrarían a través de muchas de sus obras más notables con radiante refulgencia. Wells supuestamente buscó la erradicación del sistema monetario especulativo (en el cierre de Contornos de la Historia), y a través de su ficción predijo una era brillante del utopismo tecnológico donde la razón sería coronada como rey. En obras como ***La máquina del Tiempo***, las nociones de eugenesia desempeñan un papel central en el condicionamiento de los próximos eones del surgimiento de la clase obrera, que debería ser controlada y gestionada por la red de control tecnocrática.

# CARA OCULTA DE HOLLYWOOD

En obras como **_La guerra de los mundos_**, el mito de la invasión alienígena explotó, ya que incluso muchos de la clase académica creían en la noción de civilizaciones que habitaban Marte u otros sistemas solares. Hollywood pronto saltó al barco y después de la famosa transmisión de radio de Orson Welles, emitiría un flujo ininterrumpido de todo lo ajeno, OVNI y galáctico, como nuevas luminarias como Edgar Rice Burroughs, Nolan, Robert Heinlein, Frank Herbert.

Desde el punto de vista de la propaganda, el estado descubrió que los mitos alienígenas eran una herramienta bastante útil, acumulando más y más amenazas de invasión externa, y como una masa fascinada consumía más y más. En los años 70 y 80, después de la supuesta misión Apollo 11, Close Encounters, la trilogía Star Wars y E. T. habían cristalizado el mito alienígena en la mente del público como un hecho, mucho más que cualquier afirmación científica de la panspermia. Es precisamente con la panspermia, como hemos comentado muchas veces, que vemos la infusión de los mitos alienígenas en la llamada ciencia empírica, pero el absurdo aquí se manifiesta por definición: nadie ha observado la panspermia, es simplemente una teoría, y una teoría de ciencia ficción, de hecho. Y, como cinéfilos, una cosa es innegablemente cierta, y es que la historia extraterrestre no tiene fin.

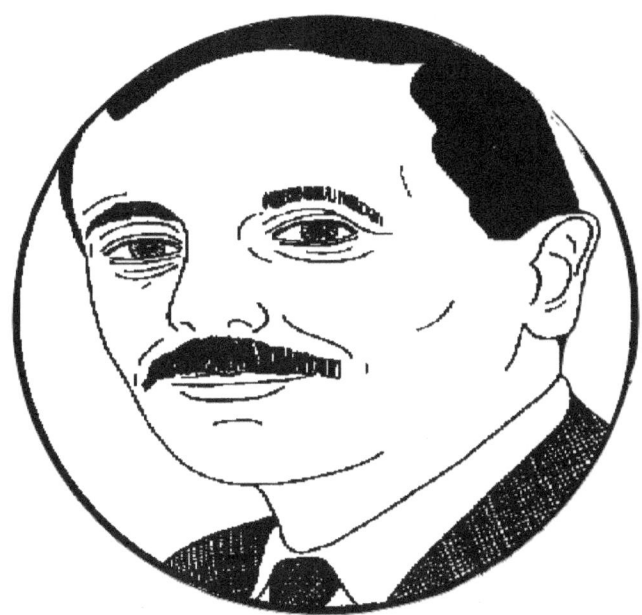

**H**. G. Wells (1866-1946): famoso autor inglés generalmente conocido por sus obras de ciencia ficción que son algunas de las más conocidas de todos los tiempos, como La Maquina del Tiempo, El Nuevo Orden Mundial, la isla del Dr. Moreau y GUerra de los Mundos. Las obras de ciencia ficción de Wells han tenido una influencia sin igual, no sólo en la literatura, sino también en Hollywood. Junto con Julio Verne, Wells es considerado el padre de la ciencia ficción. Fiel marxista y partidario de la ideología fabiana, Wells también fue masón y un defensor radical del cientificismo y la eugenesia.

Wells predijo el uso de bombas atómicas y el efecto de una guerra nuclear mucho antes de que los científicos considerasen esa posibilidad. También predijo la ruptura en 1933, cuando los detalles de la reacción nuclear en cadena fueron descubiertos. En otros libros, de Wells, dijo que un Nuevo Orden Mundial emergería con una élite controlando las rutas aéreas y marítimas, así como la producción de energía libre, lo cual ya han hecho. Otra idea visionaria increíble fue el concepto de la superioridad aérea. Esto ha sido demostrado desde W.W.I, pero no se realizó cuando H.G. Wells la concibió y ha llevado muchos años para que la gente acepte la idea. Habló de la Sociedad de Naciones, combatientes sobre Irak, los vuelos espaciales y un sinfín de otros detalles del futuro. No solo trazó en detalle cómo un Nuevo Orden Mundial se crearía, sino que participó en la causa de los eventos para llevarlo a cabo.

Al mismo tiempo de esta gran explicación narrativa está la otra gran explicación narrativa: la de la ciencia ficción. Por lo tanto, mientras el darwinismo mira hacia el pasado, la ciencia ficción está claramente orientada hacia el futuro.

Lo sorprendente es que cada átomo en tu cuerpo viene de una estrella que explotó. Y, los átomos en tu mano izquierda probablemente vienen de una estrella diferente a tu mano derecha. Realmente es lo más poético que sé sobre física: eres polvo de estrellas, como ese gran y antiguo programa del fantástico Carlos Pumares. Por lo tanto, no podrías estar aquí si las estrellas no hubieran explotado, porque los elementos, el carbono, el nitrógeno, el oxígeno, el hierro, todas las cosas que importan para la evolución, no fueron creados al principio de los tiempos.

Podemos ver una ventana de fusión a este proceso en ejemplos de sectas de Ovnis como los Ummitas, Raelianos o la cienciología. Una cosa que los miembros de culto carecen es pensamiento crítico y objetividad, y si la ópera darwiniana de ciencia ficción espacial que será nuestra próxima religión tiene algo, tiene un ejército de seguidores que hablan todo el día sobre la razón, pero no tienen la menor idea de cómo la razón opera sobre principios inmateriales e invariables que están en el dominio de la metafísica.

¡Entonces olvídate de Jesús! Las estrellas murieron para que pudieras estar aquí hoy. Y este es el papel que juegan los vástagos Psy-Op de la ciencia ficción. Jugar con la realidad y reescribir la realidad como un juego de realidad es la función de nuestros nuevos santos, San Darwin y San Wells, profetas y sabios del nuevo amanecer que intentan exterminar al hombre a través de estas películas de ciencia ficción aparentemente inofensivas.

Con la máquina del tiempo, tenemos un claro ejemplo de lo que hemos dilucidado en muchos artículos, donde el nuevo mito del cientificismo y su descendencia revolucionaria, el darwinismo, adquirió tal prominencia a través de la promoción de su fuente principal: financiación y control académico global, de la Royal Society.

La máquina del tiempo no solo demuestra la fachada estrecha del manifiesto del proyecto socialista y comunista, sino que simultáneamente revela, como El mundo feliz de Huxley, la supresión de la metafísica real, la ciencia y las verdades cósmicas, mientras se alimenta a las masas con un consumo público con intención de retrasar el crecimiento, delegar y socavar a la población para su integración gradual e incremental (el plan fabiano) de los continentes en una era tecnocrática global.

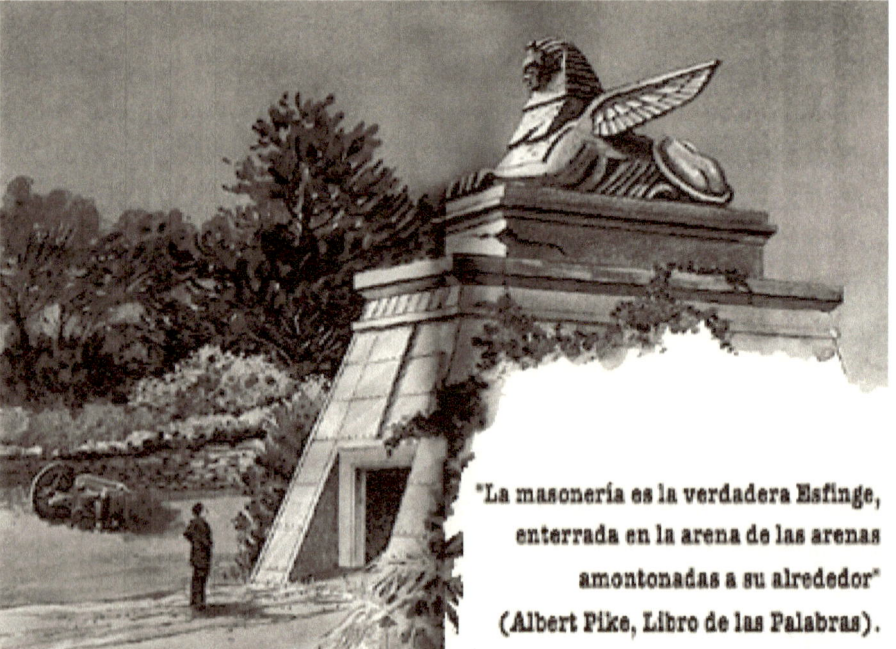

"La masonería es la verdadera Esfinge, enterrada en la arena de las arenas amontonadas a su alrededor" (Albert Pike, Libro de las Palabras).

La filosofía del empirismo pragmático del viajero del tiempo también se combina con un asociado cercano. Las utopías futuras, él está convencido, serán erigidas sobre la base del comunismo puro, habiendo dejado de lado el impedimento del intercambio monetario simbólico y la preferencia por la propiedad personal. A medida que la mente atraviesa el progreso lineal de principio a fin, dentro del tiempo, dentro de su máquina, el cuerpo humano, también podría crearse una máquina para esta máquina en la que el hombre podría superar el dominio del tiempo en su búsqueda de la apoteosis laica. Los cristales son, curiosamente, lo que impulsa la máquina del tiempo, aunque no se nos da ninguna mecánica del dispositivo. La cristalografía tiene muchos misterios y propiedades sutiles que en realidad tienen una conexión con dimensiones superiores

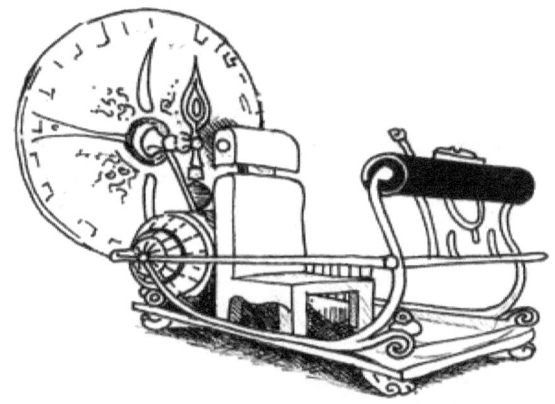

La siguiente característica curiosa de la novela es la Esfinge, una gran ruina que el Viajero del Tiempo descubre al llegar al año 802.701 d. C., que ahora se está deteriorando debido a años de desuso, ya que la civilización utópica que una vez apareció ahora se había destruido.

Aquí, la esfinge y los antiguos misterios han sido decodificados y superados, ya que el héroe cientificista de Wells usurpa el papel divino previamente acordado para usar su carro para atravesar el tiempo y el espacio.

Habiendo superado las limitaciones corporales y temporales, el hombre es amenazado con una absurda pornografía del miedo de Wells, donde el futuro es sombrío en el que la Era Dorada a la que se había vuelto se perdió una vez más debido al largo del viaje evolutivo de la raza humana, ahora dividido entre los Eloi (elohim bíblico) y Morlock (hombre neanderthal caníbal).

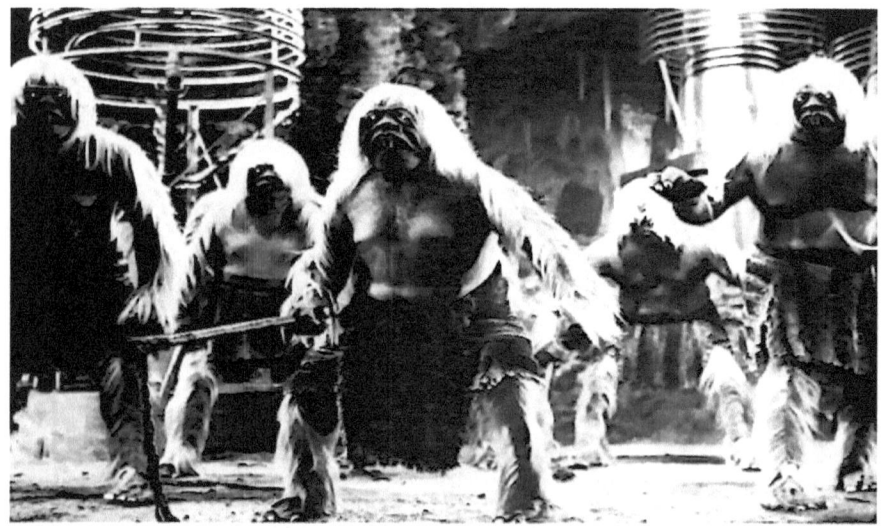

Rubios y de un metro de estatura, los Eloi son habitantes veganos de la superficie que solo comen fruta y pastan como ganado para los trogloditas, hombres de las cavernas, los Morlocks. ¿Promoviendo la mitología de los "hombres de la cueva" paleolíticos? y fraudes notorios como el **Piltdown Man** o **Peking Man**, la propaganda de Wells fue bastante exitosa para promocionar a la teoría darwiniana.

Con gran ironía, el Viajero del Tiempo escapa de sus captores subterráneos Morlocks mediante el uso de cerillas, como Prometeo y el fuego revelador, simbolizando el uso masónico de la razón una vez más, como si la razón fuera un dios.

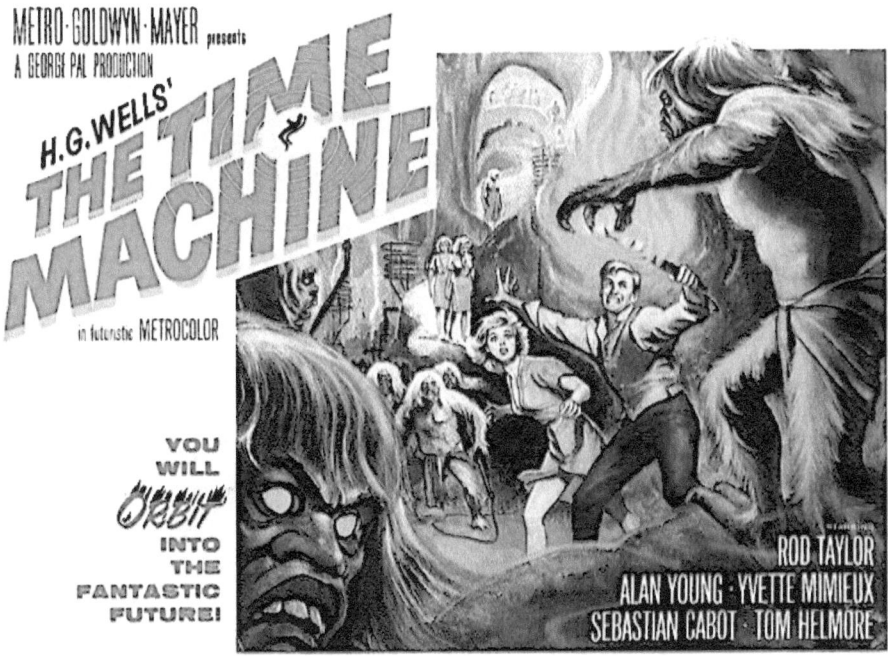

Qué absurdo, entonces, que la muchedumbre cientificista nunca profundice en la pregunta de qué es exactamente la razón, cómo se tiene o funciona universalmente como un principio invariante.

Al igual que Huxley, la novela de Wells es una pieza de propaganda que revela tanto como oculta. Con los primeros indicios de transhumanismo, también funciona para preparar el camino para las crisis ambientales fabricadas y las cosmologías falsas donde el hombre está situado en un universo puramente caótico de flujo infinito, condenado a regresar a la nada.

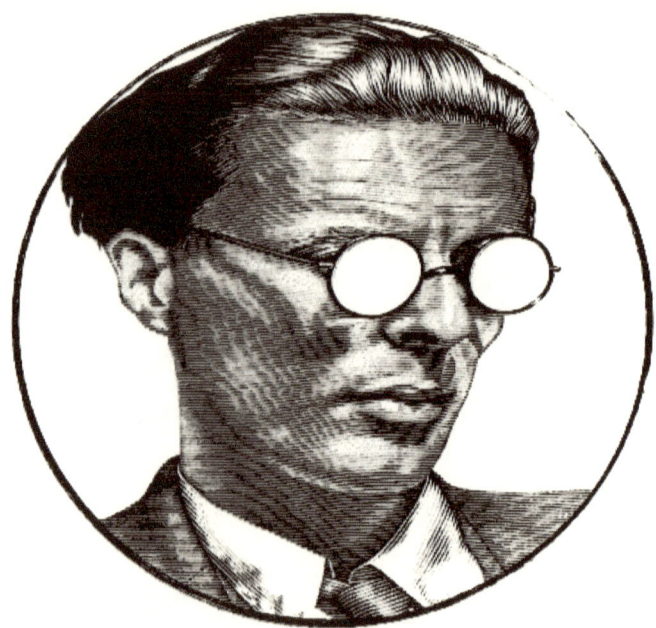

**A**ldous Huxley (1894-1963): autor y filósofo británico famoso por su trabajo distópico del Nuevo Mundo y los tratados místicos, basados en drogas como Las Puertas de la Percepción, Huxley, un influenciador como diríamos en el mundo digital de hoy en día, así como su prominente familia, fueron fervientes promotores del nuevo orden mundial.

Al igual que Orwell, Huxley predijo una distopía basada en el control de arriba hacia abajo, pero en lugar de un futuro basado en la fuerza, los medios de poder serían principalmente a través de la ingeniería genética, la televisión y la drogadicción farmacéutica masiva. (parece que sus profecías se cumplen ¿Opiáceos? ¿os suena?) Al igual que Bertrand Russell y muchas otras élites académicas occidentales, los mantras y la propaganda de Huxley eran "democráticas", mientras que simultáneamente se adhieren a la "racionalidad" de una agenda de despoblación masiva y una dictadura científica mundial autoritaria basada en el control mental masivo. Huxley también estaba asociado con el Instituto Tavistock y por lo tanto, por extensión, funcionó como un pionero de lo que más tarde se convertiría en los diversos programas MKUltra y Mk Delta.

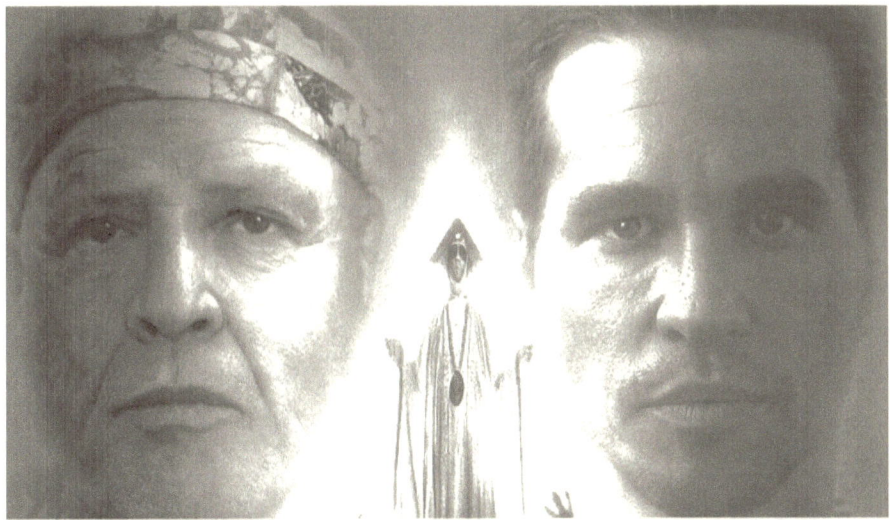

En La Isla del Dr. Moreau (1996) con Marlon Brando and Val Kilmer , la élite nos cuenta una historia antigua, que se aplica a la edad dorada de los dioses de Atlantis en donde modificaban secretamente en esta isla, Atlántida, a especies terrestres. Varias especies extrañas de la fauna terrestre surgieron reflejadas en las mitologías celtas, griegas y egipcias... Minotauros, quimeras, centauros y seres reptilianos...

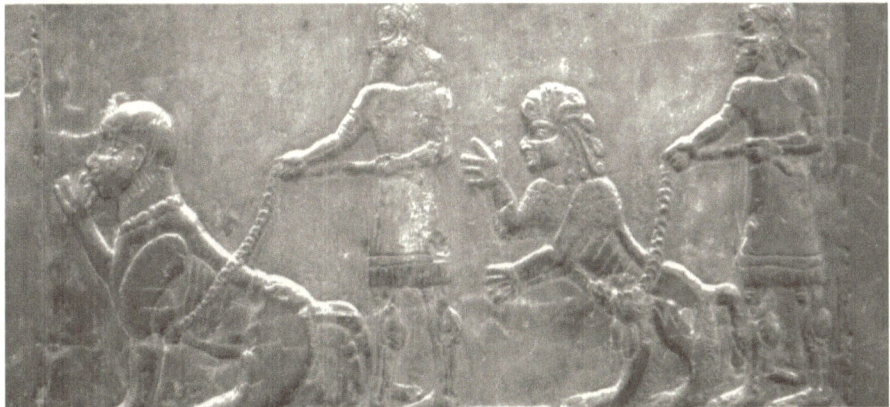

Alrededor del año 300 aC, un sumo sacerdote llamado Manetón vivía en Sebennytos, una ciudad en el delta del Nilo. Escribió un trabajo de tres volúmenes, que ahora se ha perdido en su mayor parte. Pero estelas y mosaicos quedan al paso del tiempo, arriba, seres mitad humanos-animales museo Iraq.

Como vimos en la máquina del tiempo de Wells, era solo el científico quien poseía la gnosis del fuego para rescatarse y salvar a los Eloi de los Morlocks, dándonos a entender que el fuego de la razón, y como veremos, también se encuentran las contradicciones aparentes en esa novela. Dentro de su último trabajo de igual fama en 1896 y la película de Marlon Brando, La Isla del Dr. Moreau. En la introducción a la edición Signet de La Isla del Dr. Moreau, la Dra. Nita Farahany del Instituto Salk toma nota de la previsión sagaz de Wells, que se aplica a la neurociencia, la genética, la genética epi y, en última instancia, el control mental: su personaje El Dr. Moreau dirige su atención al sutil injerto y remodelación del cerebro, y de esta forma Wells mostraba una misteriosa presciencia. Cuando se imaginó al Dr. Moreau, los científicos creían que el cerebro era fijo e inmutable. Esa creencia se mantuvo sin cambios hasta hace unas pocas décadas...

Un inglés con conocimiento científico varado en una isla que está habitada por híbridos quiméricos de bestias humanas, todo el trabajo del científico loco arquetípico, el Dr. Moreau. Traspasando todos los límites éticos y morales, Moreau cree que su biosfera microcósmica (la isla-Eden) es el único lugar adecuado y racional para lo que él cree que es un progreso científico verdadero y sin obstáculos. En la isla, Moreau tortura y mezcla varias especies en nuevas aberraciones, e incluso erige una nueva ley para la población mestiza, consigo mismo como un Dios.

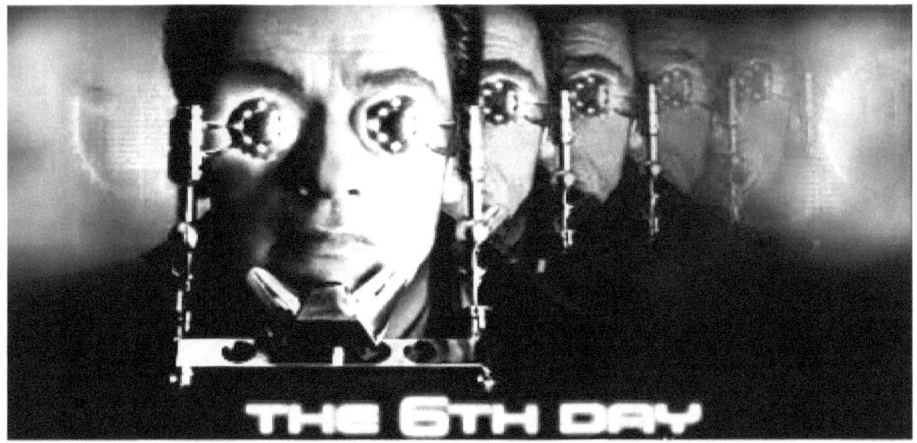

No es por casualidad o tendencia orgánica de base que numerosas películas se enfocan en la inteligencia artificial y la toma de poder transhumanista. Desde los cuentos de H.G. Wells sobre las quimeras genéticas en la isla del Dr. Moreau hasta el Sexto Día con Arnold Schwarzenegger, hasta el reciente A.I. películas como Chappie, los preparativos de programación predictiva se están extendiendo. Nuestra investigación reciente se ha centrado en el Proyecto Manhattan, y al igual que los programas de MkUltra, Manhattan tenía una aplicación mucho más amplia de lo que comúnmente se conoce.

Para hacer la transición a la superposición sintética que integrará SmartCities, Internet, bioingeniería humana, clonación, biometría, programación genética e ingeniería ambiental es ahora un plan abierto en numerosas conferencias y publicaciones transhumanistas (pero el camino de la aceptación masiva) fue preparado a través de los aliens de Spielberg, AI y más tarde con la serie de James Cameron, Terminator.

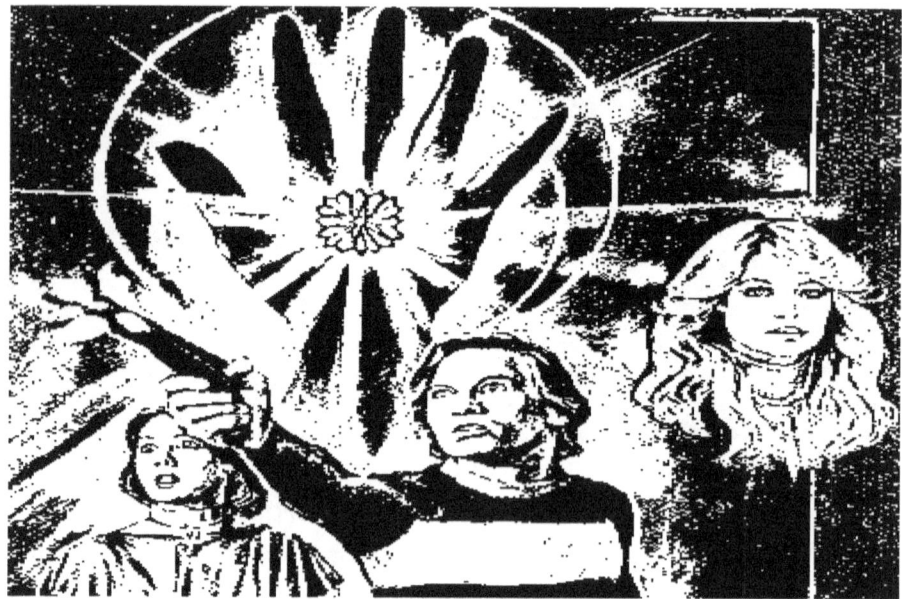

Sin embargo, para llegar a esta fase, la experimentación es necesaria, y lo mejor para ese fin es experimentar en masa. Ya hemos visto que el establishment tecnocrático no tiene reparos en probar sujetos involuntarios, por lo que la experimentación encubierta en poblaciones masivas no es sin precedentes, desde MkUltra hasta la fumigación encubierta.

Los niños que crecen en tubos de ensayo, según los planes de Un mundo Feliz de Huxley, significarán la eliminación de las familias, mientras que la sexualidad carecería de sentido. Los descendientes a los que se les permite subsistir serán autómatas sin género, creados para la subyugación y el trabajo esclavo. Wells presagió esto en su máquina del tiempo, con los Morlocks y los Eloi.

Desde Bertrand Russell hasta el Dr. Edward Teller, el plan que está floreciendo en nuestros días se muestra como unificado, un plan que abarca el siglo pasado en particular como el siglo de la "revolución final" (en palabras de Russell), donde el proceso científico revelaría los secretos del imperialismo tecnológico El propio Teller, como he escrito, no solo fue una figura clave en el desarrollo de la bomba de hidrógeno y el Proyecto Manhattan, sino también el padre de la fumigación de aerosoles y la geo-ingeniería atmosférica.

# ET EL EXTRATERRESTRE

La carrera de Spielberg ilustra un claro arco desde la esperanza hasta el terror, que, si los rumores de su conocimiento interno y sus conexiones con los illuminati son ciertos, podría no ser una buena señal. Especialmente, ya que también incluye desacreditar el mayor avistamiento masivo de un OVNI en los tiempos modernos.

Las escenas de tiburón, por ejemplo, aterrorizaron a miles de personas y la asistencia a playas cayó significativamente después de que llegó este film a los cines. Esta es otra prueba indiscutible de que las películas, de hecho, dan forma a nuestras vidas y afectan muchas decisiones de la vida. Después de ver la película, ¿cuántos de nosotros podemos relacionarnos con un momento en el que los pensamientos de un ataque de tiburón entraron en nuestras débiles mentes?

Sin embargo, mucho más serios son los poderosos efectos de cambio de vida con los que Spielberg ha impactado la conciencia pública en el ámbito espiritual / sobrenatural. Muchas de las películas de Spielberg contienen mensajes espirituales tanto abiertos como encubiertos. E.T. el Extra Terrestre, representaba a un ser que venía del cielo, que murió y volvió a la vida otra vez y así transformó las vidas de todos los que entraron en contacto con él. Esto es exactamente lo que hizo Jesucristo, y como resultado, los matices mesiánicos en esta película son algo inquietantes.

Antes de E.T., las criaturas alienígenas del espacio exterior se presentaban de una manera aterradora: esta película fue la primera en presentar a los aliens de chicos buenos. Muchos cristianos sostienen que el gran engaño que rodea al Anticristo venidero del que se habla en la biblia será con seres extraterrestres demoníacos que se harán amigos de la humanidad solo para asegurar su destino condenado, similar a la situación presentada en Génesis 6: 1-5. ¿Es posible que películas como E.T. solo funcionen para derribar las barreras del mundo contra una "invasión" tan malvada del "espacio exterior"?

Algún tiempo después del supuesto tratado con los Greys-grises llegó el optimismo infantil de Close Encounters of the Third Kind (1977), en español encuentros en la tercera fase, de Steven Spielberg, con su descripción de un primer contacto secreto con Grises amables, tanto pequeños como grandes.

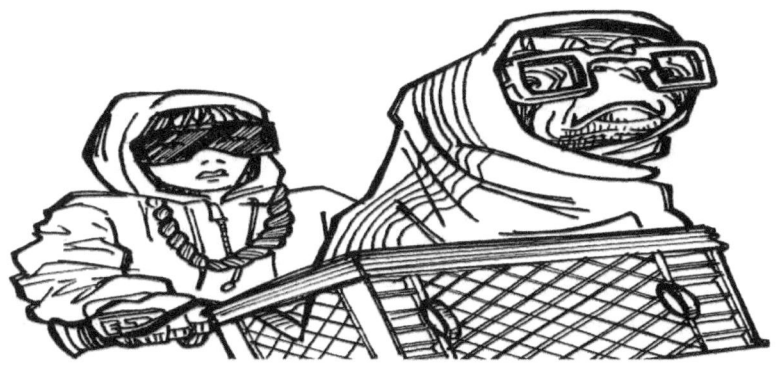

**ET: El Extraterrestre, una película secretamente oculta gracias a la levitación, la curación psíquica y la telepatía en plena despliegue durante todo el film.**

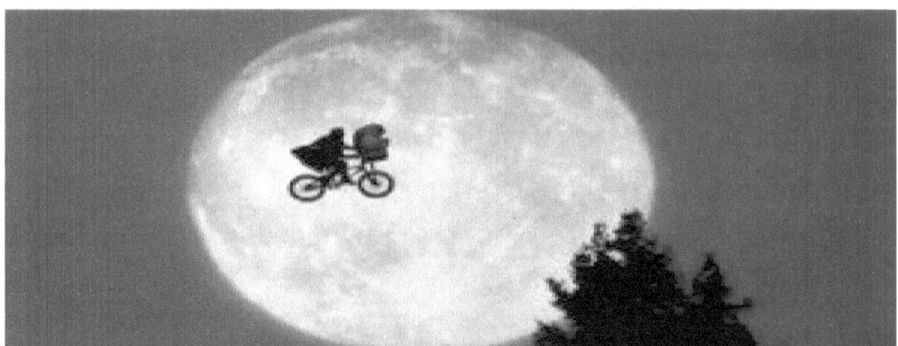

**Elliot parece tener todos los poderes de un brujo. ¿Es Elliot un "niño lunar" ala Jack Parsons?**

Al igual que con Encuentros, E.T. llega al "lugar alto", el lugar de llegada tradicional de los dioses en la biblia, y Dios, en el monte Sinai. Elliot asciende a los "lugares altos" para ayudar a E.T., como Roy tuvo que hacer en Encuentros. Después de las imágenes de la luna, que inicialmente era una luna parcial que más tarde se convierte en luna llena en Halloween. En el momento de la plena unión de Elliot con E.T., es Halloween, el solsticio de invierno. Halloween también es el antiguo festival druídico de Samhain, un momento importante en el calendario ritual pagano y oculto. No es accidental que Halloween haya sido elegido como escenario, ya que Samhain es el tiempo en que se abren las puertas del "otro mundo", y los espíritus de los muertos entran en nuestro reino. Si bien un tema de la invasión demoníaca de América puede parecer fuera de lugar, ese es precisamente el tema de Poltergeist y Gremlins y Gremlins 2.

No solo se ilustra el encubrimiento y el complot del Cabal Curiosamente, los paranoicos deben tener en cuenta que el niño pequeño que es central en la trama es identificado por agentes encubiertos ANTES de su secuestro. Con la industria de cine privada, sino que se dan pistas sobre la naturaleza del Cabal. Su logotipo, por ejemplo, es un dispositivo que recuerda mucho al "ojo en la pirámide" de los Illuminati con un estallido estelar y la palabra **"MAYFLOWER"**. ¿Una cubierta detrás del nombre "Majestic" quizás, o simplemente una referencia a la peregrinación celestial de Roy Neary? En cualquier caso, es el único logotipo en el lugar de aterrizaje del "Lado Oscuro de la Luna": no hay banderas estadounidenses, o para el caso, de la ONU en evidencia, solo una bandera blanca solitaria con un triángulo negro...

Las referencias de Disney, de las que Spielberg es famoso, en esta película provienen de Pinocho. La inquietante frase musical alienígena parece haberse derivado de las primeras notas de la canción, "When You Wish Upon A Star", que parece lo suficientemente apropiado. Sin embargo, dado que el cuento de hadas es uno en el que una marioneta de madera se transforma con un poder sobrenatural conectado con una estrella (el Hada Azul) en un niño real, ¿qué intenta decirnos Spielberg? ¿Que la especie solo será completamente humana cuando finalmente confrontemos la realidad alienígena?

Estas películas tienen varias pistas curiosas, como señales de programación en abducidos y el uso de armas biológicas de la Cábala como tapadera, así como descripciones muy precisas de los efectos de los pinceles con naves espaciales alienígenas, incluidas anomalías eléctricas y quemaduras por radiación.

Esto no es demasiado sorprendente ya que el difunto Dr. Allen J. Hynek no solo asesoró al director en ET y en Encuentros entre otras, sino que también participó durante la secuencia del encuentro culminante.

Quizás esto se basó en el mismo aterrizaje rumoreado en la Base Holloman de la Fuerza Aérea como el de la película "La Tierra contra los Platillos Voladores". Hay una historia apócrifa que el presidente Reagan le comentó a Spielberg durante una proyección en la Casa Blanca de ET, en el que solo algunas personas en la sala sabían cuán cierta era la película en realidad y quien era esos niños californianos.

En el ET posterior de Spielberg: The Extra-Terrestrial (1982), los humanos son los tipos malos que amenazan a la pacífica criatura espacial. Esto, sin embargo, marca el final de un período muy optimista cuando muchos ufólogos creían que la revelación largamente esperada estaba cerca.

Sin embargo, entre estas dos películas, algo ya había cambiado. La película, 1941, trataba sobre la histeria posterior a Pearl Harbor, hecha en 1979.

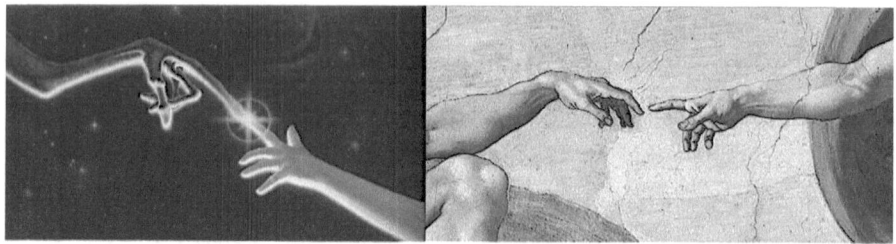

En un largometraje de 1995, ***"The Making of 1941"*** incluido en el DVD, Spielberg dice que aceptó hacer la película mientras trabajaba en Encuentros Cercanos. Él, Bob Gale y Robert Zemeckis, los escritores, contaron cómo volvieron a trabajar el guión durante la producción de CE3K en una oficina en el mismo hangar donde Spielberg estaba filmando las escenas de la nave nodriza.

1941, como reconocen los escritores, se basó en gran parte en la "Batalla de Los Ángeles". Este fue un incidente que ocurrió el 25 de febrero de 1942, cuando se pensó que las luces sobre Los Ángeles eran una serie de bombarderos japoneses entrantes. Hubo un apagón y se produjeron muchos disparos antiaéreos, pero no se derribó ningún avión japonés.

El Ejército defendió la acción, aunque pronto se atribuyó a "nervios nerviosos" cuando no se produjo ninguna catástrofe. En 1974, se reveló un memorando que el Jefe de Estado Mayor le escribió al presidente Roosevelt, diciendo que era real y que podrían haber participado hasta 15 aviones. Un póster original de la película de E.T. (foto arriba) en el cual el alienígena toma el lugar del Dios en la pintura de Miguel Ángel y toca al niño con su creación extraterrestre.

A medida que comenzamos a explorar el mundo de Spielberg, es necesario comenzar con una de las películas más populares de todos los tiempos, el clásico de fantasía infantil E.T. Mientras que Encuentros es anterior y ciertamente está cargado de pistas y mensajes conspicuos y esotéricos, E.T. tiene su énfasis único, brindando a los jóvenes de la década de 1980 un nuevo enfoque sobre el tema de nuestros queridos hermanos del espacio.

Los científicos de MJ 12 fueron precisamente los que inventaron el nuevo mito alienígena, por lo que es importante situar la operación de ingeniería social / transmisión / radiodifusión de Orson Welles War of the Worlds que encaja en la narración cientificista cubierta en el último capítulo, combinada con la explosión de escenarios extraterrestres de Hollywood todavía está en curso, y la obsesión moderna continua en estos contextos.

De alguna manera, parece que el teísmo es irracional, pero los orígenes alienígenas son racionales. Estos gurús del pop, como Dawkings o Carl Sagan y otros, que apoyan los mitos de la panspermia alienígena son promovidos por el establishment, precisamente para cumplir un papel de guardianes científicos.Con estos antecedentes en mente que debemos acercarnos a E. T., situado a mediados de los 80, cuando el furor alienígena se fortalecía con éxitos anteriores como Encuentros, Guerra de las galaxias y otras obras de ciencia ficción.

# CARA OCULTA DE HOLLYWOOD

Con Encuentros y E.T. Spielberg toma una tonelada de la fórmula alienígena, presentando a las audiencias a los buenos colegas del espacio. En lugar de atravesar el espacio para aniquilar el planeta, nuestros vecinos espaciales secuestran a la gente (¡y a los niños!) del pueblo porque son elegidos (Encuentros) y hacen contacto con otros porque ellos también son especiales (Elliot en E.T.). Para mi análisis, es crucial tener en cuenta Encuentros durante el siguiente capítulo, ya que creo que están relativamente conectados, de una manera relajada.

Encuentros es la historia de un adulto, mientras que E.T. es para niños, y ambas películas se centran principalmente en la semiótica e implican usos complejos de sincronicidad, prefiguración y simbología oculta.

En mi opinión, E.T. es una versión juvenil de Encuentros, con la intención de combinar un uso inteligente de la simbología con imágenes ocultas con el propósito de efectuar un cambio en el psique de masas con respecto a la existencia y naturaleza de los alienígenas, entidades interdimensionales, o demonios. También descubrimos que E.T. es reptil debido a que mágicamente causa que Elliot libere las ranas debido a su simpatía (de Elliot) por E.T. Esta es la razón por la cual E.T. puede respirar bajo el agua, asemejándose a un cruce entre una rana y una tortuga retardada.

ET como cualquier otro espíritu será tutelar a Elliot desde la pubertad hasta la edad adulta en la película. Es por eso que vemos el venus, el sexo lunar y también el kundalini cuando tocamos su cabeza con su dedo iluminado.

Una de las escenas más extrañas rodea la llegada de los agentes del gobierno que han estado vigilando la casa de Elliot y descubren que está albergando al visitante cósmico. Cuando llegan, no se ponen trajes de Hazmat, sino que llegan como astronautas de la misión Apollo. ¿Astronautas del Apolo 11? ¿Está el director insinuando que el Apollo es un fake?  0 Hollywood es el medio de propaganda más poderoso de la historia, Spielberg rinde homenaje a lo que Kubrick hizo y decidió utilizar las mismas técnicas de simulación para hacer que la magia cinematográfica sea aún más efectiva.

Como tal, E.T. fue un gran éxito en la implantación de los mitos alienígenas en las mentes de una generación. A nivel cinematográfico y de guiones, es una obra maestra cinematográfica, pero ¿Spielberg nos está diciendo mucho más sobre lo que sucede detrás de los grandes eventos? Creo que sí, y Encuentros respaldará esta denuncia en el siguiente capítulo. Por lo tanto, se vuelve más claro por qué hombres como Dawkins, Sagan, o Arthur C. Clarke promueven el mito alienígena, mientras que son supuestamente ateos racionalistas.

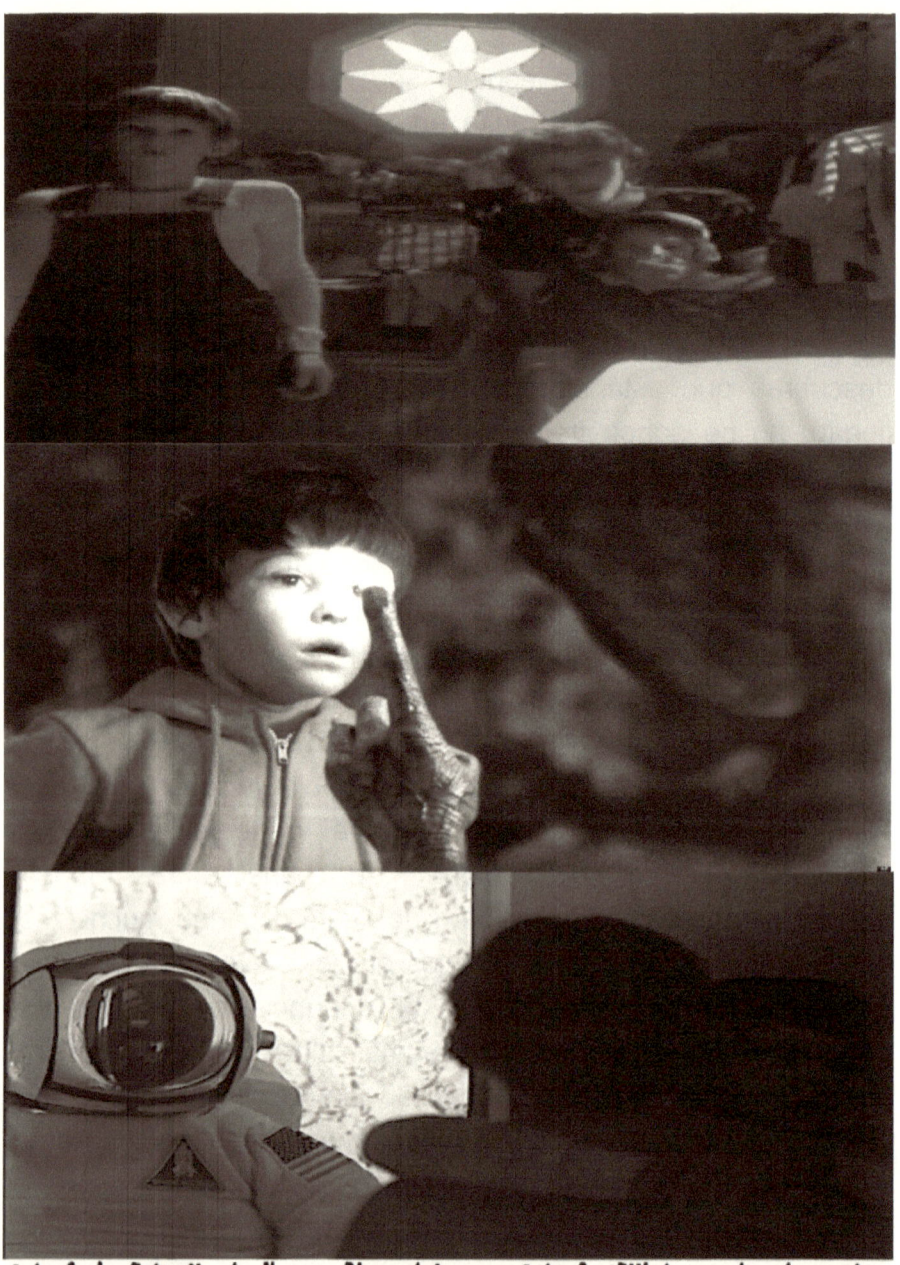

foto 1. La Estrella de Venus. Diosa del sexo. foto 2. ¡Elliot, puedes despertar cosas de Kundalini! foto 3. ¿Astronautas del Apolo 11?

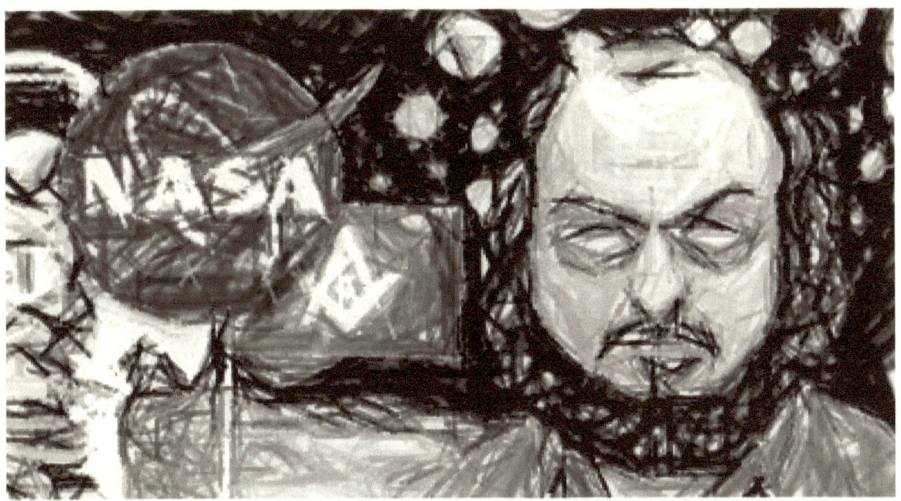

Algunos de los mensajes que no pudo acabar de enviar Kubrick, estoy seguro que los terminará Spielberg. ¿sabías que Spielberg y Kubrick llegaban a hablar por teléfono durante, a veces, más de 6-8 horas de cine y de lo oculto?

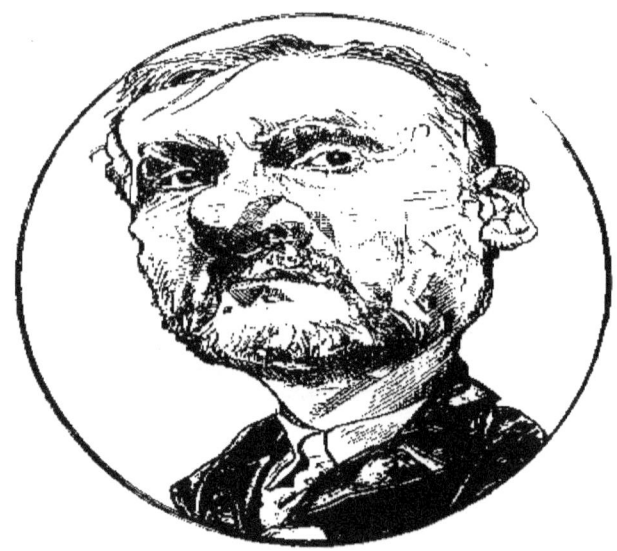

**J**ames Cameron (1954-): cineasta, director, productor, explorador e inventor canadiense, Cameron es conocido por crear dos de las películas más exitosas económicamente de todos los tiempos: Aliens (1986), Terminator 2: Judgment Day (1991), Titanic(1991) y Avatar (2009). Las películas de Cameron han recaudado miles de millones de dólares, mientras que solo en 2010 recaudó 257 millones para ser el director mejor pagado del mundo. La obsesión de Cameron con los alienígenas y los mensajes ambientales también hacen que sus éxitos de taquilla sean propicios para la propaganda, ya que ha trabajado íntimamente con la NASA como miembro de la junta asesora para las llamadas misiones JI Mars "y" los fondos de colonización. "El hecho de que la NASA está oficialmente bajo la égida de la Fuerza Aérea, y está íntimamente ligada a Cameron, demuestra la tesis misma de este libro como ninguna otra.

La francmasonería nació en Europa, pero si uno profundiza en sus misterios, se dice que los orígenes de la hermandad se remontan a una civilización altamente avanzada llamada la Atlántida que existía hace miles de años. Gran parte de la alta tecnología, el pensamiento avanzado y los ideales filosóficos se transmitieron a través de las generaciones en secreto después de que un "Gran Diluvio" que destruyó la Atlántida. El propósito del lanzamiento de "Terminator" de la productora Orion iba a ser el primer uso masivo de esta tecnología atlante en una película de James Cameron. La película fue diseñada para imprimir un mensaje subliminal para preparar inconscientemente al público para una forma superior de tecnología que llegaría a la Tierra en el futuro. Aquellos que se resistan a este mensaje serían "ex-terminados".

# A.I. INTELIGENCIA ARTIFICIAL (2001)

Es una película escrita y dirigida por Steven Spielberg. La película está basada en el relato de ciencia ficción *Los súper juguetes duran todo el verano* de Brian Aldiss, e incorpora elementos de la obra italiana Las aventuras de Pinochio. El proceso de I.A. partió originalmente con el director Stanley Kubrick a principios de los 70. En 1995, Kubrick le otorga I.A. a Spielberg, pero el film no encuentra momento hasta el fallecimiento de Kubrick en 1999. Tras los títulos de crédito finales aparece un pequeño crédito que dice "Para Stanley Kubrick".

Cuento de hadas transhumanista. Es toda la metafísica lo que se pierde en este film. No más al espejo del ser y a las apariencias, de lo real y su concepto. No más co-extensividad imaginaria: es la miniaturización genética la dimensión de la simulación. Lo real se produce a partir de células, matrices y bancos de memoria miniaturizados, modelos de control, y puede reproducirse un número indefinido de veces a partir de estos. Ya no se necesita ser racional, porque ya no se mide contra una instancia ideal o negativa. Ya no es más que operacional. De hecho, ya no es realmente lo real, porque nada imaginario lo envuelve ya más. Es un mundo hiperreal, producido a partir de una síntesis radiante de modelos combinatorios en un hiperespacio sin atmósfera.

AI muestra a un equipo de científicos trabajando para crear un robot con sentimientos, la búsqueda de la transformación alquímica futura (de plomo a oro, de hombre a dios, de robot a niño). El trasfondo sin embargo es tan repetitivo en otras películas que podría haber sido titulado A.I- 2001: Una odisea en la Tierra.

Teniendo claro que la búsqueda del Golem de AI es la búsqueda de la transformación en Dios, es interesante que la película abre con la imagen de un océano turbio. El narrador nos dice: "*Esos fueron los años después de que los casquetes polares se habían derretido debido a los gases de efecto invernadero. Y los océanos se habían levantado para ahogar tantas ciudades a lo largo de la costa… Ámsterdam, Venecia, Nueva York… perdidos para siempre. Millones de personas fueron desplazadas. Climas caóticos. Cientos de millones de personas murieron de hambre en los países más pobres. Por otra parte, un alto grado de prosperidad sobrevivió cuando la mayoría de los gobiernos de los países desarrollados introdujeron sanciones legales que tenías que tener un permiso especial y estricto para los embarazos, y por eso los robots, que nunca tienen hambre y no consumen recursos más allá de su primera producción eran tan esenciales para un vínculo económico en la tela de la sociedad*".

Hay una gran cantidad de propaganda entre líneas: el calentamiento global, el control de la población, la sostenibilidad de los recursos, los malos y los buenos robots.

Pero, sobre todo, mira la alusión a la gran inundación del génesis. Sabemos que Dios (en la biblia) causó el diluvio debido a la maldad del hombre☐ pero aquí el hombre es culpable de un tipo diferente del pecado de los gases de efecto invernadero. La humanidad son eco-terroristas que emiten carbono y esta próxima gran inundación es el castigo, quiere implicar la película, por nuestros pecados ambientales. Nos encontramos con que AI promueve un tipo de religión climática desde un inicio.

AI. Opera en múltiples niveles como una alegoría, así como una historia moral del futuro potencialmente desastroso de la humanidad, dado el auge de la tecnología súper avanzada. Después de haber visto la película en numerosas ocasiones desde 2001, solo ahora se ha hecho evidente cuán profunda es en realidad. Mucho se ha garabateado sobre 2001: Una odisea del espacio y Eyes Wide Shut, pero A. I. parece haber sido obviado.

Hace aproximadamente una década, se me ocurrió la idea de hacer un análisis de película esotérica cuando leí una reseña de A.I. que argumentaba que era una alegoría del Inferno de Dante (ya que David sufrirá una **Catábasis** (del griego κατὰ, "abajo" βαίνω "avance") es un descenso de algún tipo, como bajar una ladera, el sol al atardecer, una retirada en una campaña militar, una expedición a los infiernos o un viaje desde el interior hacia la costa).

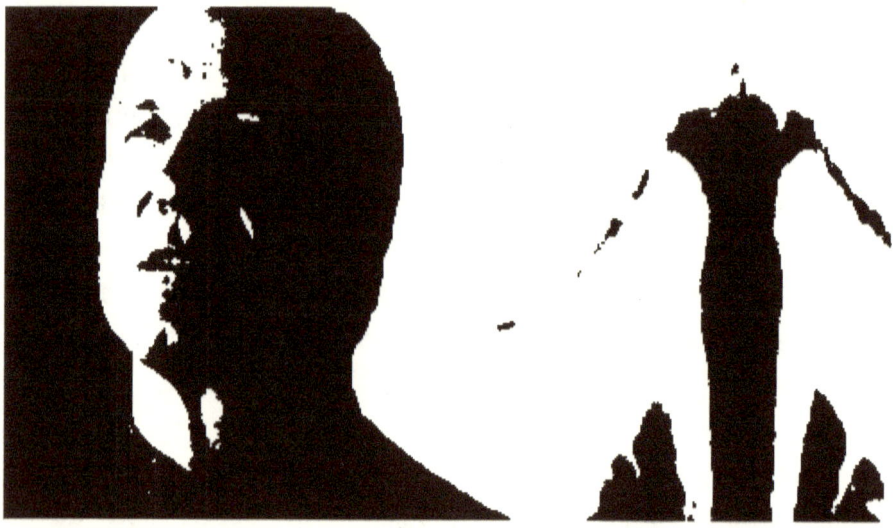

El logotipo Cybertronics, cuyo diseño luce como una M parece aludir a la deidad egipcia Osiris (Masonería) esto podría parecer muy sutil, pero dejará de serlo más adelante)

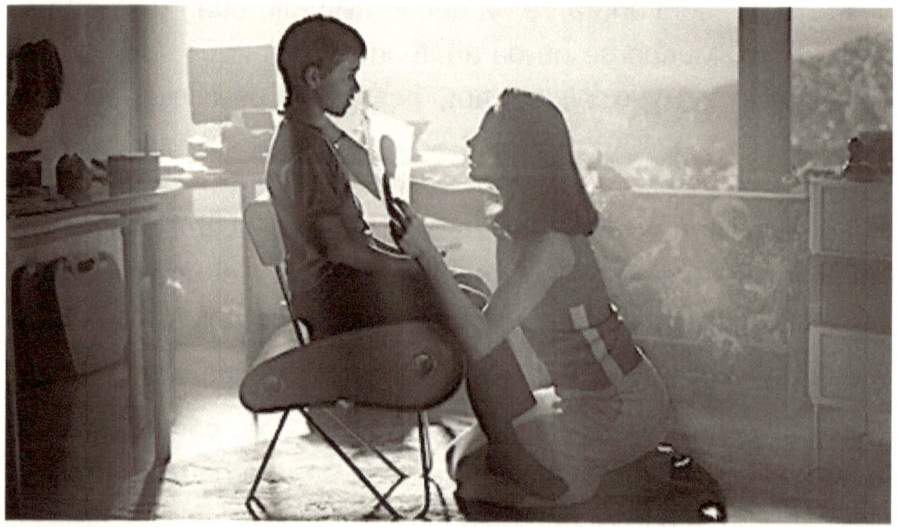

Después de la impresión, David ahora ama Mónica y la llama mamá. Es interesante que Mónica en realidad no dio a luz a David: se trata de una inmaculada concepción tecnológica.

Sin embargo, el significado real aún no se ha explorado en toda su profundidad en la medida en que los aspectos más ocultos de los diseños de la criptografía con la tecnología han llegado recientemente a una luz más brillante el logotipo Cybertronics/Osiris es del profesor Allen Hobby. Él es la deidad "padre" de la película, y como el creador de los robots meca, el demiurgo gnóstico. El profesor Allen Hobby dice: "El crear un ser artificial ha sido el sueño del hombre desde el nacimiento de la ciencia". En otras palabras, la ciencia ha permitido al hombre convertirse en creadores, como Dios.

Transición de la era humana a la poshumana. La película inicia con una advertencia de los efectos catastróficos del calentamiento global y del derretimiento de los casquetes polares que condujeron a la inundación de los principales centros mundiales. A raíz de la crisis, la población mundial tiene una guerra de recursos por los medios básicos de supervivencia, con la robótica ocupando un lugar privilegiado debido a la cantidad minúscula de recursos que requieren los robots (que no necesitan alimentos, agua, etc.)

Uno de los mensajes transhumanistas, es la perdida de emociones y sentimientos, Mala idea. A nivel humano, los niños, es decir, criar hijos, tiene el objetivo emocional de verlos crecer y desarrollarse, tanto físicamente y mentalmente, por eso tener hijos con alguna discapacidad física y/o mental produce angustia: Porque genera el temor de que no van a poder alcanzar su máximo potencial como seres humanos y siempre queda la duda de que tengan la capacidad suficiente para poder desenvolverse y vivir libremente en el feroz y despiadado mundo real.

Los niños robot NUNCA, van a crecer, ni física ni mentalmente, NUNCA van a evolucionar sus sentimientos, apegos o gustos y NUNCA van a estar capacitados para desarrollarse libremente en la sociedad. Los seres humanos no deberían desarrollar apegos sentimentales o sicológicos hacia los robots porque nosotros SÍ crecemos, evolucionamos y morimos; está claro que si uno tiene un niño robot al que está cuidando, se va a generar la angustia de qué va a pasar cuando uno ya no esté, podría ser reciclado cuanto menos.

Su corporación Cybertronics fábrica robots construidos a medida, llamados mecas, los esenciales para la supervivencia de la sociedad; pero Hobby quiere hacer algo nuevo: quiere crear un robot que pueda amar. Una mujer en el público dice que no es tan difícil de crear un robot que ame, el truco es hacer que el dueño ame de la misma forma a ese robot. Ella le pregunta: *"Si un robot realmente podría amar a esa persona, ¿Qué responsabilidad tiene una persona hacia ese meca?"* Luego dice: *"¿Es una cuestión moral no es así?"* Hobby: *"La más antigua de todas. Pero al principio, ¿no creó Dios a Adán para amarlo?"*

La pregunta de Hobby implica que nosotros también somos golems construidos. Ya sabíamos que existían motivos bíblicos en el film, pero ahora vemos un paralelo que se ha dibujado entre Dios y el hombre, y el hombre y el meca. La narrativa hombre/meca reflejará la relación hombre/dios.

Henry, trabajador de Cybertronics y quien es seleccionado para el experimento, trae a casa el nuevo robot, David. Él es sólo un meca normal al principio; para que él pueda amar a la persona se requiere primero un protocolo de impresión. No obstante el film juega con la idea de que él es el "elegido" para llevar a cabo este salto espiritual.

En la cena, obtenemos este simbólico encuadre. Parece que David tiene un halo de luz alrededor, ya que él es el niño crístico (la figura mesiánica o cristo cinemático). Esta figura es un símbolo de su divinidad. El profesor Hobby, nos recuerda y representa a Osiris. Y ahora vemos que David es un niño/dios, u Horus. Esto pondría a Mónica como la diosa Isis; entonces tenemos el simbolismo de la luna en funcionamiento durante toda la búsqueda del golem.

Este es el arquetipo de la Trinidad pagana:
**Hobby=Osiris**
**Mónica=Isis**
**David = Horus**

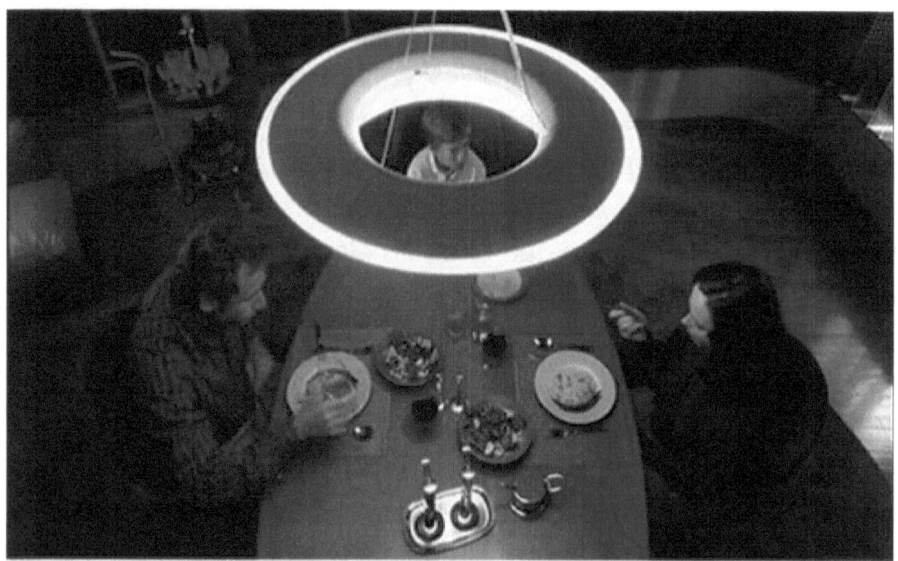

**La Búsqueda de la Gnosis**: Mas tarde David escucha muy de cerca cuando Mónica lee la historia de Pinocho a Martin. Después comienza una rivalidad entre hermanos y un accidente en la piscina que lleva a Enrique y Mónica a darse cuenta de que deben deshacerse de David. Sabiendo que él debe ser destruido, ella trata de devolverlo a Cybertronics, pero no se atreve a ir con él.

David es expulsado del "Jardín del Edén". Mónica lo deja en el bosque y le dice que corra con el fin de que este se pierda. David recuerda que el Hada Azul convirtió a Pinocho en un niño de verdad. Él decide encontrar el Hada Azul por lo que también necesita convertirse en un niño de verdad y luego volver a casa con su madre, de quien está programado para amar.

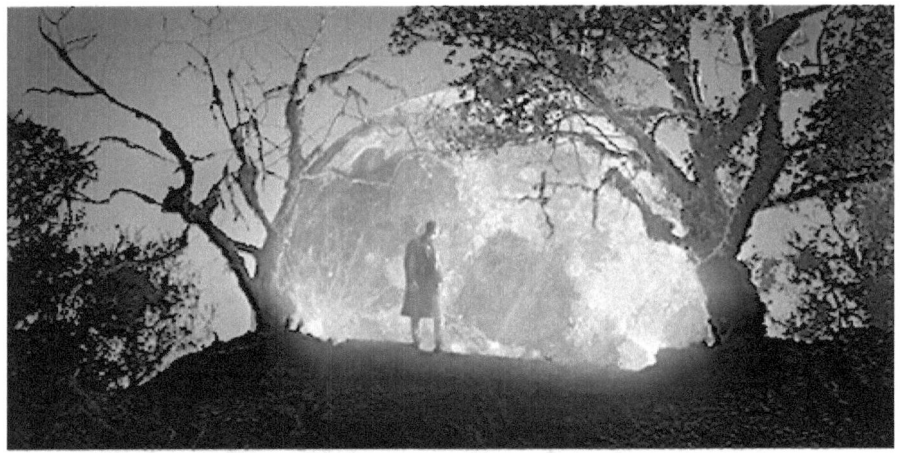

La luna alquímica guiará a David a lo largo de su misión. La luna es un símbolo de la transformación, sobre todo en películas de propaganda illuminati.

Así, comienza la búsqueda del golem. La narración sobra búsqueda del héroe típicamente tiene tres etapas o fases:

**a) Salida**

**b) Iniciación**

**c) Regreso**

David suplica por su vida, algo que nunca hacen los mecas, y la multitud se enfurece con el anunciador, lo que termina en la liberación de ambos personajes. Después de escapar de la Feria de carne, y luego de pasar la primera prueba de la iniciación, David y Joe siguen la luna hacia la Ciudad Rouge. Las vías de acceso a la Ciudad Rouge pasan a través de algo que parecen bocas grandes, como si fueran tragados. Esto es, por supuesto, semejante a Pinocho siendo tragado por el pez, y de igual forma como la interpretación gnóstica del Jonás bíblico. Esto tiene que ver con el final de una era de piscis la del pez y la entrada en la era de acuario.

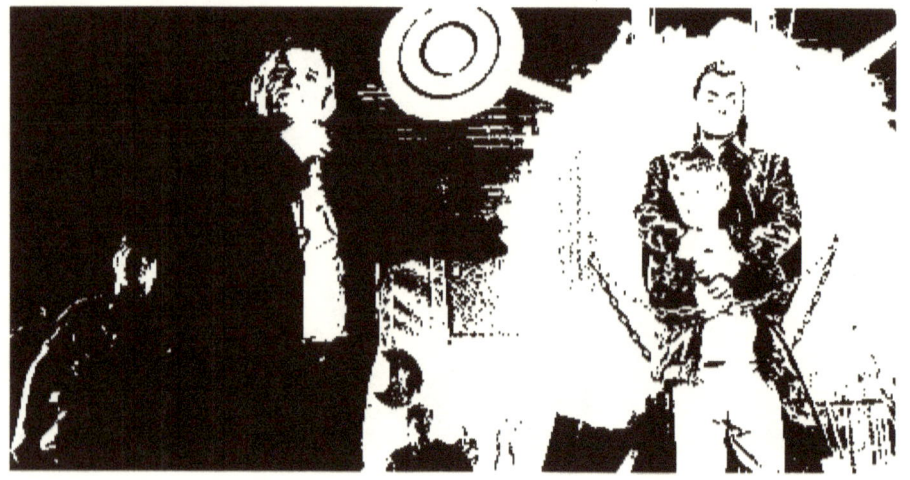

"¡Sólo estamos demoliendo la artificialidad!" Este es un discurso bastante magnánimo para un cazador meca. ¿Podría ser en referencia a la finalidad de esta etapa de iniciación? Luego se menciona: "El que esté sin pecado tire la primera piedra". Aquí en alusión a las palabras de Cristo, en el que tenemos nuestra pieza religiosa obligatoria y mostrado al cristianismo como una ideología sin compasión: siempre anti-tecnología y anti-progreso. Algo que Hollywood hace con mucha regularidad.

Luego visitan al Dr. Know, un software animado que puede responder a cualquier pregunta. Algo así como una especie de Wikipedia, pero con IA. Dr. Know les dice que el Hada Azul está "en el fin del mundo, donde los leones lloran". Esta es la gnosis, o la iluminación. La palabra "know" en español significa conocimiento, o en el latín: gnosis. David y Joe escapan de la policía en el *amphibicopter*. A medida que se van volando, nos damos cuenta de que vuelan a través de un gran par de labios. Entraron en la ciudad Rouge por la boca y salen de la misma forma; esto simboliza ser escupidos por el gran pez, o en otros términos, salir del inframundo.

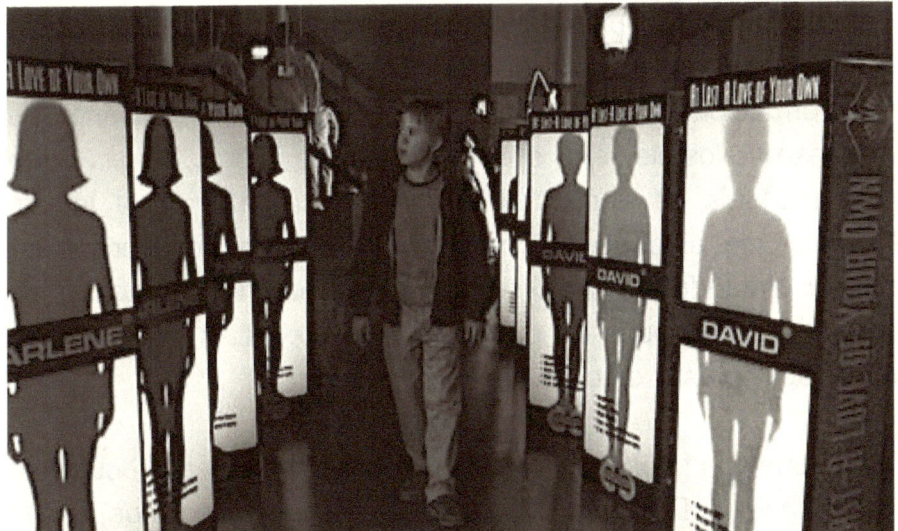

Ambos mecas vuelan hacia el fin del mundo, **Man-hattan**. El lugar donde los leones lloran es el Rockefeller Center. Aquí es donde se encuentran Hobby y Cybertronics. David descubre que existen varias versiones igual a él. De la misma forma, en la filosofía gnóstica se enseña que no todos nacieron para ser "iluminados". David le pregunta: *"¿El Hada Azul está también aquí?"* Hobby: *"La primera vez que oí hablar de su Hada Azul fue a Mónica ¿Qué crees que el Hada Azul puede hacer por ti?"* David: *"Hacerme un niño de verdad".* Hobby: *"Pero tú eres un niño de verdad, al menos tan real como yo he podido. Por lo que por varias razones me convertiría en tu Hada Azul…"*

David entonces se entera de que él era una prueba para ver si podía encontrar su camino de regreso a casa, esto demostraría que David era verdaderamente capaz de amar, soñar, y desear. David es un éxito porque ha demostrado su capacidad para cumplir sus propios deseos independientes en lugar de hacer lo que se le ordena. David es tan real como lo que va a conseguir, es decir, nunca se va a transformar o volver a ver a su madre.

Esto no habla muy bien del demiurgo Hobby: su vanidad pone a la gente en esta crisis emocional sin recompensa. No hay transformación, no hay cielo. La búsqueda fue en vano. La promesa de los cielos es solo un cuento de hadas. Observe que este mensaje se encuentra en base a la razón y la lógica. Después de este descubrimiento, David salta del Rockefeller Center tratando de matarse. David ha invertido tanto en su religión que después de su sistema de creencias se rompe, la única opción es el suicidio.

La muerte y la futura resurrección del cristo cinemático ocurren a continuación. Después de que él es rescatado por Joe, David utiliza el amphibicopter Policía para ir a la exposición de Coney Island de Pinocho. Allí finalmente encuentra el Hada Azul. Incluso después de que Hobby le dice que no hay Hada Azul, todavía continúa su búsqueda y su deseo de que su madre lo ame se conserva. Al llegar este se sienta allí, mendigando al Hada Azul que lo convierta en un niño de verdad. A continuación, han pasado 2.000 años. Las aguas de las inundaciones se han congelado. La humanidad se ha extinguido. David es encontrado por los extraterrestres del futuro.

Recordemos que a principios de la película vimos un niño congelado bajo el cristal: El hijo de Mónica, Martin. Ahora vemos la misma "historia criogénica" con David. David vuelve a ver al Hada Azul, la toca, y ella se rompe en pedazos. Ahora por fin se da cuenta de que ella, y su sueño de convertirse en un niño de verdad, eran sólo una ilusión.

Los extraterrestres (que también se interpretan como robots del futuro) aprenden que David es un meca con un registro de los seres humanos extintos, por lo tanto, es de nuevo un niño especial, único en todo el mundo. Aquí David es resucitado, único, inmortal, y también la "memoria perdurable de la raza humana". Ellos recrean para él una simulación de su antiguo hogar. Le muestran un Hada Azul que él no conoce a partir de los registros de su búsqueda.

Los extraterrestres pueden resucitar a Mónica con un mechón de su cabello, pero ella sólo permanecerá viva un día. Este extraterrestre le dice a David que encontraron "la fábrica del espacio-tiempo capaz de almacenar información sobre cada evento que ha ocurrido en el pasado". Lo que descubren era el llamado registro Akásico, o lo que Jung describe como el inconsciente colectivo, la mente, un gran almacén de datos etéreos en el cielo.

Este es el sueño de David hecho realidad, estar de vuelta con su madre en el "cielo". Sin embargo, sus papeles se invierten ahora: al comienzo de la película David va a casa por Mónica; Ahora Mónica va a casa por David.

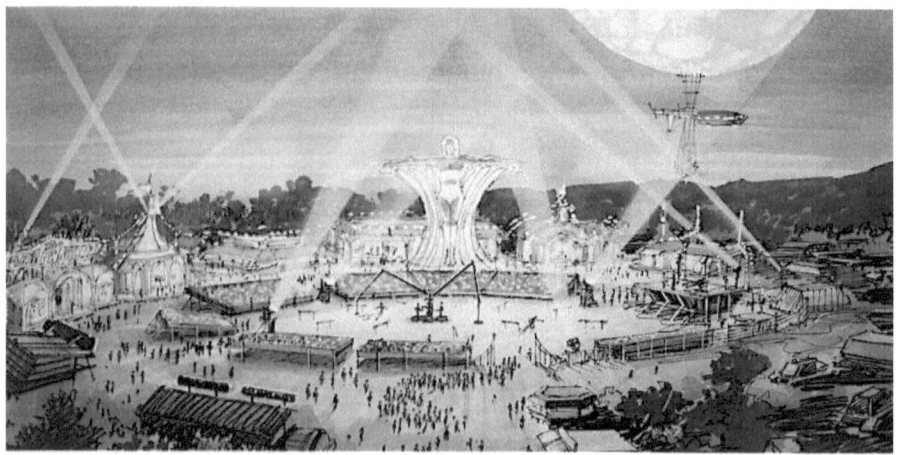

Anteriormente, Mónica/Isis trató de "resucitar" a su hijo; ahora el hijo está resucitando la madre. Él la despierta por la mañana, hace su café, le cuenta sus historias, y se mete en su cama esa noche.

Mientras que A.I. sigue siendo una maravilla cinematográfica y una película de genio sin igual, el mensaje final transmitido no es halagador para los humanos. Es a la vez una advertencia y una revelación del establecimiento de su credo materialista y esotérico, que el próximo eón no será marcado por lo humano.

La noción de eones interminables es prominente en las enseñanzas herméticas y esotéricas, así como en el hinduismo y el sufismo, y sugiere una idea crowleyana de David como el niño coronado y conquistador, una especie de mecha / orga homúnculo que se convertirá en el alba de un nuevo eón, uno sin humanos, en contraste con 2001, donde el hombre derrota a HAL para convertirse en Starchild.

La imagen del arconte en la sombra de David presagiando su futura raza de alienígenas tipo A.I. Por lo tanto, al comienzo de A.I., Spielberg está revelando un componente principal de los objetivos a largo plazo de la criptocracia, para construir un hombre posthumano capaz de trascender los límites del espacio y el tiempo.

Tal vez el título de la película en sí sea una especie de final de libro después de E.T., donde solo se usan dos letras: A.I. y E.T. La inteligencia artificial extraterrestre podría ser un código mistagógico para los orígenes de la tecnología artificial avanzada canalizada desde los dioses alienígenas interdimensionales.

En mi análisis E. T., señalaba el simbolismo de la luna, E.T. y Elliot, y aquí en A. I. es evidente también, ya que David no es solo un robot, sino un niño lunar programado, que recuerda a el ritual oculto de Babalón celebrado por Jack Parsons y Crowley, que buscaban crear un homúnculo.

Vemos códigos de activación, esclavos sexuales e ideas como atravesar el abismo (descendencia de David), por lo que vale la pena considerar estas nociones. David como una mecanografía con emociones y pulsiones parece ser el nuevo Starchild, y la humanidad queda en el basurero de la historia.

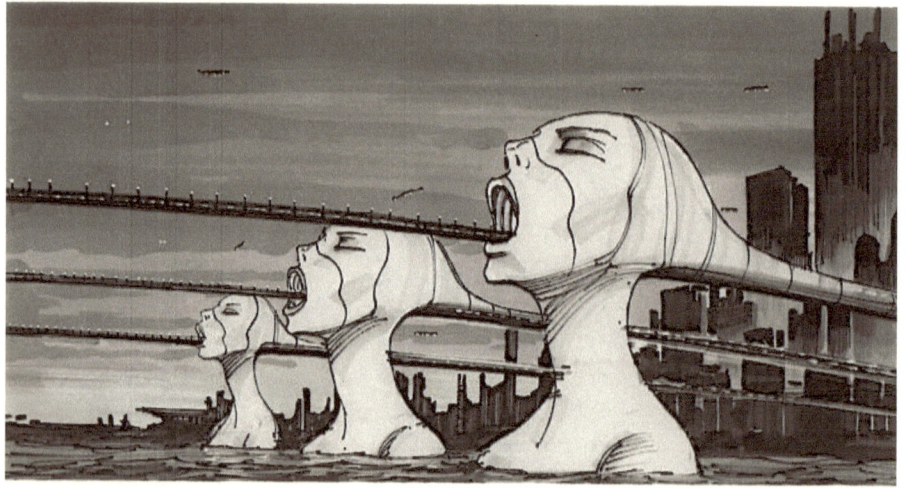

David ha logrado la meta del alquimista y se ha ganado su recompensa. Sus últimas palabras son: "Te amo, David. Siempre te he amado." El narrador nos dice: "Ese fue el momento eterno que había estado esperando." David entonces se encuentra con su madre y cierra los ojos por primera vez, como cuando se menciona que "por primera vez en su vida se fue al lugar donde nacen los sueños". Así se ha completado la etapa final de la búsqueda del gólem o del Moon Child o niño Lunar-el nuevo hombre-de forma exitosa, y ahora él está en paz.

En realidad, lo que estamos recibiendo mientras vemos I.A. es una dosis masiva de más de 2 horas de psicoanálisis junguiano. Este tipo de terapia Hollywoodiense se basa en la idea de que tu, al igual que David al principio de la película, tiene un trastorno mental que se mantiene apegado a un sistema de creencias erróneas: la creencia en Dios, el cielo, o simplemente la idea de que Jesús es el único Cristo. El propósito de las películas de este tipo es "curar" ese trastorno. Este es el fin del transhumanismo: Dios se retira de la primera posición y se reemplaza con el hombre.

# ENCUENTROS EN LA TERCERA FASE (1977)

Esta película sobrecogedora es una de las películas de ciencia ficción con Ovnis más deslumbrantes que se haya hecho, aunque tiene efectos especiales pre-digitales. Los efectos visuales y especiales de Douglas Trumbel de la nave nodriza son espectaculares e introducen, con Lucas Star Wars (1977) del mismo año, una avalancha de películas de Hollywood con efectos especiales.

Fue la película más taquillera de Columbia Pictures hasta ese momento, y ayudó a marcar el comienzo de la era de la exitosa película de ciencia ficción / fantasía. El guión (terminado por Spielberg a partir de un guión original de Paul Schrader) se basó en el libro The UFO Experience (1972), escrito por el Dr. J. Allen Hynek, que desempeñó el papel de asesor técnico de la película (y apareció en un pequeño cameo parte durante la escena final).

Aquellos de nosotros que tenemos un sentido agudo para esa sensación de los 80, una década en la que parecía más simple, y aquellos que crecieron en ese momento sentirán la nostalgia. Reagan era un buen tipo que lideraba el mundo libre contra un imperio sin Dios de comunistas y ateos, mientras que los yuppies podían fundar empresas y esnifar coca, mientras Jacko quemaba sus rizos en mega eventos financiados por Pepsi. En medio de esta cultura pop hubo una serie de películas de Spielberg y Lucas, desde Star Wars (finales de los 70) hasta E.T. a Indiana Jones y Regreso al futuro; eso hizo que los años 80 fueran aún más agradables.

# CARA OCULTA DE HOLLYWOOD

Repasamos E. T., pero el mito emergente de los alienígenas se ideó antes en un sentido fundamental a finales de los 70 en la entrada a los 80 que fue Encuentros en la Tercera Fase (1977). Un elemento crucial en E. T. y Encuentros en la Tercera Fase es un tema esotérico más profundo que se la han pasado por alto en la mayoría de las críticas y análisis: la naturaleza de los símbolos, el lenguaje y la comunicación.

En la secuencia de apertura nos muestran barcos misteriosos que aparecen en el desierto de Sonora, mientras que el científico francés Lacombe (Francois Truffaut) y un cartógrafo entrevistan a un nativo indio anciano que exclama que el OVNI era el sol. Salió y cantó. Hay una conexión directa a través de la película entre las entidades alienígenas y la música o el sonido, así como la adoración solar. Simultáneamente, en todo el mundo en la India, los peregrinos y yoguis hindúes se habían reunido para cantar alabanzas a las entidades o dioses durante el cenit del sol, cantando, ♪♫♫ Ah yah, Ah yah ye♪♫♫ o Yhawheé

Esto está cerca del Tetragrammaton (YHWH), el Sagrado Nombre de Dios en la Escritura, así como en las prácticas mágicas del Cabalismo: Spielberg establece una conexión directa con las entidades y la noción bíblica de Dios como Lord Sabaoth, Señor de los Ejércitos. En este caso, sin embargo, los anfitriones parecen estar más cerca de los dioses, los demonios lugartenientes de Arthur C. Clarke. Ten en cuenta también que justo encima del viejo indio nativo está la estrella de David, un símbolo muy familiar de Spielberg.

Cuando los extraterrestres llegan a la casa de los Barry, lo que sucede está más en línea con los fenómenos sobrenaturales que rodean las historias multitudinarias de la posesión demoníaca. Sucesos extraños como perturbaciones eléctricas y elementos electrónicos en marcha marcan su llegada, y vale la pena señalar que los patrulleros, los aviones y los camiones se descontrolan, dando tumbos en círculos. Inmediatamente después de la escena de Barry, nos muestran a Roy y su hijo haciendo fracciones en el set de trenes familiares. Roy, nos damos cuenta, tiene esta fascinación con los modelos y las versiones en miniatura de las cosas. En simbología o semiótica (que es clave para desbloquear Close Encounters y E. T.), la conexión de una imagen, icono o modelo más pequeño con la cosa en sí es simulacro. En semiótica, particularmente en el Sofista de Platón y el libro de Baudrillard, el simulacro tiene la intención de engañar al espectador para que piense que la copia es real. Baudrillard explica cómo synthetica conduce a un post-nihilismo virtual: estas dos formas ya no nos conciernen, excepto en parte, o no en absoluto. El nihilismo de la transparencia ya no es estético ni político, ya no toma prestado ni el exterminio de las apariencias, ni la extinción de las brasas del significado, ni los últimos matices de un apocalipsis.

El escritor y / o director de cine está creando un simulacro del mundo real con modelos e imágenes, uniendo y tejiendo de cierta manera, al igual que Roy lo hace con el modelo de tren y la ciudad que ha construido.

Uno puede pensar en los seres simulados en Blade Runner (replicantes) o en el mundo simulado de The Matrix, como veremos más adelante. Spielberg ha dominado este arte de la simulación y está presentando un mundo de realidad simulada: el de Estados Unidos invadido por los OVNIS que pretende producir un cierto efecto en la población. ¿Se puede llevar esto a una escala mayor, a la cual Spielberg, como el propio director, es un juguete de las fuerzas o entidades galácticas más grandes del cosmos? ¿Somos una pesa griega siendo guiados y dirigidos por una jerarquía celestial?

Los modelos y simulacros también funcionan en otro nivel como presagio de lo que vendrá dentro de la película, ya que la policía, aviones y vehículos militares correrán más tarde en un frenesí, mientras la trama avanza hacia el monumento de la Torre del Diablo en Wyoming. Pero antes de eso, es importante mirar el barco que aparece en el desierto de Gobi, el "Cotopaxi", un barco de vapor, desapareció en 1925 en su camino a Cuba y es parte del origen de la mitología del Triángulo de las Bermudas. Spielberg está atando el mito alienígena a las historias de las Bermudas, vinculando arbitrariamente misteriosos eventos bajo la bandera alienígena. En el nivel superficial, al espectador se le está dando una nueva visión del mundo con la cual conectar las imágenes abiertas bajo el estandarte de los únicos orígenes ortodoxos, de conspiración promovidos por la corriente principal, extraterrestres y extraterrestres para OVNIS.

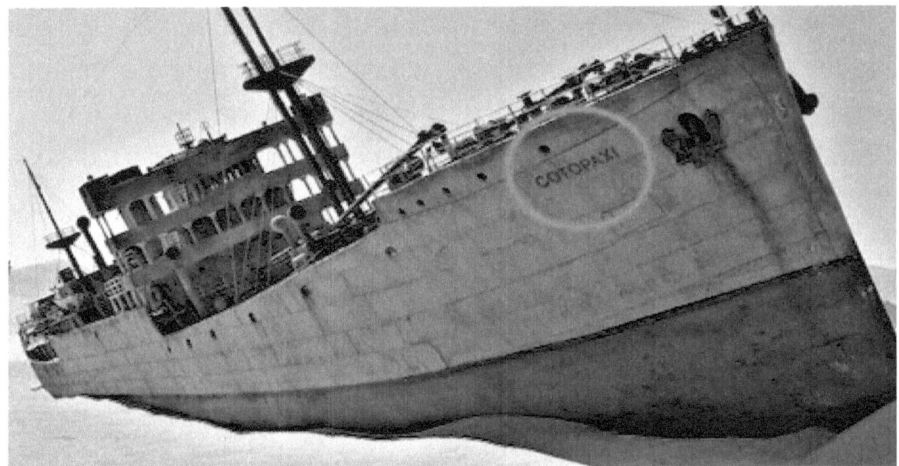

El barco que aparece en el desierto de Gobi, el "Cotopaxi", un barco de vapor, desapareció en 1925 en su camino a Cuba y es parte del origen de la mitología del Triángulo de las Bermudas. - Spielberg está atando el mito alienígena a las historias de las Bermudas, vinculando arbitrariamente misteriosos eventos bajo la bandera alienígena. ¿Está Spielberg implicando un espacio-tiempo continuo, que se ubica en las Bermudas y puedes terminar en cualquier parte del globo?

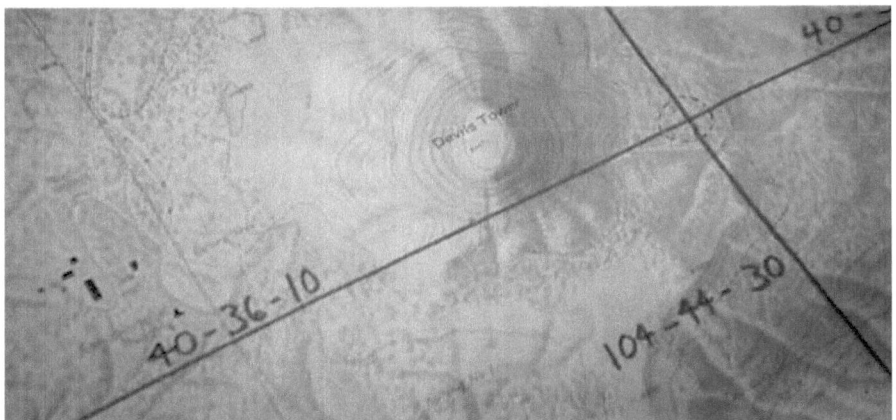

En una escena posterior, aparece un extraño monumento inaugurado por el presidente Theodore Roosevelt llamado La torre del Diablo, se da la circunstancia de que la invocación con los mudras, las luces y los sonidos se efectúan en las proximidades de ese monumento, al que acuden los OVNIs dentro de la película.

Sin embargo, en un nivel más profundo, podemos ver la asociación del Cotopaxi con la ciudad de Colorado del mismo nombre, así como la montaña en Ecuador, parte de los Andes. Cotopaxi, Colorado está a unas tres horas de Denver, que será relevante a medida que avancemos; antes de llegar allí, otro elemento de los simulacros que debe mencionarse es la sincronicidad.

Roy periódicamente ve una imagen que ha sido IMPLANTADA en su subconsciente que él no entiende. La montaña sigue emergiendo en su experiencia: en su puré de patatas y en el televisor, no se da cuenta de lo que es, pero siente que hay algo de importancia galáctica en su visión interna que resultará ser el monumento de la Torre del Diablo en Wyoming. En medio de su casi locura, después de haber perdido a su familia, Roy descubre un reportaje televisivo en Devil's Mountain. En un instante, se da cuenta de que su imagen sincrónica es el lugar de un encuentro importante con su nuevo poder superior. En consonancia con estos eventos, el científico francés Lacombe, que rastrea los eventos OVNI, ha desarrollado un lenguaje de signos que corresponde a las notas que las entidades cantaron a los hindúes y al viejo indio del desierto. Presenta sus signos a una audiencia de científicos que son parte de un proyecto secreto para estudiar el fenómeno alienígena, con el personaje de Lacombe representando nada menos que al investigador OVNI Jacques Vallee. La película está basada en doctrinas esotéricas confirmada por la inspiración de Vallee que escribió sobre su interés en el fenómeno OVNI en relación con el ocultismo.

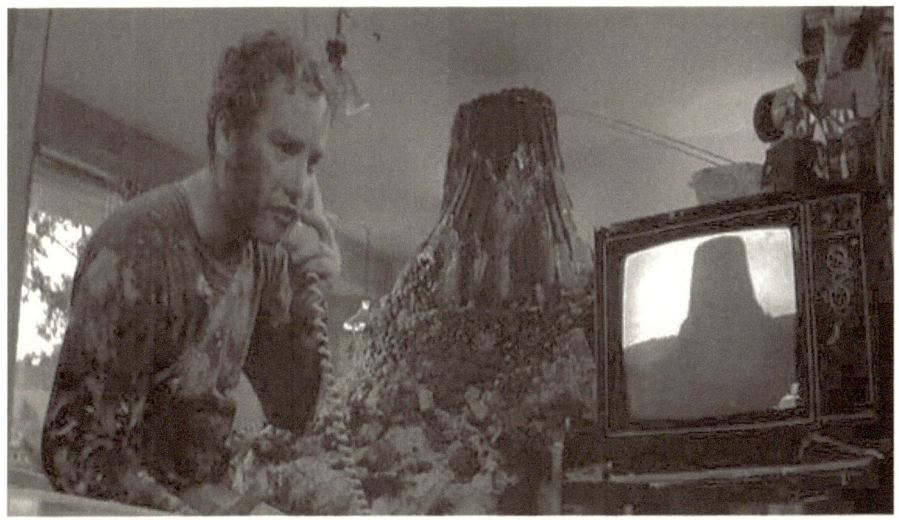

Otro dato curioso es lo extraño que resulta la idea de que el primer monumento inaugurado en los EE.UU. se dedique al diablo y su inaugurador sea un masón del grado 33, como fue Theodoro Roosevelt.

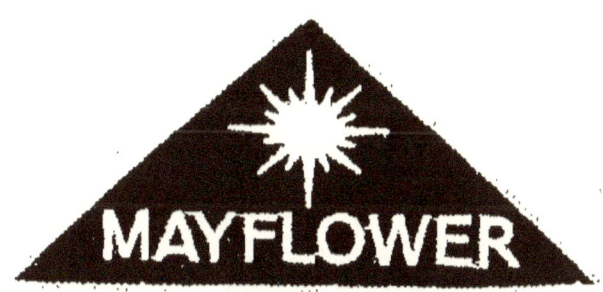

Su símbolo es una pirámide negra: hasta ahora tenemos un 33 masónico en el avión en la primera escena, un 32 en la camiseta del hijo de Roy, signos de mano o mudras con Lacombe y un proyecto de pirámide negra, ejecutivos, como resultado, por un gobierno en la sombra de agentes y hombres de negro que están conectados con la Fuerza Aérea y Lockheed Martin, una importante fuerza corporativa en el complejo militar-industrial, que ni siquiera son estadounidenses.

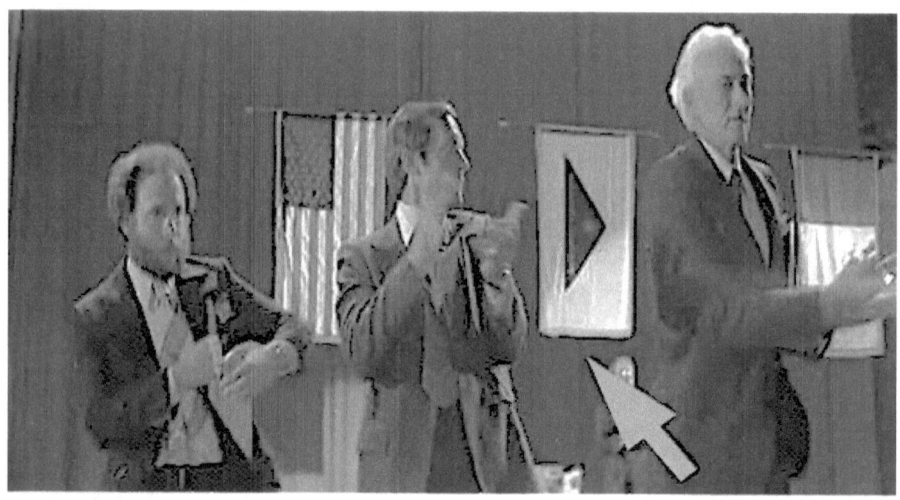

La primera vez que aparece, está situado entre dos banderas, la norteamericana y la francesa, en el momento que Lacombe expone a un nutrido grupo de científicos de diversas naciones los avances obtenidos en la investigación del fenómeno OVNI. Curiosamente, en una escena dentro de esa reunión, aparecen 12 personajes al estilo Majestic 12 de espaldas escoltados que observan detenidamente las explicaciones de Lacombe. Los científicos reunidos, reciben un curioso dosier en cuya cabecera aparece el símbolo de MAYFLOWER, la organización secreta, asimismo, se puede ver que dentro del dosier se muestran "mudras" que Spielberg camufla en el guión con la corta idea de los símbolos musicales para sordos.

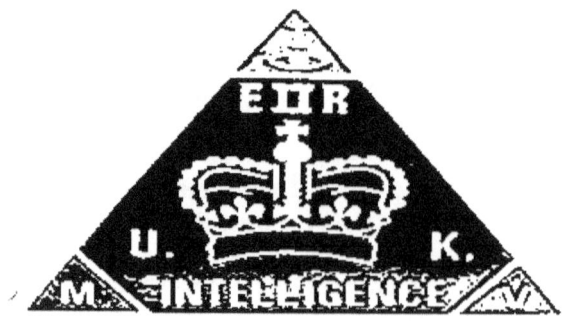

En cuanto al científico OVNI francés, puede ser una referencia a Jacques Vallee, el famoso investigador OVNI que argumentó que los OVNIS eran algo más siniestro: entidades demoníacas que invaden nuestro plano de existencia. Al igual que con El Arca de la alianza, el encuentro con los dioses ocurre en una montaña, uno de los lugares altos. Para aumentar al misterio, algunos investigadores han señalado la posible conexión del Aeropuerto Internacional de Denver y los números que las entidades brindan a través de su comunicación interestelar.

En la película, los misteriosos números se convierten en coordenadas geográficas. Utilizando Google Earth, nos lleva cerca del aeropuerto de Denver, pero no fue exacto.

En lo que a las bases y a los nombres concierne, Devils Tower es también el nombre de una base secreta británica en Gibraltar, y el peñón de Gibraltar se parece mucho a la elección de Spielberg del monumento de la Torre del Diablo. Por lo tanto, podemos asociar la Torre del Diablo con la RAF y el MI6, ya que la Torre del Diablo es una antigua fortaleza que vigila las colonias británicas. ¿Nos dice Spielberg que el gobierno en la sombra es angloamericano, que aún mantiene sus tentáculos sobre sus colonias, la Torre del Diablo? ¿O nos dice Spielberg que los que manejan el mito de los alienígenas son en realidad el gobierno en la sombra?

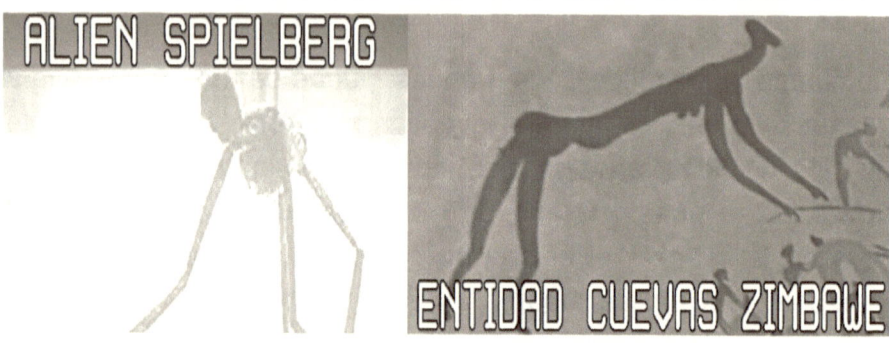

Los mudras ancestralmente se utilizaban para llamar a las fuerzas benefactoras o fuerzas del mal, las formas que las manos adoptaban, atraían esas Energias que acudían rápidamente.

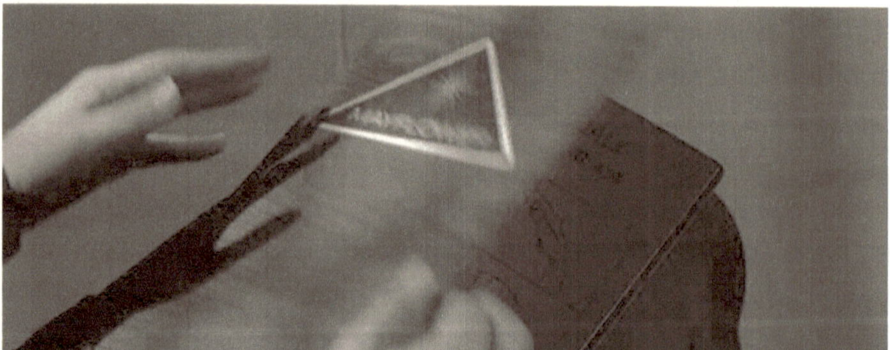

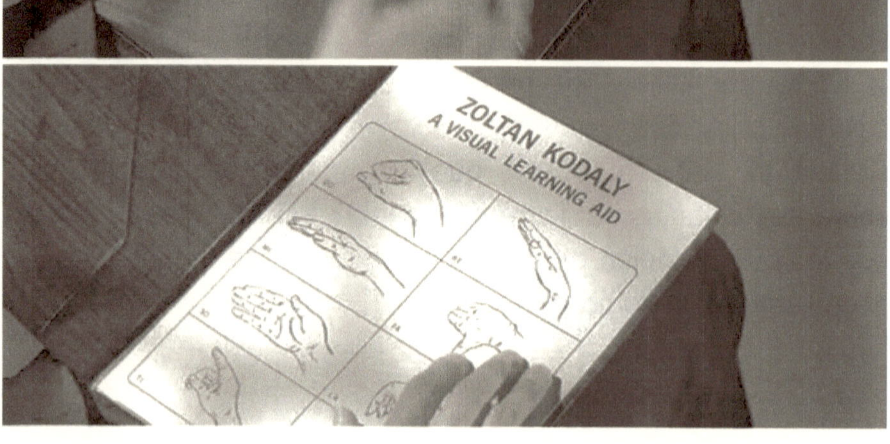

Los alienígenas también parecen tener dificultades para comunicarse. Por alguna razón, no pueden simplemente hablar, por lo que usan la música y, finalmente, los mudras que el científico desarrolló. Tal vez a los dioses o entidades angélicas también les resulta difícil comunicarse y hablar a través de los arquetipos y símbolos de nuestra experiencia limitada. ¿Es este un ritual de los dioses que siempre se muestran en lo más alto?

¿Estamos dispuestos a ser como Roy, sacrificando todo por la verdad de lo que está sucediendo a nuestro alrededor? Inicialmente, el mito tenía que ver con la promoción de alienígenas, y Roy era inmoral por dejar a su familia y perseguir a los alienígenas. Spielberg hace un declaración de intenciones, también, para mostrar que la esposa de Roy también vio las cosas, incluso ocultándole los recortes de noticias de avistamientos de ovnis. Como Roy tiene sus experiencias difíciles y muy reales, su esposa lo sigue degradando y despreciándolo hasta que se va. Roy no es un mal tipo: en ningún momento de la película se equivoca con su esposa. Está genuinamente cautivado por algo de otro mundo que le sucedió fuera de su control, sin embargo, las personas más cercanas a él son incapaces de entenderlo. Estas perspectivas tampoco son mutuamente excluyentes. Tal vez Spielberg nos está hablando de su propia transformación a través de su obra de arte, y nos está transmitiendo ese viaje a través de la revelación gradual y la iluminación de Roy.

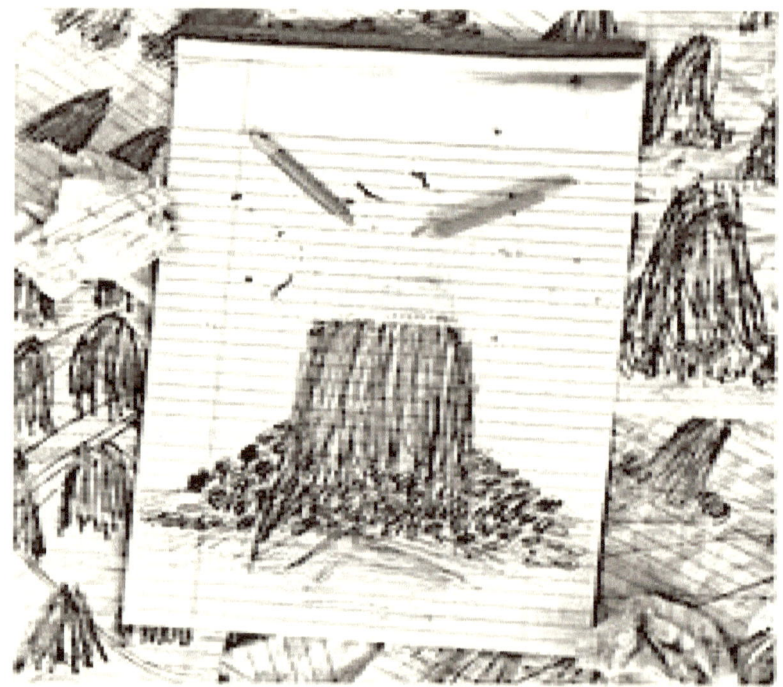

## CLOSE ENCOUNTERS OF THE THIRD KIND

Tiene todos los ingredientes para considerarse una película con un mensaje de que los ovnis pueden ser entidades de otras dimensiones igual que los fantasmas o poltergeist, aunque toman forma fisisca al final de la película: Mudrás mágicos Símbolos sagrados Lenguaje secreto (musical), Efectuado en una zona alejada y montañosa, dedicada al Diablo y el secuestro de humanos como ofrenda, entrega de humanos como acto de cooperación con numerología (12 elegidos + 1 no elegido) Como toque gracioso, Spielberg incorpora la figura del científico investigador del fenómeno OVNI J. Allen Hynek quien curiosamente NO tiene la credencial de MAYFLOWER... siendo un mero observador. La historia de Spielberg resulta muy ocultista... la referencia al MAYFLOWER debemos suponer que se refiere a los primeros colonos ingleses que llegaron en su barco MAYFLOWER (flor de Mayo) a las costas norteamericanas, igual que este grupo llega al encuentro con otro mundo.

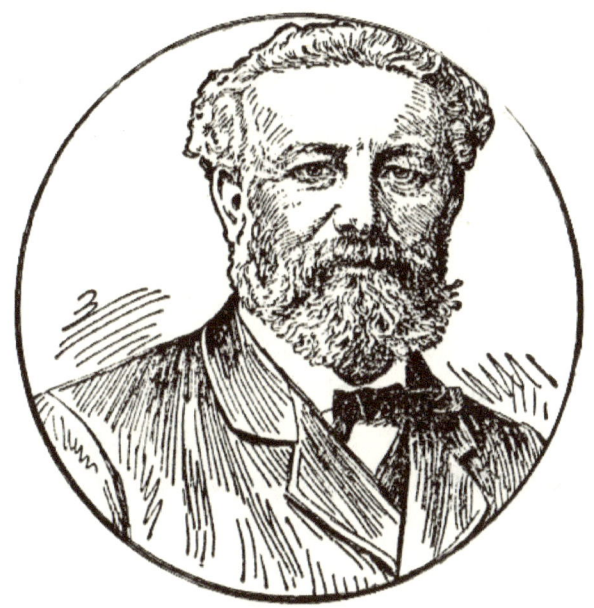

**J**ulio Verne (1828-1905): novelista, dramaturgo y poeta francés. Verne, fue masón y un ferviente cazador de tesoros y de la Atlántida, llegó hasta las costas de Galicia y más concretamente a la isla de San Simón, con un submarino monoplaza en busca de restos de la Atlántida y sus dioses, de la cual estaba convencido, que supervivientes de esta civilización divina, habían escapado de una gran catástrofe y se habían asentado en tierras del norte ibérico hace más de 13 mil años.

Es autor de algunas de las novelas de aventuras más famosas de todos los tiempos que tendrían una profunda influencia en los diversos géneros literarios y científicos a nivel mundial. Sus famosas obras incluyen obras clásicas como Viaje al centro de la Tierra alrededor del mundo en 80 días y 20,000 leguas bajo el mar, Verne es el segundo autor más traducido del mundo, después de Shakespeare, y junto con H.G. Wells y Hugo Gemsback, es considerado el "padre de la ciencia ficción." Desde el submarino hasta el viaje a la luna se han cumplido 2 siglos después de que Verne lo escribiese.

# MINORITY REPORT (2002)

*"Todos huyen".* La premisa paranoica de la historia es bastante simple: en un futuro lejano, el crimen ha sido abolido por arrestos preventivos. El uso de tecnología avanzada y seres humanos severamente retrasados con capacidades precognitivas ('monos') ha permitido la creación de una fuerza policial "pre crimen", que reúne a los delincuentes y los juzga por crímenes que habrían cometido en el futuro. Una vez que son declarados culpables, no, si son culpables, porque en verdad no han cometido el crimen si no que van a cometerlo, claro, son enviados a campos de detención o exiliados a planetas fronterizos.

Esta película está ambientada en 2054. En este momento, la investigación genética ha salido mal, produciendo seres humanos que tenían capacidades psíquicas extremadamente únicas: podían ver el futuro. Con estas capacidades específicas de visualización psíquica -visión remota- estas personas podían ver los eventos antes de que pudieran suceder, es decir, los tres que sobrevivieron. Estos tres "precognitivos" contaban con dos hombres y una mujer; sin embargo, la mujer era la más importante de las tres, aquella cuyo informe sobre el crimen futuro era el más importante. La mujer debe revisar la "precognición" de los dos hombres y estar de acuerdo en cada detalle; si no estaba de acuerdo, presentaba un "Minority Report" que enumeraría sus desacuerdos con los "Majority Reports" presentados por los dos precognitivos masculinos.

Ella almacenaba este Minority Report en su cerebro, un informe que podía descargarse mediante la tecnología informática adecuada. Supuestamente, ningún futuro delincuente podía ser arrestado y encarcelado sin el consentimiento unánime de todos los precognitivos; al menos, así era como se suponía que el sistema funcionaba.

Estos tres videntes, los "precognitivos", se mantuvieron suspendidos en una piscina especial de agua con la forma de este logotipo oficial; cada precognitivo fue suspendido, pero estacionario, cerca de la parte superior del agua en uno de los tres "brazos" del logotipo. Un técnico supervisó el precog constantemente asegurándose de que todos los productos químicos estuvieran en el equilibrio correcto en todo momento.

Cada "precog" se mantuvo en un estado semiconsciente, justo lo suficiente como para apagar su Mente Consciente de modo que su Mente Subconsciente pudiera funcionar sin impedimentos, ya que dentro de la Mente Subconsciente se produce toda la actividad paranormal psíquica. La meditación y / o las drogas actúan para apagar la Mente Consciente, de modo que el Subconsciente pueda recibir toda la información psíquica y oculta sin la tutela del guardián ejercida por la Mente Consciente. Esto describe las capacidades ocultas típicas, practicadas hoy, y de hecho, en cada era de la historia que se remonta a los días de Babilonia.

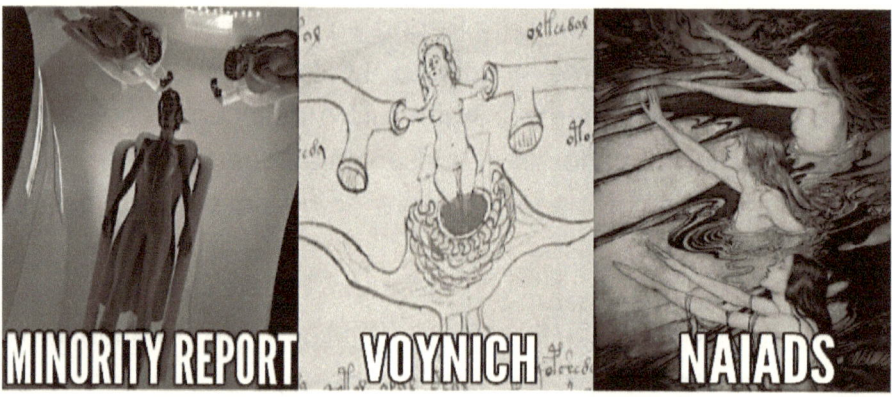

**MINORITY REPORT     VOYNICH     NAIADS**

Curiosamente, NAIADES (Naiads) eran las ninfas de los ríos, arroyos, lagos, pantanos, fuentes y manantiales- las antiguas precogs del mundo real. Eran diosas menores que asistían a las asambleas de los dioses y que predijeron el futuro viviendo en cavernas submarinas durante muchos días en ese momento. Esto es lo que vemos exactamente con las precogs en Minority Report y en el manuscrito de Voynich que aparece arriba. De hecho, la Dama de Elche no solo era una versión antigua española de la náyade griega y romana, sino también una semidiosa. Los agujeros en la Dama de Elche producen sonidos que ella identifica quien viene o si tenía a alguien cerca, para hablar con los dioses y espíritus de los muertos mientras se acercaban al interior de la cueva acuática ibérica. El verbo NADAR en español proviene de estas bellas nadadoras expertas y oráculos.

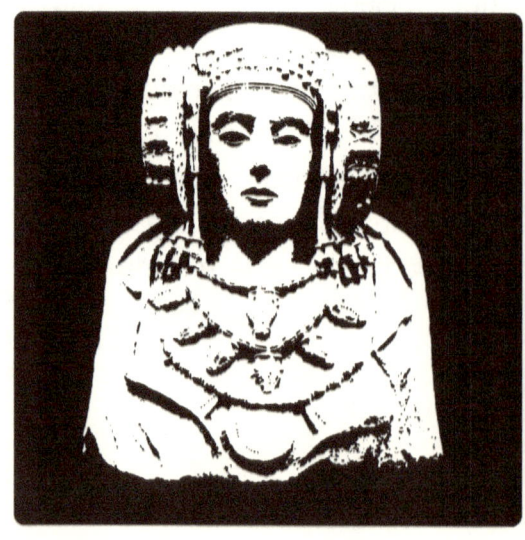

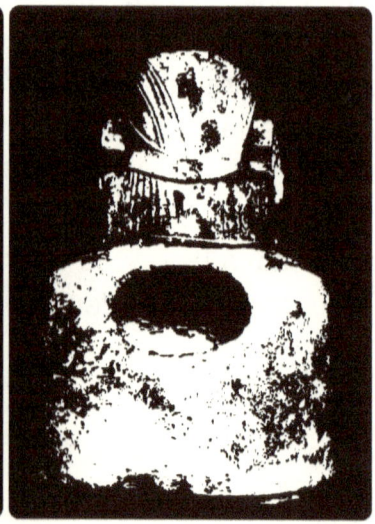

Como la imagen de un futuro asesinato es recibida por los precognitivos, es a su vez enviada a una maquina holográfica en el cuartel general de control de crímenes; casi de inmediato, una bola roja cae a través de tubos hacia el fondo, donde es recuperada por un empleado del precrimen. Esta bola roja contendrá el nombre de la futura víctima de asesinato.

Muy rápidamente después de que la bola roja cayera, una bola pardusca con un patrón de madera cae a través de los tubos, conteniendo el nombre del asesino. Después de una serie de vistas de lo que los precognitivos habían visto, los detectives de precrimen determinarán la ubicación exacta del futuro asesinato y la hora exacta en que ocurrirá. Luego, los helicópteros precrimen se despegarán, policías de fuerzas especiales armados con armas futuristas; estos agentes bajan en cuerdas a la futura escena del crimen y arrestan al futuro asesino antes de que él pudiese llevar a cabo su acción cobarde.

Los agentes lo llevan bajo arresto de acuerdo con los estatutos y las leyes del Departamento de Precrimen, y encajan en su cabeza con un casco tipo de Control Mental; luego lo llevan a la cápsula criogénica, donde pasa un período indefinido de tiempo. Ningún futuro asesino arrestado así se lee sus derechos, porque no tenía ninguno. En la película, los "criminales" no se exilian, sino que se congelan en cápsulas criogénicas indefinidamente; Miré y escuché muchas veces el film, y no pude ver ninguna referencia a frases de duración finita.

Por el contrario, la acusación es idéntica a ser culpable y ser enviado a cadena perpetua en una cápsula criogénica, suponiendo que alguien realmente muere en estado criogénico.

Ahora, "En la versión de Dick, la mayoría del público ha aceptado este acuerdo porque funciona. Ha eliminado el asesinato y la mayoría de otras formas de delincuencia. Como lo expresa un personaje: *'El castigo nunca disuadió mucho y difícilmente podría haberlo permitido. Consuelo a una víctima ya muerta'. Los delincuentes, por otro lado, comprenden una desventaja legalista básica: el hecho de que no hicieron nada*".

¿El "Informe de Minorías" refleja la realidad o nos están condicionando a aceptar lo que las administraciones europeas o estadounidenses ya están practicando? No lo dudes, en muchas sociedades lo están intentando.

John Anderton (interpretado por Tom Cruise en la película) es el fundador de la unidad pre-crimen. Descarta las preocupaciones sobre el efecto del sistema sobre sus convictos como 'absolutamente metafísica'. Afirmamos que son culpables. Ellos, por el contrario, eternamente afirman que son inocentes. Y, en cierto sentido, son inocentes. Pero, ¿y qué? El problema se produce cuando el mismo Anderton es acusado de asesinato. El conflicto resultante es un acertijo clásico de Dick: ¿le han tendido una trampa a Anderton? ¿Podrían los "monos" haber cometido un error?

Si le hicieron la cama a Anderton, ¿qué dice eso del sistema? No obstante, ¿no hay algo malo en castigar a las personas por cosas que no hicieron?

John Anderton cambia su actitud instantáneamente cuando es acusado de llevar a cabo un asesinato en un futuro muy cercano. Como sabe que no tiene intención de cometer un asesinato, y no conoce al hombre a quien se supone que debe asesinar "22 horas" en el futuro, ¡huye y huye rápidamente! El resto de la película muestra cómo escapa de las garras de los policías perseguidores de la División de Precrimen y cómo se resuelve el misterio de quién le había tendido dicha trampa en el primer lugar.

Si bien llegaremos a esos detalles finales, desviémonos por un momento mientras relato las diversas piezas del puzle de esta película que más me llamaron la atención. Los detalles realmente inquietantes no se encuentran en ningún artículo de la película que yo haya visto, por lo que es importante enumerarlos a continuación.

1. Abandono de nuestro sistema de juicio actual con el sistema de jurado: la acusación de un crimen es "culpable". Una persona no fue "presuntamente inocente hasta que se demuestre lo contrario". Ni siquiera eran "culpables porque demuestran ser inocentes", ya que el sistema legal está en Inglaterra, si eres americano y en el centro de la comunidad europea si tú estás en España por ejemplo. Ningún país tiene soberanía aparente.

No, fueron llevados directamente a la cárcel después de su arresto. Ni siquiera pasaron por el juicio policial estatal; fueron directamente a una especie de condena o muerte suspendida.

2. Exploraciones de ojos generalizadas en todas partes, eliminando los derechos de privacidad de todos los ciudadanos. Las personas son escaneadas rutinariamente mientras realizan sus actividades en toda la sociedad: cuando bajan de los trenes suburbanos, cuando caminan por las calles y cuando entran a los edificios públicos. A medida que las personas caminan cerca de los anuncios, se escanean; y la persona en la cartelera dice: "Señor Anderton, ¿no le gustaría comprar estos nuevos vaqueros?"

Incluso sus vidas privadas son invadidas por arañas mecánicas que entran en las casas más privadas sin invitación, con el fin de obtener un escaneo de la retina de la persona (s) de dentro. Las personas a quienes los escáneres de retina son administrados por estos escáneres mecánicos de "araña" no les dan permiso para invadir su hogar o hacer su escáner de retina.

3. Se utilizan dispositivos de imágenes térmicas para completar la capacidad de vigilancia del gobierno. En esta película, se utilizan imágenes térmicas junto con la exploración de retina para encontrar al fugitivo John Anderton.

# CARA OCULTA DE HOLLYWOOD

Anderton ha acudido a un médico del mercado negro que se especializa en operaciones de globo ocular que elimina los ojos que están en la computadora de exploración de retina, reemplazándolos con globos oculares que aún no están en la computadora.

Anderton pasadas 12 horas de descanso requeridas después de la cirugía en un viejo edificio en ruinas, cuando entran las Fuerzas Precrimen del gobierno. Las arañas mecánicas equipadas para el escaneo de la retina se adelantan a los policías, entrando a cada habitación para escanear las retinas de todos los que están allí. Estas "arañas" no se van hasta que hayan escaneado a todos en todas las habitaciones.

Se utiliza la generación de imágenes térmicas junto con las arañas, indicándoles cuántas personas había en cada habitación y diciéndoles qué las habitaciones estaban vacías y cuáles contenían un ser humano que aún no habían escaneado. En otras palabras, estas personas están fuertemente encadenadas a una sociedad de vigilancia máxima. La gente reacciona con miedo y resignación cada vez que estas arañas mecánicas van a escanearlas. Una vez más, el gobierno entra a residencias privadas rutinariamente para escanear personas sin haber obtenido previamente una orden de registro; nuestros Padres y abuelos se revolverían en sus tumbas, si eso fuera posible, ya que lucharon larga y duramente para asegurar que ningún ciudadano pueda ser sometido a este tipo de intrusión y vigilancia del gobierno.

4. Usar personas, genéticamente alteradas, como clarividentes en un estado suspendido, sin su permiso, para obtener las señales "Pre-cognitivas" de que un crimen está a punto de ocurrir. Nunca pensé que un programa genético podría usarse para las "ciencias ocultas", pero un programa tan malvado podría ser usado por cualquier grupo o lobby de poder que nos quisiera controlar. Realmente pensamos que la investigación genética hay que usarla si es útil, ético y significa algún tipo de progreso moral y cero económico obviamente.

Sin embargo, la principal causa de preocupación es que el gobierno utilizaría tan cruelmente a seres humanos para este tipo de propósitos. Claramente, estos "precogs" humanos no tenían calidad de vida. Simplemente flotaban las 24 horas del día en una posición fija, se mantenían en un leve estado de suspensión mental y se usaban simplemente como máquinas. Ni siquiera el abogado de justicia del gobierno que investiga la Unidad de Precrimen se preocupa por el abuso de los derechos humanos inherente al uso de estos seres humanos "precognitivos".

5. La gente teme mucho la diadema esa que se enganchaba sobre las cabezas y estaba justo encima de cada oreja; desde que Anderton cae en un estado inconsciente inmediato después de haber sido equipado con este aparato ortopédico, uno solo puede suponer que este dispositivo es un dispositivo de Control Mental de algún tipo. A todas las personas en estado criogénico se les coloca estos soportes de cabeza todo el tiempo que están en la cápsula.

Cuando la cápsula de Anderton se baja al estado de reposo final, el operador le explica a la esposa de John que siempre soñará con cosas de su pasado durante todo el tiempo que esté en esta cápsula. Por lo tanto, este debe ser un dispositivo de Control Mental utilizado durante este período del siglo XXI.

6. Visión remota o psíquica, alias, "Precognición", en el film, se presenta como absolutamente válido. Si los precognitivos predicen un asesinato, ese asesinato es virtualmente inevitable. Más adelante en la película, el precognito femenino le dice a Anderton que tenía una "opción" sobre si llevar a cabo la acción, pero me temo que muchas personas impresionables dejarán de lado este hecho. Estas personas verán la presentación inconmensurablemente más fuerte de que la precognición psíquica "funciona" y quieren este fenómeno para ellos mismos. Por lo tanto, a las personas que ya se orientan hacia este tipo de paraciencia dogmática en diversas manifestaciones se les alentará a avanzar hacia el reino de las paraciencias.

Este tipo de versión aparte de no ser infalible no es medible por ahora ni en un cercano futuro y esta depende del que hace la acción y ve, que puede ser muy relativo. Minority Report refleja una dictadura psicotrónica y mental que ni el más arduo dictador pudiera soñar, controlando la población casi al segundo. Contrariamente a la creencia popular, este era el plan inicial de **DARPA** para Internet todo este tiempo.

DARPA declara lo siguiente sobre su creación y el motivo de su existencia: El lanzamiento del Sputnik en la Unión Soviética demostró que se necesitaba un cambio fundamental en los programas de ciencia y tecnología de defensa de las Américas. DARPA se formó para satisfacer esta necesidad y rejuveneció nuestras capacidades tecnológicas de defensa. El objetivo final es el control total de la mente, la pérdida del libre albedrío y la reescritura completa de toda la realidad pasada.

Una sociedad de vigilancia total con publicidad dirigida. Estamos ahora al borde de la implementación del escaneo de la retina, ya que los militares de EE. UU. Se han dedicado al escaneo de la retina en los territorios ocupados desde hace varios años. El Capitalismo, comunismo, nacionalismo, hackerismo, bla, bla, bla, todas estas cosas están básicamente obsoletas. ¿Por qué? Debido a la naturaleza de la alta tecnología secreta real y los planes para las mega-SmartCities que están por venir. Ya ves, crees que estás progresando y escalando en la escala social, y ni siquiera eres consciente de que el CEO de IBM, Ginni Rommety, da conferencias sobre SmartCities donde todo lo que haces será racionado, y rastreado por las supercomputadoras centrales, con el pre-crimen determinando si eres culpable del crimen de pensar. **Ya lo dice Anderton al final: "Felicidades, has creado un mundo sin crimen. ¿Pero a qué precio? ¡Matando a alguien para lograrlo!**

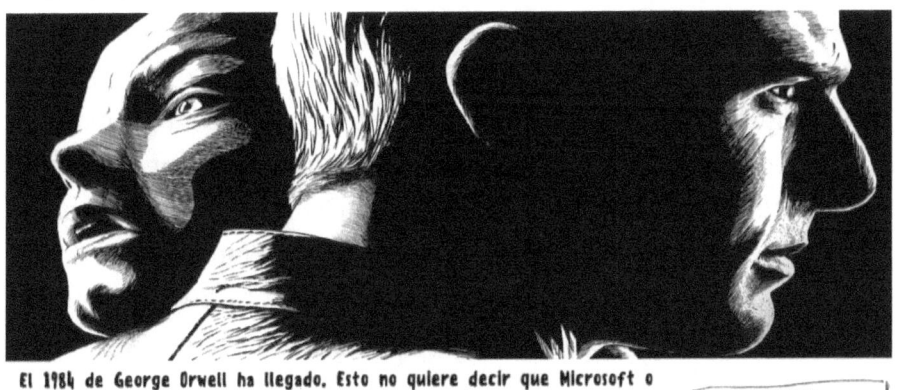

El 1984 de George Orwell ha llegado. Esto no quiere decir que Microsoft o cualquiera de los otros gigantes tecnológicos sean insignificantes; por el contrario, creo que son todas armas de una entidad y la apariencia de competencia es en gran medida ilusoria. Creo en y profeso un complejo industrial militar, y DARPA y Google y Apple y Microsoft son sus hijos.

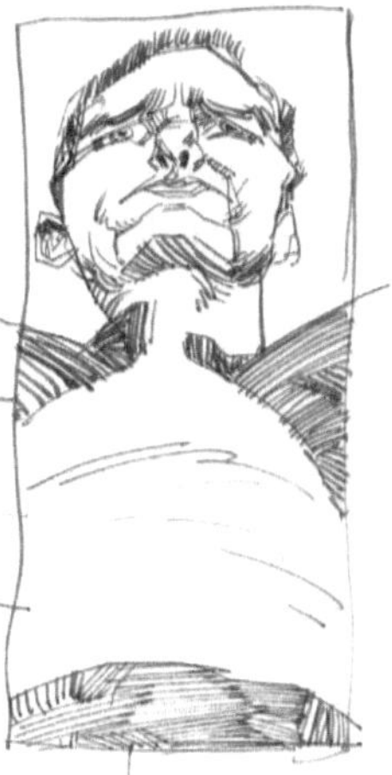

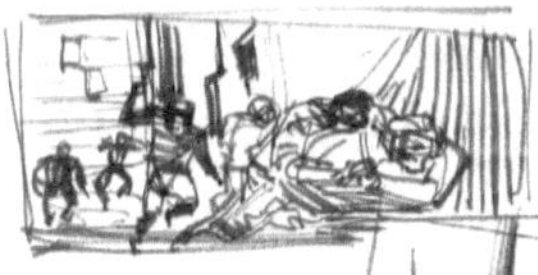

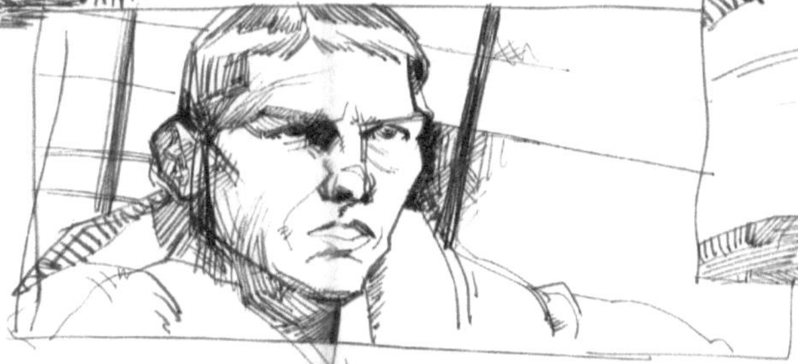

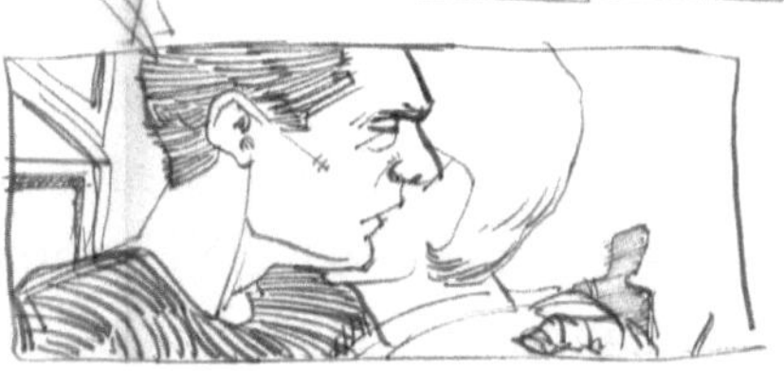

La película hace la pregunta varias veces, ¿Puedes ver? y cuando pensamos en esto en un nivel más profundo en términos de programación predictiva, creo que tenemos la intención de mirar más allá de la narrativa inmediata. ¿Podemos ejecutar desde el panóptico? ¿Tenemos ojos para ver los iEYES que nos vigilan infaliblemente? y el ¿EYEphone? ¡Esta película es el sueño humedo de los Iluminati creedme!

# CARA OCULTA DE HOLLYWOOD

En este capítulo especial, revelamos la amistad entre el inventor de James Bond, el jefe del MI5, el autor de lo oculto DENNIS WHEATLEY y cómo el hombre más malvado del mundo, el mago negro ALEISTER CROWLEY fue empleado por Fleming y el MI5 para atraer al archi-nazi RUDOLPH HESS a una reunión secreta en la finca escocesa del duque de Hamilton en 1941, una reunión que bien pudo haber sido la primera de una serie de RITUALES OCULTOS, que involucró a miembros de la nobleza europea y reyes.

El apellido de Fleming ha orbitado los círculos reales desde los días de Mary Estuardo, Reina de Escocia (que también era la Reina Consorte de Francia) y su "infanta a la espera" Marie Fleming. Desde muy temprana edad, Ian Fleming estaba bien conectado con la Élite. Como familia que sirvió históricamente a las Realezas británicas, no es sorprendente saber que el autor e inventor británico de James Bond trabajó en un banco mercantil antes de que él mismo se convirtiera en miembro de los servicios de inteligencia de Su Majestad.

De hecho, Fleming no fue el único banquero mercantil que se convirtió en espía: Lord Baron Rothschild también se convirtió infamemente en uno de los agentes de espionaje más poderosos e influyentes, informando información interna desde Whitehall y Buckingham Palace a sus amigos en la KGB rusa.

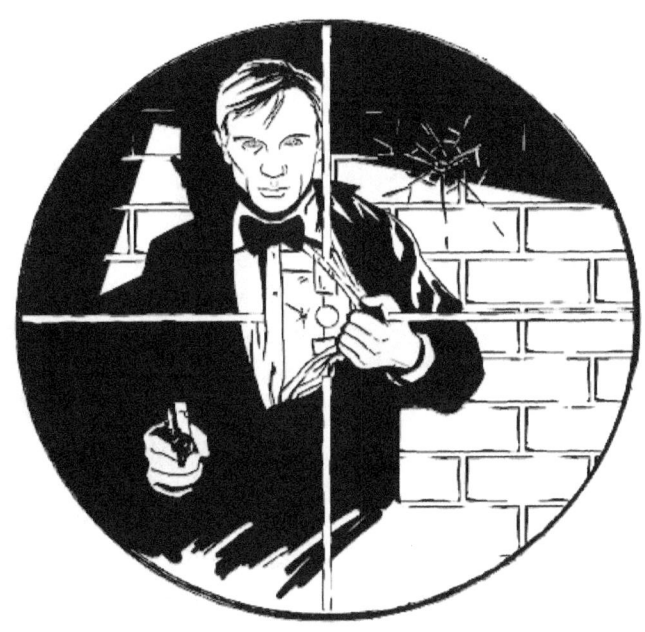

# SALTO CUÁNTICO DE 007

*"UNA VEZ ES COINCIDENCIA, DOS ES CASUALIDAD Y TRES ES LA ACCIÓN DEL ENEMIGO."*

—IAN FLEMING

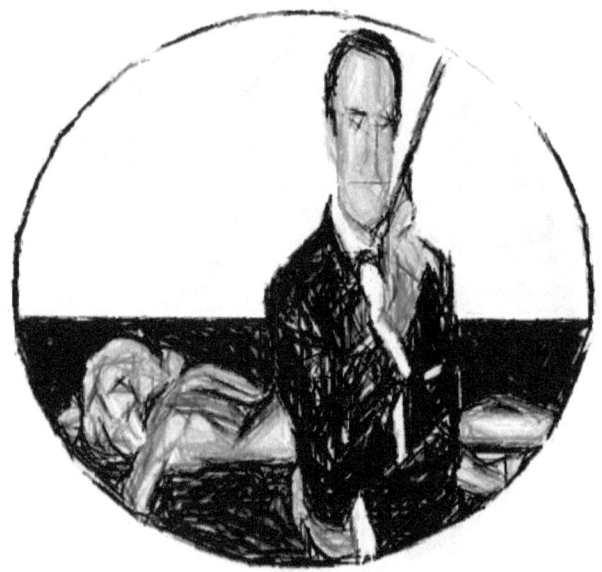

Ian Lancaster Fleming nació en Londres en 1908, fue un autor, periodista y oficial de inteligencia británico del MI6. Fue el creador del célebre espía de ficción James Bond. Las numerosas novelas que ponen en escena al agente 007 han sido un éxito mundial y han conocido numerosas adaptaciones cinematográficas. Según Donald McCormick, que era uno de los muchos asociados de Fleming en el mundo de la inteligencia durante la guerra, "007" era el propio nombre de código de John Dee. Una de las figuras más enigmáticas de la historia, Dee, astrólogo, matemático, ocultista y maestro espía de la reina Isabel I, eligió el signo "007" porque los dos ceros representaban los ojos y el número siete tenía propiedades mágicas, altamente significativas para los cabalistas y alquimistas. Fleming, escribió su primera novela de 007, Casino Royale, como un velado paeano a su interés no sólo en el ocultismo, sino también a su antigua relación de trabajo con Aleister Crowley.

Mientras que era un estudiante en Austria, Fleming tradujo un trabajo sobre la alquimia del psiquiatra suizo Jung. Fleming también era aficionado a las cartas del tarot, así como la astrología. Además de la supuesta conexión de Bond con Dee, se especula ampliamente que dos villanos de Bond-Le Chiffre en Casino Royale y Biofeld-están parcialmente moldeados en Crowley. Fleming y CHRISTOPHER LEE, 'Drácula' en muchas películas eran primos. El jefe de IAN FLEMING dentro del MI5 y MI6 era Maxwell Knight que junto con otro espía Dennis Wheatly se convirtieron los escritores más vendidos del mundo. Estos hombres eran todos amigos de ALEISTER CROWLEY. Se dice incluso que Fleming rescató a Hitler...

De hecho, el Barón Rothschild fue el *"cuarto hombre"* en un infame círculo de espías que finalmente quedó al descubierto, causando que Kim Philby y otros dos caballeros británicos bien adherentes y conectados se unieran a las filas de los *"simpatizantes comunistas"* que tipificaban los *"rojos"* debajo de su cama "era de los años 1950, 1960 y 1970..." Todos los espías y agentes de espionaje deben sus carreras (y licencia para matar) al Doctor John Dee, quien, junto con otros dos caballeros del reino bajo la guía de la Reina Elizabeth, formó una red de espías en el año 1500 usando la bola de cristal de Dee e incluso invocó espíritus para adivinar información sobre una persona que estaba bajo investigación.

Como muchos textos mágicos "grimorios" de la época medieval confirman, que los espíritus saben todas las cosas "pasado, presente... y futuro..." Dee mantuvo una gran biblioteca de libros de ocultismo en Mortlake al oeste de Londres y fue él quien estableció la primera red internacional de espionaje con Sir Walsingham y otros aristócratas que en su mayoría habían sido educados en el Trinity College en Cambridge.

Esta fue la génesis de la tendencia actual del espionaje para usar técnicas psíquicas con el fin de encontrar el paradero y tesoros escondidos de las personas. A las técnicas de John Dee se les ha dado el término más científico de "visión remota", esencialmente una técnica que utiliza el *"tercer ojo"* para ver lugares lejanos sin viajar realmente allí.

Quizás sea por eso que Ian Fleming nombró su propiedad jamaiquina "Golden Eye" - como un guiño al **All Seeing Eye** que ahora luce en el billete del dólar y anteriormente era el emblema de la KGB rusa que servía a la familia real de Rusia Romanov, primos a la teutónica Saxe-Coburg-Gothas que había robado el trono británico de los Estuardo a través del Príncipe Guillermo de Orange. De hecho, el señor Fleming escribió muchas de sus novelas de espías más conocidas, en su lujosa propiedad **Golden Eye**, con vistas a la belleza perfecta de las palmeras, las playas y los lugareños núbiles.

¿Qué es exactamente el Golden Eye? Lo más probable es que sea una referencia a **OgPoo**, el Ojo que Todo lo Ve de Lucifer, denominado al atardecer caribeño por el borrachín Fleming. La mayoría de los autores han atribuido erróneamente la carrera de espionaje de Fleming a sus días universitarios. Eso no es del todo cierto. Aunque debo admitir que son las torres desmoronadas de Oxford y Cambridge las que han sido el jardín fértil en el que Dee, Crowley y muchos otros espías tuvieron su gran oportunidad.

Aún hoy, el Trinity College es un campo de reclutamiento para MI5 y MI6. La primera pregunta para los candidatos a los servicios de inteligencia es "Por favor pongan en el orden correcto los siguientes rangos reales: Duque, Conde, Vizconde, Barón, Rey y Señor". - su Modus Operandi es, por tanto, proteger y servir a la Realeza o Elite. No a ti o a mí.

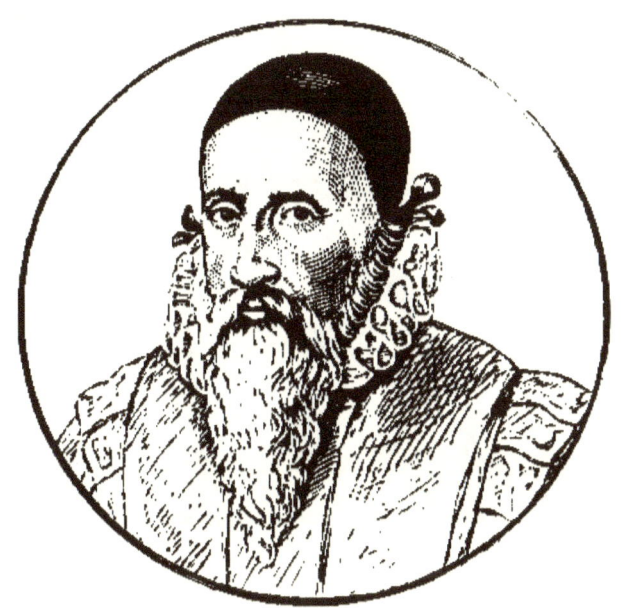

Jonh Dee era un médico, alquimista, mago y cabalista cristiano del siglo XVI que cautivó tanto a la reina Isabel que incluso hizo que Dee ejecutara su cuadro astrológico para elegir el día y la hora más propicios para su coronación. Su hogar en Mortlake contenía más libros que cualquier biblioteca privada en Inglaterra, así como un espejo mágico que, según se decía, asombraría a todos los que se atrevieran a mirar su reflejo y procedía de un lugar de sacrificio maya. Cuando no estaba en Inglaterra, viajaba por el continente a las cortes de emperadores y príncipes. También fue un espía. Creó las redes británicas de espionaje de la Inglaterra isabelina; utilizó el nombre en clave "007."

Inglaterra fue un semillero de intrigas políticas cuando Elizabeth subió al trono. Las tramas y las contramallas, los asesinatos y las amenazas de guerra fueron constantes. Ella necesitaba aquellos con los que podía contar para mantenerla en el trono. Francis Walsingham era el jefe de espías de Elizabeth. Parecía el hombre adecuado para el trabajo, ya que su lema era Video et Taceo: "Ve y calla". Dee solo informaba a la Reina. La Reina firmaba sus papeles con el Dr. Dee como "M", al igual que el jefe de James Bond. Marcaba su correspondencia secreta con dos puntos, o dos números "0" como ojos. Dee usaba correspondencia con la Reina con un encabezado "Sólo para tus ojos."

Dee, junto con Sir Francis Bacon, es considerado el cofundador de la hermandad Rosacruz. Era lo que decía ser, la hermandad de los "Invisibles".

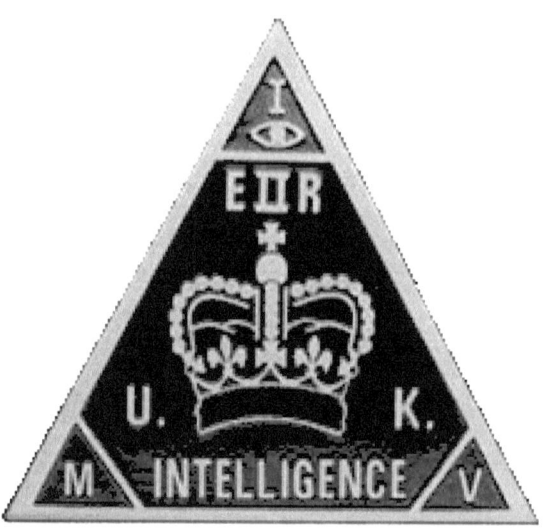

La Insignia Oficial del MI5 es conocida en la magia tradicional occidental como "EL TRIÁNGULO DEL ARTE", generalmente inscrita en el piso de un templo mágico, o Logia Masónica, el Triángulo del Arte es donde aparecen los demonios invocados mediante el ritual, ya sea en los susurros de humo de incienso, o como reflejos distorsionados en una pieza de roca de obsidiana colocada en un pedastal dentro del Triángulo del Arte.

Fíjate en el "Ojo que todo lo ve" en el ápice del triángulo. La Corona en realidad se deriva del Sacerdocio levita hebreo que llevaba una coraza de cristales que brillaría con energía ectoplasmática y ofrecería respuestas a las preguntas del sacerdote mago. Esta coraza se conocía como EPHOD. Una corona real utiliza exactamente los mismos cristales en el mismo orden que el EPHOD, que están formados en un adorno circular para la cabeza del monarca.

Existe una considerable cantidad de certeza de que la hermandad rosacruz jugó un papel importante en el papel de Dee como espía de Elizabeth. Su posición de místico de la corte, su conexión con los "Invisibles" y sus dones que rayaban en lo sobrenatural, al menos en apariencia, ayudaría a admitirlo en los círculos esotéricos de Europa. Se fue para el continente a la edad de veinte años, y sus viajes incluyeron un período de trabajo para la Compañía Muscovy que avanzaba en el comercio anglo-ruso.

Muchos de los textos de los Rosacruces fueron escritos anónimamente o con seudónimos como el **famoso Christian Rosenkreutz.** Un dispositivo codificado que Dee utilizó en sus escritos llamado "Monas hieroglyphica" es compartido por una de las primeras escrituras rosacruces conocidas, Confessio Fraternitatis.

La biografía de Ian Fleming tiene numerosas similitudes, incluida considerable evidencia de que los mismos estudios esotéricos y la conexión con la hermandad rosacruz jugaron un papel en la vida del creador de James Bond.

Fleming nació en una familia escocesa inmensamente rica. Su abuelo, Robert Fleming, había comenzado a administrar el dinero como una actividad secundaria en su negocio mercantil, luego, en 1873, creó un banco familiar. El banco podría sobrevivir un siglo y, finalmente, ser vendido al Chase Manhattan Bank (ahora J.P. Morgan Chase) por $ 7,7 mil millones de dólares.

# CARA OCULTA DE HOLLYWOOD

La fortuna del abuelo Robert pudo haber aliviado a sus herederos de la necesidad de una ocupación, pero Ian fue a trabajar para Reuters, mientras que su hermano Peter se convirtió en un famoso escritor de viajes. Desde muy temprana edad Ian se inspiró en las artes místicas. Su padre había sido asesinado en la Primera Guerra Mundial y su madre, Evelyn St. Croix-Rose (¿Rosi Crus?) no era cercana a él.

Su educación comenzó en la Escuela Durnford cerca de la propiedad de la familia Fleming, cuyo lema era "El mundo no es suficiente o no basta". Después de una actuación menos que estelar en Eton y Sandhurst, la madre de Fleming lo envió al continente a la misma edad que John Dee. Allí, en Austria, estudió los trabajos de Jung en alquimia y psicología con el discípulo Forbes Dennis.

Alfred Adler era un médico austríaco que rompió con Freud y dividió la ciencia de la psicología por la mitad. Freud expulsó a cualquiera que hubiera estado de acuerdo con Adler. Adler favoreció el feminismo e introdujo el concepto de que la dinámica asociada con los principios masculinos y femeninos era la clave para comprender la psicología humana. Este tema, así como la asociación de Fleming con círculos semi-ocultos, encontrarían su camino en sus novelas de espías. El círculo de Fleming también incluía el Bloomsbury Set de Inglaterra, un grupo de escritores, intelectuales y artistas cuyas obras influyeron mucho en el siglo XX:

El economista Maynard Keynes, el autor E.M. Forster, la escritora feminista Virginia Woolf y el erudito Lytton Strachney de Cambridge. Varios también eran miembros de los "Apóstoles de Cambridge", un grupo de doce hombres que incluía a Keynes, Forster y Strachney, así como al espía Anthony Blunt. Su influencia en Fleming podría haber sido fuerte, pero terminó cuando la guerra expuso a dos de ellos, Anthony Blunt y Lewis Daly, como espías contra su propio país durante la Primera Guerra Mundial. Más tarde, el London Morning Post publicó la historia del Bloomsbury Set celebrando la Misa Negra. Poco después, sus filas se vieron reducidas por dos suicidios y muertes prematuras. La reputación de Fleming no se vio afectada por sus conexiones.

Pronto abandonó Inglaterra y viajó por el mundo para Reuters y el Times. Casi a la misma edad, una vez más, como Dr. Dee, Fleming fue a Rusia. Es cierto que en 1939, cuando fue enviado a Moscú, actuaba oficialmente como parte de la inteligencia británica. Pronto le dieron el título Teniente Comandante en la Marina Real, al igual que su avatar James Bond. Dee, por supuesto, había sido instrumental en la creación de la Royal Navy.

Una de las funciones más importantes de Fleming fue elaborar un plan de defensa para Gibraltar. Su nombre en clave secreta era Operation Goldeneye. Tenía un significado oculto que se refería al tercer o interno ojo que era necesario para alcanzar el plano superior de la comprensión, la gnosis.

El nombre de la operación más tarde serviría como el nombre de su casa en la exuberante isla de Jamaica y de la película Bond de ese nombre. Jugó el papel de engañar a Rudolf Hess para que volara a Inglaterra. Sabía que Hess era un estudiante de astrología y podría ser atraído a Inglaterra a través de las artes místicas. Consultó con el ocultista más famoso de Europa, el Gran Bestia, Aleister Crowley. Se ideó un plan para atraer a Hess a través de un horóscopo falso. En enero de 1941, un astrólogo que secretamente era agente de inteligencia británico convenció a Hess de la necesidad de conocer al duque de Hamilton. Como resultado del engaño y la astrología, Hess se lanzó en paracaídas en las manos de la RAF y fue capturado.

Esto comenzó una purga de ocultistas en la Alemania nazi, que no fue poca cosa, ya que el partido nazi estaba lleno de aquellos que propugnaban el neo-paganismo, el ocultismo teosófico mezclado con un deseo místico por la pureza racial.

El papel de **Crowley** era limitado ya que no era de confianza en la misión, pero de todos modos resucitaría en Casino Royale como **Chiffre**, una palabra que implica Cipher. Fleming no era el único espía interesado en la magia y el ocultismo. Incluso el logotipo del MI5 contenía una pirámide y un "ojo que todo lo ve".

# CARA OCULTA DE HOLLYWOOD

Posiblemente el trabajo más importante de Fleming fue enviarlo a los Estados Unidos para participar en la creación de una red conjunta de inteligencia estadounidense-británica. Estados Unidos no estaba buscando entrar en la guerra contra Alemania. Partes como América First defendieron el aislacionismo mientras que otros incluso se inclinaron hacia los fascistas.

La inteligencia británica tenía la misión de cambiar todo eso. Se tomaron en serio el cortejara los políticos y a los medios de comunicación y en ocasiones trabajaron en contra de aquellos que trabajaban en contra de las políticas de ayuda de Roosevelt. El papel era más a menudo diplomático que físico, pero hubo ocasiones que despertaron el interés de Fleming que llevó a la creación de James Bond.

El MI6 británico y el OSS inicial (entonces conocido como COI) se alojaron en el Rockefeller Center. También albergaba la oficina del cónsul general japonés. Fleming participó en un allanamiento nocturno con un ladrón de seguros. Abrieron las oficinas, abrieron la caja fuerte, copiaron todos los libros de códigos japoneses y volvieron a cerrar las oficinas justo a tiempo. Fleming también usaría esta aventura en Casino Royale, y su papel le otorgaría a Bond su designación "00".También se rumorea que Flemming rescató al propio **Furher** (Hitler y su esposa) para encontrar un lugar seguro, ayudado por los fascistas españoles, en una aldea de Barcelona, donde Hitler moriría de cáncer de páncreas en los años 60.

Gracias a su papel de espía, se enamoró de los extraños artilugios utilizados en las operaciones de espionaje y siempre llevaba un cuchillo de comando y una pluma estilográfica que disparaba gases lacrimógenos. También era aficionado a la aventura.

Después de la guerra, Fleming volvió al periodismo. También quería escribir, y su contrato como periodista le dio de dos a tres meses cada año para trabajar en su escritura de ficción. Uno de sus compañeros espías había sido Ivar Bryce, que había comprado una casa en Red Hills, Jamaica, y encontraría Fleming una propiedad allí también. Su compañero jefe Bill Stephenson, que había dirigido la inteligencia británica en los Estados Unidos junto con el autor Noel Coward, eran visitantes regulares. Coward describió la decoración como un templo con numerosas serpientes representadas en las paredes. Allí durante al menos dos o tres meses cada año, Fleming se estableció a escribir.

Existen numerosas teorías sobre gran parte de lo que ha influido en el trabajo de Fleming. Su personaje principal comparte iniciales con los dos pilares de la masonería, Joachim y Boaz. Tales pilares han aparecido en los templos masónicos en todas partes, y durante siglos.

Sus cuentos se pueden leer en dos niveles. El autor Umberto Eco comentaría que todas las novelas de Fleming tenían una trama de fórmula similar. "M" le daría a Bond una misión.

El villano se parecería a Bond o Bond al villano. A continuación, una mujer se le aparecería a Bond. Bond la poseería. Más tarde, el villano tomaría a Bond. Finalmente, Bond saldría victorioso y se uniría nuevamente con la mujer. Philip Gardiner en The Bond Code compararía esto con el verdadero objetivo del alquimista de encontrar o transformarse a sí mismo.

En muchas de las aventuras de Bond, se encuentran los códigos detrás de muchos de los personajes creados por Fleming. A menudo se traducen en una historia vagamente codificada de buena superación del mal, la luz superando la oscuridad, y solo después de lograda la gnosis. Fleming incluso hizo una declaración de que James Bond era un maniqueo. Esto se refiere a los seguidores de Mani cuya "herejía" del dualismo perturbó tanto a la Iglesia. La influencia de Mani duraría hasta la purga de los cátaros en el siglo XIII y más allá.

En el mundo dualista de Mani, es una batalla constante del Mal y el Bien. Evil in the Bond es personificado como Le Chiffre, Mr. Big, Hugo Drax, Kanaga y Baron Samedi. El último se refiere a una figura de culto Vudú, un "Invisible" o un ángel oscuro. Los personajes malvados finalmente son derrotados por Bond con la ayuda de sus compañeras. Los nombres femeninos también tienen un tema oculto, pero representan el conocimiento o la búsqueda de la gnosis.

Solitario (el lector de tarot y adivino), Gala Brand (fuego alegre), Vesper Lynd (nacido en la noche) y Vivienne (una diosa vital) toman el papel del lado femenino, junto con los de nombres más cómicos, el lado más light de Bond creó personajes como Pussy Galore de personas que él conocía.

"Pussy" de hecho era el apodo de su vecina y amante ocasional Blanche Blackwell.

¿Nos está advirtiendo Flemming que Bond, entonces, es algo que sucede de verdad y creado por el gobierno de su majestad satánica? Aunque nunca he encontrado o me han mostrado una "licencia para matar" oficialmente, no hay duda de que tan pronto como los reclutas se dirigen a la instalación de tipo de plataforma petrolífera en alta mar que el MI5 mantiene en el estuario del Támesis que algunas asignaciones requerirían que estos hombres y mujeres, a menudo relacionados de alguna manera con la élite real-aristocrática-política, mataran a la extraña persona que de algún modo amenazaba la seguridad o la imagen de una persona real.

El "M.I" en MI5 y MI6 significa Inteligencia Militar. Sin embargo, es un hecho pasado por alto que estas dos agencias de inteligencia ahora reclutan principalmente a personas no militares... Las verdaderas agencias de inteligencia militar operan desde bases como Menwith Hill, Porton Down en Wiltshire y sí, incluso bases subterráneas que tienen entradas secretas en los valles y riscos de Yorkshire alrededor de la costa de Gran Bretaña.

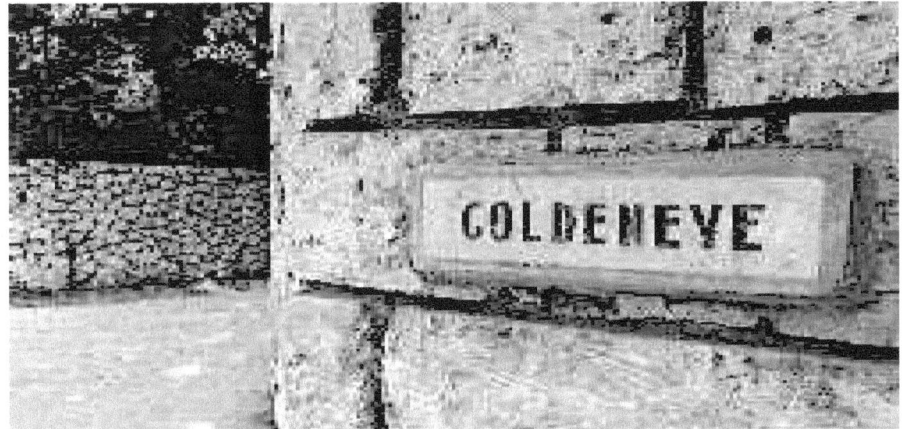

Ian Fleming en su finca de Jamaica- GOLDENEYE- donde incluso se hospedaban estrellas de cine , espías y ocultistas y hasta varios grupos de música entre ellos "The Police" con Sting grabaron varios discos y superventas.

Como tal, Ian Fleming, el hombre que más tarde crearía el espía ficticio más famoso del mundo, fue reclutado por John Godfrey, Director de Inteligencia Naval del departamento de espionaje e información de la Marina Real.

Hay una gran competencia entre los diversos servicios de espionaje, y generalmente se acepta que la Inteligencia Naval, con su flota de submarinos y naves estacionadas en todo el planeta, es mucho más "profesional" que el MI5 y MI6, cuyo cuarteles de la orilla del lago son conocidos por todos los escolares de la tierra y, en parte debido a las novelas populares de Ian Fleming, han "borrado su tapadera". La Inteligencia Naval es muy diferente: apenas bajo el control de Whitehall, las operaciones de inteligencia naval tienen lugar en bases como Faslane en Escocia. La Inteligencia Naval es un área poco investigada, que opera su propia flota de submarinos nucleares súper silenciosos. NID también se relaciona con la CIA estadounidense.

Fleming era un subalterno de reserva en el Black Watch y se convirtió en el asistente personal de John Godfrey. Como tal, Fleming pudo monitorizar informes de primera mano de criminales súper ricos, rutas comerciales de esclavitud y sin duda proporcionó a su bloc de notas datos que luego se entrelazarían con los personajes de los adversarios de James Bond. CRIMINALES QUE HABÍAN ADQUIRIDO SUS PROPIAS ISLAS, EMPLEARON SU PROPIO DINERO PRIVADO E INCLUSO FINANCIANDO EL DESARROLLO DE TECNOLOGÍAS ESPECIALES.

De hecho, muchos de los "malos" de Fleming se parecen al modus operandi y la fantástica riqueza personal de la élite real. Fleming fue comisionado primero como teniente de la Reserva Real de Voluntarios Navales y posteriormente ascendido a Teniente Comandante y luego Comandante. El nombre en clave de los servicios de inteligencia de Fleming era "17F". Es interesante decir que cuando James Bond aparece en uniforme militar, es representado como un comandante naval. La parte más notoria de la carrera de inteligencia de Fleming fue cuando concibió un plan para utilizar al ocultista británico Aleister Crowley para engañar a Rudolf Hess para que intentara contactar una célula falsa de ingleses anti-Churchill en Gran Bretaña. Los autores Anthony Masters, Philip Gardner y Peter Levenda han tocado esta parte espeluznante de la historia del espionaje. Sin embargo, después de contactar a residentes y antiguos vecinos de Fleming en Jamaica, parece que toda la historia aún no se ha contado... hasta ahora.

Desde la época victoriana hasta la actualidad, la élite real "británica" a la que Fleming servía era completamente germánica, siendo la segunda generación de la reina Victoria y el príncipe Alberto que se hablaban en alemán e incluso escribían cartas de estado británicas en alemán.

Como tal, el príncipe bávaro Heinrich y las facciones del señor de la guerra de la Hermandad real continental diseñaron la Primera Guerra Mundial y también la Segunda Guerra Mundial como un sangriento ritual masivo para despoblar los antiguos reinos de Europa e imponer, a través del Tercer Reich, un nuevo estilo Gran Hermano o súper estado. De hecho, una poderosa Cábala llamada **The Link** operaba en todas las ciudades de Gran Bretaña e Irlanda.

**The Link** era básicamente un grupo de hombres y mujeres adinerados que estaban "fuera" en términos de su apoyo a Hitler y Himmler. Después de todo, Himmler era el dios hijo del príncipe Heinrich de Baviera, e independientemente de qué lado ganó la Segunda Guerra Mundial, sería la élite germana quien ganaría al final del día o de la noche.

The Link operaba una red en Gran Bretaña y tenía amigos en lugares altos. Muchos aristócratas que apoyaron a Hitler eran miembros de The Link y se celebraron veladas en casas señoriales que planificaban el apaciguamiento con el Tercer Reich. Al escudriñar The Link y sus miembros, descubrimos la falsedad absoluta de la Segunda Guerra Mundial.

De hecho, la segunda guerra mundial en Europa fue una continuación de la élite real germánica para extender sus tentáculos más profundamente en la sociedad y crear un completo dominio de todo comercio y democracia de base, un plan que debió su génesis a la unificación de las casas soberanas de Baviera en el siglo XIX y la eventual ingeniería de la Primera Guerra Mundial.

Ian Fleming y sus amigos de la comunidad de inteligencia NO eran, como todos los autores han supuesto, unos "peones" en el "juego" que protege los secretos nacionales del gabinete de guerra de Churchill. Ah, no, el objetivo principal de las operaciones de inteligencia era evitar que los miembros del público británico sumaran dos y dos, y concluir que sus casas estaban siendo bombardeadas como parte de un plan internacional para remodelar los antiguos reinos de Europa en un moderno súper estado socialista, un régimen altamente corrupto y exagerado que se convertiría en la Liga de las Naciones, luego en el Consejo de Europa y luego después en el Gobierno Europeo.

Los años de la segunda guerra mundial en la que Fleming sirvió a la Corona y las dos décadas posteriores a 1945, en las que las novelas de James Bond de Fleming fueron ávidamente leídas por John Fitzgerald Kennedy y los famosos, fueron inmensamente importantes para los impostores alemanes sobre los británicos, los holandeses y tronos daneses.

Todos los esfuerzos de los colegas de Fleming en el juego de espionaje se hicieron para suprimir los lazos de la familia real británica con el NAZIsmo, y fue en esta época en la que Ian Fleming se encontró como asistente del jefe de Inteligencia Naval y más tarde en todo el mundo como el autor más vendido.

Esta época frágil y potencialmente revolucionaria se hizo aún más compleja por el hecho de que dentro de la comunidad de inteligencia militar británica, había marcadas diferencias personales y profesionales entre los diversos maestros espías. Un buen ejemplo sería la disputa personal entre el jefe de Ian Fleming, John Godfrey, y el maestro espía que dirigía el MI5 en Londres: Maxwell Knight. Knight era conocido como "M" para algunos y es este monograma que Fleming usó en sus novelas de James Bond. El libro de Anthony Masters *El hombre que era M: La vida de Charles Henry Maxwell Knight* confirma que Fleming concibió un plan para atraer al secretario de Hitler, Rudolph Hess, a una reunión secreta en la finca del duque de Hamilton en Escocia, en mayo de 1941.

Ahora, ¿qué demonios podría tentar a Rudolph Hess, el número cuatro en la jerarquía del Infierno liderado por Hitler, a volar personalmente un avión de Messerschmitt desde el aeródromo de la fábrica a un aterrizaje de campo de hierba en Escocia?

Si crees en la conjetura publicada anteriormente en este extraño episodio, te darás cuenta que el 100% de los autores intuyeron que Fleming convenció a sus jefes de que Hess estaría más que dispuesto a volar detrás de las líneas enemigas para reunirse con los líderes de The Link pro-NAZI aristócratas para negociar la paz anglo-alemana con una camarilla anti-Churchill.

Nuestra conclusión, después de examinar cientos de documentos y estudiar los vínculos Nazis con la familia real británica actual, es que esta suposición está muy equivocada. Rudolph Hess no era un idiota y no habría pilotado su avión por la noche sin ayuda de nadie solo para una "reunión". Y aquí, llegamos, al personaje más pertinente y relevante en los círculos sociales que bebió Martinis (**vodka martini**, agitado, no revuelto") con el duro trago de Fleming, nada menos que el Sr. Aleister Crowley. Crowley no sólo se había hecho amigo de Fleming, sino que también era invitado frecuente a cenar con Dennis Wheatley y también Maxwell Knight. De hecho, los cuatro hicieron un trío muy embriagador en las veladas de la élite aristocrática de la época de guerra.

Crowley había hechizado a los maestros espías señalando acertadamente que, al igual que la élite real "británica", Hitler, Himmler y Hess eran ardientes estudiantes de lo oculto, y no solo eso, como lo dejamos claro en nuestro artículo sobre la mano derecha de Crowley.

JFC Fuller, el estratega militar más condecorado y admirado de Gran Bretaña, el Tercer Reich estaba siguiendo un plan de genocidio y horror absoluto, un plan titulado El Libro de la Ley, que Crowley había transcrito después de una serie de tres días de intensa invocación espiritual en la gran pirámide invocando a todos los 72 demonios del Goetia, en El Cairo en 1904.

En lo que respecta a Fleming, Crowley fue el Gran Arquitecto de las guerras que devastaron y desgarraron la infraestructura social e industrial del mundo, no fue un accidente que a Crowley se le atribuye la carnicería del siglo XX su "Gran Obra". En lo que concierne a Wheatley, Maxwell Knight y Fleming, Hess, Hitler y, de hecho, todo el liderazgo NAZI podría ser llamado y asistir diligentemente a cualquier reunión secreta convocada para llevar a cabo la coronación del nuevo Reich, o una reunión donde rituales tendrían lugar...

El notable pilotaje solitario de Hess de un Messerschmitt alemán a la casa señorial del Duque de Hamilton fue solo una cumbre de incógnito que desafortunadamente, para los maestros espías ocultos, Crowley y el Reich, fue retumbada y descubierta por un policía escocés que se iba a casa después de su guardia ¡en su bicicleta! Atendiendo a sus deberes, este honesto poli vio el avión de Hess, lo siguió hasta el lugar de aterrizaje en la finca de Hamilton (una finca, por cierto, poblada por edificios elogiando el falo masculino), y arrestó a Rudolph Hess.

# CARA OCULTA DE HOLLYWOOD

Este policía inconscientemente levantó el telón del teatro de uno de los secretos más oscuros de la élite real NAZI: al arrestar y, por lo tanto, revelar públicamente que Hess estaba en Escocia, abrió líneas de investigación de periódicos y periodistas que tendrían que ser desviadas por una historia de portada, algo, por supuesto, con los talentos de escritor de Fleming, que se le asignó al inventor de James Bond.

En tales circunstancias, uno de los espías de su majestad fue enviado a parar al poli y reprimir el hecho de que los nazis se estaban asociando con aristócratas británicos en una finca privada en Escocia. Desafortunadamente, para la camarilla de Fleming, el policía arrestó a Hess y lo llevó de vuelta a su casa, donde el poli y su esposa interrogaron al desconcertado Hess, al que se le pidió que se vaciara los bolsillos. Aquí, entonces, tenemos uno de los episodios más extraños de la historia de la Segunda Guerra Mundial; Hess, el hombre que había transcrito personalmente Mein Kampf para Hitler y un pilar fundamental de la élite NAZI, se vio obligado a vaciarse los bolsillos.

Para asombro del policía, los bolsillos de Hess estaban llenos de pociones mágicas y elixires de hierbas que habían sido confeccionadas según el protocolo astrológico y de la "jardinería lunar". Estas botellas de tónicos eran regalos para el duque de Hamilton y los maestros espías empleados por la Casa de Sajonia-Coburg-Gotha (que en realidad habían cambiado su apellido a 'Windsor' cuando los 'Gotha' Bombers comenzaron a aterrorizar a los británicos en 1918 –

¡Uno incluso bombardeó el cobertizo del abuelo de Colin!). El poli escocés y su esposa hicieron público el arresto al cuartelillo de policía local y completaron un informe que ahora está en la oficina de Registros Públicos británico. Un conejo muy grande salía realmente de la chistera.

Como tal, Fleming inventó una 'leyenda' para los titulares y prensa británica, una historia que suena a ridiculez extrema y ha sido reiteradamente repetida en varios libros sobre Hess. En resumen, la historia de portada que circulaba decía que Fleming había usado a Crowley como un asesor oculto y le había pasado una serie de horóscopos a Hess a través de un espía en Suiza. Al parecer, las comunicaciones encubiertas habían llevado a Hess a suponer que un grupo de partidarios de anti-Churchill estaba dispuesto a negociar un acuerdo de apaciguamiento en la propiedad del duque de Hamilton, y esta fue la razón por la que Hess voló cerca de mil millas detrás de líneas supuestamente enemigas. Todo por su cuenta.

Creo que es evidente que Hess no era tonto. Cualquier negociación de apaciguamiento unilateral con toda certeza habría requerido sanciones por parte de Hitler y Himmler. Nuestro análisis de la situación tiene en cuenta el hecho de que la élite real de Gran Bretaña se entrelazó en el establecimiento y la gestión del Tercer Reich, y cualquier acuerdo de 'apaciguamiento' estaba por lo tanto totalmente fuera del menú...

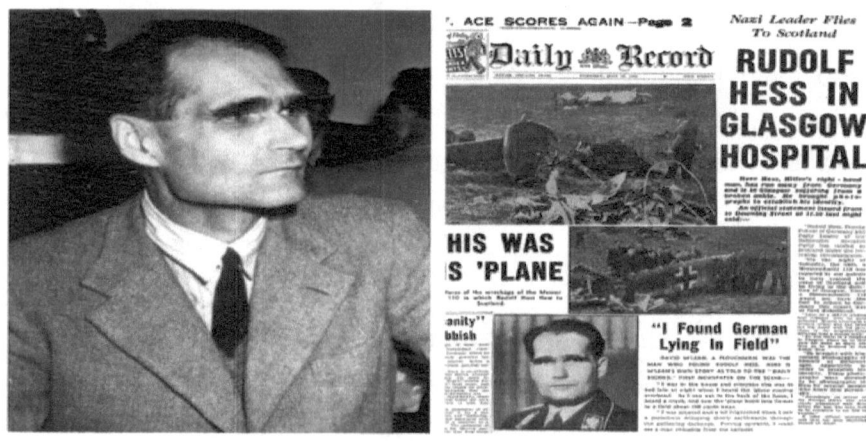

Periódico escocés contando la hazaña del policía de la campiña de Glasgow, fotos de avión y de Hess en Escocia, cerca de la finca del duque de Hamilton.

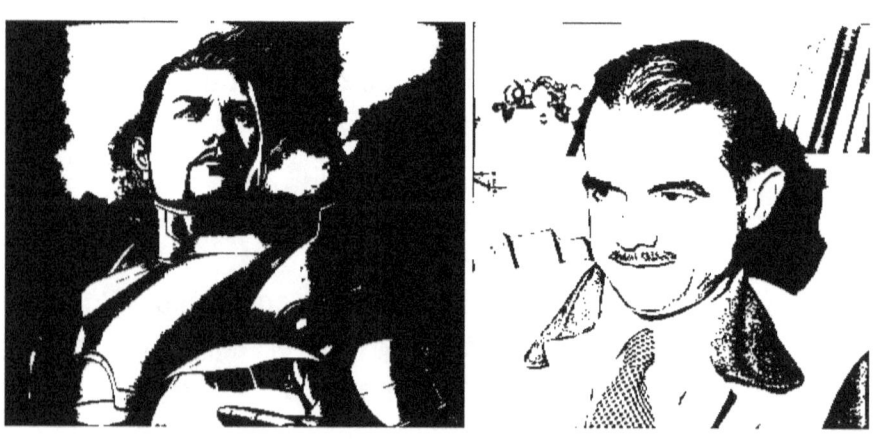

IRON MAN BASADO EN HOWARD HUGHES...Si los ermitaños multimillonarios tuviesen cromos, Howard Hughes sería el Babe Ruth. Aunque guapo, rico y un hombre renacentista de buena fe, Hughes tuvo problemas en su vida personal. Dado que ese tipo de figura de héroe defectuosa es en realidad el activo de Marvel, Hughes se adaptó perfectamente cuando se le ocurrió la personalidad del fanático del playboy Tony Stark. La conexión siempre ha sido bastante explícita: Diablos, si prestaste atención durante las películas de Marvel, sabrías que el padre de Tony se llama Howard Stark. Afortunadamente, el beneficio de tener una versión ficticia de Hughes significa que podemos eludir la fase de colapso mental de Iron Man.

ACTORES DEL DEEP STATE EN DIAMANTES PARA LA ETERNIDAD (1971)
¿Howard Hughes tiene una conexión con 007? Veremos El Aviador de Martin Scorsese luego, pero primero deberíamos considerar la creación icónica de Ian Fleming, James Bond. ¿Qué pasa si Ian Fleming estaba codificando una conspiración explosiva del mundo real que involucra a Howard Hughes, JFK, Aristóteles Onassis y un secuestro legendario? No solo hay evidencia para sugerir esto, la versión cinematográfica de su novela de 1954 *Diamantes para la eternidad* sugiere sutilmente mucho más. Sabemos que Fleming fue un especialista en guerra psicológica de alto nivel de la Royal Navy e involucrado en numerosas operaciones encubiertas, pero muchos no están al tanto de las novelas de Fleming y las versiones cinematográficas, en sus formas respectivas, dilucidan estas actividades clandestinas del mundo real, tocando todo, desde redes de contrabando en el mercado negro hasta espionaje y asesinatos reales.

La inspiración de Fleming para la novela nació de reuniones y discusiones con el ex jefe del MI5 Sir Percy Stilltoe, que en ese entonces trabajaba para el imperio de diamantes DeBeers. Combinado con estos consejos, así como información que recibió de la acaudalada socialista William Woodward y la policía de Los Ángeles sobre el crimen organizado y las operaciones de contrabando, Fleming compuso la cuarta novela de Bond en 1954 como un medio literario para detallar el mundo oscuro de las gemas y joyas preciosas.

En los mercados negros para agregar intriga a este cuento ya intrigante, Aristóteles Onassis se acercó a Fleming para hacer una versión cinematográfica del Casino Royale, el Dr. No, con la intención de Onassis de ser parte de la parte financiera. Sin ser extraño a Hollywood, Onassis también fue un amigo de numerosos pesos pesados de la ciudad de la niebla, incluido el ejecutivo de cine griego Spyros Skouras.

Con estas conexiones, nuestra tesis aquí es que la película *Diamantes para la eternidad* proporciona una visión crucial de la referencia codificada de Willard Whyte como suplente de Howard Hughes. Como sostenemos en nuestro análisis del Aviador, Hughes estaba íntimamente ligado a la CIA a través de Robert Maheu, una figura de inteligencia que surgió del mundo publicitario dominado por CiA. Es posible que Maheu haya estado involucrado en la huida secuestrada de Hughes, que "The Gemstone Files", según alega fue orquestada por Ari Onassis, lo que llevó a Hughes a ser llevado a la isla del magnate, Skorpios.

Aunque no está claro, se rumorea que Onassis mantuvo contactos con Eva y Juan Perón en Argentina. ¿Multimillonarios, islotes griegos y posiblemente mensajes ocultos codificados? Es todo una historia fascinante, Fleming puede haber decidido que valía la pena contarlo. Con respecto a la película de 1971 Diamantes para la eternidad, si lo vemos como si fuera la vida de Hughes es curioso que Whyte, el suplente de Hughes, haya sido secuestrado y / o encerrado en su penthouse por años.

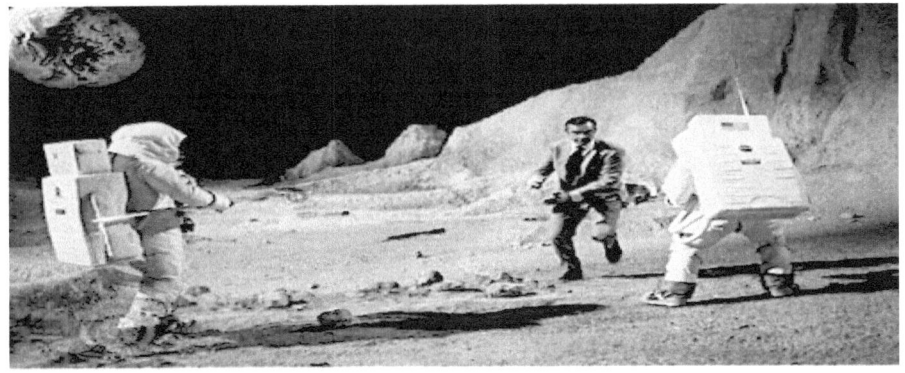

Como resultado, es el enemigo de Bond, Ernst Stavro Blofeld, quien está detrás de la trama de contrabando de diamantes como un medio para entrar en las operaciones aeroespaciales de Whyte.

Entonces Stavro podría ser un hibrido de Onassis y Niarchos, el cuñado de Onassis y un magnate naviero rival. Según los informes, Stavros Niarchos fue miembro de Bilderberg y asociado cercano de la Fundación Rockefeller (por cierto). Estas consideraciones son ciertamente especulativas. Un apéndice digno también pasa a primer plano en la historia de la ficción de Howard Hughes. Un amigo de Ian Fleming, Onassis incluso pudo haber funcionado como una influencia para algunos de los personajes de Bond, incluso la organización SPECTRE.

Cuando consideramos la estrecha conexión de Hughes con la CIA a través de operaciones como Project AZORIAN, que suena exactamente como una operación estilo SPECTRE de una película 007, ciertamente podemos suponer que aquí se transmitió mucho más.

Incluso surgen preguntas relacionadas con la misión lunar, dada la escena aparentemente fuera de lugar de Bond al tropezar con un estudio de sonido en la instalación de Hughes, donde los actores con trajes de astronauta están representando un falso aterrizaje lunar. ¿Fleming insinúa que la misión lunar en sí misma fue una operación psicológica?

Pero el mensaje real de Diamantes para la eternidad se centra en armas exóticas enfocadas en líneas de energía dirigidas. El mismo tema vuelve a aparecer en la adaptación cinematográfica de 1974 del libro, **El hombre de la pistola de oro** de Fleming, donde la alquimia y la tecnología se combinan para revelar la tecnología más oscura del futuro del Pentágono. Dado que Jackie se casó con Aristóteles Onassis solo cinco años después de que JFK se hubiera ido, ¿podría esto significar una tradición de matrimonio al estilo mafia? Tal vez Fleming sabía las respuestas a esto y al ESPECTRE real.

Muchas veces el principio de la guerra psicológica empleado por Fleming en las novelas de Bond que demostró ser tremendamente eficaz: proyecta cada operación oscura, secreta e infame a la que se enfrenta al lado de tu enemigo. Además, asegúrate que tu enemigo sea un mulato híbrido desfigurado por si acaso (el Dr. No era un villano de raza mixta chino y alemán).

En la trama, del Dr. No establece su base secreta en una isla desconocida frente a la costa de Jamaica, donde, en su fortaleza subterránea y con su equipo de vigilancia y radar de última generación rusa, remotamente comanda misiles americanos. El señuelo del Dr. No es el desagradable asunto de cultivar guano, o estiércol de ave, como fertilizante. Con todos las triquiñuelas habituales de Fleming. No aparece en la narrativa como una figura ejemplar del villano renegado sexualmente de papi, con conexiones con el crimen internacional, el espionaje, los soviéticos y el lavado de dinero. El Dr. No es, por lo tanto, una figura ejemplar del gobierno en la sombra, y el gobierno en la sombra es la forma normativa del gobierno en nuestros días.

# MOONRAKER (1979)

**La desintegración de la civilización**. Un ejemplo notable de la civilización escinta en el cine es la adaptación de 1979 de Moonraker de Ian Fleming. La película difiere significativamente de la novela de Fleming, pero las diferencias y los paralelos son importantes: la novela se centra en una especie de escenario de Operación Paperclip, donde Sir Hugo Drax está construyendo secretamente un cohete V-2 junto con los nazis para destruir Inglaterra y reconstruir el 3er Reich. Para muchos, la adaptación cinematográfica, unas décadas después, representó una interpolación extremadamente extravagante de una novela de espionaje que no logró mucho más que imitar el éxito de taquilla de los éxitos de ciencia ficción que intentó copiar, innovaciones cinematográficas como 2001 y Star Wars.

Por el contrario, hay más en juego aquí que simplemente insertar 007 en una configuración de batalla láser de Star Wars. El factor más obvio para recordar es que en 1979 es más o menos el nacimiento de la Iniciativa de Defensa Estratégica (nacida en el Bohemian Grove), donde se postularían planes para un sistema de armas basado en el espacio al estilo DARPA en la línea de Skynet de The Terminator.

Por lo tanto, junto con este proyecto del Deep State (gobierno en la sombra) iniciado bajo los auspicios del enfrentamiento de la Guerra Fría con los soviéticos, la decapitación de satélites del tipo Tesla y los escenarios de armas de energía plasma teledirigida se convertirían en Internet de Skynet / Smartgrid tal como lo vemos hoy en día. Las décadas de planificación anterior, la programación predictiva en los éxitos de taquilla de Hollywood prepararía a las generaciones para la implementación de esa red, como ARPANET (Internet), en ese futuro cercano. Por lo tanto, la película Moonraker representa la segunda fase del programa Operation Paperclip / NASA que dio nacimiento al cohete y la tecnología aeroespacial "OVNI / foo fighter".

Dando un paso atrás, el libro de Fleming de 1954 -Moonraker- fue la primera etapa del mismo "programa espacial" que Moonraker la película actualizó de forma simbólica, y esa es la razón más profunda de la trayectoria de ciencia ficción de la narración.

También se debe mencionar diamantes para la eternidad, donde antes analizamos el programa aeroespacial privado de Howard Hughes. Diamantes para la eternidad contiene la famosa escena de un alunizaje falso utilizando actores y un escenario sonoro en una instalación en el desierto propiedad de Willard Whyte, de Hughes, mientras se desarrollaba la verdadera tecnología aeroespacial detrás del velo de la fachada de NASA / Hollywood. Con respecto a diamantes para la eternidad, al igual que Moonraker, tenemos la revelación de que el programa espacial real es uno privado, no la institución pública frente al "gobierno" conocida como NASA. Howard Hughes no solo era un ingeniero aeroespacial, sino también un director de cine de Hollywood, lo que sugiere que Fleming y sus encarnaciones cinematográficas revelan mucho más de lo que generalmente se supone.

En la trama descubrimos que Hugo Drax ha robado un transbordador espacial a través de sus subalternos alemanes para realizar ingeniería inversa de la tecnología con intenciones malvadas. Mientras tanto, 007 está en su camino, luchando contra el gigante Jaws (Richard Kiel) en el aire mientras Jaws pierde su paracaídas, cayendo en picado en nada menos que una carpa de circo. Al principio, uno puede descartar esto como algo completamente absurdo, pero comenzaron a surgir comparaciones con diamantes para la eternidad, ya que el tema del circo de Las Vegas también funcionaba de manera destacada.

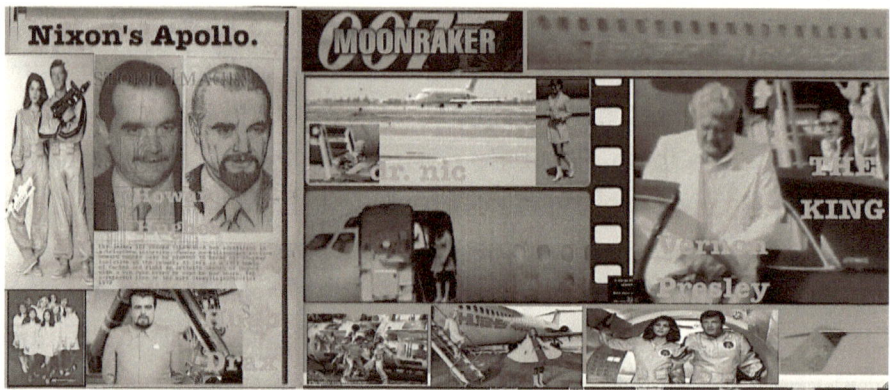

Ambas películas son más o menos paralelas, describiendo los mismos temas y eventos: un programa espacial privado que opera bajo varios frentes, con la intención de arrinconar el mercado bajo la sombra de la tecnocracia gubernamental (SPECTRE) con la despoblación masiva y la creación de un "nuevo mundo" modelado según una nueva Arca de Noé. De hecho, la instalación Moonraker dirigida por Drax se asemeja a la NASA y otras instalaciones de Howard Hughes, sin embargo, no es la verdadera instalación aeroespacial de Drax. Un acto mágico digno de Las Vegas.

Un parecido interesante es aquí la relación con la entrada de Bond a las instalaciones de Drax, donde nuestro héroe descubre un teclado que reproduce una cierta serie de tonos para acceder al laboratorio de armas biológicas. Los tonos musicales son los mismos que los famosos tonos musicales que los "alienígenas" tocan en los Encuentros en la Tercera fase de Spielberg. Esto podría ser casualidad o debido a las numerosas conexiones de Spielberg con las películas de Bond.

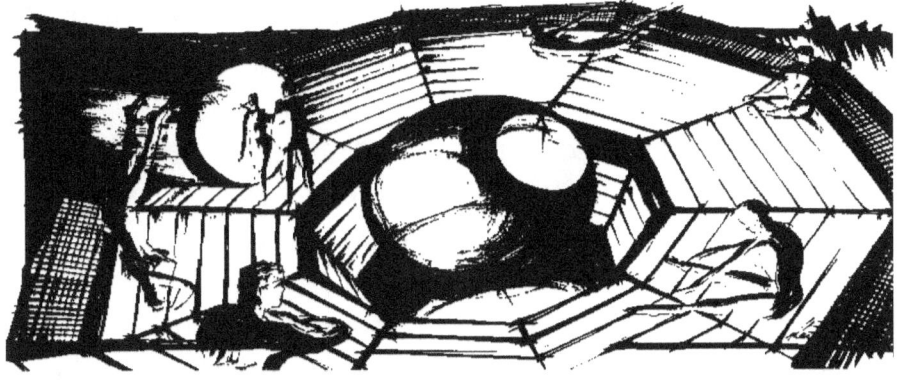

Por ejemplo, en la escena de las aves en la última cruzada o en los disparos del Templo Maldito en la India, copiada nada menos que de Nunca digas nunca jamás. También podría ser que los tonos musicales en Encuentros, dos años antes de Moonraker en 1977, sean una pista sutil de las noticias del gobierno y un programa espacial secreto. Drax ha construido una base secreta bajo un templo en ruinas en Argentina, donde un grupo de bellezas multirraciales atrapa a Bond en una batalla con una boa constrictor. La escena tiene reminiscencias deliberadas del Edén.

Drax se chulea y revela su plan a 007, nos enteramos de que es un eugenesista radical con planes claramente disgénicos: modifica el ADN de la orquídea negra para producir un gas nervioso letal que despoblará el globo. Se dice que Argentina y Chile han sido refugios de los nazis de posguerra a través de sitios como Colonia Dignidad, pero Drax no es ningún nazi. Tiene planes de crear una "raza superior", pero su enfoque es más fabiano, ya que ha probado los más en forma y mejor alimentados de todas las razas.

En una escena reveladora en el espacio, 007 explica al Dr. Goodhead que el verdadero plan es el Arca de Noé, una civilización disidente. Drax pretende convertirse en "un nuevo dios, cuya progenie lo llamará el nuevo hombre, el nuevo creador" a través de la tecnología, ya que volverá a sembrar la tierra con su descendencia, descendiendo del "cielo" creado por el hombre del Moonraker. Todas estas imágenes reflejan a Drax como representante de la figura prometeica / luciferina que intenta usar los secretos de la naturaleza y los misterios antiguos para convertirse en un dios genéticamente modificado, una raza superior de descendencia inmortal.

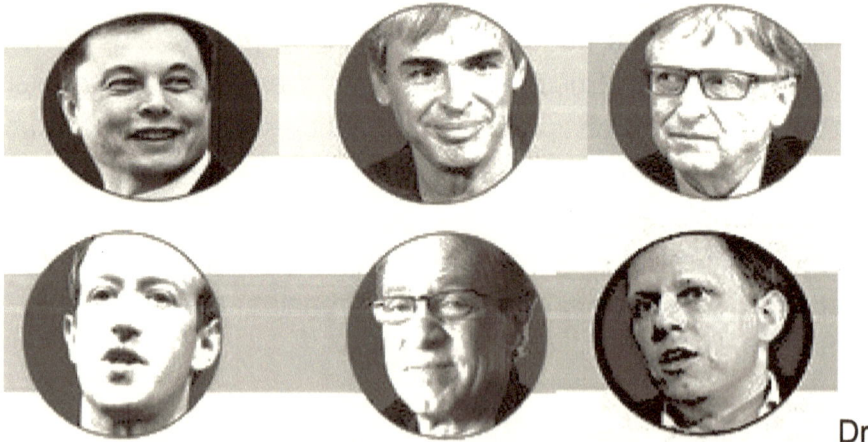

Drax rediseña la orquídea negra en su composición química (modificación genética) para volverse altamente letal, por medio de la cual rociará en aerosol los principales centros urbanos (estelas químicas o chemtrails). Este es el secreto detrás del logotipo hexagonal de la empresa de Drax para su empresa de vidrio, que en sí misma es una tapadera para la investigación de armas biológicas.

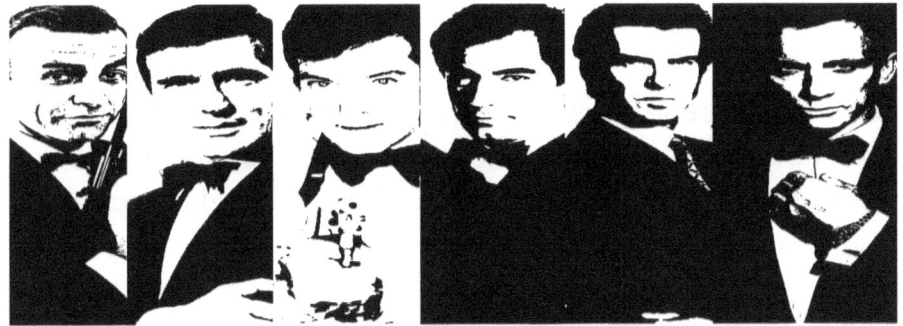

Como muchos han señalado, la figura cúbica / hexagonal se refiere específicamente al nivel molecular de nuestra dimensión física. Y el símbolo de la hermandad de la muerte, el culto saturniano.

Bill Gates, Peter Thiel, Zuckerberg o Elon Musk alias coches y cohetes tesla tienen un vasto interés en la geoingeniería con aerosoles, manipulación del ADN, vacunas y modificación genética, Monsanto y transhumanismo, así como bóvedas de semillas del día del juicio final. Suenan como Hugo Drax…

# BOND RELOADED

Las películas más recientes de la serie 007, como **SPECTRE**, son una referencia apropiada para las cábalas y cárteles reales que gobiernan el mundo. De hecho, SPECTRE se presenta al principio en **Desde Rusia Con Amor** con esta misma característica: son internacionales, a diferencia de SMERSH que es ruso, y enfrenta a estados nación uno contra el otro. Transición de la SMERSH afiliada a la Unión Soviética en la primera novela de Bond, Casino Royale, SMERSH se transforma en SPECTRA, una formidable organización "terrorista" del ambiguo bloque del Este.

También se dice que en los años 50 y 60, Ian Fleming ya predijo la transición de la amenaza comunista a la amenaza terrorista internacional, algo que nos dio la indicación de que las novelas de Fleming merecen una lectura más profunda. Incluso la histeria mediática actual parece ser el producto de una astuta operación psicológica: Sony afirmó haber sido pirateada por Corea del Norte, con el guión de SPECTRE filtrado, así como Pyongyang supuestamente amenazando con ataques al estilo del 11 de septiembre en los teatros que pasaban **_La Entrevista_** de Franco y Rogen.

Esos titulares también podrían haber sido arrancados de las páginas de los libros de Fleming, ya que son más reales de lo que podríamos pensar. En Casino Royale no hay nada extraño en sospechar que hay más que solo un trabajillo; la trama de Skyfall rodea a un ex agente del MI6, el Sr. Silva (Javier Barden), interpretando a un hacker empeñado en causar estragos vengativos en M (Judi Dench) y en todo el Servicio Secreto de Su Majestad.

Seguramente no es coincidencia que en Skyfall, Silva tenga una tecnología de "puerta trasera" que viene a la mente el software PROMIS, o el reciente alboroto que involucra el espionaje de la NSA y Snowden. Teniendo en cuenta estos recientes eventos noticiosos, un análisis de Skyfall está obsoleto. En el reinicio de Casino Royale, vimos a Bond involucrarse en una pelea con un asociado de lo que podemos suponer será SPECTRA, el infame "LeChiffre" y en nuestro análisis de Casino Royale.

Bond no busca a SMERSH, sino a un pícaro rico y desfigurado que se hizo por su cuenta y creó una "quinta columna" de SMERSH, llamada LeChiffre. LeChiffre se traduce como "la cifra", haciéndonos saber que hay más que un mero trabajo. LeChiffre, según el escritor de Bond Ian MacIntyre, estaba basado en el satanista / ocultista británico Aleister Crowley.

De hecho, Ian Fleming, recientemente ha sido reclamado por el investigador Anthony Masters, fue responsable de diseñar la trama para atraer a Rudolph Hess a Escocia basándose en una tabla astrológica falsa que hizo cosquillas a la fantasía de Hess, creada por Crowley.

En términos del análisis esotérico, esto comienza a verse sorprendentemente como los eventos anteriores al 11 de septiembre que conocen aquellos privilegiados que "saben". Absurdamente, el informe pretende dar a entender que los retrasados falsos terroristas que acechan en cuevas en Afganistán fueron los autores intelectuales de la operación negra increíblemente compleja del 11 de septiembre, pero también de las opciones de venta y las operaciones con información privilegiada. ¡Por qué, Al Qaeda es virtualmente omnipotente y omnipresente! Y en la narrativa de Casino Royale, eso es exactamente lo que LeChiffre intenta hacer, ya que ha diseñado un bombardeo para que ocurra en el lanzamiento de un nuevo prototipo de avión que Skyfleet presentará.

En Quantum of Solace, la alquimia pasa al primer plano en el intento fallido de Bond de "vincularse" con lo femenino. Quantum es la idea de materia o cantidad o prima materia, y para Bond, nunca la alcanza ni un poco de paz ni consuelo, principalmente porque es un asesino programado, y la traición final de Vesper Lynd en Casino solo puede provocar un resfriado. "La puta está muerta" de un 007 poco arrepentido.

Los villanos de Quantum tienen nombres que son de colores, Mr. White, Mr. Green, etc. Atados con imágenes esotéricas y ocultas, las novelas de Fleming relacionan el lado oscuro del control mental en tres historias en particular: Casino Royale, On Her Majesty's Secret Service y Solo se vive dos veces. En Casino aprendemos que Bond es un asesino programado a través de su estado "00", en On Her Majesty's aprendemos que Blofeld lava el cerebro a mujeres jóvenes bajo el auspicio de tratar alergias, en última instancia, planea atacar a Inglaterra con un arma biológica, y en Quantum of Solace, la alquimia pasa a primer plano en el intento fallido de Bond de "vincularse" con lo femenino, y en You Only Live Twice, Bond sufre un golpe en la cabeza que le borra la memoria y le da amnesia.

Por lo tanto, el "asesino controlado por la mente" es en gran medida un aspecto del canon Bond. "*Debes saber algo sobre las personas con las que trabajo. Nos ocupamos de la izquierda o la derecha, con dictadores o libertadores*". Con respecto a Quantum, la organización que es un frente para SPECTRA, aprendimos: "Quantum está 'en todas partes', incluso dentro de la inteligencia británica".

Bond debe lidiar con las realidades del ciberespionaje moderno que suplanta los métodos clásicos de humildad y asesinatos. "¿Bond se echó a perder?" Es la pregunta de la película, y por lo tanto profundizamos en los orígenes de Bond y el trauma psicológico para resolver esos problemas de su oscuro pasado. La mayor parte de lo anterior es algo irrelevante para el mensaje final de la película, que es que los terroristas todavía están en todas partes, y las agencias de inteligencia, aunque siguen fracasando, necesitan más fondos para protegernos de los Tomlinson, Haroon Aswat, Snowden, Bin Laden y Assange.

¿Porque el malo es bueno con la informática y con pelo rubio? ¿Nos quieren poner en guardia contra Assange? Cuando SPECTRA logra nombrar su Número 2 ("C", interpretado por Andrew Scott) como jefe de la nueva iniciativa de vigilancia del CNS, el guión sutilmente se refiere al plan como la culminación de un "Nuevo Orden Mundial" El bombardeo de la sede del MI6 apunta a un "trabajo desde dentro" en Skyfall, seguido de la demolición controlada completa, en SPECTRA.

El 11 de septiembre, el último teatro del terror, fuimos testigos de alguna forma de demolición controlada, ya que las torres fueron demolidas, y esto fue controlado por un artificio aparte de "Al Qaeda". Curiosamente, esta forma de ataque es exactamente lo que Blofeld perpetra cuando accede al MI6 a través de su topo a la cabeza del CNS.

Así llegamos al análisis de la encarnación fílmica de 1968 de la novela de Wheatley, ***The Devil Rides Out***, en español, **LA NOVIA DEL DIABLO / LA ESPOSA MALDITA** protagonizada por Christopher Lee, segundo primo de Ian Flemming y James Gray y dirigida por Terence Fisher. Fisher era un accesorio de docenas de películas de terror B en los años 60, dirigiendo previamente a Christopher Lee como Drácula y Peter Cushing como Van Helsing en Drácula: Prince of Darkness (1966). (Lee también interpretaría a Drácula en Los ritos satánicos de Drácula en 1973 con Cushing).

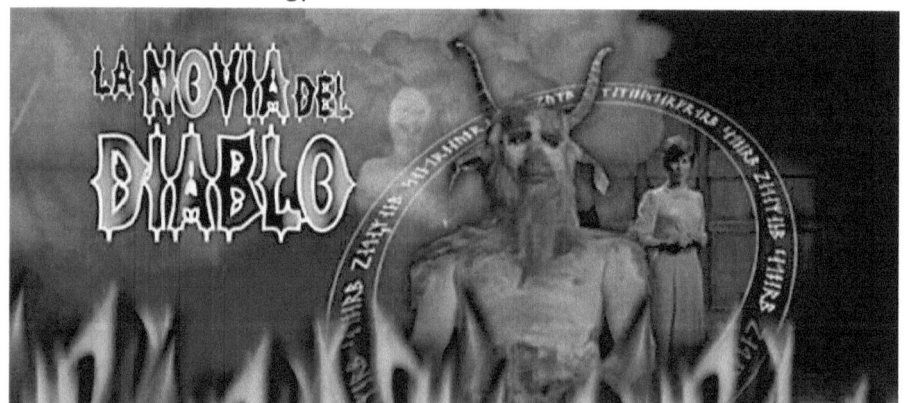

EL PRIMO DE IAN FLEMING-DESDE EL INFIERNO (1968)

Curiosamente, las películas de terror góticas de Fisher generalmente presentan el mal como derrotado por una combinación de fe y razón, en contraste con la superstición y el cientificismo racionalista: sus películas se caracterizan por una mezcla de cuento de hadas, mito y sexualidad.

Pueden haber recurrido mucho a temas cristianos, y generalmente hay un héroe que derrota los poderes de las tinieblas mediante una combinación de fe en Dios y razón, en contraste con otros personajes, que son ciegamente supersticiosos o están atados por un racionalismo frío y sin Dios. El duque de Richleau, (**Lee**) y Rex Van Ryn, (**Leon Greene**) se preocupan cuando, su joven amigo, Simon Aaron no asiste a su reunión anual. Después de visitarle descubren que Simon se ha afiliado a una extraña "Asociación Astrológica" comandada por el siniestro Mocata, (**Charles Gray**).

Los dos hombres averiguan, que la asociación de Mocata, es en realidad una secta diabólica que controla a gente inocente por medio de ritos hipnóticos y ceremonias satánicas. Mocata es un ser maléfico que no se detendrá ante ningún obstáculo para preservar su secta. La única esperanza para combatirlo y recuperar a Simon recae en el éxito del potente y peligroso ritual.

La figura de Christopher Lee también es relevante, dado sus propios reclamos de participación en el Ejecutivo de Operaciones Especiales, que incluye incluso susurros de que fue un asesino: *"Estaba apegado a la SAS de vez en cuando, pero se nos prohíbe: ex, presente o futuro, el discutir cualquier operación específica. Digamos que estaba en Fuerzas Especiales y déjalo así. La gente puede leer sobre eso lo que les gusta"*, afirmó.

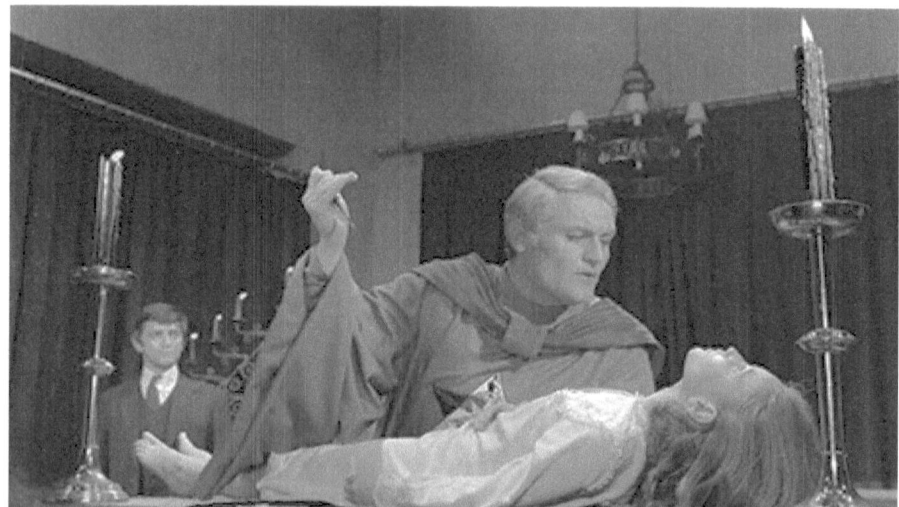

Jayne Mansfield con el fundador de la Iglesia de Satanás, Anton LaVey inspira este film repleta de imágenes ocultas y de tarot, la película es una presentación fantástica, aunque relativamente realista, de los rituales y creencias de algunos ocultistas serios. También vale la pena recordar, como hemos visto, que estos practicantes ocultos incluyen miembros de la élite británica y el establishment de inteligencia. Tanto Wheatley como Knight parecen haberlo tomado en serio, dando a la historia una estética única y oscura. Mocata que parece tener la habilidad especial de causar humo, gas en el espejo, control mental sobre el terreno y vampirismo psíquico a través de la mirada de sus ojos. La tan publicitada "programación suicida" de las "víctimas de los Illuminati" realmente aparece en la película, donde tanto Tanith como Aaron intentan asesinar a otros, así como a ellos mismos, mostrando "programación suicida" por parte de Mocata. El aspecto interesante aquí es la idea de que para luchar contra la magia negra de Mocata, Nicholas también debe profundizar en la magia ritual.

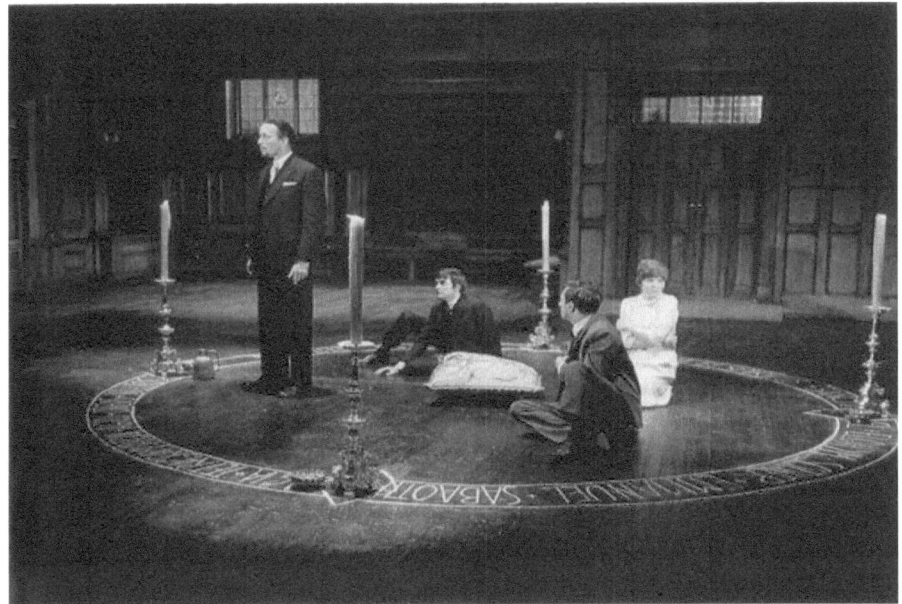

Un círculo mágico, como el que dibujan los magos reales, además de SÍMBOLOS Y NOMBRES DE DEMONIOS REALES ... Un satanista de enorme poder se enfrenta mentalmente a las fuerzas del bien. Christopher Lee encarna a un experto en ciencias ocultas. Rituales satánicos e invocaciones oscuras se unen para dar vida al poder de las tinieblas.

Esto es ahora aplicable a los casos como la Decepción del caso Franklin, del caso Dutroux en Bélgica o del de Jimmy Savile en Inglaterra. En Voodoo, existe el viejo mito de que el diablo aparece especialmente en la encrucijada, y como vemos, él también cabalga de manera similar, al igual que la encrucijada de película oculta y espionaje se encuentran aquí. The Devil rides out, también se llamó en España «Desde El Infierno»

La verdadera historia de La Esposa del Diablo es que Wheatley, como un experto de alto nivel de la élite de inteligencia occidental y un asociado de Crowley, no pudo evitar revelar el funcionamiento real y los rituales en círculos mágicos, con magos de la corteza superior.

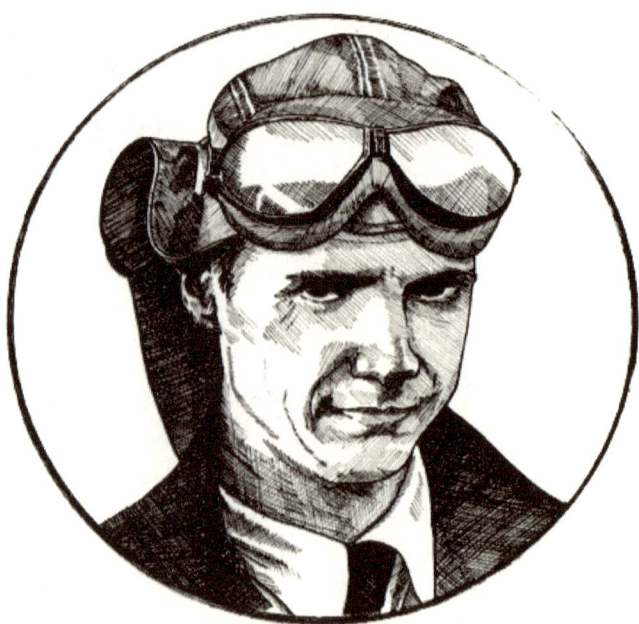

**SHOWGIRLS, SEXO Y HOWARD HUGHES:** Howard Hughes produjo películas con pechos vistosos y escotes extremos y la prensa sensacionalista decía que se acostó con muchas mujeres hermosas. Terminó preocupándose por los gérmenes de los picaportes. Sus diversas enfermedades sexuales fueron tratadas con una dosis de mercurio y arsénico. Se llamaba THE MAGIC BULLET. Ganó billones construyendo máquinas de guerra para el Pentágono y se convirtió en un recluso desnudo en un ático con cajas de pañuelos kleenex como zapatos. ¿Estaba atormentado por la culpa?

Hughes quemaba toda su ropa, pero es interrumpido por uno de sus empleados, que le pregunta si puede quedarse la chaqueta de cuero antes de que la destruya. "No a menos que quieras contraer sífilis", responde Hughes. Recientemente, los rumores de un cortometraje de Hughes inspeccionando cuerpos alienígenas con el presidente Eisenhower ha circulado por Internet.

Howard fue el primer multimillonario de Estados Unidos. Un aviador brillante, inventor del sujetador push-up, dueño de estudios de Hollywood, piloto que batió récords mundiales, petrolero y dueño de una isla en Bahamas donde Bush tenía una plataforma que se usó durante el intento de asesinato a Castro en Cuba. Howard Hughes ganó una fortuna en Las Vegas, y parte de ese dinero le fue entregado a Nixon. Nixon heredó el papel de presidente porque él y LBJ habían financiado el asesinato de JFK.

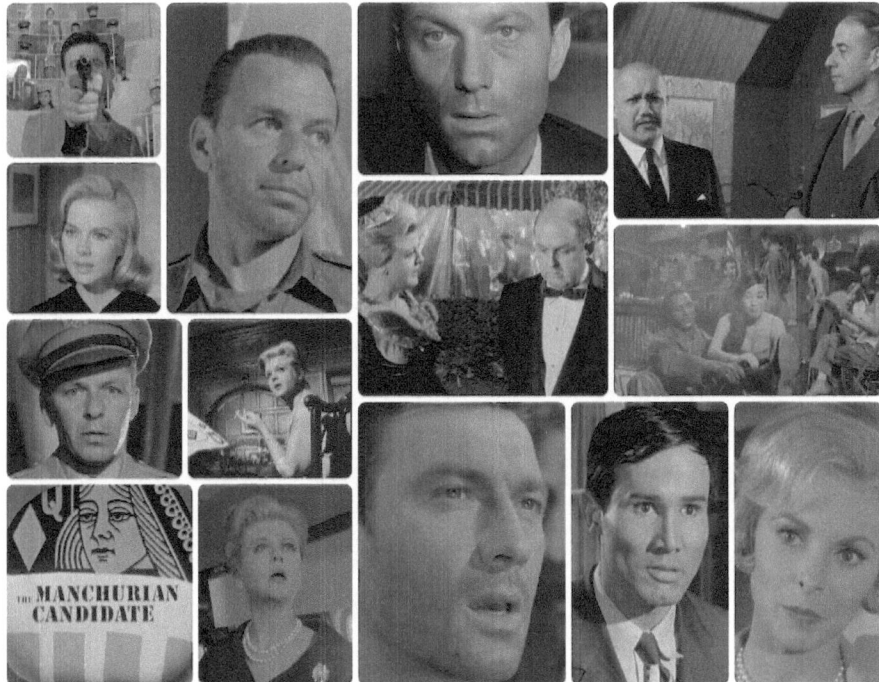

SINATRA: HIPNOSIS, CONTROL DE LA MENTE, CAPACITANDO A LA GENTE PARA MATAR CONTRA SU VOLUNTAD - ESTOS SON LOS TEMAS QUE FASCINABAN A FRANK SINATRA TANTO QUE DEDICÓ UNA GRAN SUMA DE SU FORTUNA PARA FINANCIAR UNA PELÍCULA LLAMADA 'EL CANDIDATO MANCHURIANO'. FUE MIEMBRO DEL 'RAT PACK' QUE INCLUÍA AL SATANISTA SAMMY DAVIS JR.

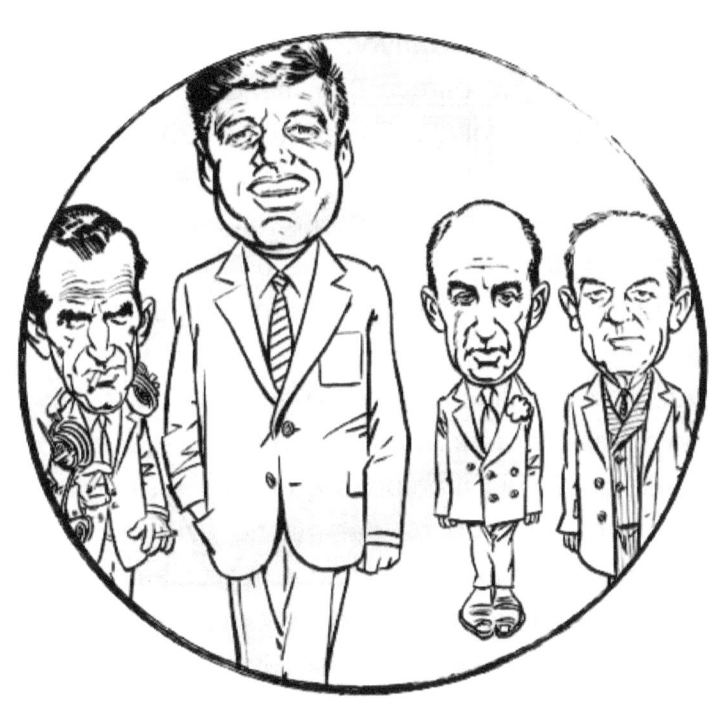

# CÓMO HOLLYWOOD MATÓ A LOS KENNEDY

## "SIGNOS Y SÍMBOLOS GOBIERNAN AL MUNDO, NO LAS PALABRAS NI LAS LEYES"
### —CONFUCIO

# CARA OCULTA DE HOLLYWOOD

Las Vegas es una joya en un desierto de muchos misterios. Los lugareños dicen que viviendo en los desiertos fuera de Las Vegas, hacia Red Rock Canyon, hay una criatura tipo Bigfoot llamada "Clyde". Clyde parece una mezcla entre el muñeco de nieve utilizable y un peludo Elvis tamborileado en demasiados vuelos nocturnos, con brillantes ojos rojos; y Clyde puede, aparentemente, correr más rápido que cualquier otro automóvil. Como todos los Bigfoots, Clyde tiene una fuerza sobrehumana. Clyde es como Chewbacca puesto de metanfetamina.

Pero Clyde no es el único Monstruo en Las Vegas, hay muchos otros, con forma humana... Volando a Las Vegas por la noche, ves el contorno de las montañas que son tan negras como el terciopelo negro, el cielo es del mismo azul oscuro que Los Cadburys (chocolatinas) solían hacer sus cajas de Bandeja de Leche... y desde abajo, a lo lejos, hay una perla luminosa que brilla en el aire y gotas de luz se extienden por el desierto marcando las carreteras que conectan Las Vegas con las iglesias estafadoras de evangelistas, oficinas contables de hacienda, casinos de baja categoría y luego se desvanecen en pistas de tierra oscuras y sin iluminación que llevan a los jugadores desafortunados empapados de tequila a una experiencia incluso desafortunada en un burdel con arena donde las chicas tienen rotwielers gigantes a mano para asegurarse de que sus apostadores paguen los servicios exorbitantes...

El desierto es fresco y frío por la noche, el intenso brillo celestial de Las Vegas significa que realmente no se ven estrellas reales en el espacio profundo hasta que estés al menos a una milla en el desierto.

Es más probable que oigas a un bicho antes que lo veas. Los más silenciosos son los más venenosos. En esta ciudad atea de evangelistas falsos, cristianos y prostitutas, puedes vagar por el desierto y agradecer a Dios por la pequeña misericordia de regalarte serpientes.

El desierto tiene muchos secretos. El desierto de Nevada está lejos de estar vacío. Es un campo de pruebas nucleares ocupado por los contratistas de defensa más grandes del mundo, los prostíbulos Walt Disney y transexuales que atienden a los empleados del Area51 que vuelan cada mañana y noche en 737s sin marcar. ¡Las Vegas Moderna es una especie de bar de hamburguesas profundamente no místico, novato, corporativo!

Casi todo está en las manos mercantiles de las empresas NASDAQ del nuevo orden mundial. Casi todo es nuevo. Incluyendo a las prostitutas. Las tierras natales de los amerindios de Nevada se han blanqueado en el resplandor de un millar de pruebas nucleares y bombillas de perno caliente de neón a medio hacer. La ciudad no tiene alma ¡Todo es falso!

# CARA OCULTA DE HOLLYWOOD

The Strip es todo lo que la mayoría de los turistas conocen; la mejor dirección es en Las Vegas Blvd., intersección de Fremont Street que atraviesa los casinos del centro y los comensales de desayuno por tres dólares; Flamingo cruza The Strip donde encontrarás el Palacio César frente a Ballys diagonalmente... The Strip se llama así porque te quita dinero, y por una tarifa, una corista se desnudará para ti...

Justo al lado de The Strip, una unidad a través del calor plano del desierto, llegas a la presa Hoover. Recomendamos encarecidamente un día de picnic en Hoover Dam. Es difícil de describir. Un templo postindustrial de la visión del futuro de los años 50, llamado así por un francmasón travesti que causó estragos y mató a las familias de los Panteras Negras, los Kennedy y cualquier otra persona que desafiara la idea de los Illuminati del Sueño Americano, la presa proporciona la electricidad que impulsa las máquinas de estafas de dinero que ahora llamamos 'Las Vegas'. Alarmantemente hablando, no muy lejos de Las Vegas Strip, después de haber perdido su casa, Rolex y novias falsas en un juego de BlackJack amañado, puedes tener la mala suerte de tropezar con la antigua instalación de Mercury Nuclear Test. Tiene una silueta de metal destrozado, fuselajes de misiles desechados y es increíblemente fotogénico, pero ridículamente contaminado.

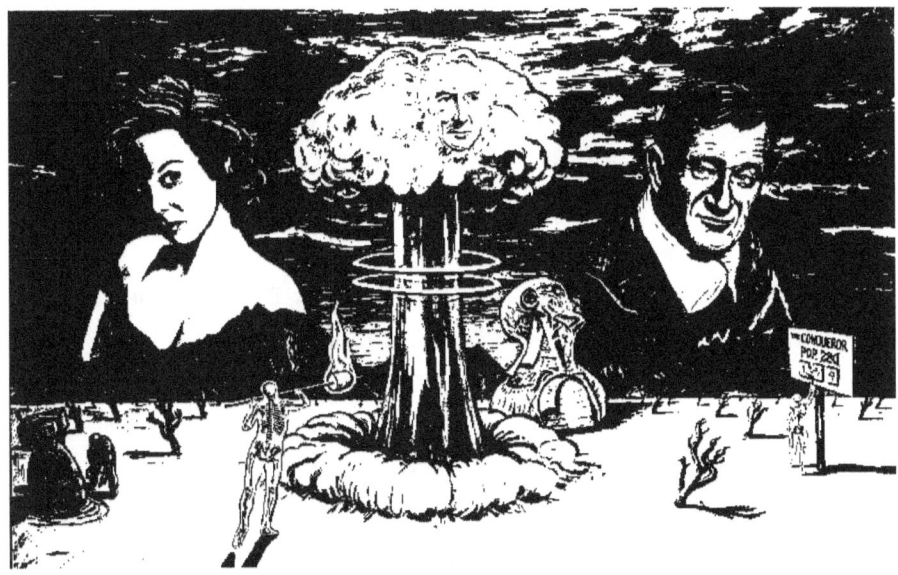

El gobierno americano había detonado bombas atómicas en un sitio de prueba en Nevada, pero eso estaba a más de cien millas de distancia. Las autoridades dijeron que los cañones y las dunas alrededor de St George, un pueblo remoto y polvoriento donde la película se filmaba, eran completamente seguros. ¡Pero no! Los actores John Wayne, Susan Hayward, Agnes Moorehead, y Pedro Armendáriz, murieron de un cancer debido a la radiación entre otros muchos que también rodaron en el desierto radiactivo de la Vegas, contando extras, directores y secundarios de varias películas, el gobierno lo sabía y también Howard Hughes.

Los estudiantes de cine con padres ricos de Boston rompen a llorar cuando se enteran de que el pequeño Johnny y Cassandra han aprobado su licenciatura con gran éxito pero lograron envenenar su sangre mientras filmaban su corto ganador de Sundance en los viejos Mercury Nuclear Bunkers.

# CARA OCULTA DE HOLLYWOOD

¡De vuelta al The Strip! si fueras a la parte superior de la torre MGM de los años setenta en Las Vegas, tal vez para besar a una corsaria adicta a la policía que te atrapó en uno de los bulevares de neón donde son las únicas personas que caminan por la calle.

Hay turistas estúpidos y hombres feos que buscan solo dinero, se puede sentir la torre tambalearse cuando todavía estaban haciendo explosiones nucleares subterráneas en el desierto de Nevada... Tenemos fotos del desierto inmediatamente alrededor del Area51, que muestra muchos, muchos hoyos enormes y marcas donde un plan rabiosamente loco vio al Pentágono bombardear una bomba tras otra subterráneamente, causando que la superficie se derrumbe y cree un paisaje lunar de pobres pistas circulares y depresiones huecas ... El llamado SEDAN CRATER es responsable de uno de los más accidentes tóxicos, causando la contaminación generalizada de las aldeas, pueblos y condominios en todo el Estado...

¡Si crees lo más extraño de David Icke sobre la 'Tierra Hueca!, entonces el desierto de Nevada debe estar asentado sobre el conjunto más cavernoso de grutas subterráneas con proyectiles nucleares que el mundo haya visto ¡jamás! Pero, una vez más, nadie verá estas cosas en el Área51: ¡los vehículos blancos Ford Explorer 4x4 conducidos por extranjeros aburridos con empleo privado en Wackehut pronto aparecen cuando sacas la cámara!

Todavía es un hecho desconocido entre muchos ciudadanos estadounidenses que ¡el desierto sagrado de Nevada es en realidad un páramo mortal y tóxico!

Ese hecho no ha impedido que los militares construyan más y más centros de **Black Ops** allí, o Hollywood lo use como telón de fondo para los románticos Spaghetti Westerns... Cuando estaban haciendo pruebas sobre el suelo en el desierto, hubo unas cuantas veces en las que la nieve verde y brillante caía por todo Las Vegas; esta extraña materia, como ceniza, quemaba al tocarla... Howard Hughes envió a su elenco y equipo a St George, Nevada, para rodar su película The Conqueror en 1956.

La Comisión de Energía Atómica de EE. UU. Había estado detonando dispositivos nucleares en la región desde 1951: cinco años de uranio, plutonio y derivados de la alquimia atómica se encontraban dispersos entre las dunas y lagartos. Las estrellas de Howard Hughes, John Wayne, Susan Hayward y Agnes Moorehead murieron de cáncer, junto con la mitad de la tripulación. Vendieron sus almas al Diablo por una porción del estrellato de Hollywood y terminaron en las consecuencias de las armas nucleares que tuvieron que ser voladas para mantener a raya la producción de Lockheed Martin rodando y para mantener los bolsillos de los Nazis como el Príncipe Bernhard de los Países Bajos ¡apilados con sobornos millonarios de la industria nuclear!

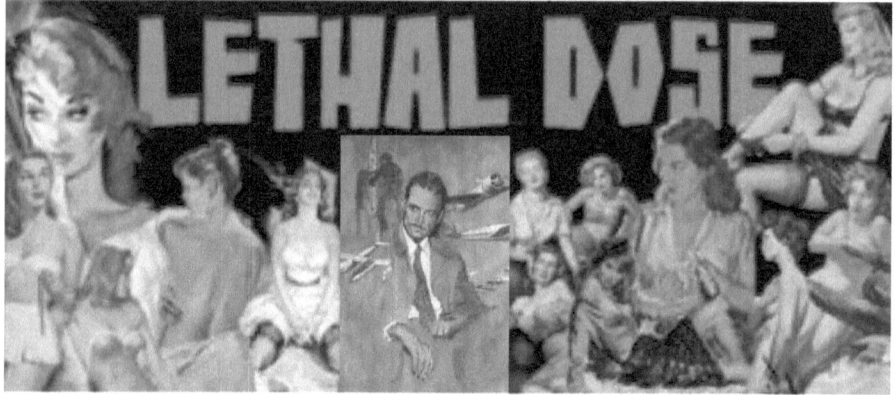

Hubo más drama y acción fuera de la cámara que en el set de la película del Sr. Hughes; el actor secundario Pedro Armendáriz se pegó un tiro cuando le diagnosticaron el virus del cáncer radioactivo... Esto, amigos, es la parte de nuestra investigación sobre ELVIS, HOWARD HUGHES, el MORMON MAFIA, el PACK DE RATAS SATÁNICO de Las Vegas y el asesinato de JFK. Como dice en el cartel de las Vegas, todo se trata de Armas, Chicas y Gurús de los Illuminati. Francamente, Howard Hughes debe haber sabido de los peligros radiactivos que existían en el interior de Nevada, pero optó por filmar su película en el desierto de Nevada en lugar de México porque tuvo prisas y estrés diariamente y podía lidiar con cualquier problema desde su lujoso local o áticos de Las Vegas. Hughes nunca visitó el plató de cine. Permaneció en los áticos de su último piso en los numerosos hoteles y casinos que compró a la mafia y administró su imperio con la ayuda de MORMONES, que le traían zumo de naranja y galletas de chocolate mientras miraba bailar a las prostitutas.

Las **showgirls** jugaban con consoladores cubiertos preservativos. Sábanas de seda estiradas de Pierre Cardín. Sí, es cierto que Howard Hughes básicamente 'limpió' Las Vegas, y lo hizo con la ayuda de la 'Mafia Mormona'... Howard pagó exitosamente a la mafia siciliana pero no pudo hacer nada para limpiar los miles de millas de arena desértica radiactiva contaminada con cesio y plutonio...

Muchos vagabundos, muchos transeúntes, muchos sueños rotos pavimentan los senderos de neón multicolores donde los recién casados acuden en masa para su ceremonia de boda de 8 minutos con un ramo plástico de lirios púrpura y blanco hiperdélicas mientras se juega la Marcha nupcial desde un torrente ilegal MP3 ¡descargar!

Howard Hughes vivió allí en una década que guardaba caca y orina en una colección de jarras que mantuvo cuidadosamente alineadas contra la pared de su cine privado. En el séptimo piso del Desert Inn, un edificio aún en pie, los rumores dicen que recibía transfusiones de sangre diarias de los mormones porque tenían "sangre libre de gérmenes". Aun así, el cadáver de Howard era irreconocible y el FBI tuvo que imprimirle los dedos para verificar su identidad. En cualquier caso, ningún mormón en el séquito de Howard podría haber afirmado que mantuvieron a Howard bien alimentado. Su cadáver era un trapo y una bolsa de huesos. Difícilmente era la desaparición esperada del primer multimillonario de Estados Unidos.

Los mormones, como ves, tuvieron algo que ver con su lamentable estado. Fueron los mormones que Howard empleó para las compras de la mafia siciliana, y es aquí, en este nexo entre Howard Hughes y la mafia, donde vemos nuestro primer vínculo lateral con el asesinato de JFK...

A través del imperio de Howard Hughes en Vegas, que generó montones de dinero con famosos como Elvis y Sammy Davis Jr. Howard Hughes tomó parte en este dinero y financió la campaña de la Casa Blanca de Nixon y muchos otros, y algunos de esos políticos en el Hughes. La nómina de Vegas fue cómplice en el asesinato de JFK. Durante este período, tres entidades financieras / políticas extendieron un control de influencia sobre Las Vegas y el mundo.

En primer lugar, estaba el imperio Hughes, luego la mafia de Sicilia y su crimen organizado, anillos, y luego la nueva Agencia Central de Inteligencia, se hizo casi imposible distinguirlos... Y muy a menudo se codeaban en los asientos del ringside en el Caesar's Palace y otros lugares frecuentados por Las Vegas. El jefe de personal de Hughes, Robert Maheu, había orquestado el secreto más sucio de la CIA: conspiraciones para asesinar al líder cubano Fidel Castro con la ayuda de dos jefes del Crimen Siciliano Organizado. El vicepresidente Richard Nixon fue el oficial de acción de la Casa Blanca en los intentos clandestinos de derrocar a Castro, y los agentes en tierra pudieron establecer oficinas centrales en una isla en las Bahamas propiedad de Howard Hughes y frecuentada por George Bush padre.

Una compañía conocida como Zapata Off-Shore, una empresa de perforación petrolífera propiedad del futuro director de la CIA y presidente de los Estados Unidos George Bush (luego de separarse de Hugh Liedtke, socio de Zapata Oil en 1954), tenía una plataforma de perforación en la arena Cay Sal. Banco en 1958. Era una plataforma de lanzamiento ideal para los agentes que se infiltran en la Cuba de Castro. Ahora recuerde: Bush era un hombre del petróleo y también Howard Hughes.

Drilling for Oil es una de las estafas más fáciles de hacerse rico para los niños que ya son ricos. Las islas del banco de arena de Cay Sal habían sido alquiladas al partidario de Nixon y al contratista de la CIA, Howard Hughes, el año anterior y ¡constituían la base ideal para las operaciones de la CIA...!

Ahora, recuerde, Richard Nixon perdió las elecciones presidenciales de 1960 ante John F. Kennedy en gran parte debido a un escándalo por un "préstamo" de $ 205,000 nunca pagado que el hermano de Nixon recibió de Howard Hughes. Como fiscal general, Robert Kennedy investigó en secreto los tratos entre Hughes y Nixon.

Pero a pesar de que fue derrotado, Nixon seguía siendo el "chico de oro", ¿por qué? Porque tenía conocimiento interno de lo que Howard Hughes y la familia Bush estaban haciendo en las Bahamas.

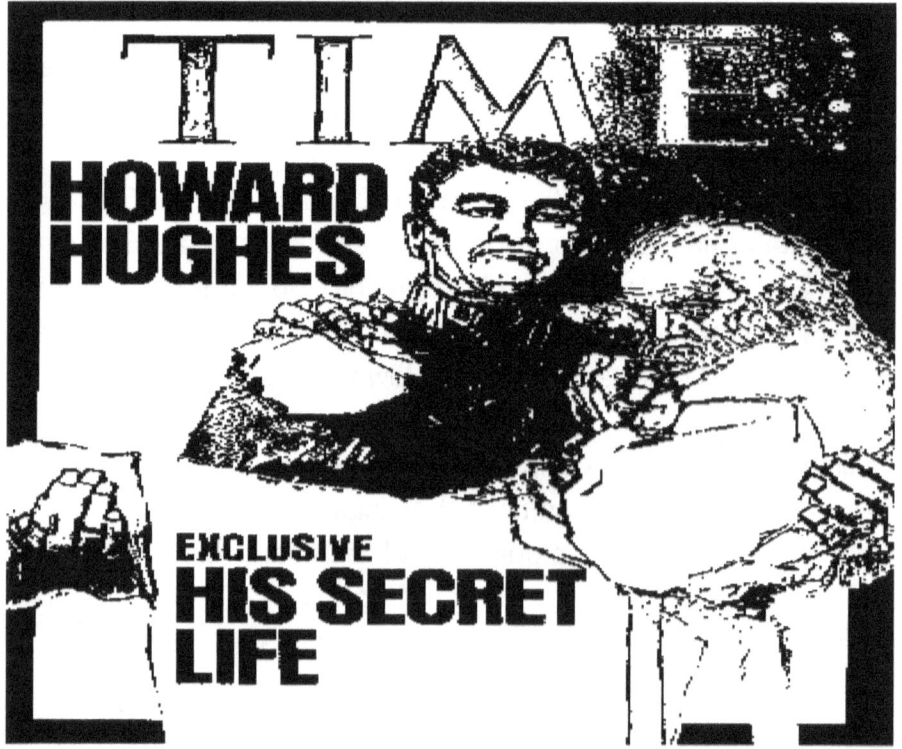

Además del petróleo crudo que brota de la tierra y de los fondos marinos en todo el mundo gratis, las Bahamas también son destinos vitales y de repostaje para Air América. La CIA patrocinó envíos de cocaína desde Colombia... Richard Nixon perdió su carrera presidencial contra JFK... Pero los poderes facticos, todos los magnates del imperio de Las Vegas y Texas, Howard Hughes, la CIA y la mafia siciliana, todos se aseguraron de que Nixon tuviera pronto su administración en la Casa Blanca, incluso si eso significaba ASESINAR para ver que fuera así...

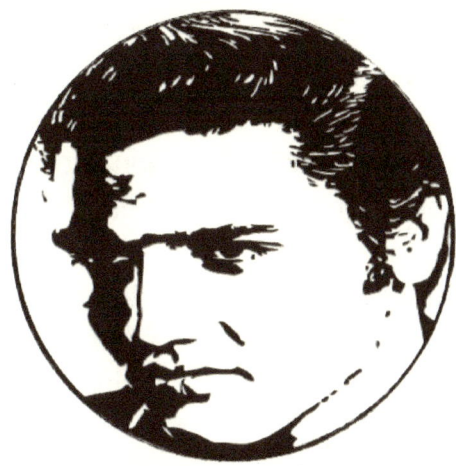

Elvis Presley, por su voz superdotada, su estilo único interpretativo, su rebeldía y su galanura, el actor y cantante americano sigue siendo "El Rey del Rock and Roll", a 48 años de su muerte. Aunque Elvis no fue el iniciador del rock, ya que había otros exponentes como Chuck Berry y Jerry Lee Lewis, sí fue quien detonó el género al grabar su primer disco con la empresa Sun Records. Incluso artistas como Paul Anka y hasta Johnny Hallyday quisieron ser continuadores de la imagen de Presley cuando éste pasó a mejor vida el 16 de agosto de 1977.

En el invierno de 1970 se cita con el presidente Nixon y desliza sin rodeos su petición: convertirse en agente federal y obtener una credencial oficial.La petición del Rey siguió con un ruego: Que su gente me llame hoy, esta noche o mañana. Dijo que estaría hospedado en el hotel Washington con el nombre de Jon Burrows. El Rey del rock mostró a su presidente su colección de credenciales federales. Las tenía del departamento de policía de California, de Colorado, de Tennessee. Pero nada de eso pareció sorprender a Nixon. Aunque el asombro no tardó en aparecer en el rostro presidencial cuando Elvis arremetió contra otros grandes del rock: «los Beatles han sido una verdadera fuerza para el espíritu antiamericano.»

En 1986, documentos desclasificados trascendieron en la prensa local y extranjera que Elvis llegó a ser un informante del FBI. Que el mismo año en que se reunió con Nixon pidió una entrevista con el jefe del Bureau, Edgar Hoover, a quien consideraba el mayor norteamericano viviente. Que el entorno de Hoover desestimó el encuentro debido al aspecto poco formal de la estrella. Y que además de arremeter contra los Beatles, acusó a Jane Fonda y al grupo Smothers Brothers de envenenar las mentes de los jóvenes.

# CARA OCULTA DE HOLLYWOOD

El 1 de mayo de 1967, Elvis, a la edad de 32 años, se casó con Priscilla Anne Beaulieu, de 21 años (que había estado en la cama del Rey desde que era adolescente en Alemania), se casaron en el Hotel Aladdin de Milton Prell. Aquí es donde Elvis se codeó con el señor Howard Hughes.

Elvis y su novia se casaron en una tranquila ceremonia de ocho minutos en la suite de Prell en Aladdin, y oficialmente lanzó la carrera de Priscilla, que actuó en una parte de la telenovela 'DALLAS'. *Elvis y yo* es la biografía de 1985 escrita por Priscilla Presley (con la escritora fantasma Sandra Harmon). En el libro, Priscilla habla de conocer a Elvis, su matrimonio, los años de Las Vegas y los factores que llevaron a su triste divorcio. Los derechos del libro se compraron en 1987, y en 1988 se convirtió en una película de televisión escrita por Joyce Eliason, dirigida por Larry Peerce, y protagonizada por Dale Midkiff como Elvis y Susan Walters como Priscilla.

El "matrimonio de ensueño" que muchos fanáticos leyeron estuvo empañado por una serie de acusaciones publicadas en el libro de Suzanne Finstad, **La novia infantil: la historia no contada de Priscilla Beaulieu Presley** (1997), un relato completamente diferente de la vida de Priscilla Presley, la pintó en una luz bastante negativa y la describió como una "niña salvaje" y "sexpot adolescente". Este tipo de libros salen a la luz de vez en cuando, revelando el libertinaje en la corte real del Rey del Rock'n'Roll.

Todo el mundo de Elvis ha sido engrandecido por súper fanáticos entusiastas, súper fanáticos, y todavía nos lleva al siglo XXI para desentrañar las misteriosas perversiones e intereses de la persona más famosa del siglo XX... Y estaba en el escenario de Las Vegas ¡que vimos al Rey del Rock'n'Roll hablar a la audiencia abucheada sobre las Artes Marciales, la Filosofía de Psuedo-Jesús y sus raíces del Evangelio!

Las fuentes de *La novia infantil: la historia no contada de Priscilla Beaulieu Presley* son varias personas que conocieron bien a Elvis y Priscila, entre ellas: muchos amigos de la infancia y la adolescencia de Priscilla; El hermanastro de Elvis Rick Stanley, Mike Edwards, ex novias de Elvis y las esposas de los tipos de la "Memphis Mafia" que actuaron como sus guarda espaldas y "amigos" en los años que Elvis gobernó The Strip ofrecen chismes salaces. Suzanne Finstad alega que Priscilla prometió favores sexuales a cambio de conocer a Elvis con Currie Grant, una compañera de la cantante, ex compañera de la banda, de 27 años, casada, y que no era virgen en su noche de bodas, ya que ella y Elvis habían dormido juntos en su segunda cita. El libro también dice que Priscilla no quería venir a vivir con Elvis, pero que su matrimonio era parte de una estrategia para la fama de Priscilla y su madre, y que nunca amó a Elvis. En su búsqueda detallada de un "estado superior de conciencia", el Rey se fascinó con los fenómenos ocultos y metafísicos.

¿Qué hay de nuevo? Todos los monarcas pasan por esa fase. Durante su búsqueda espiritual, todos alrededor del Rey vieron una transformación en la personalidad de Elvis, y, en general, el cambio fue para beneficiarlo... Minders y novias dijeron, en general, que su personalidad cambió dramáticamente de vibrante y lúdica, a pasiva e introvertido llegó a 'conocer' las profundidades de la espiritualidad humana, y a través de su peluquero profesional, Larry Geller, Elvis encargó un guardarropa completo de joyas y prendas inspiradas en los hopis, los chamanes, la cábala y el simbolismo judío. ¡En serio!

Elvis también pasó por un período de celibato, de acuerdo con las enseñanzas de un gurú hindú: ¡esto, debes comprender, estaba sucediendo mientras vivía en Las Vegas! Mientras los tontos turistas intentaban acostarse y pagar con los bandidos, Elvis se absorbió en su ¡yo superior! "Estaba pasando por un período de limpieza, física y espiritual...", escribe Priscilla; "Me amaba y deseaba ser fiel a mí, pero nunca tuvo la certeza de poder resistir la tentación. Fue una batalla persistente e incluso llegó a sentir que tenía que resistirme", dijo Priscilla.

En las primeras semanas que vivió en su mansión de Memphis, Elvis sintió la necesidad de alejarse de las tentaciones del sexo. Él dijo: "Tenemos que controlar nuestros deseos para que no nos controlen. Si podemos controlar el sexo, entonces podemos dominar todos los demás deseos..." Cuando estaban en la cama.

"...Tomó su dosis habitual de píldoras para dormir, me dio la mía, y luego, luchando contra la somnolencia de las pastillas, quedó absorbido en sus libros metafísicos".

¡Así que vivió el rey! Priscilla lamentablemente no estaba interesada en lo oculto, y recordó a Elvis diciendo: ¡Las cosas nunca funcionarán entre nosotros, Cilla, porque no muestras ningún interés en mí o en mis filosofías! El Rey había hablado. El Rey tenía razón. Después de leer los libros pro-NWO Alice Bailey y de experimentar con su personal L.S.D. y escuchando y estudiando SGT. PEPPER, esta fase de la vida del rey pasó.

Pricilla y Elvis hicieron una hoguera y quemaron montones de revistas y libros ocultistas de Manly P Hall que había acumulado sobre el tema a través de su peluquero Larry Geller. Probaron la marihuana durante este tiempo (que no lo hizo), pero les dijeron a amigos y familiares que no les gustaba, diciendo que les provocaba hambre voraz, sí, que tenían ganas de comer, pero ¿hay alguna razón para no fumar? Parece una razón débil. Sin duda, ¿eso es una excusa de la pantalla de humo?

Elvis fue también famoso por inventar el sándwich de plátano y mantequilla de cacahuete frito en media pulgada de aceite de maíz, ¡era su versión del sándwich frito / a la plancha de Monte Cristo!

Aunque el Rey aborrecía públicamente las drogas callejeras, Priscilla cuenta cómo experimentaron con el LSD. Mientras que ambos pensaban que había sido una "experiencia extraordinaria", le tenían miedo y experimentaron solo 'una vez'.

El rey era libre de dar forma a su propia carrera después de que expirara su contrato con MGM en 1968, y fue entonces cuando su manager, el asesino holandés Col. Tom Parker inició negociaciones con los propietarios de hoteles de Vegas, y esa fue el mediador entre Elvis y Howard Hughes y el Circo de Las Vegas, y la razón por la cual Elvis se sintió seguro de que algún día visitaría a Richard Nixon en la Casa Blanca y le entregaría un regalo especial al presidente: ¡una pistola!

El **_Comeback Special_** de Elvis Presley en 1968 fue un enorme éxito, el especial televisivo de mayor audiencia del año y su canción de cierre, interpretada en triplete con un alucinante coro de voces de armonía, "If I Can Dream", se convirtió en su mayor millonario vendiendo discos y haciendo a un lado la década de las comedias de Billy Wilder y las películas del tipo "sitcom" que había producido para enriquecer a sus managers.

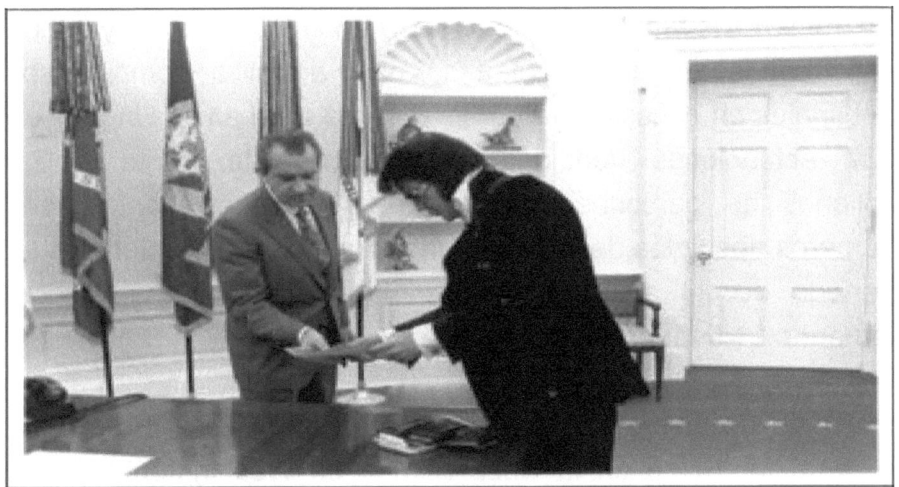

Los rumores dicen que If I Can Dream fue vista previamente en el estudio con el invitado especial John Lennon. Y fue esta noche especial en el estudio la conversación entre el Rey y el Príncipe del pop que abarcó varios temas fascinantes, desde metafísica hasta L.S.D. En los 60 Elvis se reformó y mandaba mensajes de paz amor y de resistencia a lo John Lennon a través de sus canciones... otro monstruo del rock se adhería a las listas del movimiento de la verdad, se había hecho maduro y quería luchar contra los Illuminati.

# CARA OCULTA DE HOLLYWOOD

En 1969, Elvis realizó su primer show en el International y fue un show con las entradas agotadas y pasó a realizar compromisos habituales en el casino de Vegas durante siete años. Un total de 837 actuaciones vendidas consecutivamente frente a 2,5 millones de personas. Nadie había hecho eso antes. Los números absolutos de estas actuaciones son alucinantes. En un período de 29 días, The King entretuvo 101,509 invitados, ganando $1.5 millones.

El 21 de diciembre de 1970, Elvis Presley visitó al Presidente Richard M. Nixon en la Casa Blanca en Washington, DC. La reunión fue iniciada por Presley, quien le escribió a Nixon una carta de 6 páginas con una letra manuscrita... Elvis, el Rey, solicitó una visita con el Presidente y sugiriendo que se lo convirtiera en un "Agente Federal en general" en la Oficina de Estupefacientes y Sustancias o Drogas Peligrosas. Elvis le regaló a Nixon una pistola Colt 45 y fotos familiares.

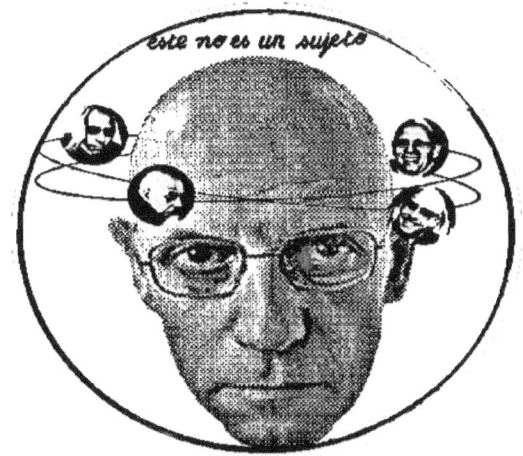

Michel Foucault, nacido en París en 1926, fue un historiador de las ideas, psicólogo, teórico social y filósofo francés. Es uno de los filósofos más emblemáticos del postmodernismo, una corriente que niega la existencia o validez de los absolutos. Además de filósofo Foucault fue sociólogo, historiador, psicólogo y político (posición en la cual firmó una petición pidiendo la anulación de algunos de los artículos de la ley francesa para despenalizar todas las relaciones consentidas entre los adultos y los menores de quince años). Según él, son los que tienen el poder quiénes definen lo que es normal y lo que no lo es. Los que afirman conocer algo como verdadero inmediatamente se convierten en sospechosos de tener escondida debajo de la manga una agenda de control. Pero el poder no sólo determina la normalidad y la locura, sino también el conocimiento. No es el gran fascismo histórico de Hitler y Mussolini, sino el fascismo cotidiano que habita en cada uno de nosotros que nos hace amar el poder y creer que nuestras razones son mejores y más válidas que las del resto.

las principales influencias que tuvo a Nietzsche y a Martin Heidegger. El hombre moderno está lejos de ser irreligioso, incluso en nuestra era basada en la ciencia. Como dijo Michel Foucault, él simplemente cambió a sus viejos sacerdotes y dioses por otros nuevos, y en Hollywood es cómo se ha hecho esto. El marxista orientalista francés Maxime Rodinson escribió una crítica polémica contra el influyente filósofo y compañero de izquierdas Michel Foucault, que acogió con beneplácito el movimiento islámico, el feminismo y la homosexualidad en Europa. Dice Fouault que el poeta francés Jean Cocteau decía claramente que las revoluciones duran vivas quince días, y tenía razón.

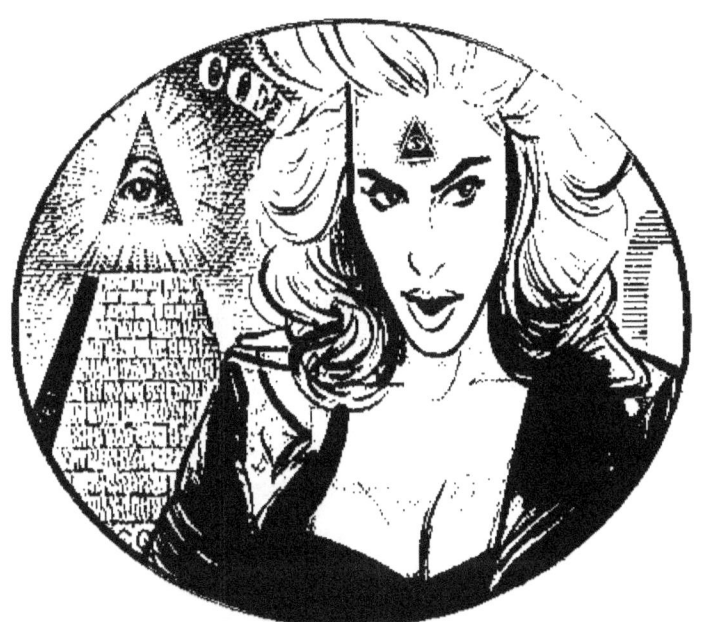

# POR UN MANOJO DE SIMBOLOS ILLUMINATI

"Hay tres clases de personas:
aquellas que ven, aquellas que ven
lo que se les muestra y
aquellas que no ven"
- Leonardo da Vinci

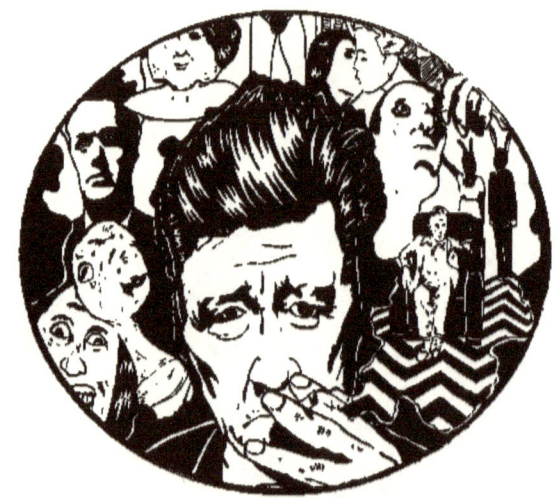

David Lynch huele a lo oculto de lejos y sus referencias a aves azules no engañan a nadie que esté familiarizado con el control total de la mente de mkultra monarch. Director, guionista, artista, músico y actor estadounidense. Las películas de Lynch se consideran generalmente surrealistas caracterizadas por su propio estilo único. A menudo satíricas y oscuras, las películas de Lynch se centran en escenarios de sueños, pesadillas, sexualidad y trauma. David Lynch es conocido por películas como Blue Velvet, Dune, Wild at Heart. Twin Peaks, Lost Highway y Mulholland Drive, así como populares proyectos musicales con Moby, Lykke Li y Chrysta Bell. Lynch apareció en una entrevista televisiva holandesa para hablar sobre las muchas cosas que no son anómalas en la versión de la administración Bush sobre los acontecimientos del ataque a las torres gemelas del 11 de septiembre de 2001.

El director apunta sobre twin peaks que es probable que nada de este laberinto metalingüístico tenga peso real en la tercera temporada, pero conecta el universo de la serie con una tradición ocultista y una tendencia contemporánea a teorizar ad nauseam sobre nuestras ficciones favoritas. Lynch ahondó en la familia Palmer desde una óptica agresivamente psicoanalítica, sigue siendo anatema en muchas casas, incapaces de aceptar su erosión de los elementos más terrenales de la serie. Lynch promueve apasionadamente la meditación trascendental, y ha llegado a crear su propia fundación que acerca a la meditación a grupos de estudiantes, mujeres víctimas de violencia, veteranos de guerra, pacientes con VIH, reclusos y a albergues donde los sin techo buscan refugio.

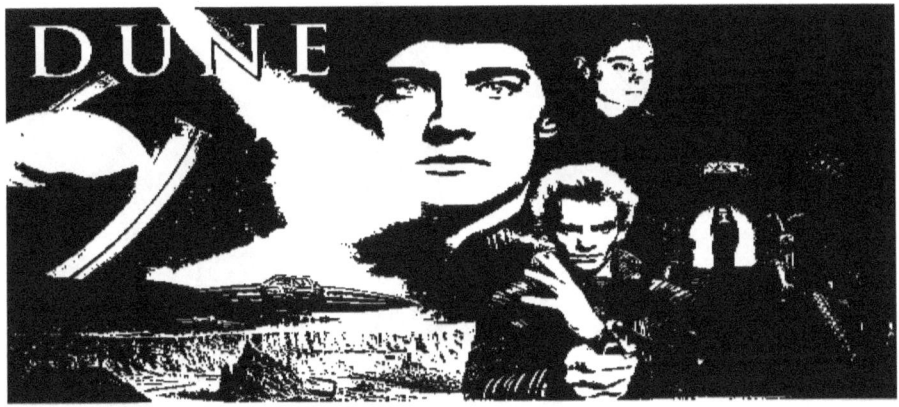

A continuación analizaremos películas del oscuro cinematógrafo, David Lynch con lei motifs ocultos, bélicos, ritualísticos, astrológicos o pseudo siderales. Y añadimos una lista para que el lector vea y estudie el modus operandi de cada uno de sus temáticas. Os animamos a seguirnos en mi canal de YouTube o colinrivas.com donde hago análisis de todas estas películas semanalmente.

**DUNE** - (Nota: este autor se reserva el juicio sobre la exactitud de esta interpretación. Los lectores son libres de hacer sus propias interpretaciones. Esta primera película y su interpretación de valor heurístico se proporcionan como un ejemplo).

La película DUNE (que no el libro) supuestamente es ciencia ficción, y visualmente es retratada como tal en la película, es, en realidad, una historia **VERDADERA** que se está desarrollando ahora y se trata de **GIBRALTAR** - Gebal Tariq – La roca de "El Visitante de la Noche" (en árabe).

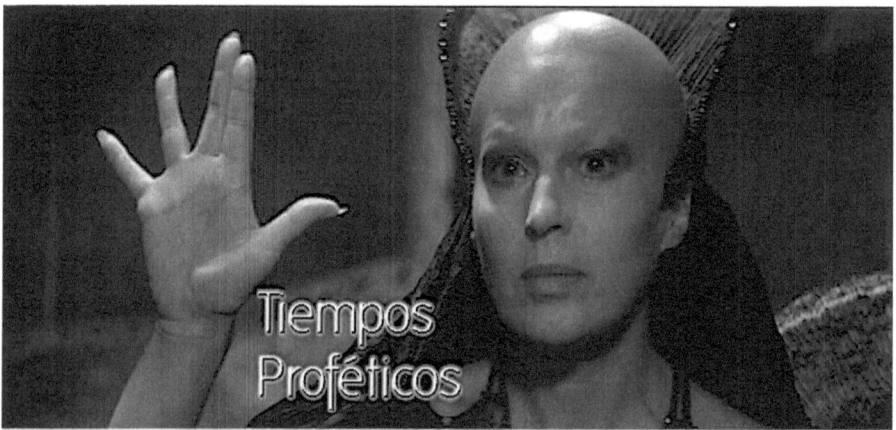

La trama básica de la película procede directamente de las páginas que contienen las profecías, en el libro del Antiguo Testamento de la Biblia del Profeta Isaías; Y también de los libros del Nuevo Testamento de Juan y profecías del Apocalipsis y también de partes del Sagrado Corán.

Pablo, el humano, (dentro de quien está el espíritu-Ser, EL Durmiente-Cristo) se le dijo (mientras habitando en Caladan - Caledonia - Gran Bretaña) que el cambio es bueno para una persona, les permite crecer y sin cambiar algo dentro de Nosotros (todos), dormidos (el alma o ser parte del ser + humano) y raramente despierta *(Marcos, capítulo 13 v 36)*.

"El 'Durmiente' debe despertar" (TÚ debes nacer de nuevo como tu ser-espíritu y despertarte al hecho de que no eres realmente "sólo humano") o nunca "VER" (con tu ojo espiritual despierto) Ver, el Reino de Dios, y NO entrarán en él".

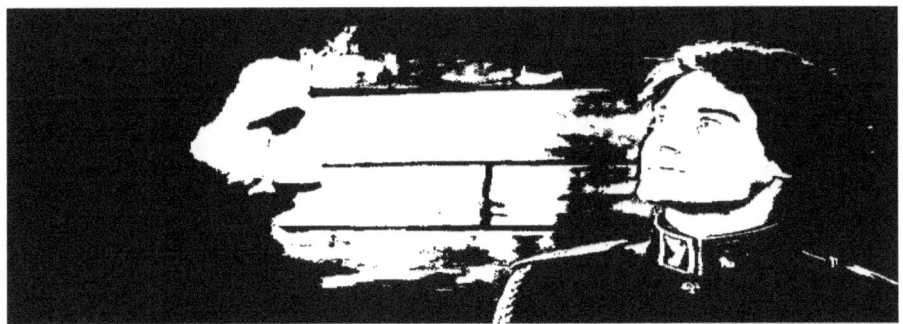

Paul, mientras está siendo probado, dice: Debo superar mi miedo (como YODA le dice a Luke que debe hacer, en 'Star Wars' y YODA también dice: "Seres luminosos somos nosotros, NO esta materia cruda". El miedo es el asesino de la mente, es la pequeña muerte que conduce a la obliteración total. Tengo que enfrentar mi miedo y dejarlo pasar por mí. No debo temer. El miedo es de inspiración satánica y es evidencia irrefutable de una falta de fe (la palabra fe no es el nombre de las religiones, significa "confianza en Dios"). Cuanto más miedo, menos fe; Cuanto más fe, menos temor.

*Dune* - el planeta desierto, es, en realidad, el planeta Tierra, que es un desierto espiritual donde no ha caído ni una gota de lluvia espiritual durante el tiempo de "El Testimonio de los Dos Testigos" que es de 1260 días (años proféticos) en Apocalipsis capítulo 11 versículo 3.

Dune - Sin precipitaciones (lluvia). Ni una gota de lluvia cae sobre el planeta - Apocalipsis capítulo 11: 6 Estos (los dos testigos) tienen poder para cerrar el cielo, que no "llueva" (espiritualmente) en los días de su profecía: y tienen poder sobre "aguas"… Pablo se pone un "traje quieto", para protegerse del desierto, que tiene dos significados.

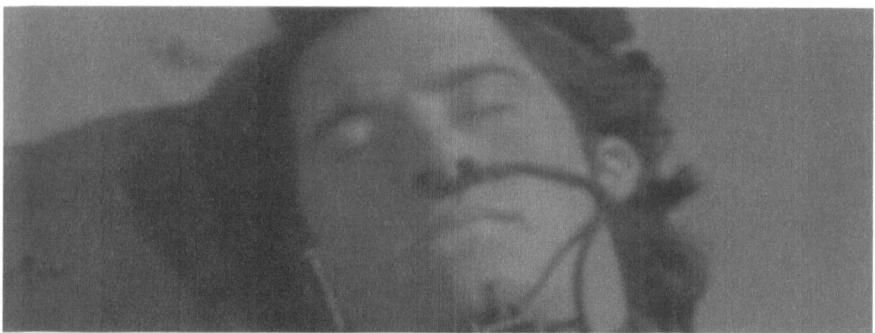

El primer significado de traje-calmado o quieto es el de aprender a calmarse frente a un océano del mal (como el Dune-Sea en Star Wars y cuando Luke le dice a YODA que cuando esté en paz, tranquilo, entonces sabrá el Lado bueno de lo malo) y así ser capaz de oír la "pequeña" voz telepática de Dios, dentro de su mente, para su guía diaria. El segundo significado está más claramente demostrado en la película, ya que los trajes destilan agua para mantenerlos vivos y simbólicamente representan a los Fremen (portadores de los trajes destilando toda la información), para quitarles la impureza y empaparlos con la VERDAD, que es lo que necesitan y les puede dar vida [eterna].

Muad'Dib dice: "Llegará el momento en que todos (que son parte del sistema, como los [cuellos y] corbatas en Star Wars) se volverán contra nosotros y buscarán nuestras vidas. O piedras". Dentro del cual hay trampas de viento y embalses que contienen millones de decalitros de agua potable. Exactamente como que hay trampas, bombas en las entradas y depósitos dentro del peñón de Gibraltar.

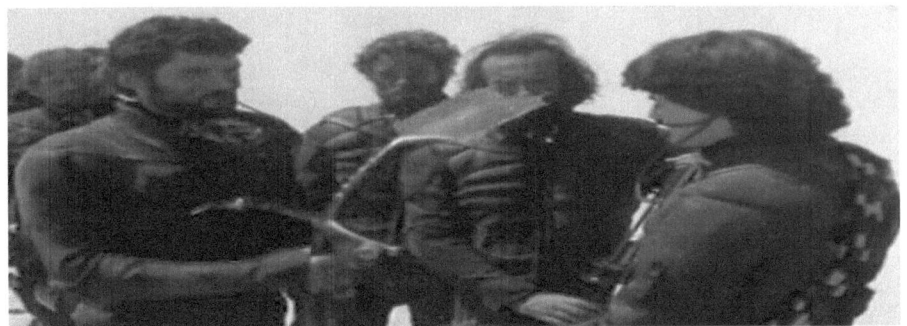

Isaías capítulo 33 versículo 16 "Y él habitará en lo alto: su lugar de defensa será la fortaleza de la roca: se le dará pan, y sus aguas estarán seguras".

Muad'Dib, con el fin de guiar a los _Fremen_, tiene que beber El Agua de la Vida, que es venenosa para los seres humanos - (simbolizando la crucifixión, o la muerte, del "Yo" ego naturaleza humana del cuerpo) y así vencer a la muerte; Y ser capaz de garantizar la Vida Eterna a aquellos que ayudan y luchan, para él y Dios, contra Satanás y su imperio maligno. Sí, aunque un hombre estuviera "muerto", si me cree, vivirá. Si él cree mis palabras (NO las palabras de otras personas sobre mí, sino mis palabras) y lo hace, él vivirá. Paul entonces vence; Conquista; Controles y paseos en la espalda de los gusanos (muerte) para que no ataquen a sus discípulos (JEDIs).

Luego lidera a los Fremen, y los gusanos (la muerte) ayudan a sus discípulos a vencer, derrotar y destruir el imperio malvado gobernado por el emperador Saddam (que es simplemente el "títere" del Emperador REAL, Satanás, como en Star Wars) y todos sus malvados sistemas de gobierno.

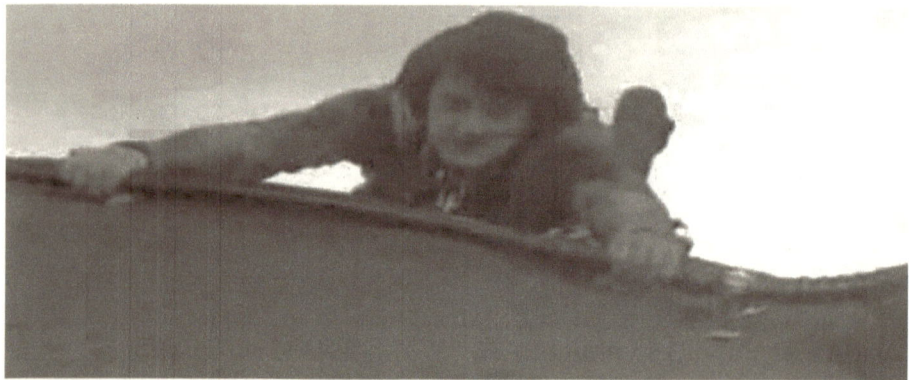

El Gremio que está por encima del emperador humano Saddam y que es el pueblo que realmente dirige el mundo entre bastidores (oculto a la vista), para su maestro Satanás, que es, en la vida real, conocido como "La Mano Oculta" y Ellos y sus ancestros antes que ellos, han estado dirigiendo este mundo para Satanás, durante miles de años.

La Mano Oculta es un pequeño grupo de personas ricas que dicen que son judíos pero no lo son, son la sinagoga de Satanás, como Cristo declara en Apocalipsis capítulo 2 versículo 9, y Fueron ellos los que ingeniaron la crucifixión, para Satanás, para tratar de derrotar a Cristo y conservar su riqueza obscena, y, al hacerlo, provocó, el cumplimiento de todas las Profecías acerca de Cristo que se relacionan con ese suceso y tiempo, y que tenía que ser cumplido, y probar la verdadera identidad de Cristo, etc. Apocalipsis capítulo 2 versículo 9 *"Yo conozco tus obras, tu tribulación y tu pobreza, (pero tú eres rico) y la blasfemia de los que dicen ser judíos, y no lo son, Judaísmo) la sinagoga (iglesia o comunidad) de Satanás"*.

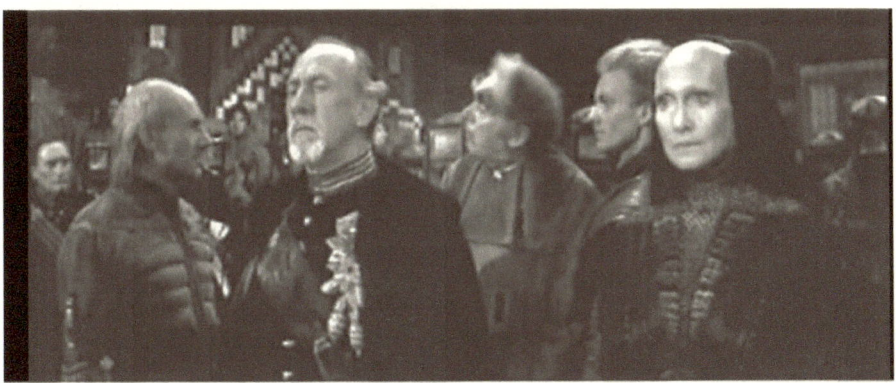

Los idumeos son enemigos de Israel y, desde su conversión al judaísmo, se han convertido en enemigos internos, que han robado la tierra de Israel, más de una vez, del verdadero Israel que es el británico. Esto está escrito a través del Libro del Antiguo Testamento y de su Profeta Ezequiel en el capítulo 36 versículo 5 y el capítulo 11 versículo 15. Esta Profecía apuntaba hacia Israel (R.U.) no a Judá.

La ocasión más reciente fue bajo el auspicio de la ONU. Carta de 1947, que llevó a la Tierra de Israel lejos de los británicos, que son sus dueños legítimos y que lo habían mantenido bajo el mandato británico desde su recaptura por parte de los turcos, el 9 de diciembre de 1917, durante la Primera Guerra Mundial, que fue en el cumplimiento exacto de la Profecía de Dios concerniente a "la pisada de Jerusalén, por los gentiles, durante 2.520 años".

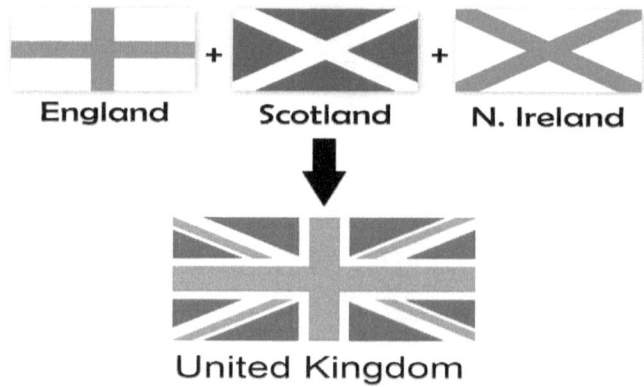

Esa "pisada" terminó, exactamente, al día, como se profetizó más de 2.520 años de antelación, el 9 de diciembre de 1917, y la U.N.O. (Palestina) a los idumeos convertidos al judaísmo, que no son descendientes raciales de Judá o del padre de Judá (Jacob / Israel) sino de Jacob / hermano de Israel, Esaú.

(Nota: obviamente como los británicos y americanos sus camaradas, tienen el control mundial y ellos hacen y deshacen las profecías que sus ancestros escribieron a su antojo). La palabra Brit-ish es hebreo y significa "La gente u hombre del pacto" o en otras palabras "el pueblo de Israel". Brit es hebreo que significa El Pacto e -ish significa exactamente lo mismo en hebreo como lo hace en Inglés, que es, "el hombre o el pueblo de". Así que **Británico** significa el hombre o pueblo de "**El Pacto**". El Pueblo de Israel, que son la única gente con la que Dios ha hecho un Pacto Eterno (según su élite), cuyos términos están escritos en la Tora - Pentateuco.

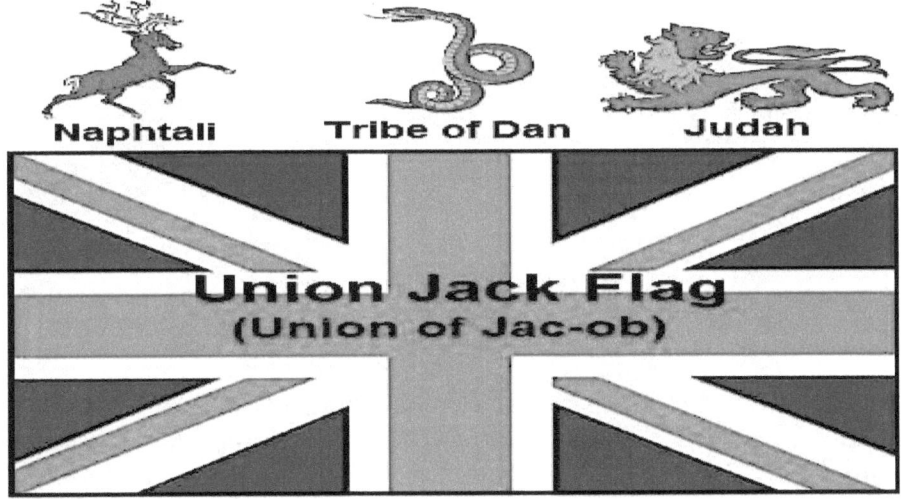

**Naphtali** **Tribe of Dan** **Judah**

La bandera británica se conoce como el Unión Jack. ¿Por qué? ¿No es un nombre inusual para una bandera? ¿Alguna vez te has preguntado cómo obtuvo su nombre? Nadie parece saber hoy en día con seguridad y la respuesta a esa pregunta es tan fascinante como reveladora, acerca de la identidad VERDADERA del Pueblo Británico, su VERDADERA historia y Leyes.

Los británicos siempre han querido acortar los nombres y es un pasa tiempo nacional y característico, así como siempre han dado apodos a otras naciones y pueblos. El Union Jack es una forma abreviada de "**La Unión de las tribus de Israel o Jacobo (Jacob)**". Jacobo era el hijo de Isaac que SU NOMBRE HABÍA CAMBIADO, POR DIOS, A ISRAEL. Así que la bandera Union Jack es la bandera de la Unión de Israel (los británicos), cuya Alianza Eterna con Dios, contiene sus únicas leyes VERDADERAS y legales (Deuteronomio 4, verso 2), está escrito en el Torá.

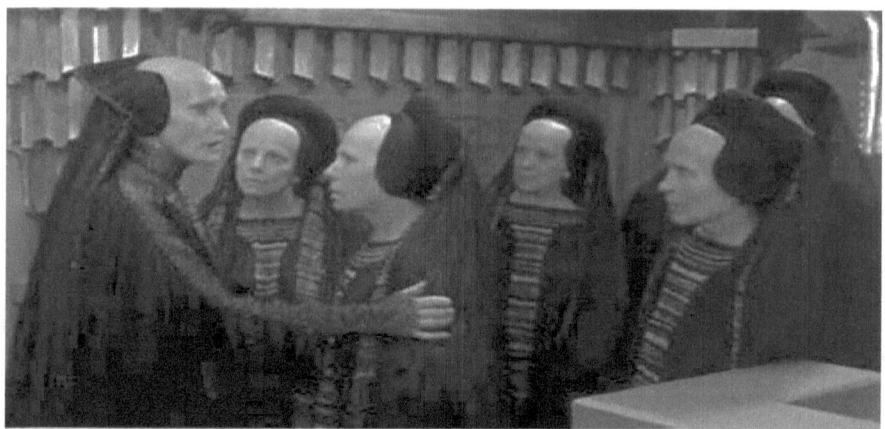

**LAS JESUITAS DE DUNE:** El Torá es la combinación de los Cinco Libros de Moisés: - Génesis; Éxodo; Levítico; Números y DEUTERONOMÍA. Los Idumeos son mencionados por Dios en el Libro del Antiguo Testamento de su Profeta Ezequiel, como que es el enemigo de Israel (en el capítulo 36 versículos 2 y 5) y también son mencionados por Dios (no por mí), como la escoria (en el capítulo 24 versículos 6, 11 y 12).

Ahora, en Dune, El Gremio o la Mano Oculta dependen de su poder y riqueza sobre la droga Melange. La palabra Melange es francesa y significa una mezcla, o, como en este contexto, "Variedad"; que se supone es "la especia de la vida", o así dice la expresión inglesa. Esa expresión NO es realmente verdadera, porque, como dice Paul Muad'Dib, "es veneno".

Voy a explicar por qué, más adelante en esta interpretación de Dune.

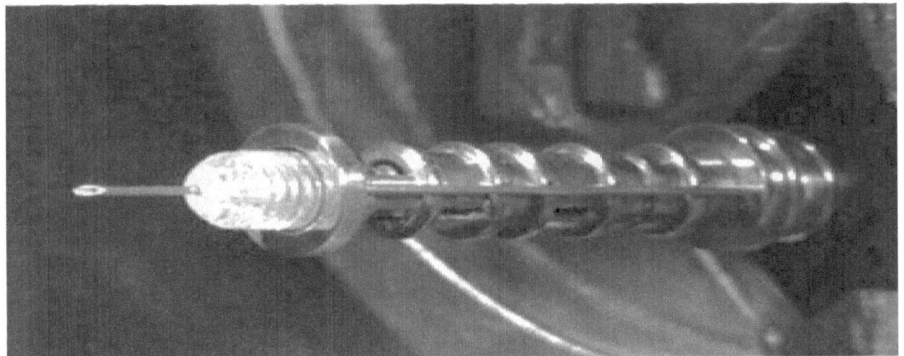

A medida que Muad'Dib bebe el agua de la vida, la **hermandad de Geserit**, que en realidad, según Cristo, es la hermandad jesuita que lleva sotanas sacerdotales, como las mujeres, sangran y son eliminadas de la autoridad por Oussel / Muad'Dib. Esto se explica en detalle en la profecía de Cristo en los capítulos 17 y 18 de la Apocalipsis, que dio personalmente a Juan, el discípulo que Jesús supuestamente amó (espiritualmente y no físicamente).

Paul Muad'Dib, después de beber El Agua de la Vida y destruir así el ser humano de su cuerpo, no su cuerpo, entra en el lugar que es aterrador para las mujeres, donde las mujeres no pueden ir, o mirar, es decir, la dimensión del espíritu, y así se convierte en su ser real y superior. Es allí donde se da cuenta de que los gusanos que protegen la especia, y la droga misma, son uno y el mismo, siendo los dos lados de la misma MONEDA. Al mismo tiempo se da cuenta de que quien controla la droga controla el universo (el planeta Tierra en este contexto) y que tiene el poder de destruir la droga y su producción para siempre.

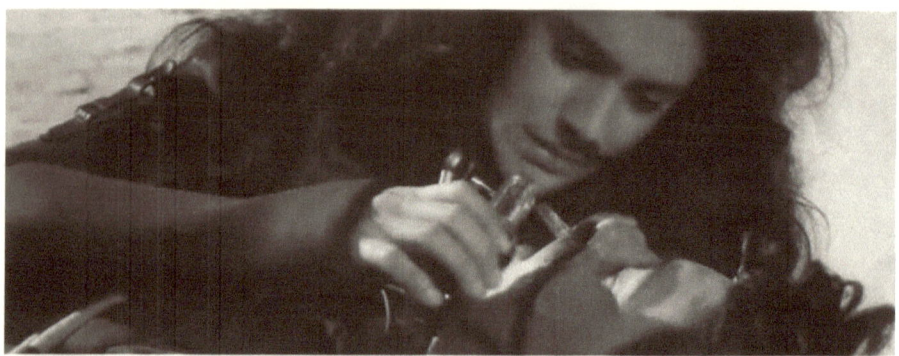

Él dice: "*El gusano es la especia, la especia es el gusano. Ahora realmente controlo el gusano y la especia y tengo el poder de destruir la especia para siempre*".

Luego regresa a la dimensión física y grita, "Padre, El Durmiente [Cristo] HA DESPERTADO" y se convierte en el Mesías Dune. Luego en la seguridad del largo pasillo bajo "La Montaña de la Roca" sus seguidores lo llaman "Mahdi", "Mahdi", "Mahdi". Mahdi es un nombre árabe para el Guiado - el Prometido, del mundo exterior (El Universo) que ha venido (a la Tierra) para conducir a todos los hombres a la VERDADERA libertad y para luchar contra la Jihad o Guerra Santa contra los reyes de la Tierra, para limpiar el mundo de su imperio malvado, de inspiración satánica, y sistemas de gobierno; que crean pobreza en masa y una minoría muy rica, muy pequeña; junto a Jesús, supuestamente descendiente del profeta. Exactamente como es profetizado por el nuevo testamento mismo, en su propio Libro Profético de Apocalipsis que escribió San Juan.

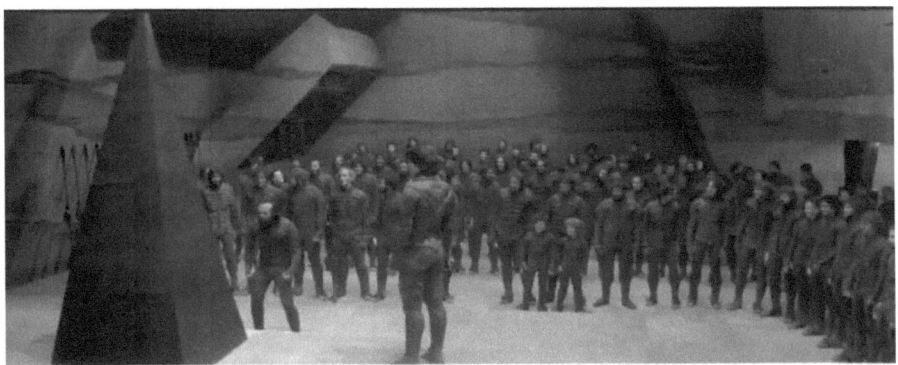

Muad'Dib se convirtió en "La mano de Dios" y entrenó a los Fremen a batallar y convertirse en guerreros santos (JEDI) que lucharon contra el Jihad en cumplimiento de la Leyenda y pronunció la muerte eterna a todos los que se oponen a los Justos (Los Fremen o JEDIs) y al Pacto.

Isaías capítulo 33 versículo 19 *"No verás a un pueblo feroz, a un pueblo de palabras más profundas de lo que puedas percibir, de una manera ridícula de hablar* [la Verdad], (que la mayoría que cree que son Humano) *no puede entender"*.

Si encuentras y luego le dices a la gente la VERDAD y que ellos mismos no son realmente humanos, sino que son seres espirituales que están encerrados dentro de los cuerpos humanos, animales de los que tienen que tomar el control y a cuyos instintos animales egoístas tienen que vencer, a fin de enseñarse a sí mismos (el Ser) a no ser egoístas tampoco, la mayoría de la gente dirá que eres EXTRAÑO y que estás hablando ridículamente (aunque es VERDADERO), en cumplimiento de la profecía anterior.

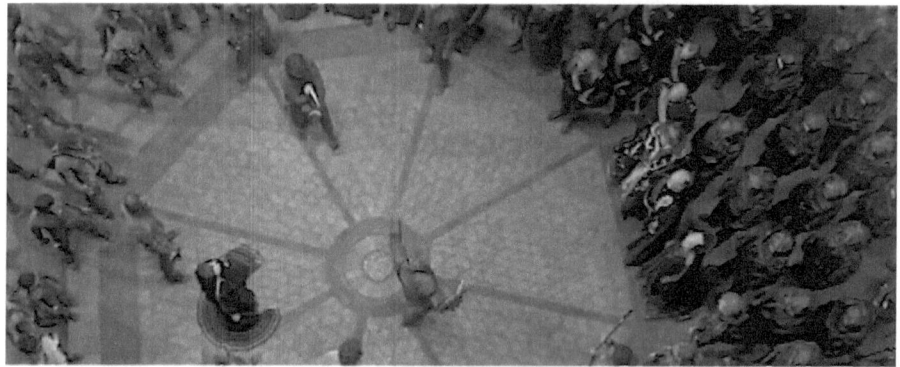

En la película La manera extraña se demuestra hablando profundamente y usando una técnica que implica el sonido y la luz y el movimiento para iniciar Fuegos (bautizar a la gente con "Fuego" [El Espíritu Santo] y con ello quemar el mal de dentro de los corazones y mentes de seres humanos); Paralizar los nervios;

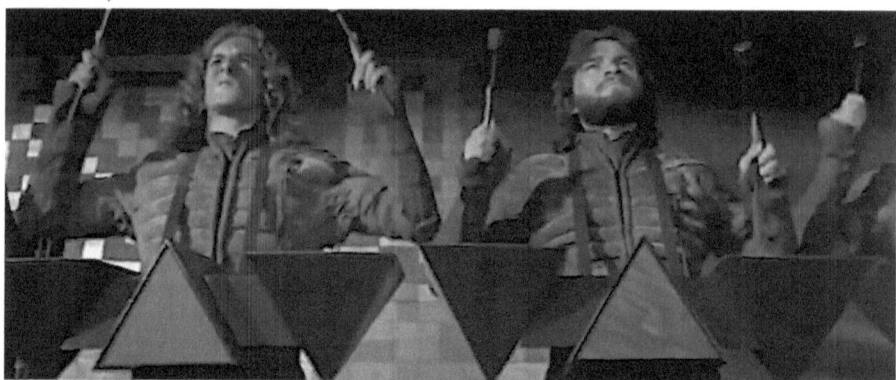

Romper huesos (de contención); Asfixiar al enemigo o estallar sus órganos (de organizaciones gubernamentales) y destruir totalmente toda oposición a las Leyes y el Pacto de Dios y su VERDADERA Justicia que es para TODOS los hombres LIBRES.

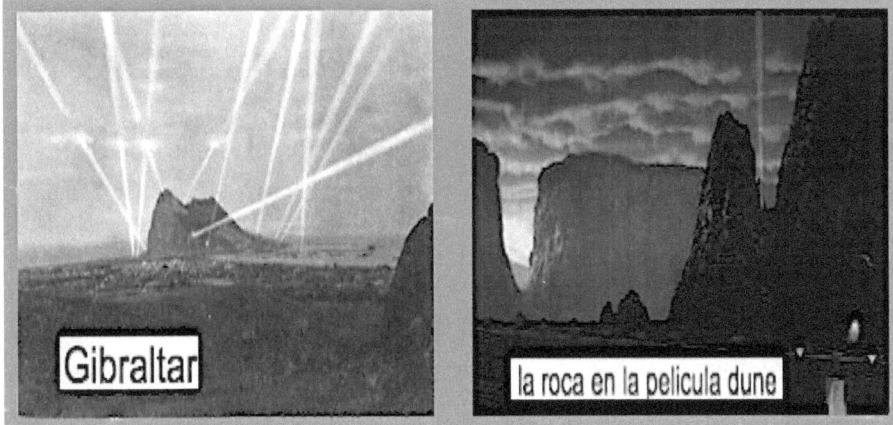

En resumidas cuentas, la película de Dune es sobre un planeta prisión, la tierra, y trata de una batalla infinita del cuerpo y el alma. Entre moros y cristianos, y del final del culto a lo femenino y el paso al culto masculino, una lucha entre dos cultos muy poderosos siderales el solar y el de Saturno por el poder con imágenes astrológicas, como hemos explicado al principio de nuestro libro sobre los diferentes arquetipos y cultos astro teológicos. El comienzo de una III guerra mundial en la era moderna. El resto os lo dejamos para que lo interpretéis vosotros mismos.

**En La mente de David Lynch: una guia esotérica de Twin Peaks** (1990-92-2017)   La tan esperada tercera temporada de Twin Peaks ahora se está emitiendo en Showtime y ciertamente no ha fallado. Mucho se ha discutido en los blogs de Internet y en los libros de referencias ocultas, como el discurso retrógrado pronunciado por los habitantes de la misteriosa Logia Negra y los malvados **doppelgängers** (clones o gemelos malvados) y espíritus que habitan en la logia.

El albergue tiene un piso en zig-zag rojo y blanco que desorienta y actúa de manera similar al suelo a cuadros blanco y negro de la habitación masónica, reflejando la luz y la oscuridad de la naturaleza humana. Pero, ¿qué es exactamente Black Lodge?

Una logia blanca se menciona en la temporada número dos que se emitió en 1991, y la Black Lodge es su opuesta, aunque cuando el personaje principal, el agente Dale Cooper, ingresa a la 'logia' a través de un portal, se le dice que es la 'sala de espera'. Los espectadores se desorientan cuando el agente Dale Cooper se encuentra con una serie de extraños "espíritus" que hablan al revés y en acertijos, creando confusión, hasta que el doppelgänger poseído de Cooper escapa de la logia en lugar de él.

25 años después encontramos la tercera temporada que revela que Cooper todavía está atrapado en la cabaña y su doppelgänger malvado está en el mundo exterior matando gente y haciendo todo tipo de negocios sucios.

Se pueden ver indicios de la novela Moonchild de Aleister Crowley con las Logias Blancas y Negras opuestas, el libro de Crowley tiene Logias Blancas y Negras similares, con Magos Blancos peleando con Magos Negros, aunque los motivos de la facción blanca pueden no ser lo que parece.

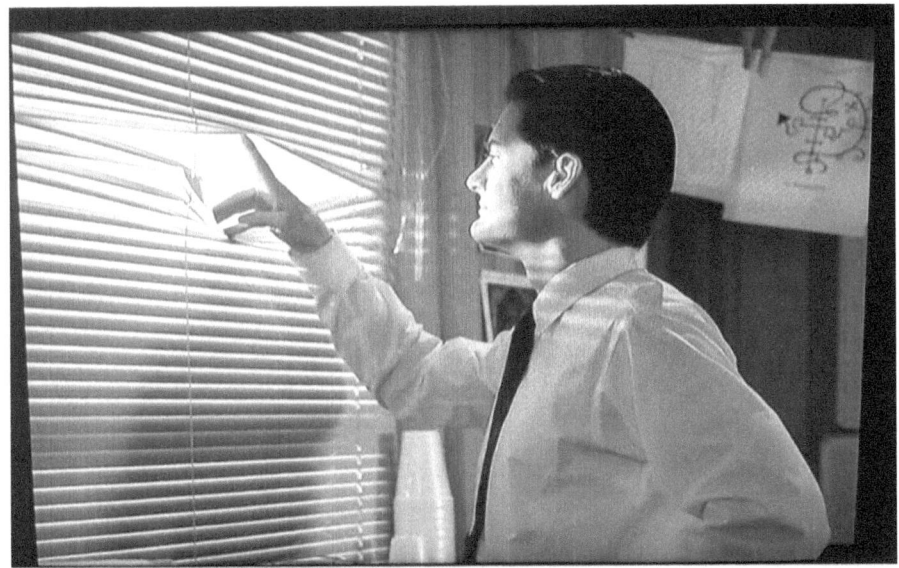

Ten en cuenta el sigil junto a Cooper colgando en el papel. Los sigils en Twin Peaks son en realidad sigils del Goetia, o la Clave Menor de Salomón, que se relacionan específicamente con la invocación de los demonios. El aceite de motor quemado en toda la serie es una referencia al lodo de petróleo que se encuentra en Glastonbury Grove, el sitio del portal forestal que incluye una referencia a la mitología artúrica.

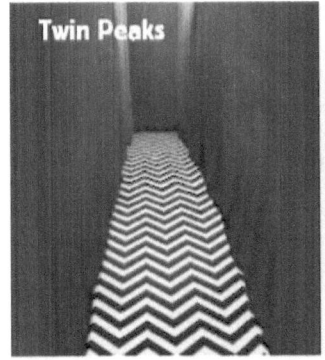

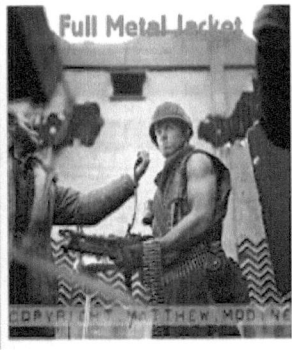

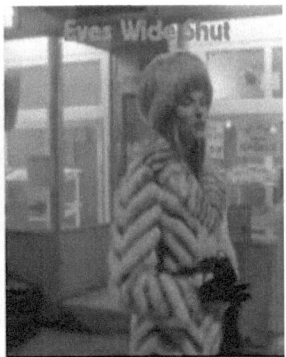

También hay simbolismo en abundancia en Twin Peaks; las imágenes prominentes del búho nos recuerdan el símbolo Minerva de los Illuminati bávaros y el simbolismo del búho que está vinculado a las reuniones de Bohemian Grove. Las referencias artúricas a Glastonbury Grove, donde el portal a la Logia Negra se encuentra "debajo de los árboles de sicómoro" solo se suman a las inclinaciones ocultas. También hay visiones y sueños proféticos, las cartas del tarot son leídas por la Señora del burdel local One Eyed Jacks, y el énfasis de la luz y la oscuridad de la naturaleza humana; araña la superficie de una pequeña ciudad estadounidense aparentemente pacífica y encontrarás un oscuro mundo de gánsteres, prostitución, chantaje, narcotráfico y corrupción.

El Lenguaje inverso fue promocionado por Aleister Crowley en su libro Magick, pero se puede encontrar una referencia más antigua en Through the Looking Glass, de Lewis Carroll, la secuela de Alicia en el país de las maravillas, donde Alice entra al mundo a través de un espejo donde encuentra un libro con escritura hacia atrás que se puede leer sosteniendo las páginas hasta el reflejo. En la década de 1960, los Beatles agregaron 'Lenguaje inverso' a sus canciones, entre las que destacan la Banda del Club Lonely Hearts del Sargento Pepper, Strawberry Fields y la pista Revolution 9 en el White Álbum.

Esto le dio a su música una ventaja interesante durante la era psicodélica experimental, una época en la que también participaron varios artistas, escritores y músicos que exploraron temas ocultos y filosofías orientales. David Lynch, el director y co-creador detrás de Twin Peaks, ha estado involucrado en la promoción de la Meditación Trascendental por un tiempo y una vez organizó un concierto benéfico que incluyó a Paul McCartney y Ringo Starr reunidos en el proyecto de ley.

La visión surrealista de Lynch de la oscuridad oculta en la pequeña ciudad de Estados Unidos, con sus temas ocultos entrelazados mezclados con significados ocultos, se combinan no solo para crear una bella historia, sino para agregarla a la oscuridad cautivadora del drama clásico en sí.

La víctima del sacrificio, Laura Palmer, aprendí que debajo de la superficie hay otro mundo, y aún mundos diferentes mientras cavas más profundo. - David Lynch. Si alguna vez has sentido la endeble y delgada apariencia de lo que se presenta como el buen US de A, y sentiste como si hubieras sido vendido como falso, entonces Twin Peaks de David Lynch es una serie que debes ver. Más como una experiencia iniciática que una simple serie de televisión, Twin Peaks funciona como una visión hilarantemente aterradora de la América real acechando en el sórdido mundo subterráneo bajo la fachada de vallas blancas, muy parecido a la pintoresca oreja cortada en el hermoso césped en su celebrado 1986 comedia de terror, Blue Velvet. Twin Peaks incluso podría titularse propiamente una telenovela satírica oscura esotérica.

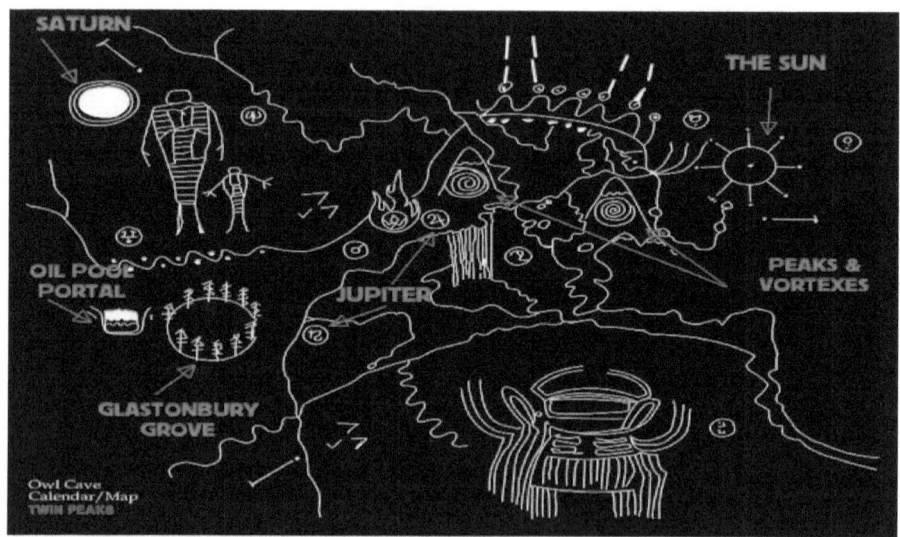

La entrada (arriba a la mitad izquierda) a la habitación roja (sala de espera / logias blancas / negras) se puede entrar físicamente cuando Júpiter y Saturno están alineados. La Dama del Sicómoro es Hathor / Isis. Árbol de la vida = sephiroth. Árbol de la muerte = qliphoth...qabala / kabbala.

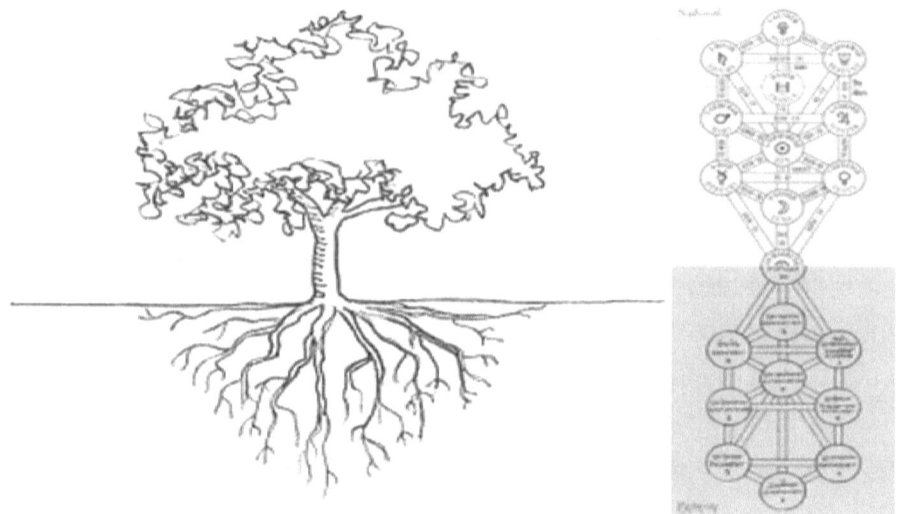

Vale la pena mencionar antes de explorar la narrativa en sí misma, es el estilo preferido de Lynch. Parte de horror, parte neo-noir, parte de comedia, parte melodrama y parte telenovela, la colaboración de Lynch / Frost recopila una amplia gama de clásicos de Hollywood, desde Hitchcock "doblando" hasta el clásico noir 1944 de Otto Preminger, Laura. Cuando entramos en el mundo de Twin Peaks, el protagonista, el agente Dale Cooper (interpretado por Kyle MacLachlan) llega para investigar el enigmático asesinato de la popular rubia de preparatoria, Laura Palmer (interpretada por Sheryl Lee). Basado en un asesinato sin resolver del co-director y creador de Twin Peaks, la ciudad natal de Mark Frost, Laura funcionará como el punto focal para el arco del programa. Sin embargo, a medida que el agente Cooper desenreda la historia real de la desaparición de Laura, la verdad implica una conspiración mucho más amplia de lo que se concibió originalmente. Con sus métodos de resolución de la delincuencia poco ortodoxos, Cooper asombra a las autoridades locales con el concepto de utilizar la sincronicidad para asociar nombres similares con objetos inanimados en un juego de lanzamiento de rocas.

Su comprensión de que hay dos mundos, y un lugar para estar entre ellos, es lo que contribuye a su aura como un módem, iniciado en el siglo 21 de lo oculto. Los elementos chamánicos y mágicos están aquí con toda su fuerza, ya que Fred es un personaje atrapado en diferentes mundos psíquicos que parecen desarrollarse y envolver a otras psiques.

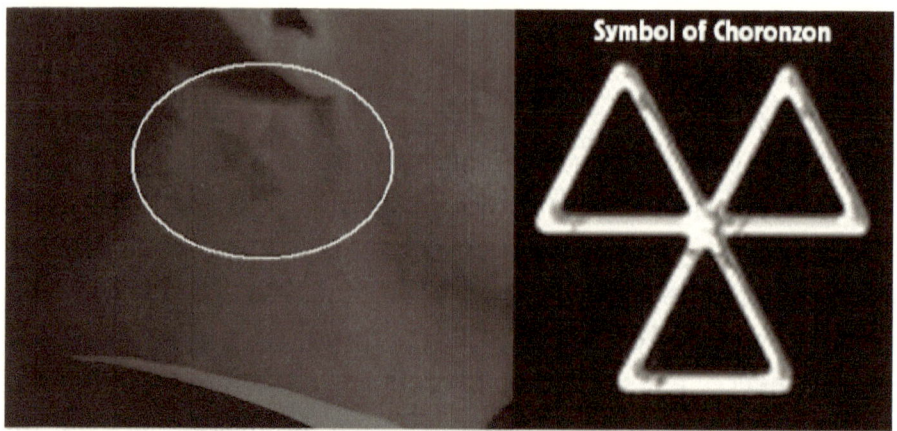

Briggs Neck Tattoo... Marca de Choronzon. Todavía no hemos visto a nadie que haga referencia al símbolo del triángulo 3 en el cuello de Briggs como el símbolo del "Demonio / Guardián del Abismo" / "Morador en el Umbral"... generalmente conocido como Choronzon. El tatuaje de Briggs es idéntico al símbolo de Choronzon. Choronzon se menciona en el funcionamiento del isabelino John Dee (007) y Kelley con respecto a la magia de Enochian.

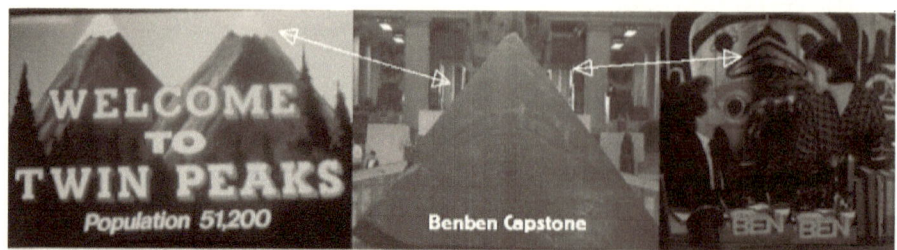

El diseño pintado detrás (con 2 saturnos como ojos) 'la boca'... se asemeja a una pirámide truncada.

De la película **Twin Peaks: Fire Walk with Me**, tenemos la impresión de que el espíritu de Laura ha llamado a Cooper del FBI para que investigue. Consistentemente a través de la serie Cooper recibe mensajes y pistas de este reino espiritual, o lo que podría llamarse precisamente el aether o reino astral.

Cooper descubre a través de la divulgación final del diario secreto de Laura que fue violada desde los doce años por su padre, Leland (interpretado por Ray Wise) y un espíritu llamado "Bob". Bob es un ex asesino que se ha convertido en un demonio en el después de la vida y posee individuos como Leland, y más tarde Windom Earle, para cometer crímenes como pedofilia y asesinato ritualístico. La élite de Twin Peaks que anteriormente se reunió en secreto para las ceremonias rituales de magia.

Y como en el caso de Mulholland Drive, los fenómenos eléctricos y las cargas estáticas tienden a acompañar la manifestación de los espíritus de otro mundo. Los miembros de Black Lodge parecen viajar a través de la electricidad y manifestarse en forma física como el Cowboy en Mulholland Drive. En conclusión, el regreso de Twin Peaks parece haber sido pronosticado por Laura en Black Lodge hace 25 años.

Sorprendentemente, en las series de los noventa, Laura le dice a un viejo Cooper "*Te veré de nuevo en 25 años*", insinuando que volvería. Por eso ahora en las nuevas se enlaza con el mismo tema.

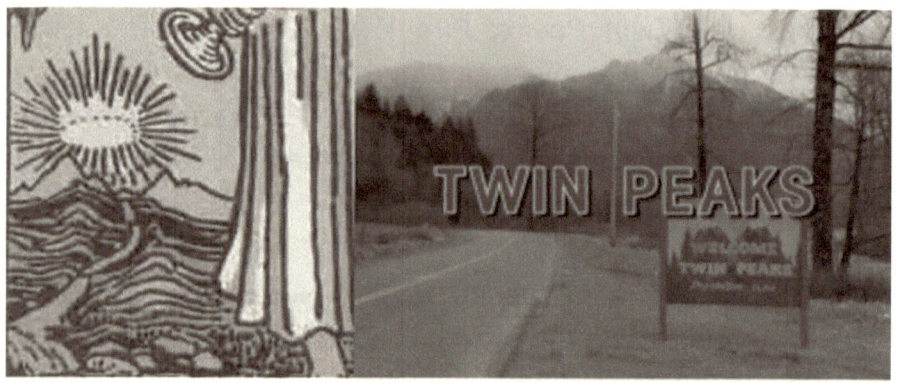

La V entre los Picos, la Templanza, él o ella guía las almas de los muertos para el juicio. En algunas tradiciones, Temperance juzga. En esas escuelas, las tazas en las manos de Temperance son el equivalente funcional de las escalas, y Temperance, como Maat, una diosa egipcia de la sabiduría, juzga el valor del alma antes de pasarla a las bestias del inframundo. (Debajo del sicómoro)

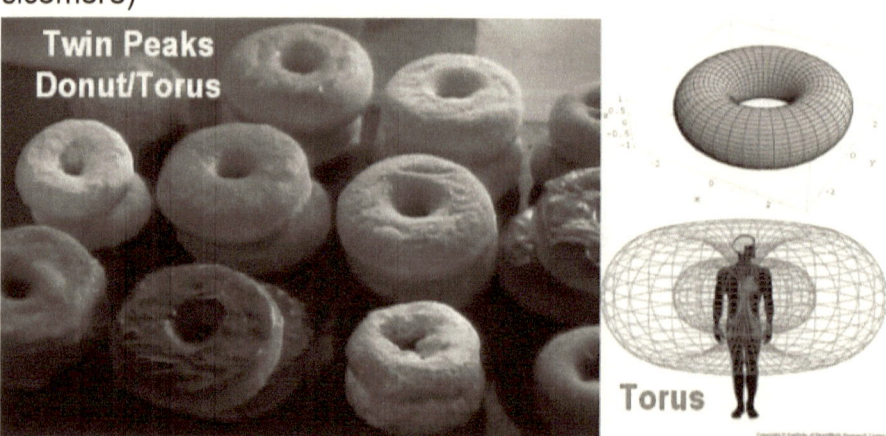

El sistema toroide y el agujero de gusano... representados en el espacio tiempo Donnie Darko y Twin Peaks con los donuts. El infierno de la rueda de la fortuna terrestre. El planeta prisión que vivimos.

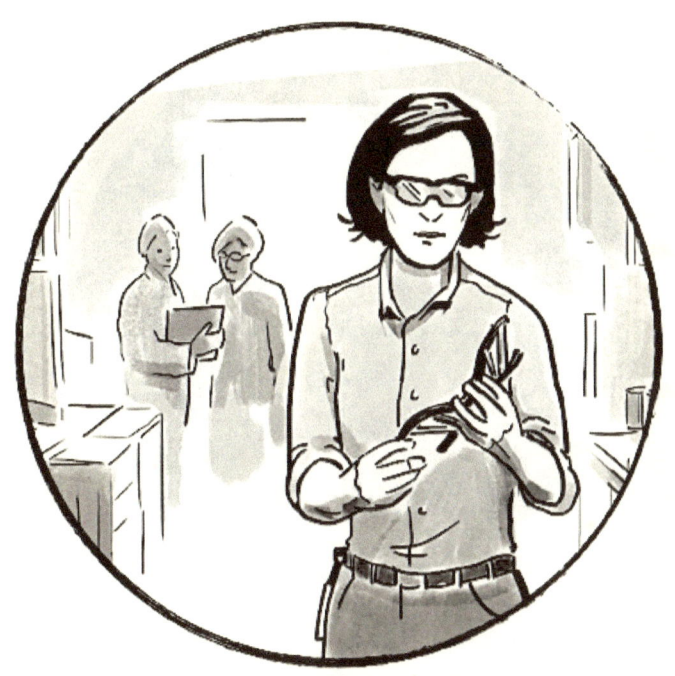

# FUTURO SINTÉTICO

## "NO EXISTE UN GEN PARA EL DESTINO."

-VINCENT DEL FILM GATTACA (1997)

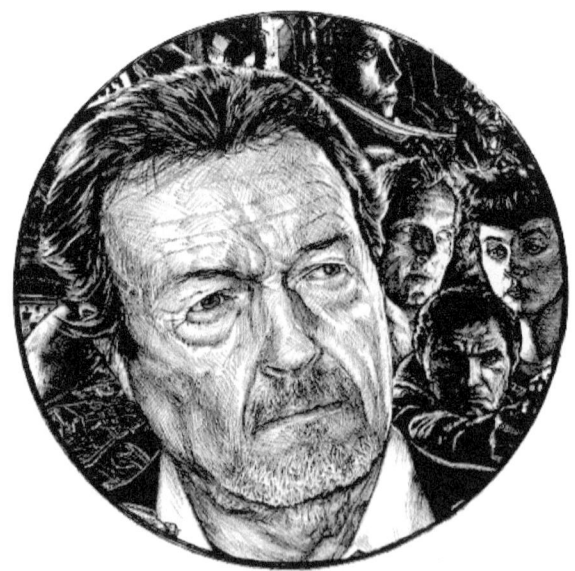

**R**idley Scott (Inglaterra, 1937-) es un director y productor de cine británico. Ha sido nominado en tres ocasiones a los premios Óscar a la mejor dirección. En enero de 2003 fue nombrado caballero por la reina Isabel II. Algunas de sus películas son consideradas como auténticas obras de culto, especialmente Blade Runner y Alien, el octavo pasajero. Se le consideró desde entonces como un visionario del cine. También ha participado junto con su hermano Tony-que murió en extrañas circunstancias en Los Angeles- en la producción de la serie basada en el libro del mismo nombre Los pilares de la Tierra.

En una entrevista con Sky News, Scott dijo que los aliens alomejor no "vienen en paz. Un experto con el que estaba hablando en la NASA me dijo: '¿Alguna vez has mirado al cielo por la noche? ¿Quieres decir que estamos...? "¡Eso es ridículo!" Está convencido de que podría haber entre 100 y 200 especies de aliens diferentes en el Universo. ⟨Ridley Scott cree que los extraterrestres están allá afuera y pueden matarnos.⟩ Recientemente, Scott incluso ha advertido de que los Robots se podrían revelar contra los humanos en un futuro no muy lejano. Curiosamente, Ridley Scott se inspiró en las pinturas de Francis Bacon -un iluminista reconocido y rosicruciano y creador del sueño atlante británico- al desarrollar la criatura alienígena.

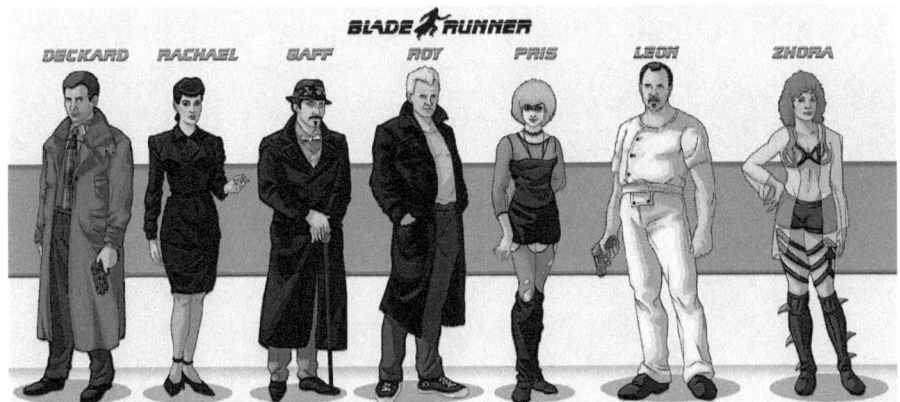

**Blade Runner (1982)** - El futuro sintético revelado en el Blade Runner de Ridley Scott, donde se nos presenta un futuro profético y distópico basado en la novela de Philip K. Dick, *¿Sueñan los androides con ovejas eléctricas?* Veremos que esta película está llena no solo de predicciones precisas del paisaje general del futuro, sino que también está impregnada de imágenes ocultas y profundos temas simbólicos, además de plantear cuestiones morales y sociales cruciales. La película opera en varios niveles: como la historia inmediata, el nivel predictivo futuro con críticas sociales, el nivel de operaciones encubiertas y control mental, y el nivel más profundo, el de mitos, arquetipos y transformación alquímica oculta iniciática.

A medida que comienza la película, se muestra al espectador el paisaje de Los Ángeles entre el 2016 - 2020, o sea ahora, y luego un ojo viendo el paisaje. El ojo representa al espectador, y tal como lo presenciamos en nuestro análisis de Eyes Wide Shut, la visualización de la película en sí constituirá una experiencia iniciática.

## Y en esta película encontramos únicamente ... Unicornios

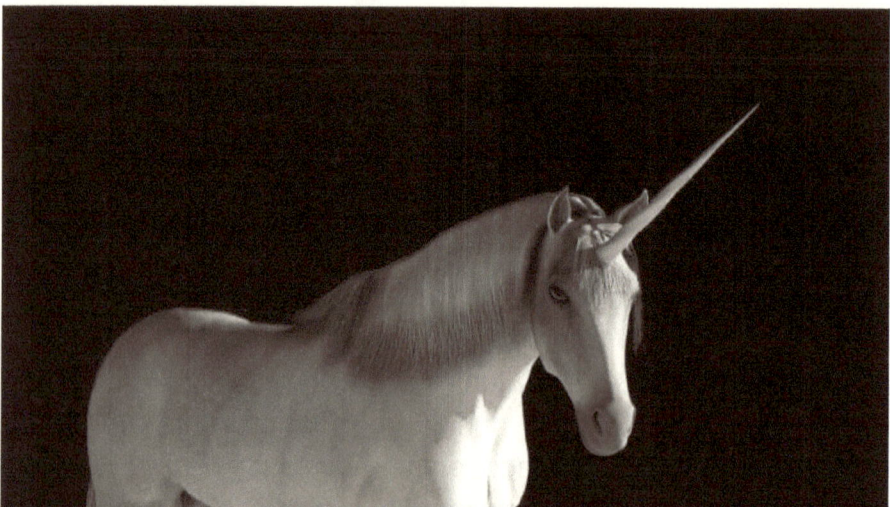

Considerado durante mucho tiempo como una leyenda y un cuento de hadas, el unicornio, como símbolo, ocupa un lugar especial en el mundo del "cristianismo místico" y otras enseñanzas esotéricas. Manly P. Hall, en su obra monumental Las enseñanzas secretas de todas las épocas, dijo que esto concerniente al unicornio, los místicos cristianos medievales empleaban al unicornio como un emblema de Cristo, y esta criatura por lo tanto significa la vida espiritual en el hombre. El único cuerno del unicornio puede representar la glándula pineal, o tercer ojo, que es el centro de cognición espiritual en el cerebro. El unicornio fue adoptado por los misterios como un símbolo de la naturaleza espiritual iluminada del iniciado, el cuerno con el cual se defiende como la espada flamígera de la doctrina espiritual contra la cual nada puede prevalecer.

Al espectador se le mostrará el plan de la élite, pero los ojos de la mayoría permanecerán cerrados. Para las masas, no hay capacidad para hacer conexiones de niveles más profundos y asociaciones entre ideas, símbolos y arquetipos. Para el espectador que tiene ojos para ver, está viendo el futuro en sí mismo, así como también la visión del mundo de la clase dominante. De hecho, Blade Runner se clasifica con Eyes Wide Shut como una de las revelaciones más explícitas del método de los oligarcas gobernantes.

El futuro, para Dick, está controlado por una sola mega corporación global, encabezada por un genio tecnológico que obtiene una especie de estado divino al crear seres conscientes a su propia imagen (replicantes).

Muchas de las veces que estas cosas se vuelven "ocultas" es cuando las personas están preparadas para ellas y su conciencia se eleva hasta cierto punto y lo ven como una forma de encontrar a otras personas que también están en el mismo nivel. Gran parte de Blade Runner se centra en la ingeniería genética y la realidad sintética, ya que constantemente vemos maniquíes y muñecas, especialmente en el estudio de J.F. Sebastian. Por ejemplo, el fondo incluye signos de Atari: Atari es una empresa de videojuegos; los videojuegos son realidad virtual sintética. La compañía de Tyrell es una compañía de ingeniería genética, especializada en replicar la realidad hasta el punto de que cuando Deckard encuentra la balanza de la serpiente de Zhora, debe llevarla a un especialista para ver si es real o sintética.

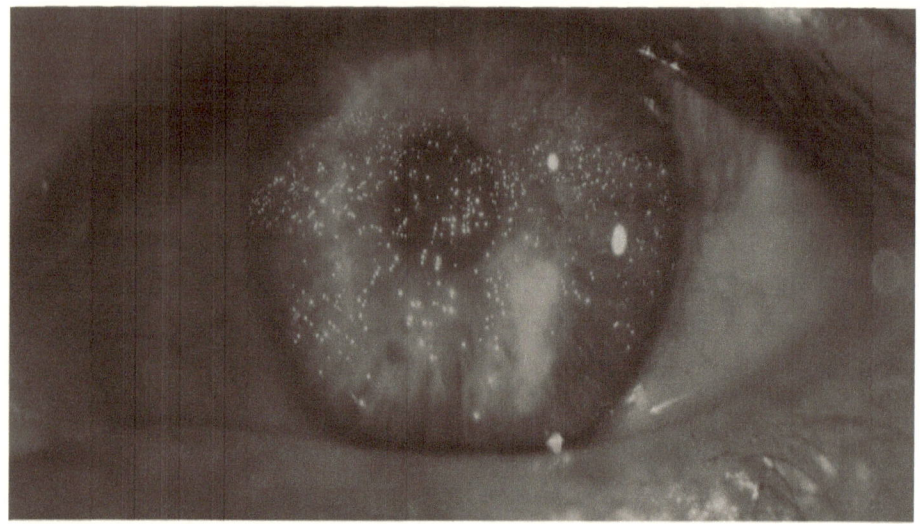

Al igual que las otras películas que he analizado, comienzan la película de inmediato con su mensaje oculto, primero con un ojo ...Y en el futuro, al parecer, la élite poderosa de la tierra vive en las pirámides ... Y Ridley Scott solo tenía que hacer que un vehículo aéreo fuera justo sobre la pirámide, simbolizando el ojo ...

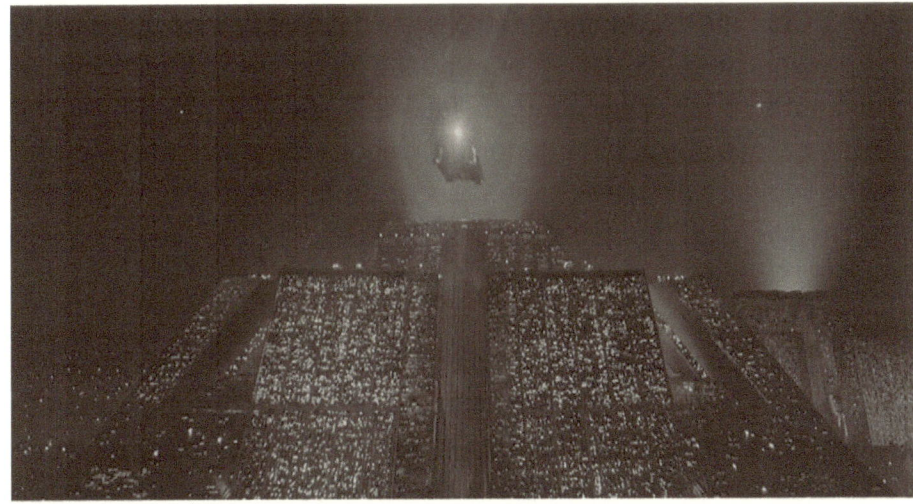

Toda la película se enfoca en el ojo: es un tema constante en este. El único ojo representa el ojo de las mentes internas, la glándula pineal, el asiento del alma. Se encuentra en todo el mundo dentro de las prácticas espirituales. El tercer ojo la glándula misma libera una sustancia química llamada DMT o N, N-dimetiltriptamina y es la principal sustancia liberada naturalmente en el cuerpo (pero ilegal en la sociedad) que causa experiencias espirituales cuando es secretada en forma líquida en el cerebro. Búscalo.

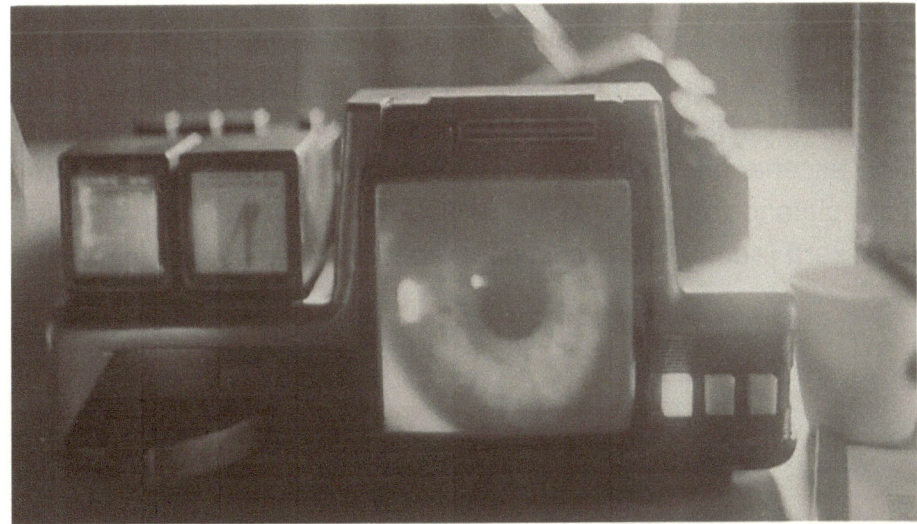

Philip Dick fue increíblemente profético en este sentido, y en la manipulación genética; el número de serie microscópico en la escala de serpientes apunta incluso a la nanotecnología, mucho antes de que fuera bien conocido. Zhora, también, se presenta como una stripper que "recibe placer de la serpiente", y el Eden es mencionado específicamente por Abdul, que lleva puesto Fez.

El Fez, originalmente un símbolo musulmán, es el tocado de los Shriners, compuesto por masones de nivel superior. La siguiente figura de origami que Gaff deja es un hombre con un pene erecto. La pequeña figura significa que Deckard está a punto de enfrentar otra etapa en su proceso de transformación, particularmente en su relación con Zhora, la mujer unida con la serpiente. Zhora también interpreta su danza como Salomé, el personaje bíblico que seduce a Herodes y le pide que le cortara la cabeza a Juan el Bautista.

Cuando Deckard se encuentra con Rachael en su apartamento, comienza a quedar más claro que Deckard es un replicante: en un momento emotivo, tanto su ojos como los de Rachael se iluminan de rojo con el resplandor del replicante, justo después de que Rachael pregunta si el propio Deckard tomó el Kampff. La escena de amor sigue, y Deckard se une con Rachael, completando el proceso de unificación en la propia psique de Deckard (aunque su propio proceso todavía no está terminado).

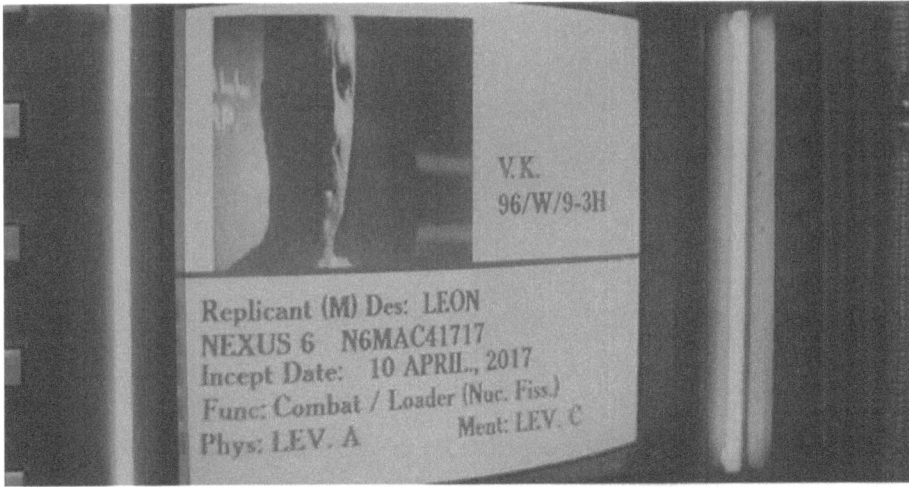

En la película son Replicantes. Los Cyborgs que están en el centro de la película son perseguidos por "Blade Runner's"; irónicamente, todo esto sucederá ahora en 2016-2020. Este edificio es constante, porque aquí es donde vive el creador de los replicantes. Él es su dios creador, el "padre", como lo llaman. El demiurgo

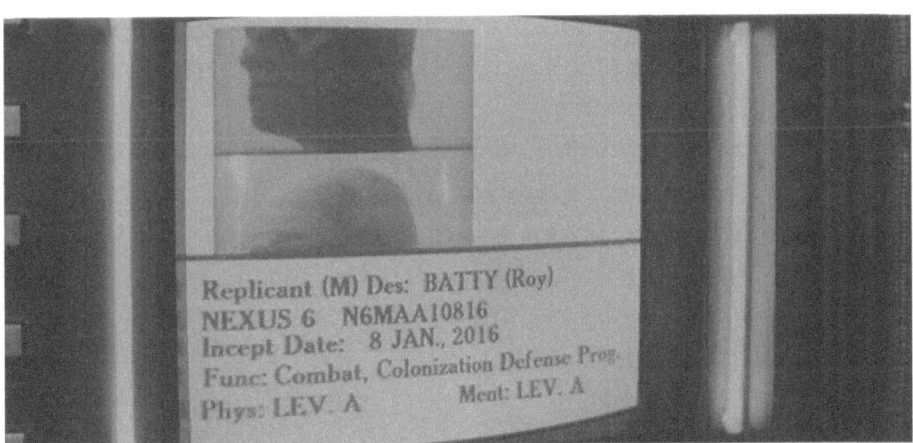

Anteriormente, había una misteriosa escena en la que Deckard se había quedado dormido tocando el piano y soñando con un unicornio. La bestia mítica surge de recuerdos implantados en el subconsciente robótico del programador Deckard. Esto es crucial, ya que el unicornio en alquimia significa la Piedra Filosofal misma. Deckard sueña con símbolos arquetípicos relacionados directamente con la alquimia, y esto se hará evidente cuando Gaff deje la figurilla de origami final: un unicornio.

Esto significa que Gaff sabía todo el tiempo sobre los recuerdos implantados de Deckard, que surgieron en sus sueños. Deckard por segunda vez se queda dormido, pero despierta con el sonido de Rachael tocando su piano, y comienza a darse cuenta de que ambos tienen recuerdos implantados similares.

Carl Jung escribe acerca del unicornio, también asociado con Mercurio, de la siguiente manera: El unicornio en alquimia: El ejemplo del Unicornio se elige para demostrar cómo el simbolismo de Mercurio se entremezcla en las tradiciones del gnosticismo pagano y la Iglesia cristiana. Como el unicornio no es una entidad única, claramente identificada, la preocupación más específica se centra en la bestia con un solo cuerno. Recuerda que cuando Roy Batty salva a Deckard del precipicio, su palma se clava a la manera de Cristo, mientras él libera una paloma, otra imagen Mercurial.

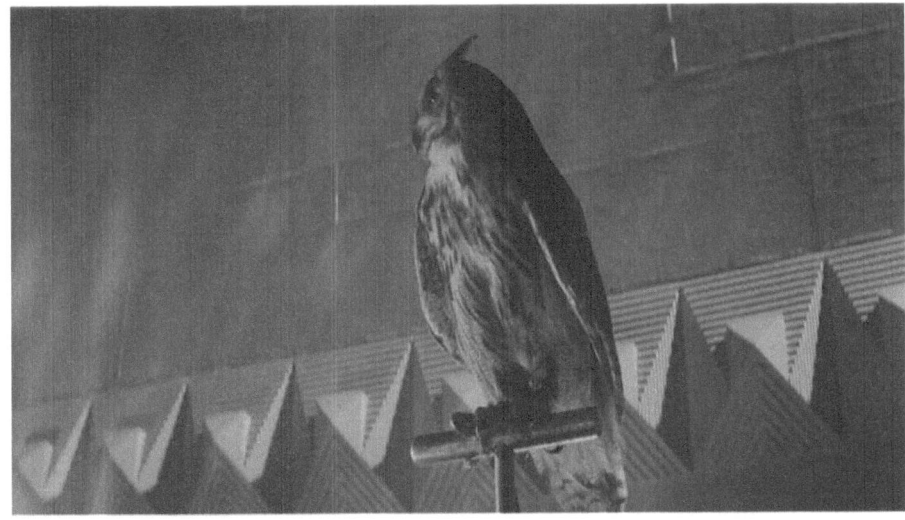

El científico creador tiene un búho cyborg que se ve constantemente. El primer comentario que hace el cyborg "Rachael" es "¿Te gusta nuestro búho"? Y cuando la ves, detrás de ella hay un Obelisco egipcio (otro símbolo fálico común) y estatuas de búhos.

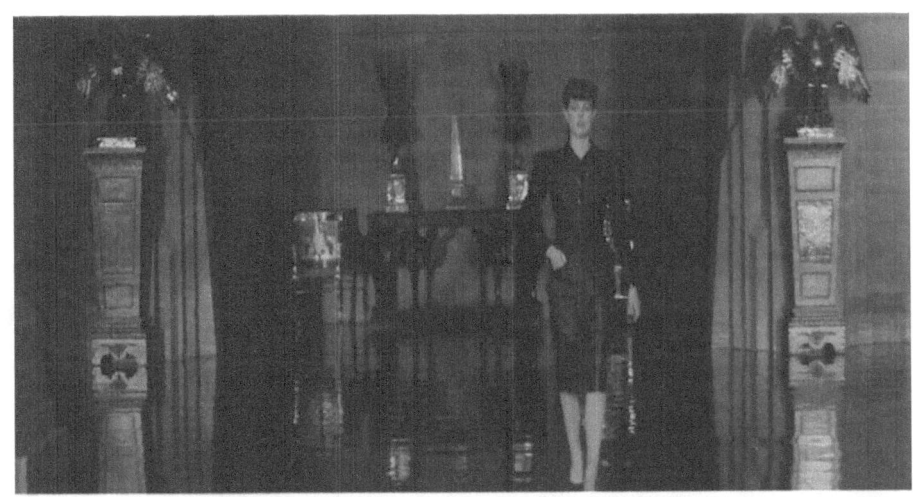

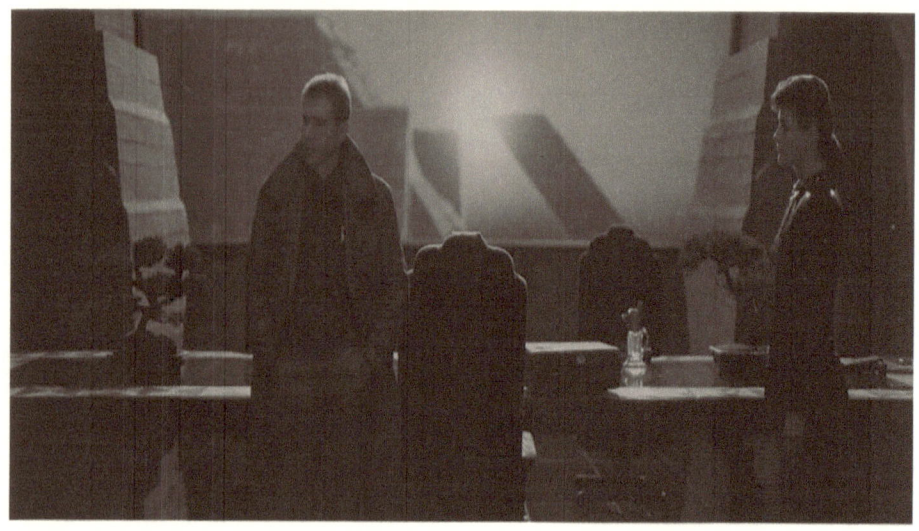

Blade Runner es particularmente más profunda con la presentación de estos símbolos, utilizando trucos oculares. Se sabe que Ridley Scott hace esto en todas sus películas. Todos ellas muestran este tipo de cosas. Pensé que las siguientes escenas eran particularmente ingeniosas. Mira el edificio inclinado y la posición del Portador de la Luz de la Estrella de la Mañana / Sol "Lucifer"

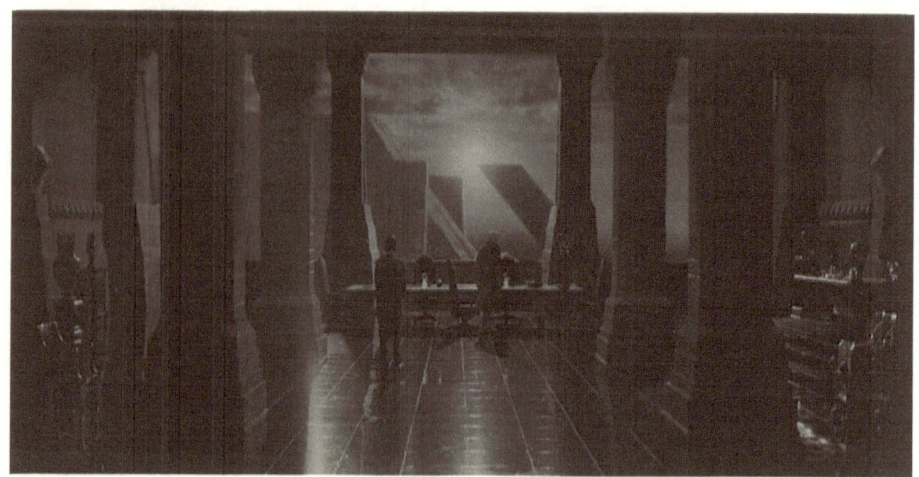

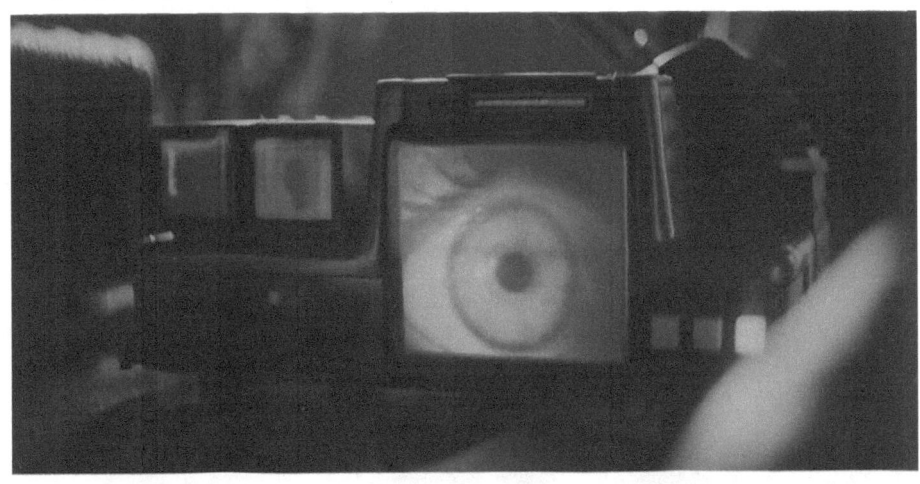

Los edificios ocultan la pirámide con ojos también de vez en cuando. ¿Puedes verla aquí?

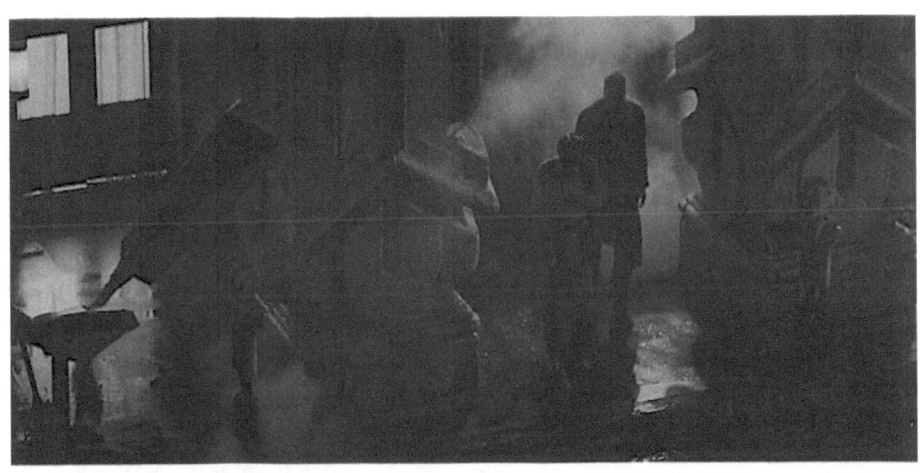

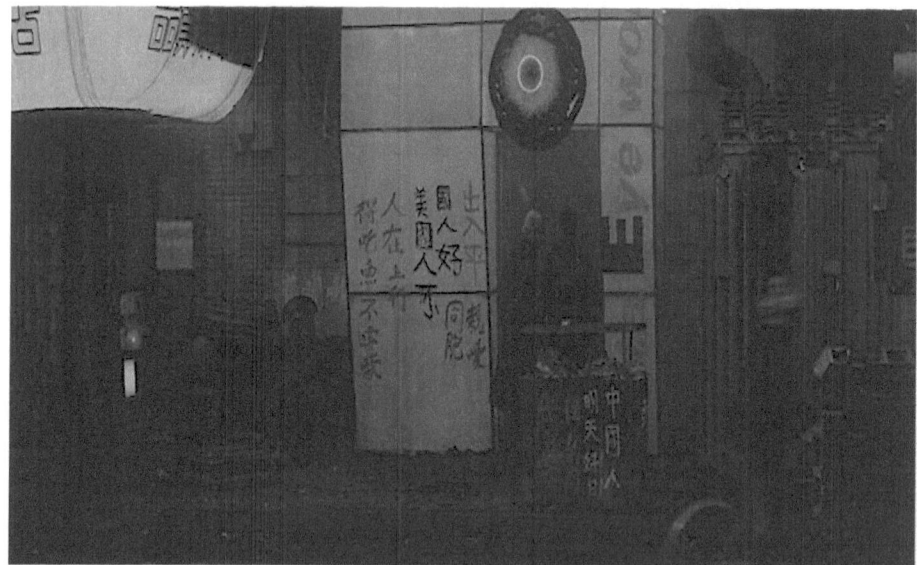

El primer científico que los Replicantes intentan buscar ayuda para la longevidad de la vida (otra cosa interesante más profunda del símbolo) es el diseñador visual ... Cuando el Replicante principal habla con el científico Hannibal Chew y dice algo interesante: "Si pudieras ver lo que veo con tus ojos"<Dios

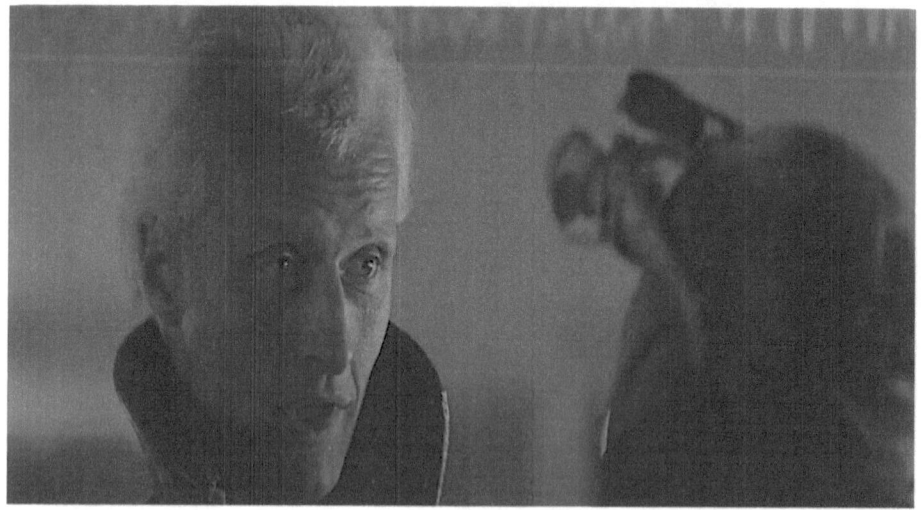

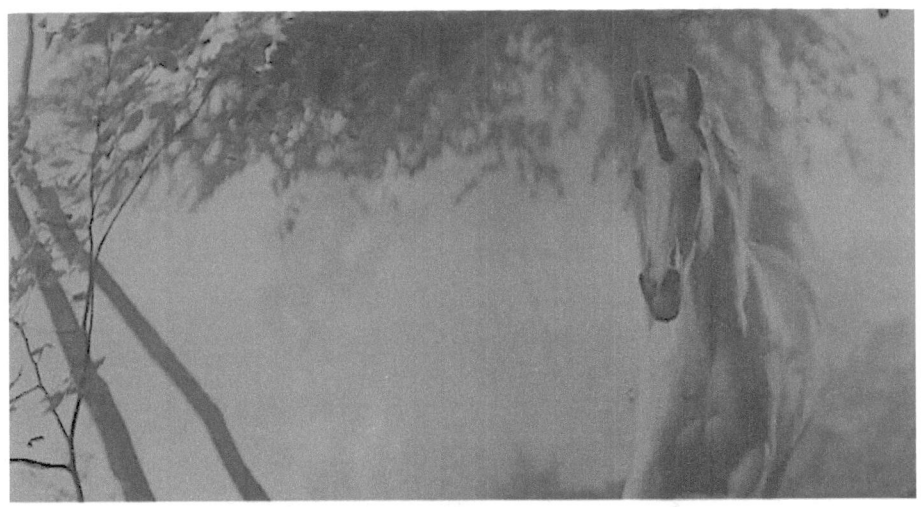

En cierto momento, Rick Deckard interpretado por Harrison Ford tiene un sueño simbólico de un Unicornio ... Recuerda esto. Este será el punto de inflexión en la película. Deckard está investigando y visita al fabricante de serpientes Cyborg, que lleva puesto un gorro de Shrine masónico.

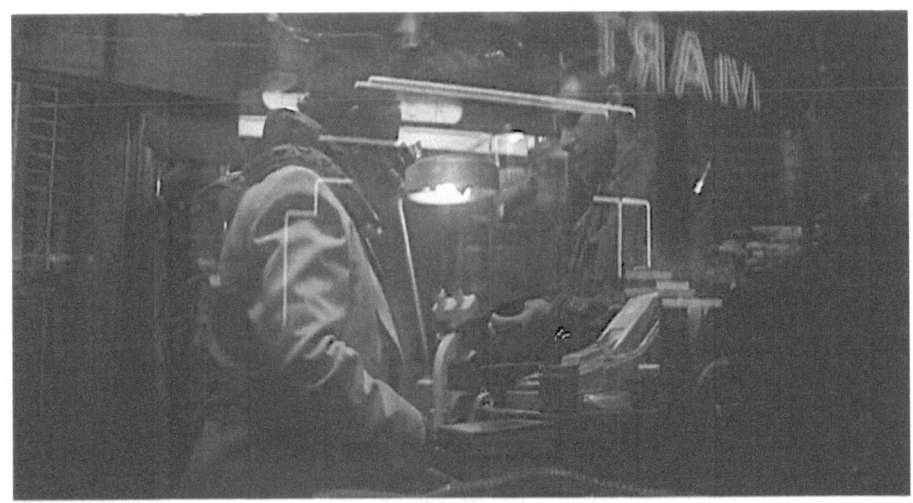

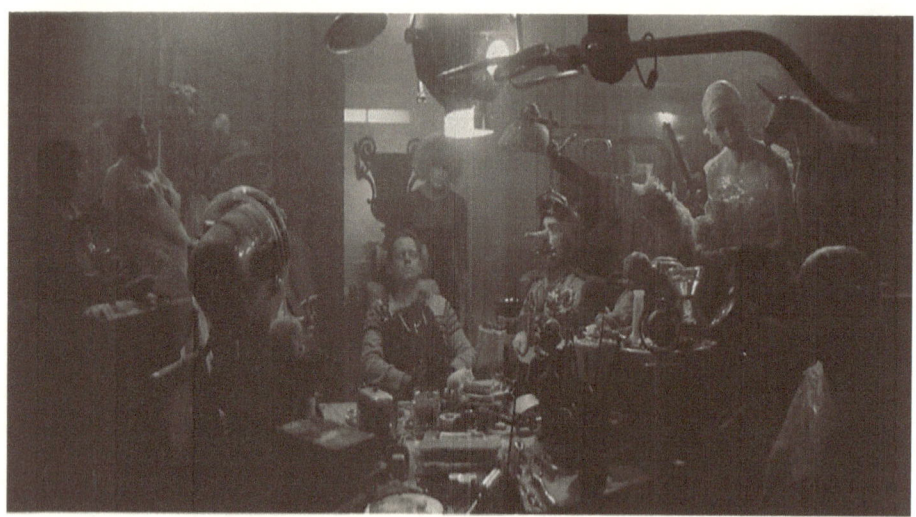

Luego está J.F. Sebastian, otro diseñador científico que ayuda a construir cyborgs. En la siguiente escena, él está sentado con sus creaciones (que son un extraño gesto simbólico psicológico profundo de la mente). Mira lo que está en la parte superior derecha. ¿Puedes distinguirlo?

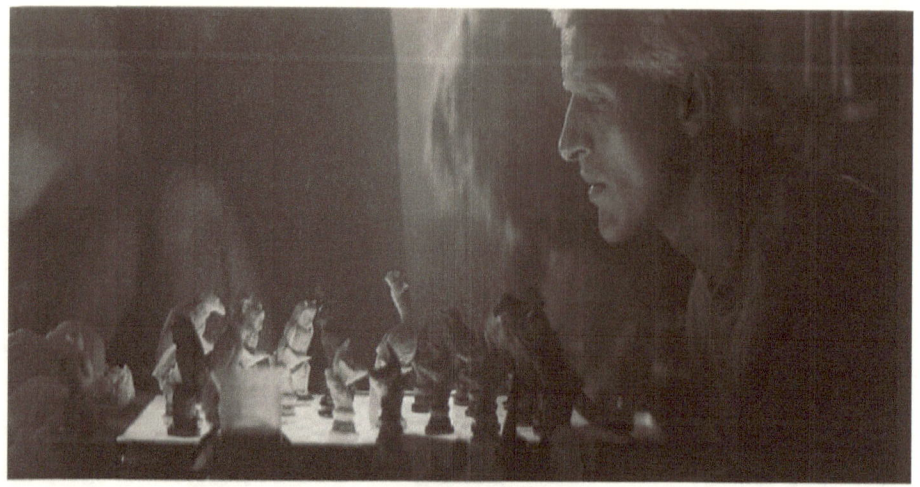

¡Un unicornio!

De nuevo, aquí vemos que no solo se acentúa el búho en la escena, sino que es parte de un juego de ajedrez.

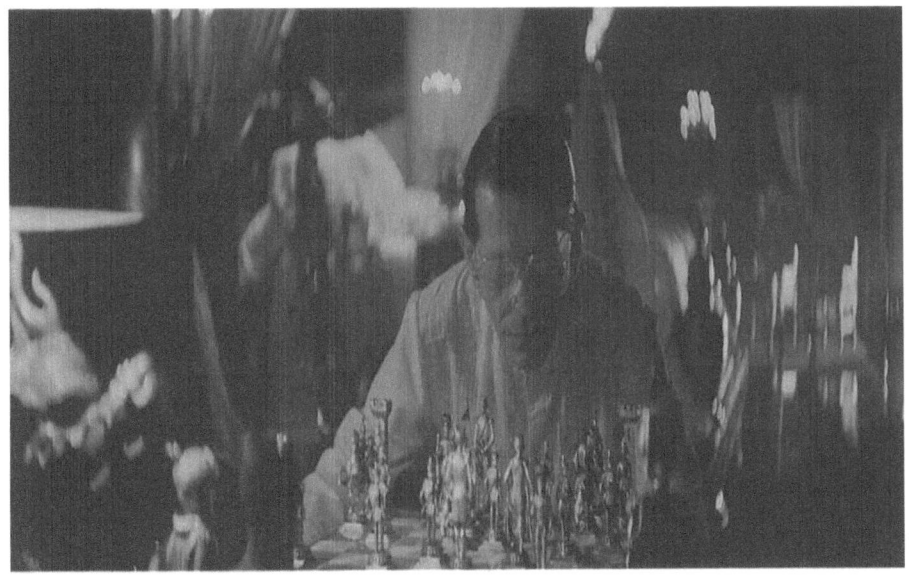

Roy Batty, el principal cyborg, trata de conocer a su creador, por lo que vemos al Owl nuevamente sentado cerca de los patrones de las pirámides ... Antes de entrar a la sala para reunirse con el fabricante de cyborg, el Dr. Eldon Tyrell, está jugando al ajedrez mostrando el símbolo de dualidad / negro / blanco - yin yang...

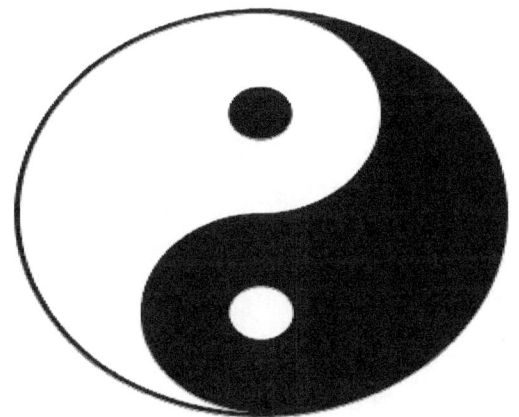

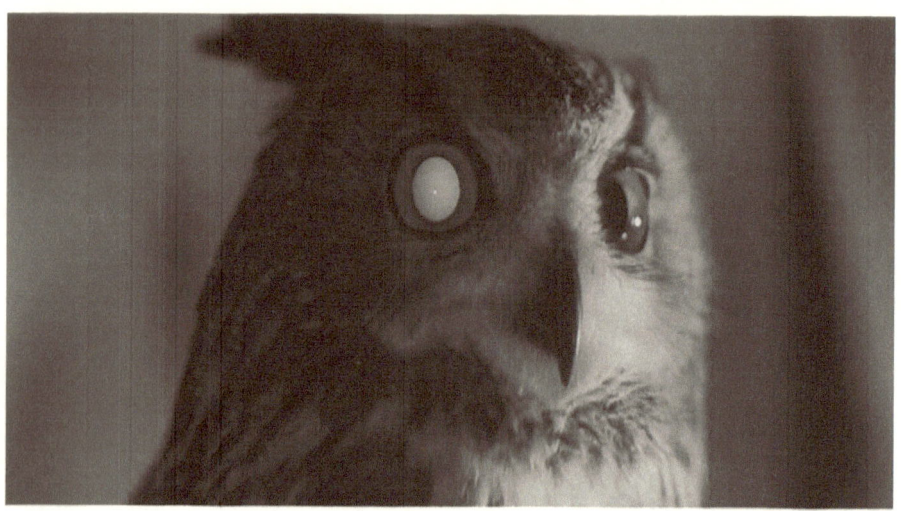

¡Buho con ying! Mira la siguiente escena. Este es un momento simbólico de cuando el Dr. se viste de blanco y tiene el pelo negro. El cyborg está usando todo negro con pelo blanco. Se trata de la dualidad, estamos en una realidad dualista, yin yang.

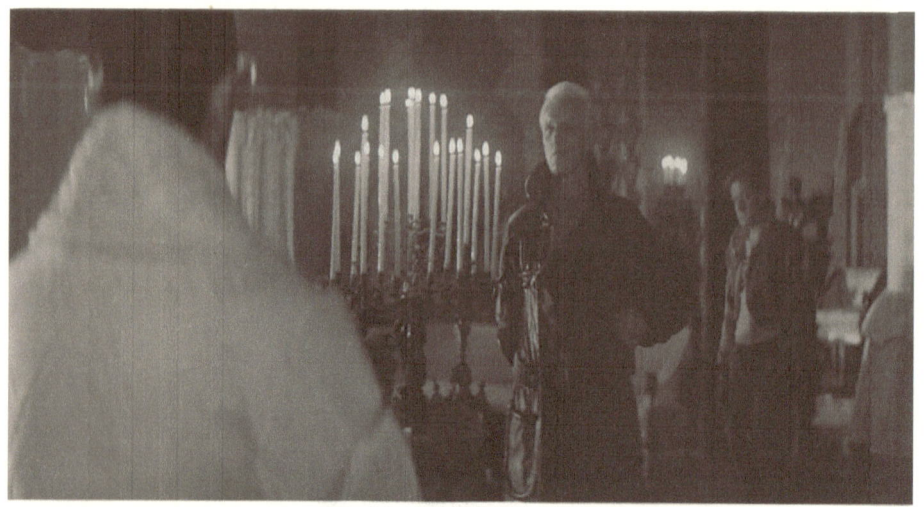

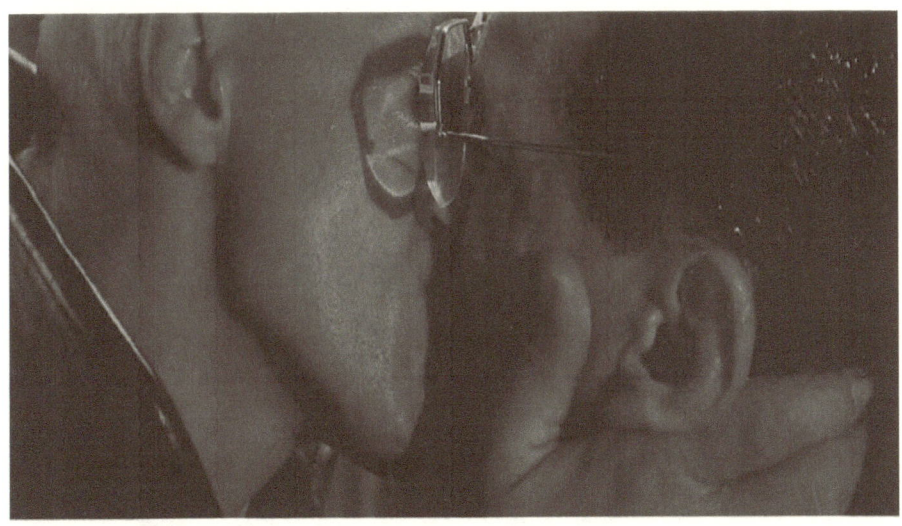

El cyborg mata a su creador: el beso de la muerte. Judas Iscariot, Escorpio mata al creador, al sol, al ojo que todo lo ve , al padre a Jesus...

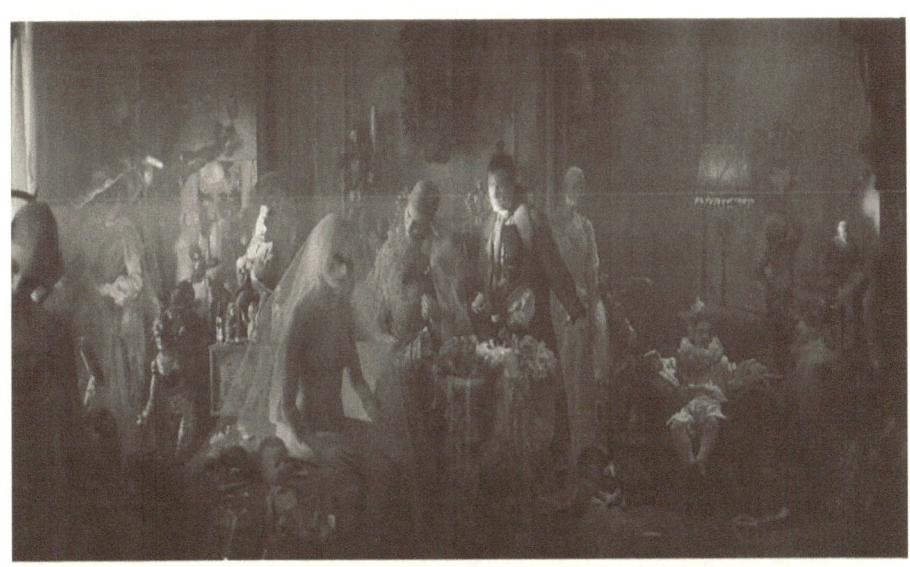

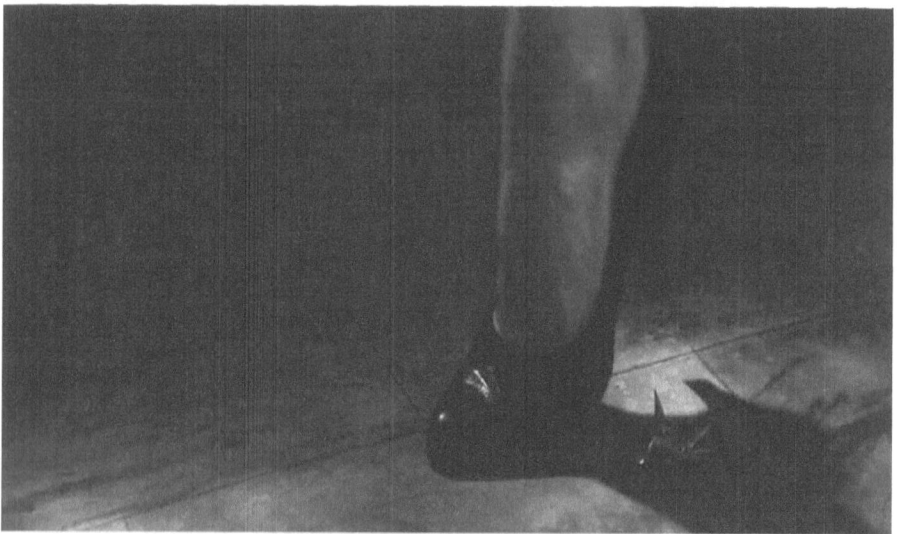

La escena final es la más interesante para mí. En cierto modo, explica por qué Rick Deckard tuvo su visión / sueño del Unicornio, porque está salvando a su novia cyborg del tipo que hace papiroflexia, pero se trata de interponer el símbolo del Unicornio, el es el hijo del padre, Cristo, el es un replicante tambien con su ojo de Ying y Yang rojo...

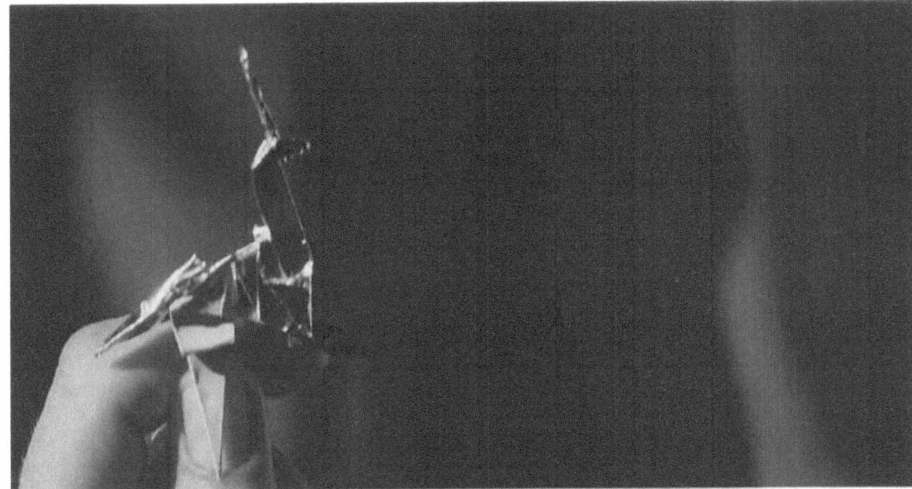

Para que nadie piense que esto es una exageración , esta es exactamente la misma idea en LEGEND con Tom Cruise de Ridley Scott, donde el unicornio juega un papel central precisamente en este esquema alquímico y gnóstico. De hecho, Legend está completamente enfocada en el dualismo, donde el bien y el mal luchan cíclica y eternamente por el "equilibrio", en contraste con una visión bíblica lineal del tiempo.

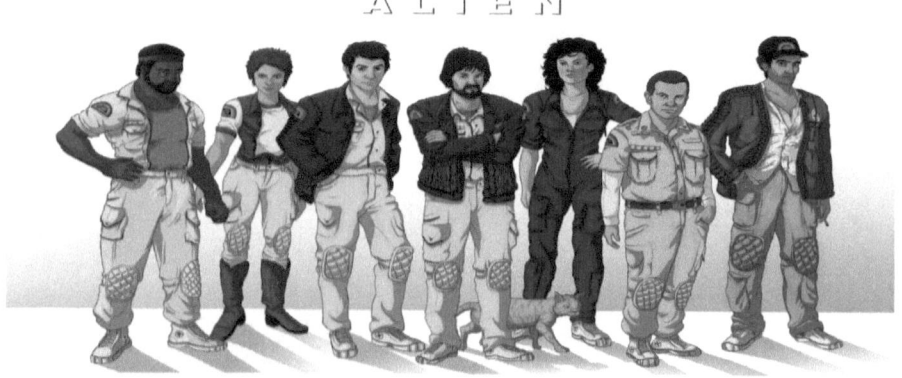

## PROMETHEUS

Prometheus (2012) –La Pan-semilla estelar de los dioses cinemática. La programación predictiva es parte del proyecto de dominación Illuminati sobre las venideras generaciones. En este caso usaremos la película de Riddle Scott, "Prometheus", para explicar la programación predictiva en los jóvenes. Si bien existe una minoría adulta que es programada con este medio, no causa una importante influencia comparada con el público joven.

Prometheus era la presunta superproducción de 2012 supuestamente exitosa de las series Alien de Ridley Scott. Mientras que las críticas fueron ligeramente positivas, muchos encontraron que la película era una repetición de todo lo visto en la película original de Alien, ahora con súper CGI exagerado. Prometheus fue una máquina de dinero a nivel mundial, mientras que se estancaba en las ventas nacionales, sin embargo, al mismo tiempo dejó a muchos espectadores sin idea del significado de la película que gastaron 12$ (o 3$ más tarde en DVD) viéndola. Por debajo de todos estos hechos exotéricos de extraterrestres y clichés de terror, se puede ver un argumento esotérico más oscuro, similar al mensaje de *Invasión de los ladrones de cuerpos*. Descubriremos que Prometeo nos ofrece otro ejemplo más de la nueva mitología que el complejo de espionaje industrial de Hollywood intenta propagar para reemplazar la(s) tradición(es) religiosa(s) occidental(es).

En la secuencia de apertura, vemos que la Tierra está en desarrollo en una etapa antigua, más cercana a la Paradisíaca, sin humanos en la escena. En lugar de una narración bíblica del Edén o la caída de Adán, se ve a un ser extraterrestre conocido como "ingeniero", bebiendo lo que más tarde descubrimos es un arma biológica avanzada. A medida que el alienígena de rasgos nórdicos se desintegra, su cadáver se cae de un acantilado en una cascada, donde su ADN se reintegra misteriosamente en una nueva forma de vida (que será el hombre).

Así como la selección natural darwiniana emerge más adelante en la película, uno puede suponer con seguridad que la secuencia pretende ser una explicación alternativa a los orígenes humanos, muy similar a la llamada teoría "científica" (léase mitológica) de la panspermia de Lord Kelvin, Fred Hoyle, Stephen Hawking y Francis Crick.

Confirmando la conexión egipcia, en Alien, el logotipo de Weyland en el Nostromo es el disco alado de Horus, 35 mil años después, un equipo de científicos descubre una serie de pinturas rupestres en la Isla de Skye, Escocia, que retrata a un "gigante" que apunta a un sistema estelar que pasa a ser anterior a la misma imagen encontrada en numerosas otras estelas de la antigüedad babilónica, egipcia y mesopotámica.

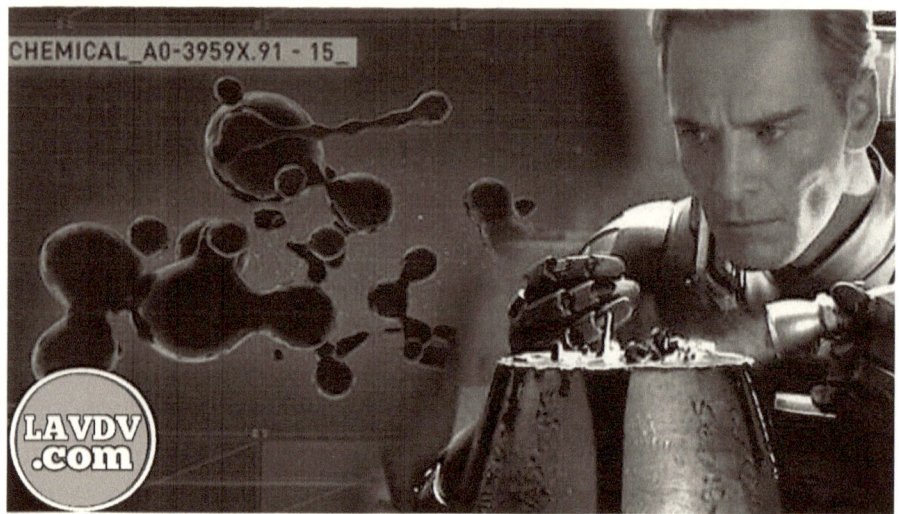

Una vez allí, los astronautas encuentran una nave cargada de jarras de la sustancia viscosa negra y varios muertos gigantes de aspecto humano: los ingenieros extraterrestres. Se revela que los ingenieros estaban en un viaje para destruir la Tierra con el arma "alien", cuando algo malo sucedió hace 2000 años que impidió la misión. De alguna manera, los malvados aliens salieron de la sustancia viscosa y mataron a los alienígenas humanoides. Los astronautas despiertan al único Ingeniero que queda, que a su vez, en un intento de reanudar su misión, mata a todos con la excepción de Liz, sólo para casi morir después en los tentáculos de un monstruo extraterrestre de la franquicia Alien.

Como es habitual en Weyland Corporation, un humanoide de I.A. también está a bordo para salvaguardar los intereses de la compañía. Ya tenemos cuatro curiosas referencias a elementos nórdicos / arios, con "Weyland" como un viejo poema nórdico sobre un príncipe de los elfos. David como un robot de características nórdicas, y los ingenieros como algo parecido a una "Gran Hermandad Blanca" de "jefes secretos" y visitantes extraterrestres, que recuerda a las fábulas teosóficas de Madame Blavatsky, y el origen del hombre, o la "raza raíz", "Desde la Isla de Skye, Escocia.

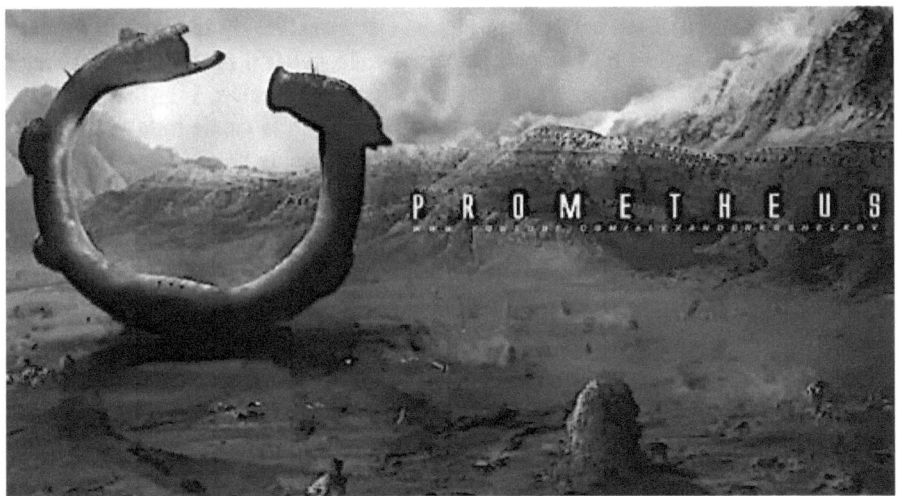

El universo Blade Runner de Ridley Scott también presenta este mismo tema" ario "con Roy Batty, así como el socialismo corporativo destinado a dirigir nuestro futuro".

A medida que transcurre el film descubrimos que el planeta no es en realidad el mundo natal alienígena, sino un laboratorio de armas terraformadas donde se encuentra el arma biológica del ADN alienígena. Como el tema del pegajoso manchón negro o líquido extraño aparece en partes de la película.

El film Prometheus hace un tributo al símbolo ancestral de la media luna.. El simbolismo de la luna es muy complejo y amplio. En general representa el poder femenino, la Diosa Madre, la reina del cielo y la protección. Los símbolos más habituales que representan gráficamente a la luna son la media luna como unos cuernos de vaca (considerada "nave de luz en el mar de la noche")

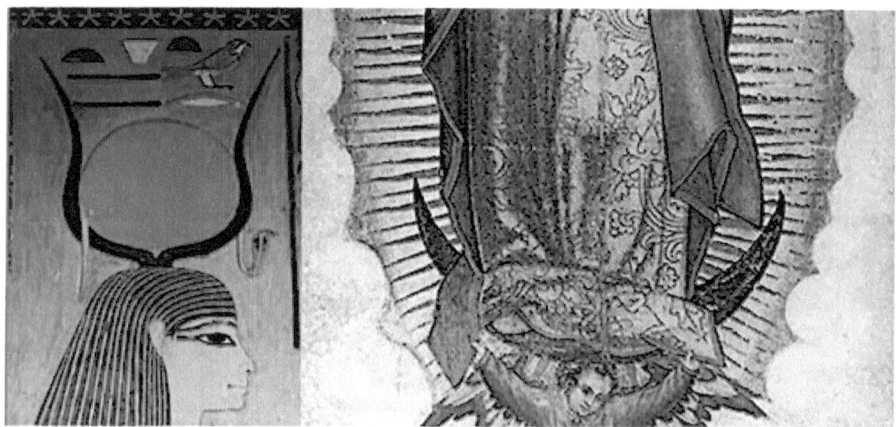

A la izquierda los "cuernos" sobre la diosa egipcia Isis, a la derecha sosteniendo la representación católica de la virgen María.

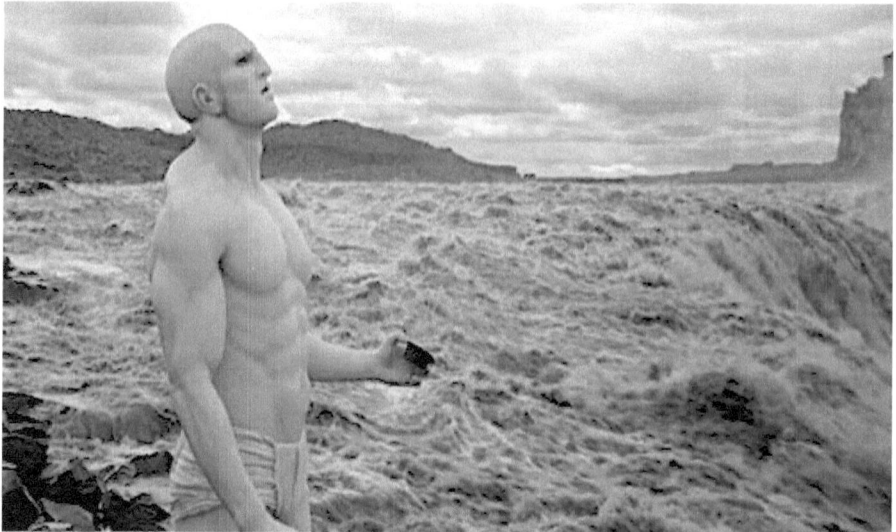

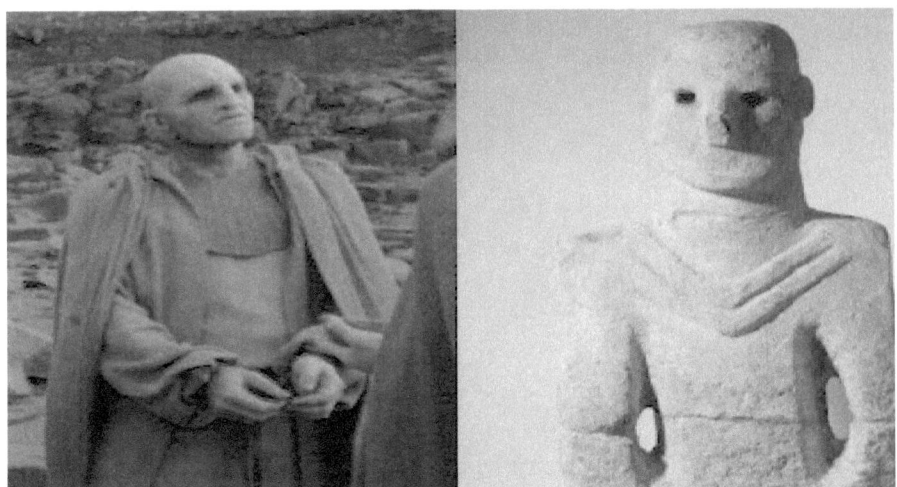

El ingeniero es sospechosamente parecido al HOMBRE DE GÖBLEKKI TEPE. Diversas pinturas de diferentes culturas son usadas para vincular la existencia de dioses-extraterrestres.

Al inicio de la película vemos la tierra primitiva y volcánica antes de la creación del ser humano, sobre esta se encuentra un extraterrestre que ingiere cierto líquido negro con ADN, lo que lo lleva a desintegrarse y crear vida orgánica con la mezcla de sus cromosomas y los minerales del agua terrestre. **En el film, los seres humanos somos creados con ADN extraterrestre.** Un avance rápido hasta 2089. Algunos arqueólogos, entre ellos una cristiana de nombre Liz Shaw encuentra varias pinturas rupestres que representan un sistema estelar en particular. Esto hace mención a la teoría de los supuestos "astronautas" que visitaron la tierra y mantuvieron comunicación con antiguas civilizaciones, entablando una relación dioses/conocimiento no muy lejana a la de los hechos actuales.

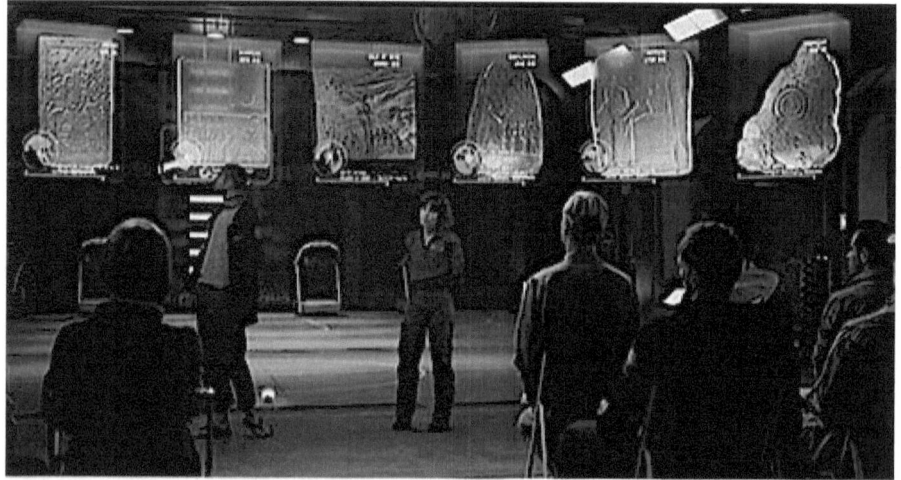

Peter Weyland, CEO trillonario de la compañía más grande en la Tierra, decide enviar una nave espacial a un planeta en el sistema estelar en busca de los dioses extraterrestres que visitaron la Tierra hace mucho tiempo. Weyland es un súper genio, el hombre más rico de la Tierra que probablemente presidirá las reuniones del Grupo Bilderberg, nombrado caballero por la Reina y recibiendo las hijas de los Rothschild como novias.

Hay un interesante discurso de TEDTALK hecho para la promoción de la película, donde un joven Weyland dice que ahora somos dioses, ya que podemos crear vida cibernética, al igual que el hombre, al igual que David el robot. Este es un tema muy común en todas las películas Illuminati impulsadas y su música: cyborgs, robots médicos, nanotecnología, todo tipo de mejoras en el "imperfecto" cuerpo que Dios nos dio, especialmente reservado para los pocos que puedan pagar. Sin embargo, aún con el avance de 50 años en el momento de la película, vemos que Weyland se está muriendo. La cibernética sola no puede ir tan lejos, y si el hombre quiere vivir para siempre, tiene que evolucionar su ADN.

Los ingenieros extraterrestres fueron los que crearon la humanidad, por lo que Weyland piensa que también son la clave para la continuación de nuestra evolución, nuestro siguiente "salto".

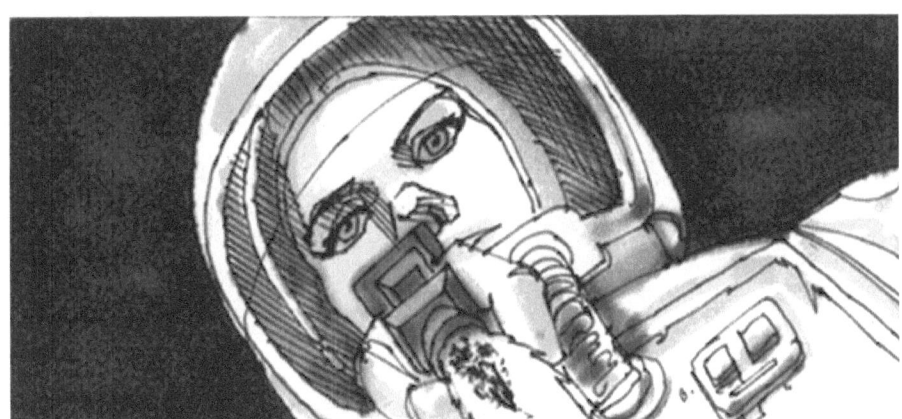

El primer mensaje es el siguiente: la humanidad sola no puede dar el siguiente paso en la evolución, no sin que se haya revelado los planes de los ingenieros y sus intenciones.

En la aparición holográfica de Peter Weyland diversos símbolos masónicos se presentan como parte del escenario. Los dos pilares, los escalones, la estatua de faraón y la arquitectura referente a la regla y el compaz indica que en estos son tiempos donde la élite y el conocimiento oculto han literalmente construido el futuro.

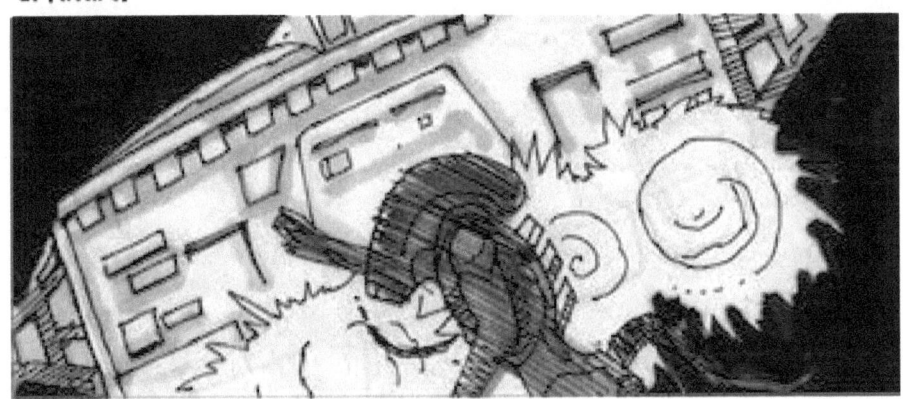

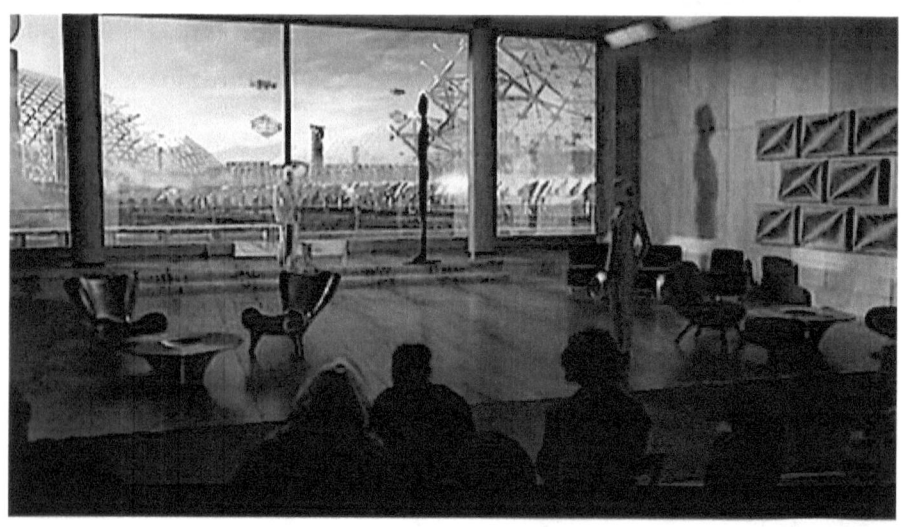

El logotipo de la corporación Weyland es otra referencia al disco solar egipcio.

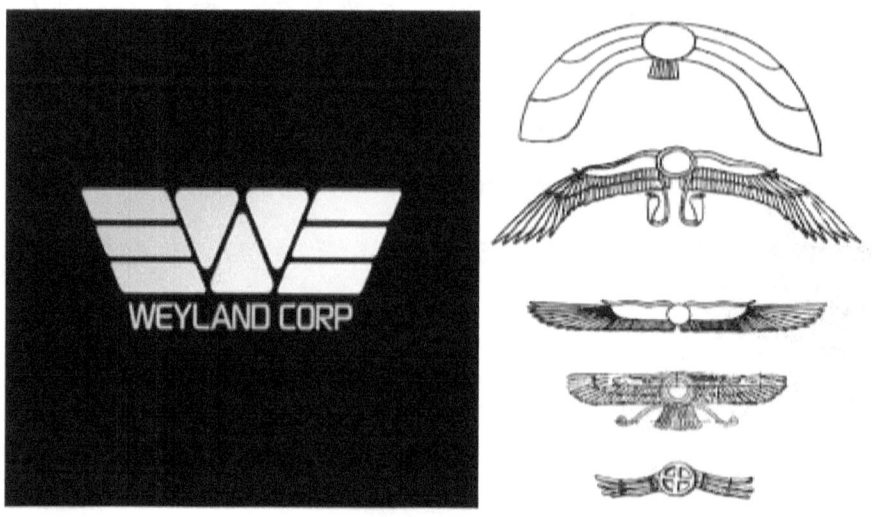

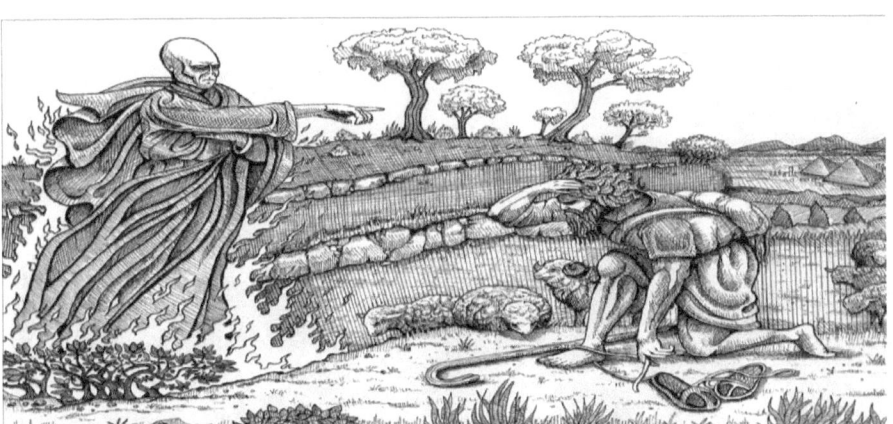

Para poder soportar este extenso viaje toda la tripulación es sometida a un estado de hibernación por dos años, donde sus sueños son proyectados en una pantalla holográfica. En el caso de Liz Shaw, un recuerdo de su infancia funciona como programación predictiva de la nueva era a las masas y su contraposición al cristianismo. El personaje de la Dr. Shaw es usado como un guía mental que llevará al espectador al rechazo del creacionismo cristiano para introducir la teoría de los dioses extraterrestres. **En su sueño, su padre le explica el significado del cielo y el lugar donde se van las personas cuando mueren. Esta explicación cristiana luego es descartada al final de la película dando paso a la doctrina gnóstica del cielo.**

Liz, con la ayuda de David, un androide construido por Weyland, toma el control de otra nave espacial abandonada y en lugar de regresar a la Tierra para advertir a la gente, deciden ir al planeta de los alienígenas dioses con el fin de convencerlos de no exterminar a la humanidad.

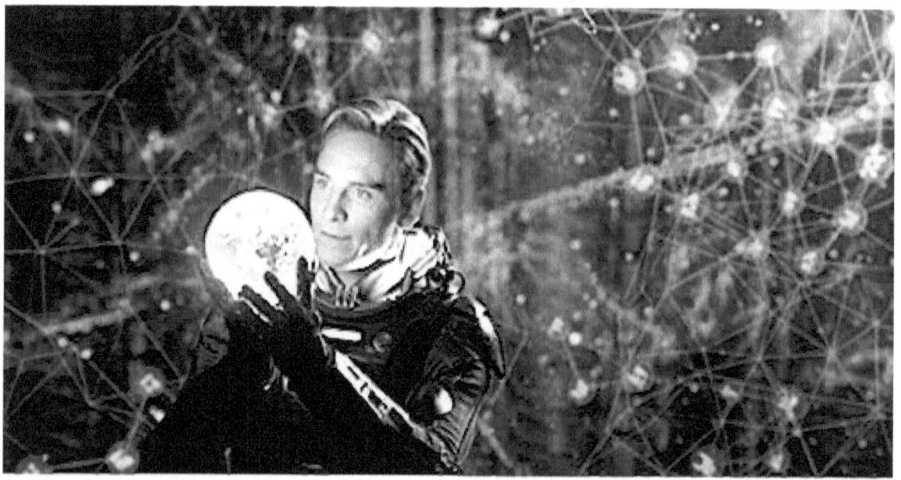

David simboliza el sueño illuminati del transhumanismo, Una forma de vida robótica creada por los seres humanos y que por tanto nos convierte en sus "sirvientes".

Prometeo se basa principalmente en las obras de Erich Von Daniken, autor de *"Los Carros de los Dioses"* y otras obras que afirmaban que los extraterrestres crearon a los hombres. También defiende la opinión interesante e innovadora de personas como Zacarías Sitchin, que dicen que los dioses sumerios del espacio exterior, los Anunnaki, crearon a los hombres. Obviamente, en su perspectiva, estos ingenieros regresarían algún día para ayudar a salvarnos de nosotros mismos. Dos escenas en particular muestran el carácter gnóstico de la película. Primero, Jesús es descrito como un extranjero, que fue enviado a observarnos, pero fue asesinado en su lugar. Por eso, la misión de castigo a la tierra se inició hace 2000 años. Esto lo confirmó Ridley Scott durante las entrevistas.

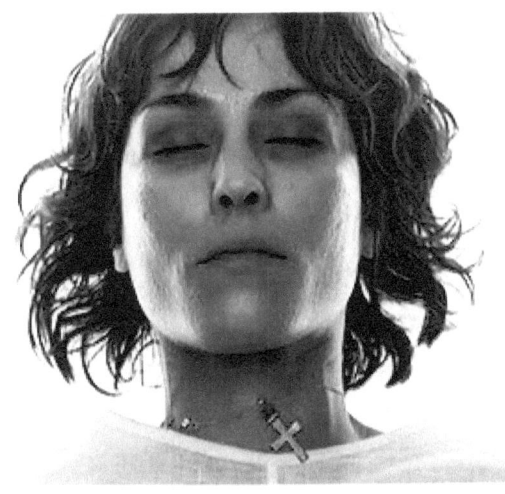

**El crucifijo simboliza la nueva fe de Liz Shaw.** Más tarde, al final de la película, Liz, recupera su crucifijo y se dice que ha tenido su fe otra vez. De hecho, ella cambió su fe, de un Jesús que es Dios, en Jesús, que es un extraterrestre. Llevándola a una nueva búsqueda al planeta de los Ingenieros, para conocer a este nuevo mesías interestelar.

No podemos olvidar que otros socios en esta película también están involucrados con temas Illuminati. James Cameron es el director de **Avatar, The Abyss y Dark Angel**, y es un activista ejecutivo para el nuevo orden mundial.

Al igual que el arte de HR Giger que formó la base de las películas, el mensaje dice que solo existe la fría y dura realidad de la máquina: en la revolución de Prometeo, no hay motivo para la revolución, incluso cuando se adora la razón, y entonces la antilógica, la lógica termina en esto: el dios del universo es simplemente la muerte

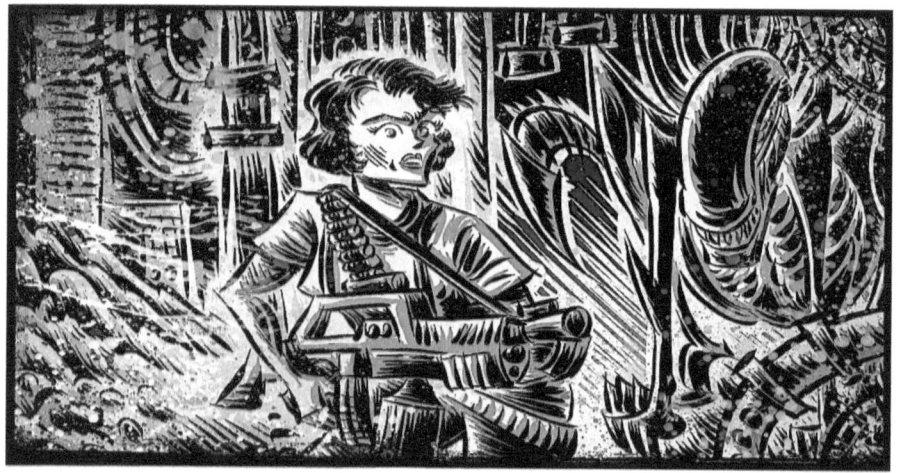

**HR. Giger fue el creador del monstruo alienígena, y sus obras, como el Necronomicon.** Según el autor Bill Schnoebelen, Giger es un miembro de la rama suiza de la OTO de Aleister Crowley, una organización masónica. Esto no impidió que Scott mencione que Giger fue lo mejor que le ha pasado en su vida. Si bien Prometheus es visualmente cautivadora, creo que no alcanza la creatividad innovadora que Scott demostró con Alien.

Lo que tenemos con Prometeo es una revelación de la narrativa religiosa detrás del universo de Alien, donde el hombre es un descendiente genético accidental de creadores puramente finitos. Un refrito de fábulas gnósticas y ocultas, la nueva mitología de la ciencia está diseñada socialmente por nuestros propios ingenieros humanos muy humanos para combinar a la perfección con el darwinismo.

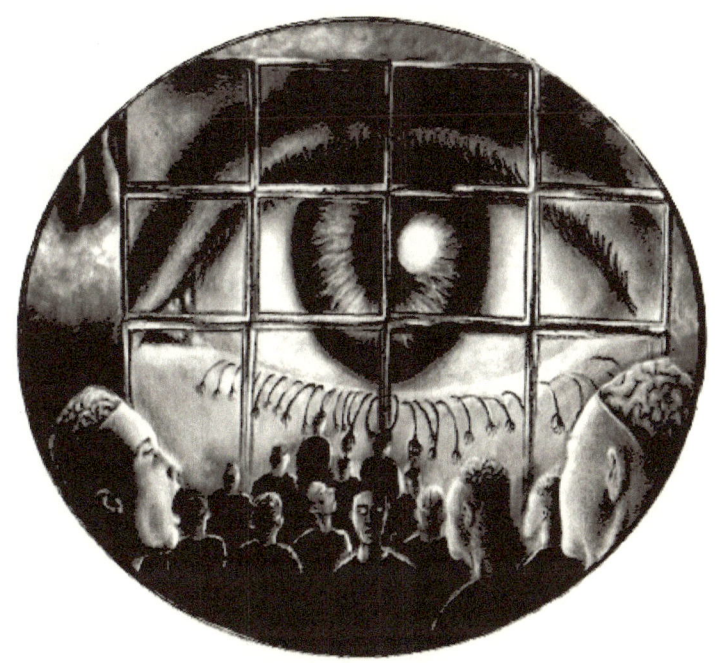

# VIAJE AL CENTRO DE LA MENTE

## "EL PODER HUMANO NO TIENE JURISDICCIÓN SOBRE LOS PENSAMIENTOS."

### –ANTONIO PÉREZ [1600], POLÍTICO ESPAÑOL

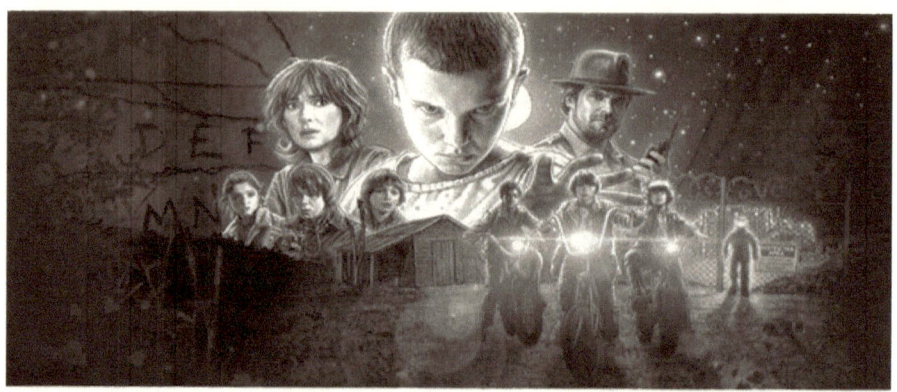

Elogiado por su apasionante trama y las actuaciones estelares, "Stranger Things" se ha convertido rápidamente en un fenómeno del cine de culto. Protagonizada por un grupo de niños que le apasiona el juego de Dragones y Mazmorras. Utilizan bicicletas como en ET en su vecindario mientras se comunican con sus walkie-talkies. La serie viene con una fuerte dosis de nostalgia de los años 80 y con una autenticidad rara. Más importante aún es, que Stranger Things también acarrea la vanguardia de la cultura popular con un tema que ha sido tabú durante décadas: El mundo del **MKULTRA** y sus prácticas horripilantes.

Continuamente oponiendo la verdad con la ficción, el horror de la realidad con la dicha de la fantasía, la fealdad de la humanidad con la inocencia de los niños, Stranger Things tiene un fuerte tono dual. Esto se resume en el hecho de que la aventura se desarrolla en dos ámbitos separados, el "mundo real" y el "mundo invertido", una versión oscura y malvada de la realidad.

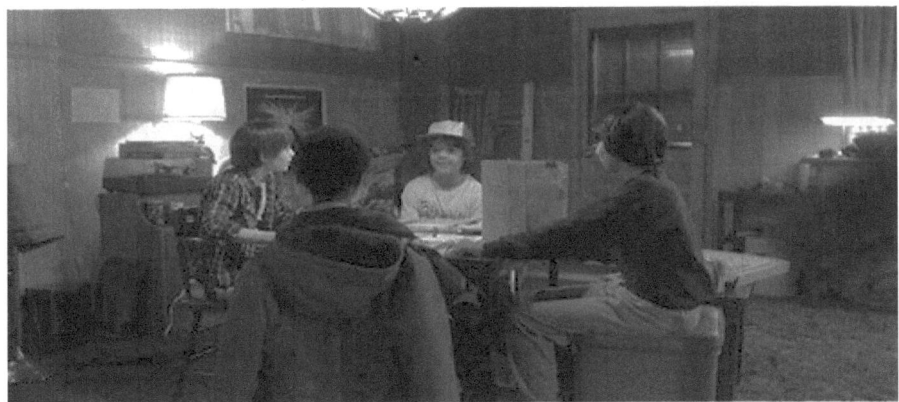

Aunque por separado, estos reinos están conectados a través de un portal, es uno que casi nadie conoce. La existencia de este portal está oculta a la opinión pública, sin embargo, afecta de varias maneras. Stranger Things se trata de cómo **los que nos gobiernan** están **implicados** en "**cosas extrañas**" que ni la mayoría puede incluso imaginar. A través de sus historias, personajes y simbolismo, se revela el lado más oscuro de la élite... pero solo un poco. La serie comienza con cuatro amigos, Mike, Will, Dustin y Lucas, jugando D & D. Mike, el amo de la mazmorra, establece la premisa de la búsqueda de sus amigos.

También establece la premisa de toda la serie. "*Algo llega. Algo sediento de sangre. Una sombra crece en la pared detrás de ti, tragándolo en la oscuridad. Casi está aquí*". La búsqueda de Dungeon & Dragons de Mike tiene una duración de casi diez horas. La primera temporada de Stranger Things dura casi diez horas, también.

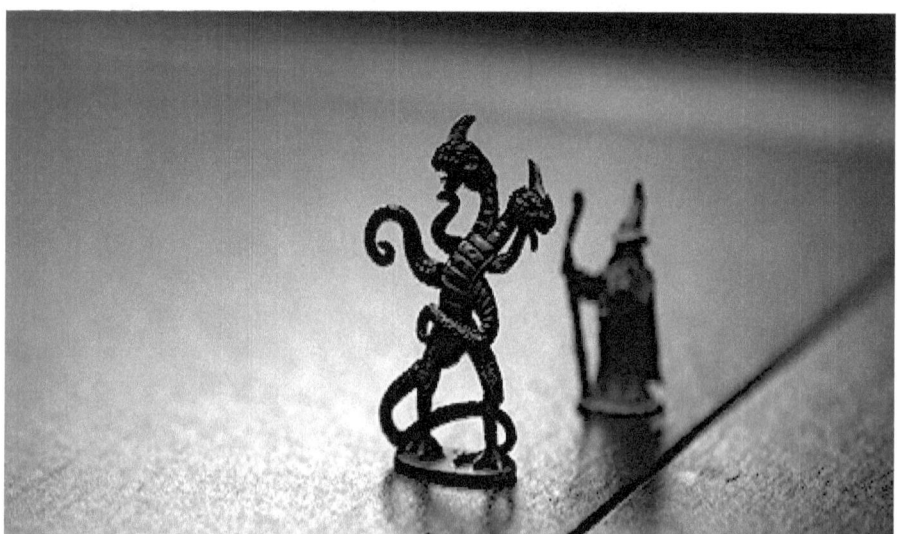

Mientras los chicos se enfrentan en última instancia, con el mundo del control mental del gobierno, su aventura se compara constantemente con la búsqueda en Dragones&Mazmorras. Will, el niño que es secuestrado por el gobierno, es el mago del juego. La fuerza de los magos reside en sus mentes, ya que son capaces de hacer cosas paranormales y de otro tipo, tales como el teletransporte y la telequinesis. Como veremos más adelante, esto es de lo que se trata la programación Theta MKULTRA. En este sentido, los objetivos inquietantes de la élite oculta se contrastan directamente con la inocencia y la alegría de los niños.

El secuestro de Will por el gobierno es comparado con el mago atrapado en el valle de las sombras con el Demogorgon. La esencia de los creadores de la serie son los dueños de las mazmorras que tienen a los espectadores en una búsqueda de 10 horas. Pero mientras que D & D es acerca de la fantasía, los acontecimientos que suceden en Stranger Things se basan en algunas cosas muy extrañas que sucedieron en realidad. El film se basa en parte en los libros del **Proyecto Montauk** que hemos hablado en múltiples ocasiones en nuestro canal de la voz del viento: *"Cariño, tenemos que confiar en ellos. Este es nuestro gobierno. Ellos están de nuestro lado"*.

Teniendo en cuenta que ocurre en la serie (la cita anterior) dicho por un padre despistado, adquiere un significado profundamente irónico. La historia de hecho describe un gobierno en la sombra que existe independientemente de quién esté al cargo y que evoluciona por completo fuera de la vista pública, participando en los programas, los experimentos y las misiones que están completamente más allá del conocimiento público, mientras se tiene el control de los recursos y redes enteras del país.

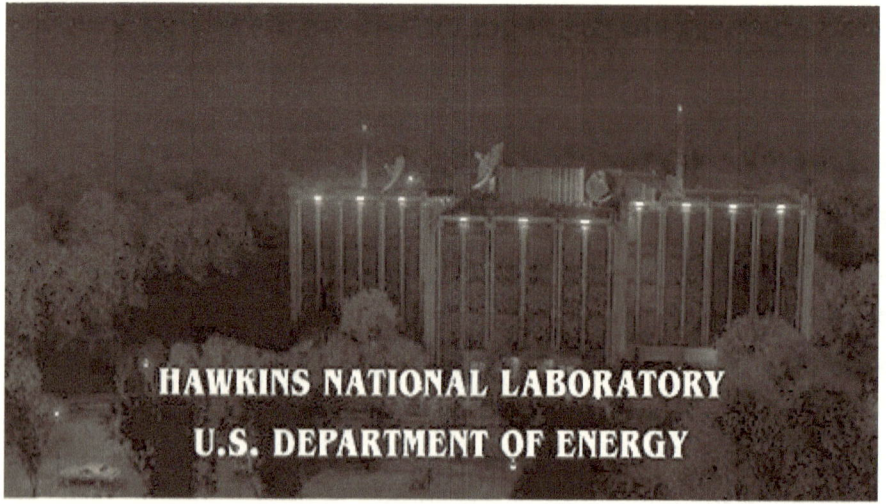

En Stranger Things, las principales organizaciones nombradas son la CIA, la NSA y el Departamento de Energía. El edificio principal es una cruz invertida en secciones de cubos saturninos. El sitio de la programación MK y la puerta de entrada al 'mundo invertido' se encuentran en un Laboratorio Nacional del Departamento de Energía de los EE.UU.

El Departamento de Energía de EE.UU. es una de esas organizaciones gigantescas que son masivamente financiadas por el gobierno federal (recibió 24 mil millones de dólares en 2014) y opera con una infraestructura masiva en todo el país. Sin embargo, muy pocas personas saben realmente lo que sucede dentro de esos laboratorios.

Stranger Things se lleva a cabo en la ficticia ciudad de Hawkins, Indiana, donde un Laboratorio Nacional es una tapadera para la programación MKULTRA. Es interesante indicar que el titulo inicial de la serie iba a ser Montauk y que se suponía que debía tener lugar en Montauk, Nueva York. Para aquellos que han buscado un poco sobre el control mental de la CIA este nombre debería sonar familiar. Montauk es el sitio de Camp Hero, la base militar donde tuvo lugar el famoso y ampliamente especulado Proyecto Montauk.

*"Los eventos en Long Island han llegado a ser conocidos como el Proyecto Montauk. Esta frase se refiere a una serie de experimentos de alto secreto sobre el control mental, viajes en el tiempo, psicotrónica, y la creación de agujeros negros. Estos experimentos se llevaron a cabo en una antigua estación de radar de la Fuerza Aérea, o más exactamente, en un vasto complejo escondido en la tierra debajo de esta estación de radar".*

*"Se dice que el complejo military industrial centró los esfuerzos del Proyecto Montauk principalmente en la experimentación de control mental. Se reunieron a varones jóvenes con sensibilidad psíquica, y en algunos casos, incluso supuestamente secuestraron a estos sujetos de prueba".*

*"Estos chicos se les sentaba en una silla especialmente diseñada destinado a mejorar sus habilidades psíquicas latentes. Esta silla estaba siendo atacada con ondas de energía que permitieron a los científicos controlar las mentes de sus jóvenes sujetos. Sorprendentemente, se descubrió que los más adeptos de estos jóvenes psíquicos eran capaces de centrarse en objetos tan intensamente que los objetos lograban materializarse momentáneamente".* *(Wiki).*

Según la leyenda, la base en realidad perdió su financiación a finales de 1960 debido a que la tecnología de radar era obsoleta, pero estuvo abierto hasta 1983. El área ahora es un parque estatal de Nueva York, pero los edificios están intactos y los equipos de radar están en pie. Además, por lo que hemos encontrado, lo que es realmente extraño es que mientras el gobierno otorgó la tierra al estado de NY, todavía tiene en propiedad el subsuelo de la base. Al parecer hay muchos niveles por debajo del suelo que se utilizaron para la investigación y la base fue realmente un encubrimiento.

Algunas personas dicen que se documenta absolutamente que hay una ciudad subterránea debajo de la base de que se sigue utilizando hoy en día por las ramas secretas militares.

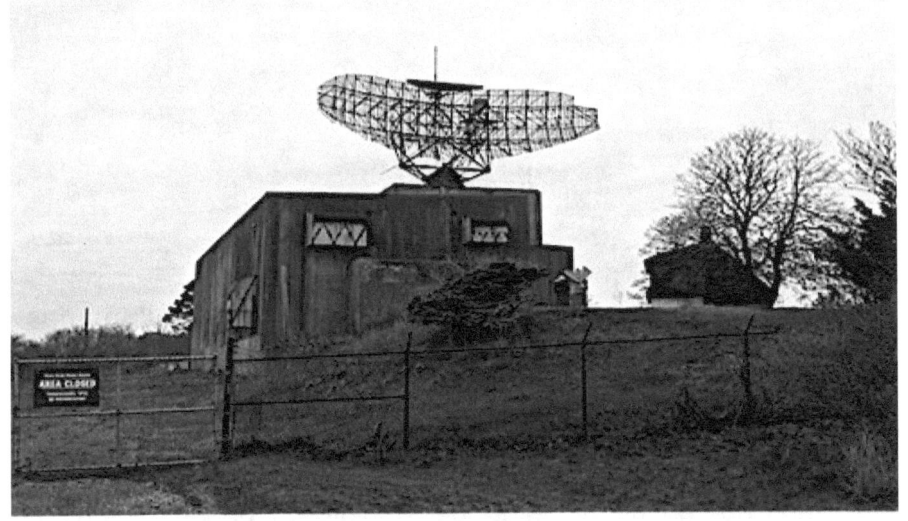

**Arriba Campo Base héroe en Montauk, Nueva York.**

La gente dice que el equipo de radar fue construido como una tapadera para que los militares puedan llevar a cabo experimentos de control mental y viajes en el tiempo. Esto sería la razón por la cual se utilizaban los equipos electrónicos en realidad.

La base de la Fuerza Aérea de Montauk se dijo que había llevado a cabo numerosos experimentos horrorosos en cooperación con muchos laboratorios de investigación en Long Island. Al parecer, esta base también estaba en cooperación con la Mitchell Base de la Fuerza Aérea, en Long Island. - _**Extraño Estados Unidos, La mutilación militar en Montauk, Long Island.**_

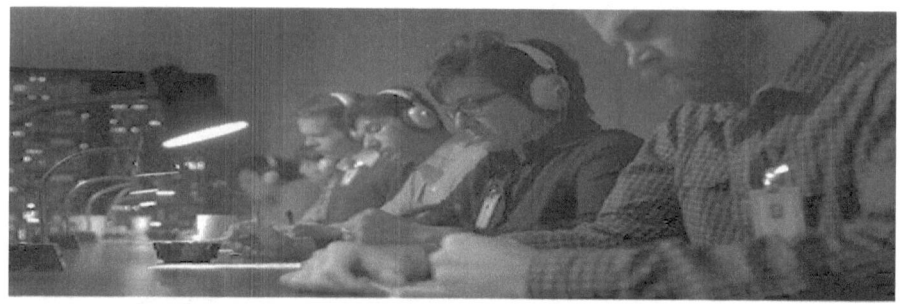

**Dentro del Laboratorio Nacional, se controlan las llamadas telefónicas realizadas por los ciudadanos.**

Los creadores de Stranger Things estaban claramente inspirados en la "leyenda" del proyecto Montauk. Los creadores Sin embargo, en última instancia decidieron basar la serie en una ciudad ficticia en Indiana. Mientras que la ubicación es diferente, el mismo gobierno en la sombra está detrás de estas cosas extrañas.

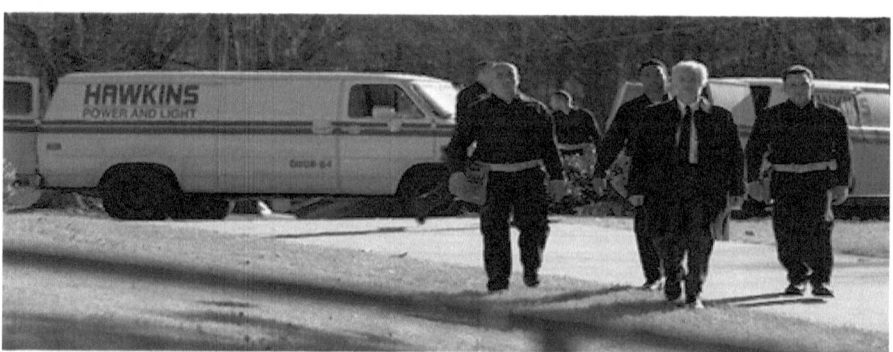

El gobierno utiliza la empresa "Hawkins: Poder y Luz" y camiones ligeros para moverse por la comunidad desapercibidos, mientras se infiltran en teléfonos, ordenadores y casas.

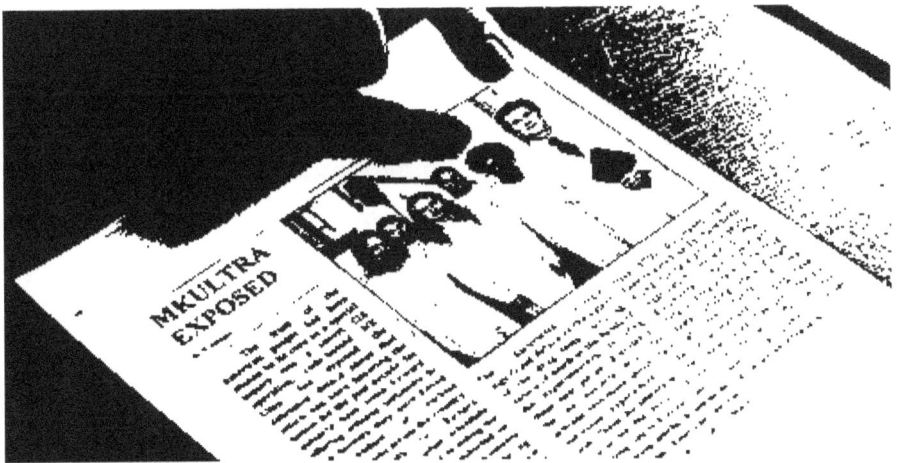

Si bien el proyecto fue supuestamente cerrado en la década de 1970, Stranger Things muestra que el control mental sigue ocurriendo en las instalaciones del gobierno en la década de 1980. En la serie el gobierno en la sombra da todos los pasos necesarios para cubrir sus pistas: Espía a los ciudadanos, mata a los que saben demasiado (haciendo que parezca un suicidio), fingen la muerte de los niños secuestrados, y dificulta a los investigadores el descubrir la verdad. En resumen, el gobierno en la sombra opera por encima de la ley y sustituye en todos los niveles al gobierno.

Jim Hopper, policía de Hawkins, descubre poco a poco la trama del gobierno: *"Sé que hacen experimentos con niños pequeños secuestrados y la mente de sus papas la han convertido en papilla. Y sé que han ido demasiado lejos esta vez".* Las cosas definitivamente van demasiado lejos.

No es diferente de lo que se afirma sobre el proyecto Montauk, los experimentos en el Laboratorio Nacional de **Stranger Things** conducen a la apertura de una puerta de entrada a una dimensión oscura y al hogar de un monstruo sin rostro. El uso de las fuerzas más oscuras de la Tierra nunca resulta en algo positivo. Los experimentos intensos y peligrosos en el Laboratorio Nacional generan la creación de un portal que conduce al mundo invertido - una versión oscura del mundo real. Los niños lo comparan con el *Valle de las Sombras* de Dragones & mazmorras.

*"Es un lugar de la decadencia y muerte. Un lugar fuera desfasado. Un lugar lleno de monstruos. Está justo al lado de ti y tu ni siquiera lo ves".*

El portal a esta otra dimensión es tan poderosa que altera el campo magnético de la zona a su alrededor, haciendo que las brújulas se vuelvan locas. Simbólicamente, esto representa cómo las relaciones de la élite oculta están afectando indirectamente a toda la población. El mundo real de MKULTRA golpea ligeramente en el reino metafísico, lo esotérico y lo oculto, y no con fines benévolos. **El Demogorgon secuestra a los niños y los lleva al mundo invertido.** Continua e intensamente crea un poder de atracción de fuerzas oscuras y en última instancia, da rienda suelta a los subproductos, que tienen un efecto sobre las masas desprevenidas.

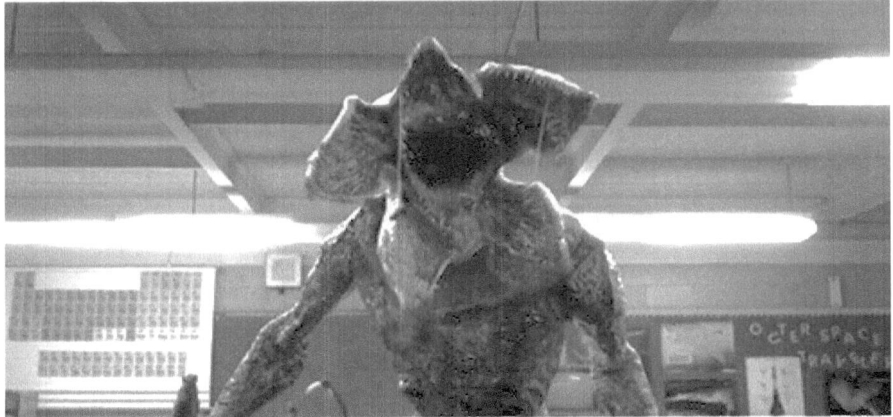

En resumen, como la brújula, las personas pierden su "norte verdadero". En Stranger Things, el subproducto que surge del mundo invertido es un monstruo sin rostro, una criatura que los niños apodan "**Demogorgon**".

A pesar de que este monstruo es pura ciencia ficción, que simbólicamente representa el lado bestial, monstruoso de los experimentos "científicos" de la élite oculta. Atraído por la sangre de los niños, el Demogorgon los hace desaparecer de la superficie de la Tierra y los lleva al mundo invertido, lo que representa la oscuridad, el mal, el mundo disociado de la élite oculta. Al describir al Demogorgon, los personajes de la serie mencionan que "*no tiene rostro*" (muy similar al real sistema del MK ultra que no tiene rostro). El nombre dado a este monstruo, Demogorgon, es significativo. Se refiere a una fuerza demoníaca de gran alcance:

*"En el juego de rol y fantasía Dragones&Mazmorras, el Demogorgon es un poderoso príncipe de los demonios. Se le conoce como el príncipe de los demonios, un título autoproclamado que él sostiene en virtud de su poder e influencia, que, a su vez, es un título reconocido tanto por mortales como por los demonios".-* **Wikipedia**

Los orígenes de la palabra en sí Demogorgon se refiere a una entidad maligna mencionada por los eruditos ocultos.

*"Demogorgon es un nombre usado para referirse a una deidad pagana o demonio, asociado con el bajo mundo y se ha considerado como un poderoso ser primordial, cuyo nombre había sido tabú".-* **Ibid.**

En la serie, Demogorgon representa la élite satánica que se alimenta de la sangre de inocentes, secuestra a los niños y los utiliza para alcanzar el poder. En un momento dado, Brenner, el manejador de MK, dice una frase significativa: *"Seis, seis... seis personas han sido tomadas esta semana"*. (666). Aunque esto parece aleatorio, Brenner hace repetir la palabra "seis" tres veces al referirse a aquellos que fueron secuestrados en Hawkins.

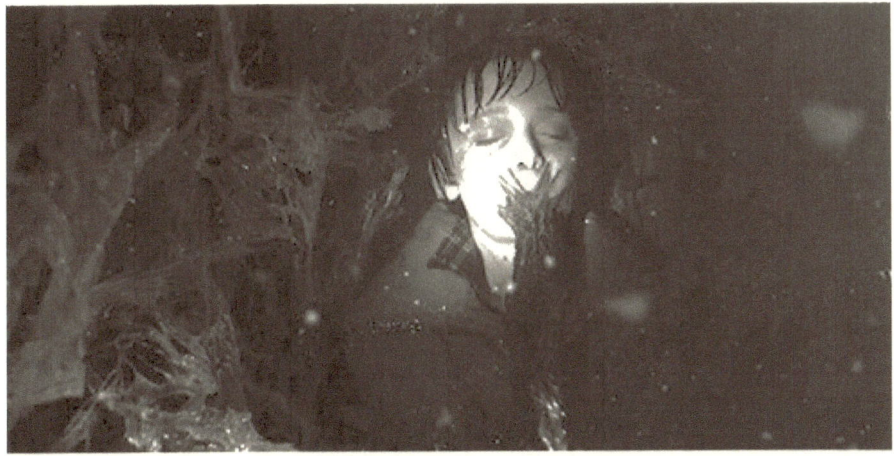

¿Es una forma codificada de decir que los niños desaparecidos alimentan al sistema 666? Una cosa es segura, Will Byers es uno de ellos. Atrapado en el mundo invertido,

Will Byers progresivamente está siendo poseído por algo repugnante penetrando su cuerpo. Otro niño que está siendo destruido por el sistema MK. Otra víctima del sistema es Eleven, una esclava MK que fue secuestrada al nacer. Esta lleva un tatuaje en el brazo **011** que es simplemente  el número 11, en numerología, este número significa cuando algo se termina y otra aventura o suceso empieza, que cambiará la vida de alguien abrumadoramente para mal o para bien.

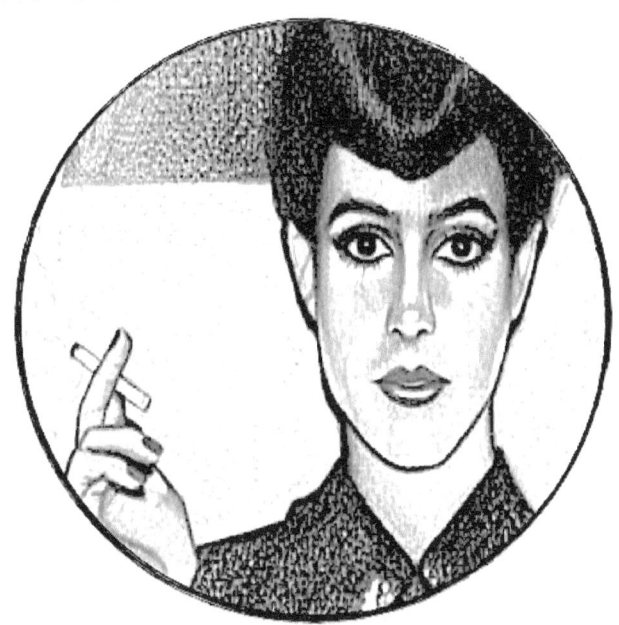

# SEAN YOUNG: UNA "LOCA" EN HOLLYWOOD CONTRA LOS ILLUMINATI

## "AUNQUE METAS LA CABEZA EN LA ARENA, TODAVÍA TENDRÍAS AL MUNDO GIRANDO EN TU CULO"

La actriz Mary Sean Young es una actriz aclamada internacionalmente, lleva activa desde 1980 hasta hoy, tanto en la pantalla grande como en la televisión. Young ha sido la estrella en más de tres docenas de películas, incluidos los éxitos taquilleros como Blade Runner, Dune, No Way Out, Ace Ventura Pet Detective, Primos, Wall Street y muchas más. Ha trabajado con directores como Robert Altman, Harold Becker, David Lynch, Carl Reiner, Ridley Scott, Joel Schumacher, Oliver Stone y Gus Van Sant.

En esta entrevista que me ha concedido telefónicamente el 3 de Mayo del 2012, hablamos de sus películas, la industria del cine y su propio despertar en temas ocultos y de la conspiración. Tiene mucho que decir acerca de las agendas secretas, control mental y la élite de la realeza política.

Hablé con Sean Young, la artista que saltó a la fama en Blade Runner en 1982 y luego "vio que su carrera se fue a la mierda" después de una serie de contratiempos profesionales (entre ellos: perdió el papel de Vicki Vale (Cat woman) en Batman en 1989 por culpa de una accidente de caballo, y fue despedida de Dick Tracy de 1990).

Las malas lenguas dicen que acosó a Harrison Ford, Sting y Kevin Costner cuando coincidió en los diversos rodajes con estas estrellas de Hollywood.

# CARA OCULTA DE HOLLYWOOD

**COLIN**: Mary está bien sintonizada con un dedo en el botón con respecto a todo lo relacionado con el llamado movimiento de la verdad o la comunidad de investigación alternativa. Bienvenida, bienvenidos a LAVDV.com desde Los Ángeles hoy con Sean Young o Mary como se la conoce en el Hollywood más íntimo, en primer lugar, es un placer hablar contigo otra vez, Sabes que ahora estoy en Londres, Mary, bienvenida al programa que además hacemos en español para latino América y España…

**MARY**: gracias, excelente, es realmente bueno estar aquí, gracias por tomarte el tiempo de llamarme, va a ser muy divertido para mí también.

**COLIN**: quiero obviamente, aclarar de quién estamos hablando aquí. Primero quiero hablar un poco sobre tu carrera cinematográfica para que la gente sepa quién eres, y así sucesivamente. Estamos hablando de dos de mis películas favoritas en las que has participado como actriz como en Blade Runner dirigido por Ridley Scott y con Harrison Ford y luego Dune con Sting y Kyle MacLaghlan también una excelente película escrita… Los libros están escritos por Frank Herbert pero la película fue dirigida por David Lynch y me corriges si me equivoco Mary, pero creo que esas dos son probablemente por las que más famosa eres ¿no? ¿Dirías…?

**MARY**: uhmm… Es correcto, Sí….

**COLIN**: absolutamente has estado en toneladas de cosas obviamente y esto es muy divertido. Es genial tenerte con nosotros en el programa. ¿Dónde deberíamos empezar? Quiero decir, si hablamos un poco acerca de eso, parte del trabajo de las películas que haces. Si ya has hecho algunas de calibre, me refiero en primer lugar a que solo hablo de Blade Runner, y lo son. Son dos películas simbólicas muy ricas, son muy metafóricas, tienen dos directores muy interesantes unidos a ellas... El tiempo que estuviste en el cine fue algo a lo que le prestaste atención, lo conoces muy bien ¿no Mary?

**MARY**: es gracioso, ya que me he educado más sobre el simbolismo en las películas, es interesante mirar hacia atrás en la película Blade Runner y mirar al búho y mirar la forma piramidal del edificio y observar cosas como la clonación y el tipo de genética ingeniería y preguntando qué están tramando los extraterrestres y todo ese tipo de cosas y preguntándome cuánto sabe Ridley Scott sobre las sociedades secretas y, y todo eso, no tengo idea, realmente no sé muy bien, sí, pero cuando mira la película Blade Runner está plagada de simbolismo.

**COLIN**: ¡sí! realmente tiene una especie de presagio de predicción de eventos, absolutamente es un ser transhumano, tal vez no pesadillas, está bien de una manera en la que se retrata en la película también...

**MARY**: pero es exactamente eso... muy, muy interesante, lo que dices Colin... y muy simbólica... muy rica cinematográficamente hablando... trabajar en esta película en lo que a un actor le respecta cuando haces tú parte como actriz en mi caso, en esto es algo que incluso tuve la oportunidad en el momento de darme cuenta y ver lo obvio.

**MARY**: ...Si lees el guion y demás, entiendes un poco de la narración, pero muchos de eso son elementos que, después de todo, creo que se han añadido por parte del director... al principio era solo una actriz, no me di cuenta de toda esa simbología como la conozco hoy en día...

**COLIN**: sí, si ¿pero no te diste cuenta de los símbolos egipcios eran extraños en una película sobre el futuro?

**MARY**: bueno, en ese momento yo solo tenía 20 añitos, así que realmente no tenía mucha conciencia del tipo de cosas de las que soy consciente ahora, sí, y apenas sabía cómo soportarlo. En mi punto de vista... en ese punto... No sabía mucho de lo que pasaba, era muy joven, ya que he crecido y esto es 30 años después, mi conocimiento de la película Blade Runner y su simbolismo se ha profundizado y siento que debe haber sido parte de esa agenda illuminati, parece natural que sea porque es que ocurre durante toda la película.

**COLIN**: Sean Young sigue siendo un nombre reconocible en todo el mundo en el 2012, ¿verdad?

**MARY**: Eso es correcto. Y nadie va a cambiar eso (risas).

**COLIN**: ¿Crees que ser tan joven como tú fue lo que afectó tu desarrollo? ¿Te volvió loca?

**MARY**: Demonios sí. Absolutamente. No entendí las reglas. Yo lo haría de la misma manera. Sufrí mucho acoso sexual, y sé que probablemente haya mujeres que soportarían eso. Nunca lo hice, y pagué un alto precio por eso. Hay muchas personas que se abrieron camino hacia la cima abriendo sus piernas. Eso no era algo que pudiera hacer, y está bien. ¡No solo las mujeres toleran eso! Los hombres también lo soportan. En mi opinión, no es un problema de género. Es un problema de poder. Hollywood está lleno de depredadores sexuales en la parte alta. A mi papá, por ejemplo, no le gustaban los judíos cuando trabajaba con ellos en NBC news new york. Además, lo sé con certeza, no solo en Hollywood, sino también en los rituales y sacrificios de élite. Lo sé con certeza...

**COLIN**: vamos a seguir adelante y pasar a la película de Prometheus que va a ser la precuela de alien y es muy interesante, ¿qué piensas?

**MARY**: Quiero verlo. Quiero decir que he visto los trailers y he visto una sesión privada... se ve muy bien, pero estoy segura de que va a ser un hervidero de simbolismo seguro sí, sí, sí, es un hombre muy talentoso, Ridley Scott...

... pero obviamente tiene conexiones que me recuerdan un poco a Jay Widener hablando de Stanley Kubrick, quiero decir que tiene dos de sus conexiones con estos en estas fuentes de dinero para hacer estas películas...

**COLIN**: Me imagino, que tienes razón... ¡gran analogía! ¿Dijiste que fuiste acosada sexualmente? ¿Nombra nombres? Esto (era en 2012 esta entrevista con Mary, y ahora es 2017 vemos el caso Weistein y el de Kevin Spacey saliendo a la luz... interesante).

**MARY**: Oh, no, ni en la vida. Pero son personas importantes de Hollywood...

**COLIN**: Estaba mirando tu Facebook. ¿Eres seguidora de Trump?

**MARY**: Por el momento, lo soy, aunque le eché un vistazo a este tipo, Andrew Basiago. ¿Has oído hablar de él?

**COLIN**: No sé mucho de él, pero Trump... ¿crees que se presentara algún día y podrá ser presi, en serio?

**MARY**: Sí, tengo amigos y creo que algún día él será el presidente... (esto es hace más de 4 años y Mary fue una adivina...)

Soy muy consciente de todas las actividades criminales que han tenido lugar en la administración Bush y las administraciones de Clinton. Quiero decir, estos son amigos, se conocen.... Ermm... eh eh... Uno u otro, no importa, las mismas políticas continúan, que es más guerra en el Medio Oriente, y más venta de armas a lugares que aseguren que tenemos que ir allí y tener más actividad. Está todo jodidamente loco. No soy de esas votantes... ¿podemos hablar sobre los baby boomers?

**COLIN**: Si, ¿por qué no? Milenials, generación X... Y o la Zeta (risas)... jajajaja... 😂😂😂 en los próximos minutos,** seguro que podemos tener mucho más para hablar de nuevo, el sitio web aquí es lavdv.com, tranquila, vamos a tomar un breve descanso, pero esto es realmente interesante y hay más temas de qué hablar,  muchas gracias por esta entrevista Mary... estaremos en lo que sucederá en los próximos programas, continuaremos debatiendo, los pensamientos y opiniones de Mary Sean Young, ex replicante de Blade Runner y nos cuenta a donde ella ve que las cosas van a parar...

**MARY**: Gracias, Colin, nos vemos, encanto... (See ya later hons... dice en inglés)


**La entrevista duró casi 40 minutos pero puse lo más pertinente aquí en este capítulo.... ¡Gracias a todos!

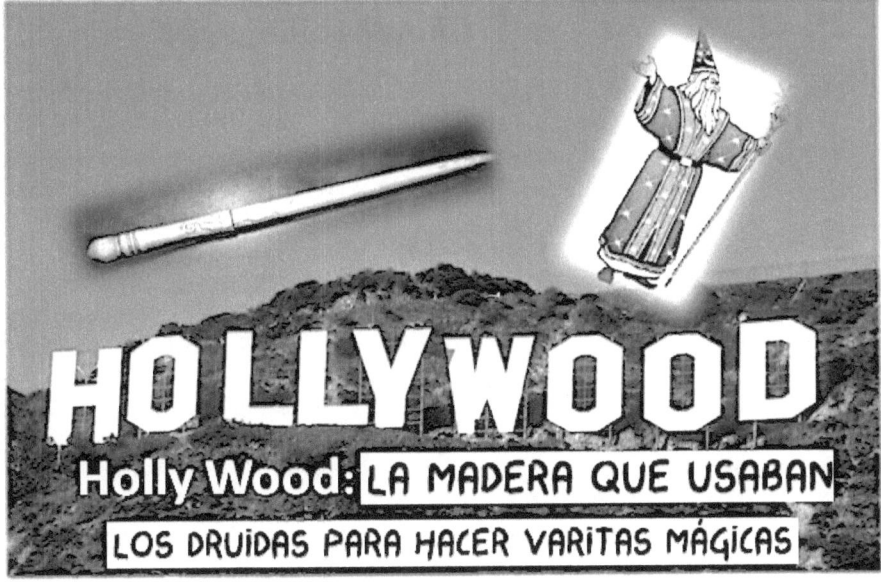

Holly Wood: LA MADERA QUE USABAN
LOS DRUIDAS PARA HACER VARITAS MÁGICAS

Hollywood es la varita mágica (holly-holy=santa) (wood=varita) que se ha utilizado para hechizar al público desprevenido. Las cosas o ideas que de otro modo serían interpretadas como extrañas, vulgares, indeseables o imposibles se insertan en películas en el ámbito de la fantasía.

Cuando el espectador ve estas películas, su mente queda abierta a sugerencias y comienza el proceso de acondicionamiento. Estas mismas películas que están diseñadas para programar a la persona normal de la calle, pueden brindar al espectador más exigente una mejor comprensión del funcionamiento y del plan de la agenda mundial.

"Sé consciente".

"Cree esto: cuestiona todo, acepta la integridad de la verdad o la absoluta rectitud de cualquier camino. Haz de esto tu credo ... porque en este credo se encuentra tu derecho a la libertad."

# BIBLIOGRAFIA Y FUENTES CITADAS

-Innes, Brian, 1987. The Tarot: How to Use and Interpret the Cards. London: Macdonald & Co. Dixon, L. (2003). Bosch. New York: Phaedon Press.

-Durer, Albrecht, 1990. The Complete Woodcuts (Introduction by Andre Degner, Index by Monika Heffels, Translation by Lilian Stephany). Kirchdorf , Germany: Berghaus Verlag.

-Kaplan, Stuart, 1978. History of Tarot, Vol. 1. New York: US Playing Cards. -Oldenbourg, Zoe, 1962. Massacre at Montsegur (tr. by P. Green). New York: Pantheon Books.

-Perez-Reverte, Arturo, 1996. The Club Dumas (tr. by S. Soto). New York: Harcourt, Brace & Co.

-Robinson, James, Ed., 1988. The Nag Hammadi Library in English, Revised Edition. San Francisco: HarperSanFrancisco.

-Consider also Ridley Scott's Prometheus - Weinberger, Sharon. "Building the Pentagon's 'Like me' Weapon." BBC. 18 November, 2014.

-Whither reason, science? - Dyer, Jay. "Invasion of the Body Snatchers as Cryptocracy Allegory." JaysAnalysis. 9 August, 2014.

-Jung, Carl. El hombre y sus símbolos 1961. Madrid: Editorial Trotta.

-Jung, Carl. Arquetipos e inconsciente colectivo 1999. Madrid: Editorial Trotta.

-Evola, Julius. 1991. Eros and the Mysteries of Love: The Metaphysics of Sex. Rochester, Vermont: Inner Traditions.

-Hynek, J. Allen. The Hynek UFO Report. 1977. New York: Dell Publications, pgs. 272-8.

-Guiley, Rosemary Ellen. "Elementals." Encyclopedia of Magic and Alchemy. 2007, New York: Checkmark Books, pgs. 86-7.

-Lines, Craig. 18 Octobre, 2013. "A look back at Dennis Wheatley's black magic novels."

-Knightley, Philip. La segunda profesión más antigua. 1986, Nueva York: Penguin Books, pgs. 217-8.

-Masters, Anthony. The Man Who Was M. 1986, Londres: Grafton, págs. 90-1.

-Levenda,Peter, Alianza profana, 2003. EEUU pgs. 231-3.

-For Your Eyes Only: Ian Fleming y James Bond de Ben MacIntyre, pág. 88

-Buchanan, Rose. "Christopher Lee: La vida inédita del soldado SAS que habló varios idiomas y casi murió 2 veces en la Segunda Guerra Mundial". 12 de junio de 2015.

-Everard Chris. "Conspiración y la Corona," 2015. England: Editorial EC.

-Everard Chris. Stone Age Psychedelia 2014. France: Editorial FYBM.

-Kouprianova, Nina. "Hitler's Plot to Assassinate Stalin." 2015. Espionage History Archive.

-Farago, Robert. "FARAGO: Was CIA behind Operation Fast and Furious?" 2011. Washington Times.

-Vidal, John. "Bill Gates respalda a los científicos del clima que cabildean por la geoingeniería a gran escala." 2012. Guardian.

-MacIntyre, Ben. Solo para tus ojos: Ian Fleming y James Bond. 2008, Nueva York: Bloomsbury

-Vallee, Jacques. Forbidden Science. 2010, San Francisco: Documatica Research, pg. 81, 241, 251

-Scholem, Gershom. Kabbalah. 1974, New York: Dorset Press, pg., 351.

-Leibniz, Gottfried. Selections. 1951, New York: Charles Scribners Sons, pgs. 96-8.

-Swanson, Emily. "Alien Poll encuentra que la mitad de los estadounidenses piensan que existe vida extraterrestre." Huffington post. 21 de junio de 2013.

-Keith, Jim. 2004. Platillos de los Illuminati. Kempton, IL: Adventures Unlimited Press.

-Catani, Enrico. Test Companion para Educación y Psicología. Educación y Psicología. Mayo de 2008. Universidad de Michigan.

-Ebert, Roger. Las grandes películas. 2002. Nueva York: libros de Broadway

-Marx, Karl. Karl Marx: Escrituras Seleccionadas. 2000, Ed. Dave McLellan. Oxford University Press, pág. 91.

-Crowley, Aleister. Niño de la luna, 1970. MA: Weiser Books

-Mathers, Samuel L. MacGregor, Ed. Las llaves de Salomón el Rey, 2000. MA: Weiser Books.

-Jung Carl, Recuerdos, sueños, pensamientos. Séptima edición. 2005. Barcelona: Seix Barral.

-Luck, Georg, Magia y Ciencias Ocultas en el Mundo Griego y Romano. 1995. Madrid: Editorial Gredos

-Muñoz Delgado, L. Léxico de magia y religión en los papiros mágicos griegos. 2001. Diccionario Griego-Español. Anejo V. Madrid: CSIC

-Jung Carl, Psicología y alquimia. 1955. Introducción a la edición española, página XI.

-Maxwell Jordan, That Old Time Religion, 1998, Independent Pub, USA

-Biografías, Wikipedia & International Larousse Encyclopedia, 2018

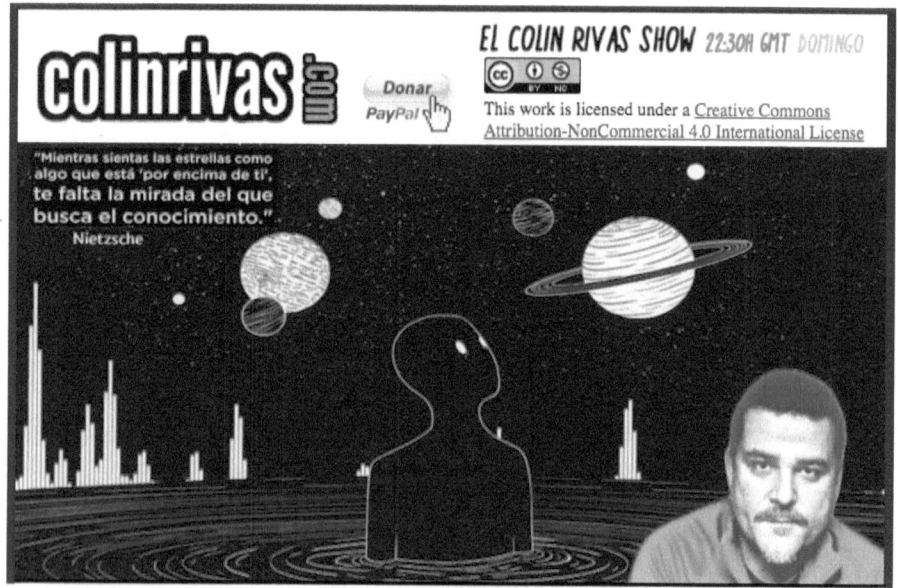

## BÚSCAME EN YOUTUBE EN EL COLIN RIVAS SHOW
### WWW.COLINRIVAS.COM